Alles über Fußball

Alles über
Fußball

Chronik
VERLAG

1:0

IMPRESSUM

Projektleitung
Dr. Martin-Andreas Schulz

Konzeption und Realisation
omnibooks (Paul Kaltefleiter, Oliver Mingers)

Redaktion
Olaf Bentkämper, Michael Böhling, Hendrik Bönisch, Christina Gärtner, omnibooks, Ingrid Peia, Marc Sagemüller, Jessica Vogt, Inga Westerteicher

Layoutentwicklung
2form Werbeagentur

Satz
Michael Lang, werk37

Grafikkoordination
Dr. Matthias Herkt

Herstellung
Joachim Weintz

Einbandgestaltung
INIT, Büro für Gestaltung, Bielefeld

Abbildungsnachweis Einband:
dpa Picture-Alliance GmbH, Frankfurt/Robert Ghement (Ballack); laif, Köln/Brad Smith (Frauenfußball)

Druck und Bindung
CPI books GmbH (Leck)

Für den Inhalt dieses Buches ist ausschließlich die Wissen Media GmbH verantwortlich.

Printed in Germany · ISBN 978-5-577-16413-9

Die in diesem Buch gewählten Schreibweisen folgen dem Werk „WAHRIG – Die deutsche Rechtschreibung“ sowie den Empfehlungen der WAHRIG-Redaktion. Weitere Informationen unter www.wahrig.de.

INHALTSVERZEICHNIS

ABKÜRZUNGEN

Abkürzungen der Ländernamen*

AFG Afghanistan
AHO Niederländische Antillen
AIA Anguilla
ALB Albanien
ALG Algerien
AND Andorra
ANG Angola
ANT Antigua & Barbuda
ARG Argentinien
ARM Armenien
ARU Aruba
ASA Amerikanisch-Samoa
AUS Australien
AUT Österreich
AZE Aserbaidschan
BAH Bahamas
BAN Bangladesch
BAR Barbados
BDI Burundi
BEL Belgien
BEN Benin
BER Bermuda
BHU Bhutan
BIH Bosnien-Herzegowina
BIZ Belize
BLR Weißrussland
BOL Bolivien
BOT Botsuana
BRA Brasilien
BRN Bahrain
BRU Brunei
BUL Bulgarien
BUR Burkina Faso
CAF Zentralafrikanische Republik
CAM Kambodscha
CAN Kanada
CAY Cayman-Inseln
CGO Kongo
CHA Tschad
CHI Chile
CHN China
CIV Côte d'Ivoire
CMR Kamerun
COD Kongo DR
COK Cook-Inseln
COL Kolumbien
COM Komoren
CPV Kap Verde
CRC Costa Rica
CRO Kroatien
CUB Kuba
CYP Zypern
CZE Tschechien
DEN Dänemark
DJI Dschibuti
DMA Dominica
DOM Dominikanische Republik
ECU Ecuador
EGY Ägypten
ENG England
ERI Eritrea
ESA El Salvador
ESP Spanien
EST Estland
ETH Äthiopien
FIJ Fidschi
FIN Finnland
FRA Frankreich
FRO Färöer
GAB Gabun
GAM Gambia
GBR Großbritannien
GBS Guinea-Bissau
GEO Georgien
GEQ Äquatorialguinea
GER Deutschland
GHA Ghana
GRE Griechenland
GRN Grenada
GUA Guatemala
GUI Guinea
GUM Guam
GUY Guyana
HAI Haiti
HKG Hongkong
HON Honduras
HUN Ungarn
INA Indonesien
IND Indien
IRI Iran
IRL Irland
IRQ Irak
ISL Island
ISR Israel
ISV Amerikanische Jungferninseln
ITA Italien
IVB Britische Jungferninseln
JAM Jamaika
JOR Jordanien
JPN Japan
KAZ Kasachstan
KEN Kenia
KGZ Kirgisistan
KOR Südkorea (Korea Republik)
KSA Saudi-Arabien
KUW Kuwait
LAO Laos
LAT Lettland
LBA Libyen
LBR Liberia
LCA St. Lucia
LES Lesotho
LIB Libanon
LIE Liechtenstein
LTU Litauen
LUX Luxemburg
MAC Macau
MAD Madagaskar
MAR Marokko
MAS Malaysia
MAW Malawi
MDA Moldawien
MDV Malediven
MEX Mexiko
MGL Mongolei
MGO Montenegro
MKD Mazedonien
MLI Mali
MLT Malta
MON Monaco
MOZ Mosambik
MRI Mauritius
MSR Montserrat
MTN Mauretanien
MYA Myanmar
NAM Namibia
NCA Nicaragua
NCL Neukaledonien

NED	Niederlande
NEP	Nepal
NGR	Nigeria
NIG	Niger
NIR	Nordirland
NOR	Norwegen
NRU	Nauru
NZL	Neuseeland
OMA	Oman
PAK	Pakistan
PAN	Panama
PAR	Paraguay
PER	Peru
PHI	Philippinen
PLE	Palästina
PLW	Palau
PNG	Papua-Neuguinea
POL	Polen
POR	Portugal
PRK	Nordkorea (Korea DVR)
PUR	Puerto Rico
PYF	Tahiti
QAT	Katar
ROM	Rumänien
RSA	Südafrika
RUS	Russland
RWA	Ruanda
SAM	Samoa
SCO	Schottland
SEN	Senegal
SEY	Seychellen
SIN	Singapur
SKN	St. Kitts & Nevis
SLB	Salomonen
SLE	Sierra Leone
SLO	Slowenien
SMR	San Marino
SOL	Solomonen
SOM	Somalia
SRB	Serbien & Montenegro
SRI	Sri Lanka
STP	São Tomé & Príncipe
SUD	Sudan
SUI	Schweiz
SUR	Suriname
SVK	Slowakei
SWE	Schweden
SWZ	Swasiland
SYR	Syrien
TAN	Tansania
TCA	Turks- & Caicos-Inseln
TGA	Tonga
THA	Thailand
TJK	Tadschikistan
TKM	Turkmenistan
TLS	Osttimor
TOG	Togo
TPE	Taiwan
TRI	Trinidad & Tobago
TUN	Tunesien
TUR	Türkei
UAE	Vereinigte Arabische Emirate
UGA	Uganda
UKR	Ukraine
URU	Uruguay
USA	Vereinigte Staaten von Amerika
UZB	Usbekistan
VAN	Vanuatu
VEN	Venezuela
VIE	Vietnam
VIN	St. Vincent & die Grenadinen
WAL	Wales
YEM	Jemen
ZAM	Sambia
ZIM	Simbabwe

* Offizielle Abkürzungen des Internationalen Olympischen Komitees (IOC) mit einigen international üblichen Ergänzungen

Sonstige Abkürzungen

Abk.	Abkürzung
BL	Bundesliga
bzw.	beziehungsweise
ca.	circa
d. h.	das heißt
Diff.	Differenz
E	Elfmeter
EM	Europameisterschaft
Erg.	Ergebnis
ET	Eigentor
evtl.	eventuell
f., ff.	folgend(e)
FE	Foulelfmeter
HE	Handelfmeter
i. E.	im Elfmeterschießen
inkl.	inklusive
Min.	Minute(n)
N	Niederlage
n. E.	nach Elfmeterschießen
n. V.	nach Verlängerung
Pkt.	Punkt(e)
S	Sieg(e)
Sp.	Spiel(e)
sog.	so genannt(e)
Syn.	Synonym
U	Unentschieden
u. a.	und andere(s); unter anderem
vgl.	vergleiche
WM	Weltmeisterschaft
z. B.	zum Beispiel
z. T.	zum Teil

Zeichenerklärung

>> <<	Tabellen-/Textanschluss auf der nächsten bzw. vorigen Seite
→	siehe

GESCHICHTE DES FUSSBALLS

2700 v. Chr. Nach einem militärischen Lehrbuch aus der Huang-Dynastie trainieren Soldaten ihre Kräfte mit einem Spiel namens Ts'uh Küh („den Ball mit den Füßen stoßen"). Der Ball darf mit jedem Körperteil, nur nicht mit der Hand, berührt werden. Eine kleine, mit Federn gefüllte Lederkugel muss dabei in ein an Bambusstangen befestigtes Netz (30-40 cm Öffnung) befördert werden.

600 v. Chr. Das von den Griechen gespielte Episkyros („Ballschlacht") dient ebenfalls der militärischen Übung und zeichnet sich besonders durch die körperliche Härte aus, mit der zwei gleich starke Personengruppen um einen Ball ringen.

1. Jh. Im Römischen Reich verbreitet sich das Spiel Harpastum („kleiner, fester Fangball") und bleibt ca. 700 Jahre sehr beliebt. Ähnlich wie beim Episkyros handelt es sich auch hier um eine Art Raufballspiel, bei dem der Einsatz des Fußes wahrscheinlich noch eine sehr untergeordnete Rolle spielt. Die Römer bringen das Spiel nach Britannien, wo das Fußball-Spiel in der Folge (möglicherweise auf der Grundlage des Harpastums) seine entscheidende Prägung erfährt.

587 Frühester Quellennachweis des japanischen Kreisfußballspiels Kemari. Ohne Gegner und Tore versuchen im Kreis stehende Priester und Adlige (zwischen vier und acht Personen), den Ball möglichst lange ohne Bodenberührung in der Luft zu halten. Der zeremonielle Charakter dieses Spiels steht hier eindeutig im Vordergrund.

12. Jh. Beim französischen Soule, zumeist zur Fastnacht gespielt, versucht eine angreifende Mannschaft, nach einem hoch über die Kirche getretenen „Startschuss", den Ball gegen eine verteidigende Mannschaft durch ein vereinbartes Ziel (z. B. ein Stadttor) zu befördern. Bei diesem rituellen „Volksfußballspiel" dürfen auch Frauen mitwirken.

1314 Der Lord Mayor von London stellt das Fußballspielen in der Stadt unter Strafe, da es zu großen Lärm verursacht. Verbote und Strafandrohungen begleiten die Entwicklung des Fußballs in den folgenden Jahrhunderten in vielen europäischen Ländern.

1410 Das fußballähnliche Kampfspiel Giuoco del Calcio wird erstmals in einem Gedicht eines unbekannten italienischen Verfassers erwähnt.

1460 Erste Erwähnung des Calcio Storico, eines bis heute am 23./24. Juni in Florenz stattfindenden Fußballspiels, bei dem 27-köpfige Mannschaften den Ball über eine Begrenzungslinie befördern müssen. Allerdings handelt es sich dabei nicht um Fußball in Reinform, sondern um eine Mischung aus diesem mit Rugby, Ring- und Straßenkampf.

1580 Giovanni Bardi, Graf von Vernio, veröffentlicht die ersten Spielregeln zum Calcio.

17. Jh. Erste Quellennachweise lassen darauf schließen, dass die Indianer und Inuit in Kanada ein dem Fußball sehr ähnliches Ballspiel betreiben.

1800 In Großbritannien lässt das allgemeine Interesse am Fußball nach, während das Rugbyspiel in der englischen Stadt Rugby erfunden wird und sich schon bald immer größerer Beliebtheit erfreut. Bei diesem ist die Berührung und sogar das Tragen des Balls mit den Händen erlaubt.

1830 Während viele Schulen die in Rugby entwickelten Regeln übernehmen, wehren sich andere Schulen (z. B. Eton, Harrow und Winchester) gegen diese Art des Fußballspiels und erlauben nur die Ballführung mit dem Fuß.

1848 Mit den Cambridge Rules werden erste Spielregeln festgelegt, um die vielen verschiedenen Spielvarianten des Fußballs zu vereinheitlichen. Sie besagen z. B., dass eine Mannschaft aus 15-20 Spielern besteht.

1857 Der Sheffield FC wird gegründet und ist der erste Fußball-Club der Welt.

1863 An der Universität Cambridge werden erneute Versuche unternommen, eine einheitliche Regel-Basis zu finden.
Am 26. Oktober gründen die Vertreter von elf Schulen und Vereinen gemeinsam den ersten Fußballverband der Welt, die Football Association (FA). Hier werden erstmals die grundlegenden Regeln festgelegt, die den modernen Fußball begründen. Die eng verwobenen Ballspiele Fußball und Rugby gehen fortan getrennte Wege. Aufgrund dieser Entwicklungen besitzt England den legitimen Ruf, das „Mutterland" des Fußballs zu sein.

1864 In Cambridge werden erste Bestimmungen zur Spielkleidung festgelegt. Diese besagen, dass die Spieler Mützen mit Quasten tragen und die Hosen die Knie bedecken müssen.

1865 In England wird die Torhöhe erstmals durch eine gespannte Schnur festgelegt (2,44 m).

1866 Einführung von Eckball und Freistoß.
Durch die Änderung der Abseitsregel (ein Spieler ist abseits, wenn sich bei der Annahme des Balles weniger als drei gegnerische Spieler zwischen ihm und dem gegnerischen Tor befinden) ist jetzt auch der Vorwärtspass möglich.

1870 Die Spieleranzahl wird durch die FA endgültig auf elf festgelegt.

1871 Mit dem englischen Challenge Cup wird weltweit der erste bedeutende Fußballwettbewerb eingeführt.
Die FA untersagt allen Feldspielern das Handspiel. Nur der Torwart darf den Ball in der eigenen Hälfte mit der Hand spielen, muss diesen aber nach zwei Schritten wieder für das Spiel freigeben.

1872 Am 30. November findet in Glasgow mit der Partie Schottland - England (0:0) das weltweit erste offizielle Länderspiel statt.

1874 In England leitet erstmals ein neutraler Schiedsrichter ein Fußballspiel.
Der englische Nationalspieler Sam Widdowson (Nottingham Forest) erfindet die Schienbeinschützer, deren Tragen die FA fortan vorschreibt, und erhält das Patent.
In Braunschweig gibt Prof. Dr. Konrad Koch die ersten Fußballregeln in deutscher Sprache heraus.
Außerdem gründet er die erste deutsche Schüler-Fußballmannschaft.

1875 In Deutschland wird Fußball durch die Gastspiele einer Universitätsmannschaft aus Oxford bekannter.
Die Querlatte löst die bisher verwandte Schnur als obere Torbegrenzung (2,44 m) ab.
In England werden Halbzeitpause und Seitenwechsel eingeführt.

1877 Einführung des Platzverweises wegen groben Spiels durch die FA.

1878 In England leitet erstmals ein Schiedsrichter ein Fußballspiel mit Hilfe einer Trillerpfeife.
In Sheffield wird das erste Spiel unter Fluchtlicht ausgetragen.
Mit dem FV Hannover wird der erste Fußballverein Deutschlands gegründet. Allerdings wird noch nach einigen Regeln des Rugby gespielt.

1879 Mit dem FC St. Gallen wird der erste Schweizer Fußballverein gegründet.
Erste Anzeichen der Professionalisierung des Fußballs: Zwei Spieler eines Teams aus Darwen (Lancashire) sollen als erste für ihre Fußballkünste bezahlt worden sein.

1880 Gründung des ersten „reinen" deutschen Fußballvereins: Bremer Football Club. Dieser befolgt die Regeln, nach denen z. B. der Ball nicht mit den Händen aufgenommen werden darf.
In Deutschland wird festgelegt, dass ein Spiel insgesamt 60 Minuten dauert. Nach 30 Minuten wird eine Pause eingelegt.
Der Freistoß wird als Strafe festgesetzt.

1883 Erstmals spielen die britischen Verbände die Britische Meisterschaft aus und veranstalten damit den ersten internationalen Fußballwettbewerb. Der erste Gewinner ist Schottland (1884).

1885 In England wird die Bezahlung von Fußballspielern erlaubt und somit der Profifußball legalisiert.
Der Einsatz eines Schiedsrichters zur Leitung der Spiele wird vorgeschrieben.

1886 Am 2. Juni findet in London das erste offizielle Treffen des International Football Association Board statt. Ziel ist die Überwachung und Pflege der Spielregeln. Bis heute ist das IFAB die maßgebliche Instanz hinsichtlich aller Regelfragen.

1888 In England wird mit zunächst zwölf Vereinen die erste nationale Fußball-Liga der Welt gegründet.

1889 Auf dem deutschen Turnfest in Leipzig kommt es erstmals zu einem internationalen Vereinsvergleich in Deutschland, wobei der ATV Leipzig gegen London Orion antritt.
Die erste Auswechslung eines Spielers findet beim Spiel Wales - Schottland statt.
Die Position des Schiedsrichters wird gestärkt, indem er fortan die alleinige Entscheidungsbefugnis erhält und durch zwei Linienrichter unterstützt wird.

1891 Sieger der ersten inoffiziellen deutschen Fußballmeisterschaft wird Germania 1888 Berlin.
Im Spiel Irland - Kanada wird erstmals ein Elfmeter geschossen.

1893 Der Strafstoß wird in Deutschland eingeführt.

1894 Mit dem First Vienna FC gründet sich in Wien der erste Fußballverein Österreichs.

1895 Am 7. April wird in Olten der Schweizerische Fußballverband (SFV) gegründet.
Der British Lady Football Club organisiert in England das erste bekannte Frauenfußballspiel.

1896 Die Jenaer Regeln schreiben vor, dass Fußballfelder in Deutschland frei von Sträuchern und Bäumen sein müssen.

1897 Erstmals spielen deutsche Städte gegen internationale Gegner: Hamburg unterliegt gegen Kopenhagen mit 0:5, Leipzig verliert gegen Prag mit 2:4.

1898 Erster Schweizer Landesmeister wird der Grasshopper-Club Zürich.

1899 Bei den ersten inoffiziellen Länderspielen, den so genannten Ur-Länderspielen, unterliegt Deutschland gegen England 2:13, 2:10 und 0:7.
In England wird die Ablösesumme mit einem Höchstbetrag von 10 Pfund eingeführt.

1900 Am 28. Januar gründen Vertreter von 86 deutschen Vereinen den Deutschen Fußball-Bund (DFB) in Leipzig.
Die englische Mannschaft Upton Park FC London gewinnt das erste inoffizielle olympische Fußballturnier in Paris.

1902 Während des Länderspiels Schottland - England stürzt im Glasgower Ibrox Park eine Tribüne ein. Dabei kommen 25 Menschen ums Leben und 340 werden verletzt.
Österreich bestreitet sein erstes offizielles Länderspiel mit einem 5:0-Sieg über Ungarn.
In England wird der Frauenfußball verboten.

1903 Der VfB Leipzig gewinnt im Endspiel der ersten offiziellen deutschen Meisterschaft gegen den DFC Prag mit 7:2 Toren.
Das Handspiel ist dem Torhüter nur noch im eigenen Strafraum erlaubt.

1904 In Wien wird am 18. März der Österreichische Fußball-Bund (ÖFB) gegründet.
Am 21. Mai gründen die Verbände Frankreichs, Dänemarks, der Schweiz, Belgiens, der Niederlande, Spaniens und Schwedens den Weltfussballverband FIFA in Paris. Auch Deutschland wird noch in diesem Jahr FIFA-Mitglied.
Die FIFA führt den direkten Freistoß ein und präzisiert den Begriff „gefährliches Spiel". Gleichzeitig wird die Bestimmung aufgehoben, wonach die Knie der Spieler bedeckt sein müssen.

1905 Das erste offizielle Länderspiel der Schweiz in Paris endet mit einer 0:1-Niederlage gegen Frankreich.

1906 Der Torhüter darf sich beim Strafstoß nicht mehr von der Torlinie entfernen, sich aber nach wie vor auf ihr bewegen.

1907 Das Abseits in der eigenen Spielhälfte ist nicht mehr möglich.

1908 Erster Olympiasieger in London wird die englische Amateur-Nationalmannschaft. Sie siegt im Endspiel gegen Dänemark mit 2:0.
Deutschlands erstes offizielles Länderspiel endet mit einer 3:5-Niederlage gegen die Schweiz.

1909 Der Kronprinzenpokal, gestiftet von Kronprinz Wilhelm, Sohn des Kaisers Wilhelm II., wird als erster deutscher Pokalwettbewerb ausgetragen.

1912 Mit Rapid Wien hat Österreich seinen ersten Fußball-Landesmeister.

1913 Die 10-Yard-Regel, die den Abstand zwischen Schütze und Gegenspielern beim Freistoß auf 9,15 Meter (10 Yards) festlegt, wird eingeführt.

1916 Der Südamerikanische Fußballverband CONMEBOL wird gegründet.

1919 Rapid Wien wird erster österreichischer Pokalsieger.

1920 Die britischen Fußballverbände treten aus der FIFA aus, da ihr Antrag, Deutschland, Österreich und Ungarn wegen des 1. Weltkriegs aus dem Verband auszuschließen, abgelehnt wird.

1923 Otto Nerz wird zum ersten Trainer der deutschen Nationalmannschaft ernannt.

1924 Die britischen Fußballverbände kehren in die FIFA zurück.
Eckstöße können fortan auch direkt verwandelt werden.

1925 Aus dem Preußenstadion in Münster wird am 1. November die erste europäische Fußballreportage gesendet. Dr. Bernhard Ernst reportiert das Spiel Preußen Münster - DSC Arminia Bielefeld.
Die Abseitsregel wird geändert: Ein Spieler ist abseits, wenn sich zum Zeitpunkt der Ballabgabe weniger als zwei (bisher drei) Gegenspieler zwischen ihm und dem Tor aufhalten.

1926 Der Grasshopper-Club Zürich wird erster Schweizer Pokalsieger (Swiss Cup).

1929 Die Änderung der Strafstoßregel besagt, dass der Torhüter bis zum Schuss auf der Torlinie stehen bleiben muss, ohne seine Füße zu bewegen.

1930 Uruguay wird mit 4:2 gegen Argentinien erster FIFA Fußball-Weltmeister.

1933 Beim englischen Cup-Finale werden erstmals Rückennummern vergeben. Der FC Everton trägt die Nummern 1-11, Manchester City 12-22.

1935 In Düsseldorf wird der 1. FC Nürnberg durch einen 2:0-Sieg über den FC Schalke 04 erster DFB-Pokalsieger.

1938 Das Regelwerk des IFAB wird neu gefasst und in seine weitgehend heute noch vorhandene Form gebracht.

1939 Die Nummerierung der Trikots wird in England zur Pflicht und setzt sich schließlich auch international durch.

1947 Mit dem FA-Cup-Finale in England wird zum ersten Mal ein Fußballspiel in voller Länge live im Fernsehen übertragen.

1949 Die gesamte Mannschaft des AC Turin kommt bei einem Flugzeugabsturz in der Nähe von Turin zu Tode.
Die Wiederbegründung des DFB wird am 1. Juli vom Deutschen Fußball-Ausschuss beschlossen.
Waggonbau Dessau wird nach einem 1:0 gegen Gera Süd erster FDGB-Pokalsieger der DDR.

1950 Erster DDR-Meister (davor zwei Jahre lang als Ostzonenmeisterschaft ausgetragen) wird die ZSG Horch Zwickau.

1952 Ihr erstes Länderspiel verliert die DDR gegen Polen mit 0:3.

1953 Die ungarische Nationalmannschaft spielt ihr „Spiel des Jahrhunderts" und gewinnt im Londoner Wembley-Stadion gegen England 6:3. Die Engländer kassieren damit die erste Heimniederlage gegen eine Mannschaft des europäischen Kontinents.

1954 In Basel wird am 15. Juni die Europäische Fußballunion UEFA gegründet.
„Das Wunder von Bern": Die deutsche Mannschaft gewinnt gegen den Favoriten Ungarn mit 3:2 und wird somit zum ersten Mal Weltmeister.
Der Asiatische Fußballverband AFC gründet sich in Kuala Lumpur.

1955 Die Einführung des Frauenfußballs wird vom Bundestag des DFB abgelehnt.

1956 Real Madrid wird in Paris Sieger des erstmals ausgetragenen UEFA Europapokals der Landesmeister (4:3 gegen Stade Reims).
In Kairo wird der Afrikanische Fußballverband CAF gegründet.

1958 Am 17. Mai gründet sich in Ost-Berlin der Deutsche Fußball-Verband der DDR (DFV).
Bei einem Flugzeugabsturz in München werden acht Spieler des englischen Meisters Manchester United tödlich verletzt.

1960 Die Sowjetunion gewinnt den ersten Europa-Nationenpokal, der einer inoffiziellen Europameisterschaft gleichkommt, durch einen 2:1-Sieg über Jugoslawien.
Real Madrid gewinnt mit 5:1 und 0:0 gegen Peñarol Montevideo den ersten Weltpokal.

1961 In Guatemala entsteht die Vereinigung der Fußballverbände Nordamerikas, Mittelamerikas und der Karibik CONCACAF.
Den erstmalig ausgespielten UEFA Europapokal der Pokalsieger gewinnt der AC Florenz.

1963 Aus Anlass des 100-jährigen Bestehens des Englischen Fußballverbandes (FA) spielt erstmals eine FIFA-Weltauswahl. Sie verliert gegen England im Londoner Wembley-Stadion mit 1:2.
Mit 16 Mannschaften wird in der Bundesrepublik Deutschland die Bundesliga eingeführt.

1964 Erster Deutscher Meister der neu gegründeten Bundesliga wird der 1. FC Köln.
Bei schweren Ausschreitungen nach einem Länderspiel zwischen Peru und Argentinien kommt es in Lima zu einer Katastrophe mit mehr als 300 Toten.

1965 In Großbritannien wird das Verbot des Frauenfußballs aufgehoben.

1966 In Auckland wird der Ozeanische Fußballverband OFC gegründet.
Borussia Dortmund wird erster deutscher Europapokal-Sieger. Im Europapokal der Pokalsieger gewinnt das Team das Finale gegen den FC Liverpool mit 2:1 nach Verlängerung.

1968 Als Nachfolgewettbewerb des Europa-Nationenpokals findet zum ersten Mal die offizielle UEFA Fußball-Europameisterschaft statt, bei der sich Gastgeber Italien den EM-Titel holt.

1969 Die Auswechslung zweier Spieler während des gesamten Spiels wird von der FIFA legalisiert, nachdem dies schon vorher in einigen Ländern praktiziert wurde.

1970 Der DFB genehmigt den Frauenfußball.
Bei der FIFA WM in Mexiko werden zum ersten Mal Gelbe und Rote Karten eingesetzt.
Brasilien wird zum dritten Mal Fußball-Weltmeister. Der Coupe Jules Rimet geht für diese Leistung in den Besitz des Brasilianischen Fußballverbands über.
Zur Ermittlung des Siegers nach einer unentschiedenen Verlängerung führt die UEFA das Elfmeterschießen ein.

1971 Eine Bestechungsaffäre in der Bundesliga, der so genannte „Bundesligaskandal", wird aufgedeckt. 52 Spieler, zwei Trainer, sechs Funktionäre und zwei Vereine werden daraufhin wegen Spielmanipulationen im Abstiegskampf verurteilt.

1972 Sieger des ersten UEFA-Pokals (Nachfolger des seit 1955 ausgetragenen Internationalen Messepokals) ist Tottenham Hotspur.
Den erstmals ausgetragenen UEFA-Super-Pokal gewinnt Ajax Amsterdam mit 3:2 und 3:1 gegen Glasgow Rangers.

1974 Erster Deutscher Meister im Frauenfußball der BRD wird der TuS Wörrstadt.
Die Spielsperre nach mehreren Gelben Karten wird sowohl in nationalen wie auch in internationalen Vereinswettbewerben und Länderturnieren eingeführt.

1979 Mit einem Remis endende Finalspiele werden laut DFB-Beschluss nicht mehr in der Wiederholung, sondern im Elfmeterschießen entschieden.

1981 Die SSG Bergisch Gladbach siegt im Finale des ersten DFB-Pokals der Frauen gegen den TuS Wörrstadt mit 5:0.

1982 Die Frauen-Nationalmannschaft des DFB siegt in ihrem ersten Länderspiel gegen die Schweiz mit 5:1.

1983 Die „Notbremse“ wird mit der Roten Karte bestraft.

1984 Schweden gewinnt das Finale der ersten inoffiziellen Frauen-Europameisterschaft gegen England.
Für „überschwänglichen Jubel“ wird die Gelbe Karte gezeigt.

1985 Als englische Hooligans vor dem Endspiel des Europapokals der Landesmeister zwischen Juventus Turin und dem FC Liverpool auf italienische Fans treffen, kommt es zur Eskalation. In einer Zuschauerkurve des Brüsseler Heysel-Stadions wird dadurch eine Massenpanik ausgelöst, bei der 39 Menschen ums Leben kommen und Hunderte zum Teil schwer verletzt werden. Die UEFA verfügt daraufhin, dass die englischen Vereine für alle kommenden Europapokalwettbewerbe bis auf weiteres gesperrt werden.

1989 Während eines Halbfinalspiels zwischen dem FC Liverpool und Nottingham Forest um den englischen FA-Cup kommt es in Sheffield aufgrund einer überfüllten Zuschauertribüne zu einer Massenpanik, die 95 Menschen das Leben kostet.

1990 „Gleiche Höhe“ ist nicht mehr abseits.

1991 Die erste offizielle UEFA Frauen-Europameisterschaft in Dänemark gewinnen die deutschen Frauen gegen die Norwegerinnen mit 3:1.
In China wird die erste FIFA Frauen-Weltmeisterschaft ausgetragen. Mit einem 2:1-Sieg über Norwegen holen sich die USA den ersten Titel.
Als abgestufter Platzverweis wird die Gelb-Rote Karte eingeführt.

1992 Ab der Saison 92/93 wird der UEFA Europapokal der Landesmeister durch die UEFA Champions League ersetzt.
Laut FIFA-Beschluss darf der Torhüter den Ball bei einem Rückpass nicht mehr in die Hände nehmen.

1993 Das Grätschen von hinten („Blutgrätsche“) wird verboten und je nach Härte mit der Gelben oder Roten Karte bestraft.

1995 Der Europäische Gerichtshof entscheidet mit dem Bosman-Urteil, dass Spieler im EU-Raum nach Ablauf ihres Vertrages ohne Ablösesumme zu einem anderen Verein wechseln können. Auch die Anzahl der in einer Mannschaft eingesetzten EU-Ausländer darf nicht beschränkt werden.
Drei Ersatzspieler je Mannschaft und Spiel dürfen, unabhängig von der Position, eingewechselt werden.

1996 Bei der UEFA EM in England kommt erstmals das Golden Goal zur Anwendung.
Zum ersten Mal wird bei den Olympischen Spielen ein Frauenfußballturnier ausgetragen. Die USA siegen im eigenen Land über China mit 2:1.

1998 Bei der FIFA WM in Frankreich kommt es nach dem Spiel Deutschland - Jugoslawien in Lens zu Straßenschlachten zwischen der Polizei und randalierenden Hooligans. Der französische Polizist Daniel Nevil wird dabei von deutschen Hooligans so schwer verletzt, dass er wochenlang ins Koma fällt.

1999 Beim letzten UEFA Europapokal der Pokalsieger gewinnt Lazio Rom gegen den RCD Mallorca mit 2:1. Ab 2000 spielen die nationalen Pokalsieger mit um den UEFA-Pokal.

2002 Den ersten UEFA Women's Cup gewinnt der 1. FFC Frankfurt mit einem 2:0-Sieg über Umeå IK. Die UEFA führt das Silver Goal ein, welches das wenig beliebte Golden Goal ersetzt.

2004 Das Silver Goal wird nach der UEFA EM in Portugal wieder abgeschafft.
Nach einigem Hin und Her in den vergangenen Jahren beschließt die FIFA, dass das Ausziehen des Trikots beim Torjubel mit der Gelben Karte bestraft wird.

2005 Ausgelöst durch den Schiedsrichter Robert Hoyzer kommt es in Deutschland zu einem der größten Wett- und Manipulationsskandale in der Geschichte des DFB. Diverse Spiele der 2. Bundesliga, der Regionalliga und des DFB-Pokals stehen im Verdacht manipuliert worden zu sein. Aufgrund von Hoyzers Aussagen werden weitere Schiedsrichter und Spieler verdächtigt, in Spielmanipulationen verwickelt zu sein. Hoyzer wird vom DFB lebenslänglich gesperrt und zu einer Freiheitsstrafe von zwei Jahren und fünf Monaten ohne Bewährung verurteilt.
Der Weltpokal wird durch die FIFA Klub-Weltmeisterschaft ersetzt.

2007 Bibiana Steinhaus ist die erste Schiedsrichterin, die ein Spiel im deutschen Profifußball leitet. Die von ihr gepfiffene Zweitliga-Partie SC Paderborn – 1899 Hoffenheim endet am 21. September 0:2.

2008 Die G14, die Interessenvertretung der großen europäischen Fußball-Clubs, wird aufgelöst. An ihre Stelle tritt die European Club Association (ECA), der insgesamt 103 Vereine aus den 53 UEFA-Mitgliedsländern angehören.

VERBÄNDE – WELTWEIT

Weltfussballverband

FIFA

Voller Name: **F**édération **I**nternationale de **F**ootball **A**ssociation (Vereinigung der nationalen Fußballverbände aller Kontinente)

Gründung: 21. Mai 1904

Adresse: FIFA-Strasse 20, 8044 Zürich, Schweiz; www.fifa.com

Präsident: Joseph S. Blatter, Schweiz

Generalsekretär: Jérôme Valcke, Frankreich

Ehemalige Präsidenten:
Robert Guérin, Frankreich (1904-1906)
Daniel Burley Woolfall, England (1906-1918)
Jules Rimet, Frankreich (1921-1954)
Rodolphe William Seeldrayers, Belgien (1954-1955)
Arthur Drewry, England (1955-1961)
Stanley Rous, England (1961-1974)
João Havelange, Brasilien (1974-1998)

Geschichte:

1904: Gründung in Paris mit den Verbänden Frankreichs, Belgiens, Dänemarks, der Niederlande, Schwedens, der Schweiz und Spaniens

1906: Daniel Burley Woolfall wird Präsident und verfolgt fortan das Ziel, einheitliche Spielregeln durchzusetzen

1909: Beitritt des ersten nichteuropäischen Verbands (Südafrika)

1920: Austritt der britischen Verbände, weil ihr Antrag, Deutschland, Österreich und Ungarn wegen des 1. Weltkriegs aus dem Weltfußballverband auszuschließen, abgelehnt wird (Rückkehr 1924)

1925: Deutsch wird nach Englisch und Französisch die dritte offizielle FIFA-Sprache

1930: Eröffnung der ersten FIFA Fußball-Weltmeisterschaft am 18. Juli in Uruguay

1946: Wiederbeitritt der britischen Verbände, die 1928 ein zweites Mal aus dem Weltfussballverband ausgetreten waren

1954: Jules Rimet tritt am 21. Juni nach 33-jähriger Präsidentschaft zurück und wird gleichzeitig erster Ehrenpräsident

1974: Dr. João Havelange übernimmt die Leitung der FIFA und verwandelt das verwaltungsorientierte Institut während seiner Amtszeit in ein dynamisches Unternehmen

1982: Erhöhung der Teilnehmerzahl der FIFA Weltmeisterschaftsendrunde von 16 auf 24 Mannschaften

>>

<< **1991:** Beginn der ersten FIFA Frauen-Fußball-Weltmeisterschaft am 16. November in China
1998: Erhöhung der Teilnehmerzahl der FIFA Weltmeisterschaftsendrunde von 24 auf 32 Mannschaften
2008: mit 208 Mitgliedsverbänden ist die FIFA einer der größten Sportverbände weltweit

Wichtige Aufgaben:
- Organisation der FIFA Fußball-Weltmeisterschaften, der Olympischen Fußballturniere, der Kontinentalvergleiche, Junioren- und Jugendweltmeisterschaften
- Festlegung und Überwachung des Regelwerks
- Interessenvertretung der Mitgliedsverbände auf internationaler Ebene
- finanzielle und logistische Unterstützung der Mitgliedsverbände

Wichtige Wettbewerbe:
Männer: FIFA Fußball-Weltmeisterschaft, FIFA Confederations Cup, Fußballturnier der Olympischen Spiele, FIFA Junioren-Weltmeisterschaft, FIFA U-17-Weltmeisterschaft
Frauen: FIFA Frauenfußball-Weltmeisterschaft, Fußballturnier der Olympischen Spiele, FIFA U-20-Frauenfußball-Weltmeisterschaft

Kontinentalverbände: Der FIFA sind sechs Kontinentalverbände angeschlossen: UEFA (Europa), CONMEBOL (Südamerika), CONCACAF (Nord-, Mittelamerika und Karibik), CAF (Afrika), AFC (Asien), OFC (Ozeanien). Sie sind die Dachverbände der nationalen Fußballverbände auf kontinentaler Ebene. Die Hauptaufgabe der Kontinentalverbände besteht in der Durchführung und Organisation aller in diesem Rahmen stattfindender Vereins- und Länderwettbewerbe.

Landesverbände: Der FIFA gehören insgesamt 208 nationale Fußballverbände an, die gleichzeitig Mitglied in einem der Kontinentalverbände sind (Aufführung der einzelnen Landesverbände in den Profilen der Kontinentalverbände ab Seite 15).

2:0

Kontinentalverbände

UEFA

Voller Name: Union des Associations Européennes de Football (früher: **U**nion **E**uropéenne de **F**ootball **A**ssociation; Vereinigung der Fußballverbände Europas)
Gründung: 1954
Adresse: Route de Genève 46, 1260 Nyon, Schweiz; www.uefa.com
Präsident: Michel Platini, Frankreich
Generalsekretär: David Taylor, Schottland
Ehemalige Präsidenten:
Ebbe Schwartz, Dänemark (1954-1962)
Gustav Wiederkehr, Schweiz (1962-1972)
Artemio Franchi, Italien (1973-1983)
Jacques Georges, Frankreich (1984-1990)
Lennart Johansson, Schweden (1990-2007)
Wichtige Wettbewerbe:
Männer: UEFA Fußball-Europameisterschaft, UEFA Champions League, UEFA-Pokal, UEFA-Super-Pokal, UEFA Intertoto Cup, UEFA U-21-Europameisterschaft
Frauen: UEFA Europameisterschaft für Frauen, UEFA Women's Cup
FIFA WM-Endrundenplätze: 14
FIFA WM-Ausrichtungen: Italien 1934, Frankreich 1938, Schweiz 1954, Schweden 1958, England 1966, Deutschland 1974, Spanien 1982, Italien 1990, Frankreich 1998, Deutschland 2006
FIFA WM-Titel: 36 (9 x Weltmeister, 14 x Vize-Weltmeister, 13 x WM-Dritter)
FIFA WM-Endrundenteilnahmen: 206

Landesverbände	UEFA-Beitritt	FIFA-Beitritt
Albanien	1954	1932
Andorra	1996	1996
Armenien	1992	1992
Aserbaidschan	1994	1992
Belgien	1954	1904
Bosnien-Herzegowina	1996	1996
Bulgarien	1954	1924
Dänemark	1954	1904
Deutschland	1954	1904
England	1954	1905
Estland	1992	1923
Färöer	1990	1988
Finnland	1954	1908
Frankreich	1954	1904
Georgien	1992	1992
Griechenland	1954	1927
Irland	1954	1923
Island	1954	1947
Israel	1994	1929
Italien	1954	1905
Kasachstan	2002	1994
Kroatien	1992	1992
Lettland	1992	1923
Liechtenstein	1974	1974
Litauen	1992	1923
Luxemburg	1954	1910
Malta	1960	1959

>>

<<

Landesverbände	UEFA-Beitritt	FIFA-Beitritt
Mazedonien	1994	1994
Moldawien	1993	1994
Montenegro	2007	2007
Niederlande	1954	1904
Nordirland	1954	1911
Norwegen	1954	1908
Österreich	1954	1905
Polen	1954	1923
Portugal	1954	1923
Rumänien	1954	1930
Russland	1954	1912
San Marino	1988	1988
Schottland	1954	1910
Schweden	1954	1904
Schweiz	1954	1904
Serbien	1955	1919
Slowakei	1993	1939
Slowenien	1993	1994
Spanien	1954	1904
Tschechien	1993	1907
Türkei	1962	1923
Ukraine	1992	1992
Ungarn	1954	1907
Wales	1954	1910
Weißrussland	1993	1992
Zypern	1962	1948

CONMEBOL

Voller Name: **Con**federación Suda**me**ricana de Fút**bol** (Vereinigung der Fußballverbände Südamerikas)

Gründung: 1916

Adresse: Autopista Aeropuerto Internacional y Leonismo Luqueno, Luque (Gran Asunción), Paraguay; www.conmebol.com

Präsident: Nicolas Leoz, Paraguay

Generalsekretär: Eduardo Deluca, Argentinien

Ehemalige Präsidenten:
Héctor Rivadavia Gómez, Uruguay (1916-1936)
Luis O. Salesi, Argentinien (1936-1939)
Luis A. Valenzuela, Chile (1939-1955)
Carlos Dittborn Pinto, Chile (1955-1957)
José Ramos de Freitas, Brasilien (1957-1959)
Fermín Sorhueta, Uruguay (1959-1961)
Raúl H. Colombo, Argentinien (1961-1966)
Teófilo Salinas Fuller, Peru (1966-1986)

Wichtige Wettbewerbe:
Männer: Copa América (Südamerikameisterschaft), Copa Toyota Libertadores de América (Südamerikapokal der Landesmeister), Copa Nissan Sudamericana, Supercopa, Sudamericano Sub 20 (U-20-Südamerikameisterschaft)
Frauen: Sudamericano Femenino (Südamerikameisterschaft)

FIFA WM-Endrundenplätze: 4 (kann auf 5 steigen, da in Play-off-Spielen zwischen einer CONMEBOL- und einer OFC-Mannschaft ein weiterer Endrundenplatz ausgespielt wird)

FIFA WM-Ausrichtungen: Uruguay 1930, Brasilien 1950, Chile 1962, Argentinien 1978

FIFA WM-Titel: 15 (9 x Weltmeister, 4 x Vize-Weltmeister, 2 x WM-Dritter)

FIFA WM-Endrundenteilnahmen: 69

Landesverbände	CONM.-Beitritt	FIFA-Beitritt
Argentinien	1916	1912
Bolivien	1925	1926
Brasilien	1916	1923
Chile	1916	1913
Ecuador	1927	1926
Kolumbien	1940	1936
Paraguay	1917	1925
Peru	1924	1924
Uruguay	1916	1923
Venezuela	1952	1952

CONCACAF

Voller Name: **Co**nfederación **N**orte-/**C**entro**a**mericana y del **C**aribe de **F**útbol / **Co**nfederation of **N**orth, **C**entral **A**merican and **C**aribbean **A**ssociation **F**ootball (Vereinigung der Fußballverbände Nordamerikas, Mittelamerikas und der Karibik)

Gründung: 1961 entstanden aus der Zusammenlegung des Dachverbandes der nordamerikanischen Verbände, NACF (North American Football Confederation), mit dem Dachverband der mittelamerikanischen und karibischen Verbände, CCCF (Confederation Centroamericana y del Caribe)

Adresse: 725 Fifth Avenue, 17th Floor, New York, N. Y. 10022, USA; www.concacaf.com

Präsident: Jack A. Warner, Trinidad & Tobago

Generalsekretär: Chuck Blazer, USA

Ehemalige Präsidenten:
Ramon Coll Jaumet, Costa Rica (1961-1968)
Joaquin Soria Terrazas, Mexiko (1968-1990)

Wichtige Wettbewerbe:
Männer: CONCACAF Gold Cup (CONCACAF-Meisterschaft), CONCACAF Champions' Cup
Frauen: CONCACAF Women's Gold Cup

>>

<< **FIFA WM-Endrundenplätze:** 3 (kann auf 4 steigen, da in Play-off-Spielen zwischen einer CONCACAF- und einer AFC-Mannschaft ein weiterer Endrundenplatz ausgespielt wird)
FIFA WM-Ausrichtungen: Mexiko 1970, Mexiko 1986, USA 1994
FIFA WM-Titel : –
FIFA WM-Endrundenteilnahmen: 31

Landesverbände	CONC.-Beitritt	FIFA-Beitritt
Amerikanische Jungferninseln	1998	1998
Anguilla	1996	1996
Antigua & Barbuda	1980	1970
Aruba	1988	1988
Bahamas	1981	1968
Barbados	1968	1968
Belize	1992	1986
Bermuda	1966	1962
Britische Jungferninseln	1996	1996
Cayman-Inseln	1992	1992
Costa Rica	1962	1927
Dominica	1993	1993
Dominikanische Republik	1964	1958
El Salvador	1962	1938
Grenada	1976	1978
Guatemala	1961	1946
Guyana	1961	1968
Haiti	1961	1937
Honduras	1961	1951
Jamaika	1963	1962
Kanada	1961	1912
Kuba	1962	1932
Mexiko	1961	1929
Montserrat	1994	1996
Nicaragua	1968	1950
Niederländische Antillen	1961	1932
Panama	1961	1938
Puerto Rico	1962	1960
St. Kitts & Nevis	1990	1992
St. Lucia	1988	1988
St. Vincent & die Grenadinen	1988	1988
Suriname	1965	1929
Trinidad & Tobago	1962	1963
Turks- & Caicos-Inseln	1996	1998
USA	1961	1913

CAF

Voller Name: Confédération Africaine de Football (Vereinigung der Fußballverbände Afrikas)
Gründung: 1956 (offizielles FIFA-Mitglied seit 1957)
Adresse: 3 Abdel Khalek Sarwat Street, El Hay El Motamayez, 6th October City, Ägypten; www.cafonline.com
Präsident: Issa Hayatou, Kamerun
Generalsekretär: Mustapha Fahmy, Ägypten
Ehemalige Präsidenten:
Abdel Aziz Abdallah Salem, Ägypten (1957-1958)
Abdel Aziz Mostafa, Ägypten (1958-1968)
Abdel Halim Mohamed, Sudan (1968-1972)
Ydnekatchew Tessema, Äthiopien (1972-1987)
Abdel Halim Mohamed, Sudan (1987-1988)
Wichtige Wettbewerbe:
Männer: CAF Nations Cup (Afrikameisterschaft), CAF Champions League, CAF Confederation Cup, African Youth Championship, Super Cup, Fußballturnier der Afrikaspiele
Frauen: African Women's Championship
FIFA WM-Endrundenplätze: 5
FIFA WM-Ausrichtungen: –
FIFA WM-Titel: –
FIFA WM-Endrundenteilnahmen: 28

Landesverbände	CAF-Beitritt	FIFA-Beitritt
Ägypten	1957	1923
Algerien	1964	1963
Angola	1980	1980
Äquatorialguinea	1986	1986
Äthiopien	1957	1953
Benin	1969	1962
Botsuana	1976	1976
Burkina Faso	1964	1964
Burundi	1972	1972
Côte d'Ivoire	1960	1961
Dschibuti	1994	1994
Eritrea	1988	1998
Gabun	1986	1963
Gambia	1966	1966
Ghana	1958	1958
Guinea	1962	1961
Guinea-Bissau	1986	1986
Kamerun	1963	1962
Kap Verde	1986	1986
Kenia	1968	1960
Komoren	2005	2005
Kongo	1966	1962
Kongo DR	1963	1962
Lesotho	1964	1964

>>

Landesverbände	CAF-Beitritt	FIFA-Beitritt
Liberia	1962	1962
Libyen	1965	1963
Madagaskar	1963	1962
Malawi	1968	1967
Mali	1963	1962
Marokko	1959	1959
Mauretanien	1968	1964
Mauritius	1963	1962
Mosambik	1978	1976
Namibia	1992	1992
Niger	1967	1967
Nigeria	1959	1959
Ruanda	1976	1976
Sambia	1964	1964
São Tomé & Príncipe	1987	1986

Landesverbände	CAF-Beitritt	FIFA-Beitritt
Senegal	1963	1962
Seychellen	1986	1986
Sierra Leone	1987	1967
Simbabwe	1980	1965
Somalia	1968	1960
Südafrika	1992	1992
Sudan	1957	1948
Swasiland	1976	1976
Tansania	1964	1964
Togo	1963	1962
Tschad	1964	1988
Tunesien	1960	1960
Uganda	1959	1959
Zentralafrikanische Republik	1965	1963

AFC

Voller Name: Asian Football Confederation (Vereinigung der Fußballverbände Asiens)
Gründung: 1954
Adresse: Jalan 1/155B, Bukit Jalil, 57000 Kuala Lumpur, Malaysia; www.the-afc.com
Präsident: Mohamed bin Hammam, Katar
Generalsekretär: Dato' Paul Mony Samuel, Malaysia
Ehemalige Präsidenten:
Lo Man Kam, Hongkong (1954)
Kwok Chan, Hongkong (1954-1956)
William Sui Tak Louey, Hongkong (1956-1957)
N. C. Chan, Hongkong (1957-1958)
Tunku Abdul Rahman Putra Al-Haj, Malaysia (1958-1977)
Kambiz Atabai, Iran (1977-1978)
Tan Sri Hamzah Abu Samah, Malaysia (1978-1994)
Ahmad Shah, Malaysia (1994-2002)
Wichtige Wettbewerbe:
Männer: AFC Asian Cup (Asienmeisterschaft), AFC Champions League, AFC Cup, AFC Youth Championship, Fußballturnier der Asienspiele
Frauen: AFC Women's Asian Cup
FIFA WM-Endrundenplätze: 4 (kann auf 5 steigen, da in Play-off-Spielen zwischen einer AFC- und einer CONCACAF-Mannschaft ein weiterer Endrundenplatz ausgespielt wird)
FIFA WM-Ausrichtungen: Korea / Japan 2002
FIFA WM-Titel: –
FIFA WM-Endrundenteilnahmen: 25

Landesverbände	AFC-Beitritt	FIFA-Beitritt
Afghanistan	1954	1948
Australien	2006	1963
Bahrain	1970	1966

Landesverbände	AFC-Beitritt	FIFA-Beitritt
Bangladesch	1974	1974
Bhutan	1993	2000
Brunei	1970	1969
China	1974	1934
Guam	1992	1996
Hongkong	1954	1954
Indien	1937	1948
Indonesien	1954	1952
Irak	1971	1950
Iran	1958	1945
Japan	1954	1929
Jemen	1980	1980
Jordanien	1974	1958
Kambodscha	1957	1953
Katar	1972	1970
Kirgisistan	1980	1952
Korea DVR	1954	1958
Korea Republik	1954	1948
Kuwait	1962	1962
Laos	1980	1952
Libanon	1964	1935
Macau	1978	1978
Malaysia	1958	1956
Malediven	1986	1986
Mongolei	1998	1998
Myanmar	1954	1957
Nepal	1971	1970
Oman	1979	1980
Osttimor	2002	2005
Pakistan	1954	1948
Palästina	1998	1998
Philippinen	1954	1928
Saudi-Arabien	1959	1959

<<

Landesverbände	AFC-Beitritt	FIFA-Beitritt
Singapur	1954	1952
Sri Lanka	1969	1950
Syrien	1969	1937
Tadschikistan	1994	1994
Taiwan	1955	1954
Thailand	1957	1925
Turkmenistan	1994	1994
Usbekistan	1994	1994
Vereinigte Arabische Emirate	1974	1972
Vietnam	1964	1964

OFC

Voller Name: **O**ceania **F**ootball **C**onfederation (Vereinigung der Fußballverbände Ozeaniens)

Gründung: 1966 (1996 von der FIFA vollständig als Kontinentalföderation anerkannt)

Adresse: Mount Smart Stadium, Auckland, Neuseeland; www.oceaniafootball.com

Präsident: Reynald Temarii, Tahiti

Generalsekretär: Tai Nicholas, Neuseeland

Ehemalige Präsidenten:
William Walkley, Australien (1968-1970)
Jack Cowie, Neuseeland (1970-1979)
Arthur George, Australien (1979-1982)
Charles J. Dempsey, Neuseeland (1982-2000)
Basil Scarsella, Australien (2000-2003)
Tautulu Roebeck, Samoa (2003-2004)

Wichtige Wettbewerbe: OFC Nations Cup (Ozeanienmeisterschaft), OFC Club Championship

FIFA WM-Endrundenplätze: Es kann sich nur dann eine Mannschaft der OFC für die Endrunde einer FIFA Fußball-Weltmeisterschaft qualifizieren, wenn sie sich als Sieger der ozeanischen Qualifikationsrunden in Play-off-Spielen gegen den Fünften der südamerikanischen Qualifikationsgruppe durchsetzt.

FIFA WM-Ausrichtungen: –

FIFA WM-Titel: –

FIFA WM-Endrundenteilnahmen: 2

Landesverbände	OFC-Beitritt	FIFA-Beitritt
Amerikanisch-Samoa	1993	1998
Cook-Inseln	1994	1994
Fidschi	1966	1963
Neukaledonien	2004	2004
Neuseeland	1966	1948
Papua-Neuguinea	1966	1963
Salomonen	1988	1988
Samoa	1986	1986
Tahiti	1990	1990
Tonga	1994	1994
Vanuatu	1988	1988

SPIELSYSTEME

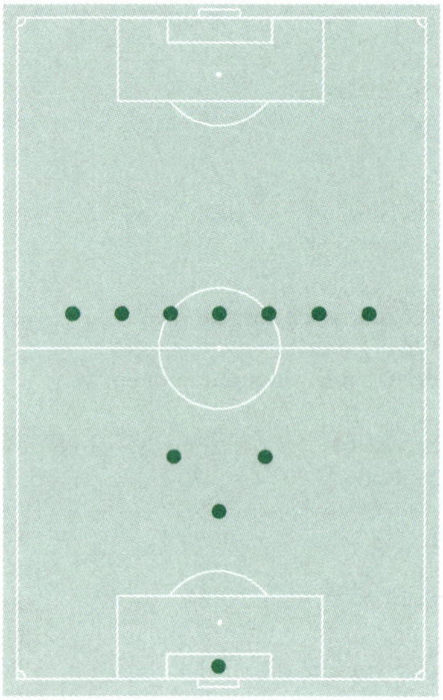

1-1-2-7

Nach der Trennung des Fußballs vom Rugby Mitte des 19. Jahrhunderts wurde mit der 1-1-9-Formation, mit einem Verteidiger, neun Angreifern sowie dem damals noch mitgezählten Torhüter, das erste selbständige Spielsystem kreiert. Der Mitbegründer der englischen Football Association (FA) und Kapitän des Wanderers FC, Charles Alcock, entwickelte später die 1-1-2-7-Formation, in der zwei Stürmer durch zurückhängende Läufer ersetzt wurden. Von einer wirklichen taktischen Grundordnung, die auf das Zusammenwirken der einzelnen Mannschaftsteile setzt, konnte damals allerdings nicht die Rede sein.

Die Verwandtschaft zum Rugby war nicht zu übersehen: Anspiele nach vorn waren zunächst nicht erlaubt, ein Passspiel fand faktisch nicht statt. Der Fußball war geprägt von individualistisch agierenden Dribbelkünstlern, die es mit der Positionstreue nicht so genau nahmen. Es war in der Tat ein Sport, bei dem 22 Männer einer aufgepumpten Lederkugel hinterherliefen. Ging der Ball verloren, verfolgte man seinen Gegenspieler über das ganze Feld. Zudem untersagten die 1863 von der FA festgelegten Richtlinien zwar, den Ball mit der Hand zu führen, wohl aber durfte er aus der Luft gefangen werden. Die Regel wurde erst 1871 abgeschafft. Den Torhütern war es bis 1903 erlaubt, in der eigenen Hälfte auch außerhalb des Strafraums den Ball mit der Hand zu spielen.

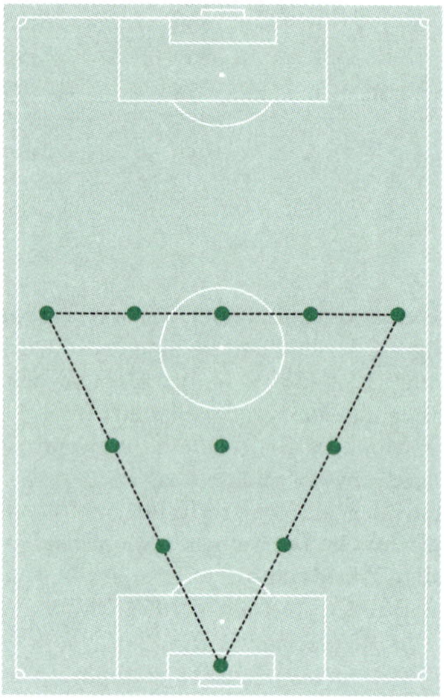

1-2-3-5 (Schottische Furche)

Die 1866 eingeführte Abseitsregel besagte, dass ein vorgerückter Spieler angespielt werden durfte, wenn sich zwischen ihm und der Torlinie im Moment der Ballabgabe mindestens drei Gegner befanden. Als erste Nationalmannschaft machten sich die Schotten diese Neuerung zunutze und entwickelten das „Passing Game", eine 1-2-2-6-Formation mit zwei Verteidigern, zwei Läufern und sechs Stürmern. Ein wichtiger Bestandteil dieses Systems war das Kurzpassspiel. In der Folge wurden Flügelwechsel und lange Pässe in die Spitze als effektive Mittel entdeckt. Stellungsspiel und Raumaufteilung in der Verteidigung gewannen dadurch immer mehr an Gewicht.

Einen frühen Schritt vom individuellen zum kollektiven Stil bedeutete die 1877 kreierte „Schottische Furche" bzw. das „Pyramid System" mit einem Torhüter, zwei Verteidigern, drei Läufern und fünf Stürmern. In diesem System bewegen sich alle Spieler auf einer Linie und bilden ein Dreieck bzw. eine Furche. Eine Schlüsselrolle kommt dabei dem Mittelläufer zu, der sowohl den Angriff unterstützen als auch die fünf Mann starke Defensive organisieren soll.

Die „Schottische Furche" war lange Zeit das beherrschende System im Weltfußball. Noch bei der WM 1930 traten beide Finalteilnehmer mit dieser Formation an. Die Argentinier liefen den passiven, auf Konter lauernden Uruguayern ins offene Messer und unterlagen mit 2:4.

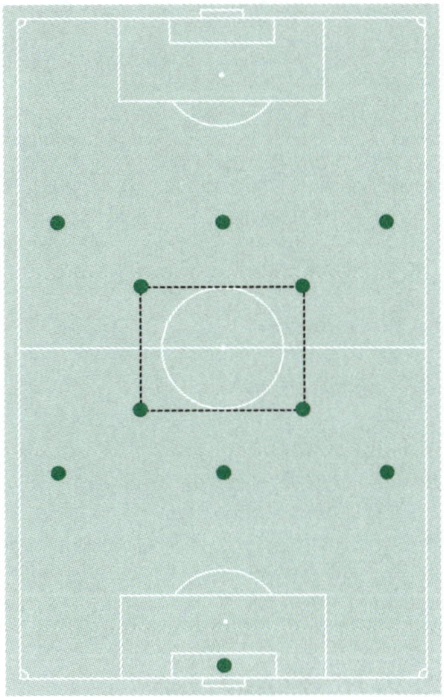

3-2-2-3 (WM-System)

Das „WM-System" wurde 1925 von Herbert Chapman, dem Manager des FC Arsenal, entwickelt und entstand als Folge der erneut modifizierten Abseitsregel. Nun befand sich ein Spieler dann im Abseits, wenn sich im Moment des Zuspiels nicht mindestens zwei Gegner – statt wie bisher drei – zwischen ihm und der Torauslinie befanden. Das Spiel wurde dadurch schneller und insgesamt torreicher. In der englischen First Division stieg der Schnitt der erzielten Tore innerhalb eines Jahres sprunghaft an.

Als Reaktion darauf opferte Chapman einen offensiven Mittelläufer zugunsten eines Vorstoppers, der die Defensive verstärkte. Die Innenverteidiger orientierten sich nach außen und kümmerten sich um die Flügelstürmer, während der Vorstopper absicherte. Gleichzeitig rückten die beiden übrigen Läufer nach innen und zwei der Angreifer ließen sich zurückfallen. Dadurch entstand ein „magisches Viereck", das die gegnerischen Vorstöße durch die Mitte abfing und bei Ballbesitz für ein Übergewicht im Mittelfeld sorgte. Zwischen 1927 und 1938 gewann der FC Arsenal mit dieser Formation fünf Mal die englische Meisterschaft.

In England war das „WM-System" bis in die 1950er Jahre die vorherrschende taktische Formation. Italien wurde 1934 und 1938 mit dem „Metodo", einer Kombination aus „Pyramide" und „WM-System", Weltmeister. Die Azzurri setzten sich gegen die spielerisch überlegenen Mannschaften aus der Tschechoslowakei bzw. Ungarn durch, die beide mit einem 1-2-3-5 antraten.

4-2-4

Brasilien wurde 1958 mit einer 4-2-4-Formation Weltmeister, die binnen eines Jahres von zahlreichen Mannschaften weltweit übernommen wurde. Sie ähnelte stark dem ebenfalls überaus erfolgreichen System, mit dem die Ungarn zuvor für Aufsehen gesorgt hatten. Statt mit einer hängenden Spitze operierten die Brasilianer aber mit zwei vollwertigen zentralen Angreifern, Vava und Pelé. Diese Doppelspitze stellte die gegnerischen Abwehrreihen, in denen üblicherweise nur ein zentraler Manndecker aufgestellt wurde, vor massive Probleme.

Ein weitere wirkungsvolle Neuerung war die offensive Rolle der beiden Außenverteidiger, die sich bei Ballbesitz in den Angriff einschalteten und somit ein 2-4-4 erreichten. Das System setzte auch bei ihnen überdurchschnittliche läuferische und spielerische Fähigkeiten voraus. Dies bedeutete einen gewaltigen Unterschied zum Manndecker klassischer Prägung, dessen Aufgabenbereich darauf beschränkt war, in der eigenen Hälfte Zweikämpfe zu gewinnen und den Ball durch lange Pässe aus der Gefahrenzone zu bringen.

Keiner anderen Mannschaft gelang es, das 4-2-4 so effektiv umzusetzen wie den Brasilianern. Durch die individuelle Stärke der einzelnen Akteure befand sich die Seleção fast ständig im Angriff. Dadurch wurde die wesentliche Schwäche der relativ starren Formation überdeckt: Befand sich die Mannschaft in der Defensive, ergaben sich für den Gegner große Freiräume im Mittelfeld.

4-3-3

Die Brasilianer selbst reagierten als erste auf die Verwundbarkeit ihres eigenen Systems. 1962 traten sie mit einem etwas defensiveren 4-3-3 mit nur noch einem zentralen Angreifer an. Weltweit ging der Trend dahin, das Mittelfeld und damit die Defensive zu verstärken. Folgerichtig sank der Schnitt der erzielten Tore bei den WM-Spielen zwischen 1954 und 1962 von 5,38 auf 2,78.

1966 wurden die Engländer unter ihrem Coach Alf Ramsey mit einer Weiterentwicklung der brasilianischen 4-3-3-Formation Weltmeister. Ramsey verzichtete dabei auf klassische Außenstürmer – ihm standen die entsprechenden Akteure schlicht nicht zur Verfügung – und stellte stattdessen drei zentrale Spitzen auf. Das verstärkte Mittelfeld erlaubte es den Außenverteidigern weiterhin, sich mit in den Angriff einzuschalten.

Zudem führte Ramsey einen ganz neuen Spielertyp ein, den „Sweeper“. Anders als der Libero im italienischen „Catenaccio“ operierte dieser als „Ausputzer“ vor statt hinter der eigenen Abwehr. Bei Ballbesitz rückte er ins Mittelfeld auf und schaffte so ein Übergewicht. Norbert Stiles füllte diese Position bei der WM 1966 hervorragend aus und schaltete u. a. im Halbfinale Portugals Superstar Eusébio aus. Zu diesem Zeitpunkt hatte Ramsey bereits einen Stürmer geopfert und die Grundausrichtung seines Teams nach einer durchwachsenen Vorrunde auf ein 4-4-2 umgestellt, das noch heute zu den gebräuchlichsten Formationen zählt.

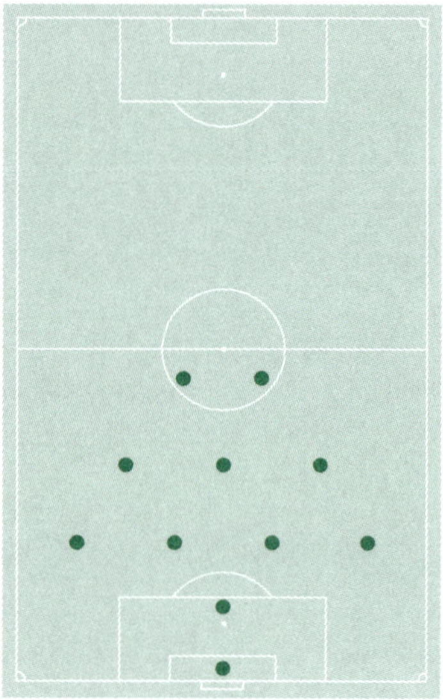

1-4-3-2 (Catenaccio)

Der berüchtigte „Catenaccio“ („Kette, Riegel“) entstand in Folge des Ungleichgewichts in der italienischen Serie A, die von einigen wenigen reichen Vereinen dominiert wurde. 1947 kreierte Nereo Rocco als Coach von US Triestina eine 1-4-3-2-Formation, mit dem der kleine Club auf Anhieb Zweiter wurde. Bei diesem fast schon zynisch zu nennenden System ging es nicht mehr darum, Spiele zu gewinnen, sondern nur noch, sie nicht zu verlieren. Hinter den maximal zwei Stürmern, die ebenfalls weitgehend in der eigenen Hälfte operieren, erwarten drei defensive Mittelfeldspieler die Angriffe des Gegners. Dessen Offensivkräfte werden von vier Verteidigern in enge Manndeckung genommen, hinter denen wiederum ein ausschließlich defensiv orientierter Libero wartet, um eventuelle Fehler seiner Vorderleute zu korrigieren. Diese Verengung des Raumes macht jede Bemühung des Gegners um ein konstruktives Angriffsspiel zunichte. Eigene Offensivanstrengungen finden nur über vereinzelt gesetzte schnelle Konter statt, an denen sich zumeist allenfalls drei Spieler beteiligen.

Aufgrund des Erfolges von US Triestina wurde der „Catenaccio“ schon bald von allen Clubs der Serie A und der Nationalmannschaft übernommen und war bis in die späten 1980er Jahre das vorherrschende System in Italien. Der Hang zu ergebnisorientiertem, zerstörerischem Fußball, der mit dem „Metodo“ der 1930er Jahre eingesetzt hatte, ist bis heute erhalten geblieben.

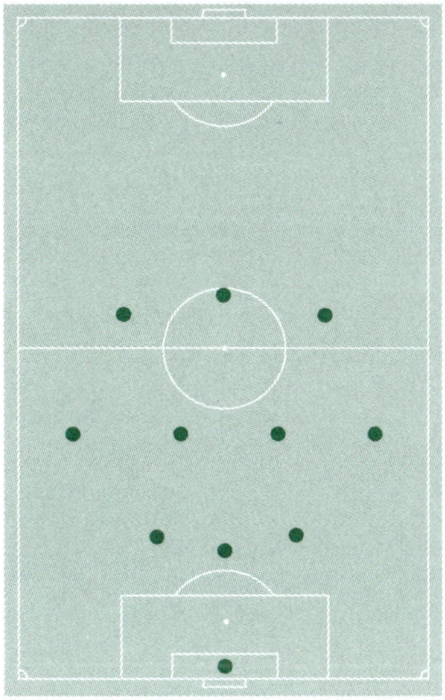

4-4-2

Das 4-4-2 ist seit den späten 1960er Jahren eines der am häufigsten verwendeten Spielsysteme. Der klassische Libero kommt allerdings nur noch selten zum Einsatz und gilt als aussterbende Spezies. Stattdessen hat sich die Viererkette – sofern man über das entsprechende Personal verfügt – als wirkungsvollste Abwehrformation durchgesetzt. Voraussetzung für eine funktionierende Viererkette, die die Abseitsfalle als äußert effektives Mittel einsetzen kann, ist Disziplin und optimales Zusammenspiel der einzelnen Akteure. Speziell die Außenverteidiger müssen eine gewisse technische Qualität mitbringen, um bei Ballbesitz aufrücken und sich mit in den Angriff einschalten zu können.

Die Mittelfeldspieler stellen sich entweder in einer Linie auf, oder aber in Form einer Raute mit je einem defensiv und einem offensiv orientierten Mann in der Zentrale. Sowohl in der Vorwärtsbewegung als auch in der Defensive müssen sich die Außenverteidiger und die Außen im Mittelfeld gegenseitig unterstützen. Durch das Doppeln auf den Flügeln können Überzahlsituationen hergestellt werden, um hinter die gegnerische Abwehrreihe vorzustoßen und die Angreifer im Zentrum mit Flanken zu füttern.

Auch die Stürmer müssen gut miteinander harmonieren. Sie dürfen einerseits nicht zu weit voneinander entfernt spielen, um den Aufbau des Gegners effektiv stören zu können und sich andererseits bei eigenem Ballbesitz nicht in die Quere zu kommen.

3-4-3

Das 3-4-3 ist eine Formation mit deutlich offensiver Grundausrichtung, die sich nur dann empfiehlt, wenn man in allen Mannschaftsteilen mit laufstarken, technisch überragenden Spielern besetzt ist. So wie die Brasilianer, die 2002 mit dieser Aufstellung Weltmeister wurden. Ähnlich wie bei ihrem 4-2-4 von 1958 verstand es die von Felipe Scolari trainierte Nationalmannschaft auch diesmal, die grundsätzlichen Schwächen des Systems durch ihre individuelle Klasse auszugleichen und ihre Gegner permanent unter Druck zu setzen. Dadurch, dass drei Spitzen aufgeboten werden, erlaubt man dem Gegner zwar ein Übergewicht im Mittelfeld, bei Ballgewinn kann aber blitzschnell in den Angriff umgeschaltet werden. Dort verfügte Brasilien mit Ronaldo über einen pfeilschnellen Stoßstürmer. Seine Partner, Ronaldinho und Rivaldo, ließen sich oft ins Mittelfeld zurückfallen und starteten von dort ihre überfallartigen Vorstöße oder setzten Ronaldo mit tödlichen Pässen in die Spitze in Szene.

Der zentrale Mann in der Defensive – in diesem Fall der für seine Vorstöße berüchtigte Lúcio – füllt fast die Position des klassischen Liberos aus und dirigiert seine beiden Manndecker. Die Außen im Mittelfeld müssen schnell von Angriff auf Abwehr umschalten können, um situationsbedingt ein 5-2-3 herstellen zu können. Scolari bot 2002 auf dieser äußerst laufintensiven Position mit Roberto Carlos und Cafú zwei technisch exzellente gelernte Außenverteidiger auf.

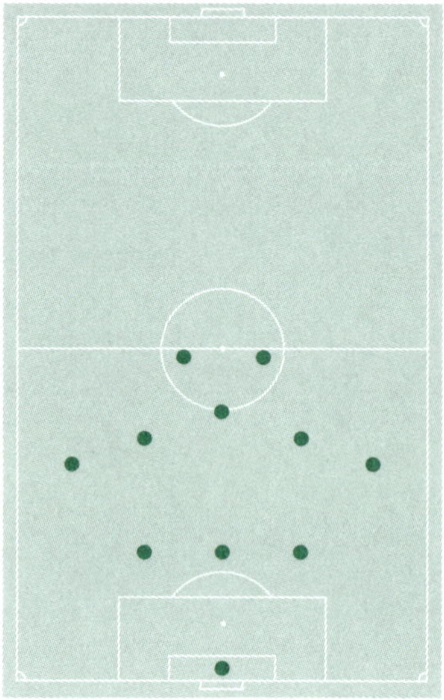

4-2-3-1

Das 4-2-3-1 ist eine auf Konter ausgerichtete Formation mit defensiver Grundtendenz und erfreut sich in den letzten Jahren immer größerer Beliebtheit. U. a. traten Spanien und Portugal bei der EM 2004 mit diesem äußerst flexiblen System an.

Vor der Viererkette machen zwei defensive Mittelfeldspieler die Räume im Zentrum eng. Bei Angriffen des Gegners bilden sie mit den Innenverteidigern eine Box, mit der die Zone, von der aus die meisten Tore erzielt werden, effektiv abgedeckt werden kann. Sie müssen darüber hinaus in der Lage sein, den Spielaufbau zu organisieren und den zentralen Mann im offensiven Mittelfeld zu unterstützen. Dieser sollte sowohl als hängende Spitze eingesetzt werden können als auch über Spielmacherqualitäten verfügen.

Der Erfolg dieses Systems hängt stark von den technischen und läuferischen Fähigkeiten der beiden Außenspieler im Mittelfeld ab. Sie müssen große Räume abdecken und zudem schnell von Abwehr auf Angriff umschalten können, um je nach Situation ein 4-5-1 oder ein 4-3-3 herzustellen. Bei gegnerischem Ballbesitz lassen sie sich zurückfallen und unterstützen die Defensive. Ist die eigene Mannschaft im Angriff, nehmen sie den Part von Außenstürmern ein. Fehlt auf dieser Position die Durchschlagskraft, hängt die einzige echte Spitze zumeist in der Luft. Aufgrund ihrer sehr laufintensiven Rolle kann mit zunehmender Spieldauer die Ermüdung der Außenspieler zum Problem werden.

3-5-2

Das 3-5-2 ist ein relativ neues System, das nur für Mannschaften geeignet ist, deren Spieler überdurchschnittliche Fähigkeiten im taktischen, technischen und athletischen Bereich mitbringen. Die große Stärke der Formation ist die taktische Flexibilität. Gegen Teams, die ein 4-4-2 oder 3-4-3 spielen, kann durch die numerische Überlegenheit im Mittelfeld in allen Spielsituationen schnell ein Übergewicht hergestellt und ein effektives Pressing aufrechterhalten werden. Allerdings muss die Kommunikation innerhalb der einzelnen Mannschaftsteile nahezu perfekt sein, ansonsten kann sich der Gegner die sich ergebenden Räume in der nur drei Mann starken Defensive leicht zunutze machen.

Die Abwehrspieler bleiben stets dicht beieinander und bewegen sich als Einheit über das Feld. In die Offensive schalten sich die Verteidiger nur äußerst selten ein. Oft lässt sich ein Mann aus dem Mittelfeld zurückfallen, um den Spielaufbau aus der eigenen Hälfte heraus zu unterstützen.

Den Links- und Rechtsaußen kommt auch in diesem System eine besondere Bedeutung zu. Je besser die drei Spieler im zentralen Mittelfeld harmonieren und den Gegner unter Druck setzen, desto mehr Freiräume ergeben sich für die Außen. Diese müssen über exzellente Fähigkeiten in Eins-gegen-Eins-Situationen verfügen. Anders als bei der Viererkette werden sie nicht durch Außenverteidiger abgesichert, somit können Ballverluste schnell zu gefährlichen Angriffen des Gegners führen.

BEGRIFFE DER FUSSBALLSPRACHE

Abseits: Die Abseitsregel besagt, dass derjenige Spieler abseits ist, der sich im Moment der Ballabgabe näher an der gegnerischen Torlinie befindet als der Ball und dabei weniger als zwei gegnerische Spieler vor sich hat. Seit 1990 gilt „gleiche Höhe" nicht mehr als Abseits. Es liegt ebenfalls kein Abseits vor, wenn sich der Spieler noch in seiner eigenen Spielfeldhälfte aufhält oder wenn er den Ball direkt aus einem Abstoß, Einwurf oder Eckstoß zugespielt bekommt; vgl. passives Abseits.

Abseitsfalle: Taktisches Mittel der verteidigenden Mannschaft zur Unterbindung des gegnerischen Spielaufbaus. Dazu muss die Abwehrreihe möglichst zeitgleich kurz vor einem Pass des Gegners herauslaufen, so dass sich die angreifenden Stürmer im Abseits befinden. Hierbei liegt das Augenmerk der Abwehrreihe sowohl auf dem ballführenden Spieler als auch auf den zu erwartenden Anspielstationen, da das sog. „Aushebeln" der Abseitsfalle zumeist zu einer hochkarätigen Torchance führt.

Absichtliches Foulspiel: Bezeichnung für ein regelwidriges Spiel, das vorsätzlich begangen wurde. Typische absichtliche Foulspiele sind z. B. ein Handspiel eines Feldspielers, um ein Tor zu verhindern, oder das Festhalten eines gegnerischen Spielers, um einen Konter zu verhindern.

Abstauber: Einen Spieler (meist Stürmer), der Abpraller und Fehler oder Nachlässigkeiten der Abwehr im gegnerischen Strafraum reaktionsschnell ausnutzt, um Tore zu erzielen, nennt man auch Abstauber.

AFC: Abk. für Asian Football Confederation (Verbandsprofil → Seite 18)

Allroundspieler: Die an die Spieler gestellten Aufgaben sind in den letzten Jahrzehnten immer umfassender geworden. Heute werden statt Spezialisten immer mehr Allroundspieler verlangt – also Spieler, die auf nahezu allen Positionen eingesetzt werden können.

Amateur: Ein Amateur ist ein aktiver Fußballspieler, der aufgrund seines Mitgliedschaftsverhältnisses Fußball spielt und als Entschädigung kein Entgelt, sondern nur erlaubte Spesen erhält. Amateure sind berechtigt, an den Olympischen Spielen teilzunehmen.

Ampelkarte: → Gelbe und Rote Karte

Assistenztrainer: → Co-Trainer

ATSB: Abk. für Arbeiter-Turn- und Sport-Bund, deutscher Sport-Dachverband, in dem die meisten deutschen Arbeiter-Turn- und Sportvereine zusammengeschlossen waren. Der ATSB ist 1919 aus dem Arbeiter-Turner-Bund (ATB) hervorgegangen und wurde 1933 aufgelöst.

Ausländerregelung: Bislang gibt es im deutschen Profi-Fußball keine Beschränkung für Spieler aus EU-Ländern. Die Zahl der Nicht-EU-Ausländer war in beiden Bundesligen bis zum Ende der Spielzeit 2004/05 auf fünf begrenzt. Seit der Saison 2005/06 dürfen maximal vier Nicht-EU-Ausländer eingesetzt werden, ab 2006/07 nur noch drei.

Außenrist: Andere Bezeichnung für die Außenseite des Fußrückens; vgl. Innenrist.

Außenseitstoß: Beim Außenseitstoß wird der Ball mit der hinteren Außenseite des Fußes gestoßen.

Außenspannstoß: Beim Außenspannstoß wird der Ball mit der Außenseite des Spanns geschossen.

Außenstürmer: → Linksaußen; → Rechtsaußen

Außenverteidiger: Die Außenverteidiger bilden mit einem oder zwei → Innenverteidigern die Abwehrkette. Ihre Aufgabe ist es u. a., die gegnerischen Außenstürmer zu bewachen sowie die eigenen Angriffsbemühungen auf der Außenseite zu unterstützen.

Auswärtstoreregel: Bei Pokal- oder Entscheidungsspielen werden die Tore aus dem Hin- und Rückspiel addiert. Bei Torgleichheit ist aufgrund der Auswärtstoreregel die Mannschaft eine Runde weiter, die mehr Tore auf dem gegnerischen Platz erzielt hat.

Ball: Der Fußball ist aus Leder oder einem anderen geeigneten Material gefertigt. Er ist kugelförmig und wiegt zwischen 410 und 450 Gramm. Sein Umfang liegt zwischen 68 und 70 cm. Während eines Spiels darf der Ball nur mit Genehmigung des Schiedsrichters ausgewechselt werden.

Bananenflanke: Eine meist halbhohe, mit dem Innenrist geschlagene Flanke, die sich durch den ihr verliehenen Drall vom gegnerischen Torhüter zum Spielfeld hin abdreht und damit dem eigenen Stürmer einen besonders wuchtigen Kopfball ermöglicht.

BDFL: Abk. für Bund Deutscher Fußball-Lehrer, Berufsverband der vom Deutschen Fußball-Bund (DFB) lizenzierten Fußballtrainer mit Fußball-Lehrer-Diplom oder A-Lizenz. Der BDFL wurde 1957 u. a. von Sepp Herberger gegründet und ist heute einer der größten Fußball-Trainerverbände der Welt.

Beachsoccer: Beim Beachsoccer stehen sich fünf Spieler pro Mannschaft gegenüber. Gespielt wird barfuß oder in Socken auf einem 28 x 37 Meter großen Feld, das aus Sand besteht. Die offizielle Spielzeit beträgt 3 x 12 Minuten. Beachsoccer entstand in Brasilien, seit 1995 gibt es jährlich ausgetragene Weltmeisterschaften.

Berufsfußball: → Profifußball

Berufsspieler: → Profispieler

Bogenlampe: Ein besonders gefühlvoll und präzise gehobener Ball, dessen Flugkurve mit einer Bogenlampe vergleichbar ist. Bei dieser Art des Torschusses senkt sich der Ball hinter dem Torwart ins Netz.

Bosman-Urteil: Das nach dem belgischen Fußballspieler Jean-Marc Bosman benannte Urteil besagt, dass Sportler aus EU-Staaten innerhalb des EU-Bereichs nicht als Ausländer gelten. Lizenzspieler, deren Vertrag bereits abgelaufen ist, können nach diesem Beschluss den Verein ablösefrei wechseln. Das Bosman-Urteil trat im Dezember 1995 in Kraft.

CAF: Abk. für Confédération Africaine de Football (Verbandsprofil → Seite 17)

Cheftrainer: Der verantwortliche, leitende Trainer einer Mannschaft, der diese in körperlicher sowie taktischer Hinsicht systematisch auf Wettkämpfe vorbereitet. Er wird dabei, besonders im sportlichen Bereich, zumeist von einem → Co-Trainer und einem Torwarttrainer unterstützt.

Coach: → Trainer

Coachingzone: Abgegrenzter Bereich außerhalb des Spielfelds, der sich in der Regel einen Meter auf jeder Seite über die Breite der Ersatzbank hinaus und bis einen Meter an die Seitenlinie heran erstreckt. Von der Coachingzone aus können Trainer und medizinische Betreuer auf die Spieler einwirken; Syn. technische Zone.

CONCACAF: Abk. für Confederación Norte-/Centroamericana y del Caribe de Fútbol (Verbandsprofil → Seite 16)

CONMEBOL: Abk. für Confederación Sudamericana de Fútbol (Verbandsprofil → Seite 16)

Co-Trainer: Der zweite verantwortliche Trainer einer Mannschaft, der den → Cheftrainer nicht nur bei der Wettkampfvorbereitung und beim Coachen der Spiele unterstützt, sondern auch häufig z. B. bei der Beobachtung kommender Gegner; Syn. Assistenztrainer.

Debüt: Der erste öffentliche Einsatz eines Spielers (Debütanten) auf nationaler oder internationaler Ebene.

DFB: Abk. für Deutscher Fußball-Bund (Verbandsprofil → Seite 53)

DFL: → Ligaverband

DFV: Abk. für Deutscher Fußball-Verband der DDR (Verbandsprofil → Seite 172)

Direkter Freistoß: Bei „verbotenem Spiel und unsportlichem Betragen" (FIFA-Regelwerk, Regel 12) wird der gegnerischen Mannschaft ein direkter Freistoß an der Stelle zugesprochen, wo sich der Verstoß ereignet hat. Im Unterschied zum → indirekten Freistoß kann ein direkter Freistoß unmittelbar zu einem Tor führen.

Divisionsverfahren: Errechnen des Torquotienten durch Division der erzielten durch die erhaltenen Treffer; wurde 1969 durch das → Subtraktionsverfahren abgelöst.

Double: Gewinn der Meisterschaft und des Pokaltitels innerhalb einer Saison. Holt sich das Team zudem noch einen dritten, internationalen Titel, wird häufig vom „Triple" gesprochen.

Dreierkette: Defensivordnung mit drei Spielern. Eine Sonderstellung in diesem Spielkonzept genießt der Verteidiger auf der zentralen Position, da er seine Nebenleute organisieren muss und dadurch ein hohes Maß an Verantwortung trägt; vgl. Viererkette.

Dropkick: Schlag gegen einen Ball, kurz nachdem dieser den Boden berührt hat. Der Dropkick ist ein anspruchsvoller Schuss, da Timing und Technik stimmen müssen, damit der Ball nicht zu hoch abfliegt.

Eckball: Wird der Ball von einem verteidigenden Spieler über die eigene Torauslinie befördert, gibt es einen Eckball (Eckstoß, Ecke) für die angreifende Mannschaft. Dabei ist der Ball vollständig innerhalb des Viertelkreises derjenigen Eckfahne abzulegen, die der Stelle am nächsten liegt, wo er die Torauslinie überquert hat. Ein Eckball kann direkt zu einem Tor führen.

Ehrenspielführer: Eine vom Deutschen Fußball-Bund (DFB) vergebene Auszeichnung für besonders verdienstvolle Nationalspielerinnen und -spieler. Die bisherigen Titelträger sind Fritz Walter, Uwe Seeler, Franz Beckenbauer, Lothar Matthäus und Bettina Wiegmann.

Einwurf: Ein über die Seitenlinie ins Aus gegangener Ball wird mittels Einwurf wieder ins Spiel gebracht. Eingeworfen wird der Ball von einem Spieler der Partei, die den Ball zuletzt nicht berührt hat. Der Ball muss mit beiden Händen von hinten über den Kopf geworfen werden. Aus einem Einwurf kann kein direktes Tor erzielt werden; vgl. falscher Einwurf.

Elfmeter: Strafe für einen Regelverstoß im Strafraum (z. B. bei Rempeln, Zufallbringen, Handspiel). Der Elfmeter wird von einem beliebigen Spieler der gegnerischen Mannschaft vom Strafstoßpunkt aus geschossen. Alle anderen Akteure, bis auf den Torwart, müssen sich außerhalb des Strafraums aufhalten. Der Torwart muss bis zum Schuss auf seiner Torlinie zwischen den Pfosten bleiben. Außerhalb eines Elfmeterschießens kann ein Elfmeter auch im Nachschuss verwandelt werden; Syn. Strafstoß.

Elfmeterschießen: Seit 1970 statt Losentscheid angewendete Methode, ein bei regulärer Spielzeit (inkl. Verlängerung) unentschiedenes Spiel zu entscheiden. Je fünf Spieler einer Mannschaft schießen abwechselnd oder bis zur Entscheidung, ein Nachschießen ist nicht erlaubt. Steht es nach zehn Schüssen unentschieden, schießt abwechselnd nur noch je ein Spieler pro Mannschaft bis es zu einem Ein-Tor-Vorsprung kommt.

Englische Woche: Bezeichnung für eine Woche mit drei Punktspielen. Der Ausdruck erklärt sich daraus, dass besonders die englischen Teams häufig mehrere Spiele pro Woche bestreiten müssen.

Ermahnung: Der Schiedsrichter hat als vorbeugende Maßnahme die Möglichkeit, eine Ermahnung auszusprechen, um einen Spieler auf eine Regelwidrigkeit hinzuweisen. Die Ermahnung geht der → Verwarnung voraus.

European Club Association (ECA): Im Januar 2008 als Nachfolger der europäischen Club-Interessenvertretung G14 gegründeter Zusammenschluss von 103 Vereinen aus den 53 UEFA-Mitgliedsländern. Die ECA vertritt die Interessen der Vereine gegenüber der FIFA und der UEFA.

Falscher Einwurf: Wurde der Ball nicht regelgerecht eingeworfen, ist er durch einen Spieler der gegnerischen Mannschaft einzuwerfen. Häufiger Fehler beim Einwurf: Es werden nicht beide Hände gebraucht und/oder der Ball wird nicht von hinten über den Kopf geworfen; vgl. Einwurf.

Feldverweis: Grobe Verstöße gegen die sportlichen Regeln können durch den Schiedsrichter mit Ausschluss des Spielers vom weiteren Wettkampf bestraft werden. Der Spieler wird durch Zeigen der Roten Karte des Feldes verwiesen. Ein Feldverweis zieht in der Regel eine Sperre von ein bis vier Spielen nach sich.

Fersenstoß: Beim Fersenstoß wird der Ball mit dem rückwärtigen Teil des Fußes, der Ferse, weg- bzw. weiterbefördert.

FIFA: Abk. für Fédération Internationale de Football Association (Verbandsprofil → Seite 14)

FIFPro: Abk. für Fédération Internationale des Footballeurs Professionnels, 1968 offiziell gegründete internationale Vereinigung zum Schutz der Rechte von Profifußballern mit Sitz in Gouda (Niederlande). Die FIFPro wird von den Verbänden UEFA und FIFA anerkannt.

Forechecking: Spieltaktik, bei der der Gegner so früh wie möglich in seiner eigenen Hälfte angegriffen und unter Druck gesetzt wird, um ihn am Spielaufbau zu hindern. Der Begriff wurde vom Eishockey übernommen.

Freier Mann: → Libero

Freistoß: → direkter Freistoß; → indirekter Freistoß

Futsal: Schnelles, körperloses Spiel, bei dem mit einem kleinen, sprungreduzierten Ball auf zwei Handballtore in einem Spielfeld ohne Bande gespielt wird. Eine Futsal-Mannschaft besteht aus vier Feldspielern und einem Torhüter, die effektive Spielzeit beträgt 2 x 20 Minuten. Der Begriff Futsal ist eine Abkürzung des spanischen Ausdrucks für Hallenfußball „fútbol sala".

Gefährliches Spiel: Kampfweise um den Ball, die die Gefahr in sich birgt, dass dem Spieler (passives gefährliches Spiel) oder dem Gegenspieler eine Verletzung droht. Als gefährliches Spiel sind z. B. Scherenschlag, gestrecktes Bein oder hohes Bein zu betrachten. Solche Aktionen ziehen einen indirekten Freistoß nach sich.

Gelbe Karte: → Verwarnung

Gelbe und Rote Karte: Unsportliches Verhalten eines Spielers wird durch den Schiedsrichter mit einer Verwarnung (optisches Zeichen: Gelbe Karte) bestraft. Begeht der Spieler während des Spiels ein weiteres Vergehen, das „Gelb" nach sich zieht, wird er mit „Gelb-Rot" des Feldes verwiesen: Der Schiedsrichter zeigt erst die Gelbe und unmittelbar danach die Rote Karte. Neben dem Ausschluss aus dem laufenden Spiel zieht „Gelb-Rot" automatisch eine Sperre im darauf folgenden Spiel nach sich.

Golden Goal: Die ursprünglich aus dem Eishockey („Sudden Death") stammende Golden-Goal-Regel wurde zwischen 1996 und 2002 (bis 2003 bei Wettbewerben unter FIFA-Regie) praktiziert. Erzielte bei Spielen mit K.-o.-Charakter eine Mannschaft in der Verlängerung ein Tor, wurde das Spiel sofort beendet und die erfolgreiche Mannschaft hatte gewonnen. Das Golden Goal wurde vom so genannten → Silver Goal abgelöst.

Hackentrick: Das Abspielen des Balles mit dem hinteren Teil des Fußes, also mit der Ferse oder dem Absatz, der Hacke. Der Hackentrick wird meist angewendet, um den Gegner zu täuschen.

Halbprofi: Wenn ein „Nichtamateur ohne Lizenz" zusätzlich zur sportlichen Tätigkeit einen Beruf ausübt, spricht man vom Halbprofi-Status; vgl. Amateur, Profispieler.

Hallenfußball: Beim Hallenfußball oder Indoor-Soccer spielen in der Regel fünf gegen fünf oder sechs gegen sechs Spieler auf einer 30 x 15 Meter großen Spielfläche. Neben zahlreichen anderen Abweichungen zum Reglement beim Großfeldfußball (z. B. Spielzeit, Ausrüstung) gibt es beim Hallenfußball kein Abseits.

Hattrick: Dreimaliger Torerfolg eines Spielers innerhalb einer Halbzeit. Es handelt sich aber nur dann um einen Hattrick, wenn die Serie nicht durch einen Torerfolg eines eigenen oder gegnerischen Spielers unterbrochen wurde. Der Ausdruck Hattrick wird auch bei drei Siegen einer Mannschaft in Folge verwendet.

Herbstmeister: Diejenige Mannschaft, die zur Saison-Halbzeit die Tabelle anführt, sichert sich den inoffiziellen Titel des Herbstmeisters.

Hooligan: Bezeichnung für einen gewaltbereiten Fußballfan. Hooligans treten meist in Gruppen auf und sind häufig fanatische Anhänger eines Fußballvereins. Treffen sie bei und im Umfeld von Fußballbegegnungen auf aggressive Fans des gegnerischen Vereins, kommt es häufig zu gewalttätigen Auseinandersetzungen zwischen den rivalisierenden Hooligans und/oder den Sicherheitskräften. Der Begriff Hooligan geht wahrscheinlich auf Patrick Hooligan zurück, der 1898 in London in einem Polizeibericht als Randalierer geführt wurde.

IFAB: Abk. für International Football Association Board, internationale Schiedsrichter- und Regelkommission. Das 1886 in London gegründete IFAB berät und beschließt Änderungen der Fußballregeln. Dem Board gehören acht Mitglieder an: vier FIFA-Vertreter sowie je ein Vertreter aus England, Schottland, Wales und Irland.

Indirekter Freistoß: Strafe für körperliche oder technische Regelverstöße, z. B. bei Verletzung der → Rückpassregel oder bei → Abseits. Im Unterschied zum → direkten Freistoß muss beim indirekten Freistoß der Ball von einem zweiten Spieler berührt werden, bevor ein Tor erzielt werden kann. Der Schiedsrichter zeigt einen indirekten Freistoß durch Heben des Armes an.

Innenrist: Andere Bezeichnung für die Innenseite des Fußrückens; vgl. Außenrist.

Innenseitstoß: Beim Innenseitstoß wird der Ball mit der hinteren Innenseite des Fußes gestoßen. Auf diese Weise kann der Ball über kurze Entfernungen sehr präzise gespielt werden; vgl. Außenseitstoß.

Innenspannstoß: Beim Innenspannstoß wird der Ball mit der Innenseite des Spanns geschossen. Im Gegensatz zum → Innenseitstoß wird der Innenspannstoß häufig für Spielzüge über größere Entfernungen genutzt.

Innenverteidiger: Im Gegensatz zum → Außenverteidiger hat der Innenverteidiger seine Position in der Mitte vor dem Tor, besonders wenn ein Abwehrsystem mit einer → Dreierkette gespielt wird. Sein direkter Gegenspieler ist dann der gegnerische Mittelstürmer. Innerhalb einer → Viererkette füllen zwei zentrale Spieler die Innenverteidigerpositionen aus, die durch die Auflösung der Vorstopper- sowie der Liberoposition entstehen.

Interimstrainer: Trainer, der eine Mannschaft übergangsweise betreut. Ein Interimstrainer kommt häufig bei einer vorzeitigen Trainerentlassung zum Einsatz.

Joker: Einen Spieler, der wiederholt nach später Einwechslung entscheidende Akzente setzen und ein fast verlorenes Spiel sogar noch umbiegen kann, nennt man Joker. Dieser Ausdruck ist dem Kartenspiel entnommen.

Kantersieg: Ein hoher Sieg, der scheinbar mühelos errungen wird. Der Begriff Kanter stammt aus dem Pferdesport (englisch „canter" = kurzer, leichter Galopp) und bedeutet ursprünglich, dass ein Pferderennen gewonnen wird, ohne dass sich das Pferd sonderlich anstrengen muss.

Kerze: Umgangssprachliche Bezeichnung für einen hoch und fast senkrecht in die Luft gespielten Ball. Bei einer Kerze handelt es sich häufig um einen verunglückten Schuss.

Kick-and-Rush: Bei dieser (veralteten) Offensivtaktik wird der Ball eher planlos in Richtung des gegnerischen Strafraums gespielt. Ziel ist es, durch Schnelligkeit und Zufallsmomente zum Torerfolg zu kommen.

Konter: Schneller, aus der Abwehr heraus geführter Gegenangriff. Ein leichtsinniger Ballverlust zieht oft einen gefährlichen Konter der gegnerischen Mannschaft nach sich.

La Ola: La-Ola-Wellen entstehen, wenn bei einem Fußballspiel oder bei anderen großen Menschenansammlungen die Zuschauer aufstehen, die Arme hochreißen und sich wieder hinsetzen. Da die Zuschauer diese Bewegungen zeitlich versetzt ausführen, entwickeln sich „Wellen", die durch das Stadion ziehen. Ihren Ursprung hat die La-Ola-Welle bei der FIFA WM 1986 in Mexiko.

Legionär: Umgangssprachliche Bezeichnung für einen Fußballer, der in einer ausländischen Mannschaft spielt. Bis Mitte der 1970er Jahre wurden vor allem in Italien spielende deutsche Profifußballer als Legionäre bezeichnet.

Libero: Ein ohne direkten Gegenspieler agierender Abwehrspieler. Der Libero hat vorwiegend defensive Aufgaben, soll sich aber auch, wenn es die Situation erfordert, in den Angriff einschalten. Im modernen Profifußball ist der Libero kaum noch anzutreffen. Heute wird in der Regel mit variablen Abwehrketten gespielt, in denen der Flexibilität der Spieler eine entscheidende Bedeutung zukommt; Syn. freier Mann.

Ligaverband: Der Ligaverband wurde Ende 2000 gegründet; er übernahm unter dem Dach des → DFB die Verantwortung für die Lizenzligen. Seit Juli 2001 wird das operative Geschäft von der Deutschen Fußball-Liga GmbH (Sitz: Frankfurt/Main; Abk.: DFL) geführt, die für die 1. und 2. Bundesliga verantwortlich ist.

Linienrichter: Bis 1996 Bezeichnung für einen → Schiedsrichterassistenten.

Linksaußen: Stürmer in der äußersten linken Position, der zusammen mit dem → Rechtsaußen vor allem für die Torvorbereitung zuständig ist. Im modernen Profifußball erstreckt sich ihr Aufgabenbereich mehr als früher auch auf die Defensivarbeit. Zudem agieren heutige Sturmspitzen generell in einem größeren Aktionsradius, indem sie auch auf die Flügel ausweichen und somit die Aufgaben klassischer Außenstürmer miterfüllen.

Linksverteidiger: Der linke äußere Abwehrspieler; vgl. Außenverteidiger.

Lizenzentzug: Unter Lizenzentzug versteht man die Rücknahme einer erteilten Lizenz sowie auch die Verweigerung zur Verlängerung einer Lizenz. Vereine müssen mit einem Lizenzentzug rechnen, wenn sie gegen die Lizenzauflagen verstoßen bzw. wenn sie Verpflichtungen, die sich aus der Lizenz ergeben, nicht einhalten. Der Lizenzentzug im Profi-Spielbetrieb führt in der Regel zu einem Zwangsabstieg in eine untere Liga.

Lizenzspieler: Frühere Bezeichnung für einen → Nichtamateur mit Lizenz.

Lokalderby: Spiel zweier Mannschaften, die aus derselben Region kommen. Wenn z. B. Borussia Dortmund auf den FC Schalke 04 trifft, spricht man von einem Lokalderby; vgl. Ortsderby.

Lupfer: Hebt ein Spieler den Ball gefühlvoll an und bringt ihn so über den gegnerischen Spieler hinweg ins Netz, handelt es sich um einen Lupfer. Besonders ein herauseilender Torwart bietet sich zum Überlupfen an.

Manndeckung: Abwehrmaßnahme, bei der ein Abwehrspieler einen konkreten gegnerischen Gegenspieler eng bewacht. Die Manndeckung wird vor allem zur effektiven Ausschaltung des gegnerischen Spielmachers oder Mittelstürmers angewandt; vgl. Raumdeckung.

Mittelfeldregisseur: → Spielmacher

Mittelfeldspieler: Spieler einer Mannschaft, der die Verbindung zwischen Angriff und Verteidigung herstellt. Je nach Position und Taktik unterscheidet man Flügelmittelfeldspieler (linker und rechter Flügel), zentrale Mittelfeldspieler (im Platzzentrum) sowie defensive und offensive Mittelfeldspieler. Während offensive Mittelfeldspieler hinter den Sturmspitzen spielen und auch selbst in den Strafraum eindringen, um Tore zu erzielen, verstärken defensive Mittelfeldspieler die Abwehr und schalten sich seltener in den Angriff ein. Sie sind aber auch für den Spielaufbau aus der eigenen Hälfte verantwortlich.

Mittelstürmer: Der zentrale Angreifer einer Mannschaft, der sich am weitesten in die Spitze orientiert und im gegnerischen Strafraum auf Anspiele und Flanken wartet. Der klassische Mittelstürmer, der sich alleine in der Mitte des Spielfeldes und vor dem gegnerischen Tor aufhält, wurde allerdings weitestgehend abgelöst vom flexiblen Mittelstürmer, der auch auf die Flügel ausweicht; vgl. Linksaußen.

Nachspielzeit: Die Erweiterung der Wettkampfdauer über die reguläre Spielzeit hinaus (nach 90 bzw. 120 Minuten). Durch die Nachspielzeit sollen die, während des Spiels aufgetretenen Verzögerungen (z. B. wegen Verletzungen) ausgeglichen werden. Die Dauer der Nachspielzeit liegt im Ermessen des Schiedsrichters.

Nichtamateur: Man unterscheidet zwischen dem „Nichtamateur mit Lizenz" und dem „Nichtamateur ohne Lizenz". Im Unterschied zum → Amateur erhalten beide von ihrem Verein über ihre nachgewiesenen Auslagen hinaus eine Vergütung oder einen anderen geldwerten Vorteil. Der „Nichtamateur mit Lizenz" – früher Lizenzspieler genannt – betreibt das Fußballspiel aufgrund eines mit einem Lizenzverein geschlossenen Lizenzvertrages. Der „Nichtamateur ohne Lizenz" – früher Vertragsamateur genannt – ist Mitglied in einem Verein und hat darüber hinaus einen schriftlichen Vertrag mit seinem Verein abgeschlossen.

Notbremse: Eine Notbremse wird oft als letzte Möglichkeit gewählt, einen allein durchlaufenden Spieler durch ein grobes Foul oder Festhalten am Torschuss zu hindern. Im Strafraum wird eine solche unsportliche Aktion mit → Strafstoß geahndet. Verhindert ein Spieler mit seiner Notbremse eine eindeutige Torchance, erhält er dafür einen → Feldverweis.

ÖFB: Abk. für Österreichischer Fußball-Bund (Verbandsprofil → Seite 212)

OFC: Abk. für Oceania Football Confederation (Verbandsprofil → Seite 19)

Ortsderby: Spiel zweier Mannschaften, die in demselben Ort bzw. derselben Stadt beheimatet sind. Ein Ortsderby ist ein besonders spannendes Spiel, da häufig langjährige Lokalrivalen aufeinander treffen. Im Münchener Ortsderby z. B. trifft der TSV München 1860 auf den FC Bayern München; vgl. Lokalderby.

Passives Abseits: Nicht strafbare Abseitsstellung eines Spielers. Befindet sich ein Spieler im passiven Abseits, erfüllt er zwar alle Bedingungen für eine Abseitsposition, greift dabei aber nicht aktiv in das Spiel ein. D. h., er berührt den Ball nicht und behindert oder irritiert keine gegnerischen Spieler. In diesem Fall läuft das Spiel weiter.

Pflichtspiel: Im Unterschied zu Freundschaftsspielen sind Vereine bei Pflichtspielen daran gebunden, am festgesetzten Termin zu einem Spiel anzutreten. Bei Pflichtspielen handelt es sich in der Regel um Punkt- oder Pokalspiele im nationalen und internationalen Rahmen.

Platzverweis: → Feldverweis

Play-off-Runde: Ausscheidungskampf in einem Wettbewerb. Die Play-off-Runde folgt in der Regel auf die Hauptrunde, durch deren Abschlusstabelle die teilnehmenden Mannschaften ermittelt werden. Z. B. in Österreich und in der Schweiz wird das Team Landesmeister, das im Meister-Play-off am erfolgreichsten ist.

Powerplay: Gemeinsames, anhaltendes Anstürmen (fast) aller Feldspieler auf das gegnerische Tor im Verteidigungsdrittel des Gegners. Die Bezeichnung Powerplay wurde vom Eishockey übernommen.

Pressing: Aggressive Spielweise, mit der der Gegner bereits beim Spielaufbau unter Druck gesetzt wird. Indem der ballführende Gegner mit einem bzw. mehreren Spielern angegriffen wird, wird sein Spiel- und Handlungsraum stark verengt. Das Pressing erfordert hohe Aufmerksamkeit und ein effektives Zusammenspiel aller Mannschaftsteile. Mittelfeldspieler und Verteidiger müssen nachrücken, um die Passwege des Gegners zuzustellen.

Profifußball: Das organisierte, aktive Betreiben des Fußballs zum vorwiegenden Zweck der Existenzsicherung. Profifußball gab es zuerst in England ab 1885. In den meisten anderen europäischen Ländern, mit Ausnahme Deutschlands, erfolgte der Durchbruch des Profifußballs Anfang der 1930er Jahre. In Deutschland existiert der Profifußball erst seit 1963, dem Gründungsjahr der 1. Bundesliga; Syn. Berufsfußball.

Profispieler: Spieler, der das Fußballspiel berufsmäßig, also gegen Entgelt ausübt. Die meisten Fußballspieler sind → Amateure; Syn. Berufsspieler.

Punktspiel: Ein Wettkampf im Rahmen einer Meisterschaft, dessen Ergebnis mit Punkten bewertet wird. Seit der Saison 1995/96 erhält die siegreiche Mannschaft pro Spiel drei Pluspunkte, ein Unentschieden je einen Pluspunkt.

Raumdeckung: Abwehrmaßnahme, bei der im Unterschied zur → Manndeckung ein Abwehrspieler nicht für einen bestimmten Gegner, sondern für einen bestimmten Spielfeldabschnitt zuständig ist. Der Verteidiger muss den jeweils in seinem Raum spielenden Gegner beobachten und bewachen. Die Raumdeckung wurde weitestgehend durch die kombinierte Deckung ersetzt, die eine Mischung aus Mann- und Raumdeckung darstellt.

Rechtsaußen: Stürmer in der äußersten linken Position, der zusammen mit dem → Rechtsaußen vor allem für die Torvorbereitung zuständig ist; vgl. Linksaußen.

Rechtsverteidiger: Der rechte äußere Abwehrspieler; vgl. Außenverteidiger.

Relegationsspiel: Spiel, das nach Abschluss einer Saison über Auf- oder Abstieg entscheidet. Meist wird ein Relegationsspiel mit Hin- und Rückspiel ausgetragen. Der Ausdruck Relegation wird seit 1982 im deutschen Fußball verwendet. Er tauchte damals nach Einführung der eingleisigen 2. Bundesliga im Zusammenhang mit dem Aufstieg in die 1. Bundesliga auf.

Rote Karte: → Feldverweis

Rückpassregel: Die Rückpassregel besagt, dass der Torwart einen Ball, den ihm ein Spieler der eigenen Mannschaft absichtlich mit dem Fuß zugespielt hat, nicht mit den Händen aufnehmen darf. Tut er das doch, gibt es für den Gegner einen → indirekten Freistoß.

Schiedsrichter: Regelkundiger unparteiischer Leiter eines Fußballspiels, der Entscheidungsbefugnis über das Spielgeschehen hat. Die Entscheidungen des Schiedsrichters sind → Tatsachenentscheidungen, d. h., sie sind unumstößlich. Unterstützt wird der Schiedsrichter von zwei → Schiedsrichterassistenten.

Schiedsrichterassistent: Die beiden Schiedsrichterassistenten unterstützen den → Schiedsrichter. Sie signalisieren u. a. Abseits, Abstoß, Eckball, Einwurf, regelwidriges Verhalten und Spielerauswechslung. Die Entscheidungen der Schiedsrichterassistenten sind anfechtbar, d. h., der Schiedsrichter kann sie ablehnen.

Schwalbe: Dieser Ausdruck bezeichnet das absichtliche Sich-Fallen-Lassen im Strafraum des Gegners, um einen Elfmeter zu erhalten. Dieses unsportliche Verhalten wird, je nach Eindeutigkeit, mit einer Verwarnung geahndet.

Scorerpunkt: Die im Fußball nur inoffiziell vergebenen Scorerpunkte stammen ursprünglich aus dem Eishockey. Dort erhält nicht nur jeder Torschütze (Scorer) für einen Treffer einen Punkt, sondern auch derjenige Spieler, der mit seinem Zuspiel dem Torschützen die Vorlage zum Torschuss gab.

Sechs-Sekunden-Regel: Der Torhüter muss den Ball innerhalb von sechs Sekunden freigeben. Wartet er länger, erhält die gegnerische Mannschaft einen → indirekten Freistoß. Die Sechs-Sekunden-Regel hat im Jahr 2000 die Vier-Schritte-Regel ersetzt.

SFV: Abk. für Schweizerischer Fußballverband (Verbandsprofil → Seite 227)

Silver Goal: Die Silver-Goal-Regel wurde 2002 von der UEFA eingeführt und letztmalig bei der UEFA Fußball-Europameisterschaft 2004 in Portugal angewandt. Sie verband die Prinzipien von reiner → Verlängerung und → Golden Goal. Stand ein Spiel in einer K.-o.-Runde nach 90 Minuten unentschieden, gab es zunächst eine 15-minütige Verlängerung. Die Mannschaft, die am Ende dieser Zusatzzeit führte, war Sieger. Bei Gleichstand folgte eine zweite Verlängerung um 15 Minuten, innerhalb der das erste Tor zum sofortigen Spielende führte. Stand das Spiel nach 120 Minuten immer noch unentschieden, folgte ein → Elfmeterschießen.

Spannstoß: → Vollspannstoß

Spielmacher: Regisseur einer Mannschaft, der das Spiel weitestgehend bestimmt. Ein Spielmacher ist in der Regel ein herausragender Einzelspieler, von dem wichtige Ideen und Impulse ausgehen.

Spitzenstoß: Schusstechnik, bei der der Ball mit der Fußspitze getroffen wird. Wird der Ball mit der Fußspitze weiter verlängert, spricht man vom Spitzeln, z. B. den Ball mit der Fußspitze am Torwart vorbeispitzeln.

Sportinvalide(r): Muss ein Sportler inmitten seiner aktiven Zeit wegen schwerer (Sport-)Verletzungen oder Krankheiten seine Karriere beenden, gilt er als Sportinvalider. Ohne Ausbildung oder entsprechende Absicherung stehen viele Sportler dann vor dem beruflichen und finanziellen Nichts.

Standardsituation: Situation, die während eines Spiels wiederholt vorkommt, z. B. Eck-, Frei- oder Strafstoß. Diese Stöße werden häufig nach einem ähnlichen Schema ausgeführt und innerhalb einer Mannschaft in standardisierter Form trainiert. Sie spielen im Fußball eine wichtige Rolle, da viele Tore aus Standardsituationen entstehen.

Strafstoß: → Elfmeter

Subtraktionsverfahren: Mathematisches Verfahren, das bei Punktgleichheit zum Einsatz kommt. Indem die erhaltenen Tore von den erzielten Toren abzogen (subtrahiert) werden, lässt sich die Tordifferenz ermitteln. Laut Subtraktionsverfahren ist dann die Mannschaft besser platziert, die die größere positive Differenz aufweist; vgl. Divisionsverfahren.

Tackling: Englische Bezeichnung für den Angriff eines Abwehrspielers auf den Ball. Man unterscheidet zwischen Block-Tackling, beim dem der Ball mit dem Fuß oder einem anderen Körperteil abgeblockt wird, und Sliding Tackling, dem gleitenden Hineingrätschen zwischen die Beine des ballführenden Gegners. Beide Tackling-Arten haben die Trennung des Gegners vom Ball zum Ziel.

Tätlichkeit: Grober Angriff auf den Körper des Gegenspielers. Zu den Tätlichkeiten zählen aggressive Verhaltensweisen wie z. B. das Schlagen und Treten. Gefährden sie unmittelbar die Gesundheit des Gegenspielers, werden sie in der Regel vom Schiedsrichter mit → Feldverweis bestraft.

Tatsachenentscheidung: Urteil des Schiedsrichters über Regelverstöße und andere Vorkommnisse während eines Spiels, das im Regelfall nicht anfechtbar ist. Tatsachenentscheidungen sind als Schutz des Schiedsrichters, z. B. bei knappen Abseitsentscheidungen, gedacht; vgl. Videobeweis.

Teamchef: Bezeichnung für einen Trainer ohne Trainerlizenz. In Deutschland und zahlreichen anderen Ländern wird auch der verantwortliche Betreuer der Nationalmannschaft Teamchef genannt.

Technische Zone: → Coachingzone

Torhüter, Torwart: Spieler einer Mannschaft, der Torerfolge des Gegners zu verhindern hat. Der Torhüter darf als einziger Spieler innerhalb des eigenen Strafraums den Ball mit den Händen aufnehmen. In seiner Kleidung hat er sich von den übrigen Feldspielern und vom Schiedsrichter deutlich zu unterscheiden.

Trainer: Person, von der eine Mannschaft trainiert und betreut wird. Ein Trainer muss über eine Trainer-Lizenz verfügen. Die Ausbildung der Fußballtrainer im → DFB erfolgt in vier Ausbildungsstufen, die aufeinander aufbauen: C-, B-, A- und Fußball-Lehrer-Lizenz.

Transferliste: Eine vom → DFB offiziell erstellte Liste, in der sämtliche Spieler aufgeführt sind, die den Verein wechseln möchten, d. h., die an einem Transfer nach Deutschland oder von dort weg interessiert sind. Es gibt zwei Transferperioden, die Ende Januar bzw. Ende August abgeschlossen sind. Die Aufnahme in die Transferliste erfolgt auf Antrag. Erscheint ein Spieler nicht auf der Transferliste oder ist diese bereits geschlossen, ist in Deutschland ein sofortiger Wechsel des Spielers ausgeschlossen.

UEFA: Abk. für Union des Associations Européennes de Football (Verbandsprofil → Seite 15)

Verlängerung: Steht ein Pokal- oder Endspiel nach der regulären Spielzeit unentschieden, gibt es eine Verlängerung von 2 x 15 Minuten. Steht auch nach dieser Verlängerung noch kein Sieger fest, folgt das → Elfmeterschießen; vgl. Nachspielzeit.

Vertragsamateur: Frühere Bezeichnung für einen → Nichtamateur ohne Lizenz.

Vertragsspieler: Frühere Bezeichnung für einen Spieler, der bei einem Verein vertragsmäßig gebunden war und dafür eine Vergütung erhielt. Mit Einführung der Bundesliga 1963/64 wurden aus Vertragsspielern Lizenzspieler; vgl. Nichtamateur.

Verwarnung: Vom Schiedsrichter ausgesprochener Tadel für regelwidriges Verhalten. Bei einer Verwarnung sieht der getadelte Spieler die Gelbe Karte. Erhält er eine zweite Verwarnung, muss er das Spielfeld verlassen; Syn. Gelbe Karte; vgl. Feldverweis.

Videobeweis: Kontrovers diskutierte Möglichkeit, strittige und möglicherweise spielentscheidende Schiedsrichterentscheidungen noch einmal per Videoaufnahme bereits während eines Spiels zu überprüfen. Während dieses Verfahren seit einigen Jahren beim Eishockey ausschließlich bei Torentscheidungen eingesetzt wird, befürchten Kritiker besonders die Ausweitung des Videobeweises auf zu viele Spielbereiche (z. B. Abseits, Elfmeter, Gelbe und Rote Karten), sodass die → Tatsachenentscheidungen der Schiedsrichter in einem ausufernden Maße in Frage gestellt werden könnten.

Viererkette: In modernen Systemen wird oft ohne → Libero, sondern mit einer Formation von vier Abwehrspielern, einer sog. Viererkette, gespielt. Diese Defensivordnung setzt sich aus je zwei Innen- und Außenverteidigern zusammen, zu deren effektiveren Abwehrmethoden häufig die → Abseitsfalle gezählt werden kann.

Vierter Offizieller: Der Vierte Offizielle unterstützt den → Schiedsrichter und die → Schiedsrichterassistenten bei der Spielleitung. Zu seinen Aufgaben gehört u. a. die Kontrolle des Umfelds (Trainer usw.) und der korrekte Verlauf von Ein- und Auswechselungen.

Vollspannstoß: Beim Vollspannstoß wird der Ball mit der vorderen Oberseite des Fußes getroffen. Auf diese Weise kann der Ball fest und platziert geschossen werden.

Vorstopper: Früher bezeichnete man den Abwehrspieler, der den Mittelstürmer der gegnerischen Mannschaft abschirmte, als Vorstopper. Heute wird in der Regel auf den Vorstopper verzichtet und mit Innenverteidiger bzw. Manndecker gespielt; vgl. Manndeckung.

Vorteilsregel: Wenn an einem Spieler ein Foul begangen wird, seine Mannschaft aber dennoch in Ballbesitz bleibt und sich im Vorteil befindet, kann der Schiedsrichter auf eine Unterbrechung des Spiels verzichten.

Werkself: Fußballmannschaft, die finanziell im großen Umfang von einem Unternehmen unterstützt wird. Sponsoring im Fußball dient meist dazu, das Image eines Unternehmens zu verbessern. Eine der bekanntesten Werksmannschaften ist Bayer 04 Leverkusen, deren Sponsor die Bayer AG (Sitz: Leverkusen) ist.

FAKTEN, ZAHLEN, WISSENSWERTES – WELTWEIT

Welt-Rankings

FIFA Teams des Jahres

Jahr	Team
1993	1. Deutschland
	2. Italien
	3. Brasilien
1994	1. Brasilien
	2. Spanien
	3. Schweden
1995	1. Brasilien
	2. Deutschland
	3. Italien
1996	1. Brasilien
	2. Deutschland
	3. Frankreich
1997	1. Brasilien
	2. Deutschland
	3. Tschechien

Jahr	Team
1998	1. Brasilien
	2. Frankreich
	3. Deutschland
1999	1. Brasilien
	2. Tschechien
	3. Frankreich
2000	1. Niederlande
	2. Honduras
	3. Italien
2001	1. Honduras
	2. Kolumbien
	3. Costa Rica
2002	1. Brasilien
	2. Frankreich
	3. Spanien

Jahr	Team
2003	1. Brasilien
	2. Frankreich
	3. Spanien
2004	1. Brasilien
	2. Frankreich
	3. Argentinien
2005	1. Brasilien
	2. Tschechien
	3. Niederlande
2006	1. Brasilien
	2. Italien
	3. Argentinien
2007	1. Argentinien
	2. Brasilien
	3. Italien

FIFA Aufsteiger des Jahres

Jahr	Team
1993	1. Kolumbien
	2. Portugal
	3. Marokko
1994	1. Kroatien
	2. Brasilien
	3. Usbekistan
1995	1. Jamaika
	2. Trinidad & Tobago
	3. Tschechien
1996	1. Südafrika
	2. Paraguay
	3. Kanada
1997	1. Jugoslawien
	2. Bosnien-Herzegowina
	3. Iran

Jahr	Team
1998	1. Kroatien
	2. Frankreich
	3. Argentinien
1999	1. Slowenien
	2. Kuba
	3. Usbekistan
2000	1. Nigeria
	2. Honduras
	3. Kamerun
2001	1. Costa Rica
	2. Australien
	3. Honduras
2002	1. Senegal
	2. Wales
	3. Brasilien

Jahr	Team
2003	1. Bahrain
	2. Oman
	3. Turkmenistan
2004	1. China
	2. Usbekistan
	3. Côte d'Ivoire
2005	1. Ghana
	2. Äthiopien
	3. Schweiz
2006	1. Italien
	2. Deutschland
	3. Frankreich
2007	1. Mosambik
	2. Norwegen
	3. Neukaledonien

FIFA Frauen-Fussball-Weltrangliste

Während FIFA Teams und FIFA Aufsteiger der Männer anhand der monatlich aktualisierten FIFA/Coca-Cola-Weltrangliste ermittelt werden, existieren diese Rankings bei den Frauen bislang noch nicht. Die FIFA Frauen-Fussball-Weltrangliste wird viermal im Jahr aktualisiert.

Datum	Team
07/2003	1. USA
	2. Norwegen
	3. Deutschland
08/2003	1. USA
	2. Norwegen
	3. Deutschland

Datum	Team
10/2003	1. Deutschland
	2. USA
	3. Norwegen
12/2003	1. Deutschland
	2. USA
	3. Norwegen

Datum	Team
03/2004	1. Deutschland
	2. USA
	3. Norwegen
06/2004	1. Deutschland
	2. USA
	3. Norwegen

>>

<<

Datum	Team
08/2004	1. Deutschland
	2. USA
	3. Norwegen
12/2004	1. Deutschland
	2. USA
	3. Norwegen
03/2005	1. Deutschland
	USA
	3. Norwegen
06/2005	1. Deutschland
	2. USA
	3. Norwegen
09/2005	1. Deutschland
	2. USA
	3. Norwegen
12/2005	1. Deutschland
	2. USA
	3. Norwegen
03/2006	1. Deutschland
	2. USA
	3. Norwegen
05/2006	1. Deutschland
	2. USA
	3. Norwegen
09/2006	1. Deutschland
	2. USA
	3. Norwegen
12/2006	1. Deutschland
	2. USA
	3. Norwegen
03/2007	1. USA
	2. Deutschland
	3. Norwegen
06/2007	1. USA
	2. Deutschland
	3. Schweden
10/2007	1. Deutschland
	2. USA
	3. Brasilien
12/2007	1. Deutschland
	2. USA
	3. Schweden
03/2008	1. USA
	2. Deutschland
	3. Schweden
06/2008	1. USA
	2. Deutschland
	3. Schweden

Die stärkste Liga der Welt

Jahr	Liga
1991	1. Italien
	2. Spanien
	3. England
1992	1. Italien
	2. Spanien
	3. Niederlande
1993	1. Italien
	2. Spanien
	3. Deutschland
1994	1. Italien
	2. Frankreich
	3. Spanien
1995	1. Italien
	2. Spanien
	3. Frankreich
1996	1. Italien
	2. Spanien
	3. Frankreich
1997	1. Deutschland
	2. Italien
	3. Spanien
1998	1. Italien
	2. Brasilien
	3. Spanien
1999	1. Italien
	2. Spanien
	3. England
2000	1. Spanien
	2. England
	3. Italien
2001	1. Spanien
	2. England
	3. Italien
2002	1. Spanien
	2. England
	3. Italien
2003	1. Italien
	2. Spanien
	3. England
2004	1. Spanien
	2. England
	3. Italien
	Brasilien
2005	1. England
	2. Italien
	3. Frankreich
2006	1. Italien
	2. Spanien
	3. England
2007	1. England
	2. Spanien
	3. Italien

Quelle: IFFHS / www.IFFHS.de

Club-Weltrangliste

Jahr	Club	Land
1991	1. AS Rom	Italien
	2. Roter Stern Belgrad	Jugoslawien
	3. Olympique Marseille	Frankreich
1992	1. Ajax Amsterdam	Niederlande
	2. AC Mailand	Italien
	3. Real Madrid	Spanien
1993	1. Juventus Turin	Italien
	2. AC Mailand	Italien
	3. FC Barcelona	Spanien
1994	1. Paris Saint-Germain	Frankreich
	2. AC Parma	Italien
	3. AC Mailand	Italien

>>

<<

Jahr	Club	Land
1995	1. AC Mailand	Italien
	2. Juventus Turin	Italien
	3. Ajax Amsterdam	Niederlande
1996	1. Juventus Turin	Italien
	2. América de Cali	Kolumbien
	3. FC Barcelona	Spanien
1997	1. FC Barcelona	Spanien
	2. Borussia Dortmund	Deutschland
	3. Juventus Turin	Italien
1998	1. Inter Mailand	Italien
	2. Vasco da Gama RJ	Brasilien
	3. FC Bayern München	Deutschland
1999	1. Manchester United	England
	2. Palmeiras São Paulo	Brasilien
	3. AC Parma	Italien
2000	1. Real Madrid	Spanien
	2. Galatasaray Istanbul	Türkei
	3. Boca Juniors BA	Argentinien
2001	1. FC Liverpool	England
	2. FC Barcelona	Spanien
	3. FC Bayern München	Deutschland
2002	1. Real Madrid	Spanien
	2. Manchester United	England
	3. FC Arsenal	England
2003	1. AC Mailand	Italien
	2. Real Madrid	Spanien
	3. FC Santos	Brasilien
2004	1. FC Valencia	Spanien
	2. Boca Juniors BA	Argentinien
	3. Manchester United	England
2005	1. FC Liverpool	England
	2. Inter Mailand	Italien
	3. FC Bayern München	Deutschland
2006	1. FC Sevilla	Spanien
	2. Inter Mailand	Italien
	3. AS Rom	Italien
2007	1. FC Sevilla	Spanien
	2. Manchester United	England
	3. AC Mailand	Italien

Quelle: IFFHS / www.IFFHS.de

FIFA Welt-Fussballer des Jahres

Jahr	Name	Nationalität
1991	1. Lothar Matthäus	Deutschland
	2. Jean-Pierre Papin	Frankreich
	3. Gary Lineker	England
1992	1. Marco van Basten	Niederlande
	2. Hristo Stoitchkov	Bulgarien
	3. Thomas Häßler	Deutschland
1993	1. Roberto Baggio	Italien
	2. Romário	Brasilien
	3. Dennis Bergkamp	Niederlande
1994	1. Romário	Brasilien
	2. Hristo Stoitchkov	Bulgarien
	3. Roberto Baggio	Italien
1995	1. George Weah	Liberia
	2. Paolo Maldini	Italien
	3. Jürgen Klinsmann	Deutschland
1996	1. Ronaldo	Brasilien
	2. George Weah	Liberia
	3. Alan Shearer	England
1997	1. Ronaldo	Brasilien
	2. Roberto Carlos	Brasilien
	3. Dennis Bergkamp	Niederlande
	Zinédine Zidane	Frankreich
1998	1. Zinédine Zidane	Frankreich
	2. Ronaldo	Brasilien
	3. Davor Šuker	Kroatien
1999	1. Rivaldo	Brasilien
	2. David Beckham	England
	3. Gabriel Batistuta	Argentinien
2000	1. Zinédine Zidane	Frankreich
	2. Luis Figo	Portugal
	3. Rivaldo	Brasilien
2001	1. Luis Figo	Portugal
	2. David Beckham	England
	3. Raúl	Spanien
2002	1. Ronaldo	Brasilien
	2. Oliver Kahn	Deutschland
	3. Zinédine Zidane	Frankreich
2003	1. Zinédine Zidane	Frankreich
	2. Thierry Henry	Frankreich
	3. Ronaldo	Brasilien
2004	1. Ronaldinho	Brasilien
	2. Thierry Henry	Frankreich
	3. Andrej Schewtschenko	Ukraine
2005	1. Ronaldinho	Brasilien
	2. Frank Lampard	England
	3. Samuel Eto'o	Kamerun

>>

<<

Jahr	Name	Nationalität
2006	1. Fabio Cannavaro	Italien
	2. Zinédine Zidane	Frankreich
	3. Ronaldinho	Brasilien
2007	1. Kaká	Brasilien
	2. Lionel Messi	Argentinien
	3. Cristiano Ronaldo	Portugal

FIFA Welt-Fussballerinnen des Jahres

Jahr	Name	Nationalität
2001	1. Mia Hamm	USA
	2. Sun Wen	China
	3. Tiffeny Milbrett	USA
2002	1. Mia Hamm	USA
	2. Birgit Prinz	Deutschland
	3. Sun Wen	China
2003	1. Birgit Prinz	Deutschland
	2. Mia Hamm	USA
	3. Hanna Ljungberg	Schweden
2004	1. Birgit Prinz	Deutschland
	2. Mia Hamm	USA
	3. Marta	Brasilien
2005	1. Birgit Prinz	Deutschland
	2. Marta	Brasilien
	3. Shannon Boxx	USA
2006	1. Marta	Brasilien
	2. Kristine Lilly	USA
	3. Renate Lingor	Deutschland
2007	1. Marta	Brasilien
	2. Birgit Prinz	Deutschland
	3. Christiane	Brasilien

Welt-Fußballer des Jahrhunderts

Name	Nationalität
1. Pelé	Brasilien
2. Johan Cruyff	Niederlande
3. Franz Beckenbauer	Deutschland
4. Alfredo Di Stéfano	Argentinien, Spanien
5. Diego Maradona	Argentinien
6. Ferenc Puskás	Ungarn
7. Michel Platini	Frankreich
8. Garrincha	Brasilien
9. Eusébio	Portugal
10. Bobby Charlton	England

Quelle: IFFHS / www.IFFHS.de

Welt-Fußballerinnen des Jahrhunderts

Name	Nationalität
1. Mia Hamm	USA
2. Michelle Akers	USA
3. Heidi Mohr	Deutschland
4. Carolina Morace	Italien
5. Sissi	Brasilien
6. Linda Medalen	Norwegen
7. Ailing Liu	China
8. Kristine Lilly	USA
9. Heidi Støre	Norwegen
10. Pia Sundhage	Schweden

Quelle: IFFHS / www.IFFHS.de

Welt-Torhüter des Jahrhunderts

Name	Nationalität
1. Lew Jaschin	Sowjetunion
2. Gordon Banks	England
3. Dino Zoff	Italien
4. Sepp Maier	Deutschland
5. Ricardo Zamora	Spanien
6. José Luis Chilavert	Paraguay
7. Peter Schmeichel	Dänemark
8. Peter Shilton	England
9. František Plánička	Tschechoslowakei
10. Amadeo Carrizo	Argentinien

Quelle: IFFHS / www.IFFHS.de

Rekord-Nationalspieler der Welt

Name	Nationalität	Zeitraum	Spiele
1. Mohamed Al-Deayea	Saudi-Arabien	1990-2008	181
2. Claudio Suarez	Mexiko	1992-2008	177
3. Hossam Hassan	Ägypten	1985-2008	169
4. Adnan Al-Talyani	V. A. Emirate	1984-1997	164
Cobi Jones	USA	1992-2004	164
6. Sami Al-Jaber	Saudi-Arabien	1992-2008	163
7. Martin Reim	Estland	1992-2008	156
8. Ivan Hurtado	Ecuador	1992-2008	150
Lothar Matthäus	Deutschland	1980-2000	150
10. Ali Daei	Iran	1993-2008	149

Quelle: FIFA; Stand: 01.07.2008

Rekord-Nationalspielerinnen der Welt

Name	Nationalität	Zeitraum	Spiele
1. Kristine Lilly	USA	1987-2008	340
2. Mia Hamm	USA	1987-2004	275
3. Julie Foudy	USA	1988-2004	271
4. Joy Fawcett	USA	1987-2004	239
5. Tiffeny Milbrett	USA	1991-2005	204
6. Brandi Chastain	USA	1988-2005	192
Yunjie Fan	China	1992-2004	192
8. Hege Riise	Norwegen	1990-2004	188
9. Christie Rampone-Pearce	USA	1997-2008	183
10. Lihong Zhao	China	1992-2003	182

Quelle: FIFA; Stand: 01.07.2008

Welt-Torschützen

Berücksichtigt werden neben den Toren der A-Länderspiele auch die Treffer der olympischen Endrunde, der (inter)kontinentalen Club-Wettbewerbe sowie der FIFA Klub-Weltmeisterschaft und der FIFA-Auswahlspiele. Bei Torgleichheit ist der Spieler besser platziert, der mehr Tore in den A-Länderspielen erzielt hat (A-Länderspiel-Tore/sonstige Tore).

Jahr	Name	Verein(e)	Nationalität	Tore
1991	1. Jean-Pierre Papin	Olympique Marseille	Frankreich	16 (7/9)
	2. Gabriel Batistuta	Boca Juniors Buenos Aires, AC Florenz	Argentinien	12 (6/6)
	Darko Pancev	Roter Stern Belgrad	Jugoslawien	12 (6/6)
1992	1. César Obando	Deportivo Motagua	Honduras	12 (12/0)
	2. Dennis Bergkamp	Ajax Amsterdam	Niederlande	12 (7/5)
	3. Raí	FC São Paulo	Brasilien	12 (6/6)
1993	1. Said Al-Owairan	Al-Shabab Riad	Saudi-Arabien	18 (15/3)
	2. Kazuyoshi Miura	Verdy Kawasaki	Japan	16 (16/0)
	3. Luis Alves Zague	FC América	Mexiko	14 (14/0)
1994	1. Hristo Stoitchkov	FC Barcelona	Bulgarien	17 (9/8)
	2. Sun-Hong Hwang	Pohang Atoms	Südkorea	16 (16/0)
	3. Romário	FC Barcelona	Brasilien	15 (10/5)

>>

Jahr	Name	Verein(e)	Nationalität	Tore
<< 1995	1. Jürgen Klinsmann	Tottenham Hotspur, FC Bayern München	Deutschland	17 (6/11)
	2. Mario Jardel	Grêmio Pôrto Alegre	Brasilien	16 (0/16)
	3. Enzo Francescoli	River Plate Buenos Aires	Uruguay	14 (3/11)
1996	1. Ali Daei	Pirouzi Teheran, Al-Sadd Doha	Iran	22 (22/0)
	2. Natipong Sritong-In	Bangkok Bank	Thailand	16 (16/0)
	3. Hernán Crespo	River Plate Buenos Aires	Argentinien	16 (6/10)
1997	1. Ronaldo	FC Barcelona, Inter Mailand	Brasilien	22 (17/5)
	2. Karim Bagheri	Pirouzi Teheran, DSC Arminia Bielefeld	Iran	20 (20/0)
	3. Romário	Flamengo Rio de Janeiro, FC Valencia	Brasilien	19 (19/0)
	Kazuyoshi Miura	Verdy Kawasaki	Japan	19 (19/0)
1998	1. Jassem Al-Houwaidi	Al-Salmiya	Kuwait	20 (20/0)
	2. Gabriel Batistuta	AC Florenz	Argentinien	14 (13/1)
	3. Luis Hernández	Cid Necaxa	Mexiko	13 (13/0)
1999	1. Raúl	Real Madrid	Spanien	14 (10/4)
	2. Rivaldo	FC Barcelona	Brasilien	13 (8/5)
	3. Alex	Palmeiras São Paulo	Brasilien	13 (6/7)
2000	1. Rivaldo	FC Barcelona	Brasilien	21 (8/13)
	2. Romário	Vasco da Gama Rio de Janeiro	Brasilien	21 (7/14)
	3. Ali Daei	Hertha BSC	Iran	20 (18/2)
2001	1. Hani Al-Dhabit Faraj Bait Al-Noobi	Dhofar	Oman	22 (22/0)
	2. Kiatisuk Senamuang	Singapore Armed Forces	Thailand	16 (16/0)
	Archibald Thompson	Marconi Stallions	Australien	16 (16/0)
2002	1. Ruud van Nistelrooy	Manchester United	Niederlande	14 (1/13)
	2. Miroslav Klose	1. FC Kaiserslautern	Deutschland	13 (13/0)
	3. Jon Dahl Tomasson	Feyenoord Rotterdam, AC Mailand	Dänemark	13 (10/3)
2003	1. Thierry Henry	FC Arsenal	Frankreich	15 (11/4)
	2. David Trézéguet	Juventus Turin	Frankreich	15 (8/7)
	3. Raúl	Real Madrid	Spanien	14 (8/6)
2004	1. Ali Daei	Pirouzi Teheran, Saba Battery	Iran	17 (17/0)
	2. Carlos Alberto Tévez	Boca Juniors Buenos Aires	Argentinien	16 (10/6)
	3. Adriano	Inter Mailand	Brasilien	15 (8/7)
2005	1. Adriano	Inter Mailand	Brasilien	18 (10/8)
	2. Wilmer Raynel Neal Velásquez	Olimpia Tegucigalpa	Honduras	15 (13/2)
	3. Ronaldinho	FC Barcelona	Brasilien	14 (7/7)
	Emad Motaeb	National SC Kairo	Ägypten	14 (7/7)
2006	1. Humberto Suazo	Colo Colo Santiago	Chile	17 (4/13)
	2. Peter Crouch	FC Liverpool	England	16 (11/5)
	3. Mohamed Aboutreika	National SC Kairo	Ägypten	14 (3/11)
2007	1. Trésor Mputu Mabi	TP Mazembe	Kongo DR	20 (1/19)
	2. Salvador Cabañas	FC América	Paraguay	18 (4/14)
	3. Juan Román Riquelme	Boca Juniors Buenos Aires	Argentinien	17 (9/8)

Quelle: IFFHS / www.IFFHS.de

Die erfolgreichsten Erst-Liga-Torschützen der Welt

Bei gleicher Torzahl ist der Spieler besser platziert, der diese in weniger Spielen erzielt hat.

Jahr	Name	Verein	Nationalität	Tore
1997	1. Hakan Sükür	Galatasaray Istanbul	Türkei	38
	2. Ronaldo	FC Barcelona	Brasilien	34
	3. Sabin Ilie	Steaua Bukarest	Rumänien	31
1998	1. Iván Kaviedes	Emelec Guayaquil	Ecuador	43
	2. Masashi Nakayama	Jubilo Iwata	Japan	37
	3. Victor Bonilla	Deportivo Cali	Kolumbien	37
1999	1. Mario Jardel	FC Porto	Brasilien	36
	2. Mario Núñez Villarroel	O'Higgins Rancagua	Chile	34
	3. José Cardozo	Deportivo Toluca	Paraguay	33
2000	1. Mario Jardel	FC Porto	Brasilien	38
	2. Eduardo Esidio	Universitario Lima	Brasilien	37
	3. Hamzah Idris Fallateh	Al-Ittihad Jeddah	Saudi-Arabien	33
2001	1. José Alfredo Castillo	Oriente Petrolero	Bolivien	42
	2. Jared Borgetti	Santos Laguna	Mexiko	41
	3. Henrik Larsson	Celtic Glasgow	Schweden	35
2002	1. Joaquín Botero	Bolívar	Bolivien	49
	2. José Alfredo Castillo	Oriente Petrolero	Bolivien	46
	3. Mario Jardel	Sporting Lissabon	Brasilien	42
2003	1. José Cardozo	Deportivo Toluca	Paraguay	58
	2. Claudio Ciccia	Deportivo Cartaginés	Uruguay	39
	3. Mateja Kežman	PSV Eindhoven	Serbien & Montenegro	35
2004	1. Patricio Galaz	CD Cobreloa	Chile	42
	2. Gabriel García	FBC Melgar	Uruguay	35
	3. Washington Stecanela Cerqueira	Atlético Paranaense	Brasilien	34
2005	1. Araújo	Gamba Osaka	Brasilien	33
	2. Fatih Tekke	Trabzonspor	Türkei	31
	3. Dirk Kuijt	Feyenoord Rotterdam	Niederlande	29
2006	1. Klaas Jan Huntelaar	SC Heerenveen, Ajax Amsterdam	Niederlande	35
	2. Humberto Suazo	Colo Colo Santiago	Chile	34
	3. Alfredo Cristiano Jara	Real Potosí	Paraguay	34
2007	1. Afonso Alves	SC Heerenveen	Brasilien	34
	2. Eduardo	Dinamo Zagreb	Kroatien, Brasilien	34
	3. Dmitri Lipartov	JK Trans Narva	Russland	30

Quelle: IFFHS / www.IFFHS.de

Die erfolgreichsten Erst-Liga-Torschützen der Welt aller Zeiten

Name	Liga	Nationalität	Spiele	Zeitraum	Tore
1. Pelé	Brasilien, USA	Brasilien	560	1957-1977	541
2. Josef Bican	Österreich, Tschechosl.	Österreich, Tschechosl.	341	1931-1955	518
3. Ferenc Puskás	Ungarn, Spanien	Ungarn, Spanien	533	1943-1966	511
4. Romário	Brasilien, Niederlande, Spanien, Australien	Brasilien	612	1985-2007	489
5. Roberto Dinamite	Brasilien, Spanien	Brasilien	758	1971-1992	470
6. Imre Schlosser	Ungarn, Österreich	Ungarn	318	1905-1928	417
7. Gyula Zsengéller	Ungarn, Italien, Kolumbien	Ungarn	394	1935-1952	416
8. James McGrory	Schottland	Schottland	408	1922-1938	410
9. Zico	Brasilien, Italien, Japan	Brasilien	596	1971-1994	406
10. Gerd Müller	Deutschland, USA	Deutschland	507	1965-1981	405

Quelle: IFFHS / www.IFFHS.de und eigene Recherchen; Stand: 31.12.2007

Welt-Torhüter

Jahr	Name	Verein	Nationalität
1987	1. Jean-Marie Pfaff	FC Bayern München	Belgien
	2. Rinat Dassajew	Spartak Moskau	Sowjetunion
	3. Walter Zenga	Inter Mailand	Italien
1988	1. Rinat Dassajew	Spartak Moskau	Sowjetunion
	2. Hans van Breukelen	PSV Eindhoven	Niederlande
	3. Walter Zenga	Inter Mailand	Italien
1989	1. Walter Zenga	Inter Mailand	Italien
	2. Michel Preud'homme	KV Mechelen	Belgien
	3. Rinat Dassajew	FC Sevilla	Sowjetunion
1990	1. Walter Zenga	Inter Mailand	Italien
	2. Michel Preud'homme	KV Mechelen	Belgien
	3. Gabelo Conejo	Deportivo Cartaginés	Costa Rica
1991	1. Walter Zenga	Inter Mailand	Italien
	2. Sergio Goycochea	Racing Club Avellaneda	Argentinien
	3. Cláudio Taffarel	AC Parma	Brasilien
1992	1. Peter Schmeichel	Manchester United	Dänemark
	2. Andoni Zubizarreta	FC Barcelona	Spanien
	3. Hans van Breukelen	PSV Eindhoven	Niederlande
1993	1. Peter Schmeichel	Manchester United	Dänemark
	2. Sergio Goycochea	River Plate Buenos Aires	Argentinien
	3. Jorge Campos	UNAM Mexiko City	Mexiko
1994	1. Michel Preud'homme	KV Mechelen	Belgien
	2. Thomas Ravelli	IFK Göteborg	Schweden
	3. Cláudio Taffarel	AC Reggiana	Brasilien
1995	1. José Luis Chilavert	CA Vélez Sarsfield	Paraguay
	2. Peter Schmeichel	Manchester United	Dänemark
	3. Thomas Ravelli	IFK Göteborg	Schweden
1996	1. Andreas Köpke	Eintracht Frankfurt	Deutschland
	2. David Seaman	FC Arsenal	England
	3. José Luis Chilavert	CA Vélez Sarsfield	Paraguay
1997	1. José Luis Chilavert	CA Vélez Sarsfield	Paraguay
	2. Angelo Peruzzi	Juventus Turin	Italien
	3. Peter Schmeichel	Manchester United	Dänemark
1998	1. José Luis Chilavert	CA Vélez Sarsfield	Paraguay
	2. Fabien Barthez	AS Monaco	Frankreich
	3. Edwin van der Sar	Ajax Amsterdam	Niederlande
1999	1. Oliver Kahn	FC Bayern München	Deutschland
	2. Peter Schmeichel	Manchester United	Dänemark
	3. José Luis Chilavert	CA Vélez Sarsfield	Paraguay
2000	1. Fabien Barthez	Manchester United	Frankreich
	2. Oliver Kahn	FC Bayern München	Deutschland
	3. Francesco Toldo	AC Florenz	Italien
2001	1. Oliver Kahn	FC Bayern München	Deutschland
	2. Óscar Córdoba	Boca Juniors Buenos Aires	Kolumbien
	3. Gianluigi Buffon	Juventus Turin	Italien
2002	1. Oliver Kahn	FC Bayern München	Deutschland
	2. Iker Casillas	Real Madrid	Spanien
	3. Rüstü Reçber	Fenerbahce Istanbul	Türkei

>>

<<

Jahr	Name	Verein	Nationalität
2003	1. Gianluigi Buffon	Juventus Turin	Italien
	2. Iker Casillas	Real Madrid	Spanien
	3. Oliver Kahn	FC Bayern München	Deutschland
2004	1. Gianluigi Buffon	Juventus Turin	Italien
	2. Petr Cech	FC Chelsea	Tschechien
	3. Dida	AC Mailand	Brasilien
2005	1. Petr Cech	FC Chelsea	Tschechien
	2. Dida	AC Mailand	Brasilien
	3. Gianluigi Buffon	Juventus Turin	Italien
2006	1. Gianluigi Buffon	Juventus Turin	Italien
	2. Jens Lehmann	FC Arsenal	Deutschland
	3. Petr Cech	FC Chelsea	Tschechien
2007	1. Gianluigi Buffon	Juventus Turin	Italien
	2. Petr Cech	FC Chelsea	Tschechien
	3. Iker Casillas	Real Madrid	Spanien

Quelle: IFFHS / www.IFFHS.de

Die erfolgreichsten Torschützen unter den Torhütern der Welt aller Zeiten

In den Klammern werden Elfmeter- und Feldtore angegeben.

Name	Verein	Nationalität	Tore	
1. Rogério Ceni	FC São Paulo	Brasilien	79	(33/46)
2. José Luis Chilavert	Peñarol Montevideo	Paraguay	62	(45/17)
3. René Higuita	Deportivo Rionegro	Kolumbien	41	(37/4)
4. Jorge Campos	FC Puebla	Mexiko	40	(9/31)
5. Dimitar Ivankov	Kayserýspor	Bulgarien	33	(33/0)
6. Johnny Martin Vegas	Sport Áncash Huaraz	Peru	32	(26/6)
7. Misael Alfaro	CD Isidro Metapan	El Salvador	31	(20/11)
8. Hans-Jörg Butt	Sporting Lissabon	Deutschland	28	(28/0)
9. Marco Cornez	Deportes Iquique	Chile	24	(24/0)
10. Dragan Pantelic	Radnicki Nis	Jugoslawien	22	(21/1)

Quelle: IFFHS / www.IFFHS.de; Stand: 01.07.2008

Welt-Spielmacher

Jahr	Name	Verein	Nationalität
2006	1. Zinédine Zidane	Real Madrid	Frankreich
	2. Ronaldinho	FC Barcelona	Brasilien
	3. Andrea Pirlo	AC Mailand	Italien
2007	1. Kaká	AC Mailand	Brasilien
	2. Andrea Pirlo	AC Mailand	Italien
	3. Lionel Messi	FC Barcelona	Argentinien

Quelle: IFFHS / www.IFFHS.de

Welt-Nationaltrainer

Jahr	Name	Mannschaft	Nationalität
1996	1. Berti Vogts	Deutschland	Deutschland
	2. Bora Milutinovič	Mexiko	Jugoslawien
	3. Jo Bonfrère	Nigeria	Niederlande
1997	1. Mario Zagallo	Brasilien	Brasilien
	2. Javier Clemente	Spanien	Spanien
	3. Glenn Hoddle	England	England
1998	1. Aimé Jacquet	Frankreich	Frankreich
	2. Miroslav Blažević	Kroatien	Kroatien
	3. Guus Hiddink	Niederlande	Niederlande
1999	1. Wanderley Luxemburgo	Brasilien	Brasilien
	2. Jozef Chovanec	Tschechien	Tschechien
	3. Jose Antonio Camacho	Spanien	Spanien
2000	1. Roger Lemerre	Frankreich	Frankreich
	2. Humberto Coelho	Portugal	Portugal
	3. Marcelo Alberto Bielsa	Argentinien	Argentinien
2001	1. Marcelo Alberto Bielsa	Argentinien	Argentinien
	2. Sven-Göran Eriksson	England	Schweden
	3. Roger Lemerre	Frankreich	Frankreich
2002	1. Luiz Felipe Scolari	Brasilien	Brasilien
	2. Guus Hiddink	Südkorea	Niederlande
	3. Senol Günes	Türkei	Türkei
2003	1. Jacques Santini	Frankreich	Frankreich
	2. Karel Brückner	Tschechien	Tschechien
	3. Sven-Göran Eriksson	England	Schweden
2004	1. Otto Rehhagel	Griechenland	Deutschland
	2. Marcelo Alberto Bielsa	Argentinien	Argentinien
	3. Luiz Felipe Scolari	Portugal	Brasilien
2005	1. Carlos Alberto Parreira	Brasilien	Brasilien
	2. Marco van Basten	Niederlande	Niederlande
	3. José Néstor Pekerman	Argentinien	Argentinien
2006	1. Marcello Lippi	Italien	Italien
	2. Raymond Domenech	Frankreich	Frankreich
	3. Jürgen Klinsmann	Deutschland	Deutschland
2007	1. Dunga	Brasilien	Brasilien
	2. Slaven Bilić	Kroatien	Kroatien
	3. Jorvan Vieira	Irak	Brasilien

Quelle: IFFHS / www.IFFHS.de und eigene Recherchen

Welt-Clubtrainer

Jahr	Name	Verein	Nationalität
1996	1. Marcello Lippi	Juventus Turin	Italien
	2. Ramón Díaz	River Plate Buenos Aires	Argentinien
	3. Luis Fernandez	Paris Saint-Germain	Frankreich
1997	1. Ottmar Hitzfeld	Borussia Dortmund	Deutschland
	2. Alex Ferguson	Manchester United	Schottland
	3. Marcello Lippi	Juventus Turin	Italien

>>

<<

Jahr	Name	Verein	Nationalität
1998	1. Marcello Lippi	Juventus Turin	Italien
	2. Jupp Heynckes	Real Madrid	Deutschland
	3. Alex Ferguson	Manchester United	Schottland
1999	1. Alex Ferguson	Manchester United	Schottland
	2. Sven-Göran Eriksson	Lazio Rom	Schweden
	3. Ottmar Hitzfeld	FC Bayern München	Deutschland
2000	1. Carlos Bianchi	Boca Juniors Buenos Aires	Argentinien
	2. Héctor Cúper	FC Valencia	Argentinien
	3. Vicente del Bosque	Real Madrid	Spanien
2001	1. Ottmar Hitzfeld	FC Bayern München	Deutschland
	2. Gerard Houllier	FC Liverpool	Frankreich
	3. Carlos Bianchi	Boca Juniors Buenos Aires	Argentinien
2002	1. Vicente del Bosque	Real Madrid	Spanien
	2. Arsène Wenger	FC Arsenal	Frankreich
	3. Alex Ferguson	Manchester United	Schottland
	Klaus Toppmöller	Bayer 04 Leverkusen	Deutschland
2003	1. Carlos Bianchi	Boca Juniors Buenos Aires	Argentinien
	2. Carlo Ancelotti	AC Mailand	Italien
	3. Marcello Lippi	Juventus Turin	Italien
2004	1. José Mourinho	FC Chelsea	Portugal
	2. Arsène Wenger	FC Arsenal	Frankreich
	3. Didier Deschamps	AS Monaco	Frankreich
2005	1. José Mourinho	FC Chelsea	Portugal
	2. Rafael Benítez	FC Liverpool	Spanien
	3. Frank Rijkaard	FC Barcelona	Niederlande
2006	1. Frank Rijkaard	FC Barcelona	Niederlande
	2. José Mourinho	FC Chelsea	Portugal
	3. Juande Ramos	FC Sevilla	Spanien
2007	1. Carlo Ancelotti	AC Mailand	Italien
	2. Alex Ferguson	Manchester United	Schottland
	3. Juande Ramos	FC Sevilla	Spanien

Quelle: IFFHS / www.IFFHS.de

Welt-Schiedsrichter

Jahr	Name	Nationalität
1987	1. Romualdo Arppi Filho	Brasilien
	2. Alexis Ponnet	Belgien
	3. Luigi Agnolin	Italien
1988	1. Michel Vautrot	Frankreich
	2. Luigi Agnolin	Italien
	3. Alexis Ponnet	Belgien
1989	1. Michel Vautrot	Frankreich
	2. Luigi Agnolin	Italien
	3. Erik Fredriksson	Schweden
1990	1. José Ramiz Wright	Brasilien
	2. Michel Vautrot	Frankreich
	3. George Courtney	England

Jahr	Name	Nationalität
1991	1. Peter Mikkelsen	Dänemark
	2. Joël Quiniou	Frankreich
	José Ramiz Wright	Brasilien
1992	1. Aron Schmidhuber	Deutschland
	2. Juan Carlos Loustau	Argentinien
	3. Peter Mikkelsen	Dänemark
1993	1. Peter Mikkelsen	Dänemark
	2. Joël Quiniou	Frankreich
	3. Sándor Puhl	Ungarn
1994	1. Sándor Puhl	Ungarn
	2. Joël Quiniou	Frankreich
	3. Peter Mikkelsen	Dänemark

>>

Jahr	Name	Nationalität
1995	1. Sándor Puhl	Ungarn
	2. Ion Craciunescu	Rumänien
	3. Pier-Luigi Pairetto	Italien
1996	1. Sándor Puhl	Ungarn
	2. Pier-Luigi Pairetto	Italien
	3. Hellmut Krug	Deutschland
	Leslie William Mottram	Schottland
	Mario van der Ende	Niederlande
1997	1. Sándor Puhl	Ungarn
	2. Peter Mikkelsen	Dänemark
	3. Mario van der Ende	Niederlande
1998	1. Pierluigi Collina	Italien
	2. Saïd Belqola	Marokko
	3. José M. García-Aranda Encinar	Spanien
1999	1. Pierluigi Collina	Italien
	2. Hellmut Krug	Deutschland
	3. Hugh Dallas	Schottland
2000	1. Pierluigi Collina	Italien
	2. Anders Frisk	Schweden
	3. Markus Merk	Deutschland
2001	1. Pierluigi Collina	Italien
	2. Anders Frisk	Schweden
	3. Kim Milton Nielsen	Dänemark
2002	1. Pierluigi Collina	Italien
	2. Urs Meier	Schweiz
	3. Kim Milton Nielsen	Dänemark
2003	1. Pierluigi Collina	Italien
	2. Markus Merk	Deutschland
	3. Urs Meier	Schweiz
2004	1. Markus Merk	Deutschland
	2. Pierluigi Collina	Italien
	3. Anders Frisk	Schweden
2005	1. Markus Merk	Deutschland
	2. Manuel Enrique Mejuto González	Spanien
	3. Ľuboš Micheľ	Slowakei
2006	1. Horacio Elizondo	Argentinien
	2. Ľuboš Micheľ	Slowakei
	3. Markus Merk	Deutschland
2007	1. Markus Merk	Deutschland
	2. Herbert Fandel	Deutschland
	3. Ľuboš Micheľ	Slowakei

Quelle: IFFHS / www.IFFHS.de

Europa-Rankings

Europas Fußballer des Jahres

Jahr	Name	Verein	Nationalität
1956	Stanley Matthews	FC Blackpool	England
1957	Alfredo Di Stéfano	Real Madrid	Argentinien, Spanien
1958	Raymond Kopa	Real Madrid	Frankreich
1959	Alfredo Di Stéfano	Real Madrid	Argentinien, Spanien
1960	Luis Suárez	FC Barcelona	Spanien
1961	Omar Sivori	Juventus Turin	Argentinien, Italien
1962	Josef Masopust	Dukla Prag	Tschechoslowakei
1963	Lew Jaschin	Dynamo Moskau	Sowjetunion
1964	Denis Law	Manchester United	Schottland
1965	Eusébio	Benfica Lissabon	Portugal
1966	Bobby Charlton	Manchester United	England
1967	Flórián Albert	Ferencvaros Budapest	Ungarn
1968	George Best	Manchester United	Nordirland
1969	Gianni Rivera	AC Mailand	Italien
1970	Gerd Müller	FC Bayern München	Deutschland
1971	Johan Cruyff	Ajax Amsterdam	Niederlande
1972	Franz Beckenbauer	FC Bayern München	Deutschland
1973	Johan Cruyff	FC Barcelona	Niederlande
1974	Johan Cruyff	FC Barcelona	Niederlande
1975	Oleg Blochin	Dynamo Kiew	Sowjetunion
1976	Franz Beckenbauer	FC Bayern München	Deutschland

<<

Jahr	Name	Verein	Nationalität
1977	Allan Simonsen	Borussia Mönchengladbach	Dänemark
1978	Kevin Keegan	Hamburger SV	England
1979	Kevin Keegan	Hamburger SV	England
1980	Karl-Heinz Rummenigge	FC Bayern München	Deutschland
1981	Karl-Heinz Rummenigge	FC Bayern München	Deutschland
1982	Paolo Rossi	Juventus Turin	Italien
1983	Michel Platini	Juventus Turin	Frankreich
1984	Michel Platini	Juventus Turin	Frankreich
1985	Michel Platini	Juventus Turin	Frankreich
1986	Igor Belanow	Dynamo Kiew	Sowjetunion
1987	Ruud Gullit	AC Mailand	Niederlande
1988	Marco van Basten	AC Mailand	Niederlande
1989	Marco van Basten	AC Mailand	Niederlande
1990	Lothar Matthäus	Inter Mailand	Deutschland
1991	Jean-Pierre Papin	Olympique Marseille	Frankreich
1992	Marco van Basten	AC Mailand	Niederlande
1993	Roberto Baggio	Juventus Turin	Italien
1994	Hristo Stoitchkov	FC Barcelona	Bulgarien
1995	George Weah	AC Mailand	Liberia
1996	Matthias Sammer	Borussia Dortmund	Deutschland
1997	Ronaldo	Inter Mailand	Brasilien
1998	Zinédine Zidane	Juventus Turin	Frankreich
1999	Rivaldo	FC Barcelona	Brasilien
2000	Luis Figo	Real Madrid	Portugal
2001	Michael Owen	FC Liverpool	England
2002	Ronaldo	Real Madrid	Brasilien
2003	Pavel Nedvěd	Juventus Turin	Tschechien
2004	Andrej Schewtschenko	AC Mailand	Ukraine
2005	Ronaldinho	FC Barcelona	Brasilien
2006	Fabio Cannavaro	Real Madrid	Italien
2007	Kaká	AC Mailand	Brasilien

Europas Fußballer des Jahrhunderts

Name	Nationalität
1. Johan Cruyff	Niederlande
2. Franz Beckenbauer	Deutschland
3. Alfredo Di Stéfano	Argentinien, Spanien
4. Ferenc Puskás	Ungarn
5. Michel Platini	Frankreich

Name	Nationalität
6. Eusébio	Portugal
7. Bobby Charlton	England
8. Stanley Matthews	England
9. Gerd Müller	Deutschland
10. Marco van Basten	Niederlande

Quelle: IFFHS / www.IFFHS.de

Europas Fußballerinnen des Jahrhunderts

Name	Nationalität
1. Heidi Mohr	Deutschland
2. Carolina Morace	Italien
3. Pia Sundhage	Schweden
4. Heidi Støre	Norwegen
5. Linda Medalen	Norwegen

Name	Nationalität
6. Silvia Neid	Deutschland
7. Hege Riise	Norwegen
8. Elisabeth Leidinge	Schweden
9. Elisabetta Vignotto	Italien
10. Gunn Nyborg	Norwegen

Quelle: IFFHS / www.IFFHS.de

Europas Torhüter des Jahrhunderts

Name	Nationalität
1. Lew Jaschin	Sowjetunion
2. Dino Zoff	Italien
3. Gordon Banks	England
4. Ricardo Zamora	Spanien
5. Sepp Maier	Deutschland
6. František Plánička	Tschechoslowakei
7. Peter Schmeichel	Dänemark
8. Peter Shilton	England
9. Gyula Grosics	Ungarn
10. Jean-Marie Pfaff	Belgien

Quelle: IFFHS / www.IFFHS.de

Südamerika-Rankings

Südamerikas Fußballer des Jahres

Jahr	Name	Verein	Nationalität
1971	Tostão	Cruzeiro Belo Horizonte	Brasilien
1972	Teofilo Cubillas	Alianza Lima	Peru
1973	Pelé	FC Santos	Brasilien
1974	Elías Figueroa	Internacional Pôrto Alegre	Chile
1975	Elías Figueroa	Internacional Pôrto Alegre	Chile
1976	Elías Figueroa	Internacional Pôrto Alegre	Chile
1977	Zico	Flamengo Rio de Janeiro	Brasilien
1978	Mario Kempes	FC Valencia	Argentinien
1979	Diego Maradona	Argentinos Juniors	Argentinien
1980	Diego Maradona	Boca Juniors Buenos Aires	Argentinien
1981	Zico	Flamengo Rio de Janeiro	Brasilien
1982	Zico	Flamengo Rio de Janeiro	Brasilien
1983	Sócrates	Corinthians São Paulo	Brasilien
1984	Enzo Francescoli	River Plate Buenos Aires	Uruguay
1985	Julio Romero	Fluminense Rio de Janeiro	Paraguay
1986	Antonio Alzamendi	River Plate Buenos Aires	Uruguay
1987	Carlos Valderrama	Deportivo Cali	Kolumbien
1988	Rubén Paz	Racing Club Avellaneda	Uruguay
1989	Bebeto	Vasco da Gama Rio de Janeiro	Brasilien
1990	Raúl Amarilla	Olimpia Asunción	Paraguay
1991	Oscar Ruggeri	CA Vélez Sarsfield	Argentinien
1992	Raí	FC São Paulo	Brasilien
1993	Carlos Valderrama	Atlético Junior	Kolumbien
1994	Cafú	FC São Paulo	Brasilien
1995	Enzo Francescoli	River Plate Buenos Aires	Uruguay
1996	José Luis Chilavert	CA Vélez Sarsfield	Paraguay
1997	Marcela Salas	River Plate Buenos Aires	Chile
1998	Martín Palermo	Boca Juniors Buenos Aires	Argentinien
1999	Javier Saviola	River Plate Buenos Aires	Argentinien
2000	Romário	Vasco da Gama Rio de Janeiro	Brasilien
2001	Juan Román Riquelme	Boca Juniors Buenos Aires	Argentinien
2002	José Cardozo	Deportivo Toluca	Paraguay
2003	Carlos Alberto Tévez	Boca Juniors Buenos Aires	Argentinien
2004	Carlos Alberto Tévez	Boca Juniors Buenos Aires	Argentinien
2005	Carlos Alberto Tévez	Corinthians SP	Argentinien
2006	Matías Fernández	Colo Colo Santiago	Chile
2007	Salvador Cabañas	FC América	Paraguay

2:0

Südamerikas Fußballer des Jahrhunderts

Name	Nationalität
1. Pelé	Brasilien
2. Diego Maradona	Argentinien
3. Alfredo Di Stéfano	Argentinien, Spanien
4. Garrincha	Brasilien
5. José Moreno	Argentinien
6. Juan Alberto Schiaffino	Uruguay
7. Zico	Brasilien
8. Arsenio Pastor Erico	Paraguay
Elías Figueroa	Chile
10. Zizinho	Brasilien

Quelle: IFFHS / www.IFFHS.de

Südamerikas Fußballerinnen des Jahrhunderts

Name	Nationalität
1. Sissi	Brasilien
2. Pretinha	Brasilien
3. Roseli	Brasilien
Michael Jackson	Brasilien
5. Marcia Taffarel	Brasilien
Lúcia Feitosa	Brasilien
7. Elane	Brasilien
Meg	Brasilien

Quelle: IFFHS / www.IFFHS.de

Südamerikas Torhüter des Jahrhunderts

Name	Nationalität
1. Amadeo Carrizo	Argentinien
2. José Luis Chilavert	Paraguay
3. Ubaldo Fillol	Argentinien
4. Gilmar	Brasilien
5. Ladislao Mazurkiewicz	Uruguay
6. Roque Gastón Máspoli	Uruguay
7. Hugo Gatti	Argentinien
8. René Higuita	Kolumbien
9. Sergio Livingstone	Chile
10. Leão	Brasilien

Quelle: IFFHS / www.IFFHS.de

Nord- und Mittelamerika-Rankings (inkl. Karibik)

Nord- und Mittelamerikas Fußballer des Jahrhunderts

Name	Nationalität
1. Hugo Sánchez	Mexiko
2. Luis Fuente	Mexiko
3. Carlos Hermosillo	Mexiko
4. Horacio Casarin	Mexiko
5. Raul Cardenas	Mexiko
6. Adelino Gonsalves	USA
7. Salvador Reyes	Mexiko
8. Bruce Wilson	Kanada
Dely Valdéz	Panama
10. Jorge González	El Salvador

Quelle: IFFHS / www.IFFHS.de

Nord- und Mittelamerikas Fußballerinnen des Jahrhunderts

Name	Nationalität
1. Michelle Akers	USA
2. Mia Hamm	USA
3. Julie Foudy	USA
Alicia „La Pelé“ Vargas	Mexiko
5. Carin Gabarra-Jennings	USA
6. Joy Fawcett	USA
7. Kristine Lilly	USA
8. Maria Eugenica „La Peque“ Rubio	Mexiko
9. Charmaine Hooper	Kanada
Geraldine Donnelly	Kanada

Quelle: IFFHS / www.IFFHS.de

Nord- und Mittelamerikas Torhüter des Jahrhunderts

Name	Nationalität
1. Antonio Carbajal	Mexiko
2. Gabelo Conejo	Costa Rica
3. Kasey Keller	USA
4. Jorge Campos	Mexiko
5. Henri Francillon	Haiti
6. Raúl Estrada	Mexiko
7. James Kennaway	Kanada
8. Craig Forrest	Kanada
9. Ignacio Calderon	Mexiko
10. Manuel „Tamalón“ Garay	El Salvador

Quelle: IFFHS / www.IFFHS.de

Afrika-Rankings

Afrikas Fußballer des Jahres

Jahr	Name	Verein	Nationalität
1970	Salif Keita	AS Saint-Etienne	Mali
1971	Ibrahim Sunday	Asante Kotoko Kumasi	Ghana
1972	Chérif Souleymane	Hafia FC Conakry	Guinea
1973	Tshimimu Bwanga	TP Mazembe	Zaire
1974	Paul Moukila	CARA Brazzaville	Kongo
1975	Ahmed Faras	SC Chabab Mohammedia	Marokko
1976	Roger Milla	Canon Yaoundé	Kamerun
1977	Tarak Dhiab	Espérance Tunis	Tunesien
1978	Abdul Razak	Asante Kotoko Kumasi	Ghana
1979	Thomas N'Kono	Canon Yaoundé	Kamerun
1980	Jean Manga Onguene	Canon Yaoundé	Kamerun
1981	Lakhdar Belloumi	GCR Mascara	Algerien
1982	Thomas N'Kono	Espanyol Barcelona	Kamerun
1983	Mahmoud Al-Khatib	Al Ahly Kairo	Ägypten
1984	Téophile Abega	FC Toulouse	Kamerun
1985	Mohammed Timoumi	FAR Rabat	Marokko
1986	Badou Zaki	RCD Mallorca	Marokko
1987	Rabah Madjer	FC Porto	Algerien
1988	Kalusha Bwalya	Cercle Brügge	Sambia
1989	George Weah	AS Monaco	Liberia
1990	Roger Milla	CS Saint Denis	Kamerun
1991	Abedi Pele	Olympique Marseille	Ghana
1992	Abedi Pele	Olympique Marseille	Ghana
1993	Abedi Pele	Olympique Lyon	Ghana
1994	George Weah	Paris Saint-Germain	Liberia
1995	George Weah	AC Mailand	Liberia
1996	Nwankwo Kanu	Inter Mailand	Nigeria
1997	Victor Ikpeba	AS Monaco	Nigeria
1998	Mustapha Hadji	Deportivo La Coruña	Marokko
1999	Nwankwo Kanu	FC Arsenal	Nigeria
2000	Patrick Mboma	AC Parma	Kamerun
2001	El-Hadji Diouf	RC Lens	Senegal
2002	El-Hadji Diouf	FC Liverpool	Senegal
2003	Samuel Eto'o	RCD Mallorca	Kamerun
2004	Samuel Eto'o	FC Barcelona	Kamerun
2005	Samuel Eto'o	FC Barcelona	Kamerun
2006	Didier Drogba	FC Chelsea	Elfenbeinküste
2007	Frédéric Kanouté	FC Sevilla	Mali

Afrikas Fußballer des Jahrhunderts

Name	Nationalität
1. George Weah	Liberia
2. Roger Milla	Kamerun
3. Abedi Pele	Ghana
4. Lakhdar Belloumi	Algerien
5. Rabah Madjer	Algerien
6. Theophile Abega	Kamerun
7. Laurent Pokou	Côte d'Ivoire
8. François Omam-Biyik	Kamerun
9. Ahmed Faras	Marokko
10. Finidi George	Nigeria

Quelle: IFFHS / www.IFFHS.de

Afrikas Fußballerinnen des Jahrhunderts

Name	Nationalität
1. Uche Eucharia Ngozi	Nigeria
2. Rita Nwadike	Nigeria
3. Doris Nkiru Okosieme	Nigeria
4. Florence Omagbemi	Nigeria
5. Ann Chiojirie	Nigeria
6. Nana Ama Gyamfuah	Ghana
7. Fikhile Sitole	Südafrika
8. Vivian Mensah	Ghana
9. Mercy Akide	Nigeria
Ann Agumanu	Nigeria

Quelle: IFFHS / www.IFFHS.de

Afrikas Torhüter des Jahrhunderts

Name	Nationalität
1. Joseph Bell	Kamerun
2. Thomas N'Kono	Kamerun
3. Sadok Attouga	Tunesien
4. Badou Zaki	Marokko
5. Mwemba Kazadi	Kongo-Kinshasa, Zaire, Kongo DR
6. Jacques Songo'o	Kamerun
7. Bruce Grobbelaar	Simbabwe
8. Ahmed Shoubeir	Ägypten
9. Alain Gouaméné	Côte d'Ivoire
10. Peter Rufai	Nigeria

Quelle: IFFHS / www.IFFHS.de

Asien-Rankings

Asiens Fußballer des Jahres

Jahr	Name	Nationalität
1988	Ahmed Radhi	Irak
1989	Joo-Sung Kim	Südkorea
1990	Joo-Sung Kim	Südkorea
1991	Joo-Sung Kim	Südkorea
1992	nicht vergeben	
1993	Kazuyoshi Miura	Japan
1994	Said Al-Owairan	Saudi-Arabien
1995	Masami Ihara	Japan
1996	Khodadad Azizi	Iran
1997	Hidetoshi Nakata	Japan
1998	Hidetoshi Nakata	Japan
1999	Ali Daei	Iran
2000	Nawaf Al-Temyat	Saudi-Arabien
2001	Zhiyi Fan	China
2002	Shinij Ono	Japan
2003	Mehdi Mahdavikia	Iran
2004	Ali Karimi	Iran
2005	Hamad Al-Montashari	Saudi-Arabien
2006	Khalfan Ibrahim	Katar
2007	Yasser Al Qahtani	Saudi-Arabien

Asiens Fußballer des Jahrhunderts

Name	Nationalität
1. Bum-Kun Cha	Südkorea
2. Joo-Sung Kim	Südkorea
3. Abdullah Majed	Saudi-Arabien
4. Kazuyoshi Miura	Japan
5. Kunishiege Kamamoto	Japan
6. Said Al-Owairan	Saudi-Arabien
7. Ali Daei	Iran
8. Khodadad Azizi	Iran
9. Ahmed Radhi	Irak
10. Karim Bagheri	Iran

Quelle: IFFHS / www.IFFHS.de

Asiens Fußballerinnen des Jahrhunderts

Name	Nationalität
1. Ailing Liu	China
2. Qing-Mei Sun	China
3. Hong Gao	China
4. Yunjie Fan	China
5. Futaba Kioka	Japan
Myung-Haw Lee	Südkorea
7. Jong-Sung Ko	Nordkorea
8. Etsuko Handa	Japan
9. Takakura Asako	Japan
10. Hong-Lian Zhong	China
Akemi Noda	Japan
Li-Jie Niu	China

Quelle: IFFHS / www.IFFHS.de

Asiens Torhüter des Jahrhunderts

Name	Nationalität
1. Mohammed Al-Deayea	Saudi-Arabien
2. Nasser Hejazi	Iran
3. In-Young Choi	Südkorea
4. Hui-Kang Zhang	China
5. Yubin Fu	China
Hamoud Sultan	Bahrain
Peter Thangaraj	Indien
8. Khaled Al-Fadhli	Kuwait
Mohammed Wafah Saami	Katar
10. Chow Chee Keong	Malaysia

Quelle: IFFHS / www.IFFHS.de

Ozeanien-Rankings

Ozeaniens Fußballer des Jahres

Jahr	Name	Nationalität
1988	Frank Farina	Australien
1989	Wynton Rufer	Neuseeland
1990	Wynton Rufer	Neuseeland
1991	Robert Slater	Australien
1992	Wynton Rufer	Neuseeland
1993	Robert Slater	Australien
1994	Aurelio Vidmar	Australien
1995	Christian Karembeu	Frankreich
1996	Paul Okon	Australien
1997	Mark Bosnich	Australien
1998	Christian Karembeu	Frankreich
1999	Harry Kewell	Australien
2000	Mark Viduka	Australien
2001	Harry Kewell	Australien
2002	Brett Emerton	Australien
2003	Harry Kewell	Australien
2004	Tim Cahill	Australien

Ozeaniens Fußballer des Jahrhunderts

Name	Nationalität
1. Wynton Rufer	Neuseeland
2. Frank Farina	Australien
3. Christian Karembeu	Frankreich
4. Joseph Marston	Australien
5. John Kosmina	Australien
6. Alan Davidson	Australien
7. Robert Slater	Australien
Paul Okon	Australien
9. Reginald Date	Australien
10. Edi Krncevic	Australien

Quelle: IFFHS / www.IFFHS.de

Ozeaniens Fußballerinnen des Jahrhunderts

Name	Nationalität
1. Julie Dolan	Australien
2. Anissa Tann	Australien
3. Julie Murray	Australien
4. Maureen Jacobson	Neuseeland
5. Linda Hughes	Australien
6. Michelle Cox	Neuseeland
7. Sonia Gegenhuber	Australien
8. Marilyn Marshall	Neuseeland
Susan Monteath	Australien
10. Kim Lembryk	Australien

Quelle: IFFHS / www.IFFHS.de

Ozeaniens Torhüter des Jahrhunderts

Name	Nationalität
1. Mark Bosnich	Australien
2. Frank van Hattum	Neuseeland
3. James McNabb	Australien
4. James Taylor	Neuseeland
Mark Schwarzer	Australien

Quelle: IFFHS / www.IFFHS.de

VERBÄNDE

Dachverband des deutschen Fußballs

DFB

Voller Name: **D**eutscher **F**ußball-**B**und
Gründung: 28. Januar 1900
Adresse: Otto-Fleck-Schneise 6, 60528 Frankfurt am Main; www.dfb.de
Präsidenten: Theo Zwanziger
Generalsekretär: Horst R. Schmidt
Ehemalige Präsidenten:
Ferdinand Hueppe (1900-1904)
Friedrich Wilhelm Nohe (1904-1905)
Gottfried Hinze (1905-1925)
Felix Linnemann (1925-1945)
Peco Bauwens (1949-1962)
Hermann Gösmann (1962-1975)
Hermann Neuberger (1975-1992)
Egidius Braun (1992-2001)
Gerhard Mayer-Vorfelder (2001-2006)
Geschichte:
1900: Gründung am 28. Januar in Leipzig durch Vertreter von 86 Vereinen
1903: VfB Leipzig wird erster Deutscher Meister
1904: FIFA-Beitritt
1935: erstmals wird der DFB-Pokal ausgetragen
1940: die Mitgliederversammlung beschließt die Auflösung mit Wirkung vom 1. Juli
1949: Wiederbegründung wird am 1. Juli vom Deutschen Fußball-Ausschuss beschlossen
1954: UEFA-Beitritt
1963: Gründung der 1. Fußball-Bundesliga
1974: TuS Wörrstadt wird erster Deutscher Frauen-Meister
1981: Einführung der eingleisigen 2. Fußball-Bundesliga (Zweigleisigkeit seit 1974)
1990: Beitritt des ehemaligen DDR-Verbands DFV als NOFV (Nordostdeutscher Fußball-Verband)
2000: Gründung des Ligaverbands (Verantwortung für die Lizenzligen)
2008: Einführung der 3. Liga mit 20 Vereinen

Wichtige Aufgaben:
- Organisation des Fußballsports in Meisterschaftsspielen und Wettbewerben der Spielklassen der Regional- und Landesverbände und der Lizenzligen
- Interessenvertretung der Mitgliedsverbände im In- und Ausland - Gesamtverantwortung für die Einheit des deutschen Fußballs
- Gewährleistung der Einhaltung des FIFA Regelwerks
- Durchführung von Dopingkontrollen
- Aufstellung der Nationalmannschaften
- Aus-, Fort- und Weiterbildung von Trainern, Übungsleitern und Schiedsrichtern

Wichtige Wettbewerbe:
Männer: Deutsche Meisterschaft, DFB-Pokal, DFB-Liga-Pokal
Frauen: Deutsche Meisterschaft, DFB-Pokal, DFB-Hallenpokal
Regionalverbände: Norddeutscher Fußball-Verband (NFV), Nordostdeutscher Fußball-Verband (NOFV), Westdeutscher Fußball- und Leichtathletikverband (WFLV), Fußball-Regional-Verband Südwest (FRV Südwest), Süddeutscher Fußball-Verband (SFV)

Spielklassen Männer		**Spielklassen Frauen**	
1.	1. Bundesliga	**1.**	1. Bundesliga
2.	2. Bundesliga	**2.**	2. Bundesliga
3.	3. Liga	**3.**	Regionalliga
4.	Regionalliga	**weitere***	Oberliga
weitere*	Oberliga		
	Verbandsliga		Verbandsliga
	Landesliga		Landesliga
	Bezirksliga		Bezirksliga
	Bezirksklasse		Bezirksklasse
	Kreisliga		Kreisliga
	Kreisklasse		Kreisklasse

* Ab der Oberliga weicht die Spielklassen-Staffelung der Verbände teilweise voneinander ab.

Regionalverbände

Norddeutscher Fußball-Verband (NFV)

Gründung: 15. April 1905
Präsident: Dieter Jerzewski
Adresse: Franz-Böhmert-Straße 16, 28205 Bremen; www.nordfv.de

Landesverbände: Schleswig-Holsteinischer Fußball-Verband (SHFV), Hamburger Fußball-Verband (HFV), Bremer Fußball-Verband (BFV), Niedersächsischer Fußball-Verband (NFV)

Nordostdeutscher Fußball-Verband (NOFV)

Gründung: 20. November 1990
Präsident: Hans-Georg Moldenhauer
Adresse: Fritz-Lesch-Straße 38, 13053 Berlin; www.nofv-online.de

Landesverbände: Landesfußballverband Mecklenburg-Vorpommern (LFV), Fußballverband Sachsen-Anhalt (FSA), Berliner Fußball-Verband (BFV), Fußball-Landesverband Brandenburg (FLB), Thüringer Fußballverband (TFV), Sächsischer Fußball-Verband (SFV)

Westdeutscher Fußball- und Leichtathletikverband (WFLV)

Gründung: 23. Oktober 1898
Präsident: Hermann Korfmacher
Adresse: Friedrich-Alfred-Str. 11, 47055 Duisburg; www.wfl.de

Landesverbände: Fußball-Verband Niederrhein (FVN), Fußball-Verband Mittelrhein (FVM), Fußball-und Leichtathletik-Verband Westfalen (FLVW)

Fußball-Regional-Verband Südwest (FRV Südwest)

Gründung: 24. Juli 1949
Präsident: Hans-Dieter Drewitz
Adresse: www.frv-suedwest.de

Landesverbände: Fußballverband Rheinland (FVR), Saarländischer Fußballverband (SFV), Südwestdeutscher Fußballverband (SWFV)

Süddeutscher Fußball-Verband (SFV)

Gründung: 17. Oktober 1897 (als Verband Süddeutscher Fußball-Vereine)
Präsident: Rolf Hocke
Adresse: Brienner Straße 50, 80333 München; www.sfvmuenchen.de

Landesverbände: Hessischer Fußball-Verband (HFV), Badischer Fußballverband (BFV), Südbadischer Fußball-Verband (SBFV), Württembergischer Fußball-Verband (WFV), Bayerischer Fußball-Verband (BFV)

DEUTSCHER VEREINSFUSSBALL – MÄNNER

Deutsche Meisterschaft

Meisterliste

Saison	Verein
1902/03	VfB Leipzig
1904/05	Union 92 Berlin
1905/06	VfB Leipzig
1906/07	Freiburger FC
1907/08	Viktoria 89 Berlin
1908/09	Phönix Karlsruhe
1909/10	Karlsruher FV
1910/11	Viktoria 89 Berlin

>>

Saison	Verein
1911/12	Holstein Kiel
1912/13	VfB Leipzig
1913/14	SpVgg Fürth
1919/20	1. FC Nürnberg
1920/21	1. FC Nürnberg
1921/22	kein Meister
1922/23	Hamburger SV
1923/24	1. FC Nürnberg
1924/25	1. FC Nürnberg
1925/26	SpVgg Fürth
1926/27	1. FC Nürnberg
1927/28	Hamburger SV
1928/29	SpVgg Fürth
1929/30	Hertha BSC
1930/31	Hertha BSC
1931/32	FC Bayern München
1932/33	Fortuna Düsseldorf
1933/34	FC Schalke 04
1934/35	FC Schalke 04
1935/36	1. FC Nürnberg
1936/37	FC Schalke 04
1937/38	Hannover 96
1938/39	FC Schalke 04
1939/40	FC Schalke 04
1940/41	Rapid Wien
1941/42	FC Schalke 04
1942/43	Dresdner SC
1943/44	Dresdner SC
1947/48	1. FC Nürnberg
1948/49	VfR Mannheim
1949/50	VfB Stuttgart
1950/51	1. FC Kaiserslautern
1951/52	VfB Stuttgart
1952/53	1. FC Kaiserslautern
1953/54	Hannover 96
1954/55	Rot-Weiß Essen
1955/56	Borussia Dortmund
1956/57	Borussia Dortmund
1957/58	FC Schalke 04
1958/59	Eintracht Frankfurt
1959/60	Hamburger SV
1960/61	1. FC Nürnberg
1961/62	1. FC Köln
1962/63	Borussia Dortmund
1963/64	1. FC Köln

Saison	Verein
1964/65	SV Werder Bremen
1965/66	TSV München 1860
1966/67	Eintracht Braunschweig
1967/68	1. FC Nürnberg
1968/69	FC Bayern München
1969/70	Borussia Mönchengladbach
1970/71	Borussia Mönchengladbach
1971/72	FC Bayern München
1972/73	FC Bayern München
1973/74	FC Bayern München
1974/75	Borussia Mönchengladbach
1975/76	Borussia Mönchengladbach
1976/77	Borussia Mönchengladbach
1977/78	1. FC Köln
1978/79	Hamburger SV
1979/80	FC Bayern München
1980/81	FC Bayern München
1981/82	Hamburger SV
1982/83	Hamburger SV
1983/84	VfB Stuttgart
1984/85	FC Bayern München
1985/86	FC Bayern München
1986/87	FC Bayern München
1987/88	SV Werder Bremen
1988/89	FC Bayern München
1989/90	FC Bayern München
1990/91	1. FC Kaiserslautern
1991/92	VfB Stuttgart
1992/93	SV Werder Bremen
1993/94	FC Bayern München
1994/95	Borussia Dortmund
1995/96	Borussia Dortmund
1996/97	FC Bayern München
1997/98	1. FC Kaiserslautern
1998/99	FC Bayern München
1999/00	FC Bayern München
2000/01	FC Bayern München
2001/02	Borussia Dortmund
2002/03	FC Bayern München
2003/04	SV Werder Bremen
2004/05	FC Bayern München
2005/06	FC Bayern München
2006/07	VfB Stuttgart
2007/08	FC Bayern München

Endspiele um die deutsche Meisterschaft vor Einführung der Bundesliga

Datum	Ort	Begegnung	Erg.	Tore
31.05.**1903**	Hamburg-Altona	**VfB Leipzig** - DFC Prag	7:2	0:1 Meyer (22.), 1:1 W. Friedrich (31.), 2:1 A. Friedrich (49.), 3:1 Riso, 3:2 Meyer, 4:2 Stanischewski, 5:2 Stanischewski, 6:2 Riso, 7:2 Riso
21.05.**1905**	Köln	**Union 92 Berlin** - Karlsruher FV	2:0	1:0 Wagenseil (10.), 2:0 Herzog (50.)
27.05.**1906**	Nürnberg	**VfB Leipzig** - 1. FC Pforzheim	2:1	1:0 Blüher (15.), 1:1 Stöhr (26.), 2:1 Riso (85.)
02.06.**1907**	Mannheim	**Freiburger FC** - Viktoria 89 Berlin	3:1	1:0 Dr. Glaser (30., E), 1:1 Röpnack (43., E), 2:1 Burkart (57.), 3:1 Burkart
07.06.**1908**	Berlin	**Viktoria 89 Berlin** - Stuttgarter Kickers	3:1	1:0 Worpitzky (6.), 2:0 Worpitzky (84.), 2:1 Ahorn (86.), 3:1 Röpnack (89.)
30.05.**1909**	Breslau	**Phönix Karlsruhe** - Viktoria 89 Berlin	4:2	0:1 Worpitzky (16.), 1:1 Beier (30.), 2:1 Noe (34.), 3:1 Leibold (55.), 4:1 Noe (65.), 4:2 Röpnack (83.)
15.05.**1910**	Köln	**Karlsruher FV** - Holstein Kiel	1:0 n. V.	1:0 Breunig (114., E)
04.06.**1911**	Dresden	**Viktoria 89 Berlin** - VfB Leipzig	3:1	1:0 Worpitzky (42.), 2:0 Kugler (52.), 2:1 Riso (82.), 3:1 Worpitzky (88.)
26.05.**1912**	Hamburg	**Holstein Kiel** - Karlsruher FV	1:0	1:0 Möller (52., E)
11.05.**1913**	München	**VfB Leipzig** - Duisburger SpV	3:1	1:0 Pendorf (9.), 2:0 Pömpner (15.), 3:0 Büscher (60., ET), 3:1 H. Fischer (75.)
31.05.**1914**	Magdeburg	**SpVgg Fürth** - VfB Leipzig	3:2 n. V.	1:0 Franz (17.), 1:1 Pendorf (83.), 2:1 Weicz (104.), 2:2 Hesse (108.), 3:2 Franz (153.)
13.06.**1920**	Frankfurt	**1. FC Nürnberg** - SpVgg Fürth	2:0	1:0 Popp (12.), 2:0 Szabo (73.)
12.06.**1921**	Düsseldorf	**1. FC Nürnberg** - Vorwärts Berlin	5:0	1:0 Popp (13.), 2:0 Träg (14.), 3:0 Träg (35.), 4:0 Popp (76.), 5:0 Popp (87.)
18.06.1922	Berlin	Hamburger SV - 1. FC Nürnberg	2:2	1:0 Rave (19.), 1:1 Träg (20.), 1:2 Popp (30.), 2:2 Flohr (86.)
06.08.**1922***	Leipzig	**Hamburger SV** - 1. FC Nürnberg	1:1	0:1 Träg (48.), 1:1 Schneider (70.)
10.06.**1923**	Berlin	**Hamburger SV** - U. Oberschöneweide	3:0	1:0 Harder (34.), 2:0 Breuel (70.), 3:0 Schneider (90.)
08.06.**1924**	Berlin	**1. FC Nürnberg** - Hamburger SV	2:0	1:0 Hochgesang (30.), 2:0 Strobel (87.)
07.06.**1925**	Frankfurt	**1. FC Nürnberg** - FSV Frankfurt	1:0 n. V.	1:0 Wieder (108.)
13.06.**1926**	Frankfurt	**SpVgg Fürth** - Hertha BSC	4:1	0:1 Sobek (9.), 1:1 Seiderer (27.), 2:1 Auer (35.), 3:1 Domscheid (38., ET), 4:1 Ascherl (68.)
12.06.**1927**	Berlin	**1. FC Nürnberg** - Hertha BSC	2:0	1:0 Kalb (16.), 2:0 Träg (65.)
29.07.**1928**	Hamburg	**Hamburger SV** - Hertha BSC	5:2	1:0 Harder (7.), 2:0 Rave (17.), 3:0 Kolzen (20.), 3:1 Kirsei (24.), 4:1 Horn (57.), 5:1 Kolzen (64.), 5:2 Grenzel (75.)

>>

3:0

Datum	Ort	Begegnung	Erg.	Tore
28.07.**1929**	Nürnberg	**SpVgg Fürth** - Hertha BSC	3:2	1:0 Auer (14.), 1:1 Sobek (43.), 2:1 Frank (66.), 2:2 Sobek (76.), 3:2 Rupprecht (85.)
22.06.**1930**	Düsseldorf	**Hertha BSC** - Holstein Kiel	5:4	0:1 Widmayer (4.), 0:2 Ritter (8.), 1:1 Sobek (22.), 2:2 Sobek (26.), 2:3 Ludewig (29.), 3:3 Lehmann (36.), 4:3 Lehmann (68.), 4:4 Ritter (82.), 5:4 Ruch (87.)
14.06.**1931**	Köln	**Hertha BSC** - TSV München 1860	3:2	0:1 Oeldenberger (24.), 1:1 Sobek (44.), 1:2 Lachner (45.), 2:2 Sobek (75.), 3:2 Kirsei (89.)
12.06.**1932**	Nürnberg	**FC Bayern München** - Eintr. Frankfurt	2:0	1:0 Rohr (36., E), 2:0 Krumm (75.)
11.06.**1933**	Köln	**Fortuna Düsseldorf** - FC Schalke 04	3:0	1:0 Zwolanowski (10.), 2:0 Mehl (70.), 3:0 Hochgesang (85.)
24.06.**1934**	Berlin	**FC Schalke 04** - 1. FC Nürnberg	2:1	0:1 Friedel (54.), 1:1 Szepan (87.), 2:1 Kuzorra (90.)
23.06.**1935**	Köln	**FC Schalke 04** - VfB Stuttgart	6:4	1:0 Urban (6.), 2:0 Pörtgen (36.), 3:0 Gellesch (41.), 4:0 Pörtgen (54.), 4:1 Bökle (55.), 4:2 Bökle (57.), 5:2 Kalwitzki (65.), 5:3 Koch (78.), 6:3 Pörtgen (79.), 6:4 Rutz (86.)
21.06.**1936**	Berlin	**1. FC Nürnberg** - Fortuna Düsseldorf	2:1 n. V.	0:1 Nachtigall (2.), 1:1 Eiberger (34.), 2:1 Gußner (119.)
20.06.**1937**	Berlin	**FC Schalke 04** - 1. FC Nürnberg	2:0	1:0 Pörtgen (26.), 2:0 Kalwitzki (81.)
26.06.1938	Berlin	Hannover 96 - FC Schalke 04	3:3 n. V.	0:1 Pörtgen (29., HE), 0:2 Kalwitzki (35.), 1:2 R. Meng (47.), 1:3 Pörtgen (67.), 2:3 Gellesch (76., ET), 3:3 E. Meng (87.)
03.07.**1938**	Berlin	**Hannover 96** - FC Schalke 04	4:3 n. V.	1:0 Lay (11.), 1:1 Kuzorra (25.), 1:2 Kuzorra (69.), 2:2 R. Meng (71.), 2:3 Szepan (73.), 3:3 Jakobs (87., HE), 4:3 E. Meng (117.)
18.06.**1939**	Berlin	**FC Schalke 04** - Admira Wien	9:0	1:0 Kalwitzki (7.), 2:0 Urban (12.), 3:0 Kalwitzki (25.), 4:0 Kalwitzki (30.), 5:0 Tibulski (53.), 6:0 Kalwitzki (61.), 7:0 Kalwitzki (80.), 8:0 Kuzorra (84.), 9:0 Szepan (89.)
21.07.**1940**	Berlin	**FC Schalke 04** - Dresdner SC	1:0	1:0 Kalwitzki (27.)
22.06.**1941**	Berlin	**Rapid Wien** - FC Schalke 04	4:3	0:1 Hinz (6.), 0:2 Eppenhoff (7.), 0:3 Hinz (57.), 1:3 Schors (60.), 2:3 Binder (62.), 3:3 Binder (63., FE), 4:3 Binder (70.)
05.07.**1942**	Berlin	**FC Schalke 04** - Vienna Wien	2:0	1:0 Kalwitzki (14.), 2:0 Szepan (42.)
27.06.**1943**	Berlin	**Dresdner SC** - FV Saarbrücken	3:0	1:0 Erdl (55.), 2:0 Schubert (62.), 3:0 Kugler (84.)
18.06.**1944**	Berlin	**Dresdner SC** - LSV Hamburg	4:0	1:0 Voigtmann (20.), 2:0 Schaffer (50.), 3:0 Schön (60.), 4:0 Schaffer (85.)

<<

Datum	Ort	Begegnung	Erg.	Tore
08.08.**1948**	Köln	**1. FC Nürnberg** - 1. FC Kaiserslautern	2:1	1:0 Winterstein (10.), 2:0 Pöschl (25.), 2:1 Uebelein I (62., ET)
10.07.**1949**	Stuttgart	**VfR Mannheim** - Borussia Dortmund	3:2 n. V.	0:1 Erdmann (5.), 1:1 Löttke (74.), 1:2 Erdmann (82.), 2:2 Langlotz (85.), 3:2 Löttke (108.)
25.06.**1950**	Berlin	**VfB Stuttgart** - Kickers Offenbach	2:1	1:0 Läpple (17.), 2:0 Bühler (27.), 2:1 Buhtz (47.)
30.06.**1951**	Berlin	**1. FC Kaiserslautern** - Pr. Münster	2:1	0:1 Gerritzen (47.), 1:1 O. Walter (61.), 2:1 O. Walter (74.)
22.06.**1952**	Ludwigs-hafen	**VfB Stuttgart** - 1. FC Saarbrücken	3:2	0:1 Schreiner (15.), 1:1 Schlienz (18.), 2:1 Baitinger (43.), 2:2 Martin (54.), 3:2 Baitinger (73.)
21.06.**1953**	Berlin	**1. FC Kaiserslautern** - VfB Stuttgart	4:1	1:0 F. Walter (37.), 2:0 Wanger (57.), 2:1 Kronenbitter (72.), 3:1 Scheffler (78.), 4:1 Wenzel (83.)
23.05.**1954**	Hamburg	**Hannover 96** - 1. FC Kaiserslautern	5:1	0:1 Eckel (13.), 1:1 Tkotz (45.), 2:1 Kohlmeyer (48., ET), 3:1 Wewetzer (77.), 4:1 Kruhl (81.), 5:1 Paetz (84.)
26.06.**1955**	Hannover	**Rot-Weiß Essen** - 1. FC Kaiserslautern	4:3	0:1 Wenzel (11.), 1:1 Islacker (18.), 2:1 Röhrig (27.), 3:1 Islacker (43.), 3:2 Wenzel (56.), 3:3 Baßler (72.), 4:3 Islacker (85.)
24.06.**1956**	Berlin	**Borussia Dortmund** - Karlsruher SC	4:2	0:1 Kunkel (10.), 1:1 Niepieklo (15.), 2:1 Kelbassa (26.), 3:1 Preißler (53.), 4:1 Peters (57.), 4:2 Burgsmüller (66., ET)
23.06.**1957**	Hannover	**Borussia Dortmund** - Hamburger SV	4:1	1:0 Kelbassa (16.), 1:1 Krug (24.), 2:1 Kelbassa (25.), 3:1 Niepieklo (26.), 4:1 Niepieklo (78.)
18.05.**1958**	Hannover	**FC Schalke 04** - Hamburger SV	3:0	1:0 Klodt (5.), 2:0 Klodt (30.), 3:0 Kreuz (81.)
28.06.**1959**	Berlin	**Eintracht Frankfurt** - K. Offenbach	5:3 n. V.	1:0 Sztani (1.), 1:1 Kraus (8.), 2:1 Feigenspan (14.), 2:2 Preisen-dörfer (23.), 3:2 Feigenspan (92., E), 4:2 Sztani (108.), 4:3 Gast (110.), 5:3 Feigenspan (119.)
25.06.**1960**	Frankfurt	**Hamburger SV** - 1. FC Köln	3:2	0:1 Breuer (53.), 1:1 U. Seeler (53.), 2:1 Dörfel (75.), 2:2 C. Müller (86.), 3:2 U. Seeler (88.)
24.06.**1961**	Hannover	**1. FC Nürnberg** - Borussia Dortmund	3:0	1:0 Haseneder (6.), 2:0 H. Müller (44.), 3:0 Strehl (67.)
12.05.**1962**	Berlin	**1. FC Köln** - 1. FC Nürnberg	4:0	1:0 Schäfer (22.), 2:0 Habig (26.), 3:0 Habig (49.), 4:0 Pott (71.)
29.06.**1963**	Stuttgart	**Borussia Dortmund** - 1. FC Köln	3:1	1:0 Kurrat (9.), 2:0 Wosab (57.), 3:0 A. Schmidt (65.), 3:1 Schnellinger (73.)

* Nach einer Gesamtspielzeit von 4 Stunden 59 Minuten wird das zweite Endspiel beim Stand von 1:1 abgebrochen, da die Nürnberger aufgrund von Hinausstellungen und Verletzungen nur noch mit sieben Spielern auflaufen können. Der Hamburger SV wird zum Deutschen Meister erklärt, verzichtet jedoch auf den Titel.

Die Kreuztabellen der 1. Bundesliga

Saison 1963/64

	1. FC Köln	Meiderich	Frankfurt	Dortmund	VfB Stuttg.	Hamburg	TSV 1860	Schalke 04	Nürnberg	W. Bremen	Braunschw	K'lautern	Karlsruhe	Hertha BSC	Pr. Münster	Saarbrücken	Tore	Differenz	Punkte
1. **1. FC Köln**	–	3:3	1:1	5:2	2:1	4:1	2:2	2:2	5:0	4:3	4:1	5:1	4:0	3:1	3:0	1:3	78:40	+38	45-15
2. Meiderich	2:2	–	3:1	3:3	3:0	4:0	3:0	3:0	0:0	1:0	5:1	3:0	2:0	1:3	0:0	3:1	60:36	+24	39-21
3. Frankfurt	2:1	2:2	–	2:1	3:2	2:2	5:2	4:2	2:3	7:0	3:0	1:1	0:3	4:0	3:0	3:1	65:41	+24	39-21
4. Dortmund	2:3	0:0	3:0	–	7:1	5:2	3:3	3:0	3:1	4:3	3:0	9:3	3:2	7:2	0:0	2:1	73:57	+16	33-27
5. VfB Stuttg.	0:1	1:2	0:0	2:1	–	2:2	1:1	2:0	1:0	2:0	5:0	4:0	4:1	2:0	0:3	3:1	48:40	+8	33-27
6. Hamburg	1:1	3:3	3:0	2:1	1:1	–	5:0	3:1	2:2	1:1	2:1	7:3	1:1	5:1	5:0	4:2	69:60	+9	32-28
7. TSV 1860	1:3	0:0	1:1	6:1	1:1	9:2	–	7:1	5:0	3:2	1:1	3:0	1:0	1:2	3:1	7:1	66:50	+16	31-29
8. Schalke 04	2:3	2:2	1:2	3:1	2:0	1:0	2:1	–	4:1	2:3	2:0	4:0	2:1	1:0	1:2	4:1	51:53	-2	29-31
9. Nürnberg	2:2	2:0	1:0	4:0	0:0	3:2	2:2	0:2	–	3:0	1:0	0:5	2:4	2:3	2:2	2:0	45:56	-11	29-31
10. W. Bremen	1:1	1:1	4:1	3:2	2:2	4:2	4:1	1:0	2:1	–	2:3	2:0	0:0	2:2	4:2	0:3	53:62	-9	28-32
11. Braunschw.	1:1	0:0	0:3	2:0	2:0	2:1	0:1	4:3	2:0	1:1	–	0:1	2:0	1:1	1:0	3:1	36:49	-13	28-32
12. K'lautern	3:3	1:1	1:1	0:1	1:3	3:2	2:1	2:3	3:1	3:0	2:1	–	1:0	3:0	0:0	2:4	48:69	-21	26-34
13. Karlsruhe	2:2	1:4	1:2	1:3	0:3	0:4	1:0	1:1	1:3	1:1	3:1	5:1	–	1:1	4:2	2:2	42:55	-13	24-36
14. Hertha BSC	0:3	5:2	1:3	0:0	0:2	1:2	3:1	1:0	1:1	5:2	1:2	2:2	2:3	–	2:0	3:2	45:65	-20	24-36
15. **Pr. Münster**	0:2	4:2	1:3	1:2	4:2	1:1	0:0	2:2	0:1	1:3	0:2	1:0	0:0	4:2	–	2:1	34:52	-18	23-37
16. **Saarbrücken**	0:2	0:2	0:4	2:1	0:1	1:1	1:2	1:1	3:5	3:2	2:2	2:4	1:3	3:0	1:1	–	44:72	-28	17-43

Saison 1964/65

	W. Bremen	1. FC Köln	Dortmund	TSV 1860	Hannover	Nürnberg	Meiderich	Frankfurt	Braunschw.	Neunkirchen	Hamburg	VfB Stuttg.	K'lautern	Hertha BSC	Karlsruhe	Schalke 04	Tore	Differenz	Punkte
1. **W. Bremen**	–	0:0	3:0	3:2	3:0	1:1	1:0	2:2	5:1	2:0	0:0	1:0	1:1	5:1	1:0	2:2	54:29	+25	41-19
2. 1. FC Köln	4:2	–	3:3	1:1	0:1	0:0	1:2	3:4	5:1	4:3	3:0	2:1	3:0	2:3	4:1	2:1	66:45	+21	38-22
3. Dortmund	1:2	2:2	–	1:1	0:2	2:1	0:0	1:3	5:4	5:1	2:0	1:0	3:2	6:3	5:1	4:0	67:48	+19	36-24
4. TSV 1860	3:1	2:3	4:4	–	4:0	2:0	2:1	0:1	2:0	4:2	4:1	1:0	2:2	6:4	9:0	3:1	70:50	+20	35-25
5. Hannover	1:2	2:0	2:0	0:2	–	2:2	2:0	3:2	2:2	1:1	1:2	2:1	4:0	3:1	4:2	1:0	48:42	+6	33-27
6. Nürnberg	2:3	3:0	1:0	2:2	1:0	–	1:1	0:0	3:2	2:0	2:3	1:1	1:0	2:0	4:1	3:2	44:38	+6	32-28
7. Meiderich	2:2	0:3	3:2	3:0	1:0	2:0	–	1:3	2:0	1:1	3:2	3:3	3:1	2:2	1:1	2:1	46:48	-2	32-28
8. Frankfurt	0:2	1:4	0:2	4:1	3:3	1:1	2:3	–	2:2	1:0	2:1	2:3	1:2	3:0	0:7	2:2	50:58	-8	29-31
9. Braunschw.	1:1	1:1	0:1	1:1	2:2	1:0	0:1	3:2	–	1:0	2:0	2:1	2:0	1:1	3:0	1:2	42:47	-5	28-32
10. Neunkirchen	1:1	1:1	1:2	3:0	2:1	1:1	4:2	4:0	0:0	–	3:1	3:1	0:3	2:2	1:0	3:2	44:48	-4	27-33
11. Hamburg	0:4	0:0	1:4	3:2	3:0	2:1	3:0	2:1	0:1	1:2	–	2:2	3:2	4:1	2:1	2:4	46:56	-10	27-33
12. VfB Stuttg.	1:1	3:3	3:2	3:0	0:3	3:1	4:2	1:2	3:1	3:2	2:4	–	1:0	1:1	1:2	2:1	46:50	-4	26-34
13. K'lautern	2:1	2:2	1:3	1:2	1:0	3:2	2:0	0:1	2:1	2:0	2:1	2:1	–	1:2	0:1	3:0	41:53	-12	25-35
14. **Hertha BSC***	0:0	1:3	0:0	2:1	1:1	1:2	2:2	1:3	0:3	1:1	0:0	0:0	5:3	–	2:1	2:1	40:62	-22	25-35
15. Karlsruhe	0:2	2:4	2:0	1:5	2:3	1:1	2:1	3:1	3:0	2:1	2:2	0:0	6:1	0:1	–	2:2	47:62	-15	24-36
16. Schalke 04	1:0	2:3	2:6	2:2	2:2	1:3	1:2	1:1	0:3	1:1	3:1	3:1	1:0	3:0	1:1	–	45:60	-15	22-38

* Zwangsabstieg in die Regionalliga aufgrund von Verstößen gegen das DFB-Vertragsliga-Statut

Saison 1965/66

	TSV 1860	Dortmund	FC Bayern	W. Bremen	1. FC Köln	Nürnberg	Frankfurt	Meiderich	Hamburg	Braunschw.	VfB Stuttg.	Hannover	M'Gladbach	Schalke 04	K'lautern	Karlsruhe	Neunkirchen	Tasmania B.	Tore	Differenz	Punkte
1. **TSV 1860**	–	2:1	1:0	3:1	2:1	1:1	4:2	3:3	1:1	1:1	0:0	5:0	3:3	3:0	4:2	2:0	4:1	4:0	80:40	+40	50-18
2. Dortmund	0:2	–	3:0	2:1	3:2	2:0	3:0	1:1	2:2	1:1	4:0	4:0	3:1	7:0	4:0	4:1	1:0	3:1	70:36	+34	47-21
3. FC Bayern	3:0	0:2	–	3:1	1:4	0:0	2:0	3:0	3:0	2:2	0:1	3:1	5:2	1:0	3:0	5:1	6:0	2:1	71:38	+33	47-21
4. W. Bremen	0:2	1:0	1:1	–	2:1	1:0	3:2	2:0	2:0	4:0	3:1	3:3	2:0	2:0	4:1	3:1	5:2	5:0	76:40	+36	45-23
5. 1. FC Köln	3:1	1:2	6:1	2:0	–	2:1	1:0	1:1	5:1	3:0	3:1	0:1	2:2	2:1	3:2	2:0	4:2	4:0	74:41	+33	44-24
6. Nürnberg	1:4	0:0	2:2	2:1	2:0	–	0:0	4:1	5:0	1:1	1:1	2:1	2:2	1:0	1:1	3:0	3:1	7:2	54:43	+11	39-29
7. Frankfurt	5:2	4:1	0:0	1:0	0:0	1:2	–	2:0	2:0	4:1	3:2	0:1	3:1	4:1	6:0	1:0	1:2	4:0	64:46	+18	38-30
8. Meiderich*	2:3	2:1	1:1	1:2	2:3	1:2	0:0	–	3:1	4:1	5:2	2:2	3:2	5:1	2:2	8:2	1:0	3:0	70:48	+22	36-32
9. Hamburg	1:2	1:1	0:4	1:3	2:2	0:2	0:1	2:0	–	2:1	4:1	2:1	5:0	1:1	4:1	8:0	3:0	5:1	64:52	+12	34-34
10. Braunschw.	2:2	4:0	2:4	1:0	1:2	3:0	2:2	1:0	1:4	–	1:1	2:1	1:1	3:0	1:1	2:0	1:2	3:1	49:49	0	34-34
11. VfB Stuttg.	0:0	1:1	0:1	0:2	0:1	1:0	0:0	2:0	1:3	0:1	–	4:2	5:0	1:0	4:1	1:0	2:0	2:0	42:48	-6	32-36
12. Hannover	0:1	1:1	3:4	2:1	1:1	2:2	4:1	0:3	0:0	1:1	4:2	–	2:1	0:3	4:0	5:2	6:0	5:0	59:57	+2	30-38
13. M'Gladbach	1:1	4:5	1:2	0:7	2:3	8:3	1:2	1:2	0:0	1:0	1:0	2:0	–	2:0	2:0	1:1	4:1	5:0	57:68	-11	29-39
14. Schalke 04	0:2	2:3	1:1	1:6	0:0	1:0	3:2	0:0	2:1	1:1	2:0	1:0	0:0	–	2:1	0:0	2:0	4:0	33:55	-22	27-41
15. K'lautern	3:0	0:0	1:2	2:3	3:2	0:0	5:2	1:0	2:1	1:1	1:2	1:1	1:2	3:2	–	1:0	0:0	0:0	42:65	-23	26-42
16. Karlsruhe	1:1	0:0	1:0	3:2	2:1	1:2	4:0	0:4	1:4	1:4	3:0	1:0	3:3	1:0	1:0	–	1:1	3:0	35:71	-36	24-44
17. **Neunkirchen**	1:9	1:3	0:4	1:2	2:1	2:1	1:6	0:1	1:1	1:0	1:2	1:0	1:1	1:0	1:4	1:0	–	3:1	32:82	-50	22-46
18. **Tasmania B.**	0:5	0:2	0:2	1:1	0:6	0:1	0:3	0:9	0:4	0:2	0:2	1:5	0:0	1:2	1:1	2:0	2:1	–	15:108	-93	8-60

* nach der Saison 1965/66: Umbennung in MSV Duisburg

Saison 1966/67

	Braunschw.	TSV 1860	Dortmund	Frankfurt	K'lautern	FC Bayern	1. FC Köln	M'Gladbach	Hannover	Nürnberg	Duisburg	VfB Stuttg.	Karlsruhe	Hamburg	Schalke 04	W. Bremen	Düsseldorf	RW Essen	Tore	Differenz	Punkte
1. **Braunschw.**	–	1:0	3:1	3:0	2:0	5:2	1:0	2:1	0:1	4:1	0:0	1:1	4:1	2:0	1:0	2:0	4:0	0:0	49:27	+22	43-25
2. TSV 1860	2:1	–	1:2	2:1	3:0	1:0	2:1	4:3	3:0	1:2	3:3	1:1	3:0	2:0	0:2	2:1	3:0	1:0	60:47	+13	41-27
3. Dortmund	0:0	1:1	–	3:1	2:1	4:0	6:1	3:2	3:0	0:1	4:1	1:1	2:1	7:0	6:2	2:0	1:2	0:0	70:41	+29	39-29
4. Frankfurt	0:1	3:3	3:3	–	1:1	2:1	4:0	1:0	3:3	1:4	1:0	4:0	5:1	1:3	4:2	4:1	3:0	5:0	66:49	+17	39-29
5. K'lautern	2:0	0:3	1:1	1:1	–	1:0	0:0	1:0	1:0	1:1	0:0	3:3	3:1	2:1	1:0	2:0	2:1	5:2	43:42	+1	38-30
6. FC Bayern	2:0	3:0	1:0	1:2	5:0	–	2:0	4:3	0:0	0:1	2:1	1:1	2:2	3:1	5:0	1:0	1:2	4:1	62:47	+15	37-31
7. 1. FC Köln	1:0	2:0	1:1	1:4	2:1	2:4	–	1:2	1:1	2:0	1:1	3:1	2:2	0:0	2:1	4:1	2:0	2:1	48:48	0	37-31
8. M'Gladbach	0:0	2:3	4:0	0:0	1:1	1:2	3:0	–	2:0	2:0	3:3	1:2	3:1	4:2	11:0	1:1	3:1	4:3	70:49	+21	34-34
9. Hannover	4:2	2:2	2:0	2:1	2:1	2:1	0:1	1:1	–	2:0	3:0	2:2	3:1	1:0	1:2	2:1	0:2	1:0	40:46	-6	34-34
10. Nürnberg	0:4	2:2	2:0	0:1	1:2	0:1	1:1	1:0	1:1	–	3:1	3:3	2:2	1:0	0:4	2:1	4:2	1:1	43:50	-7	34-34
11. Duisburg	0:0	1:2	1:5	0:0	1:1	0:0	1:0	1:3	3:0	2:0	–	0:0	0:1	2:1	3:0	1:0	1:1	2:0	40:42	-2	33-35
12. VfB Stuttg.	1:2	2:0	1:0	3:0	0:1	2:4	2:2	0:2	1:2	1:0	1:3	–	2:0	1:3	1:1	1:1	3:1	1:0	48:54	-6	33-35
13. Karlsruhe	3:0	3:1	2:0	3:2	2:2	1:6	1:1	3:3	0:0	0:1	3:0	4:1	–	1:1	1:0	4:4	3:2	0:1	54:62	-8	31-37
14. Hamburg	1:0	3:2	1:1	0:2	1:0	3:1	1:3	2:0	2:1	0:1	0:0	1:1	1:0	–	1:1	1:1	2:1	1:1	37:53	-16	30-38
15. Schalke 04	0:0	1:0	1:4	1:1	0:3	2:1	1:0	0:0	2:1	1:0	2:1	2:0	1:3	2:0	–	0:1	2:1	1:1	37:63	-26	30-38
16. W. Bremen	2:3	2:4	2:1	3:0	1:1	4:1	1:3	2:2	3:0	4:4	1:1	1:2	0:3	5:1	2:1	–	1:0	0:0	49:56	-7	29-39
17. **Düsseldorf**	1:1	0:1	0:5	2:4	3:1	0:0	1:3	2:2	1:0	2:2	1:5	3:3	1:0	2:2	3:1	0:1	–	2:0	44:66	-22	25-43
18. **RW Essen**	0:0	2:2	1:1	1:1	1:1	3:1	1:3	2:1	3:0	1:1	0:1	1:3	3:1	1:1	4:1	0:1	0:4	–	35:53	-18	25-43

Saison 1967/68

	Nürnberg	W. Bremen	M'Gladbach	1. FC Köln	FC Bayern	Frankfurt	Duisburg	VfB Stuttg.	Braunschw.	Hannover	Al. Aachen	TSV 1860	Hamburg	Dortmund	Schalke 04	K'lautern	Neunkirchen	Karlsruhe	Tore	Differenz	Punkte
1. **Nürnberg**	–	0:0	1:0	2:1	7:3	0:2	4:1	5:1	3:1	2:1	4:1	1:1	4:0	2:1	2:3	4:1	3:0	2:0	71:37	+34	47-21
2. W. Bremen	0:4	–	0:4	3:1	4:1	2:0	3:3	3:1	3:2	1:0	0:1	2:2	1:4	2:1	2:0	2:1	2:1	6:1	68:51	+17	44-24
3. M'Gladbach	1:1	3:1	–	1:0	1:1	1:1	1:1	1:1	2:0	5:1	3:0	1:1	4:1	2:2	1:6	8:2	10:0	0:0	77:45	+32	42-26
4. 1. FC Köln	3:3	1:4	2:5	–	3:3	5:1	3:0	2:2	1:0	2:1	3:1	1:0	2:1	3:0	7:0	5:0	2:1	4:0	68:52	+16	38-30
5. FC Bayern	0:2	2:3	3:1	0:3	–	3:0	0:4	3:1	3:0	1:0	4:1	2:2	1:0	2:0	2:0	4:1	4:0	3:0	68:58	+10	38-30
6. Frankfurt	1:2	5:3	3:1	1:2	2:3	–	3:2	4:0	2:0	3:0	1:1	2:1	1:1	4:1	2:2	5:2	4:1	2:0	58:51	+7	38-30
7. Duisburg	2:0	1:1	2:2	3:2	3:3	0:1	–	3:3	2:3	1:2	3:0	2:1	1:2	2:2	1:1	7:0	3:1	2:1	69:58	+11	36-32
8. VfB Stuttg.	1:1	0:3	1:3	2:0	3:0	4:0	3:0	–	0:0	2:0	4:1	2:1	4:1	4:1	2:0	0:1	2:1	3:2	65:54	+11	35-33
9. Braunschw.	0:3	0:3	2:1	1:2	1:0	0:0	3:0	2:1	–	0:1	2:0	0:1	0:1	2:0	1:0	1:0	4:2	1:0	37:39	-2	35-33
10. Hannover	1:1	4:2	1:1	3:0	2:1	2:1	2:2	2:1	1:1	–	1:1	1:2	2:2	2:2	2:1	2:0	2:0	2:0	48:52	-4	34-34
11. Al. Aachen	2:0	1:1	0:0	4:2	0:4	2:1	4:4	3:2	2:1	2:2	–	3:3	2:0	3:0	2:1	1:1	5:1	2:1	52:66	-14	34-34
12. TSV 1860	1:2	1:3	0:0	0:1	3:2	5:0	0:1	3:3	1:0	3:1	6:0	–	0:1	3:0	1:2	0:3	5:0	3:0	55:39	+16	33-35
13. Hamburg	3:1	2:1	2:3	3:1	2:1	0:1	1:3	1:1	0:0	2:3	5:1	2:2	–	3:2	1:1	1:1	0:0	0:0	51:54	-3	33-35
14. Dortmund	1:2	1:1	3:1	2:0	6:3	2:1	4:3	2:1	0:1	3:1	1:0	0:0	2:2	–	2:1	4:0	6:0	5:0	60:59	+1	31-37
15. Schalke 04	0:0	0:2	3:4	1:1	0:1	0:0	0:3	2:1	0:2	1:1	2:1	0:0	3:0	1:0	–	2:1	2:0	2:0	42:48	-6	30-38
16. K'lautern	1:0	2:2	0:1	2:1	2:2	1:1	0:1	2:0	2:2	0:0	1:0	0:0	3:3	2:2	1:0	–	2:1	1:1	39:67	-28	28-40
17. **Neunkirchen**	2:2	0:0	0:3	2:1	1:1	2:2	2:1	0:5	1:2	3:1	0:1	1:0	0:3	3:2	1:5	2:1	–	3:2	33:93	-60	19-49
18. **Karlsruhe**	1:1	1:2	3:2	0:1	0:2	0:1	0:2	1:4	1:2	3:1	2:4	0:3	2:1	2:0	1:0	2:2	5:1	–	32:70	-38	17-51

Saison 1968/69

	FC Bayern	Al. Aachen	M'Gladbach	Braunschw.	VfB Stuttg.	Hamburg	Schalke 04	Frankfurt	W. Bremen	TSV 1860	Hannover	Duisburg	Hertha BSC	1. FC Köln	K'lautern	Dortmund	Nürnberg	Offenbach	Tore	Differenz	Punkte
1. **FC Bayern**	–	1:1	0:0	2:1	2:0	5:1	0:0	2:0	6:0	0:2	2:1	2:2	3:0	1:0	2:0	4:1	3:0	5:1	61:31	+30	46-22
2. Al. Aachen	2:4	–	2:1	1:4	1:3	2:0	4:1	4:2	2:1	4:0	2:0	4:0	0:0	2:1	1:0	0:1	4:2	1:2	57:51	+6	38-30
3. M'Gladbach	1:1	2:2	–	1:1	4:4	1:2	3:0	2:3	1:1	3:0	3:2	1:0	0:1	2:1	4:0	1:0	1:1	4:1	61:46	+15	37-31
4. Braunschw.	2:3	2:0	0:0	–	1:2	1:0	3:0	1:0	0:3	2:1	3:3	0:0	3:3	2:1	3:0	4:3	0:2	2:2	46:43	+3	37-31
5. VfB Stuttg.	3:0	3:1	0:3	2:2	–	3:0	1:1	2:0	2:2	1:1	1:0	3:2	4:2	6:1	4:3	2:2	2:3	1:0	60:54	+6	36-32
6. Hamburg	2:2	3:0	2:0	0:0	2:1	–	1:3	1:4	5:2	2:0	1:4	1:2	0:0	3:1	3:1	2:0	4:2	3:0	55:55	0	36-32
7. Schalke 04	1:2	3:1	1:1	0:2	1:1	2:3	–	2:0	2:1	2:0	1:1	1:0	2:0	3:1	1:0	4:1	4:1	3:0	45:40	+5	35-33
8. Frankfurt	1:1	0:1	1:1	0:1	3:0	2:2	1:0	–	2:1	3:0	0:0	2:1	2:0	1:2	2:2	1:1	3:0	3:2	46:43	+3	34-34
9. W. Bremen	1:0	1:2	6:5	2:1	1:0	1:1	1:3	0:1	–	4:1	3:2	2:1	2:0	3:1	2:1	2:1	3:3	2:0	59:59	0	34-34
10. TSV 1860	0:3	0:0	0:4	0:1	3:1	3:3	3:1	1:0	4:3	–	2:1	2:1	0:1	2:1	1:0	2:1	2:0	2:0	44:59	-15	34-34
11. Hannover	1:0	5:2	2:3	1:1	1:0	2:2	1:0	1:2	1:0	3:2	–	1:1	1:1	3:0	0:2	1:1	2:2	2:2	47:45	+2	32-36
12. Duisburg	0:0	1:1	1:1	1:1	2:0	0:0	1:0	1:1	2:0	3:4	0:0	–	2:1	0:0	0:0	2:0	1:0	2:1	33:37	-4	32-36
13. Hertha BSC	1:2	0:1	2:1	0:0	0:1	3:2	1:0	2:0	1:0	1:2	2:1	1:1	–	2:1	1:0	0:0	2:0	1:0	31:39	-8	32-36
14. 1. FC Köln	1:1	1:2	1:4	2:0	5:2	4:1	2:0	2:1	3:3	0:0	1:0	1:1	1:0	–	2:1	2:1	3:0	2:1	47:56	-9	32-36
15. K'lautern	3:1	2:1	2:0	4:0	1:3	0:1	1:1	2:2	1:0	3:1	0:0	3:0	1:0	4:0	–	1:2	1:1	2:1	45:47	-2	30-38
16. Dortmund	0:1	3:1	1:3	2:1	1:0	3:1	0:1	0:1	3:2	2:0	1:1	2:1	2:2	1:1	2:3	–	3:1	3:0	49:54	-5	30-38
17. **Nürnberg**	2:0	1:4	4:0	2:0	1:1	0:0	1:1	1:0	1:1	3:0	1:2	1:1	3:0	0:1	1:0	2:2	–	2:2	45:55	-10	29-39
18. **Offenbach**	0:0	1:1	1:0	0:1	2:1	1:1	1:0	4:2	0:3	2:3	1:1	0:0	1:0	3:1	4:1	4:3	2:1	–	42:59	-17	28-40

Saison 1969/70

	M'Gladbach	FC Bayern	Hertha BSC	1. FC Köln	Dortmund	Hamburg	VfB Stuttg.	Frankfurt	Schalke 04	K'lautern	W. Bremen	RW Essen	Hannover	Oberhausen	Duisburg	Braunschw.	TSV 1860	Al. Aachen	Tore	Differenz	Punkte
1. **M'Gladbach**	–	2:1	1:1	2:0	4:2	4:3	3:0	1:2	2:0	1:1	1:0	2:1	5:0	6:1	4:1	1:0	3:1	5:1	71:29	+42	51-17
2. FC Bayern	1:0	–	1:2	1:2	3:0	2:1	1:2	2:1	6:0	1:1	4:1	4:0	7:2	6:2	2:0	5:1	2:0	6:0	88:37	+51	47-21
3. Hertha BSC	1:1	0:4	–	1:0	9:1	1:0	3:1	2:0	3:0	3:0	4:1	4:0	1:1	1:0	1:0	2:0	4:2	2:1	67:41	+26	45-23
4. 1. FC Köln	0:1	0:2	5:1	–	5:2	3:0	3:1	1:2	8:0	6:1	3:0	5:2	5:0	0:1	6:2	3:2	2:1	3:0	83:38	+45	43-25
5. Dortmund	2:1	1:3	0:0	1:0	–	2:1	0:0	2:1	1:1	5:1	2:1	4:1	2:1	3:2	3:1	2:2	3:1	3:1	60:67	-7	36-32
6. Hamburg	1:3	1:3	1:0	2:5	4:3	–	1:3	5:1	1:1	2:1	2:2	1:0	2:0	2:1	4:1	3:3	0:1	4:1	57:54	+3	35-33
7. VfB Stuttg.	0:0	2:3	1:4	0:3	2:1	1:1	–	4:0	2:0	2:1	1:1	4:1	2:1	4:2	4:3	3:2	3:1	5:0	59:62	-3	35-33
8. Frankfurt	1:2	2:1	1:1	0:0	2:0	2:2	4:0	–	2:1	2:1	2:1	2:1	3:3	5:1	0:1	0:0	4:3	6:2	54:54	0	34-34
9. Schalke 04	2:0	2:2	1:3	1:0	1:1	1:1	1:2	0:0	–	4:2	0:0	5:3	2:0	2:2	0:0	1:1	3:1	3:0	43:54	-11	34-34
10. K'lautern	1:4	0:0	1:0	3:2	2:2	1:1	3:2	2:0	1:1	–	1:0	0:0	5:2	0:0	0:2	2:0	3:2	3:1	44:55	-11	32-36
11. W. Bremen	0:0	1:0	1:0	2:1	1:3	1:1	1:1	3:2	0:1	3:2	–	2:1	1:0	1:1	0:0	0:1	1:1	4:1	38:47	-9	31-37
12. RW Essen	1:0	1:1	5:2	0:0	3:3	2:2	3:3	1:1	1:1	1:1	3:2	–	1:0	1:0	0:0	1:1	3:0	2:0	41:54	-13	31-37
13. Hannover	1:0	0:1	2:1	3:4	4:2	1:1	2:0	1:1	3:1	4:2	3:2	3:0	–	2:1	0:0	0:2	3:1	5:0	49:61	-12	30-38
14. Oberhausen	3:4	3:3	3:1	0:2	2:1	1:3	3:0	3:1	0:3	0:0	3:1	1:1	0:0	–	2:0	2:1	3:0	1:0	50:62	-12	29-39
15. Duisburg	0:1	4:2	1:3	1:1	0:1	0:0	1:1	1:1	2:0	0:0	1:1	0:1	1:0	2:1	–	1:0	2:1	2:1	35:48	-13	29-39
16. Braunschw.	0:1	0:4	1:2	1:2	1:1	3:0	1:0	3:1	3:0	1:0	1:2	0:0	1:1	0:4	2:1	–	2:2	3:0	40:49	-9	28-40
17. **TSV 1860**	0:3	2:1	2:0	1:0	3:0	0:2	4:1	1:1	0:2	0:1	0:1	0:0	3:0	4:1	2:2	1:0	–	0:0	41:56	-15	25-43
18. **Al. Aachen**	0:3	1:3	2:4	1:3	3:1	0:2	4:2	2:1	1:2	1:1	0:0	0:0	1:1	2:0	3:2	1:1	0:0	–	31:83	-52	17-51

Saison 1970/71

	M'Gladbach	FC Bayern	Hertha BSC	Braunschw.	Hamburg	Schalke 04	Duisburg	K'lautern	Hannover	W. Bremen	1. FC Köln	VfB Stuttg.	Dortmund	Bielefeld	Frankfurt	Oberhausen	Offenbach	RW Essen	Tore	Differenz	Punkte
1. **M'Gladbach**	–	3:1	4:0	3:1	3:0	2:0	1:0	5:0	0:0	0:2	1:1	4:1	3:2	0:2	5:0	6:0	2:0	4:3	77:35	+42	50-18
2. FC Bayern	2:2	–	1:0	4:1	6:2	3:0	2:1	3:1	4:1	2:1	7:0	1:0	1:1	2:0	2:1	4:2	0:0	2:2	74:36	+38	48-20
3. Hertha BSC	4:2	3:3	–	1:0	2:0	2:1	3:1	5:3	0:0	3:1	3:2	2:0	5:2	0:1	6:2	3:1	3:1	1:1	61:43	+18	41-27
4. Braunschw.	1:1	1:1	2:1	–	4:1	3:3	5:0	2:0	0:4	1:0	3:1	4:0	3:0	3:2	2:0	1:1	3:0	1:0	52:40	+12	39-29
5. Hamburg	2:2	1:5	0:0	2:1	–	1:2	2:0	5:2	1:0	1:1	2:0	1:0	2:1	3:2	3:0	0:0	3:2	2:1	54:63	-9	37-31
6. Schalke 04	0:0	1:3	0:1	1:0	3:1	–	1:0	2:0	3:0	0:0	2:2	2:1	0:0	0:1	4:1	2:0	1:2	4:1	44:40	+4	36-32
7. Duisburg	1:1	2:0	1:0	0:0	2:2	1:0	–	1:1	3:2	3:1	0:0	1:0	4:3	4:1	3:1	2:2	2:2	1:0	43:47	-4	35-33
8. K'lautern	0:1	2:1	2:0	0:1	2:0	2:0	3:0	–	2:1	2:1	0:0	0:5	1:0	3:0	2:0	4:1	4:0	5:2	54:57	-3	34-34
9. Hannover	1:1	2:2	1:1	1:0	0:3	3:0	3:3	2:1	–	0:3	2:0	3:0	4:1	2:0	1:2	1:2	1:1	3:1	53:49	+4	33-35
10. W. Bremen	1:1	0:1	0:0	2:0	2:2	0:1	0:2	1:1	0:0	–	1:1	3:1	3:1	4:1	1:0	2:0	3:1	1:1	41:40	+1	33-35
11. 1. FC Köln	3:2	0:3	3:2	3:1	3:0	2:0	2:1	1:2	0:1	1:1	–	2:1	2:2	2:0	0:0	2:4	4:2	3:2	46:56	-10	33-35
12. VfB Stuttg.	1:1	1:1	1:1	1:1	3:3	1:1	1:0	2:0	1:2	3:0	1:2	–	6:1	1:0	2:1	2:1	1:0	5:1	49:49	0	30-38
13. Dortmund	3:4	0:0	3:1	1:1	1:1	1:2	5:1	0:2	2:2	0:1	0:0	3:1	–	3:0	3:0	2:0	1:1	7:2	54:60	-6	29-39
14. Bielefeld	0:2	1:0	1:1	0:1	1:1	0:3	0:0	2:1	3:1	3:0	1:0	1:0	2:3	–	1:0	2:1	2:0	0:0	34:53	-19	29-39
15. Frankfurt	1:4	0:1	1:3	5:2	0:0	1:0	0:0	3:2	2:1	0:2	1:1	1:0	2:0	1:1	–	5:0	3:0	3:2	39:56	-17	28-40
16. Oberhausen	0:2	0:4	1:1	1:0	8:1	4:1	0:2	4:2	4:3	3:0	2:2	1:2	0:1	4:2	0:0	–	2:2	0:0	54:69	-15	27-41
17. **Offenbach**	1:3	1:1	1:0	0:2	3:3	0:1	2:0	2:2	1:5	2:1	4:1	3:3	3:0	5:0	0:2	3:2	–	1:2	49:65	-16	27-41
18. **RW Essen**	1:2	3:1	0:3	0:1	1:3	1:3	1:1	4:0	2:0	2:2	2:0	1:1	0:1	2:1	2:0	3:3	2:3	–	48:68	-20	23-45

Saison 1971/72

	FC Bayern	Schalke 04	M'Gladbach	1. FC Köln	Frankfurt	Hertha BSC	K'lautern	VfB Stuttg.	Bochum	Hamburg	W. Bremen	Braunschw.	Düsseldorf	Duisburg	Oberhausen	Hannover	Dortmund	Bielefeld	Tore	Differenz	Punkte
1. **FC Bayern**	–	5:1	2:0	1:1	6:3	1:0	3:1	2:2	5:1	4:3	6:2	4:1	3:1	5:1	7:0	3:1	11:1	1:1	101:38	+63	55-13
2. Schalke 04	1:0	–	1:1	6:2	2:0	4:0	3:0	2:1	4:1	3:0	2:0	5:1	3:0	2:0	4:0	5:0	1:0	6:2	76:35	+41	52-16
3. M'Gladbach	2:2	7:0	–	3:0	6:2	5:2	2:1	0:0	1:1	1:0	2:2	4:1	1:2	3:0	5:2	3:0	7:1	5:1	82:40	+42	43-25
4. 1. FC Köln	1:4	0:1	4:3	–	1:1	3:0	4:2	4:1	1:1	3:0	0:0	2:0	1:2	4:1	4:0	3:1	2:1	1:0	64:44	+20	43-25
5. Frankfurt	3:2	2:0	3:0	2:2	–	1:1	1:0	4:1	3:2	4:0	4:0	1:1	4:2	2:1	3:0	3:1	5:2	5:2	71:61	+10	39-29
6. Hertha BSC	2:2	3:0	2:1	1:1	0:0	–	2:1	2:1	1:2	2:0	2:1	1:0	1:1	1:0	2:0	3:1	2:1	1:1	46:55	-9	37-31
7. K'lautern	0:2	2:2	1:0	2:0	1:1	3:4	–	3:1	4:1	2:1	2:1	2:2	3:1	1:0	0:0	2:0	6:0	2:1	59:53	+6	35-33
8. VfB Stuttg.	1:4	0:1	0:1	1:1	4:4	3:0	3:1	–	3:2	0:3	1:0	3:1	3:1	1:0	1:1	3:2	2:0	2:2	52:56	-4	35-33
9. Bochum	0:2	0:2	0:2	1:5	3:1	4:2	4:2	1:1	–	2:1	4:2	1:0	3:1	3:1	2:0	2:2	4:2	2:1	59:69	-10	34-34
10. Hamburg	1:4	0:1	1:0	1:1	5:1	1:2	4:0	1:2	3:2	–	2:1	3:1	3:3	2:0	3:0	2:0	0:0	1:0	52:52	0	33-35
11. W. Bremen	1:2	2:0	2:2	2:2	3:1	5:0	2:2	2:3	2:0	4:0	–	2:4	1:1	1:1	4:0	2:1	3:1	4:0	63:58	+5	31-37
12. Braunschw.	1:1	0:0	2:1	0:1	2:0	1:1	1:1	1:1	0:2	1:1	1:1	–	1:1	2:0	0:0	3:0	2:0	3:2	43:48	-5	31-37
13. Düsseldorf	0:1	0:2	0:2	1:1	1:0	1:0	0:3	4:0	3:1	0:0	1:3	0:0	–	0:0	1:1	2:0	4:1	3:2	40:53	-13	30-38
14. Duisburg	3:0	2:0	1:5	1:1	0:1	2:0	1:0	1:2	2:2	2:4	2:0	0:0	0:0	–	0:0	2:1	2:1	4:0	36:51	-15	27-41
15. Oberhausen	1:1	2:3	0:4	1:1	1:0	5:2	2:5	1:1	2:3	1:0	2:2	1:1	2:0	0:1	–	3:2	1:1	2:0	33:66	-33	25-43
16. Hannover	1:3	1:5	2:0	1:4	3:1	1:1	1:2	3:0	4:0	2:3	5:1	3:0	5:0	3:2	1:0	–	2:3	3:1	54:69	-15	23-45
17. **Dortmund**	0:1	0:3	0:0	0:0	3:1	1:2	2:1	0:4	1:1	1:1	1:5	2:2	1:0	2:3	2:1	1:1	–	1:0	34:83	-49	20-48
18. **Bielefeld***	0:1	1:1	2:3	2:3	3:4	1:1	1:1	1:0	3:1	2:2	1:0	1:7	1:3	2:0	0:1	1:0	3:1	–	41:75	-34	19-49

* Alle Spiele dieser Saison von Arminia Bielefeld werden nur für den Gegner gewertet.

Saison 1972/73

	FC Bayern	1. FC Köln	Düsseldorf	Wuppertal	M'Gladbach	VfB Stuttg.	Offenbach	Frankfurt	K'lautern	Duisburg	W. Bremen	Bochum	Hertha BSC	Hamburg	Schalke 04	Hannover	Braunschw.	Oberhausen	Tore	Differenz	Punkte
1. **FC Bayern**	–	1:1	3:2	4:1	3:0	5:1	3:1	3:1	6:0	2:0	2:1	5:1	4:0	1:0	5:0	7:2	3:0	5:3	93:29	+64	54-14
2. 1. FC Köln	2:1	–	1:0	1:1	3:1	5:1	1:1	3:1	2:0	3:1	1:0	2:1	4:0	2:1	3:0	3:3	4:3	3:1	66:51	+15	43-25
3. Düsseldorf	0:0	3:2	–	2:1	1:3	6:1	2:0	2:2	2:1	2:1	2:1	1:1	3:1	2:2	1:1	0:1	2:0	3:1	62:45	+17	42-26
4. Wuppertal	1:1	2:2	1:1	–	0:5	4:0	4:3	1:0	2:0	5:0	1:1	3:0	4:1	5:1	4:1	0:4	2:1	3:1	62:49	+13	40-28
5. M'Gladbach	0:3	5:2	2:3	2:1	–	3:4	3:2	0:2	6:2	4:3	3:1	6:0	2:2	6:1	4:1	3:1	4:0	4:1	82:61	+21	39-29
6. VfB Stuttg.	0:1	3:1	2:2	4:2	3:0	–	4:2	2:2	3:1	3:4	2:1	4:0	4:0	2:1	6:2	2:0	4:0	3:0	71:65	+6	37-31
7. Offenbach	0:3	2:3	1:1	3:1	2:1	1:3	–	3:2	2:2	4:1	2:1	4:0	0:0	2:1	2:0	2:1	1:0	4:0	61:60	+1	35-33
8. Frankfurt	2:1	5:0	2:1	2:1	3:0	2:1	0:3	–	3:1	1:3	2:2	4:1	2:2	2:1	4:2	2:0	1:0	2:1	58:54	+4	34-34
9. K'lautern	3:1	2:1	1:1	1:1	3:1	2:1	3:1	0:1	–	0:0	3:1	2:2	2:2	2:2	2:0	2:1	3:0	6:2	58:68	-10	34-34
10. Duisburg	2:0	1:1	0:0	0:0	2:2	0:1	4:0	2:1	3:4	–	1:2	0:1	2:1	3:0	0:1	3:1	3:2	4:1	53:54	-1	33-35
11. W. Bremen	1:0	2:1	1:3	0:1	1:1	0:2	0:0	2:0	5:1	0:2	–	5:2	1:1	1:4	2:0	3:1	4:2	1:0	50:52	-2	31-37
12. Bochum	0:2	2:4	2:2	2:2	3:0	3:1	2:3	2:1	3:0	2:1	2:0	–	2:1	3:3	2:0	2:0	2:2	2:2	50:68	-18	31-37
13. Hertha BSC	2:5	1:1	2:3	0:1	3:1	5:1	2:5	3:1	4:1	0:0	2:1	2:0	–	2:1	3:0	2:1	3:0	3:1	53:64	-11	30-38
14. Hamburg	0:2	0:0	2:1	2:2	1:3	2:0	1:0	3:1	2:2	1:2	2:2	2:1	4:0	–	0:1	2:0	1:0	6:0	53:59	-6	28-40
15. Schalke 04	1:1	2:2	3:1	1:2	2:2	2:0	6:1	3:2	2:2	1:1	1:2	2:0	1:1	2:0	–	3:1	0:1	3:0	46:61	-15	28-40
16. Hannover	1:3	0:0	2:2	1:1	1:2	3:1	1:1	2:1	2:3	3:3	2:2	1:1	2:0	3:2	1:0	–	2:1	3:2	49:65	-16	26-42
17. **Braunschw.**	0:2	2:0	1:2	0:1	0:0	1:0	2:2	2:1	0:0	1:1	1:0	0:2	2:1	1:1	1:1	3:2	–	3:1	33:56	-23	25-43
18. **Oberhausen**	0:5	2:2	0:3	2:1	1:3	2:2	2:1	1:0	3:1	4:0	2:3	1:1	2:1	3:1	2:1	1:0	0:1	–	45:84	-39	22-46

Saison 1973/74

	FFC Bayern	M'Gladbach	Düsseldorf	Frankfurt	1. FC Köln	K'lautern	Schalke 04	Hertha BSC	VfB Stuttg.	Offenbach	W. Bremen	Hamburg	RW Essen	Bochum	Duisburg	Wuppertal	Fort. Köln	Hannover	Tore	Differenz	Punkte
1. **FC Bayern**	–	4:3	3:1	2:2	4:1	1:1	5:1	3:1	3:0	1:0	2:2	4:1	2:0	4:0	4:2	3:0	5:1	5:1	95:53	+42	49-19
2. M'Gladbach	5:0	–	1:2	0:0	1:1	2:2	6:0	1:1	3:1	5:1	3:1	6:1	2:2	2:0	3:2	7:1	3:1	4:3	93:52	+41	48-20
3. Düsseldorf	4:2	1:0	–	1:0	3:0	2:5	0:1	1:1	2:0	3:3	1:1	2:0	3:0	1:1	2:1	2:0	5:1	2:0	61:47	+14	41-27
4. Frankfurt	1:1	1:0	2:1	–	2:1	3:1	2:1	2:0	4:3	2:2	1:1	1:0	6:0	3:1	3:0	1:0	4:2	1:1	63:50	+13	41-27
5. 1. FC Köln	4:3	0:1	4:2	1:1	–	3:1	3:1	3:4	5:2	2:0	2:0	1:2	3:2	2:2	5:1	0:0	5:0	2:1	69:56	+13	39-29
6. K'lautern	7:4	2:4	3:2	1:4	1:2	–	4:0	3:1	4:0	3:0	2:2	1:4	0:0	0:2	2:1	4:0	2:1	2:1	80:69	+11	38-30
7. Schalke 04	5:5	2:0	4:2	3:1	2:2	3:3	–	3:0	2:3	0:2	4:2	3:1	3:1	3:1	0:1	4:2	6:1	3:1	72:68	+4	37-31
8. Hertha BSC	2:2	3:4	2:0	2:1	2:2	3:1	1:0	–	1:0	2:2	0:0	2:1	1:1	4:2	2:4	3:0	1:1	4:2	56:60	-4	33-35
9. VfB Stuttg.	1:1	6:1	0:0	3:1	2:1	3:4	3:0	2:0	–	4:0	2:2	3:0	0:3	2:0	0:1	2:2	2:1	5:1	58:57	+1	31-37
10. Offenbach	2:2	2:3	3:0	5:2	1:2	2:3	1:2	1:1	2:1	–	4:0	2:5	1:1	2:2	2:0	0:1	4:0	2:1	56:62	-6	31-37
11. W. Bremen	1:1	2:3	0:0	1:2	4:2	3:1	2:1	4:1	1:1	0:2	–	1:1	1:1	1:0	1:2	3:0	2:0	3:3	48:56	-8	31-37
12. Hamburg	0:5	1:0	1:3	4:2	3:1	0:2	5:2	0:2	1:0	0:0	3:0	–	2:3	5:0	2:0	2:1	4:0	1:4	53:62	-9	31-37
13. RW Essen	0:1	2:6	1:4	6:3	1:1	3:3	2:5	3:2	3:3	1:2	3:1	1:1	–	2:2	4:2	2:1	0:2	1:1	56:70	-14	31-37
14. Bochum	0:1	1:1	3:3	1:1	0:2	2:2	2:5	2:1	0:0	4:1	0:0	2:0	1:2	–	3:0	2:1	2:0	3:1	45:57	-12	30-38
15. Duisburg	0:4	1:2	0:1	1:1	5:1	2:1	2:0	1:1	1:0	4:0	3:1	0:0	1:0	0:0	–	0:0	1:3	1:1	42:56	-14	29-39
16. Wuppertal	1:4	2:4	2:2	1:1	1:3	2:4	1:1	2:1	3:4	1:1	4:1	3:0	2:0	2:0	2:0	–	0:0	2:1	42:65	-23	25-43
17. **Fort. Köln**	0:3	3:5	1:1	3:2	0:2	3:3	1:1	3:3	1:0	2:1	1:3	3:0	1:3	2:2	3:0	2:1	–	2:2	46:79	-33	25-43
18. **Hannover**	3:1	0:2	1:2	0:0	1:0	4:2	0:1	3:1	3:0	2:3	0:1	2:2	1:2	1:2	2:2	1:1	1:1	–	50:66	-16	22-46

Saison 1974/75

	M'Gladbach	Hertha BSC	Frankfurt	Hamburg	1. FC Köln	Düsseldorf	Schalke 04	Offenbach	Braunschw.	FC Bayern	Bochum	RW Essen	K'lautern	Duisburg	W. Bremen	VfB Stuttg.	TB Berlin	Wuppertal	Tore	Differenz	Punkte
1. **M'Gladbach**	–	1:1	3:0	1:3	1:1	3:1	1:0	5:2	2:0	1:2	3:0	1:1	3:0	4:1	4:2	5:1	3:1	6:2	86:40	+46	50-18
2. Hertha BSC	2:1	–	2:1	1:0	1:1	3:3	1:0	4:1	3:1	4:1	4:2	4:2	2:1	3:0	2:0	4:0	2:1	2:0	61:43	+18	44-24
3. Frankfurt	1:1	1:2	–	1:3	3:2	4:0	2:1	0:0	2:0	2:0	4:1	9:1	5:1	4:1	2:1	5:5	7:1	5:0	89:49	+40	43-25
4. Hamburg	1:1	1:1	3:1	–	3:1	2:1	1:1	1:0	0:0	1:0	3:2	2:2	2:0	2:3	2:0	1:0	4:0	4:1	55:38	+17	43-25
5. 1. FC Köln	1:2	2:1	0:0	4:0	–	2:2	4:2	0:1	3:0	1:0	4:1	0:1	2:0	4:2	3:1	4:2	7:1	4:0	77:51	+26	41-27
6. Düsseldorf	3:2	0:0	2:2	0:0	3:0	–	2:1	3:2	2:2	6:5	0:1	4:0	2:0	1:1	4:1	4:0	3:2	2:0	66:55	+11	41-27
7. Schalke 04	1:3	1:0	1:1	3:1	1:1	3:0	–	2:0	1:1	2:2	1:0	3:0	2:1	5:0	2:0	2:0	3:0	1:0	52:37	+15	39-29
8. Offenbach	4:3	3:1	2:1	4:1	1:4	2:3	3:0	–	2:1	6:0	2:0	1:3	2:2	3:3	5:1	3:1	3:2	3:1	72:62	+10	38-30
9. Braunschw.	1:3	2:1	2:0	1:2	1:4	3:0	1:0	1:0	–	3:1	2:0	4:2	3:2	4:1	0:0	6:0	5:0	1:1	52:42	+10	36-32
10. FC Bayern	1:1	2:1	2:1	0:1	6:3	4:0	0:2	2:3	1:0	–	2:1	2:2	2:5	2:1	2:0	1:1	3:1	3:1	57:63	-6	34-34
11. Bochum	0:0	4:0	3:1	4:2	3:2	4:2	2:1	3:1	1:0	3:0	–	2:2	4:0	1:2	3:1	1:0	0:0	4:2	53:53	0	33-35
12. RW Essen	1:3	2:1	0:5	0:0	1:1	1:2	4:4	5:1	1:2	2:2	1:1	–	3:1	3:0	1:1	3:1	3:2	2:0	56:68	-12	32-36
13. K'lautern	1:3	3:0	2:2	1:0	1:1	1:0	1:1	1:2	2:0	0:1	1:0	2:0	–	2:0	4:1	6:0	4:0	2:0	56:55	+1	31-37
14. Duisburg	1:1	1:3	1:3	2:0	1:3	0:3	2:0	2:1	3:2	2:1	3:1	3:3	3:2	–	4:0	3:3	2:3	2:2	59:77	-18	30-38
15. W. Bremen	1:4	4:0	0:3	1:0	4:1	0:0	0:1	3:6	0:0	0:2	3:0	0:0	3:1	3:1	–	5:2	1:1	2:1	45:69	-24	25-43
16. **VfB Stuttg.**	1:2	1:2	3:4	1:2	2:0	1:1	3:1	3:1	0:0	1:2	1:0	3:2	0:1	2:1	2:2	–	2:1	5:1	50:79	-29	24-44
17. **TB Berlin**	1:4	0:3	1:4	0:3	2:3	1:4	0:2	0:2	2:2	2:2	2:0	1:0	3:2	2:3	4:0	1:1	–	0:0	38:89	-51	16-52
18. **Wuppertal**	1:5	0:0	2:3	0:4	1:4	2:3	0:1	0:0	0:1	3:1	1:1	0:2	3:3	1:4	2:4	2:2	2:0	–	32:86	-54	12-56

Saison 1975/76

	M'Gladbach	Hamburg	FC Bayern	1. FC Köln	Braunschw.	Schalke 04	K'lautern	RW Essen	Frankfurt	Duisburg	Hertha BSC	Düsseldorf	W. Bremen	Bochum	Karlsruhe	Hannover	Offenbach	Uerdingen	Tore	Differenz	Punkte
1. **M'Gladbach**	–	1:1	4:1	2:1	0:0	0:2	3:0	1:2	4:2	3:0	1:1	1:0	3:0	1:1	4:0	2:0	2:0	6:1	66:37	+29	45-23
2. Hamburg	0:0	–	0:1	2:1	4:0	4:1	2:0	4:1	4:2	3:0	2:1	3:1	1:2	5:3	3:0	3:0	2:0	0:0	59:32	+27	41-27
3. FC Bayern	4:0	1:0	–	1:2	1:1	3:2	3:4	5:1	1:1	3:0	7:4	5:0	4:0	4:0	2:0	3:1	3:1	2:0	72:50	+22	40-28
4. 1. FC Köln	0:4	1:1	1:0	–	1:1	2:1	1:1	3:0	3:3	3:2	2:0	4:0	1:1	1:0	1:3	2:1	4:0	4:0	62:45	+17	39-29
5. Braunschw.	0:0	1:0	1:1	0:0	–	4:1	2:0	1:1	2:0	3:1	5:2	3:1	3:2	1:1	2:0	3:2	5:1	1:0	52:48	+4	39-29
6. Schalke 04	2:2	0:1	2:2	3:1	5:1	–	2:2	5:1	2:4	5:1	2:2	2:0	4:2	1:1	6:2	1:2	1:1	5:1	76:55	+21	37-31
7. K'lautern	0:3	2:0	2:1	1:1	3:1	1:3	–	5:0	3:1	3:0	5:0	2:1	4:0	2:1	3:1	2:2	2:2	1:2	66:60	+6	37-31
8. RW Essen	1:3	1:1	3:3	2:3	2:2	0:0	5:1	–	4:3	5:2	3:1	2:2	2:0	1:0	1:0	1:0	2:2	2:1	61:67	-6	37-31
9. Frankfurt	1:1	1:0	6:0	2:2	6:1	2:1	1:1	1:3	–	1:1	1:1	5:2	2:0	6:0	0:2	5:1	1:0	3:1	79:58	+21	36-32
10. Duisburg	2:3	1:1	1:1	0:4	1:0	1:3	1:2	4:0	1:1	–	2:1	2:2	2:0	1:1	1:0	4:3	6:2	2:0	55:62	-7	33-35
11. Hertha BSC	3:0	1:1	2:1	2:1	1:0	2:1	3:0	2:2	4:4	1:2	–	2:2	0:0	4:1	1:1	1:0	1:0	5:0	59:61	-2	32-36
12. Düsseldorf	1:1	1:0	1:1	0:0	3:3	1:2	5:1	5:2	1:1	1:3	2:1	–	3:0	3:1	0:2	3:0	0:0	2:0	47:57	-10	30-38
13. W. Bremen	2:2	1:3	0:0	3:2	0:1	1:1	3:2	3:3	1:2	2:0	3:2	3:0	–	4:1	1:0	0:0	3:1	3:0	44:55	-11	30-38
14. Bochum	2:0	0:3	3:1	1:0	2:0	1:4	2:0	2:1	5:3	1:2	2:0	0:1	0:3	–	4:2	2:0	5:1	3:0	49:62	-13	30-38
15. Karlsruhe	2:4	3:2	1:2	3:1	0:2	2:2	3:5	1:2	1:0	2:2	3:0	1:0	2:0	2:2	–	3:2	2:1	1:0	46:59	-13	30-38
16. **Hannover**	3:3	1:0	2:2	3:3	2:0	1:1	2:0	0:0	3:2	0:2	2:6	1:2	0:0	4:1	2:0	–	4:0	3:1	48:60	-12	27-41
17. **Offenbach**	1:1	3:2	2:2	1:5	4:2	1:1	1:4	0:4	2:1	2:1	2:1	1:1	2:0	1:0	0:0	1:0	–	2:3	40:72	-32	27-41
18. **Uerdingen**	1:1	0:1	2:1	1:1	0:0	3:2	2:2	1:1	0:5	0:4	1:1	2:0	2:1	0:0	1:1	1:1	1:2	–	28:69	-41	22-46

Saison 1976/77

	M'Gladbach	Schalke 04	Braunschw.	Frankfurt	1. FC Köln	Hamburg	FC Bayern	Dortmund	Duisburg	Hertha BSC	W. Bremen	Düsseldorf	K'lautern	Saarbrücken	Bochum	Karlsruhe	TB Berlin	RW Essen	Tore	Differenz	Punkte
1. **M'Gladbach**	–	2:0	1:1	1:3	3:1	0:0	1:0	1:1	1:1	2:1	3:1	3:1	0:0	3:0	4:2	5:1	3:0	6:0	58:34	+24	44-24
2. Schalke 04	1:0	–	2:3	1:1	1:1	1:0	0:0	4:2	3:2	4:0	3:2	2:1	5:2	0:1	3:1	2:2	5:4	3:0	77:52	+25	43-25
3. Braunschw.	1:1	1:0	–	3:1	4:2	0:1	1:0	3:1	1:1	2:2	0:1	0:0	2:1	1:0	2:0	3:3	3:1	6:0	56:38	+18	43-25
4. Frankfurt	1:3	6:3	3:0	–	4:0	2:1	2:1	1:4	3:1	3:3	7:1	1:1	2:0	2:1	2:2	3:2	7:1	3:1	86:57	+29	42-26
5. 1. FC Köln	0:3	2:0	3:0	2:0	–	3:3	3:0	1:1	5:2	3:2	3:0	2:2	3:1	5:1	6:1	4:1	8:4	2:2	83:61	+22	40-28
6. Hamburg	4:1	2:2	0:2	3:1	2:1	–	5:0	3:4	2:0	2:0	5:3	1:1	1:0	0:0	5:1	2:1	2:1	5:3	67:56	+11	38-30
7. FC Bayern	2:2	0:7	2:2	0:3	4:1	6:2	–	1:2	2:2	1:0	1:0	2:1	3:0	5:1	1:1	5:0	9:0	5:1	74:65	+9	37-31
8. Dortmund	0:0	2:2	0:0	2:2	1:2	4:4	3:3	–	2:1	2:1	2:4	1:2	5:2	2:1	0:2	7:2	4:0	4:2	73:64	+9	34-34
9. Duisburg	3:2	2:2	1:1	4:3	1:1	0:0	5:2	0:0	–	1:1	3:0	1:0	1:0	2:3	0:0	3:1	1:1	4:0	60:51	+9	34-34
10. Hertha BSC	0:1	2:1	2:1	2:3	2:4	2:1	1:1	3:2	2:4	–	2:1	4:0	2:0	1:1	2:0	1:1	2:0	2:1	55:54	+1	34-34
11. W. Bremen	1:0	1:1	2:2	2:1	2:1	2:2	2:3	3:0	2:2	1:0	–	0:2	2:0	1:0	2:0	1:1	0:0	3:1	51:59	-8	33-35
12. Düsseldorf	0:1	1:2	1:3	1:2	1:3	2:0	0:0	3:2	2:0	2:3	3:2	–	2:3	5:1	1:0	3:0	0:0	4:4	52:54	-2	31-37
13. K'lautern	1:2	2:0	1:3	2:2	4:2	2:0	1:1	2:1	2:0	0:2	4:2	0:2	–	1:0	2:0	3:1	3:1	7:1	53:59	-6	29-39
14. Saarbrücken	2:2	2:3	1:2	2:2	3:1	3:2	6:1	2:2	1:0	1:1	2:0	0:0	2:2	–	0:1	1:1	0:0	2:1	43:55	-12	29-39
15. Bochum	0:0	1:2	1:1	3:1	1:2	4:2	5:6	2:1	2:1	4:2	0:2	1:2	1:0	1:2	–	1:0	2:1	2:1	47:62	-15	29-39
16. **Karlsruhe**	4:0	1:7	1:1	2:0	2:1	2:2	1:2	2:1	2:1	0:3	3:1	1:1	1:1	3:0	2:1	–	4:1	1:1	53:75	-22	28-40
17. **TB Berlin**	0:1	1:3	0:0	1:1	3:2	1:1	3:1	2:3	1:5	2:0	2:4	4:2	4:2	1:1	1:1	4:2	–	2:2	47:85	-38	22-46
18. **RW Essen**	1:0	2:2	2:1	1:8	0:3	1:2	1:4	1:5	1:5	2:2	0:0	5:3	3:2	1:0	3:3	3:2	1:0	–	49:103	-54	22-46

Saison 1977/78

	1. FC Köln	M'Gladbach	Hertha BSC	VfB Stuttg.	Düsseldorf	Duisburg	Frankfurt	K'lautern	Schalke 04	Hamburg	Dortmund	FC Bayern	Braunschw.	Bochum	W. Bremen	TSV 1860	Saarbrücken	St. Pauli	Tore	Differenz	Punkte
1. **1. FC Köln**	–	1:1	3:1	2:1	1:0	5:2	0:1	4:1	2:4	6:1	4:1	2:0	6:0	2:1	7:2	6:2	3:1	4:1	86:41	+45	48-20
2. M'Gladbach	2:5	–	2:1	3:1	3:2	1:3	2:0	2:2	2:1	2:1	12:0	2:0	3:1	2:2	4:0	2:1	6:1	2:1	86:44	+42	48-20
3. Hertha BSC	1:1	2:1	–	1:1	0:0	2:2	2:0	2:1	2:1	3:2	3:1	3:1	1:0	4:3	2:0	4:1	1:1	5:0	59:48	+11	40-28
4. VfB Stuttg.	3:0	2:0	1:0	–	1:1	1:0	2:1	3:0	6:1	1:2	4:1	3:3	5:0	3:1	2:0	3:1	1:0	1:0	58:40	+18	39-29
5. Düsseldorf	5:1	1:3	0:0	1:0	–	0:0	2:1	4:1	1:1	3:1	1:0	4:2	2:0	1:1	2:0	2:0	2:1	3:1	49:36	+13	39-29
6. Duisburg	1:2	1:1	2:1	2:1	0:0	–	3:0	3:2	1:0	5:2	1:2	6:3	3:1	0:0	2:0	1:1	5:0	4:3	62:59	+3	37-31
7. Frankfurt	2:2	4:2	0:5	2:0	4:0	3:1	–	1:3	3:0	0:2	2:1	4:0	2:0	5:3	0:2	1:0	4:0	5:2	59:52	+7	36-32
8. K'lautern	0:2	0:3	2:0	0:4	3:2	6:1	2:0	–	0:0	3:0	4:0	5:0	2:1	4:1	2:1	1:0	2:1	2:1	64:63	+1	36-32
9. Schalke 04	2:0	1:2	2:0	3:1	1:0	0:1	3:2	3:0	–	2:2	0:2	3:2	1:0	3:1	1:0	2:1	2:0	4:1	47:52	-5	34-34
10. Hamburg	1:0	2:6	2:2	2:0	0:3	4:1	0:0	3:1	2:0	–	4:1	2:2	4:2	3:1	1:1	3:0	1:2	0:2	61:67	-6	34-34
11. Dortmund	1:2	3:3	1:1	4:1	1:2	2:1	0:2	4:0	2:1	2:1	–	1:1	2:0	5:3	4:1	1:3	2:1	1:1	57:71	-14	33-35
12. FC Bayern	0:3	1:1	0:2	2:0	0:0	3:2	2:1	4:2	7:1	2:0	3:0	–	3:2	1:1	3:1	1:3	7:1	4:2	62:64	-2	32-36
13. Braunschw.	1:0	0:6	1:1	3:1	2:0	1:0	1:1	3:1	3:1	4:0	0:1	1:1	–	3:1	2:0	2:1	3:0	2:0	43:53	-10	32-36
14. Bochum	0:0	0:0	5:0	1:0	2:1	1:2	0:1	0:1	1:1	2:1	1:0	2:1	1:1	–	2:0	2:0	4:2	4:0	49:51	-2	31-37
15. W. Bremen	0:2	3:2	4:2	0:1	2:1	4:2	3:0	5:3	2:0	1:2	3:1	1:1	2:1	1:0	–	2:0	1:1	4:0	48:57	-9	31-37
16. **TSV 1860**	1:3	1:1	2:3	1:2	0:1	4:0	2:4	2:2	0:0	2:2	0:2	1:1	1:0	2:0	0:0	–	2:0	4:1	41:60	-19	22-46
17. **Saarbrücken**	1:0	0:1	2:2	1:1	1:1	1:2	0:0	3:3	2:1	3:5	2:2	2:1	0:1	0:1	1:1	1:1	–	4:0	39:70	-31	22-46
18. **St. Pauli**	0:5	0:1	3:0	1:1	2:1	2:2	5:3	0:3	1:1	2:3	3:6	0:0	0:1	1:1	3:1	4:1	1:3	–	44:86	-42	18-50

Saison 1978/79

	Hamburg	VfB Stuttg.	K'lautern	FC Bayern	Frankfurt	1. FC Köln	Düsseldorf	Bochum	Braunschw.	M'Gladbach	W. Bremen	Dortmund	Duisburg	Hertha BSC	Schalke 04	Bielefeld	Nürnberg	Darmstadt	Tore	Differenz	Punkte
1. **Hamburg**	–	1:1	3:0	1:2	4:0	6:0	2:1	1:1	2:0	3:0	2:2	5:0	3:0	4:1	4:2	3:1	4:1	2:1	78:32	+46	49-19
2. VfB Stuttg.	1:0	–	3:0	2:0	3:1	1:4	5:0	2:0	3:0	2:0	1:1	1:1	2:0	3:0	4:0	5:1	4:0	3:0	73:34	+39	48-20
3. K'lautern	2:1	5:1	–	2:1	2:1	1:1	3:0	1:1	2:1	1:3	4:0	3:1	2:1	3:0	2:2	3:2	3:0	2:0	62:47	+15	43-25
4. FC Bayern	0:1	1:1	1:0	–	3:1	5:1	1:1	2:1	6:1	3:1	4:0	4:0	6:2	1:1	2:1	0:4	4:0	1:1	69:46	+23	40-28
5. Frankfurt	0:0	1:2	2:2	2:1	–	1:4	3:2	4:2	3:1	2:0	2:1	3:1	1:0	2:2	3:1	1:0	2:0	2:0	50:49	+1	39-29
6. 1. FC Köln	1:3	1:2	2:2	1:1	0:2	–	2:2	1:1	3:1	1:1	2:0	5:0	3:3	3:1	1:0	2:1	2:0	2:1	55:47	+8	38-30
7. Düsseldorf	0:2	2:0	2:2	7:1	4:2	1:1	–	1:1	2:2	3:3	3:1	3:1	3:0	3:1	3:1	3:2	3:3	4:0	70:59	+11	37-31
8. Bochum	2:1	1:2	2:2	0:1	0:0	2:5	2:2	–	3:0	0:0	3:0	4:1	0:0	1:0	2:2	1:0	2:1	1:2	47:46	+1	33-35
9. Braunschw.	1:0	2:2	0:0	0:0	0:0	1:0	1:1	1:0	–	3:0	1:1	2:2	0:2	0:1	2:1	5:2	3:1	4:1	50:55	-5	33-35
10. M'Gladbach	4:3	0:0	5:1	1:7	1:3	2:0	1:0	2:0	2:3	–	4:0	2:2	0:2	0:2	0:0	4:1	3:1	3:1	50:53	-3	32-36
11. W. Bremen	1:1	0:2	3:1	1:1	0:2	1:1	1:1	3:3	3:1	3:1	–	4:4	3:2	1:1	3:1	1:0	3:1	3:0	48:60	-12	31-37
12. Dortmund	1:3	4:3	2:3	1:0	3:1	0:0	3:0	2:2	2:2	1:1	1:0	–	4:1	3:0	2:0	2:0	2:0	0:0	54:70	-16	31-37
13. Duisburg	0:2	3:1	3:1	3:1	0:2	2:1	1:2	1:0	1:0	0:3	2:0	0:0	–	3:2	2:1	1:1	1:0	4:4	43:56	-13	30-38
14. Hertha BSC	1:3	0:0	0:3	1:1	4:1	0:2	4:1	1:1	2:2	1:0	0:2	4:0	1:0	–	1:1	1:2	4:1	1:0	40:50	-10	29-39
15. Schalke 04	1:3	2:3	1:1	2:1	4:0	1:1	1:2	1:3	4:4	1:1	2:1	5:1	2:1	1:1	–	4:1	0:0	4:2	55:61	-6	28-40
16. **Bielefeld**	0:0	1:1	0:1	0:2	0:0	1:0	2:0	1:2	2:2	0:2	1:3	4:3	1:1	0:0	3:2	–	2:0	5:0	43:56	-13	26-42
17. **Nürnberg**	3:3	1:0	0:0	4:2	0:0	1:1	3:2	0:2	0:3	1:0	2:2	2:2	2:1	2:1	0:2	0:1	–	3:2	36:67	-31	24-44
18. **Darmstadt**	1:2	1:7	2:2	1:3	2:0	0:1	1:6	3:1	1:1	2:0	3:0	3:2	2:0	0:0	1:2	1:1	1:3	–	40:75	-35	21-47

Saison 1979/80

	FC Bayern	Hamburg	K'lautern	VfB Stuttg.	1. FC Köln	Dortmund	M'Gladbach	Schalke 04	Frankfurt	Bochum	Düsseldorf	Leverkusen	TSV 1860	Duisburg	Uerdingen	Hertha BSC	W. Bremen	Braunschw.	Tore	Differenz	Punkte
1. **FC Bayern**	–	1:1	2:0	4:0	1:2	4:2	3:1	3:1	2:0	3:0	6:0	3:1	6:1	3:1	3:0	1:1	7:0	2:1	84:33	+51	50-18
2. Hamburg	3:1	–	1:0	3:2	3:0	4:0	3:0	4:0	5:0	3:1	1:0	3:0	6:1	1:2	2:2	5:1	5:0	2:0	86:35	+51	48-20
3. K'lautern	1:1	4:2	–	2:1	2:0	2:2	4:2	2:2	0:1	4:1	4:0	4:0	3:1	4:2	4:0	4:0	3:1	2:0	75:53	+22	41-27
VfB Stuttg.	1:3	2:2	3:1	–	3:0	1:2	4:0	0:0	4:2	1:3	5:1	3:2	1:1	2:0	2:0	5:0	5:1	2:0	75:53	+22	41-27
5. 1. FC Köln	2:4	2:3	2:0	2:2	–	4:1	4:4	3:1	2:2	2:1	1:1	4:0	2:1	2:3	1:0	2:2	4:1	8:0	72:55	+17	37-31
6. Dortmund	1:0	2:2	6:2	2:4	3:1	–	1:1	2:1	0:1	2:2	5:3	2:1	0:0	3:1	3:1	4:1	5:0	2:0	64:56	+8	36-32
7. M'Gladbach	2:1	2:2	0:3	1:1	2:2	2:2	–	1:1	4:1	3:2	2:1	4:2	1:1	6:0	3:2	4:1	2:1	1:1	61:60	+1	36-32
8. Schalke 04	1:1	1:0	2:1	0:4	1:1	2:2	1:0	–	1:0	1:0	2:2	0:2	3:0	1:2	1:2	1:0	3:0	1:0	40:51	-11	33-35
9. Frankfurt	3:2	3:2	3:5	2:0	3:0	0:1	5:2	3:2	–	0:1	1:2	3:0	1:1	6:0	2:0	0:4	3:2	7:2	65:61	+4	32-36
10. Bochum	0:1	0:3	0:0	0:1	2:0	2:2	0:0	0:0	1:0	–	0:0	4:2	2:0	3:0	1:0	2:1	5:2	2:1	41:44	-3	32-36
11. Düsseldorf	0:3	1:1	6:1	6:2	3:6	2:1	1:4	4:1	1:3	1:4	–	1:1	4:0	1:0	3:1	4:0	4:1	3:2	62:72	-10	32-36
12. Leverkusen	1:0	2:1	3:1	1:3	1:1	2:1	0:0	2:0	2:1	3:1	0:0	–	1:0	2:2	1:1	2:1	4:0	3:1	45:61	-16	32-36
13. TSV 1860	1:2	0:2	3:2	1:1	1:1	0:2	0:0	3:0	2:1	1:0	2:0	2:2	–	2:1	4:0	0:1	4:1	2:0	42:53	-11	30-38
14. Duisburg	1:2	3:0	1:1	1:1	0:2	1:0	3:0	1:2	1:0	0:1	0:2	5:0	1:0	–	2:2	2:2	4:1	0:0	43:57	-14	29-39
15. Uerdingen	1:3	0:3	3:2	4:2	1:3	3:0	0:1	1:4	3:2	1:0	3:1	2:0	1:0	1:1	–	3:1	2:0	2:1	43:61	-18	29-39
16. **Hertha BSC**	1:1	0:6	0:2	4:2	1:0	3:2	3:1	0:2	1:0	1:0	3:0	3:0	1:1	0:1	3:0	–	0:0	0:0	41:61	-20	29-39
17. **W. Bremen**	1:4	1:1	2:4	2:3	0:5	2:1	4:2	4:0	4:3	2:0	4:1	1:1	4:6	2:1	1:0	1:0	–	4:0	52:93	-41	25-43
18. **Braunschw.**	1:1	1:1	0:1	0:2	2:1	1:0	0:3	1:1	2:3	3:0	2:3	3:1	0:0	2:0	1:1	3:1	1:2	–	32:64	-32	20-48

Saison 1980/81

	FC Bayern	Hamburg	VfB Stuttg.	K'lautern	Frankfurt	M'Gladbach	Dortmund	1. FC Köln	Bochum	Karlsruhe	Leverkusen	Duisburg	Düsseldorf	Nürnberg	Bielefeld	TSV 1860	Schalke 04	Uerdingen	Tore	Differenz	Punkte
1. **FC Bayern**	–	2:1	1:1	3:0	7:2	4:0	5:3	1:1	3:1	1:1	3:0	5:1	3:2	4:2	5:1	1:1	5:1	4:0	89:41	+48	53-15
2. Hamburg	2:2	–	1:3	3:2	3:1	2:1	2:1	2:0	2:1	3:1	2:0	0:0	2:1	1:0	4:1	4:1	7:1	2:1	73:43	+30	49-19
3. VfB Stuttg.	1:2	3:2	–	1:0	1:1	4:2	3:1	3:0	4:1	5:2	2:1	2:0	4:2	2:1	2:1	2:1	3:0	3:2	70:44	+26	46-22
4. K'lautern	4:2	2:2	1:0	–	2:0	3:2	1:1	5:1	0:0	1:0	3:1	1:1	3:0	3:1	1:3	3:2	2:0	4:2	60:37	+23	44-24
5. Frankfurt	0:0	1:1	2:1	3:2	–	2:1	0:4	4:0	2:2	3:3	2:0	2:1	2:2	3:0	2:0	2:1	5:0	2:2	61:57	+4	38-30
6. M'Gladbach	1:4	2:2	1:3	1:0	2:2	–	1:0	2:0	2:1	3:3	1:0	4:1	2:2	1:4	4:2	3:2	3:1	7:1	68:64	+4	37-31
7. Dortmund	2:2	6:2	3:3	2:2	2:1	0:3	–	2:2	1:3	3:3	5:3	5:1	2:1	1:0	5:0	4:1	2:2	2:1	69:59	+10	35-33
8. 1. FC Köln	0:3	0:3	3:1	2:2	5:0	2:3	2:1	–	2:2	4:0	1:1	1:0	1:2	2:2	1:0	4:1	0:2	3:0	54:55	-1	34-34
9. Bochum	1:3	0:3	1:1	0:0	2:0	1:1	0:2	1:1	–	0:0	1:1	1:1	2:1	4:0	0:2	4:1	5:1	2:2	53:45	+8	33-35
10. Karlsruhe	0:3	1:1	0:0	1:1	1:1	3:4	1:1	1:1	0:0	–	1:1	2:0	3:0	4:1	2:1	7:2	3:2	3:1	56:63	-7	32-36
11. Leverkusen	3:0	1:2	1:1	0:1	3:2	1:5	4:1	1:1	2:0	3:0	–	1:1	2:0	1:1	2:0	1:1	4:0	4:1	52:53	-1	30-38
12. Duisburg	0:1	2:0	0:3	1:1	0:0	4:0	2:1	3:4	0:3	2:2	2:4	–	2:1	2:0	1:1	1:0	5:1	3:2	45:58	-13	29-39
13. Düsseldorf	3:0	2:3	3:1	0:2	2:2	2:1	2:2	0:0	1:1	1:2	4:3	0:1	–	2:2	3:1	2:1	3:3	4:2	57:64	-7	28-40
14. Nürnberg	0:1	2:3	1:2	0:4	1:4	2:0	2:0	2:1	0:2	5:0	1:1	1:0	2:1	–	2:0	1:2	2:0	0:0	47:57	-10	28-40
15. Bielefeld	1:2	0:2	1:0	0:1	1:1	2:3	1:0	2:5	3:3	4:1	1:1	2:1	3:0	0:2	–	3:2	1:0	3:1	46:65	-19	26-42
16. **TSV 1860**	1:3	0:0	0:0	1:1	0:2	0:0	0:1	2:1	2:2	4:2	1:0	1:3	4:3	2:4	2:1	–	3:1	4:0	49:67	-18	25-43
17. **Schalke 04**	2:2	2:1	3:2	0:2	1:4	2:2	1:2	1:2	0:6	1:0	3:1	2:2	0:4	1:1	2:2	1:0	–	3:1	43:88	-45	23-45
18. **Uerdingen**	2:2	0:3	3:3	1:0	4:1	2:0	2:1	0:1	1:0	0:3	3:0	4:1	0:1	3:2	2:2	0:3	1:3	–	47:79	-32	22-46

Saison 1981/82

	Hamburg	1. FC Köln	FC Bayern	K'lautern	W. Bremen	Dortmund	M'Gladbach	Frankfurt	VfB Stuttg.	Bochum	Braunschw.	Bielefeld	Nürnberg	Karlsruhe	Düsseldorf	Leverkusen	Darmstadt	Duisburg	Tore	Differenz	Punkte
1. **Hamburg**	–	3:1	4:1	4:0	5:0	2:2	1:1	2:0	1:1	2:2	4:2	3:1	6:1	3:3	6:1	0:0	6:1	7:0	95:45	+50	48-20
2. 1. FC Köln	1:1	–	4:0	3:4	4:2	1:0	3:0	2:0	3:0	1:0	3:0	0:1	4:1	2:0	3:0	5:2	1:1	3:0	72:38	+34	45-23
3. FC Bayern	3:4	1:1	–	4:2	3:1	3:1	1:1	3:2	1:0	1:0	3:1	3:2	1:1	4:1	7:0	6:2	4:1	4:0	77:56	+21	43-25
4. K'lautern	1:1	1:1	2:1	–	1:1	2:1	3:2	6:2	3:2	3:3	5:3	4:0	2:1	2:1	1:1	5:2	3:1	3:0	70:61	+9	42-26
5. W. Bremen	3:2	1:1	2:0	0:1	–	2:0	0:1	2:1	2:2	3:1	2:0	1:0	3:1	2:1	4:1	0:0	4:4	5:1	61:52	+9	42-26
6. Dortmund	2:3	1:0	2:0	2:2	1:0	–	2:3	0:2	2:3	3:2	1:2	3:0	3:1	4:0	4:2	2:0	4:0	2:1	59:40	+19	41-27
7. M'Gladbach	1:3	0:2	3:0	2:2	2:4	0:1	–	1:0	0:0	4:2	4:2	3:1	4:2	2:2	3:0	3:1	6:1	4:2	61:51	+10	40-28
8. Frankfurt	3:2	4:2	4:3	2:2	9:2	1:4	3:0	–	4:1	0:1	4:2	2:1	3:1	4:1	4:0	3:2	2:1	4:1	83:72	+11	37-31
9. VfB Stuttg.	1:2	1:1	0:3	4:0	2:4	0:2	2:2	5:2	–	3:0	2:0	2:3	1:2	5:1	3:2	4:2	1:0	4:1	62:55	+7	35-33
10. Bochum	2:1	3:1	3:1	1:2	0:2	0:0	1:1	3:2	3:3	–	2:0	1:1	2:0	3:1	3:0	3:1	1:0	2:2	52:51	+1	32-36
11. Braunschw.	2:1	4:4	3:1	2:1	1:1	0:1	0:1	4:1	2:0	2:1	–	3:1	4:2	0:0	4:2	5:1	3:0	2:1	61:66	-5	32-36
12. Bielefeld	1:1	0:2	1:2	2:0	0:2	1:1	5:0	3:0	1:0	2:0	2:1	–	2:0	3:0	1:1	1:3	1:1	2:0	46:50	-4	30-38
13. Nürnberg	0:3	1:3	0:3	4:2	2:1	3:0	3:2	5:3	0:0	2:1	4:0	1:0	–	3:1	2:2	3:2	1:1	0:0	53:72	-19	28-40
14. Karlsruhe	2:2	1:4	4:1	1:1	3:0	0:2	1:1	2:2	0:2	2:2	2:1	2:1	3:2	–	1:0	1:2	3:1	2:0	50:68	-18	27-41
15. Düsseldorf	3:3	1:1	1:2	4:2	0:0	0:0	0:2	2:2	2:3	2:1	1:1	4:1	1:1	2:0	–	5:1	2:2	2:0	48:73	-25	25-43
16. Leverkusen	0:3	1:1	0:2	0:1	1:3	2:1	0:0	1:2	0:0	0:3	1:0	2:2	4:0	2:1	1:1	–	3:2	2:1	45:72	-27	25-43
17. **Darmstadt**	2:2	2:4	1:2	0:0	1:1	1:3	1:1	1:4	3:3	2:0	2:3	1:0	2:1	2:6	2:2	1:3	–	3:2	46:82	-36	21-47
18. **Duisburg**	1:2	1:0	2:3	3:1	0:1	1:2	0:1	4:2	1:2	1:0	5:2	1:3	3:2	1:1	2:1	2:1	0:2	–	40:77	-37	19-49

Saison 1982/83

	Hamburg	W. Bremen	VfB Stuttg.	FC Bayern	1. FC Köln	K'lautern	Dortmund	Bielefeld	Düsseldorf	Frankfurt	Leverkusen	M'Gladbach	Bochum	Nürnberg	Braunschw.	Schalke 04	Karlsruhe	Hertha BSC	Tore	Differenz	Punkte
1. **Hamburg**	–	1:1	2:0	1:1	2:1	1:1	5:0	3:1	2:0	3:0	3:0	4:3	0:0	3:0	4:0	6:2	4:0	1:1	79:33	+46	52-16
2. W. Bremen	3:2	–	3:2	1:0	1:1	3:0	4:2	5:1	2:2	3:0	3:1	2:0	3:2	3:2	6:0	4:0	3:0	3:1	76:38	+38	52-16
3. VfB Stuttg.	1:2	4:1	–	1:1	2:1	1:1	2:1	2:2	1:1	4:1	5:3	3:2	5:2	3:0	4:0	2:1	4:1	4:1	80:47	+33	48-20
4. FC Bayern	2:2	1:1	4:0	–	0:1	0:1	3:0	5:0	1:0	4:0	5:0	3:1	3:0	1:0	1:1	0:1	6:1	4:0	74:33	+41	44-24
5. 1. FC Köln	1:1	2:1	1:2	2:0	–	3:0	2:2	1:0	4:0	2:2	4:1	2:1	4:1	5:2	3:1	2:1	4:1	3:2	69:42	+27	43-25
6. K'lautern	2:2	2:1	2:3	3:2	3:2	–	0:2	3:0	3:1	3:0	2:0	3:0	1:0	2:1	3:2	2:0	7:0	2:2	57:44	+13	41-27
7. Dortmund	1:3	0:0	1:1	4:4	2:0	4:0	–	11:1	1:2	4:1	3:3	4:6	3:1	4:0	3:2	2:0	4:3	2:1	78:62	+16	39-29
8. Bielefeld	2:0	1:2	2:2	2:4	2:0	2:2	1:0	–	2:1	2:1	0:2	4:2	1:1	3:0	2:0	3:2	5:1	2:1	46:71	-25	31-37
9. Düsseldorf	0:6	2:5	1:1	3:5	2:6	2:1	2:3	2:0	–	5:1	4:0	2:1	2:0	3:1	5:0	3:1	4:3	1:1	63:75	-12	30-38
10. Frankfurt	1:1	0:1	3:0	1:0	3:0	2:2	3:1	2:1	2:2	–	5:0	3:0	0:1	3:0	0:1	3:2	2:0	3:1	48:57	-9	29-39
11. Leverkusen	0:1	1:1	0:3	1:1	0:0	0:0	1:2	0:1	3:3	1:1	–	3:2	1:0	1:0	1:0	3:1	3:1	2:1	43:66	-23	29-39
12. M'Gladbach	1:1	1:2	1:4	0:0	1:4	4:2	2:3	3:0	5:0	3:1	3:1	–	3:1	1:2	3:0	0:0	5:0	3:1	64:63	+1	28-40
13. Bochum	1:1	1:2	2:2	0:0	0:0	1:1	2:2	1:1	3:1	1:2	3:2	3:1	–	6:0	0:2	2:1	0:1	4:0	43:49	-6	28-40
14. Nürnberg	2:2	2:0	0:5	2:3	2:1	1:1	3:2	1:1	3:1	3:0	0:1	1:0	1:1	–	0:0	3:2	3:1	4:2	44:70	-26	28-40
15. Braunschw.	2:4	3:1	1:2	1:1	2:2	1:1	0:0	3:0	2:1	1:0	1:3	0:0	0:2	2:2	–	1:1	5:1	1:0	42:65	-23	27-41
16. **Schalke 04**	1:2	0:2	1:3	1:2	1:4	0:0	1:2	5:0	3:3	3:2	2:0	2:4	2:0	0:1	3:3	–	1:0	2:0	48:68	-20	22-46
17. **Karlsruhe**	1:2	1:2	1:2	0:4	1:1	1:1	2:0	1:1	2:1	1:0	2:2	2:0	0:0	2:1	3:1	2:2	–	1:1	39:86	-47	21-47
18. **Hertha BSC**	1:2	0:1	1:0	1:3	0:0	0:0	1:3	2:0	1:1	1:0	3:3	0:2	1:1	5:1	3:3	2:3	5:2	–	43:67	-24	20-48

Saison 1983/84

	VfB Stuttg.	Hamburg	M'Gladbach	FC Bayern	W. Bremen	1. FC Köln	Leverkusen	Bielefeld	Braunschw.	Uerdingen	Mannheim	K'lautern	Dortmund	Düsseldorf	Bochum	Frankfurt	Offenbach	Nürnberg	Tore	Differenz	Punkte
1. **VfB Stuttg.**	–	0:1	0:0	1:0	3:0	3:2	2:2	1:0	3:0	4:0	0:0	5:1	3:1	6:0	4:2	2:2	5:1	7:0	79:33	+46	48-20
2. Hamburg	0:2	–	2:1	2:1	4:0	2:2	3:0	2:0	3:0	2:2	2:3	3:2	7:2	5:2	2:1	0:2	6:0	4:0	75:36	+39	48-20
3. M'Gladbach	2:0	4:0	–	3:0	3:1	4:2	3:1	3:0	6:2	7:1	3:0	3:2	2:1	1:1	4:2	1:1	3:2	2:0	81:48	+33	48-20
4. FC Bayern	2:2	1:0	4:0	–	0:0	4:2	2:1	3:1	6:0	3:2	6:0	5:2	1:0	1:1	5:1	3:0	9:0	4:2	84:41	+43	47-21
5. W. Bremen	1:2	0:0	2:0	3:2	–	1:0	3:0	3:0	4:0	5:2	5:0	1:1	2:1	2:0	5:2	2:3	8:1	2:0	79:46	+33	45-23
6. 1. FC Köln	2:2	1:4	1:2	2:0	1:4	–	2:0	2:3	2:1	3:0	2:0	1:4	5:2	1:0	3:0	7:0	1:0	3:1	70:57	+13	38-30
7. Leverkusen	1:1	2:0	1:2	1:5	0:0	2:1	–	0:0	3:0	3:1	0:1	2:0	4:2	2:0	3:0	2:2	3:1	3:0	50:50	0	34-34
8. Bielefeld	0:0	0:1	2:2	1:3	2:0	1:2	3:0	–	0:0	3:1	1:1	3:2	0:0	1:3	2:1	2:1	3:1	1:0	40:49	-9	33-35
9. Braunschw.	1:0	0:0	3:1	1:2	1:2	2:2	0:0	2:0	–	1:2	3:2	4:0	5:0	4:1	3:1	4:3	4:4	1:0	54:69	-15	32-36
10. Uerdingen	3:2	3:1	1:1	1:1	0:3	4:6	2:1	1:3	4:0	–	1:1	3:1	2:1	1:3	1:2	5:2	4:2	1:0	66:79	-13	31-37
11. Mannheim	2:2	0:1	2:3	0:0	2:0	2:2	0:3	0:2	2:2	1:4	–	2:0	4:1	1:1	3:3	1:1	6:1	1:0	45:58	-13	31-37
12. K'lautern	2:2	0:2	0:2	0:1	3:3	2:2	3:0	6:0	3:1	5:2	2:0	–	2:2	5:2	2:0	1:0	1:1	4:2	68:69	-1	30-38
13. Dortmund	0:3	1:2	4:1	1:1	2:3	0:0	3:0	1:0	0:2	2:1	4:1	1:0	–	6:0	1:1	2:0	4:1	3:1	54:65	-11	30-38
14. Düsseldorf	3:0	2:3	4:1	4:1	3:4	2:0	2:2	0:0	4:0	1:1	1:2	1:5	7:0	–	1:1	4:2	5:0	2:1	63:75	-12	29-39
15. Bochum	0:1	1:1	0:4	3:1	3:3	2:3	2:1	2:3	3:1	2:2	1:0	4:1	2:2	6:1	–	4:1	1:0	2:0	58:70	-12	28-40
16. Frankfurt	1:3	0:0	1:1	0:0	0:0	0:2	2:2	1:1	1:2	2:2	1:3	3:0	2:2	3:0	1:0	–	3:0	3:1	45:61	-16	27-41
17. **Offenbach**	1:2	0:4	4:3	2:3	3:7	2:0	0:2	2:2	1:2	3:2	0:2	3:2	0:0	5:1	2:2	2:1	–	3:1	48:106	-58	19-49
18. **Nürnberg**	0:6	1:6	1:3	2:4	2:0	1:3	2:3	2:0	4:2	2:4	0:0	3:4	0:2	2:1	3:1	0:0	4:0	–	38:85	-47	14-54

3:0

Saison 1984/85

	FC Bayern	W. Bremen	1. FC Köln	M'Gladbach	Hamburg	Mannheim	Uerdingen	Schalke 04	Bochum	VfB Stuttg.	K'lautern	Frankfurt	Leverkusen	Dortmund	Düsseldorf	Bielefeld	Karlsruhe	Braunschw.	Tore	Differenz	Punkte
1. **FC Bayern**	–	4:2	2:0	4:0	1:1	1:2	2:1	3:0	2:2	3:2	3:0	4:2	2:1	1:0	6:0	3:3	6:2	3:0	79:38	+41	50-18
2. W. Bremen	4:2	–	6:2	2:0	5:2	1:1	1:0	2:1	2:2	3:1	6:1	3:3	2:2	6:0	2:1	2:1	7:1	4:1	87:51	+36	46-22
3. 1. FC Köln	0:2	3:2	–	1:5	2:1	0:0	1:5	4:1	2:1	1:1	2:0	2:0	3:1	6:1	4:2	1:1	3:4	1:0	69:66	+3	40-28
4. M'Gladbach	3:2	1:1	2:3	–	0:1	3:0	0:0	3:1	4:3	2:1	7:0	3:3	1:1	1:1	0:2	2:0	3:3	10:0	77:53	+24	39-29
5. Hamburg	2:1	2:0	3:1	1:1	–	5:2	1:1	2:0	3:1	3:1	3:2	2:0	1:1	4:2	1:2	4:0	0:0	5:0	58:49	+9	37-31
6. Mannheim	0:0	1:1	1:2	1:3	3:1	–	2:1	5:2	2:0	1:1	1:1	3:1	2:1	1:2	2:1	0:0	3:0	2:0	47:50	-3	37-31
7. Uerdingen	1:3	3:1	2:1	3:2	2:1	2:2	–	1:1	3:1	3:2	3:0	1:1	2:1	2:1	5:2	1:0	3:0	1:2	57:52	+5	36-32
8. Schalke 04	1:1	2:2	2:3	4:1	3:0	4:0	2:0	–	2:3	4:3	1:1	1:3	4:2	3:1	1:0	3:0	3:1	3:2	63:62	+1	34-34
9. Bochum	1:1	1:3	1:3	0:2	0:0	0:1	1:0	0:1	–	2:1	3:0	3:3	0:0	4:1	1:0	1:1	5:2	1:0	52:54	-2	34-34
10. VfB Stuttg.	1:3	1:3	3:1	2:3	1:1	3:0	5:2	1:0	1:2	–	5:0	4:2	4:1	2:0	5:2	2:0	5:0	6:1	79:59	+20	33-35
11. K'lautern	0:1	2:2	6:0	2:0	1:1	1:1	6:1	2:2	5:2	2:1	–	2:1	3:3	5:0	3:1	1:1	3:1	1:0	56:60	-4	33-35
12. Frankfurt	2:2	1:3	1:4	1:1	1:0	7:2	3:2	1:1	1:1	2:0	1:1	–	2:0	2:1	2:2	3:0	4:2	2:0	62:67	-5	32-36
13. Leverkusen	3:0	0:0	4:4	3:2	2:0	2:1	0:0	2:2	1:1	0:2	3:0	3:1	–	0:1	4:3	1:1	4:1	0:3	52:54	-2	31-37
14. Dortmund	1:1	2:0	2:0	2:3	1:2	0:0	4:0	4:1	3:0	4:1	0:3	2:1	2:1	–	1:2	1:3	0:2	3:1	51:65	-14	30-38
15. Düsseldorf	0:2	3:2	1:2	2:1	4:2	1:1	2:2	1:2	0:2	2:2	1:0	3:1	3:2	0:0	–	1:1	2:2	4:1	53:66	-13	29-39
16. **Bielefeld**	1:3	3:4	1:0	3:3	4:1	0:1	1:0	2:1	2:3	2:7	1:1	2:2	1:1	3:0	1:1	–	4:1	3:2	46:61	-15	29-39
17. **Karlsruhe**	0:4	1:1	1:4	0:1	1:1	3:2	0:4	2:2	1:1	1:1	0:0	2:2	0:0	2:4	2:2	4:0	–	4:1	47:88	-41	22-46
18. **Braunschw.**	0:1	0:2	1:3	0:4	3:1	0:1	0:0	4:2	1:3	3:1	2:1	5:0	0:2	2:4	1:0	0:0	3:1	–	39:79	-40	20-48

Saison 1985/86

	FC Bayern	W. Bremen	Uerdingen	M'Gladbach	VfB Stuttg.	Leverkusen	Hamburg	Mannheim	Bochum	Schalke 04	K'lautern	Nürnberg	1. FC Köln	Düsseldorf	Frankfurt	Dortmund	Saarbrücken	Hannover	Tore	Differenz	Punkte
1. **FC Bayern**	–	3:1	5:1	6:0	4:1	0:0	2:0	3:1	6:1	3:2	5:0	2:1	3:1	2:3	3:0	0:1	5:1	6:0	82:31	+51	49-19
2. W. Bremen	0:0	–	6:1	1:1	6:0	5:0	2:0	2:2	0:0	3:1	2:0	2:1	2:0	7:3	4:0	4:2	1:0	8:2	83:41	+42	49-19
3. Uerdingen	1:0	1:0	–	1:1	1:4	2:1	0:3	1:0	3:2	3:2	3:1	6:2	3:2	5:2	1:0	2:0	2:1	3:3	63:60	+3	45-23
4. M'Gladbach	4:2	1:2	1:2	–	1:1	2:2	2:1	1:1	2:0	4:0	3:0	3:0	1:1	5:1	1:1	2:1	2:0	4:3	65:51	+14	42-26
5. VfB Stuttg.	0:0	2:1	0:2	0:0	–	2:2	1:0	3:1	0:4	0:1	2:0	3:1	5:0	5:0	2:1	4:0	3:1	7:0	69:45	+24	41-27
6. Leverkusen	1:2	5:1	2:2	3:1	2:1	–	3:2	3:1	4:2	2:0	3:2	0:0	1:1	3:1	2:0	2:1	2:0	4:1	63:51	+12	40-28
7. Hamburg	0:0	0:1	1:4	4:1	2:0	1:3	–	3:0	1:0	2:0	4:1	2:1	0:0	4:0	1:0	3:0	4:0	3:0	52:35	+17	39-29
8. Mannheim	0:4	1:1	2:0	3:1	5:3	1:0	0:1	–	4:1	3:0	1:1	0:1	1:1	2:1	0:0	0:0	1:0	5:1	41:44	-3	33-35
9. Bochum	3:0	2:3	1:2	2:2	0:2	1:1	2:0	0:1	–	1:1	3:2	2:1	2:0	5:3	2:1	6:1	3:1	3:2	55:57	-2	32-36
10. Schalke 04	0:1	0:1	2:0	2:2	1:2	2:2	1:0	3:1	4:2	–	2:3	2:0	3:0	1:1	3:1	6:1	3:2	2:2	53:58	-5	30-38
11. K'lautern	0:2	3:0	5:1	1:1	2:2	4:1	1:2	0:0	2:0	0:0	–	0:3	1:0	2:0	1:1	2:0	1:1	1:0	49:54	-5	30-38
12. Nürnberg	0:1	2:2	1:2	2:4	0:1	3:2	0:1	2:0	0:1	3:1	3:1	–	3:0	3:2	4:1	0:0	2:0	3:3	51:54	-3	29-39
13. 1. FC Köln	1:1	3:3	1:1	0:2	2:1	2:3	1:1	0:1	3:0	4:2	1:1	3:1	–	1:3	1:1	2:0	3:1	3:0	46:59	-13	29-39
14. Düsseldorf	4:0	1:4	1:1	2:0	0:7	2:1	3:1	4:1	2:1	1:1	0:0	2:1	1:3	–	0:1	4:2	2:2	2:2	54:78	-24	29-39
15. Frankfurt	2:2	0:2	1:1	1:1	1:1	1:0	3:0	0:0	1:0	3:0	1:1	1:1	2:2	2:0	–	2:1	1:3	1:3	35:49	-14	28-40
16. Dortmund	0:3	1:1	5:2	2:3	2:0	1:1	1:1	0:0	1:0	1:1	4:2	1:4	5:1	1:2	4:2	–	3:1	2:0	49:65	-16	28-40
17. **Saarbrücken**	1:1	1:1	1:2	1:3	1:1	3:1	2:2	2:1	0:1	3:2	0:6	3:0	1:2	1:1	2:2	1:1	–	2:1	39:68	-29	21-47
18. **Hannover**	0:5	2:4	1:1	2:3	1:3	1:1	0:2	1:1	1:2	1:2	3:2	0:2	3:1	1:0	0:0	1:4	2:0	–	43:92	-49	18-50

Saison 1986/87

	FC Bayern	Hamburg	M'Gladbach	Dortmund	W. Bremen	Leverkusen	K'lautern	Uerdingen	Nürnberg	1. FC Köln	Bochum	VfB Stuttg.	Schalke 04	Mannheim	Frankfurt	Homburg	Düsseldorf	BW Berlin	Tore	Differenz	Punkte
1. **FC Bayern**	–	3:1	3:1	2:2	3:2	0:3	3:0	2:2	4:0	3:0	3:2	1:0	1:0	3:0	2:1	3:0	3:0	2:0	67:31	+36	53-15
2. Hamburg	1:2	–	3:1	4:2	3:0	2:1	2:0	2:1	1:1	1:0	1:1	2:0	4:0	1:0	2:0	3:1	4:1	2:1	69:37	+32	47-21
3. M'Gladbach	0:1	0:3	–	2:2	1:2	2:1	0:1	2:0	4:0	3:1	2:1	4:0	3:1	7:2	1:1	5:0	4:1	2:1	74:44	+30	43-25
4. Dortmund	2:2	4:3	0:2	–	2:1	0:0	2:0	1:1	2:2	1:1	3:2	1:2	1:0	6:0	1:0	3:0	4:1	7:0	70:50	+20	40-28
5. W. Bremen	1:1	2:1	1:7	5:0	–	1:0	1:0	5:1	5:3	2:1	0:0	1:0	0:0	4:2	4:1	6:0	5:2	2:0	65:54	+11	40-28
6. Leverkusen	0:0	0:1	0:2	3:2	4:1	–	1:0	1:4	2:0	0:1	2:1	4:1	4:2	0:0	2:0	4:2	5:0	2:2	56:38	+18	39-29
7. K'lautern	1:1	0:4	1:1	2:3	1:3	1:1	–	1:0	2:1	5:1	4:1	3:0	5:1	3:2	2:1	5:0	3:1	2:0	64:51	+13	37-31
8. Uerdingen	0:0	1:0	1:1	2:4	1:1	1:1	1:2	–	3:4	3:1	3:1	2:2	0:0	3:2	1:0	2:1	4:1	2:1	51:49	+2	35-33
9. Nürnberg	1:2	3:3	2:0	1:2	5:1	1:1	2:1	1:1	–	1:1	3:3	2:1	2:1	1:1	1:0	2:2	4:3	7:2	62:62	0	35-33
10. 1. FC Köln	1:1	1:1	2:4	2:0	3:0	1:4	2:2	1:2	3:1	–	1:0	0:0	3:2	2:1	0:0	3:0	1:0	1:1	50:53	-3	35-33
11. Bochum	1:2	1:1	1:1	0:0	1:1	2:1	3:1	2:1	0:1	3:1	–	0:1	1:1	6:1	2:0	0:0	2:2	5:1	52:44	+8	32-36
12. VfB Stuttg.	1:3	1:1	2:4	3:0	4:0	1:0	1:1	2:0	1:1	5:1	2:4	–	4:0	2:1	4:1	4:0	3:0	1:1	55:49	+6	32-36
13. Schalke 04	2:2	1:1	1:2	2:1	1:0	1:2	3:2	2:1	2:4	2:4	0:0	2:1	–	3:1	3:1	4:0	4:2	3:0	50:58	-8	32-36
14. Mannheim	3:3	2:2	1:1	2:1	1:0	2:1	4:3	2:3	3:0	2:0	0:0	3:2	2:0	–	2:1	5:1	1:1	1:1	52:71	-19	28-40
15. Frankfurt	0:0	1:3	4:0	0:4	2:2	1:0	2:2	1:0	1:0	1:2	1:1	3:1	0:1	2:1	–	4:0	5:0	1:3	42:53	-11	25-43
16. Homburg	2:2	1:1	0:2	2:2	0:1	1:2	1:1	0:2	2:0	1:3	3:1	2:1	1:1	2:1	1:1	–	3:1	2:1	33:79	-46	21-47
17. **Düsseldorf**	0:3	3:2	1:1	0:4	2:1	2:3	1:3	1:1	1:1	0:4	0:4	1:0	3:4	2:0	3:3	1:0	–	3:1	42:91	-49	20-48
18. **BW Berlin**	1:1	1:3	3:2	1:1	1:4	0:1	1:4	1:1	1:4	1:1	0:0	0:2	0:0	4:1	2:2	2:2	1:2	–	36:76	-40	18-50

Saison 1987/88

	W. Bremen	FC Bayern	1. FC Köln	VfB Stuttg.	Nürnberg	Hamburg	M'Gladbach	Leverkusen	Frankfurt	Hannover	Uerdingen	Bochum	Dortmund	K'lautern	Karlsruhe	Mannheim	Homburg	Schalke 04	Tore	Differenz	Punkte
1. **W. Bremen**	–	3:1	2:1	5:1	1:0	1:4	2:0	3:3	2:0	1:0	5:1	0:0	4:0	0:0	2:0	3:1	3:0	5:0	61:22	+39	52-16
2. FC Bayern	2:1	–	2:2	2:1	1:0	6:0	1:0	3:2	3:2	4:1	3:0	5:0	1:3	4:2	2:1	2:1	6:0	8:1	83:45	+38	48-20
3. 1. FC Köln	2:0	3:1	–	1:1	3:1	1:0	4:1	0:0	1:1	2:0	2:0	2:2	2:0	2:1	4:0	3:0	3:0	3:1	57:28	+29	48-20
4. VfB Stuttg.	1:0	3:0	0:2	–	0:1	5:1	6:0	4:1	1:0	3:1	1:3	3:0	2:2	3:0	2:2	1:1	2:1	4:0	69:49	+20	40-28
5. Nürnberg	0:0	0:3	1:2	0:0	–	2:2	3:0	2:1	1:1	1:3	3:1	2:1	0:0	3:2	4:0	1:1	2:0	1:1	44:40	+4	37-31
6. Hamburg	0:0	2:2	3:0	3:0	2:2	–	2:1	3:2	2:2	3:3	3:1	2:2	4:3	5:1	0:4	1:1	2:1	5:2	63:68	-5	37-31
7. M'Gladbach	1:2	2:0	0:1	0:1	3:0	8:2	–	2:1	3:1	1:2	2:1	3:0	0:3	1:0	2:2	0:1	2:0	1:1	55:53	+2	33-35
8. Leverkusen	1:3	3:4	1:1	2:1	1:1	2:0	2:1	–	1:3	2:0	0:0	0:0	2:2	2:0	0:0	1:0	2:1	3:2	53:60	-7	32-36
9. Frankfurt	0:1	1:1	1:1	0:2	3:1	3:0	2:0	3:2	–	3:3	3:1	0:1	0:0	0:2	4:0	5:1	1:2	2:0	51:50	+1	31-37
10. Hannover	0:1	2:1	0:3	3:3	1:2	3:1	2:4	6:1	1:2	–	0:0	1:0	2:3	1:0	3:2	3:1	5:1	3:1	59:60	-1	31-37
11. Uerdingen	1:2	0:0	1:1	2:5	0:2	1:1	2:4	4:1	3:0	1:0	–	3:1	2:1	3:1	4:2	1:1	5:1	5:2	59:61	-2	31-37
12. Bochum	0:1	0:2	0:0	5:1	3:0	4:0	1:2	3:1	1:0	1:1	1:4	–	2:0	1:1	5:0	1:0	4:4	1:3	47:51	-4	30-38
13. Dortmund	0:0	1:3	1:2	2:2	1:1	2:3	1:1	2:2	3:1	3:3	4:2	1:2	–	3:0	0:2	0:1	2:0	4:1	51:54	-3	29-39
14. K'lautern	0:0	3:1	3:0	2:1	1:2	0:3	5:2	1:3	2:2	4:1	2:2	4:2	3:1	–	1:1	2:2	1:0	5:2	53:62	-9	29-39
15. Karlsruhe	0:2	0:1	1:1	0:2	2:0	0:0	2:2	1:1	1:1	2:1	1:0	1:0	0:0	1:0	–	1:1	2:1	4:1	37:55	-18	29-39
16. Mannheim	0:1	1:2	0:0	2:1	0:1	2:2	0:3	1:4	2:2	2:1	2:2	1:1	1:0	0:2	4:1	–	0:0	2:0	35:50	-15	28-40
17. **Homburg**	1:1	3:2	1:0	2:2	0:4	0:2	0:0	1:1	5:2	1:1	2:2	1:1	0:3	3:2	1:0	1:1	–	3:1	37:70	-33	24-44
18. **Schalke 04**	1:4	1:4	2:2	3:4	0:0	1:0	0:3	2:2	0:0	0:2	2:1	2:1	3:0	5:0	3:1	1:1	3:0	–	48:84	-36	23-45

Saison 1988/89

	FC Bayern	1. FC Köln	W. Bremen	Hamburg	VfB Stuttg.	M'Gladbach	Dortmund	Leverkusen	K'lautern	St. Pauli	Karlsruhe	Mannheim	Uerdingen	Nürnberg	Bochum	Frankfurt	St. Kickers	Hannover	Tore	Differenz	Punkte
1. **FC Bayern**	–	2:0	0:0	1:0	3:3	3:0	1:1	2:0	5:1	2:1	3:2	1:0	5:0	1:0	5:0	3:0	3:0	4:0	67:26	+41	50-18
2. 1. FC Köln	1:3	–	2:0	1:2	3:0	3:1	2:0	3:0	2:2	4:2	6:1	1:0	1:1	1:1	1:0	3:2	5:1	1:0	58:30	+28	45-23
3. W. Bremen	2:2	1:2	–	2:1	3:0	2:0	2:0	3:1	1:0	0:0	3:1	2:1	3:1	2:1	2:0	2:0	4:0	1:0	55:32	+23	44-24
4. Hamburg	0:1	0:1	2:0	–	2:1	1:2	0:0	1:1	1:1	1:1	1:1	5:1	3:0	3:2	3:1	2:1	3:0	4:1	60:36	+24	43-25
5. VfB Stuttg.	1:2	2:0	3:3	4:2	–	2:1	1:3	0:0	3:1	2:1	2:0	2:0	2:2	4:0	3:1	2:0	4:0	2:1	58:49	+9	39-29
6. M'Gladbach	2:1	1:0	4:1	0:4	2:2	–	1:1	2:0	4:1	2:2	1:1	1:1	3:0	1:1	2:0	2:1	1:1	2:0	44:43	+1	38-30
7. Dortmund	1:1	0:4	3:1	2:2	1:2	0:0	–	2:1	1:1	0:0	3:2	1:2	4:2	4:0	2:1	6:0	1:1	4:0	56:40	+16	37-31
8. Leverkusen	1:1	0:0	1:0	1:2	0:0	3:1	2:0	–	0:1	2:2	1:0	3:0	2:2	3:0	1:1	2:2	1:3	3:1	45:44	+1	34-34
9. K'lautern	1:1	1:1	0:0	0:0	6:1	0:0	3:2	0:0	–	1:0	1:2	0:3	2:0	2:1	3:0	3:0	6:0	0:0	47:44	+3	33-35
10. St. Pauli	0:0	0:1	1:3	1:2	2:1	1:1	1:0	2:0	1:1	–	1:0	2:1	5:1	0:1	1:0	2:0	1:0	1:1	41:42	-1	32-36
11. Karlsruhe	2:2	0:0	1:0	2:2	2:0	2:2	0:0	2:3	4:1	3:1	–	2:1	0:1	1:1	1:3	1:3	1:0	2:0	48:51	-3	32-36
12. Mannheim	0:3	2:1	1:1	0:0	3:4	4:1	0:3	1:1	0:4	2:1	2:0	–	3:3	2:1	2:2	1:0	2:2	1:1	43:52	-9	31-37
13. Uerdingen	1:3	1:1	2:1	0:2	0:0	0:0	0:0	3:1	3:1	0:0	0:3	0:0	–	3:2	3:1	4:1	1:3	7:3	50:60	-10	31-37
14. Nürnberg	2:1	0:2	0:1	1:4	1:0	0:0	1:1	1:1	1:1	5:3	1:3	1:0	1:0	–	3:1	1:1	3:3	1:0	36:54	-18	26-42
15. Bochum	0:0	1:3	0:1	2:1	1:0	1:2	2:2	2:4	2:0	0:0	2:0	2:2	1:1	1:0	–	1:0	2:1	1:3	37:57	-20	26-42
16. Frankfurt	2:2	1:0	0:0	0:1	1:3	1:1	2:1	1:1	3:2	1:1	1:0	0:0	0:2	1:0	1:1	–	1:2	1:0	30:53	-23	26-42
17. **St. Kickers**	2:0	0:0	0:6	2:0	0:2	3:0	1:2	1:3	2:0	2:2	1:3	1:3	3:1	1:0	1:2	0:1	–	0:1	41:68	-27	26-42
18. **Hannover**	0:0	2:2	2:2	2:3	2:0	0:1	1:5	2:2	0:0	2:2	2:3	0:2	0:5	2:2	3:2	1:1	3:4	–	36:71	-35	19-49

Saison 1989/90

	FC Bayern	1. FC Köln	Frankfurt	Dortmund	Leverkusen	VfB Stuttg.	W. Bremen	Nürnberg	Düsseldorf	Karlsruhe	Hamburg	K'lautern	St. Pauli	Uerdingen	M'Gladbach	Bochum	Mannheim	Homburg	Tore	Differenz	Punkte
1. **FC Bayern**	–	5:1	1:0	3:0	0:1	3:1	1:1	3:2	0:0	4:1	4:0	3:0	1:0	3:0	2:0	5:1	2:0	1:0	64:28	+36	49-19
2. 1. FC Köln	1:1	–	3:5	1:1	1:1	0:0	4:2	2:1	1:3	0:5	2:0	4:1	1:0	0:1	3:0	2:0	6:0	1:0	54:44	+10	43-25
3. Frankfurt	1:2	3:1	–	0:2	0:3	5:1	1:0	5:1	2:0	1:1	2:0	1:1	4:1	2:1	3:0	4:0	3:1	1:1	61:40	+21	41-27
4. Dortmund	2:2	0:0	0:0	–	1:1	2:0	4:1	2:1	1:0	2:0	1:0	1:1	3:1	1:0	3:0	0:1	2:0	3:0	51:35	+16	41-27
5. Leverkusen	0:0	0:2	2:0	1:0	–	1:1	1:3	2:0	3:3	1:1	1:0	1:1	1:1	1:1	0:0	2:1	3:0	3:1	40:32	+8	39-29
6. VfB Stuttg.	2:1	3:1	1:1	3:1	0:0	–	3:1	4:0	4:0	2:0	3:0	0:1	4:0	1:0	4:0	1:0	1:0	2:2	53:47	+6	36-32
7. W. Bremen	2:2	4:0	1:2	2:0	0:0	6:1	–	4:0	2:2	4:0	2:1	4:0	2:1	0:0	0:0	1:1	0:1	0:0	49:41	+8	34-34
8. Nürnberg	4:0	1:1	1:1	1:3	2:2	0:2	1:1	–	3:0	2:0	2:0	0:0	0:1	1:1	2:0	2:1	2:0	2:0	42:46	-4	33-35
9. Düsseldorf	1:2	1:1	1:2	1:1	2:0	4:2	2:1	0:0	–	0:0	1:1	1:1	7:0	2:1	0:1	2:2	0:0	1:0	41:41	0	32-36
10. Karlsruhe	3:3	0:0	1:0	2:1	2:1	1:0	2:1	0:0	2:2	–	2:0	0:0	0:0	0:0	0:1	2:0	4:0	0:2	32:39	-7	32-36
11. Hamburg	0:3	0:2	1:1	1:1	0:1	1:0	4:0	1:0	1:0	1:0	–	3:0	0:0	6:0	3:0	1:4	1:0	2:0	39:46	-7	31-37
12. K'lautern	0:0	1:2	2:1	2:2	2:0	1:2	2:2	0:2	1:0	5:1	1:3	–	1:1	2:1	2:1	2:1	2:3	3:1	42:55	-13	31-37
13. St. Pauli	0:2	1:1	2:2	2:1	3:0	0:0	0:0	0:1	1:0	1:1	0:0	0:2	–	1:1	2:1	2:0	2:1	1:1	31:46	-15	31-37
14. Uerdingen	2:2	2:3	1:1	1:3	0:2	4:1	0:1	3:3	0:1	1:0	5:2	3:2	1:0	–	0:0	3:1	0:2	3:0	41:48	-7	30-38
15. M'Gladbach	0:0	0:2	2:1	0:0	1:1	3:1	4:0	3:0	3:1	0:0	1:3	3:1	4:1	0:1	–	1:2	2:0	0:0	37:45	-8	30-38
16. Bochum	0:0	0:1	2:2	2:3	0:2	2:0	0:0	3:3	1:2	2:0	3:1	2:0	3:3	2:1	2:1	–	2:0	1:0	44:53	-9	29-39
17. **Mannheim**	1:0	2:3	1:1	2:1	1:1	2:1	0:0	1:1	0:1	0:1	4:1	4:0	0:1	1:1	4:2	3:2	–	1:2	36:53	-17	26-42
18. **Homburg**	1:3	0:1	2:3	3:3	2:1	4:2	1:1	0:1	1:0	2:0	0:1	2:2	0:2	1:2	1:3	1:0	2:1	–	33:51	-18	24-44

Saison 1990/91

	K'lautern	FC Bayern	W. Bremen	Frankfurt	Hamburg	VfB Stuttg.	1. FC Köln	Leverkusen	M'Gladbach	Dortmund	Wattensch.	Düsseldorf	Karlsruhe	Bochum	Nürnberg	St. Pauli	Uerdingen	Hertha BSC	Tore	Differenz	Punkte
1. **K'lautern**	–	2:1	1:0	1:1	1:0	2:0	2:2	2:1	2:3	2:2	1:1	0:0	3:2	4:1	3:1	1:0	2:0	4:3	72:45	+27	48-20
2. FC Bayern	4:0	–	1:1	2:0	6:1	2:1	2:2	1:1	4:1	2:3	7:0	0:1	3:0	2:2	1:0	0:1	2:2	7:3	74:41	+33	45-23
3. W. Bremen	1:2	1:0	–	1:1	3:1	0:1	2:1	1:1	3:0	1:1	1:1	3:1	2:0	2:1	0:0	1:0	4:3	6:0	46:29	+17	42-26
4. Frankfurt	4:3	1:4	0:0	–	0:6	4:0	1:0	3:1	5:1	3:1	4:0	5:1	3:0	1:1	0:1	1:1	4:0	5:1	63:40	+23	40-28
5. Hamburg	1:3	2:3	3:2	0:1	–	2:0	1:1	3:1	3:0	4:0	0:0	1:0	2:2	1:0	4:0	5:0	2:0	2:0	60:38	+22	40-28
6. VfB Stuttg.	2:2	0:3	0:1	2:1	2:0	–	3:2	0:2	1:1	7:0	1:4	1:1	2:2	2:2	2:1	2:1	3:1	4:0	57:44	+13	38-30
7. 1. FC Köln	2:6	4:0	1:0	2:1	1:0	1:6	–	1:1	1:3	0:1	1:1	1:1	0:0	0:0	3:1	2:0	3:1	2:1	50:43	+7	37-31
8. Leverkusen	2:2	1:2	0:0	2:2	2:2	0:0	2:0	–	2:5	1:2	2:1	1:1	1:0	4:2	2:2	3:1	1:0	3:1	47:46	+1	35-33
9. M'Gladbach	2:2	1:1	1:1	1:1	1:1	2:0	2:2	1:1	–	2:1	1:1	2:0	2:1	1:2	2:0	1:1	1:1	2:0	49:54	-5	35-33
10. Dortmund	0:2	2:3	1:1	0:3	1:1	0:3	1:2	1:1	1:1	–	2:2	1:1	2:2	1:0	0:2	5:2	1:0	3:1	46:57	-11	34-34
11. Wattensch.	0:0	3:2	2:0	1:0	0:1	2:2	0:3	1:2	1:1	1:1	–	2:0	1:1	0:4	0:1	2:2	0:0	3:1	42:51	-9	33-35
12. Düsseldorf	0:0	1:2	1:2	1:0	2:1	0:4	0:2	0:2	4:1	0:0	2:1	–	5:2	3:4	3:0	0:0	0:2	4:2	40:49	-9	32-36
13. Karlsruhe	4:2	2:3	1:1	2:2	2:2	0:0	1:1	2:0	3:2	1:2	1:3	1:1	–	3:2	2:0	1:1	2:0	3:0	46:52	-6	31-37
14. Bochum	0:2	1:2	1:2	0:0	0:1	1:1	1:0	3:1	3:0	2:2	0:0	0:0	0:1	–	0:0	3:0	0:2	4:2	50:52	-2	29-39
15. Nürnberg	1:4	0:1	2:3	0:2	3:1	0:1	0:4	1:0	2:2	1:1	4:2	3:0	0:0	3:2	–	5:2	1:1	1:4	40:54	-14	29-39
16. **St. Pauli**	1:0	0:0	0:0	1:1	0:2	2:2	2:0	1:0	1:1	0:2	1:1	2:3	2:0	3:3	0:0	–	1:1	2:2	33:53	-20	27-41
17. **Uerdingen**	3:7	1:1	0:0	2:3	0:0	2:0	0:3	1:1	1:1	1:3	0:2	1:2	1:1	4:1	0:0	2:0	–	1:2	34:54	-20	23-45
18. **Hertha BSC**	0:2	0:0	0:0	1:0	1:4	0:2	0:0	1:2	1:1	2:2	2:3	0:1	1:1	2:4	2:4	1:2	0:0	–	37:84	-47	14-54

3:0

Saison 1991/92

	VfB Stuttg.	Dortmund	Frankfurt	1. FC Köln	K'lautern	Leverkusen	Nürnberg	Karlsruhe	W. Bremen	FC Bayern	Schalke 04	Hamburg	M'Gladbach	Dresden	Bochum	Wattensch.	St. Kickers	H. Rostock	Duisburg	Düsseldorf	Tore	Differenz	Punkte
1. **VfB Stuttg.**	–	4:2	1:2	1:0	4:1	2:0	2:0	1:0	1:1	3:2	1:0	3:2	0:1	1:1	4:1	1:1	3:1	3:0	2:0	3:1	62:32	+30	52-24
2. Dortmund	0:0	–	2:2	3:1	3:1	3:1	3:2	1:0	2:1	3:0	2:0	2:2	2:2	4:0	1:1	1:1	3:1	4:1	2:1	3:1	66:47	+19	52-24
3. Frankfurt	1:1	3:0	–	1:2	2:0	0:1	2:2	1:1	2:2	3:2	5:0	2:1	0:0	3:0	2:1	1:1	6:1	2:0	3:0	1:1	76:41	+35	50-26
4. 1. FC Köln	1:1	1:2	1:1	–	1:1	1:1	4:0	2:3	5:0	1:1	3:0	0:0	1:1	1:1	1:0	1:1	0:0	3:1	1:1	4:1	58:41	+17	44-32
5. K'lautern	0:0	4:0	1:1	2:1	–	2:1	3:0	3:0	2:2	4:0	1:1	0:0	4:2	4:1	1:1	3:2	4:3	3:0	2:1	2:0	58:42	+16	44-32
6. Leverkusen	1:2	0:2	1:3	1:1	3:0	–	0:1	2:0	0:0	2:1	2:1	1:1	1:0	4:0	2:0	6:1	3:1	3:0	2:1	1:1	53:39	+14	43-33
7. Nürnberg	4:3	2:1	1:3	4:0	3:2	1:0	–	1:2	1:0	1:1	0:1	1:1	2:1	1:1	1:0	3:1	2:0	0:0	1:1	3:1	54:51	+3	43-33
8. Karlsruhe	0:0	2:2	0:2	0:1	2:1	0:0	1:0	–	2:1	3:0	1:0	4:1	2:0	1:0	1:1	1:2	3:1	2:1	2:2	1:5	48:50	-2	41-35
9. W. Bremen	1:1	0:1	1:0	1:3	0:2	1:1	1:3	0:0	–	1:1	2:1	1:1	0:0	2:0	3:0	2:2	1:3	1:0	5:1	2:1	44:45	-1	38-38
10. FC Bayern	1:0	0:3	3:3	0:0	1:0	2:2	1:3	1:0	3:4	–	3:2	2:0	3:0	1:2	0:2	5:2	1:4	1:2	4:2	3:1	59:61	-2	36-40
11. Schalke 04	0:1	5:2	1:1	3:0	2:0	0:0	1:0	3:1	0:0	1:1	–	0:0	3:1	1:1	2:1	1:1	1:2	5:0	3:0	0:0	45:45	0	34-42
12. Hamburg	1:1	1:1	2:1	1:1	0:1	1:1	0:2	0:1	0:1	1:0	2:1	–	1:0	2:0	0:0	0:1	0:3	1:0	1:1	1:1	32:43	-11	34-42
13. M'Gladbach	0:1	1:1	1:1	2:2	1:0	2:2	1:0	1:0	0:2	1:1	1:1	1:0	–	1:0	1:2	1:0	2:1	1:1	0:0	3:1	37:49	-12	34-42
14. Dresden	1:0	0:0	2:1	0:0	0:1	1:0	1:2	2:0	2:1	0:2	2:1	3:0	1:2	–	0:0	3:0	2:2	2:1	0:0	2:0	34:50	-16	34-42
15. Bochum	0:2	0:0	0:0	2:2	0:0	0:2	0:3	1:3	2:2	0:5	1:0	2:3	3:1	1:0	–	1:1	2:2	3:2	2:1	3:0	38:55	-17	33-43
16. Wattensch.	1:3	0:1	2:4	1:2	1:0	3:0	1:1	1:1	0:1	0:0	1:2	1:1	3:2	3:0	1:2	–	4:1	0:0	2:0	4:1	50:60	-10	32-44
17. **St. Kickers**	1:3	0:1	0:2	0:3	1:1	0:1	3:1	1:1	2:1	2:4	1:1	1:1	3:0	0:0	2:0	3:0	–	1:1	0:1	0:1	53:64	-11	31-45
18. **H. Rostock**	2:0	5:1	2:1	1:1	0:1	2:2	4:0	1:2	0:0	2:1	2:0	1:2	2:1	3:0	0:2	1:1	2:2	–	0:0	3:1	43:55	-12	31-45
19. **Duisburg**	1:0	0:1	3:6	1:3	1:1	1:2	3:0	6:2	0:0	1:1	2:0	0:1	1:1	3:0	1:1	0:0	1:1	2:0	–	2:2	43:55	-12	30-46
20. **Düsseldorf**	0:3	1:1	1:2	1:3	1:0	1:1	1:2	2:3	0:0	0:1	1:1	1:0	1:1	1:3	3:0	4:3	1:3	0:0	1:1	–	41:69	-28	24-52

3:0

Saison 1992/93

	W. Bremen	FC Bayern	Frankfurt	Dortmund	Leverkusen	Karlsruhe	VfB Stuttg.	K'lautern	M'Gladbach	Schalke 04	Hamburg	1. FC Köln	Nürnberg	Wattensch.	Dresden	Bochum	Uerdingen	Saarbrücken	Tore	Differenz	Punkte
1. **W. Bremen**	–	4:1	0:0	1:0	1:1	3:0	1:1	1:0	2:0	2:0	5:0	2:0	3:0	3:0	3:0	3:1	2:1	2:0	63:30	+33	48-20
2. FC Bayern	1:3	–	1:0	2:0	4:1	3:3	5:3	1:0	2:2	1:1	4:0	3:0	1:0	1:1	3:1	3:1	2:0	6:0	74:45	+29	47-21
3. Frankfurt	3:0	1:1	–	4:1	2:2	4:1	4:0	3:0	1:3	0:3	3:3	2:1	0:0	4:1	1:1	4:1	1:0	1:1	56:39	+17	42-26
4. Dortmund	2:2	1:2	3:0	–	1:2	3:1	0:4	1:0	4:1	0:2	3:1	4:1	4:2	6:0	3:0	1:0	2:0	3:0	61:43	+18	41-27
5. Leverkusen	2:2	2:4	1:1	3:3	–	5:1	4:0	2:0	4:0	6:1	1:1	3:0	2:1	3:1	0:0	3:1	1:0	1:1	64:45	+19	40-28
6. Karlsruhe	5:2	4:2	4:1	3:0	1:1	–	1:1	1:1	4:2	0:0	1:0	3:1	1:1	2:1	3:1	1:0	4:0	2:2	60:54	+6	39-29
7. VfB Stuttg.	0:3	2:3	2:2	1:0	0:3	2:1	–	3:1	3:2	1:0	1:1	2:0	3:0	4:1	4:0	4:1	1:2	2:2	56:50	+6	36-32
8. K'lautern	3:1	1:3	0:2	0:0	4:0	2:3	0:0	–	0:0	3:0	2:2	1:0	2:0	4:1	2:0	3:1	2:1	1:1	50:40	+10	35-33
9. M'Gladbach	3:1	2:2	3:3	0:3	2:2	3:1	1:1	2:2	–	2:0	0:0	1:2	2:1	4:1	5:1	1:1	0:4	2:5	59:59	0	35-33
10. Schalke 04	0:0	3:3	0:0	0:0	2:1	2:2	1:0	4:0	1:2	–	0:0	1:0	0:0	3:4	2:0	0:3	1:1	2:2	42:43	-1	34-34
11. Hamburg	0:0	3:1	1:2	1:2	0:0	1:2	1:1	2:2	0:2	1:2	–	3:0	0:1	1:1	1:1	2:0	3:0	2:0	42:44	-2	31-37
12. 1. FC Köln	0:0	1:3	0:1	0:1	1:0	2:0	3:1	0:3	1:2	2:1	2:2	–	2:0	3:0	3:1	1:0	5:0	4:2	41:51	-10	28-40
13. Nürnberg	0:0	0:0	1:2	1:2	0:1	0:0	3:2	0:0	0:1	1:4	1:0	2:1	–	2:1	0:0	2:1	2:0	4:1	30:47	-17	28-40
14. Wattensch.	2:2	2:0	1:2	1:3	1:3	0:2	0:0	1:0	3:1	0:0	2:2	4:2	4:1	–	2:1	2:0	1:1	3:1	46:67	-21	28-40
15. Dresden	2:3	0:0	0:2	3:0	2:0	3:0	0:0	1:3	1:0	1:0	1:1	3:0	1:2	2:1	–	0:0	1:1	0:0	32:49	-17	27-41
16. **Bochum**	2:0	2:2	1:0	2:2	2:2	2:2	0:0	1:3	2:1	0:1	1:2	0:0	4:0	3:1	2:2	–	4:1	4:0	45:52	-7	26-42
17. **Uerdingen**	0:2	0:3	2:0	0:2	2:1	1:1	3:3	0:5	1:3	4:2	0:2	0:0	2:1	1:1	1:1	2:1	–	1:1	35:64	-29	24-44
18. **Saarbrücken**	0:4	1:1	0:0	3:1	3:1	2:0	1:4	2:0	0:4	1:3	0:3	0:3	0:1	0:1	1:1	1:1	3:3	–	37:71	-34	23-45

Saison 1993/94

	FC Bayern	K'lautern	Leverkusen	Dortmund	Frankfurt	Karlsruhe	VfB Stuttg.	W. Bremen	Duisburg	M'Gladbach	1. FC Köln	Hamburg	Dresden	Schalke 04	Freiburg	Nürnberg	Wattensch.	VfB Leipzig	Tore	Differenz	Punkte
1. **FC Bayern**	–	4:0	1:1	0:0	2:1	1:0	1:3	2:0	4:0	3:1	1:0	4:0	5:0	2:0	3:1	5:0	3:3	3:0	68:37	+31	44-24
2. K'lautern	4:0	–	3:2	2:0	1:1	0:0	5:0	2:3	2:0	4:2	3:0	3:0	0:0	0:0	1:0	3:1	4:1	1:0	64:36	+28	43-25
3. Leverkusen	2:1	3:2	–	2:1	2:2	3:1	1:1	2:2	2:1	0:1	2:1	1:2	1:1	5:1	2:1	4:0	1:1	3:1	60:47	+13	39-29
4. Dortmund	1:1	2:1	1:0	–	2:0	2:1	1:2	3:2	2:1	3:0	2:1	2:1	4:0	1:1	3:2	4:1	2:0	0:1	49:45	+4	39-29
5. Frankfurt	2:2	1:0	2:0	2:0	–	3:1	0:0	2:2	1:2	0:3	0:3	1:1	3:2	1:3	3:0	1:1	5:1	2:1	57:41	+16	38-30
6. Karlsruhe	1:1	1:1	2:0	3:3	1:0	–	0:0	0:3	5:0	1:0	2:0	2:0	1:0	0:0	2:1	3:2	2:0	3:2	46:43	+3	38-30
7. VfB Stuttg.	2:2	1:1	1:4	2:2	0:2	3:0	–	0:0	4:0	3:0	1:1	4:0	3:0	3:0	0:4	1:0	3:0	0:0	51:43	+8	37-31
8. W. Bremen	1:0	2:0	2:1	4:0	1:0	0:2	5:1	–	1:5	4:2	3:1	0:2	0:1	0:1	3:2	2:2	0:0	3:1	51:44	+7	36-32
9. Duisburg	2:2	1:7	2:2	2:2	1:0	1:2	2:2	1:0	–	2:0	0:0	0:1	1:1	1:0	0:2	1:0	2:1	2:1	41:52	-11	36-32
10. M'Gladbach	2:0	3:1	2:2	0:0	0:4	1:2	0:2	3:2	4:1	–	4:1	2:2	2:1	3:2	1:1	2:0	3:3	6:1	65:59	+6	35-33
11. 1. FC Köln	0:4	0:2	1:1	2:0	2:3	2:1	3:1	2:0	1:0	0:4	–	3:0	0:1	1:1	2:0	0:1	3:2	3:1	49:51	-2	34-34
12. Hamburg	1:2	1:3	2:1	0:0	3:0	1:1	3:2	1:1	0:1	1:3	2:4	–	1:1	4:1	1:1	5:2	2:1	3:0	48:52	-4	34-34
13. Dresden*	1:1	3:1	1:1	3:0	0:4	1:1	1:0	1:0	0:1	2:1	1:1	1:1	–	1:0	1:2	1:1	1:1	1:0	33:44	-11	30-34
14. Schalke 04	1:1	2:0	1:1	1:0	1:3	2:0	0:1	1:1	1:3	2:1	1:2	1:0	0:0	–	1:3	1:2	4:1	3:1	38:50	-12	29-39
15. Freiburg	3:1	2:3	1:0	4:1	1:3	3:3	2:1	0:0	1:2	3:3	2:4	0:1	0:1	2:3	–	0:0	4:1	1:0	54:57	-3	28-40
16. **Nürnberg**	2:0	0:2	2:3	0:0	1:5	1:1	1:0	0:1	0:0	2:4	1:0	0:1	3:0	1:0	2:2	–	4:1	5:0	41:55	-14	28-40
17. **Wattensch.**	1:3	0:2	1:2	1:2	0:0	5:1	2:4	2:2	0:2	3:1	2:2	3:1	1:1	3:0	3:1	2:1	–	2:2	48:70	-22	23-45
18. **VfB Leipzig**	1:3	0:0	2:3	2:3	1:0	1:0	0:0	1:1	1:1	1:1	2:3	1:4	3:3	2:2	2:2	0:2	0:0	–	32:69	-37	17-51

* Dynamo Dresden werden nach DFB-Entscheid vier Pluspunkte abgezogen.

Saison 1994/95

	Dortmund	W. Bremen	Freiburg	K'lautern	M'Gladbach	FC Bayern	Leverkusen	Karlsruhe	Frankfurt	1. FC Köln	Schalke 04	VfB Stuttg.	Hamburg	TSV 1860	Uerdingen	Bochum	Duisburg	Dresden	Tore	Differenz	Punkte
1. **Dortmund**	–	2:0	1:1	2:1	1:1	1:0	0:3	2:1	1:1	2:1	3:2	5:0	2:0	4:0	3:1	3:1	1:0	2:0	67:33	+34	49-19
2. W. Bremen	3:1	–	5:1	2:2	1:0	0:0	3:2	2:1	2:0	2:2	2:1	4:0	1:4	2:0	6:1	3:0	5:1	1:0	70:39	+31	48-20
3. Freiburg	1:1	1:3	–	4:1	1:1	5:1	1:1	2:1	2:0	4:2	3:0	2:0	3:0	1:1	1:0	1:2	3:0	3:1	66:44	+22	46-22
4. K'lautern	1:0	1:1	3:2	–	2:2	1:1	1:0	0:0	1:1	3:1	3:1	3:2	4:1	1:1	1:1	3:1	1:0	3:1	58:41	+17	46-22
5. M'Gladbach	3:3	2:0	1:2	4:0	–	2:2	3:3	2:2	2:0	0:0	0:1	3:1	2:1	2:0	1:0	7:1	1:0	2:0	66:41	+25	43-25
6. FC Bayern	2:1	3:1	2:2	1:1	3:0	–	2:1	0:1	3:3	2:2	2:0	2:2	1:1	1:0	2:1	3:1	1:1	2:1	55:41	+14	43-25
7. Leverkusen	2:2	1:2	2:4	0:1	3:1	2:0	–	0:0	4:0	3:1	2:2	3:1	3:1	0:2	1:1	1:3	2:0	2:2	62:51	+11	36-32
8. Karlsruhe	0:0	3:1	2:0	3:3	2:4	2:2	2:4	–	1:1	0:0	2:2	3:1	2:0	3:1	2:1	2:2	4:1	5:3	51:47	+4	36-32
9. Frankfurt	4:1	0:0	1:2	1:3	2:1	2:0	2:0	1:0	–	0:0	0:3	2:2	2:0	3:1	0:3	2:1	4:1	2:0	41:49	-8	33-35
10. 1. FC Köln	1:6	1:1	2:0	0:1	1:3	3:1	3:3	3:4	3:0	–	5:1	1:0	1:1	2:1	2:0	2:1	0:3	1:2	54:54	0	32-36
11. Schalke 04	0:0	4:2	1:2	0:1	1:1	0:3	3:2	0:0	0:0	3:1	–	1:1	0:1	6:2	2:0	3:2	0:0	4:0	48:54	-6	31-37
12. VfB Stuttg.	0:0	1:4	1:0	2:2	2:4	0:2	4:2	4:0	4:1	2:2	1:1	–	2:1	1:1	3:1	2:2	3:1	4:2	52:66	-14	30-38
13. Hamburg	0:4	0:0	1:2	0:0	1:2	1:1	1:2	3:1	3:1	0:4	3:0	0:2	–	3:0	0:0	3:1	3:0	2:1	43:50	-7	29-39
14. TSV 1860	1:5	1:2	4:0	1:3	2:0	1:3	1:1	1:0	2:1	2:1	0:1	0:2	1:1	–	1:1	4:0	1:1	3:1	41:57	-16	27-41
15. Uerdingen	0:2	1:3	0:2	1:3	3:2	1:1	0:1	0:0	1:1	0:0	1:1	4:1	4:1	1:1	–	2:1	1:1	3:1	37:52	-15	25-43
16. **Bochum**	0:2	1:3	1:3	0:2	0:2	1:2	1:3	0:1	0:1	1:0	5:1	4:0	0:0	2:2	2:1	–	1:0	2:0	43:67	-24	22-46
17. **Duisburg**	2:3	0:2	1:2	3:2	0:2	0:3	0:2	0:0	1:0	1:3	2:2	2:0	0:5	1:1	2:0	3:1	–	1:1	31:64	-33	20-48
18. **Dresden**	0:1	1:1	1:3	1:0	0:3	0:1	1:1	1:1	1:2	1:3	2:1	1:1	1:1	1:1	1:2	0:2	4:2	–	33:68	-35	16-52

Saison 1995/96

	Dortmund	FC Bayern	Schalke 04	M'Gladbach	Hamburg	H. Rostock	Karlsruhe	TSV 1860	W. Bremen	VfB Stuttg.	Freiburg	1. FC Köln	Düsseldorf	Leverkusen	St. Pauli	K'lautern	Frankfurt	Uerdingen	Tore	Differenz	Punkte
1. **Dortmund**	–	3:1	0:0	2:1	1:1	1:2	4:1	3:1	1:1	6:3	3:2	3:0	3:0	2:0	1:0	1:1	6:0	5:0	76:38	+38	68
2. FC Bayern	1:0	–	4:0	1:2	3:2	0:1	1:4	4:2	2:0	5:3	2:0	3:2	2:2	1:0	1:1	2:0	1:1	2:0	66:46	+20	62
3. Schalke 04	1:2	2:1	–	3:3	3:0	1:3	2:1	1:1	2:1	2:0	3:0	0:0	1:1	1:1	2:0	1:1	2:0	1:1	45:36	+9	56
4. M'Gladbach	2:2	3:1	4:1	–	1:2	3:2	1:2	0:2	1:0	1:1	1:0	2:1	1:1	0:0	2:4	1:1	4:1	2:1	52:51	+1	53
5. Hamburg	2:2	2:1	1:1	2:1	–	1:1	0:0	2:2	3:3	3:0	0:0	0:0	4:1	2:2	1:0	1:0	5:1	0:0	52:47	+5	50
6. H. Rostock	3:2	0:0	1:2	2:3	2:0	–	1:1	0:3	2:1	3:3	1:0	0:1	0:0	1:2	2:0	3:0	1:1	1:0	47:43	+4	49
7. Karlsruhe	5:0	2:6	0:1	4:0	3:1	0:2	–	1:1	1:1	1:2	1:1	1:0	3:1	1:4	2:2	0:0	1:1	2:0	53:47	+6	48
8. TSV 1860	2:2	0:2	1:1	4:0	5:0	1:1	1:1	–	1:1	1:1	3:0	2:1	2:1	0:1	2:0	1:1	3:1	2:1	52:46	+6	45
9. W. Bremen	2:2	3:2	1:2	2:0	2:1	0:2	1:0	2:0	–	2:2	0:2	0:1	1:1	2:1	1:1	1:1	1:1	1:0	39:42	-3	44
10. VfB Stuttg.	0:5	0:1	2:2	5:0	3:0	1:1	3:1	2:3	1:1	–	3:1	0:1	2:3	1:4	1:1	2:0	3:2	0:0	59:62	-3	43
11. Freiburg	0:1	3:1	1:2	0:0	0:3	2:1	0:3	1:0	0:1	2:1	–	2:0	1:1	2:1	0:2	0:0	2:0	1:1	30:41	-11	42
12. 1. FC Köln	0:0	0:0	0:1	0:2	3:2	3:0	0:1	2:0	1:2	2:2	1:1	–	0:0	2:2	1:0	0:1	3:0	0:0	33:35	-2	40
13. Düsseldorf	1:2	0:2	2:0	3:2	2:2	2:2	2:0	1:1	1:1	1:2	0:0	1:1	–	1:1	2:0	2:1	2:2	1:0	40:47	-7	40
14. Leverkusen	1:1	1:2	0:0	0:0	0:1	2:0	1:2	2:1	2:2	0:0	0:1	1:2	0:0	–	1:1	1:1	2:0	2:1	37:38	-1	38
15. St. Pauli	0:3	0:1	2:0	0:2	1:1	3:2	1:1	4:2	1:2	1:3	1:1	3:3	2:1	2:1	–	1:2	2:1	0:2	43:51	-8	38
16. **K'lautern**	1:1	2:3	0:0	1:3	1:2	2:0	2:2	0:0	0:0	1:1	1:2	1:1	2:0	1:0	0:0	–	1:1	3:0	31:37	-6	36
17. **Frankfurt**	3:4	4:1	0:3	0:2	1:4	1:3	2:2	4:2	1:0	2:2	0:1	1:0	3:0	1:1	2:2	3:1	–	1:0	43:68	-25	32
18. **Uerdingen**	0:2	1:6	1:1	0:2	1:1	1:1	2:3	2:0	3:0	3:4	3:1	1:1	1:3	3:0	2:5	1:1	1:1	–	33:56	-23	26

Saison 1996/97

	FC Bayern	Leverkusen	Dortmund	VfB Stuttg.	Bochum	Karlsruhe	TSV 1860	W. Bremen	Duisburg	1. FC Köln	M'Gladbach	Schalke 04	Hamburg	Bielefeld	H. Rostock	Düsseldorf	Freiburg	St. Pauli	Tore	Differenz	Punkte
1. **FC Bayern**	–	4:2	0:0	4:2	1:1	1:0	1:1	1:0	5:2	3:2	1:0	3:0	2:1	1:0	2:1	5:0	0:0	3:0	68:34	+34	71
2. Leverkusen	5:2	–	4:2	0:0	2:0	3:1	3:0	2:1	1:0	4:2	3:0	2:0	5:0	1:0	4:1	0:1	5:3	3:0	69:41	+28	69
3. Dortmund	1:1	3:1	–	1:1	2:0	1:1	4:1	2:1	2:0	2:1	1:3	1:0	1:1	5:0	3:0	4:0	3:1	2:1	63:41	+22	63
4. VfB Stuttg.	1:1	1:2	4:1	–	3:1	1:0	1:1	2:1	0:2	4:0	5:0	4:0	4:1	4:2	5:1	0:2	4:2	3:0	78:40	+38	61
5. Bochum	1:1	2:2	1:0	2:1	–	3:1	2:2	3:2	1:0	2:2	2:0	0:1	3:1	1:1	1:0	3:1	3:2	6:0	54:51	+3	53
6. Karlsruhe	0:2	1:1	1:1	0:2	2:3	–	3:0	1:3	1:0	4:1	1:1	0:0	3:1	5:2	1:1	2:0	3:0	4:0	55:44	+11	49
7. TSV 1860	3:3	3:0	1:3	2:5	0:1	1:1	–	0:3	1:1	2:1	3:0	2:1	2:1	1:3	2:0	3:0	4:0	4:2	56:56	0	49
8. W. Bremen	3:0	1:1	0:4	2:2	5:1	1:0	1:1	–	0:2	3:2	1:0	3:0	0:0	2:1	1:1	1:0	1:0	2:1	53:52	+1	48
9. Duisburg	0:4	1:3	3:2	3:1	1:1	2:2	2:3	3:2	–	3:0	4:2	0:1	1:1	0:0	0:1	0:0	1:4	1:0	44:49	-5	45
10. 1. FC Köln	2:4	4:0	1:3	1:5	2:0	4:1	1:0	4:1	2:5	–	4:0	3:1	2:2	2:5	0:2	2:0	1:0	0:1	62:62	0	44
11. M'Gladbach	2:2	2:2	5:1	0:1	6:2	1:3	1:0	4:1	0:1	2:1	–	0:0	3:0	0:0	2:0	2:0	4:3	0:0	46:48	-2	43
12. Schalke 04	1:1	1:2	1:3	1:0	1:1	0:1	4:1	1:1	4:0	1:1	0:0	–	2:0	0:0	2:0	0:1	0:2	0:0	35:40	-5	43
13. Hamburg	0:3	0:2	2:1	0:4	2:2	2:0	2:3	3:2	1:1	0:4	2:1	1:0	–	2:2	1:1	2:1	5:1	3:0	46:60	-14	41
14. Bielefeld	2:0	0:1	2:0	2:0	3:1	1:2	2:3	3:1	1:1	1:4	0:2	0:1	1:1	–	1:3	1:0	2:0	1:2	46:54	-8	40
15. H. Rostock	0:3	1:0	0:1	2:2	0:0	2:2	2:4	0:1	0:1	0:0	1:0	0:1	0:1	3:1	–	3:1	3:1	3:1	35:46	-11	40
16. **Düsseldorf**	0:2	0:0	2:0	0:4	2:2	0:3	0:0	4:1	1:1	0:3	1:0	1:3	1:1	1:2	0:2	–	2:1	2:0	26:57	-31	33
17. **Freiburg**	0:0	1:2	1:2	1:1	0:1	1:1	2:2	3:2	2:0	1:3	1:0	2:3	0:4	2:1	1:0	1:2	–	4:0	43:67	-24	29
18. **St. Pauli**	1:2	3:1	0:1	2:1	2:1	2:4	0:0	0:3	0:2	0:0	1:3	4:4	2:2	2:3	0:1	3:0	2:0	–	32:69	-37	27

Saison 1997/98

	K'lautern	FC Bayern	Leverkusen	VfB Stuttg.	Schalke 04	H. Rostock	W. Bremen	Duisburg	Hamburg	Dortmund	Hertha BSC	Bochum	TSV 1860	Wolfsburg	M'Gladbach	Karlsruhe	1. FC Köln	Bielefeld	Tore	Differenz	Punkte
1. **K'lautern**	–	2:0	0:3	4:3	3:0	4:3	1:3	1:0	2:1	1:1	1:0	3:0	1:0	4:0	3:2	0:0	3:2	3:1	63:39	+24	68
2. FC Bayern	0:1	–	2:1	3:3	1:1	2:0	2:0	3:0	3:0	4:0	3:0	0:0	3:1	5:2	3:2	1:1	0:2	1:0	69:37	+32	66
3. Leverkusen	1:1	4:2	–	6:1	0:0	1:1	4:1	2:1	5:0	2:2	0:1	3:2	2:2	2:1	1:1	6:1	4:0	0:0	66:39	+27	55
4. VfB Stuttg.	0:1	0:3	1:0	–	0:0	2:1	1:0	1:1	5:2	0:0	4:1	2:0	1:1	2:1	3:0	3:0	1:1	1:0	55:49	+6	52
5. Schalke 04	1:1	1:0	2:1	3:4	–	0:0	0:1	1:1	2:2	1:0	1:0	2:0	2:0	1:1	2:0	2:0	1:0	2:1	38:32	+6	52
6. H. Rostock	2:2	1:3	1:2	1:1	4:1	–	1:2	2:1	2:1	3:1	4:0	2:2	3:0	0:1	2:0	4:2	1:2	2:1	54:46	+8	51
7. W. Bremen	1:1	0:3	2:1	2:2	2:1	1:1	–	2:2	0:0	2:1	0:2	1:0	3:3	3:1	1:0	2:4	3:0	2:1	43:47	-4	50
8. Duisburg	1:1	0:0	1:1	0:3	1:0	0:1	2:1	–	3:0	0:0	0:1	2:0	0:2	2:2	4:5	1:0	2:2	2:1	43:44	-1	44
9. Hamburg	1:1	0:2	0:1	0:0	1:1	0:1	2:1	1:0	–	1:3	1:1	2:1	1:2	1:2	2:2	3:1	2:1	2:0	38:46	-8	44
10. Dortmund	2:2	0:2	0:1	3:1	2:2	3:2	2:2	3:0	0:1	–	3:0	5:2	2:3	2:1	1:2	2:2	3:0	3:2	57:55	+2	43
11. Hertha BSC	2:0	2:1	2:2	3:0	1:4	1:1	0:2	1:3	0:2	1:1	–	2:2	2:0	1:0	2:2	3:1	1:0	1:1	41:53	-12	43
12. Bochum	1:3	2:3	0:0	0:2	3:0	1:3	0:1	0:0	0:0	2:1	2:1	–	1:0	2:1	3:1	3:3	2:1	1:0	41:49	-8	41
13. TSV 1860	1:3	2:2	3:4	1:3	1:0	0:1	0:1	0:1	1:1	4:2	3:1	0:2	–	2:1	2:0	2:2	1:0	1:0	43:54	-11	41
14. Wolfsburg	2:1	2:3	1:0	1:0	0:0	1:1	1:0	0:2	1:1	1:4	2:1	0:2	1:0	–	0:2	1:2	1:1	2:0	38:54	-16	39
15. M'Gladbach	1:3	1:1	2:2	0:0	0:1	5:2	0:0	0:3	1:1	1:1	4:2	2:1	5:1	0:2	–	1:1	4:1	0:0	54:59	-5	38
16. **Karlsruhe**	2:4	1:1	1:1	4:2	0:0	3:0	3:1	1:2	0:1	0:1	0:2	1:1	0:0	2:1	2:5	–	3:1	3:1	48:60	-12	38
17. **1. FC Köln**	0:0	1:3	2:2	4:2	0:2	0:0	2:0	3:2	1:2	4:2	2:0	2:1	2:3	5:3	3:2	0:1	–	3:5	49:64	-15	36
18. **Bielefeld**	2:2	4:4	2:1	2:1	1:1	0:1	3:0	3:3	0:3	3:1	1:3	0:2	1:1	0:1	3:1	2:1	2:1	–	43:56	-13	32

Saison 1998/99

	FC Bayern	Leverkusen	Hertha BSC	Dortmund	K'lautern	Wolfsburg	Hamburg	Duisburg	TSV 1860	Schalke 04	VfB Stuttg.	Freiburg	W. Bremen	H. Rostock	Frankfurt	Nürnberg	Bochum	M'Gladbach	Tore	Differenz	Punkte
1. **FC Bayern**	–	2:0	1:1	2:2	4:0	3:0	5:3	3:1	3:1	1:1	2:0	2:0	1:0	6:1	3:1	2:0	4:2	4:2	76:28	+48	78
2. Leverkusen	1:2	–	2:2	3:1	2:2	3:0	1:2	2:0	1:1	1:1	0:0	1:1	2:0	3:1	2:1	3:0	2:0	4:1	61:30	+31	63
3. Hertha BSC	1:0	0:1	–	3:0	1:1	2:0	6:1	1:3	2:1	2:0	2:0	1:0	1:0	2:0	3:1	3:0	4:1	4:1	59:32	+27	62
4. Dortmund	2:2	1:0	3:0	–	1:0	2:1	2:1	2:0	3:1	3:0	3:0	2:1	2:1	2:0	3:1	3:0	0:1	1:1	48:34	+14	57
5. K'lautern	2:1	0:1	4:3	1:0	–	1:1	1:0	3:0	1:1	4:1	1:1	0:2	4:0	3:2	2:1	2:0	2:3	2:1	51:47	+4	57
6. Wolfsburg	0:1	1:0	2:1	0:0	2:1	–	4:1	4:2	1:0	0:0	3:2	1:1	2:4	1:1	2:0	1:1	4:1	7:1	54:49	+5	55
7. Hamburg	0:2	0:0	0:4	0:0	2:0	1:1	–	4:1	3:0	2:2	3:1	2:1	1:1	1:0	0:1	2:0	1:0	3:0	47:46	+1	50
8. Duisburg	0:3	0:0	0:0	3:2	3:1	6:1	2:3	–	1:1	1:2	2:0	1:0	2:0	4:1	2:1	1:1	2:0	2:2	48:45	+3	49
9. TSV 1860	1:1	0:2	2:0	2:0	1:2	2:3	0:0	0:0	–	4:5	1:1	2:0	1:3	2:1	4:1	1:2	2:1	3:1	49:56	-7	41
10. Schalke 04	1:3	0:1	0:0	1:1	0:2	2:0	1:4	2:0	2:2	–	1:0	1:1	1:2	1:0	2:3	2:2	2:2	1:0	41:54	-13	41
11. VfB Stuttg.	0:2	0:1	0:0	2:1	4:0	1:2	3:1	0:0	0:1	2:1	–	3:1	1:0	1:1	2:0	0:0	4:2	2:2	41:48	-7	39
12. Freiburg	0:2	1:1	0:2	2:2	0:1	0:0	0:0	2:2	1:2	0:2	2:0	–	0:2	3:0	2:0	1:0	1:1	2:1	36:44	-8	39
13. W. Bremen	0:1	2:2	2:1	1:1	0:1	0:1	0:0	1:1	4:1	1:0	2:2	2:3	–	0:3	1:2	2:3	1:1	4:1	41:47	-6	38
14. H. Rostock	0:4	1:1	1:2	2:0	2:1	3:3	0:1	3:0	4:1	2:2	3:0	0:2	2:1	–	2:2	1:1	3:0	1:1	49:58	-9	38
15. Frankfurt	1:0	2:3	1:1	2:0	5:1	0:1	2:2	0:0	2:3	1:2	1:1	3:1	0:2	2:2	–	3:2	1:0	0:0	44:54	-10	37
16. **Nürnberg**	2:0	2:2	0:0	0:0	1:1	1:1	1:1	0:2	1:5	3:0	2:2	1:2	1:1	2:2	2:2	–	2:2	2:0	40:50	-10	37
17. **Bochum**	2:2	1:5	2:0	0:1	1:2	0:2	2:0	0:2	2:0	1:2	3:3	1:2	2:0	2:3	0:0	0:3	–	2:1	40:65	-25	29
18. **M'Gladbach**	0:2	2:8	2:4	0:2	0:2	5:2	2:2	0:2	2:0	3:0	2:3	3:1	0:1	1:1	1:1	0:2	2:2	–	41:79	-38	21

Saison 1999/00

	FC Bayern	Leverkusen	Hamburg	TSV 1860	K'lautern	Hertha BSC	Wolfsburg	VfB Stuttg.	W. Bremen	Unterhach.	Dortmund	Freiburg	Frankfurt	Schalke 04	H. Rostock	SSV Ulm	Bielefeld	Duisburg	Tore	Differenz	Punkte
1. **FC Bayern**	–	4:1	2:2	1:2	2:2	3:1	5:0	0:1	3:1	1:0	1:1	6:1	4:1	4:1	4:1	4:0	2:1	4:1	73:28	+45	73
2. Leverkusen	2:0	–	2:2	1:1	3:1	3:1	4:1	1:0	3:2	2:1	3:1	1:1	4:1	3:2	1:1	4:1	4:1	3:0	74:36	+38	73
3. Hamburg	0:0	0:2	–	2:0	2:1	5:1	2:2	3:0	0:0	3:0	1:1	2:0	1:0	3:1	1:0	1:2	5:0	6:1	63:39	+24	59
4. TSV 1860	1:0	1:2	0:0	–	2:1	2:1	1:2	1:1	1:0	2:1	0:3	3:1	2:0	3:3	4:3	4:1	5:0	4:1	55:48	+7	53
5. K'lautern	0:2	1:3	2:0	1:1	–	1:2	2:2	1:2	4:3	4:2	1:0	0:2	1:0	2:1	2:2	6:2	0:2	3:2	54:59	-5	50
6. Hertha BSC	1:1	0:0	2:1	1:1	0:1	–	0:0	1:1	1:1	2:1	0:3	0:0	1:0	2:1	5:2	3:0	2:0	2:1	39:46	-7	50
7. Wolfsburg	1:1	3:1	4:4	2:1	3:2	2:3	–	0:2	2:7	2:2	1:0	2:1	1:0	0:0	2:0	1:2	2:0	1:0	51:58	-7	49
8. VfB Stuttg.	2:0	1:2	1:3	1:3	0:1	1:0	2:5	–	0:0	0:2	1:2	1:0	0:2	0:2	3:1	2:0	3:3	4:2	44:47	-3	48
9. W. Bremen	0:2	1:3	2:1	1:3	5:0	4:1	2:2	2:1	–	2:2	3:2	5:2	3:1	0:1	2:1	2:2	3:1	4:0	65:52	+13	47
10. Unterhach.	0:2	2:0	1:1	1:1	1:2	1:1	1:1	2:0	1:0	–	1:0	1:0	1:0	3:1	1:1	1:0	2:0	2:0	40:42	-2	44
11. Dortmund	0:1	1:1	0:1	1:1	0:1	4:0	2:1	1:1	1:3	1:3	–	1:1	1:0	1:1	3:0	1:1	1:3	2:2	41:38	+3	40
12. Freiburg	1:2	0:0	0:2	3:0	2:1	0:1	1:1	0:2	2:1	4:3	1:1	–	2:3	2:1	5:0	2:0	1:1	3:0	45:50	-5	40
13. Frankfurt*	1:2	1:2	3:0	3:1	0:1	4:0	4:0	0:1	1:0	3:0	1:1	2:0	–	0:2	0:0	2:1	2:1	2:2	42:44	-2	39
Schalke 04	1:1	1:1	1:3	2:2	1:2	1:1	1:1	3:0	3:1	1:0	0:0	2:2	0:0	–	0:2	0:0	1:1	3:0	42:44	-2	39
15. H. Rostock	0:3	1:1	3:3	0:0	4:2	0:1	1:1	1:4	1:1	1:1	1:0	1:1	3:1	1:0	–	2:1	2:1	3:1	44:60	-16	38
16. **SSV Ulm**	0:1	1:9	1:2	3:0	3:1	0:1	2:0	1:1	2:1	1:0	0:1	1:1	3:0	1:1	1:1	–	2:0	0:3	36:62	-26	35
17. **Bielefeld**	0:3	1:2	3:0	2:2	1:2	1:1	0:0	1:2	2:2	1:0	0:2	2:1	1:1	1:2	2:2	4:1	–	0:1	40:61	-21	30
18. **Duisburg**	1:2	0:0	1:1	3:0	2:2	0:0	2:3	1:3	0:1	2:0	2:2	1:2	2:3	1:1	2:2	0:0	0:3	–	37:71	-34	22

* Eintracht Frankfurt werden nach DFB-Entscheid zwei Punkte abgezogen.

Saison 2000/01

	FC Bayern	Schalke 04	Dortmund	Leverkusen	Hertha BSC	Freiburg	W. Bremen	K'lautern	Wolfsburg	1. FC Köln	TSV 1860	H. Rostock	Hamburg	Cottbus	VfB Stuttg.	Unterhach.	Frankfurt	Bochum	Tore	Differenz	Punkte
1. **FC Bayern**	–	1:3	6:2	2:0	4:1	1:0	2:3	2:1	3:1	1:1	3:1	0:1	2:1	2:0	1:0	3:1	1:2	3:2	62:37	+25	63
2. Schalke 04	3:2	–	0:0	0:0	3:1	0:0	1:1	5:1	2:1	2:1	2:0	2:0	0:1	3:0	2:1	5:3	4:0	2:1	65:35	+30	62
3. Dortmund	1:1	0:4	–	1:3	2:0	1:0	0:0	1:2	2:1	3:3	2:3	1:0	4:2	2:0	0:0	3:0	6:1	5:0	62:42	+20	58
4. Leverkusen	0:1	0:3	2:0	–	4:0	1:3	3:0	4:2	2:0	4:1	0:0	1:2	1:1	1:3	4:0	1:0	1:0	1:0	54:40	+14	57
5. Hertha BSC	1:3	0:4	1:0	1:1	–	2:2	4:1	2:4	1:3	4:2	3:0	1:0	4:0	3:1	2:0	2:1	3:0	4:0	58:52	+6	56
6. Freiburg	1:1	3:1	2:2	0:1	1:0	–	0:1	5:2	4:1	0:0	0:3	0:0	0:0	4:1	4:0	2:0	5:2	5:0	54:37	+17	55
7. W. Bremen	1:1	2:1	1:2	3:3	3:1	3:1	–	1:2	2:3	2:1	2:0	3:0	3:1	3:1	1:0	0:0	1:1	2:0	53:48	+5	53
8. K'lautern	0:0	3:2	1:4	0:1	0:1	0:2	2:0	–	0:0	3:1	3:2	0:1	2:1	1:1	1:0	4:0	4:2	0:1	49:54	-5	50
9. Wolfsburg	1:3	2:0	1:1	2:0	2:1	1:2	1:1	4:0	–	6:0	0:1	2:1	4:4	1:1	2:2	6:1	3:0	0:0	60:45	+15	47
10. 1. FC Köln	1:2	2:2	0:0	1:1	1:0	0:1	1:3	0:1	0:0	–	4:0	5:2	4:2	4:0	3:2	1:1	4:1	2:0	59:52	+7	46
11. TSV 1860	0:2	1:1	1:0	1:0	0:1	3:1	2:1	0:4	2:2	3:1	–	2:1	2:1	0:1	2:1	0:2	2:2	2:4	43:55	-12	44
12. H. Rostock	3:2	0:4	1:2	2:1	0:2	0:0	5:2	1:0	1:1	2:1	0:0	–	1:0	1:0	1:1	2:2	0:2	2:0	34:47	-13	43
13. Hamburg	1:1	2:0	2:3	1:3	1:2	5:0	2:1	1:1	3:2	1:1	2:2	2:1	–	2:1	2:2	1:1	2:0	3:0	58:58	0	41
14. Cottbus	1:0	4:1	1:4	1:2	3:0	0:2	3:1	0:2	0:0	0:2	2:3	1:0	4:2	–	2:1	1:0	2:0	2:0	38:52	-14	39
15. VfB Stuttg.	2:1	1:0	0:2	4:1	0:1	0:0	2:1	6:1	2:1	0:3	2:2	1:0	3:3	1:0	–	2:2	4:1	1:1	42:49	-7	38
16. **Unterhach.**	1:0	0:2	1:4	1:2	5:2	1:1	0:0	0:0	0:3	0:0	3:2	1:1	2:1	2:1	0:0	–	2:0	2:1	35:59	-24	35
17. **Frankfurt**	0:2	0:0	1:1	1:3	0:4	3:0	1:2	3:1	1:2	1:5	1:0	4:0	1:1	1:0	2:1	3:0	–	3:0	41:68	-27	35
18. **Bochum**	0:3	1:1	1:1	3:2	1:3	1:3	1:2	0:1	2:1	2:3	1:1	1:2	0:4	1:0	0:0	3:0	2:1	–	30:67	-37	27

Saison 2001/02

	Dortmund	Leverkusen	FC Bayern	Hertha BSC	Schalke 04	W. Bremen	K'lautern	VfB Stuttg.	TSV 1860	Wolfsburg	Hamburg	M'Gladbach	Cottbus	H. Rostock	Nürnberg	Freiburg	1. FC Köln	St. Pauli	Tore	Differenz	Punkte
1. **Dortmund**	–	1:1	0:2	3:1	1:1	2:1	3:0	1:0	2:1	4:0	1:0	3:1	3:0	2:0	2:0	0:2	2:1	1:1	62:33	+29	70
2. Leverkusen	4:0	–	1:1	2:1	0:1	1:2	2:1	4:1	4:0	2:1	4:1	5:0	2:0	2:0	4:2	4:1	2:0	3:1	77:38	+39	69
3. FC Bayern	1:1	2:0	–	3:0	3:0	2:2	4:1	4:0	2:1	3:3	3:0	0:0	6:0	3:2	0:0	1:0	3:0	2:0	65:25	+40	68
4. Hertha BSC	0:2	2:1	2:1	–	2:0	3:1	5:1	2:0	2:1	2:0	6:0	3:0	2:3	1:0	2:0	1:1	3:0	2:2	61:38	+23	61
5. Schalke 04	1:0	3:3	5:1	0:0	–	1:4	3:0	2:1	1:0	1:2	2:0	2:0	2:0	3:1	2:1	3:0	3:1	4:0	52:36	+16	61
6. W. Bremen	1:1	2:1	1:0	0:3	3:0	–	1:0	1:2	1:3	1:0	0:1	1:0	3:2	4:3	3:0	3:2	1:1	3:2	54:43	+11	56
7. K'lautern	1:0	2:4	0:0	4:1	0:0	2:1	–	2:2	1:3	3:2	2:2	3:2	4:0	3:1	2:1	3:0	2:1	5:1	62:53	+9	56
8. VfB Stuttg.	3:2	0:2	0:2	0:0	3:0	0:0	4:3	–	0:1	2:1	3:0	1:1	0:0	2:1	2:3	3:0	0:0	2:0	47:43	+4	50
9. TSV 1860	1:3	1:4	1:5	0:3	1:2	3:1	0:4	3:3	–	2:1	1:1	2:2	1:0	2:0	1:0	5:2	3:0	4:2	59:59	0	50
10. Wolfsburg	1:1	3:1	0:1	1:3	3:1	2:0	2:0	0:2	1:3	–	0:1	3:1	2:1	4:0	5:0	1:1	5:1	1:1	57:49	+8	46
11. Hamburg	3:4	1:1	0:0	4:0	0:0	0:4	2:3	2:0	2:1	1:1	–	3:3	5:2	0:1	3:1	1:1	4:0	4:3	51:57	-6	40
12. M'Gladbach	1:2	0:1	1:0	3:1	0:0	1:0	0:2	2:2	2:4	0:2	2:1	–	0:0	0:2	1:0	2:2	4:0	2:2	41:53	-12	39
13. Cottbus	0:2	2:3	0:3	1:0	2:0	2:1	0:2	0:0	1:1	3:3	1:0	3:3	–	3:0	1:0	2:0	2:3	4:0	36:60	-24	35
14. H. Rostock	0:2	0:3	1:0	1:1	1:3	0:1	2:1	1:1	2:2	1:2	1:1	1:1	0:0	–	1:0	4:0	3:0	1:0	35:54	-19	34
15. Nürnberg	2:2	1:0	1:2	1:3	0:3	0:4	0:2	2:4	2:1	3:0	0:0	1:2	2:0	2:0	–	2:0	2:0	0:0	34:57	-23	34
16. **Freiburg**	1:5	2:2	0:2	1:3	2:0	3:0	3:1	0:2	1:3	0:0	4:3	0:1	3:1	1:1	2:0	–	0:0	2:2	37:64	-27	30
17. **1. FC Köln**	0:2	1:2	0:2	1:1	1:1	0:0	0:1	0:0	2:0	0:4	2:1	0:2	0:0	4:2	1:2	2:0	–	2:1	26:61	-35	29
18. **St. Pauli**	1:2	2:2	2:1	0:0	0:2	0:3	1:1	1:2	0:3	3:1	0:4	1:1	4:0	0:1	2:3	1:0	1:2	–	37:70	-33	22

Saison 2002/03

	FC Bayern	VfB Stuttg.	Dortmund	Hamburg	Hertha BSC	W. Bremen	Schalke 04	Wolfsburg	Bochum	TSV 1860	Hannover	M'Gladbach	H. Rostock	K'lautern	Leverkusen	Bielefeld	Nürnberg	Cottbus	Tore	Differenz	Punkte
1. **FC Bayern**	–	2:1	2:1	1:1	2:0	0:1	0:0	1:0	4:1	3:1	3:3	3:0	1:0	1:0	3:0	6:2	2:0	3:1	70:25	+45	75
2. VfB Stuttg.	0:3	–	1:0	1:1	3:1	0:1	1:1	2:0	3:2	4:1	3:0	4:0	1:1	1:1	3:0	3:0	0:2	0:0	53:39	+14	59
3. Dortmund	1:0	3:1	–	1:1	2:2	1:2	1:1	2:2	4:1	1:0	2:0	1:0	2:0	3:1	2:0	0:0	4:1	1:1	51:27	+24	58
4. Hamburg	0:3	3:2	1:1	–	1:0	1:0	3:1	2:0	1:1	1:0	2:1	1:0	2:0	2:0	4:1	1:0	4:0	1:1	46:36	+10	56
5. Hertha BSC	3:6	1:1	2:1	2:0	–	0:1	4:2	2:2	1:0	6:0	2:0	1:2	3:1	2:0	1:1	0:0	2:1	3:1	52:43	+9	54
6. W. Bremen	2:0	3:1	1:4	2:1	4:2	–	2:1	0:1	2:0	1:2	1:2	2:0	0:0	5:3	3:2	2:2	4:1	0:1	51:50	+1	52
7. Schalke 04	1:0	2:0	2:2	3:0	0:0	1:1	–	1:0	1:2	1:1	0:2	2:1	2:2	2:2	0:1	1:1	1:1	3:0	46:40	+6	49
8. Wolfsburg	0:2	1:2	2:0	2:1	2:0	3:1	1:2	–	2:0	1:1	1:0	1:0	1:0	2:2	2:0	2:0	0:2	3:2	39:42	-3	46
9. Bochum	1:4	3:1	0:0	1:1	3:0	1:4	0:2	4:2	–	1:1	1:2	1:1	0:1	1:1	2:1	0:3	2:1	5:0	55:56	-1	45
10. TSV 1860	0:5	0:1	0:0	1:1	1:0	3:0	3:0	2:2	2:4	–	0:1	2:0	0:2	0:0	0:3	3:1	2:2	3:0	44:52	-8	45
11. Hannover	2:2	1:2	0:3	2:2	0:1	4:4	0:2	3:1	2:2	1:3	–	2:2	3:1	2:1	1:2	0:0	4:2	1:3	47:57	-10	43
12. M'Gladbach	0:0	1:1	1:0	2:0	0:2	4:1	2:2	2:0	2:2	0:1	1:0	–	3:0	3:0	2:2	3:0	2:0	3:0	43:45	-2	42
13. H. Rostock	0:1	1:1	0:1	0:0	0:1	1:0	3:1	1:0	1:1	1:4	1:2	3:1	–	2:2	1:3	3:0	2:0	0:0	35:41	-6	41
14. K'lautern	0:2	1:2	0:0	2:0	2:1	1:0	1:3	2:0	0:2	0:0	0:1	2:0	1:0	–	1:0	1:1	5:0	4:0	40:42	-2	40
15. Leverkusen	2:1	0:1	1:1	2:3	4:1	3:0	1:3	1:1	2:4	3:0	1:3	2:2	1:2	1:0	–	3:1	0:2	0:3	47:56	-9	40
16. **Bielefeld**	0:0	0:1	0:0	2:1	0:1	3:0	2:1	1:0	1:3	2:1	0:1	4:1	3:0	1:1	2:2	–	0:1	2:2	35:46	-11	36
17. **Nürnberg**	1:2	1:2	1:2	1:3	0:3	1:0	0:0	1:1	1:3	1:2	3:1	2:1	0:1	1:0	0:1	0:0	–	2:2	33:60	-27	30
18. **Cottbus**	0:2	2:3	0:4	0:0	0:2	0:1	0:1	0:1	2:1	3:4	3:0	1:1	0:4	1:3	1:1	2:1	2:1	–	34:64	-30	30

Saison 2003/04

	W. Bremen	FC Bayern	Leverkusen	VfB Stuttg.	Bochum	Dortmund	Schalke 04	Hamburg	H. Rostock	Wolfsburg	M'Gladbach	Hertha BSC	Freiburg	Hannover	K'lautern	Frankfurt	TSV 1860	1. FC Köln	Tore	Differenz	Punkte
1. **W. Bremen**	–	1:1	2:6	1:3	3:1	2:0	4:1	6:0	3:0	5:3	1:1	4:0	1:1	0:0	1:0	3:1	2:1	3:2	79:38	+41	74
2. FC Bayern	1:3	–	3:3	1:0	2:0	4:1	2:1	1:0	3:3	2:0	5:2	4:1	2:0	3:1	4:1	3:1	1:0	2:2	70:39	+31	68
3. Leverkusen	1:3	1:3	–	2:0	1:3	3:0	3:1	1:0	3:0	4:2	1:0	4:1	4:1	4:0	6:0	1:2	2:2	2:0	73:39	+34	65
4. VfB Stuttg.	4:4	3:1	2:3	–	1:1	1:0	0:0	0:0	2:0	1:0	1:1	0:0	4:1	3:1	2:0	3:1	2:0	0:0	52:24	+28	64
5. Bochum	0:0	1:0	1:0	0:0	–	3:0	1:2	1:1	0:0	1:0	1:0	2:2	3:0	3:1	4:0	1:0	4:0	4:0	57:39	+18	56
6. Dortmund	2:1	2:0	2:2	0:2	4:1	–	0:1	3:2	4:1	4:0	3:1	1:1	1:0	6:2	1:1	2:0	3:1	1:0	59:48	+11	55
7. Schalke 04	0:0	2:0	2:3	0:0	0:2	2:2	–	4:1	0:1	1:1	2:1	3:0	3:0	2:2	4:1	1:1	0:0	2:1	49:42	+7	50
8. Hamburg	1:1	0:2	3:1	2:1	1:1	0:2	2:2	–	2:1	2:0	2:1	2:0	4:1	0:3	3:2	2:1	3:1	4:2	47:60	-13	49
9. H. Rostock	3:1	1:2	0:2	0:2	0:2	2:1	3:1	3:0	–	3:1	1:2	0:1	4:1	3:1	4:0	3:0	3:0	1:1	55:54	+1	44
10. Wolfsburg	0:2	3:2	0:1	1:5	3:2	2:4	1:1	5:1	3:1	–	1:3	3:0	4:0	2:1	4:1	1:0	3:1	2:0	56:61	-5	42
11. M'Gladbach	1:2	0:0	0:0	0:1	2:2	2:1	2:0	3:0	1:1	0:2	–	1:1	2:2	1:0	2:1	0:2	3:1	1:0	40:49	-9	39
12. Hertha BSC	0:3	1:1	1:4	1:0	1:1	6:2	1:3	1:1	1:1	1:0	2:1	–	0:0	2:3	3:0	1:2	1:1	3:1	42:59	-17	39
13. Freiburg	2:4	0:6	1:0	0:1	4:2	2:2	2:1	0:0	2:2	3:2	4:1	2:3	–	4:1	1:0	1:0	1:0	3:0	42:67	-25	38
14. Hannover	1:5	3:3	2:2	0:1	2:2	1:1	1:2	3:2	3:3	0:0	2:0	1:3	3:0	–	0:1	3:0	1:1	1:0	49:63	-14	37
15. K'lautern*	0:1	0:2	0:0	1:0	2:2	1:1	0:2	4:0	3:2	3:2	2:2	4:2	2:2	1:0	–	1:0	0:1	1:0	39:62	-23	36
16. **Frankfurt**	0:1	1:1	1:2	0:2	3:2	0:1	3:0	2:3	1:1	3:2	3:1	0:0	3:0	2:2	1:3	–	0:3	2:0	36:53	-17	32
17. **TSV 1860**	0:2	0:1	1:1	0:3	3:1	0:2	1:1	1:2	1:4	1:0	1:2	1:1	1:1	0:2	2:1	1:0	–	2:1	32:55	-23	32
18. **1. FC Köln**	1:4	1:2	0:0	2:2	1:2	1:0	0:2	0:1	4:0	2:3	1:0	3:0	1:0	1:2	1:2	2:0	1:3	–	32:57	-25	23

* Dem 1. FC Kaiserslautern werden nach DFB-Entscheid drei Punkte abgezogen.

Saison 2004/05

	FC Bayern	Schalke 04	W. Bremen	Hertha BSC	VfB Stuttg.	Leverkusen	Dortmund	Hamburg	Wolfsburg	Hannover	FSV Mainz	K'lautern	Bielefeld	Nürnberg	M'Gladbach	Bochum	H. Rostock	Freiburg	Tore	Differenz	Punkte
1. **FC Bayern**	–	0:1	1:0	1:1	2:2	2:0	5:0	3:0	2:0	3:0	4:2	3:1	1:0	6:3	2:1	3:1	3:1	3:1	75:33	+42	77
2. Schalke 04	1:0	–	2:1	1:3	3:2	3:3	1:2	1:2	3:0	1:0	2:1	2:1	2:1	4:1	3:2	3:2	0:2	1:1	56:46	+10	63
3. W. Bremen	1:2	1:0	–	0:1	1:2	2:2	2:0	1:1	1:2	3:0	0:0	1:1	3:0	4:1	2:0	4:0	3:2	4:1	68:37	+31	59
4. Hertha BSC	0:0	4:1	1:1	–	0:0	3:1	0:1	4:1	3:1	0:0	1:1	1:1	3:0	2:1	6:0	2:2	1:1	3:1	59:31	+28	58
5. VfB Stuttg.	1:3	3:0	1:2	1:0	–	3:0	2:0	2:0	0:0	1:0	4:2	1:1	2:1	2:4	1:0	5:2	4:0	1:0	54:40	+14	58
6. Leverkusen	4:1	0:3	2:1	3:3	1:1	–	0:1	3:0	2:1	2:1	2:0	2:0	3:2	2:2	5:1	4:0	3:0	4:1	65:44	+21	57
7. Dortmund	2:2	0:1	1:0	2:1	0:2	1:0	–	0:2	1:2	1:1	3:0	4:2	1:1	2:2	1:1	1:0	2:1	2:0	47:44	+3	55
8. Hamburg	0:2	1:2	1:2	2:1	2:1	1:0	2:3	–	3:1	0:2	2:1	2:1	0:2	4:3	0:0	0:1	3:0	4:0	55:50	+5	51
9. Wolfsburg	0:3	3:0	2:3	2:3	3:0	2:2	1:2	1:0	–	1:0	4:3	2:1	5:0	0:1	2:1	3:0	4:0	0:1	49:51	-2	48
10. Hannover	0:1	1:0	1:4	0:1	0:0	0:3	1:3	2:1	3:0	–	2:0	3:1	0:1	1:0	2:1	3:0	0:1	2:2	34:36	-2	45
11. FSV Mainz	2:4	2:1	2:1	0:3	2:3	2:0	1:1	2:1	0:2	2:0	–	3:2	0:0	0:1	1:1	1:0	3:1	5:0	50:55	-5	43
12. K'lautern	0:4	2:0	1:2	0:2	2:3	0:0	1:0	2:1	0:0	0:2	2:0	–	2:1	1:3	1:0	1:2	2:1	3:0	43:52	-9	42
13. Bielefeld	3:1	0:2	2:1	1:0	0:2	1:0	1:0	3:4	1:2	0:1	1:1	0:2	–	3:1	0:0	1:2	1:1	3:1	37:49	-12	40
14. Nürnberg	2:2	0:2	1:2	0:0	1:1	2:4	2:2	1:3	4:0	1:1	1:2	1:3	1:2	–	0:0	2:1	3:0	3:0	55:63	-8	38
15. M'Gladbach	2:0	1:3	3:1	0:0	2:0	1:1	2:3	1:3	1:0	0:2	1:1	2:0	1:0	2:1	–	2:2	2:2	3:2	35:51	-16	36
16. **Bochum**	1:3	0:2	1:4	2:2	2:0	2:2	2:2	1:2	5:1	1:0	2:6	1:1	1:1	3:1	3:0	–	0:1	3:1	47:68	-21	35
17. **H. Rostock**	0:2	2:2	0:4	2:1	2:1	0:2	1:1	0:6	1:2	1:3	2:0	2:3	1:1	0:2	0:0	3:1	–	0:0	31:65	-34	30
18. **Freiburg**	0:1	2:3	0:6	1:3	2:0	1:3	2:2	1:1	1:0	0:0	1:2	1:2	2:3	2:3	1:1	1:1	0:0	–	30:75	-45	18

Saison 2005/06

	FC Bayern	W. Bremen	Hamburg	Schalke 04	Leverkusen	Hertha BSC	Dortmund	Nürnberg	VfB Stuttg.	M'Gladbach	FSV Mainz	Hannover	Bielefeld	Frankfurt	Wolfsburg	K'lautern	1. FC Köln	Duisburg	Tore	Differenz	Punkte
1. **FC Bayern**	–	3:1	1:2	3:0	1:0	3:0	3:3	2:1	3:1	3:0	2:1	1:0	2:0	5:2	2:0	2:1	2:2	4:0	67:32	+35	75
2. W. Bremen	3:0	–	1:1	0:0	2:1	0:3	3:2	6:2	1:1	2:0	4:2	5:0	5:2	4:1	6:1	0:2	6:0	2:0	79:37	+42	70
3. Hamburg	2:0	1:2	–	1:0	0:2	2:1	2:4	3:0	0:2	2:0	1:0	1:1	2:1	1:1	0:1	3:0	3:1	2:0	53:30	+23	68
4. Schalke 04	1:1	2:1	0:2	–	7:4	0:0	0:0	2:0	3:2	1:1	1:0	2:0	3:1	2:0	2:2	2:1	1:1	3:0	47:31	+16	61
5. Leverkusen	2:5	1:1	0:1	1:1	–	1:2	2:1	2:2	1:1	2:1	1:2	0:0	1:1	2:1	4:0	5:1	2:1	3:2	64:49	+15	52
6. Hertha BSC	0:0	1:2	4:2	1:2	1:5	–	0:0	1:1	2:0	2:2	3:1	1:1	1:0	2:0	3:0	3:0	2:4	3:2	52:48	+4	48
7. Dortmund	1:2	0:1	1:1	1:2	1:2	2:0	–	2:1	0:0	2:1	1:1	0:2	2:0	1:1	3:2	2:1	2:1	2:0	45:42	+3	46
8. Nürnberg	1:2	3:1	2:1	1:1	1:1	2:1	1:2	–	0:1	5:2	3:0	1:1	2:3	0:1	1:0	3:2	2:1	3:0	49:51	-2	44
9. VfB Stuttg.	0:0	0:0	1:2	2:0	0:2	3:3	0:0	1:0	–	1:1	2:1	2:2	1:1	0:2	2:1	1:0	2:3	0:1	37:39	-2	43
10. M'Gladbach	1:3	2:1	0:0	0:0	1:1	2:2	2:1	0:1	1:1	–	1:0	2:2	2:0	4:3	1:1	4:1	2:0	2:1	42:50	-8	42
11. FSV Mainz	2:2	0:2	1:3	1:0	3:1	2:2	1:1	4:1	1:2	3:0	–	0:0	1:1	2:2	5:1	0:2	4:2	1:1	46:47	-1	38
12. Hannover	1:1	0:0	2:1	1:2	2:2	2:2	1:2	1:1	3:3	1:1	2:2	–	0:1	2:0	2:4	5:1	1:0	1:1	43:47	-4	38
13. Bielefeld	1:2	0:1	0:2	0:1	1:0	3:0	1:0	0:0	2:1	0:2	2:0	4:1	–	1:0	0:1	0:0	3:2	0:2	32:47	-15	37
14. Frankfurt	0:1	0:1	1:2	0:1	1:4	1:1	2:0	1:0	1:1	0:2	0:0	0:1	3:0	–	1:1	2:2	6:3	5:2	42:51	-9	36
15. Wolfsburg	0:0	1:1	0:1	0:0	2:1	1:1	2:2	1:1	0:1	2:0	0:3	2:1	0:0	1:0	–	2:2	1:1	1:1	33:55	-22	34
16. **K'lautern**	1:1	1:5	0:3	0:2	2:2	0:2	3:3	1:3	1:1	3:0	0:2	1:0	2:0	1:2	3:2	–	2:2	5:3	47:71	-24	33
17. **1. FC Köln**	1:2	1:4	0:1	2:2	0:3	0:1	0:0	3:4	0:0	2:1	1:0	1:4	4:2	1:1	3:0	2:3	–	3:1	49:71	-22	30
18. **Duisburg**	1:3	3:5	0:2	1:1	1:3	2:1	1:1	1:0	1:1	1:1	0:0	0:0	1:1	0:1	1:0	2:2	1:1	–	34:63	-29	27

Saison 2006/07

	VfB Stuttg.	Schalke 04	W. Bremen	FC Bayern	Leverkusen	Nürnberg	Hamburg	Bochum	Dortmund	Hertha BSC	Hannover	Bielefeld	Cottbus	Frankfurt	Wolfsburg	FSV Mainz	Aachen	M'Gladbach	Tore	Differenz	Punkte
1. **VfB Stuttg.**	–	3:0	4:1	2:0	3:0	0:3	2:0	1:0	1:3	0:0	2:1	3:2	2:1	1:1	0:0	2:0	3:1	1:0	61:37	+24	70
2. Schalke 04	1:0	–	2:0	2:2	0:1	1:0	0:2	2:1	3:1	2:0	2:1	2:1	2:0	1:1	2:0	4:0	2:1	2:0	53:32	+21	68
3. W. Bremen	2:3	0:2	–	3:1	2:1	1:0	0:2	3:0	1:3	3:1	3:0	3:0	1:1	1:2	2:1	2:0	3:1	3:0	76:40	+36	66
4. FC Bayern	2:1	2:0	1:1	–	2:1	0:0	1:2	0:0	2:0	4:2	0:1	1:0	2:1	2:0	2:1	5:2	2:1	1:1	55:40	+15	60
5. Leverkusen	3:1	3:1	0:2	2:3	–	2:0	1:2	1:4	2:1	2:1	0:1	1:2	3:1	2:2	1:1	1:1	3:0	1:0	54:49	+5	51
6. Nürnberg	4:1	0:0	1:2	3:0	3:2	–	0:2	1:1	1:1	2:1	3:1	1:1	1:0	2:2	1:1	1:1	1:0	1:0	43:32	+11	48
7. Hamburg	2:4	1:2	1:1	1:2	0:0	0:0	–	0:3	3:0	1:1	0:0	1:1	1:1	3:1	1:0	2:2	4:0	1:1	43:37	+6	45
8. Bochum	2:3	2:1	0:6	1:2	1:3	0:2	2:1	–	2:0	1:3	2:0	2:1	0:1	4:3	0:1	0:1	2:2	2:0	49:50	-1	45
9. Dortmund	0:1	2:0	0:2	3:2	1:2	0:0	1:0	1:1	–	1:2	2:2	1:1	2:3	2:0	1:0	1:1	0:0	1:0	41:43	-2	44
10. Hertha BSC	2:2	2:0	1:4	2:3	2:3	2:1	2:1	3:3	0:1	–	4:0	1:1	0:1	1:0	2:1	1:2	2:1	2:1	50:55	-5	44
11. Hannover	1:2	1:1	2:4	1:2	1:1	0:3	0:0	0:2	4:2	5:0	–	1:1	2:0	1:1	2:2	1:0	0:3	1:0	41:50	-9	44
12. Bielefeld	2:3	0:1	3:2	2:1	0:0	3:2	1:1	1:3	1:0	2:2	3:1	–	3:1	2:4	0:0	1:0	5:1	0:2	47:49	-2	42
13. Cottbus	0:0	2:4	0:0	0:3	2:1	1:1	2:2	0:0	2:3	2:0	0:1	2:1	–	0:1	3:2	2:0	0:2	3:1	38:49	-11	41
14. Frankfurt	0:4	1:3	2:6	1:0	3:1	2:2	2:2	0:3	1:1	1:2	2:0	0:3	1:3	–	0:0	0:0	4:0	1:0	46:58	-12	40
15. Wolfsburg	1:1	2:2	0:2	1:0	3:2	1:1	1:0	3:1	0:2	0:0	1:2	2:3	0:0	2:2	–	3:2	1:2	1:0	37:45	-8	37
16. **FSV Mainz**	0:0	0:3	1:6	0:4	1:3	2:1	0:0	2:1	1:0	1:1	1:2	1:0	4:1	1:1	1:2	–	1:3	3:0	34:57	-23	34
17. **Aachen**	2:4	0:1	2:2	1:0	2:3	1:1	3:3	2:1	1:4	0:4	1:4	2:0	1:2	2:3	2:2	2:1	–	4:2	46:70	-24	34
18. **M'Gladbach**	0:1	0:2	2:2	1:1	0:2	0:0	0:1	0:2	1:0	3:1	0:1	1:0	2:0	1:1	3:1	1:1	0:0	–	23:44	-21	26

Saison 2007/08

	FC Bayern	W. Bremen	Schalke 04	Hamburg	Wolfsburg	VfB Stuttg.	Leverkusen	Hannover	Frankfurt	Hertha BSC	Karlsruhe	Bochum	Dortmund	Cottbus	Bielefeld	Nürnberg	H. Rostock	Duisburg	Tore	Differenz	Punkte
1. **FC Bayern**	–	1:1	1:1	1:1	2:1	4:1	2:1	3:0	0:0	4:1	2:0	3:1	5:0	5:0	2:0	3:0	3:0	0:0	68:21	+47	76
2. W. Bremen	0:4	–	5:1	2:1	0:1	4:1	5:2	6:1	2:1	3:2	4:0	1:2	2:0	2:0	8:1	2:0	1:0	1:2	75:45	+30	66
3. Schalke 04	0:1	1:1	–	1:1	1:2	4:1	1:1	1:1	1:0	1:0	0:2	1:0	4:1	5:0	3:0	2:1	1:0	2:1	55:32	+23	64
4. Hamburg	1:1	0:1	0:1	–	2:2	4:1	1:0	1:1	4:1	2:1	7:0	3:0	1:0	0:0	1:1	1:0	2:0	0:1	47:26	+21	54
5. Wolfsburg	0:0	1:1	1:1	1:1	–	4:0	1:2	3:2	2:2	0:0	1:2	0:1	4:0	3:0	1:3	3:1	1:0	2:1	58:46	+12	54
6. VfB Stuttg.	3:1	6:3	2:2	1:0	3:1	–	1:0	0:2	4:1	1:3	3:1	1:0	1:2	3:0	2:2	3:0	4:1	1:0	57:57	0	52
7. Leverkusen	0:1	0:1	1:0	1:1	2:2	3:0	–	2:0	0:2	1:2	3:0	2:0	2:2	0:0	4:0	4:1	3:0	4:1	57:40	+17	51
8. Hannover	0:3	4:3	2:3	0:1	2:2	0:0	0:3	–	2:1	2:2	2:2	3:2	2:1	4:0	2:2	2:1	3:0	2:1	54:56	-2	49
9. Frankfurt	1:3	1:0	2:2	2:1	2:3	1:4	2:1	0:0	–	1:0	0:1	1:1	1:1	2:1	2:1	1:3	1:0	4:2	43:50	-7	46
10. Hertha BSC	0:0	1:2	1:2	0:0	2:1	3:1	0:3	1:0	0:3	–	3:1	2:0	3:2	0:0	1:0	1:0	1:3	2:0	39:44	-5	44
11. Karlsruhe	1:4	3:3	0:0	1:1	3:1	1:0	2:2	1:2	0:1	2:1	–	1:3	3:1	1:1	0:0	2:0	1:2	1:0	38:53	-15	43
12. Bochum	1:2	2:2	0:3	2:1	5:3	1:1	2:0	2:1	0:0	1:1	2:2	–	3:3	3:3	3:0	3:3	1:2	1:1	48:54	-6	41
13. Dortmund	0:0	3:0	2:3	0:3	2:4	3:2	2:1	1:3	1:1	1:1	1:1	2:1	–	3:0	6:1	0:0	1:0	1:3	50:62	-12	40
14. Cottbus	2:0	0:2	1:0	2:0	1:2	0:1	2:3	5:1	2:2	2:1	2:0	1:2	0:2	–	1:0	1:1	2:1	1:2	35:56	-21	36
15. Bielefeld	0:1	1:1	0:2	0:1	0:1	2:0	1:0	0:2	2:2	2:0	1:0	2:0	2:2	1:1	–	3:1	4:2	0:2	35:60	-25	34
16. **Nürnberg**	1:1	0:1	0:2	0:0	1:0	0:1	1:2	2:2	5:1	2:1	0:2	1:1	2:0	1:1	2:2	–	1:1	2:0	35:51	-16	31
17. **H. Rostock**	1:2	1:2	1:1	1:3	0:1	2:1	1:2	0:3	1:0	0:0	0:0	2:0	0:1	3:2	1:1	1:2	–	2:0	30:52	-22	30
18. **Duisburg**	2:3	1:3	0:2	0:1	1:3	2:3	3:2	1:1	0:1	1:2	0:1	0:2	3:3	0:1	3:0	1:0	1:1	–	36:55	-19	29

Die erfolgreichsten Torschützen der einzelnen Bundesliga-Saisons

Saison	Name	Verein	Tore
1963/64	Uwe Seeler	Hamburger SV	30
1964/65	Rudi Brunnenmeier	1860 München	24
1965/66	Lothar Emmerich	Borussia Dortmund	31
1966/67	Lothar Emmerich	Borussia Dortmund	28
	Gerd Müller	Bayern München	28
1967/68	Hannes Löhr	1. FC Köln	27
1968/69	Gerd Müller	FC Bayern München	30
1969/70	Gerd Müller	FC Bayern München	38
1970/71	Lothar Kobluhn	Rot-Weiß Oberhausen	24
1971/72	Gerd Müller	FC Bayern München	40
1972/73	Gerd Müller	FC Bayern München	36
1973/74	Jupp Heynckes	Borussia Mönchengladbach	30
	Gerd Müller	FC Bayern München	30
1974/75	Jupp Heynckes	Borussia Mönchengladbach	27
1975/76	Klaus Fischer	FC Schalke 04	29
1976/77	Dieter Müller	1. FC Köln	34
1977/78	Dieter Müller	1. FC Köln	24
	Gerd Müller	FC Bayern München	24
1978/79	Klaus Allofs	Fortuna Düsseldorf	22
1979/80	Karl-Heinz Rummenigge	FC Bayern München	26
1980/81	Karl-Heinz Rummenigge	FC Bayern München	29
1981/82	Horst Hrubesch	Hamburger SV	27
1982/83	Rudi Völler	SV Werder Bremen	23
1983/84	Karl-Heinz Rummenigge	FC Bayern München	26

Saison	Name	Verein	Tore
1984/85	Klaus Allofs	1. FC Köln	26
1985/86	Stefan Kuntz	VfL Bochum	22
1986/87	Uwe Rahn	Borussia Mönchengladbach	24
1987/88	Jürgen Klinsmann	VfB Stuttgart	19
1988/89	Thomas Allofs	1. FC Köln	17
	Roland Wohlfahrth	FC Bayern München	17
1989/90	Jörn Andersen	Eintracht Frankfurt	18
1990/91	Roland Wohlfarth	FC Bayern München	21
1991/92	Fritz Walter	VfB Stuttgart	22
1992/93	Ulf Kirsten	Bayer 04 Leverkusen	20
	Anthony Yeboah	Eintracht Frankfurt	20
1993/94	Stefan Kuntz	1. FC Kaiserslautern	18
	Anthony Yeboah	Eintracht Frankfurt	18
1994/95	Mario Basler	SV Werder Bremen	20
	Heiko Herrlich	Borussia Mönchengladbach	20
1995/96	Fredi Bobic	VfB Stuttgart	17
1996/97	Ulf Kirsten	Bayer 04 Leverkusen	22
1997/98	Ulf Kirsten	Bayer 04 Leverkusen	22
1998/99	Michael Preetz	Hertha BSC	23
1999/00	Martin Max	TSV München 1860	19
2000/01	Ebbe Sand	FC Schalke 04	22
	Sergej Barbarez	Hamburger SV	22
2001/02	Martin Max	TSV München 1860	18
	Marcio Amoroso	Borussia Dortmund	18
2002/03	Giovane Elber	FC Bayern München	21
	Thomas Christiansen	VfL Bochum	21
2003/04	Ailton	SV Werder Bremen	28
2004/05	Marek Mintal	1. FC Nürnberg	24
2005/06	Miroslav Klose	SV Werder Bremen	25
2006/07	Theofanis Gekas	VfL Bochum	20
2007/08	Luca Toni	FC Bayern München	24

Aufsteiger in die 1. Bundesliga

Saison	Vereine
Von 1963/64 bis 1973/74 Aufstieg der beiden Erstplatzierten zweier Finalgruppen, die sich aus den Bestplatzierten der Regionalligen zusammensetzen.	
1963/64	Borussia Neunkirchen, Hannover 96
1964/65	Borussia Mönchengladbach, FC Bayern München, Tasmania Berlin
1965/66	Fortuna Düsseldorf, Rot-Weiß Essen
1966/67	Borussia Neunkirchen, Alemannia Aachen
1967/68	Kickers Offenbach, Hertha BSC
1968/69	Rot-Weiß Oberhausen, Rot-Weiß Essen
1969/70	DSC Arminia Bielefeld, Kickers Offenbach
1970/71	VfL Bochum, Fortuna Düsseldorf
1971/72	Wuppertaler SV, Kickers Offenbach
1972/73	Fortuna Köln, Rot-Weiß Essen
1973/74	Eintracht Braunschweig, Tennis Borussia Berlin
Von 1974/75 bis 1980/81 Aufstieg der beiden Erstplatzierten der zweigleisigen 2. Bundesliga und des Zweitplatzierten, der sich in Entscheidungsspielen gegen den anderen Zweitplatzierten durchsetzt.	
1974/75	Hannover 96, Karlruher SC, Bayer 05 Uerdingen
1975/76	Tennis Borussia Berlin, 1. FC Saarbrücken, Borussia Dortmund

>>

Saison	Vereine
<< 1976/77	FC St. Pauli, VfB Stuttgart, TSV München 1860
1977/78	DSC Arminia Bielefeld, SV Darmstadt 98, 1. FC Nürnberg
1978/79	Bayer 04 Leverkusen, TSV München 1860, Bayer 05 Uerdingen
1979/80	DSC Arminia Bielefeld, 1. FC Nürnberg, Karlsruher SC
1980/81	SV Werder Bremen, SV Darmstadt 98, Eintracht Braunschweig
Von 1981/82 bis 1990/91 Aufstieg der beiden Bestplatzierten der eingleisigen 2. Bundesliga. Der Drittplatzierte steigt dann auf, wenn er sich in Relegantionsspielen gegen den Drittletzten der 1. Bundesliga durchsetzt.	
1981/82	FC Schalke 04, Hertha BSC
1982/83	SV Waldhof Mannheim, Kickers Offenbach, Bayer 05 Uerdingen
1983/84	Karlsruher SC, FC Schalke 04
1984/85	1. FC Nürnberg, Hannover 96, 1. FC Saarbrücken
1985/86	FC Homburg, Blau-Weiß 90 Berlin
1986/87	Hannover 96, Karlsruher SC
1987/88	Stuttgarter Kickers, FC St. Pauli
1988/89	Fortuna Düsseldorf, FC Homburg
1989/90	Hertha BSC, SG Wattenscheid 09
1990/91	FC Schalke 04, MSV Duisburg, Stuttgarter Kickers
In der Saison 1991/92 steigen die beiden Erstplatzierten einer zweigleisigen 2. Bundesliga auf, die zur Eingliederung der Ostvereine für eine Saison wieder eingeführt wurde. Ab 1992/93 Aufstieg der drei Bestplatzierten der 2. Bundesliga.	
1991/92	Bayer 05 Uerdingen, 1. FC Saarbrücken
1992/93	SC Freiburg, MSV Duisburg, VfB Leipzig
1993/94	VfL Bochum, Bayer 05 Uerdingen, TSV München 1860
1994/95	FC Hansa Rostock, FC St. Pauli, Fortuna Düsseldorf
1995/96	VfL Bochum, DSC Arminia Bielefeld, MSV Duisburg
1996/97	1. FC Kaiserslautern, VfL Wolfsburg, Hertha BSC
1997/98	Eintracht Frankfurt, SC Freiburg, 1. FC Nürnberg
1998/99	DSC Arminia Bielefeld, SpVgg Unterhaching, SSV Ulm 1846
1999/00	1. FC Köln, VfL Bochum, FC Energie Cottbus
2000/01	1. FC Nürnberg, Borussia Mönchengladbach, FC St. Pauli
2001/02	Hannover 96, DSC Arminia Bielefeld, VfL Bochum
2002/03	SC Freiburg, 1. FC Köln, Eintracht Frankfurt
2003/04	1. FC Nürnberg, DSC Arminia Bielefeld, FSV Mainz 05
2004/05	1. FC Köln, MSV Duisburg, Eintracht Frankfurt
2005/06	VfL Bochum, Alemannia Aachen, FC Energie Cottbus
2006/07	Karlsruher SC, Hansa Rostock, MSV Duisburg
2007/08	Borussia Mönchengladbach, 1899 Hoffenheim, 1. FC Köln

Ewige Tabelle der 1. Bundesliga nach der Saison 2007/08

Verein	Jahre	Sp.	S	U	N	Tore	Diff.	Pkt.
1. FC Bayern München	43	1466	825	345	296	3111:1708	+1403	2820
2. SV Werder Bremen	44	1492	659	364	469	2553:2085	+468	2341
3. Hamburger SV	45	1526	635	414	477	2531:2127	+404	2319
4. VfB Stuttgart	43	1458	619	360	479	2486:2081	+405	2217
5. Borussia Dortmund	41	1390	571	365	454	2364:2073	+291	2078
6. 1. FC Kaiserslautern	42	1424	558	354	512	2276:2239	+37	2025
7. Borussia Mönchengladbach	40	1364	551	371	442	2396:1999	+397	2024
8. 1. FC Köln	39	1322	552	333	437	2305:1941	+364	1989
9. FC Schalke 04	40	1356	517	349	490	1983:1995	-12	1900
10. Eintracht Frankfurt	40	1356	509	342	505	2210:2104	+106	1867
11. Bayer 04 Leverkusen	29	990	402	285	303	1628:1348	+280	1491 >>

<<

Verein	Jahre	Sp.	S	U	N	Tore	Diff.	Pkt.
12. VfL Bochum	32	1092	343	285	464	1530:1768	-238	1314
13. Hertha BSC	27	910	341	231	338	1346:1398	-52	1254
14. MSV Duisburg	28	948	296	259	393	1291:1520	-229	1147
15. 1. FC Nürnberg	27	914	292	233	389	1209:1457	-248	1109
16. Karlsruher SC	23	778	233	225	320	1063:1354	-291	924
17. Fortuna Düsseldorf	22	752	238	206	308	1121:1329	-208	920
18. TSV 1860 München	20	672	238	170	264	1022:1059	-37	884
19. Eintracht Braunschweig	20	672	236	170	266	908:1026	-118	878
20. Hannover 96	20	676	202	178	296	951:1144	-193	784
21. Arminia Bielefeld	15	510	149	123	238	616:827	-211	570
22. KFC Uerdingen 05	14	476	138	129	209	644:844	-200	543
23. VfL Wolfsburg	11	374	134	95	145	532:555	-23	497
24. Hansa Rostock	12	412	124	107	181	492:621	-129	479
25. SC Freiburg	10	340	104	83	153	437:546	-109	395
26. SV Waldhof Mannheim	7	238	71	72	95	299:378	-79	285
27. Kickers Offenbach	7	238	77	51	110	368:486	-118	282
28. Rot-Weiss Essen	7	238	61	79	98	346:483	-137	262
29. FC St. Pauli	7	238	50	75	113	261:417	-156	225
30. FC Energie Cottbus	5	170	48	37	85	181:281	-100	181
31. Alemannia Aachen	4	136	43	28	65	186:270	-84	157
32. SG Wattenscheid 09	4	140	34	48	58	186:248	-62	150
33. 1. FC Saarbrücken	5	166	32	48	86	202:336	-134	144
34. Dynamo Dresden	4	140	33	45	62	132:211	-79	140
35. Rot-Weiß Oberhausen	4	136	36	31	69	182:281	-99	139
36. 1. FSV Mainz 05	3	102	29	28	45	130:159	-29	115
37. Wuppertaler SV Borussia	3	102	25	27	50	136:200	-64	102
38. Borussia Neunkirchen	3	98	25	18	55	109:223	-114	93
39. FC 08 Homburg-Saar	3	102	21	27	54	103:200	-97	90
40. SpVgg Unterhaching	2	68	20	19	29	75:101	-26	79
41. Stuttgarter Kickers	2	72	20	17	35	94:132	-38	77
42. SV Darmstadt 98	2	68	12	18	38	86:157	-71	54
43. Tennis Borussia Berlin	2	68	11	16	41	85:174	-89	49
44. SSV Ulm 1846	1	34	9	8	17	36:62	-26	35
45. Fortuna Köln	1	34	8	9	17	46:79	-33	33
46. Preußen Münster	1	30	7	9	14	34:52	-18	30
47. Blau-Weiß 90 Berlin	1	34	3	12	19	36:76	-40	21
48. VfB Leipzig	1	34	3	11	20	32:69	-37	20
49. Tasmania 1900 Berlin	1	34	2	4	28	15:108	-93	10

Die Tabelle ist nach der Drei-Punkte-Regel erstellt. In der Saison 1971/72 werden alle Spiele von Arminia Bielefeld nur für den Gegner gewertet; die ausgespielten Tore und Punkte sind jedoch in der Tabelle eingerechnet. Die weiteren, unter den Kreuztabellen dokumentierten Punktabzüge sind berücksichtigt.

Titel-Ranking Deutsche Meisterschaft

Verein	Titel	nur BL-Titel
1. FC Bayern München	21	20
2. 1. FC Nürnberg	9	1
3. FC Schalke 04	7	–
4. Hamburger SV	6	3
Borussia Dortmund	6	3
6. Borussia Mönchengladbach	5	5
VfB Stuttgart	5	3
8. SV Werder Bremen	4	4

Verein	Titel	nur BL-Titel
1. FC Kaiserslautern	4	2
10. 1. FC Köln	3	2
VfB Leipzig	3	–
SpVgg Fürth	3	–
13. Hannover 96	2	–
Hertha BSC	2	–
Dresdner SC	2	–
Viktoria 89 Berlin	2	–

>>

	Verein	Titel	nur BL-Titel
<< 17.	TSV München 1860	1	1
	Eintracht Braunschweig	1	–
	Eintracht Frankfurt	1	–
	Fortuna Düsseldorf	1	–
	Rot-Weiß Essen	1	–
	Holstein Kiel	1	–
	Rapid Wien	1	–
	Union 92 Berlin	1	–
	Karlsruher FV	1	–
	Phönix Karlsruhe	1	–
	Freiburger FC	1	–

Rekordspieler der 1. Bundesliga

	Name	Spiele	Verein(e)	Zeitraum
1.	Karl-Heinz Körbel	602	Eintracht Frankfurt	1972-1991
2.	Manfred Kaltz	581	Hamburger SV	1971-1991
3.	Oliver Kahn	557	Karlsruher SC (128), FC Bayern München (429)	1987-2008
4.	Klaus Fichtel	552	FC Schalke 04 (477), SV Werder Bremen (75)	1965-1988
5.	Mirko Votava	546	Borussia Dortmund (189), SV Werder Bremen (357)	1976-1996
6.	Klaus Fischer	535	TSV München 1860 (60), FC Schalke 04 (295), 1. FC Köln (96), VfL Bochum (84)	1968-1988
7.	Eike Immel	534	Borussia Dortmund (247), VfB Stuttgart (287)	1978-1995
8.	Willi Neuberger	520	Borussia Dortmund (148), SV Werder Bremen (63), Wuppertaler SV (42), Eintracht Frankfurt (267)	1966-1984
9.	Michael Lameck	518	VfL Bochum	1972-1988
10.	Uli Stein	512	DSC Arminia Bielefeld (60), Hamburger SV (228), Eintracht Frankfurt (224)	1978-1997
11.	Stefan Reuter	502	1. FC Nürnberg (100), FC Bayern München (95), Borussia Dortmund (307)	1985-2004
12.	Bernard Dietz	495	MSV Duisburg (394), FC Schalke 04 (101)	1970-1986
13.	Ditmar Jakobs	493	Rot-Weiß Oberhausen (39), Tennis Borussia Berlin (63), MSV Duisburg (68), Hamburger SV (323)	1972-1989
14.	Rainer Geye	485	Fortuna Düsseldorf (195), 1. FC Kaiserslautern (290)	1971-1985
15.	Dieter Burdenski	478	FC Schalke 04 (3), DSC Arminia Bielefeld (31), SV Werder Bremen (444)	1970-1988
16.	Sepp Maier	473	FC Bayern München	1965-1979
17.	Oliver Reck	471	Kickers Offenbach (14), SV Werder Bremen (345), FC Schalke 04 (112)	1984-2002
18.	Christian Wörns	469	Waldhof Mannheim (18), Bayer 04 Leverkusen (211), Borussia Dortmund (240)	1989-2008
19.	Lothar Matthäus	464	Borussia Mönchengladbach (162), FC Bayern München (302)	1979-2000
	Toni Schumacher	464	1. FC Köln (422), FC Schalke 04 (33), FC Bayern München (8), Borussia Dortmund (1)	1973-1996
21.	Michael Zorc	463	Borussia Dortmund	1981-1998
22.	Josef Tenhagen	457	Rot-Weiß Oberhausen (64), VL Bochum (306), Borussia Dortmund (87)	1971-1988
23.	Norbert Nigbur	456	FC Schalke 04 (355), Hertha BSC (101)	1966-1982
24.	Rolf Rüßmann	453	FC Schalke 04 (304), Borussia Dortmund (149)	1969-1985
	Richard Golz	453	Hamburger SV (273), SC Freiburg (180)	1987-2005

Rekordtorschützen der 1. Bundesliga

	Name	Tore	Verein(e)	Zeitraum
1.	Gerd Müller	365	FC Bayern München	1965-1978
2.	Klaus Fischer	268	FC Schalke 04 (182), 1. FC Köln (31), TSV München 1860 (28), VfL Bochum (27)	1968-1987
3.	Jupp Heynckes	220	Borussia Mönchengladbach (195), Hannover 96 (25)	1965-1978
4.	Manfred Burgsmüller	213	Borussia Dortmund (135), SV Werder Bremen (34), Rot-Weiß Essen (32), 1. FC Nürnberg (12)	1976-1996
5.	Ulf Kirsten	182	Bayer 04 Leverkusen	1990-2002
6.	Stefan Kuntz	179	1. FC Kaiserslautern (75), VfL Bochum (47), Bayer 05 Uerdingen (32), DSC Arminia Bielefeld (25)	1983-1999
7.	Dieter Müller	177	1. FC Köln (159), VfB Stuttgart (14), 1. FC Saarbrücken (4)	1973-1985
	Klaus Allofs	177	1. FC Köln (88), Fortuna Düsseldorf (71), SV Werder Bremen (18)	1976-1992
9.	Hannes Löhr	166	1. FC Köln	1964-1977
10.	Karl-Heinz Rummenigge	162	FC Bayern München	1974-1984
11.	Bernd Hölzenbein	160	Eintracht Frankfurt	1968-1981
12.	Fritz Walter	157	VfB Stuttgart (102), SV Waldhof Mannheim (55)	1983-1994
13.	Thomas Allofs	148	1. FC Kaiserslautern (61), Fortuna Düsseldorf (57), 1. FC Köln (30)	1979-1992
14.	Bernd Nickel	141	Eintracht Frankfurt	1968-1983
15.	Uwe Seeler	137	Hamburger SV	1963-1972
16.	Horst Hrubesch	136	Hamburger SV (96), Rot-Weiß Essen (38), Borussia Dortmund (2)	1975-1985
17.	Giovane Elber	133	FC Bayern München (92), VfB Stuttgart (41)	1994-2003
18.	Rudi Völler	132	SV Werder Bremen (97), Bayer 04 Leverkusen (26), TSV München 1860 (9)	1980-1996
19.	Michael Zorc	131	Borussia Dortmund	1983-1997
20.	Karl Allgöwer	129	VfB Stuttgart	1980-1991
21.	Dieter Hoeneß	127	FC Bayern München (102), VfB Stuttgart (25)	1977-1987
22.	Martin Max	126	TSV München 1860 (51), FC Schalke 04 (33), Borussia Mönchengladbach (22), FC Hansa Rostock (20)	1990-2004
23.	Georg Volkert	125	Hamburger SV (62), 1. FC Nürnberg (37), VfB Stuttgart (26)	1965-1981
24.	Frank Mill	123	Borussia Mönchengladbach (71), Borussia Dortmund (47), Rot-Weiß Essen (3), Fortuna Düsseldorf (2)	1976-1995
25.	Herbert Laumen	121	Borussia Mönchengladbach (97), SV Werder Bremen (18), 1. FC Kaiserslautern (6)	1965-1973
	Lothar Matthäus	121	FC Bayern München (85), Borussia Mönchengladbach (36)	1979-1999

Fußballer des Jahres

Jahr	Spieler	Verein
1960	Uwe Seeler	Hamburger SV
1961	Max Morlock	1. FC Nürnberg
1962	Karl-Heinz Schnellinger	1. FC Köln
1963	Hans Schäfer	1. FC Köln
1964	Uwe Seeler	Hamburger SV
1965	Hans Tilkowski	Borussia Dortmund

>>

Jahr	Spieler	Verein
<< 1966	Franz Beckenbauer	FC Bayern München
1967	Gerd Müller	FC Bayern München
1968	Franz Beckenbauer	FC Bayern München
1969	Gerd Müller	FC Bayern München
1970	Uwe Seeler	Hamburger SV
1971	Berti Vogts	Borussia Mönchengladbach
1972	Günter Netzer	Borussia Mönchengladbach
1973	Günter Netzer	Borussia Mönchengladbach
1974	Franz Beckenbauer	FC Bayern München
1975	Sepp Maier	FC Bayern München
1976	Franz Beckenbauer	FC Bayern München
1977	Sepp Maier	FC Bayern München
1978	Sepp Maier	FC Bayern München
1979	Berti Vogts	Borussia Mönchengladbach
1980	Karl-Heinz Rummenigge	FC Bayern München
1981	Paul Breitner	FC Bayern München
1982	Karl-Heinz Förster	VfB Stuttgart
1983	Rudi Völler	SV Werder Bremen
1984	Harald Schumacher	1. FC Köln
1985	Hans-Peter Briegel	Hellas Verona
1986	Harald Schumacher	1. FC Köln
1987	Uwe Rahn	Borussia Mönchengladbach
1988	Jürgen Klinsmann	VfB Stuttgart
1989	Thomas Häßler	1. FC Köln
1990	Lothar Matthäus	Inter Mailand
1991	Stefan Kuntz	1. FC Kaiserslautern
1992	Thomas Häßler	AS Rom
1993	Andreas Köpke	1. FC Nürnberg
1994	Jürgen Klinsmann	AS Monaco
1995	Matthias Sammer	Borussia Dortmund
1996	Matthias Sammer	Borussia Dortmund
1997	Jürgen Kohler	Borussia Dortmund
1998	Oliver Bierhoff	Udinese Calcio
1999	Lothar Matthäus	FC Bayern München
2000	Oliver Kahn	FC Bayern München
2001	Oliver Kahn	FC Bayern München
2002	Michael Ballack	Bayer 04 Leverkusen
2003	Michael Ballack	FC Bayern München
2004	Ailton	SV Werder Bremen
2005	Michael Ballack	FC Bayern München
2006	Miroslav Klose	SV Werder Bremen
2007	Mario Gomez	VfB Stuttgart

Trainer des Jahres

Jahr	Trainer	Verein
2002	Klaus Toppmöller	Bayer 04 Leverkusen
2003	Felix Magath	VfB Stuttgart
2004	Thomas Schaaf	SV Werder Bremen
2005	Felix Magath	FC Bayern München
2006	Jürgen Klinsmann	Deutsche Nationalmannschaft
2007	Armin Veh	VfB Stuttgart

Bundesliga-Rekorde

Der Spieler ...

... mit den meisten Einsätzen
Karl-Heinz Körbel (Eintracht Frankfurt) – 602 Spiele

... mit den meisten Meisterschaften
Oliver Kahn, Mehmet Scholl (beide FC Bayern München) – je 8 Mal Deutscher Meister

... mit den meisten Spielen in Serie
Sepp Maier (FC Bayern München) – 442 Spiele

... mit den meisten Siegen
Oliver Kahn (Karlsruher SC, FC Bayern München) – 310 Siege

... mit den meisten Unentschieden
Karl-Heinz Körbel (Eintracht Frankfurt) – 155 Unentschieden

... den meisten Niederlagen
Bernard Dietz (MSV Duisburg) – 221 Niederlagen

... mit den meisten Platzverweisen
Jens Nowotny (Bayer 04 Leverkusen) – 8 Platzverweise

... mit dem schnellsten Tor
Giovane Elber (FC Bayern München, 31.01.1998), Ulf Kirsten (Bayer 04 Leverkusen, 30.03.2002) – jeweils nach 11 Sekunden

... mit den meisten Toren
Gerd Müller (FC Bayern München) – 365 Tore

... mit den meisten Torjägerkronen
Gerd Müller (FC Bayern München) – 7 Mal (1967, 1969, 1970, 1972, 1973, 1974, 1978)

... mit den meisten Toren in einer Saison
Gerd Müller (FC Bayern München) – 40 Tore (1972)

... mit den meisten Toren in einem Spiel
Dieter Müller (1. FC Köln) – 6 Tore beim 7:2 gegen SV Werder Bremen (17.08.1977)

... mit den meisten Elfmetertoren
Manfred Kaltz (Hamburger SV) – 53 Elfmetertore

... mit den meisten verschossenen Elfmetern
Gerd Müller (FC Bayern München) – 12 vergebene Elfmeter bei insgesamt 63 Versuchen

... mit den meisten Eigentoren
Manfred Kaltz (Hamburger SV) – 6 Eigentore

... mit dem schnellsten Hattrick
Michael Tönnies (MSV Duisburg) – 3 Tore in 5 Minuten gegen den Karlsruher SC (27.08.1991)

Der jüngste (eingesetzte) Spieler
Nuri Şahin (Borussia Dortmund) – 16 Jahre und 335 Tage

Der älteste (eingesetzte) Spieler
Klaus Fichtel (FC Schalke 04) – 43 Jahre und 184 Tage

Der Torhüter ...

... mit den meisten Elfmetertoren
Hans-Jörg Butt (Hamburger SV, Bayer 04 Leverkusen) – 26 Elfmetertore

... mit den meisten Feldtoren
Jens Lehmann (FC Schalke 04) – 2 Feldtore

... mit den meisten Gegentoren
Eike Immel (Borussia Dortmund, VfB Stuttgart) – 829 Gegentore in 534 Spielen

... mit den meisten Spielen ohne Gegentor
Oliver Kahn (Karlsruher SC, FC Bayern München) – 197 Spiele ohne Gegentor in 557 Spielen

... mit der längsten Serie ohne Gegentor
Timo Hildebrand (VfB Stuttgart) – 884 Minuten ohne Gegentor (33. Spieltag 2002/03 - 9. Spieltag 2003/04)

... mit der längsten Serie ohne Gegentor in Heimspielen
Rein van Duijnhoven (VfL Bochum) – 911 Minuten (6.-26. Spieltag 2003/04)

... mit den meisten gehaltenen Elfmetern
Rudi Kargus (Hamburger SV) – 23 gehaltene Elfmeter

... mit den meisten Einsätzen
Oliver Kahn (Karlsruher SC, FC Bayern München) – 557 Spiele

Der Trainer ...

... mit den meisten Spielen auf der Trainerbank
Otto Rehhagel (Kickers Offenbach, SV Werder Bremen, Borussia Dortmund, Arminia Bielefeld, Fortuna Düsseldorf, SV Werder Bremen, FC Bayern München, 1. FC Kaiserslautern) – 824 Spiele

... mit den meisten Entlassungen
Jörg Berger (Fortuna Düsseldorf, Hannover 96, Eintracht Frankfurt, 1. FC Köln, FC Schalke 04, Eintracht Frankfurt), Gyula Lorant (1. FC Kaiserslautern, 1. FC Köln, Kickers Offenbach, Eintracht Frankfurt, FC Bayern München, FC Schalke 04) – je 6 Entlassungen

... mit den meisten Meisterschaften
Udo Lattek (FC Bayern München, Borussia Mönchengladbach) – 8 Mal deutscher Meister

... der auch als Spieler mit demselben Verein Deutscher Meister wurde
Franz Beckenbauer (FC Bayern München), Matthias Sammer (Borussia Dortmund), Thomas Schaaf (SV Werder Bremen)

Die Saison ...

... mit den meisten Toren
1983/84 – 1 097 Tore in 306 Spielen (Schnitt: 3,59)

... mit den meisten Zuschauern
2005/06 – 11 686 554 Zuschauer

... mit den meisten Platzverweisen
1994/95 – 98 Platzverweise (46 Rote & 52 Gelb-Rote Karten)

... mit den wenigsten Toren
1989/90 – 790 Tore in 306 Spielen (Schnitt: 2,58)

... mit den wenigsten Zuschauern
1972/73 – 5 014 332 Zuschauer

... mit den wenigsten Platzverweisen
1970/71 & 1972/73 – 5 Platzverweise (5 Rote Karten)

Der Verein ...

... mit den meisten Toren in einer Saison
FC Bayern München – 101 Saisontore (1971/72)

... mit den wenigsten Toren in einer Saison
Tasmania Berlin – 15 Saisontore (1965/66)

... mit den meisten Gegentoren in einer Saison
Tasmania Berlin – 108 Gegentore (1965/66)

... mit den wenigsten Gegentoren in einer Saison
FC Bayern München – 21 Gegentore (2007/2008)

... mit der längsten Serie ohne Torerfolg
1. FC Köln – 1 034 Minuten ohne Tor (14.-25. Spieltag 2001/02)

... mit den meisten Eigentoren in einer Saison
1. FC Nürnberg – 5 Eigentore (1990/91)

... mit der längsten Siegesserie
FC Bayern München – 13 Siege in Folge (27. Spieltag 1980/81–5. Spieltag 1981/82)

... mit der längsten Niederlagenserie
Tasmania Berlin (9.-18. Spieltag 1965/66), Arminia Bielefeld (12.-21. Spieltag 1999/00) – je 10 Niederlagen in Folge

... mit der längsten Serie ohne Niederlage
Hamburger SV – 36 Spiele in Folge (19. Spieltag 1981/82–18. Spieltag 1982/83)

... mit den meisten Heimspielen in Folge ohne Niederlage
FC Bayern München – 73 Heimspiele ohne Niederlage (31. Spieltag 1969/70–4. Spieltag 1974/75)

... mit den meisten Auswärtsspielen in Folge ohne Niederlage
FC Bayern München – 26 Auswärtsspiele ohne Niederlage (19. Spieltag 1985/86–1. Spieltag 1987/88)

... mit den meisten Bundesligaspielen
Hamburger SV – 1 526 Bundesligaspiele seit 1963

... mit den meisten Bundesligasiegen
FC Bayern München – 825 Siege in 1 466 Spielen

... mit den meisten Siegen in einer Saison
FC Bayern München – 25 Siege (1972/73)

... mit den meisten Unentschieden in einer Saison
1. FC Köln (1991/92), 1. FC Kaiserslautern (1995/96) – je 18 Unentschieden

>>

<<

... mit den meisten Niederlagen in einer Saison
Tasmania Berlin – 28 Niederlagen (1965/66)

... mit den wenigsten Siegen in einer Saison
Tasmania Berlin (1965/66) und Wuppertaler SV (1974/75) – je 2 Siege

... mit den wenigsten Niederlagen in einer Saison
FC Bayern München – 1 Niederlage (1986/87)

... mit dem höchsten Sieg
Borussia Mönchengladbach - Borussia Dortmund – 12:0 (29.04.1978)

... mit den meisten Punkten in einer Saison
Zwei-Punkte-Regel: FC Bayern München – 55:13 Punkte (1971/72)
Drei-Punkte-Regel: FC Bayern München – 78 Punkte (1998/99)

... mit den wenigsten Punkten in einer Saison
Zwei-Punkte-Regel: Tasmania Berlin – 8:60 Punkte (1965/66)
Drei-Punkte-Regel: SC Freiburg (2004/05) – 18 Punkte

... mit den meisten Spieltagen als Tabellenführer in einer Saison
FC Bayern München – 34 Spieltage (1972/73, 1984/85 und 2007/2008)

... mit den meisten Spieltagen als Tabellenletzter in einer Saison
Hertha BSC – 33 Spieltage (1990/91)

... mit der längsten Heimniederlagenserie
Tasmania Berlin (3.-17. Spieltag 1965/66), FC Hansa Rostock (2.-15. Spieltag 2004/05) – je 8 Heimniederlagen in Folge

... mit den meisten Heimpunkten in einer Saison
Zwei-Punkte-Regel: FC Schalke 04 (1971/72), FC Bayern München (1972/73) – je 33:1 Punkte
Drei-Punkte-Regel: Bayer 04 Leverkusen – 46 Punkte (1996/97)

... mit den meisten Auswärtspunkten in einer Saison
Zwei-Punkte-Regel: FC Bayern München – 24:10 Punkte (1971/72)
Drei-Punkte-Regel: SV Werder Bremen – 37 Punkte (2003/04)

... mit den wenigsten Heimpunkten in einer Saison
Zwei-Punkte-Regel: Tasmania Berlin – 7:27 Punkte (1965/66)
Drei-Punkte-Regel: SC Freiburg (2004/05), MSV Duisburg (2007/2008) – je 12 Punkte

... mit den wenigsten Auswärtspunkten in einer Saison
Zwei-Punkte-Regel: 1. FC Nürnberg – 0:34 Punkte (1983/84)
Drei-Punkte-Regel: 1. FC Köln – 3 Punkte (2003/04)

... mit den meisten Aufstiegen
Arminia Bielefeld – 7 Aufstiege (1970, 1978, 1980, 1996, 1999, 2002, 2004)

... mit den meisten Abstiegen
1. FC Nürnberg – 7 Abstiege (1969, 1979, 1984, 1994, 1999, 2003, 2008)

... mit den meisten zugesprochenen Elfmetern
FC Bayern München – 254 Elfmeter

... mit den meisten Doubles
FC Bayern München – 7 Doubles (1969, 1986, 2000, 2003, 2005, 2006, 2008)

... mit den meisten Trainerentlassungen
Eintracht Frankfurt – 21 Trainerentlassungen

... der als Aufsteiger deutscher Meister wurde
1. FC Kaiserslautern (1997/98)

... der als amtierender deutscher Meister abgestiegen ist
1. FC Nürnberg (1968/69)

... der am häufigsten Tabellenführer war
FC Bayern München – 509 Mal

Der Spieltag ...

... mit den meisten Toren
32. Spieltag 1983/84 – 53 Tore

... mit den meisten Unentschieden
14. Spieltag 1980/81, 2. Spieltag 1989/90, 9. Spieltag 1995/96 & 20. Spieltag 1998/99 – je 7 Unentschieden

... mit den wenigsten Toren
26. Spieltag 1989/90 & 20. Spieltag 1998/99 – je 11 Tore

... mit den meisten Platzverweisen
4. Spieltag 1993/94, 22. Spieltag 1994/95, 1. Spieltag 1999/2000, 24. Spieltag 2000/01 & 12. Spieltag 2003/04 – je 7 Platzverweise

Die 2. Bundesliga

Ewige Tabelle der 2. Bundesliga nach der Saison 2007/08

Verein	Jahre	Sp.	S	U	N	Tore	Diff.	Pkt.
1. Fortuna Köln	26	970	371	263	336	1589:1432	+157	1376
2. Alemannia Aachen	24	884	360	223	301	1308:1221	+87	1303
3. Stuttgarter Kickers	23	864	350	214	300	1400:1199	+201	1264
4. Hannover 96	22	818	341	232	245	1398:1105	+293	1255
5. SC Freiburg	20	744	303	211	230	1131:991	+140	1120
6. SV Waldhof Mannheim	20	736	287	203	246	1102:985	+117	1064
7. SpVgg Greuther Fürth	20	718	289	191	238	1074:916	+158	1058
8. VfL Osnabrück	21	792	280	200	312	1189:1274	-85	1040
9. SG Wattenscheid 09	20	748	272	205	271	1168:1156	+12	1021
10. 1. FC Saarbrücken	19	698	270	190	238	1033:997	+36	1000
11. SV Darmstadt 98	17	650	272	158	220	1057:929	+128	974
12. FC St. Pauli	17	620	245	193	182	934:813	+121	928
13. FSV Mainz 05	18	642	234	197	211	931:883	+48	899
14. Karlsruher SC	15	540	253	119	168	947:724	+223	878
15. FC Homburg	15	570	230	151	189	895:765	+130	841
16. DSC Arminia Bielefeld	13	474	221	127	126	818:570	+248	790
17. Rot-Weiss Essen	16	600	209	159	232	945:936	+9	786
18. Kickers Offenbach	14	518	208	135	175	879:774	+105	757
19. MSV Duisburg	14	512	204	141	167	766:683	+83	753
20. 1. FC Nürnberg	12	434	217	105	112	762:522	+240	750
21. Hertha BSC	13	488	196	144	148	792:606	+186	729
22. SG Union Solingen	14	536	175	145	216	762:910	-148	670
21. Rot-Weiß Oberhausen	15	546	170	147	229	732:856	-124	657
24. TSV München 1860	11	396	179	104	113	650:470	+180	641
25. SpVgg Bayreuth	12	458	174	100	184	727:741	-14	622
26. KFC Uerdingen 05	11	400	170	107	123	626:499	+127	617
27. Eintracht Braunschweig	11	412	144	106	162	579:569	+10	538
28. SV Meppen	11	404	124	139	141	495:547	-52	511
29. Preußen Münster	9	346	139	93	114	516:484	+32	510
30. SpVgg Unterhaching	11	390	132	108	150	472:495	-23	504
31. KSV Hessen Kassel	8	304	129	74	101	457:408	+49	461
32. Tennis Borussia Berlin	9	338	113	91	134	485:519	-34	430
33. FC Augsburg	9	334	106	81	147	471:560	-89	399
34. Blau-Weiß 90 Berlin	7	260	98	85	77	405:350	+55	379
35. Eintracht Trier	8	294	102	69	123	416:448	-32	375
36. SSV Ulm 1846	8	298	96	77	125	427:492	-65	365
37. 1. FC Köln	6	204	98	54	52	350:264	+86	348
38. FC Carl Zeiss Jena	8	286	85	92	109	360:424	-64	347
39. Wuppertaler SV	7	274	88	74	112	393:410	-17	338
40. FSV Frankfurt	8	302	93	59	150	430:611	-181	338
41. FC Schalke 04	5	190	94	54	42	356:211	+145	336
42. VfL Wolfsburg	7	262	85	78	99	363:437	-74	333
43. VfL Bochum	5	174	96	40	38	315:187	+128	328
44. Chemnitzer FC	7	252	81	73	98	289:358	-69	316
45. Fortuna Düsseldorf	6	224	83	62	79	331:303	+28	311
46. Wormatia Worms	6	230	84	50	96	326:372	-46	302
47. FC Energie Cottbus	6	204	79	58	67	284:245	+39	295
48. VfB Leipzig	6	214	78	58	78	271:285	-14	292
49. Eintracht Frankfurt	5	170	80	49	41	269:194	+75	289

<<

Verein	Jahre	Sp.	S	U	N	Tore	Diff.	Pkt.
50. FC Hansa Rostock	5	186	80	47	59	264:217	+47	287
51. Rot-Weiß Ahlen	6	204	71	47	86	284:327	-43	260
52. Freiburger FC	5	192	64	45	83	322:392	-70	237
53. Bayer 04 Leverkusen	4	152	66	38	48	250:204	+46	236
54. FC Erzgebirge Aue	5	170	60	44	66	229:226	+3	224
55. SpVgg Bayern Hof	4	152	61	35	56	231:217	+14	218
56. Westfalia Herne	4	152	59	39	54	255:236	+19	216
57. Wacker Burghausen	5	170	54	54	62	223:247	-24	216
58. VfB Oldenburg	5	192	52	59	81	268:338	-70	215
59. Schwarz-Weiß Essen	4	152	52	36	64	226:268	-42	192
60. FC Remscheid	5	192	47	51	94	232:358	-126	192
61. Göttingen 05	4	156	50	39	67	247:285	-38	189
62. Röchling Völklingen	4	154	52	29	73	224:291	-67	185
63. Borussia Mönchengladbach	3	102	49	35	18	193:112	+81	182
64. VfR Oli Bürstadt	4	154	50	30	74	207:258	-51	180
65. SC Herford	4	156	46	40	70	209:255	-46	178
66. FV Würzburg 04	4	154	46	37	71	183:278	-95	175
67. Arminia Hannover	4	152	48	29	75	223:297	-74	173
68. VfB Lübeck	4	136	43	34	59	170:205	-35	163
69. 1. FC Kaiserslautern	3	102	41	37	24	159:99	+60	160
70. Viktoria Köln	3	118	40	39	39	197:191	+6	159
71. Rot-Weiß Lüdenscheid	4	156	39	38	79	207:337	-130	155
72. FSV Zwickau	4	136	39	37	60	137:201	-64	154
73. Wacker 04 Berlin	4	152	41	30	81	181:316	-135	153
74. SSV Reutlingen	4	140	44	22	74	195:261	-66	148
75. FK Pirmasens	4	152	38	30	84	209:345	-136	144
76. 1. FC Schweinfurt 05	4	148	36	33	79	171:296	-125	141
77. Borussia Dortmund	2	76	39	20	17	158:81	+77	137
78. Holstein Kiel	3	118	38	23	57	149:210	-61	137
79. 1. FC Union Berlin	3	102	34	32	36	140:142	-2	134
80. FC Gütersloh 2000	3	102	35	32	35	125:135	-10	134
81. VfB Stuttgart	2	76	40	13	23	167:96	+71	133
82. KSV Baunatal	3	114	36	21	57	168:229	-61	129
83. Viktoria Aschaffenburg	3	114	32	29	53	151:191	-40	125
84. SC Paderborn 07	3	102	30	29	43	111:135	-24	119
85. SpVgg Erkenschwick	3	118	26	28	64	140:230	-90	106
86. Jahn Regensburg	3	110	24	31	55	127:212	-85	103
87. Borussia Neunkirchen	3	114	26	23	65	140:242	-102	101
88. SV Werder Bremen	1	42	30	8	4	97:33	+64	98
89. DSC Wanne-Eickel	2	76	26	19	31	129:137	-8	97
90. 1. FC Bocholt	2	80	27	16	37	131:140	-9	97
91. ESV Ingolstadt	2	78	27	11	40	119:181	-62	92
92. MTV Ingolstadt	2	78	27	10	41	120:163	-43	91
93. Dynamo Dresden	2	68	26	12	30	87:98	-11	90
94. 1. FC Mülheim-Styrum	2	76	22	22	32	101:140	-39	88
95. DJK Gütersloh	2	76	23	14	39	109:133	-24	83
96. TuS Koblenz	2	68	23	19	26	82:92	-10	82
97. OSC Bremerhaven	2	76	21	17	38	113:167	-54	80
98. OSV Hannover	2	80	20	15	45	96:187	-91	75
99. 1899 Hoffenheim	1	34	17	9	8	60:40	+20	60
100. FC Rot-Weiß Erfurt	2	66	12	16	38	70:135	-65	52
101. Bonner SC 01/04	1	38	14	5	19	53:72	-19	47

>>

Verein	Jahre	Sp.	S	U	N	Tore	Diff.	Pkt.
<< 102. SV Wehen Wiesbaden	1	34	11	11	12	47:53	-6	44
103. FC Hanau 93	1	38	11	7	20	72:98	-26	40
104. VfR Heilbronn	1	38	10	10	18	51:78	-27	40
105. SC Charlottenburg	1	38	10	9	19	49:68	-19	39
106. Olympia Wilhelmshaven	1	38	10	7	21	54:81	-27	37
107. Hallescher FC	1	32	7	13	12	35:47	-12	34
108. VfR Mannheim	1	38	8	10	20	43:85	-42	34
109. BSV Stahl Brandenburg	1	32	8	7	17	37:53	-16	31
110. Sportfreunde Siegen	1	34	8	7	19	35:54	-19	31
111. Eintracht Bad Kreuznach	1	38	8	7	23	49:83	-34	31
112. VfB Eppingen	1	38	7	8	23	44:86	-42	29
113. TuS Schloß Neuhaus	1	38	7	8	23	43:92	-49	29
114. HSV Barmbek-Uhlenhorst	1	38	6	8	24	34:86	-52	26
115. TSV Havelse	1	38	6	7	25	44:82	-38	25
116. FSV Salmrohr	1	38	4	13	21	48:94	-46	25
117. Kickers Würzburg	1	38	4	9	25	38:93	-55	21
118. BSV Schwenningen	1	38	4	7	27	31:102	-71	19
119. SV Babelsberg 03	1	34	4	6	24	39:82	-43	18
120. Spandauer SV	1	38	2	4	32	33:115	-82	10

Die Tabelle ist nach der Drei-Punkte-Regel erstellt. Dem 1. FC Nürnberg und Hertha BSC werden 1995/96 sechs bzw. drei Punkte, Kickers Offenbach 1984/85 zwei Punkte, dem FC Gütersloh 1996/97 drei Punkte, dem SSV Reutlingen 2002/03 sechs Punkte und der TuS Koblenz 2007/08 sechs Punkte abgezogen. In der Saison 1993/94 werden alle Spiele von Rot-Weiß Essen nur für den Gegner gewertet; die ausgespielten Tore und Punkte sind jedoch in der Tabelle eingerechnet.

Die erfolgreichsten Torschützen der einzelnen Bundesliga-Saisons

In den Spielzeiten, in denen es eine zweigleisige 2. Bundesliga gibt, sind die jeweils erfolgreichsten Torschützen mit einem (N) für Gruppe Nord und einem (S) für Gruppe Süd gekennzeichnet.

Saison	Name	Verein	Tore
1974/75	Volker Graul (N)	DSC Arminia Bielefeld	30
	Bernd Hoffman (S)	Karlsruher SC	25
1975/76	Norbert Stolzenburg (N)	Tennis Borussia Berlin	27
	Karl-Heinz Granitza (S)	Röchling Völklingen	29
1976/77	Franz Gerber (N)	FC St. Pauli	27
	Lothar Emmerich (S)	FV Würzburg	24
1977/78	Horst Hrubesch (N)	Rot-Weiß Essen	41
	Emanuel Günther (S)	Karlsruher SC	27
1978/79	Karl-Heinz Mödrath (N)	Fortuna Köln	28
	Eduard Kirschner (S)	SpVgg Fürth	33
1979/80	Andreas Sackewitz (N)	DSC Arminia Bielefeld	35
	Emanuel Günther (S)	Karlsruher SC	28
1980/81	Frank Mill (N)	Rot-Weiß Essen	40
	Horst Neumann (S)	SV Darmstadt 98	27
1981/82	Rudi Völler	TSV München 1860	37
1982/83	Dieter Schatzschneider	Fortuna Köln	31
1983/84	Roland Wohlfarth	MSV Duisburg	30
1984/85	Manfred Burgsmüller	Rot-Weiß Oberhausen	29
1985/86	Leo Bunk	Blau-Weiß 90 Berlin	26
1986/87	Siegfried Reich	Hannover 96	26
1987/88	Souleyman Sane	SC Freiburg	21
1988/89	Sven Demandt	Fortuna Düsseldorf	35
1989/90	Maurice Banach	SG Wattenscheid 09	22
1990/91	Michael Tönnies	MSV Duisburg	29

>>

<<

Saison	Name	Verein	Tore
1991/92	Radek Drulak (N)	VfB Oldenburg	21
	Michael Preetz (S)	1. FC Saarbrücken	17
1992/93	Siegfried Reich	VfL Wolfsburg	27
1993/94	Uwe Wegmann	VfL Bochum	22
1994/95	Jürgen Rische	VfB Leipzig	17
1995/96	Fritz Walter	DSC Arminia Bielefeld	21
1996/97	Angelo Vier	Rot-Weiß Essen	18
1997/98	Angelo Vier	FC Gütersloh	18
1998/99	Bruno Labbadia	DSC Arminia Bielefeld	28
1999/00	Tomislav Maric	Stuttgarter Kickers	21
2000/01	Olivier Djappa	SSV Reutlingen	18
	Artur Wichniarek	DSC Arminia Bielefeld	18
2001/02	Artur Wichniarek	DSC Arminia Bielefeld	20
2002/03	Andrej Voronin	FSV Mainz 05	20
2003/04	Francisco Copado	SpVgg Unterhaching	18
	Marek Mintal	1. FC Nürnberg	18
2004/05	Lukas Podolski	1. FC Köln	24
2005/06	Christian Eigler	SpVgg Greuther Fürth	18
2006/07	Giovanni Federico	Karlsruher SC	19
2007/08	Milivoje Novakovic	1. FC Köln	20

Rekordspieler der 2. Bundesliga

Name	Verein*	Spiele
1. Willi Landgraf	Alemannia Aachen	508
2. Joaquin Montanes	Alemannia Aachen	479
3. Karl-Heinz Schulz	SC Freiburg	463
4. Hans Wulf	Hessen Kassel	440
5. Wolfgang Krüger	SG Union Solingen	428
6. Hans-Jürgen Gede	Fortuna Köln	416
7. Andreas Helmer	SV Meppen	411
8. Gerd Paulus	Kickers Offenbach	407
9. Oliver Posniak	SV Darmstadt 98	403
10. Dirk Hupe	Fortuna Köln	399
11. Daniel Jurgeleit	SG Union Solingen	393
12. Jürgen Baier	SV Darmstadt 98	392
13. Carsten Marell	SV Meppen	380

Name	Verein*	Spiele
14. Jürgen Luginger	RW Oberhausen	370
15. Jörg Sievers	Hannover 96	367
16. Robert Thoben	SV Meppen	361
17. Fabrizio Hayer	FSV Mainz 05	358
Jürgen Niggemann	Fortuna Köln	358
19. Udo Lay	SC Freiburg	355
20. Burkhard Steiner	SG Wattenscheid 09	348
21. Günter Diekmann	SG Union Solingen	344
22. Dirk Römer	SG Union Solingen	340
23. Franz-J. Steininger	MSV Duisburg	339
24. Thomas Böttche	SV Meppen	332
Eckhart Müller	Stuttgarter Kickers	332

* Verein, bei dem der Spieler die meisten Spiele absolvierte

Rekordtorschützen der 2. Bundesliga

Name	Verein*	Spiele
1. Dieter Schatz-schneider	Hannover 96	153
2. Karl-H. Mödrath	Fortuna Köln	150
3. Theo Gries	Hertha BSC	123
4. Sven Demandt	FSV Mainz 05	121
5. Walter Krause	Kickers Offenbach	120
6. Daniel Jurgeleit	SG Union Solingen	117
7. Gerd-V. Schock	VfL Osnabrück	116
8. Franz Gerber	FC St. Pauli	115
Paul Linz	VfL Osnabrück	115

Name	Verein*	Spiele
10. Peter Cestonaro	SV Darmstadt 98	113
11. Otmar Ludwig	Fortuna Köln	108
12. Uwe Sommerer	SpVgg Bayreuth	106
13. Bruno Labbadia	SV Darmstadt 98	100
Klaus Wolf	SC Preußen Münster	100
15. Emanuel Günther	Karlsruher SC	98
16. Werner Lenz	SG Union Solingen	95
17. Hubert Clute-Simon	Alemannia Aachen	94
Siegfried Reich	VfL Wolfsburg	94

>>

Name	Verein*	Spiele
19. Manfred Lenz	FC Homburg	93
Wolfgang Schüler	1. FC Saarbrücken	93
21. Harald Kügler	SG Wattenscheid 09	91
22. Heikko Gloede	VfL Osnabrück	90
Heinz Traser	Hessen Kassel	90
Marcus Feinbier	LR Ahlen	90
25. Klaus Täuber	Stuttgarter Kickers	89

* Verein, bei dem der Spieler die meisten Tore erzielte

DFB-Pokal

Endspiele

Datum	Ort	Begegnung	Erg.	Tore
08.12.**1935**	Düsseldorf	**1. FC Nürnberg** - FC Schalke 04	2:0	1:0 Eiberger (46.), 2:0 Friedel (85.)
03.01.**1937***	Berlin	**VfB Leipzig** - FC Schalke 04	2:1	1:0 May (21.), 2:0 Gabriel (32.), 2:1 Kalwitzki (42.)
09.01.**1938***	Köln	**FC Schalke 04** - Fortuna Düsseldorf	2:1	1:0 Kalwitzki (46.), 2:1 Szepan (47.), 2:1 Janes (83., HE)
08.01.**1939***	Berlin	**Rapid Wien** - FSV Frankfurt	3:1	0:1 Dosedzal (17.), 1:1 Schors (80.), 2:1 Hofstätter (85.), 3:1 Binder (90.)
28.04.**1940***	Berlin	**1. FC Nürnberg** - SVW Mannheim	2:0	1:0 Eiberger (46.), 2:0 Eiberger (85.)
01.12.**1940**	Berlin	**Dresdner SC** - 1. FC Nürnberg	2:1 n. V.	1:0 Machate (20.), 1:1 Gußner (32.), 2:1 Schaffer (94.)
02.11.**1941**	Berlin	**Dresdner SC** - FC Schalke 04	2:1	1:0 Kugler (8.), 1:1 Kuzorra (51.), 2:1 Carstens (53.)
15.11.**1942**	Berlin	**TSV München 1860** - FC Schalke 04	2:0	1:0 Willimowski (80.), 2:0 Schmidhuber (88.)
31.10.**1943**	Stuttgart	**First Vienna FC** - LSV Hamburg	3:2	0:1 Heinrich (26.), 1:1 Decker (46., HE), 2:1 Noack (53.), 2:2 Gornick (70.), 3:1 Noack (113.)
01.05.**1953**	Düsseldorf	**Rot-Weiß Essen** - Alemannia Aachen	2:1	1:0 Islacker (32.), 2:0 H. Rahn (52.), 2:1 Derwall (56.)
17.04.**1954**	Ludwigsh.	**VfB Stuttgart** - 1. FC Köln	1:0 n. V.	1:0 Waldner (96.)
21.05.**1955**	Braunschweig	**Karlsruher SC** - FC Schalke 04	3:2	1:0 Kunkel (20.), 1:1 Sadlowski (44.), 1:2 Sadlowski (70.), 2:2 Sommerlatt (83.), 3:2 Traub (86.)
05.08.**1956**	Karlsruhe	**Karlsruher SC** - Hamburger SV	3:1	0:1 U. Seeler (16.), 1:1 Termath (40.), 2:1 Termath (63.), 3:1 Kohn (87.)
29.12.**1957**	Augsburg	**Bayern München** - F. Düsseldorf	1:0	1:0 Jobst (78.)
16.11.**1958**	Kassel	**VfB Stuttgart** - Fortuna Düsseldorf	4:3 n. V.	1:0 Praxl (36.), 1:1 K. Hoffmann (50.), 1:2 Wolffram (52.), 2:2 Geiger (62.), 3:2 Waldner (68., HE), 3:3 Wolffram (79.), 4:3 Weise (113.)
27.12.**1959**	Kassel	**Schwarz-Weiß Essen** - Bor. Neunkirchen	5:2	1:0 Rummel (25.), 2:0 Rummel (50.), 3:0 Klöckner (66.), 4:0 Trimhold (70.), 5:0 Schieth (80.), 5:1 Emser (86.), 5:2 Dörrenbacher (87.)
05.10.**1960**	Düsseldorf	**Borussia M'Gladbach** - Karlsruher SC	3:2	1:0 Mühlhausen (5.), 1:1 Herrmann (22.), 2:1 Kohn (25.), 2:2 Schwarz (58.), 3:2 Brülls (60.)

<<

Datum	Ort	Begegnung	Erg.	Tore
13.09.**1961**	Gelsen-kirchen	**SV Werder Bremen** - 1. FC K'lautern	2:0	1:0 Schröder (10.), 2:0 Jagielski (52.)
29.08.**1962**	Hannover	**1. FC Nürnberg** - Fortuna Düsseldorf	2:1 n. V.	0:1 Wolfframm (58.), 1:1 Hasen-eder (71.), 2:1 Wild (93.)
14.08.**1963**	Hannover	**Hamburger SV** - Borussia Dortmund	3:0	1:0 U. Seeler (31.), U. Seeler (33.), U. Seeler (84.)
13.06.**1964**	Stuttgart	**TSV München 1860** - E. Frankfurt	2:0	1:0 Kohlars (43.), 2:0 Brunnen-meier (63.)
22.05.**1965**	Hannover	**Borussia Dortmund** - A. Aachen	2:0	1:0 Schmidt (10.), 2:0 Emmerich (18.)
04.06.**1966**	Frankfurt	**Bayern München** - MSV Duisburg	4:2	0:1 Mielke (28.), 1:1 Ohlhauser (31.), 2:1 Brenninger (56.), 2:2 Heidemann (72.), 3:2 Brenninger (77.), 4:2 Beckenbauer (82.)
10.06.**1967**	Stuttgart	**FC Bayern München** - Hamburger SV	4:0	1:0 G. Müller (23.), 2:0 Ohl-hauser (72.), 3:0 G. Müller (76.), 4:0 Brenninger (85., FE)
09.06.**1968**	Ludwigs-hafen	**1. FC Köln** - VfL Bochum	4:1	1:0 Hornig (22.), 1:1 Böttcher (37.), 2:1 Rühl (38.), 3:1 Rühl (57.), 4:1 Löhr (70.)
14.06.**1969**	Frankfurt	**FC Bayern München** - Hamburger SV	2:1	1:0 G. Müller (12.), 1:1 Pohl-schmidt (20.), 3:1 G. Müller (35.)
29.08.**1970**	Hannover	**Kickers Offenbach** - 1. FC Köln	2:1	1:0 Winkler (27.), 2:0 Gecks (64.), 2:1 Löhr (73.)
19.06.**1971**	Stuttgart	**FC Bayern München** - 1. FC Köln	2:1 n. V.	0:1 Rupp (13.), 1:1 Beckenbauer (53.), 2:1 Schneider (102.)
01.07.**1972**	Hannover	**FC Schalke 04** - 1. FC Kaiserslautern	5:0	1:0 H. Kremers (13.), 2:0 Scheer (32.), 3:0 Lütkebohmert (57.), 4:0 Fischer (66.), 5:0 H. Kremers (82.)
23.06.**1973**	Düsseldorf	**Borussia M'Gladbach** - 1. FC Köln	2:1 n. V.	1:0 Wimmer (24.), 1:1 Neumann (40.), 2:1 Netzer (94.)
17.08.**1974**	Düsseldorf	**Eintracht Frankfurt** - Hamburger SV	3:1 n. V.	1:0 Trinklein (40.), 1:1 Björnmose (75.), 2:1 Hölzenbein (95.), 3:1 Kraus (115.)
21.06.**1975**	Hannover	**Eintracht Frankfurt** - MSV Duisburg	1:0	1:0 Körbel (57.)
22.06.**1976**	Frankfurt	**Hamburger SV** - 1. FC Kaiserslautern	2:0	1:0 Nogly (22.), 2:0 Björnmose (37.)
28.05.1977	Hannover	1. FC Köln - Hertha BSC	1:1 n. V.	1:0 D. Müller (44.), 1:1 Horr (64.)
30.05.**1977**	Hannover	**1. FC Köln** - Hertha BSC	1:0	1:0 D. Müller (70.)
15.04.**1978**	Gelsen-kirchen	**1. FC Köln** - Fortuna Düsseldorf	2:0	1:0 Cullmann (71.), 2:0 van Gool (90.)
23.06.**1979**	Hannover	**Fortuna Düsseldorf** - Hertha BSC	1:0 n. V.	1:0 Seel (116.)
04.06.**1980**	Gelsen-kirchen	**Fortuna Düsseldorf** - 1. FC Köln	2:1	0:1 Cullmann (26.), 1:1 Wenzel (60.), 2:1 T. Allofs (65.)
02.05.**1981**	Stuttgart	**Eintracht Frankfurt** - 1. FC K'lautern	3:1	1:0 Neuberger (38.), Borchers (40.), 3:0 Bum-Kun Cha (64.), 3:1 Geye (90.)
01.05.**1982**	Fankfurt	**Bayern München** - 1. FC Nürnberg	4:2	0:1 Hintermaier (31.), 0:2 Dreßel (44.), 1:2 K.-H. Rummenigge (54.), 2:2 Kraus (65.), 3:2 Breitner (72., FE), 4:2 D. Hoeneß (89.)

>>

Datum	Ort	Begegnung	Erg.	Tore
11.06.**1983**	Köln	**1. FC Köln** - Fortuna Köln	1:0	1:0 Littbarski (68.)
31.05.**1984**	Frankfurt	**Bayern München** - B. M'Gladbach	8:7 n. E.	0:1 Mill (33.), 1:1 Dremmler (82.); 7:6 i. E.
26.05.**1985**	Berlin	**Bayer 05 Uerdingen** - Bayern München	2:1	0:1 D. Hoeneß (8.), 1:1 Feilzer (9.), 2:1 Schäfer (66.)
03.05.**1986**	Berlin	**FC Bayern München** - VfB Stuttgart	5:2	1:0 Wohlfarth (34.), 2:0 Wohlfarth (40.), 3:0 M. Rummenigge (65.), 4:0 M. Rummenigge (72.), 4:1 Buchwald (75.), 5:1 Wohlfarth (77.), 5:2 Klinsmann (85.)
20.06.**1987**	Berlin	**Hamburger SV** - Stuttgarter Kickers	3:1	0:1 Kurtenbach (13.), 1:1 Beiersdorfer (15.), 2:1 Kaltz (88.), 3:1 Schlotterbeck (90., ET)
28.05.**1988**	Berlin	**Eintracht Frankfurt** - VfL Bochum	1:0	1:0 Detari (81.)
24.06.**1989**	Berlin	**Borussia Dortmund** - W. Bremen	4:1	0:1 Riedle (15.), 1:1 Dickel (21.), 2:1 Mill (58.), 3:1 Dickel (73.), 4:1 Lusch (74.)
19.05.**1990**	Berlin	**1. FC Kaiserslautern** - W. Bremen	3:2	1:0 Labbadia (19.), 2:0 Labbadia (26.), 3:0 Kuntz (30.), 3:1 Neubarth (54.), 3:2 Burgsmüller (72.)
22.06.**1991**	Berlin	**SV Werder Bremen** - 1. FC Köln	5:4 n. E.	1:0 Eilts (48.), 1:1 Banach (62.); 4:3 i. E.
23.05.**1992**	Berlin	**Hannover 96** - Borussia M'Gladbach	4:3 n. E.	
12.06.**1993**	Berlin	**Bayer Leverkusen** - Hertha BSC (A)	1:0	1:0 Kirsten (77.)
14.05.**1995**	Berlin	**SV Werder Bremen** - Rot-Weiß Essen	3:1	1:0 Beiersdorfer (17.), 2:0 Herzog (38.), 2:1 Bangoura (50.), 3:1 Rufer (88.)
24.06.**1995**	Berlin	**Borussia M'Gladbach** - VfL Wolfsburg	3:0	1:0 Dahlin (13.) 2:0 Effenberg (61.), 3:0 Herrlich (86.)
25.05.**1996**	Berlin	**1. FC Kaiserlautern** - Karlsruher SC	1:0	1:0 Wagner (42.)
14.06.**1997**	Berlin	**VfB Stuttgart** - FC Energie Cottbus	2:0	1:0 Elber (18.), 2:0 Elber (52.)
16.05.**1998**	Berlin	**Bayern München** - MSV Duisburg	2:1	0:1 Salou (20.), 1:1 Babbel (70.), 2:1 Basler (89.)
12.06.**1999**	Berlin	**Werder Bremen** - Bayern München	6:5 n. E.	1:0 Maximow (4.), 1:1 Jancker (45.); 5:4 i. E.
06.05.**2000**	Berlin	**Bayern München** - Werder Bremen	3:0	1:0 Elber (57.), 2:0 Sergio (83.), 3:0 Scholl (90.)
26.05.**2001**	Berlin	**FC Schalke 04** - 1. FC Union Berlin	2:0	1:0 Böhme (53.), 2:0 Böhme (58., FE)
11.05.**2002**	Berlin	**FC Schalke 04** - Bayer 04 Leverkusen	4:2	0:1 Berbatov (27.), 1:1 Böhme (45.), 2:1 Agali (68.), 3:1 Möller (71.), 4:1 Sand (85.), 4:2 Kirsten (89.)
31.05.**2003**	Berlin	**FC Bayern München** - 1. FC K'lauten	3:1	1:0 Ballack (3.), 2:0 Ballack (10., FE), 3:0 Pizarro (50.), 3:1 Klose (80.)
29.05.**2004**	Berlin	**W. Bremen** - Alemannia Aachen	3:2	1:0 Borowski (31.), 2:0 Klasnic (45.), 2:1 Blank (52.), 3:1 Borowski (85.), 3:2 Meijer (90.)

Datum	Ort	Begegnung	Erg.	Tore
28.05.**2005**	Berlin	**FC Bayern München** - FC Schalke 04	2:1	1:0 Makaay (42.), 1:1 Lincoln (45., FE), 2:1 Salihamidzic (76.)
29.04.**2006**	Berlin	**FC Bayern München** - Eintr. Frankfurt	1:0	1:0 Pizarro (59.)
26.05.**2007**	Berlin	**1. FC Nürnberg** - VfB Stuttgart	3:2 n. V.	0:1 Cacau (20.), 1:1 Mintal (27.), 2:1 Engelhardt (47.), 2:2 Pardo (80., FE), 3:2 Kristiansen (109.)
19.04.**2008**	Berlin	**FC Bayern München** - Bor. Dortmund	2:1 n. V.	1:0 Toni (11.), 1:1 Petric (90.), 2:1 Toni (103.)

* Der Gewinner des Endspiels ist der Pokalsieger des Vorjahres.

3:0

Titel-Ranking DFB-Pokal

Verein	Titel	Endspiele
1. FC Bayern München	13	15
2. SV Werder Bremen	5	8
3. 1. FC Köln	4	10
4. FC Schalke 04	4	9
5. Eintracht Frankfurt	4	6
1. FC Nürnberg	4	6
7. Hamburger SV	3	7
8. Borussia Mönchengladbach	3	5
VfB Stuttgart	3	5
10. Fortuna Düsseldorf	2	7
11. 1. FC Kaiserslautern	2	6
12. Borussia Dortmund	2	4

Verein	Titel	Endspiele
Karlsruher SC	2	4
14. Dresdner SC	2	2
TSV München 1860	2	2
16. Rot-Weiß Essen	1	2
Bayer 04 Leverkusen	1	2
18. Schwarz-Weiß Essen	1	1
Hannover 96	1	1
VfB Leipzig	1	1
Kickers Offenbach	1	1
Bayer 05 Uerdingen	1	1
Rapid Wien	1	1
First Vienna FC	1	1

Alle Vereine der 1. Bundesliga

Alemannia Aachen

Gründung: 01. Dezember 1900
Vereinsfarben: schwarz/gelb
Stadion: Tivoli (21 300 Plätze)
BL-Zugehörigkeit: 1967-1970, 2006-2007
Ewige Tabelle: Platz 31
Saison 2008/09: 2. Bundesliga
Trainer: Jürgen Seeberger
Präsident: Horst Heinrichs

Adresse: Sonnenweg 11, 52070 Aachen; www.alemannia-aachen.de
Titel: –
BL-Rekordspieler: 1. Erwin Hermandung (98), 2. Rolf Pawellek (93), 3. Josef Thelen (88)
BL-Rekordtorschützen: 1. Erwin Hermandung (19), 2. Heinz-Gerd Klostermann (16), 3. Hans-Jürgen Ferdinand (14)

Blau-Weiß 90 Berlin

Gründung: 27. Juli 1927
Vereinsfarben: blau/weiß
BL-Zugehörigkeit: 1986/87
Ewige Tabelle: Platz 47
Auflösung: 1992
Nachfolgeverein: SV Blau Weiss Berlin
Saison 2008/09: Bezirksliga Berlin
Stadion: Platz an der Rathausstraße (3 000 Plätze)
Trainer: Lutz Winkler

Vorstandsvorsitzender: Hans-Jürgen Bimba
Adresse: Rathausstraße 10a, 12105 Berlin; www.svblauweiss.de
Titel: –
BL-Rekordspieler: 1. Karlheinz Riedle (34), 2. Manfred Hellmann (33), 3. Jörg Gaedke (32)
BL-Rekordtorschützen: 1. Karlheinz Riedle (10), 2. Wolfgang Schüler (6), 3. Egon Flad (5)

Hertha BSC

Gründung: 25. Juli 1892
Vereinsfarben: blau/weiß
Stadion: Olympiastadion (74 220 Plätze)
BL-Zugehörigkeit: 1963-1965, 1968-1980, 1982/83, 1990/91, seit 1997
Ewige Tabelle: Platz 13
Saison 2008/09: 1. Bundesliga
Trainer: Lucien Favre
Präsident: Werner Gegenbauer
Adresse: Hanns-Braun-Straße, Friesenhaus 2, 14053 Berlin; www.herthabsc.de
Titel: Deutscher Meister: 1931
BL-Rekordspieler: 1. Michael Sziedat (280), 2. Holger Brück (261), 3. Erich Beer (253)
BL-Rekordtorschützen: 1. Michael Preetz (84), 2. Erich Beer (83), 3. Lorenz Horr (75)

SC Tasmania 1900 Berlin

Gründung: 02. Juni 1900
Vereinsfarben: blau/weiß
BL-Zugehörigkeit: 1965/66
Ewige Tabelle: Platz 49
Auflösung: 1973
Nachfolgeverein: SV Tasmania-Gropiusstadt 73
Saison 2008/09: Landesliga Berlin
Stadion: Werner-Seelenbinder-Sportpark (3 500 Plätze)
Trainer: Obrad Marjanovic
Vorstandsvorsitzender: Detlef Wilde
Adresse: Oderstraße 182, 12051 Berlin; www.tasmania-berlin.de
Titel: –
BL-Rekordspieler: 1. Hans-Günter Becker (33), 2. Klaus Konieczka (30), 3. Horst Szymaniak (29)
BL-Rekordtorschützen: 1. Wulf-Ingo Usbeck (4), 2. Lothar Zeh (3), 3. Peter Engler, Wolfgang Neumann, Wolfgang Rosenfeld (alle 2)

Tennis Borussia Berlin

Gründung: 09. April 1902
Vereinsfarben: lila/weiß
Stadion: Mommsenstadion (11 500 Plätze)
BL-Zugehörigkeit: 1974/75, 1976/77
Ewige Tabelle: Platz 43
Saison 2008/09: Oberliga Nordost
Trainer: Thomas Herbst
Vorstandsvorsitzender: Bernd Sievers
Adresse: Waldschulallee 34-42, 14055 Berlin; www.tebe.de
Titel: –
BL-Rekordspieler: 1. Jürgen Schulz (67), 2. Ditmar Jakobs (63), 3. Hans Sprenger (52)
BL-Rekordtorschützen: 1. Benny Wendt (20), 2. Norbert Stolzenburg (13), 3. Peter Geyer (6)

DSC Arminia Bielefeld

Gründung: 03. Mai 1905
Vereinsfarben: schwarz/weiß/blau
Stadion: Schüco Arena (28 008 Plätze)
BL-Zugehörigkeit: 1970-1972, 1978/79, 1980-1985, 1996-1998, 1999/2000, 2002/03, seit 2004
Ewige Tabelle: Platz 21
Saison 2008/09: 1. Bundesliga
Trainer: Michael Frontzeck
Präsident: Hans-Hermann Schwick
Adresse: Melanchthonstraße 31a, 33615 Bielefeld; www.arminia-bielefeld.de
Titel: –
BL-Rekordspieler: 1. Wolfgang Pohl (167), 2. Matthias Hain (152), 3. Helmut Schröder (148)
BL-Rekordtorschützen: 1. Artur Wichniarek (32), 2. Frank Pagelsdorf (28), 3. Stefan Kuntz (25)

VfL Bochum

Gründung: 01. Juli 1848
Vereinsfarben: blau/weiß
Stadion: rewirpower-Stadion (31 328 Plätze)
BL-Zugehörigkeit: 1971-1992, 1994/95, 1996-1999, 2000/01, 2002-2005, seit 2006
Ewige Tabelle: Platz 12

>>

<<

Saison 2008/09: 1. Bundesliga
Trainer: Marcel Koller
Aufsichtsratsvorsitzender: Werner Altegoer
Adresse: Castroper Straße 145, 44791 Bochum; www.vfl-bochum.de
Titel: –
BL-Rekordspieler: 1. Michael Lameck (518), 2. Lothar Woelk (385), 3. Walter Oswald (353)
BL-Rekordtorschützen: 1. Jochen Abel (60), 2. Hans Walitza (53), 3. Uwe Wegmann (52)

Eintracht Braunschweig

Gründung: 15. Dezember 1895
Vereinsfarben: blau/gelb
Stadion: Städtisches Stadion (25 000 Plätze)
BL-Zugehörigkeit: 1963-1973, 1974-1980, 1981-1985
Ewige Tabelle: Platz 19
Saison 2008/09: 3. Liga
Trainer: Torsten Lieberknecht
Präsident: Sebastian Ebel
Adresse: Hamburger Straße 210, 38112 Braunschweig; www.eintracht.com
Titel: Deutscher Meister: 1967
BL-Rekordspieler: 1. Franz Merkhoffer (419), 2. Bernd Franke (345), 3. Wolfgang Grzyb (305)
BL-Rekordtorschützen: 1. Lothar Ulsaß (84), 2. Wolfgang Frank (52), 3. Bernd Gersdorff (51)

3:0

SV Werder Bremen

Gründung: 04. Februar 1899
Vereinsfarben: grün/weiß
Stadion: Weserstadion (42 354 Plätze)
BL-Zugehörigkeit: 1963-1980, seit 1981
Ewige Tabelle: Platz 2
Saison 2008/09: 1. Bundesliga
Trainer: Thomas Schaaf
Präsident: Klaus-Dieter Fischer
Adresse: Franz-Böhmert-Straße 1c, 28205 Bremen; www.werder.de
Titel: Deutscher Meister: 1965, 1988, 1993, 2004
DFB-Pokalsieger: 1961, 1991, 1994, 1999, 2004
Europapokal der Pokalsieger: 1992
BL-Rekordspieler: 1. Dieter Burdenski (444), 2. Horst-Dieter Höttges (420), 3. Dieter Eilts (390)
BL-Rekordtorschützen: 1. Marco Bode (101), 2. Frank Neubarth, Rudi Völler (beide 97), 3. Ailton (88)

FC Energie Cottbus

Gründung: 31. Januar 1966
Vereinsfarben: rot/weiß
Stadion: Stadion der Freundschaft (22 746 Plätze)
BL-Zugehörigkeit: 2000-2003, seit 2006
Ewige Tabelle: Platz 30
Saison 2008/09: 1. Bundesliga
Trainer: Bojan Prašnikar
Präsident: Ulrich Lepsch
Adresse: Am Eliaspark 1, 03042 Cottbus; www.fcenergie.de
Titel: –
BL-Rekordspieler: 1. Tomislav Piplica (117), 2. Vragel da Silva (100, 3. Timo Rost (97)
BL-Rekordtorschützen: 1. Vasile Miriuta (15), 2. Sergiu Radu (14), 3. Marko Topic (13)

SV Darmstadt 98

Gründung: 22. Mai 1898
Vereinsfarben: blau/weiß
Stadion: Stadion Am Böllenfalltor (19 000 Plätze)
BL-Zugehörigkeit: 1978/79, 1981/82
Ewige Tabelle: Platz 42
Saison 2008/09: Regionalliga Süd
Trainer: Gerhard Kleppinger
Präsident: Hans Kessler
Adresse: Nieder-Ramstädter-Str. 170, 64285 Darmstadt; www.sv98.de
Titel: –
BL-Rekordspieler: 1. Edwin Westerberger (64), 2. Dieter Rudolf (58), 3. Uwe Hahn (57)
BL-Rekordtorschützen: 1. Peter Cestonaro (21), 2. Bodo Mattern (13), 3. Uwe Hahn (10)

Borussia Dortmund

Gründung: 19. Dezember 1909
Vereinsfarben: schwarz/gelb
Stadion: SIGNAL IDUNA PARK (80 708 Plätze)
BL-Zugehörigkeit: 1963-1972, seit 1976
Ewige Tabelle: Platz 5
Saison 2008/09: 1. Bundesliga
Trainer: Jürgen Klopp
Präsident: Reinhard Rauball
Adresse: Rheinlanddamm 207-209, 44137 Dortmund; www.borussia-dortmund.de
Titel: Deutscher Meister: 1956, 1957, 1963, 1995, 1996, 2002
DFB-Pokalsieger: 1965, 1989
Champions League: 1997
Europapokal der Pokalsieger: 1966
Weltpokal: 1997
BL-Rekordspieler: 1. Michael Zorc (463), 2. Stefan Reuter (307), 3. Lars Ricken (301)
BL-Rekordtorschützen: 1. Manfred Burgsmüller (135), 2. Michael Zorc (131), 3. Lothar Emmerich (115)

Dynamo Dresden

Gründung: 12. April 1953
Vereinsfarben: gelb/schwarz
Stadion: Rudolf-Harbig-Stadion (32 296 Plätze)
BL-Zugehörigkeit: 1991-1995
Ewige Tabelle: Platz 34
Saison 2008/09: 3. Liga
Trainer: Ruud Kaiser
Präsident: Hauke Haensel
Adresse: Lennéstraße 12, 01069 Dresden; www.dynamo-dresden.de
Titel: –
BL-Rekordspieler: 1. Matthias Maucksch (118), 2. Detlef Schößler (113), 3. Hans-Uwe Pilz (107)
BL-Rekordtorschützen: 1. Torsten Gütschow (12), 2. Olaf Marschall (11), 3. Uwe Jähnig, Dirk Zander (beide 10)

MSV Duisburg

Gründung: 17. September 1902
Vereinsfarben: blau/weiß
Stadion: MSV-Arena (31 500 Plätze)
BL-Zugehörigkeit: 1963-1982, 1991/92, 1993-1995, 1996-2000, 2005/06, 2007/08
Ewige Tabelle: Platz 14
Saison 2008/09: 2. Bundesliga
Trainer: Rudi Bommer
Präsident: Walter Hellmich
Adresse: Margaretenstraße 5-7, 47005 Duisburg; www.msv-duisburg.de
Titel: –
BL-Rekordspieler: 1. Michael Bella (405), 2. Bernard Dietz (394), 3. Detlef Pirsig (337)
BL-Rekordtorschützen: 1. Roland Worm (71), 2. Bernard Dietz (70), 3. Rudolf Seliger (65)

Fortuna Düsseldorf

Gründung: 05. Mai 1895
Vereinsfarben: rot/weiß
Stadion: LTU arena (51 500 Plätze)
BL-Zugehörigkeit: 1966/67, 1971-1987, 1989-1992, 1995-1997
Ewige Tabelle: Platz 17
Saison 2008/09: 3. Liga
Trainer: Norbert Meier
Vorstandsvorsitzender: Peter Frymuth
Adresse: Flinger Broich 87, 40235 Düsseldorf; www.fortuna-duesseldorf.de
Titel: Deutscher Meister: 1933
DFB-Pokalsieger: 1979, 1980
BL-Rekordspieler: 1. Gerd Zewe (440), 2. Josef Weikl (303), 3. Heiner Baltes (279)
BL-Rekordtorschützen: 1. Klaus Allofs (71), 2. Reiner Geye (66), 3. Wolfgang Seel (59)

Rot-Weiß Essen

Gründung: 01. Februar 1907
Vereinsfarben: rot/weiß
Stadion: Georg-Melches-Stadion (25 000 Plätze)
BL-Zugehörigkeit: 1966/67, 1969-1971, 1973-1977
Ewige Tabelle: Platz 28
Saison 2008/09: Regionalliga West
Trainer: Michael Kulm
Präsident: Rolf Hempelmann

<<

Adresse: Hafenstraße 97a, 45356 Essen; www.rot-weiss-essen.de
Titel: Deutscher Meister: 1955
DFB-Pokalsieger: 1953
BL-Rekordspieler: 1. Willi Lippens (172), 2. Günter Fürhoff (153), 3. Dieter Bast (149)
BL-Rekordtorschützen: 1. Willi Lippens (79), 2. Horst Hrubesch (38), 3. Manfred Burgsmüller (32)

Eintracht Frankfurt

Gründung: 08. März 1899
Vereinsfarben: rot/schwarz/weiß
Stadion: Commerzbank-Arena (52 300 Plätze)
BL-Zugehörigkeit: 1963-1996, 1998-2001, 2003/04, seit 2005
Ewige Tabelle: Platz 10
Saison 2008/09: 1. Bundesliga
Trainer: Friedhelm Funkel
Präsident: Peter Fischer
Adresse: Mörfelder Landstraße 362, 60528 Frankfurt; www.eintracht.de
Titel: Deutscher Meister: 1959
DFB-Pokalsieger: 1974, 1975, 1981, 1988
UEFA-Pokal: 1980
BL-Rekordspieler: 1. Karl-Heinz Körbel (602), 2. Jürgen Grabowski (441), 3. Bernd Nickel (426)
BL-Rekordtorschützen: 1. Bernd Hölzenbein (160), 2. Bernd Nickel (141), 3. Jürgen Grabowski (109)

SC Freiburg

Gründung: 30. Mai 1904
Vereinsfarben: rot/weiß
Stadion: badenova-Stadion (25 000 Plätze)
BL-Zugehörigkeit: 1993-1997, 1998-2002, 2003-2005
Ewige Tabelle: Platz 25
Saison 2008/09: 2. Bundesliga
Trainer: Robin Dutt
Vorstandsvorsitzender: Achim Stocker
Adresse: Schwarzwaldstraße 193, 79117 Freiburg i. Br.; www.scfreiburg.de
Titel: –
BL-Rekordspieler: 1. Andreas Zeyer (213), 2. Richard Golz (180), 3. Ralf Kohl (147)
BL-Rekordtorschützen: 1. Rodolfo Cardoso (28), 2. Adel Sellimi (27), 3. Andreas Zeyer (25)

Hamburger SV

Gründung: 29. September 1887
Vereinsfarben: blau/weiß/schwarz
Stadion: HSH-Nordbank-Arena (57 000 Plätze)
BL-Zugehörigkeit: seit 1963
Ewige Tabelle: Platz 3
Saison 2008/09: 1. Bundesliga
Trainer: Martin Jol
Vorstandsvorsitzender: Bernd Hoffmann
Adresse: Sylvesterallee 7, 22525 Hamburg; www.hsv.de
Titel: Deutscher Meister: 1922, 1923, 1928, 1960, 1979, 1982, 1983
DFB-Pokalsieger: 1963, 1976, 1987
Europapokal der Landesmeister: 1983
UEFA-Pokal: 1977
BL-Rekordspieler: 1. Manfred Kaltz (581), 2. Thomas von Heesen (368), 3. Ditmar Jakobs (323)
BL-Rekordtorschützen: 1. Uwe Seeler (137), 2. Thomas von Heesen (100), 3. Horst Hrubesch (96)

Hannover 96

Gründung: 12. April 1896
Vereinsfarben: schwarz/weiß/grün
Stadion: AWD-Arena (49 000 Plätze)
BL-Zugehörigkeit: 1964-1974, 1975/76, 1985/86, 1987-1989, seit 2002
Ewige Tabelle: Platz 20
Saison 2008/09: 1. Bundesliga
Trainer: Dieter Hecking
Vorstandsvorsitzender: Martin Kind
Adresse: Arthur-Menge-Ufer 5, 30169 Hannover; www.hannover96.de
Titel: Deutsche Meisterschaft: 1938, 1954
DFB-Pokalsieger: 1992
BL-Rekordspieler: 1. Jürgen Bandura (298), 2. Hans Siemensmeyer (278), 3. Rainer Stiller (254)
BL-Rekordtorschützen: 1. Hans Siemensmeyer (72), 2. Willi Reimann (44), 3. Ferdinand Keller (39)

FC 08 Homburg – Saar

Gründung: 15. Juni 1908
Vereinsfarben: grün/weiß
Stadion: Waldstadion Homburg (21 813 Plätze)
BL-Zugehörigkeit: 1986-1988, 1989/90
Ewige Tabelle: Platz 39
Saison 2008/09: Oberliga Südwest
Trainer: Gerd Warken
Vorstandsvorsitzender: Herbert Eder
Adresse: Untere Allee 42, 66424 Homburg; www.fc08homburg.de
Titel: –
BL-Rekordspieler: 1. Uwe Freiler (66), 2. Roman Wojcicki (59), 3. Wolfgang Schäfer (55)
BL-Rekordtorschützen: 1. Uwe Freiler (15), 2. Wolfgang Schäfer (12), 3. Lothar Dittmer (8)

1. FC Kaiserslautern

Gründung: 02. Juni 1900
Vereinsfarben: rot/weiß
Stadion: Fritz-Walter-Stadion (48 500)
BL-Zugehörigkeit: 1963-1996, 1997-2006
Ewige Tabelle: Platz 5
Saison 2008/09: 2. Bundesliga
Trainer: Milan Šašić
Vorstandsvorsitzender: Stefan Kuntz
Adresse: Fritz-Walter-Straße 1, 67663 Kaiserslautern; www.fck.de
Titel: Deutscher Meister: 1951, 1953, 1991, 1998 DFB-Pokalsieger: 1990, 1996
BL-Rekordspieler: 1. Werner Melzer (374), 2. Dietmar Schwager (320), 3. Ernst Diehl (314)
BL-Rekordtorschützen: 1. Klaus Toppmöller (108), 2. Stefan Kuntz (75), 3. Thomas Allofs (61)

Karlsruher SC

Gründung: 16. Oktober 1952
Vereinsfarben: blau/weiß
Stadion: Karlsruher Wildparkstadion (29 699 Plätze)
BL-Zugehörigkeit: 1963-1968, 1975-1978, 1980-1983, 1984/85, 1987-1998, seit 2007
Ewige Tabelle: Platz 16
Saison 2008/09: 1. Bundesliga
Trainer: Edmund Becker
Präsident: Hubert H. Raase
Adresse: Adenauerring 17, 76131 Karlsruhe; www.ksc.de
Titel: DFB-Pokalsieger: 1955, 1956
BL-Rekordspieler: 1. Gunther Metz (278), 2. Burkhard Reich (200), 3. Lars Schmidt (197)
BL-Rekordtorschützen: 1. Emanuel Günther (37), 2. Sean Dundee (36), 3. Rainer Schütterle (35)

1. FC Köln

Gründung: 13. Februar 1948
Vereinsfarben: rot/weiß
Stadion: RheinEnergieStadion (50 997 Plätze)
BL-Zugehörigkeit: 1963-1998, 2000-2002, 2003/04, 2005/06
Ewige Tabelle: Platz 8
Saison 2008/09: 1. Bundesliga
Trainer: Christoph Daum
Präsident: Wolfgang Overath
Adresse: Aachener Straße, 50933 Köln; www.fc-koeln.de
Titel: Deutscher Meister: 1962, 1964, 1978 DFB-Pokalsieger: 1968, 1977, 1978, 1983
BL-Rekordspieler: 1. Toni Schumacher (422), 2. Wolfgang Overath (409), 3. Pierre Littbarski (406)
BL-Rekordtorschützen: 1. Hannes Löhr (166), 2. Dieter Müller (159), 3. Pierre Littbarski (116)

SC Fortuna Köln

Gründung: 21. Februar 1948
Vereinsfarben: rot/weiß
Stadion: Südstadion Köln (12 000 Plätze)
BL-Zugehörigkeit: 1973/74
Ewige Tabelle: Platz 45
Saison 2008/09: NRW-Liga
Trainer: Matthias Mink
Vorstandsvorsitzener: Klaus Ulonska
Adresse: Am Vorgebirgstor 2, 50969 Köln; www.fortuna-koeln.de

>>

<<

Titel: –
BL-Rekordspieler: 1. Wolfgang Fahrian (34), 2. Wolfgang Glock, Karl-Heinz Struth (beide 33), 3. Helmut Bergfelder, Hans-Günter Neues (beide 32)
BL-Rekordtorschützen: 1. Rolf Kucharski, Karl-Heinz Struth (beide 9), 2. Wolfgang Glock (7), 3. Lothar Wesseler, Gerd Zimmermann (beide 4)

VfB Leipzig

Gründung: 11. November 1893
Vereinsfarben: blau/weiß
BL-Zugehörigkeit: 1993/94
Ewige Tabelle: Platz 48
Auflösung: 2004
Nachfolgeverein: 1. FC Lokomotive Leipzig
Saison 2008/09: Oberliga Nordost
Stadion: Bruno-Plache-Stadion (15 600 Plätze)
Trainer: Rainer Lisiewicz
Vorstandsvorsitzender: Steffen Kubald
Adresse: Connewitzer Straße 21, 04289 Leipzig; www.lok-leipzig.com
Titel: Deutscher Meister: 1903, 1906, 1913
DFB-Pokalsieger: 1936
BL-Rekordspieler: 1. Frank Edmond (33), 2. Dirk Anders, Maik Kischko, Jürgen Rische (alle 32), 3. Matthias Lindner (31)
BL-Rekordtorschützen: 1. Dirk Anders (8), 2. Jürgen Rische (6), 3. Frank Edmond (4)

3:0

Bayer 04 Leverkusen

Gründung: 01. Juli 1904
Vereinsfarben: rot/weiß/schwarz
Stadion: BayArena (22 500 Plätze)
BL-Zugehörigkeit: seit 1979
Ewige Tabelle: Platz 11
Saison 2008/09: 1. Bundesliga
Trainer: Bruno Labbadia
Geschäftsführer: Wolfgang Holzhäuser
Adresse: Bismarckstraße 122-124, 51373 Leverkusen; www.bayer04.de
Titel: UEFA-Pokal: 1988
DFB-Pokalsieger: 1993
BL-Rekordspieler: 1. Rüdiger Vollborn (401), 2. Ulf Kirsten (350), 3. Carsten Ramelow (333)
BL-Rekordtorschützen: 1. Ulf Kirsten (182), 2. Herbert Waas (72), 3. Dimitar Berbatov (69)

1. FSV Mainz 05

Gründung: 16. März 1905
Vereinsfarben: rot/weiß
Stadion: Stadion am Bruchweg (20 300 Plätze)
BL-Zugehörigkeit: 2004-2007
Ewige Tabelle: Platz 36
Saison 2008/09: 2. Bundesliga
Trainer: Jörn Andersen
Präsident: Harald Strutz
Adresse: Dr.-Martin-Luther-King-Weg 20, 55122 Mainz; www.mainz05.de
Titel: –
BL-Rekordspieler: 1. Manuel Friedrich (99), 2. Nikolce Noveski (91), 3. Fabian Gerber (82)
BL-Rekordtorschützen: 1. Michael Thurk (18), 2. Benjamin Auer (15), 3. Mohamed Zidan (13)

SV Waldhof Mannheim 07

Gründung: 11. April 1907
Vereinsfarben: blau/schwarz
Stadion: Carl-Benz-Stadion (27 000 Plätze)
BL-Zugehörigkeit: 1983-1990
Ewige Tabelle: Platz 26
Saison 2008/09: Regionalliga Süd
Trainer: Alexander Conrad
Präsident: Mario Nöll
Adresse: Alsenweg, 68305 Mannheim; www.waldhof-mannheim.de
Titel: –
BL-Rekordspieler: 1. Uwe Zimmermann (215), 2. Roland Dickgießer (208), 3. Karl-Heinz Bührer (182)
BL-Rekordtorschützen: 1. Fritz Walter (55), 2. Karl-Heinz Bührer (42), 3. Thomas Remark (16)

VfL Borussia Mönchengladbach

Gründung: 01. August 1900
Vereinsfarben: grün/schwarz/weiß
Stadion: Stadion im Borussia-Park (54 067 Plätze)
BL-Zugehörigkeit: 1965-1999, 2001-2006
Ewige Tabelle: Platz 7
Saison 2008/09: 1. Bundesliga
Trainer: Jos Luhukay
Präsident: Rolf Königs
Adresse: Hennes-Weisweiler-Allee 1, 41179 Mönchengladbach; www.borussia.de
Titel: Deutscher Meister: 1970, 1971, 1975, 1976, 1977
DFB-Pokalsieger: 1960, 1973, 1995
UEFA-Pokal: 1975, 1979
BL-Rekordspieler: 1. Berti Vogts (419), 2. Uwe Kamps (389), 3. Herbert Wimmer (366)
BL-Rekordtorschützen: 1. Jupp Heynckes (195), 2. Herbert Laumen (97), 3. Hans-Jörg Criens (92)

FC Bayern München

Gründung: 27. Februar 1900
Vereinsfarben: rot/weiß
Stadion: Allianz Arena (69 901 Plätze)
BL-Zugehörigkeit: seit 1965
Ewige Tabelle: Platz 1
Saison 2008/09: 1. Bundesliga
Trainer: Jürgen Klinsmann
Vorstandsvorsitzender: Karl-Heinz Rummenigge
Adresse: Säbener Straße 51, 81504 München; www.fcbayern.de
Titel: Deutscher Meister: 1932, 1969, 1972, 1973, 1974, 1980, 1981, 1985, 1986, 1987, 1989, 1990, 1994, 1997, 1999, 2000, 2001, 2003, 2005, 2006, 2008
DFB-Pokalsieger: 1957, 1966, 1967, 1969, 1971, 1982, 1984, 1986, 1998, 2000, 2003, 2005, 2006, 2008
Europapokal der Landesmeister / Champions League: 1974, 1975, 1976, 2001
UEFA-Pokal: 1996
Europapokal der Pokalsieger: 1967
Weltpokal: 1976, 2001
BL-Rekordspieler: 1. Sepp Maier (473), 2. Oliver Kahn (429), 3. Gerd Müller (427)
BL-Rekordtorschützen: 1. Gerd Müller (365), 2. Karl-Heinz Rummenigge (162), 3. Roland Wohlfarth (119)

TSV 1860 München

Gründung: 17. Mai 1860
Vereinsfarben: weiß/blau
Stadion: Allianz Arena (69 901 Plätze)
BL-Zugehörigkeit: 1963-1970, 1977/78, 1979-1981, 1994-2004
Ewige Tabelle: Platz 18
Saison 2008/09: 2. Bundesliga
Trainer: Marco Kurz
Präsident: Rainer Beeck
Adresse: Grünwalder Straße 114, 81547 München; www.tsv1860.de
Titel: Deutscher Meister: 1966
DFB-Pokalsieger: 1942, 1964
BL-Rekordspieler: 1. Harald Cerny (230), 2. Petar Radenkovic (215), 3. Daniel Borimirov (214)
BL-Rekordtorschützen: 1. Rudi Brunnenmeier (66), 2. Bernhard Winkler (64), 3. Martin Max (51)

SC Preußen Münster

Gründung: 30. April 1906
Vereinsfarben: grün/schwarz
Stadion: Preußenstadion (21 700 Plätze)
BL-Zugehörigkeit: 1963/64
Ewige Tabelle: Platz 46
Saison 2008/09: 3. Liga
Trainer: Roger Schmidt
Präsident: Marco de Angelis
Adresse: Am Berg Fidel 7, 48153 Münster; www.scpreussen-muenster.de
Titel: –
BL-Rekordspieler: 1. Klaus Bockisch (30), 2. Dagmar Drewes (30), 3. Werner Lungwitz (29)
BL-Rekordtorschützen: 1. Hermann Lulka (9), 2. Manfred Rummel (7), 3. Manfred Pohlschmidt (6)

Borussia Neunkirchen

Gründung: 25. Juli 1905
Vereinsfarben: schwarz/weiß
Stadion: Ellenfeldstadion Neunkirchen (23 000 Plätze)
BL-Zugehörigkeit: 1964-1966, 1967/68
Ewige Tabelle: Platz 38
Saison 2008/09: Oberliga Südwest
Trainer: Günter Erhardt
Vorstandsvorsitzender: Kurt Heidrich
Adresse: Mantes-la-Ville-Platz 12, 66538 Neunkirchen; www. vfb-borussia-neunkirchen.de
Titel: –
BL-Rekordspieler: 1. Dieter Schock (88), 2. Günter Kuntz (80), 3. Erich Leist (73)
BL-Rekordtorschützen: 1. Günter Kuntz (22), 2. Elmar May (18), 3. Heinz Simmet (13)

1. FC Nürnberg

Gründung: 04. Mai 1900
Vereinsfarben: rot/weiß
Stadion: easyCredit-Stadion (46 780 Plätze)
BL-Zugehörigkeit: 1963-1969, 1978/79, 1980-1984, 1985-1994, 1998/99, 2001-2003, 2004-2008
Ewige Tabelle: Platz 15
Saison 2008/09: 2. Bundesliga
Trainer: Thomas von Heesen
Präsident: Michael A. Roth
Adresse: Valznerweiherstraße 200, 90480 Nürnberg; www.fcn.de
Titel: Deutscher Meister: 1920, 1921, 1924, 1925, 1927, 1936, 1948, 1961, 1968
DFB-Pokalsieger: 1935, 1939, 1962, 2007
BL-Rekordspieler: 1. Thomas Brunner (328), 2. Andreas Köpke (280), 3. Dieter Eckstein (189)
BL-Rekordtorschützen: 1. Heinz Strehl (76), 2. Dieter Eckstein (66), 3. Franz Brungs (50)

SC Rot-Weiß Oberhausen

Gründung: 18. Dezember 1904
Vereinsfarben: rot/weiß
Stadion: Stadion Niederrhein Oberhausen (21 318 Plätze)
BL-Zugehörigkeit: 1969-1973
Ewige Tabelle: Platz 35
Saison 2008/09: 2. Bundesliga
Trainer: Jürgen Luginger
Aufsichtsratsvorsitzender: Hartmut Gieske
Adresse: Rechenacker 62, 46049 Oberhausen; www.rwo-online.de
Titel: –
BL-Rekordspieler: 1. Friedhelm Dick (126), 2. Hermann-Josef Wilbertz (116), 3. Werner Ohm (108)
BL-Rekordtorschützen: 1. Lothar Kobluhn (36), 2. Hugo Dausmann, Hans Schumacher (beide 15), 3. Ditmar Jakobs, Franz Krauthausen (beide 12)

Kickers Offenbach

Gründung: 27. Mai 1901
Vereinsfarben: rot/weiß
Stadion: Bieberer Berg (26 500 Plätze)
BL-Zugehörigkeit: 1968/69, 1970/71, 1972-1976, 1983/84
Ewige Tabelle: Platz 27
Saison 2008/09: 3. Liga
Trainer: Hans-Jürgen Boysen
Präsident: Dieter Müller
Adresse: Bieberer Straße 282, 63071 Offenbach; www.ofc.de
Titel: DFB-Pokalsieger: 1970
BL-Rekordspieler: 1. Siegfried Held (133), 2. Manfred Ritschel (128), 3. Winfried Schäfer (125)
BL-Rekordtorschützen: 1. Erwin Kostedde (52), 2. Josef Hickersberger (29), 3. Siegfried Held, Manfred Ritschel (beide 25)

FC Hansa Rostock

Gründung: 28. Dezember 1965
Vereinsfarben: weiß/blau
Stadion: DKB-Arena (29 000 Plätze)
BL-Zugehörigkeit: 1991/92, 1995-2005, 2007/08
Ewige Tabelle: Platz 24
Saison 2008/09: 2. Bundesliga

>>

<< **Trainer:** Frank Pagelsdorf
Aufsichtsratsvorsitzender: Horst Klinkmann
Adresse: Trotzenburger Weg 14, 18057 Rostock; www.fc-hansa.de
Titel: –
BL-Rekordspieler: 1. Timo Lange (165), 2. Marcus Lantz (164), 3. Hilmar Weilandt (160)
BL-Rekordtorschützen: 1. Magnus Arvidsson (27), 2. René Rydlewicz (23), 3. Steffen Baumgart, Oliver Neuville (beide 22)

1. FC Saarbrücken

Gründung: 18. April 1903
Vereinsfarben: blau/schwarz
Stadion: Ludwigsparkstadion (35 303 Plätze)
BL-Zugehörigkeit: 1963/64, 1976/77, 1977/78, 1985/86, 1992/93
Ewige Tabelle: Platz 33
Saison 2008/09: Oberliga Südwest
Trainer: Dieter Ferner
Präsident: Horst Hinschberger
Adresse: Berliner Promenade 12, 66111 Saarbrücken; www.fc-saarbruecken.de
Titel: –
BL-Rekordspieler: 1. Egon Schmitt (68), 2. Ludwig Denz, Dieter Ferner (beide 62), 3. Bernd Förster (61)
BL-Rekordtorschützen: 1. Roland Stegmayer (19), 2. Dieter Krafczyk (14), 3. Harry Ellbracht (12)

FC St. Pauli

Gründung: 15. Mai 1910
Vereinsfarben: braun/weiß
Stadion: Millerntor-Stadion (22 000 Plätze)
BL-Zugehörigkeit: 1977/78, 1988-1991, 1995-1997, 2001/02
Ewige Tabelle: Platz 29
Saison 2008/09: 2. Bundesliga
Trainer: André Trulsen
Präsident: Corny Littmann
Adresse: Auf dem Heiligengeistfeld, 20359 Hamburg; www.fcstpauli.com
Titel: –
BL-Rekordspieler: 1. Andre Trulsen (177), 2. Jürgen Gronau (117), 3. Klaus Thomforde (100)
BL-Rekordtorschützen: 1. Andre Golke (25), 2. Dirk Zander (20), 3. Franz Gerber (16)

FC Schalke 04

Gründung: 04. Mai 1904
Vereinsfarben: blau/weiß
Stadion: Veltins-Arena (61 482 Plätze)
BL-Zugehörigkeit: 1963-1981, 1982/83, 1984-1988, seit 1991
Ewige Tabelle: Platz 9
Saison 2008/09: 1. Bundesliga
Trainer: Fred Rutten
Vorstandsvorsitzender: Josef Schnusenberg
Adresse: Ernst-Kuzorra-Weg 1, 45891 Gelsenkirchen; www.schalke04.de
Titel: Deutscher Meister: 1934, 1935, 1937, 1939, 1940, 1942, 1958
DFB-Pokalsieger: 1937, 1972, 2001, 2002
UEFA-Pokal-Sieger: 1997
BL-Rekordspieler: 1. Klaus Fichtel (477), 2. Norbert Nigbur (355), 3. Rolf Rüssmann (304)
BL-Rekordtorschützen: 1. Klaus Fischer (182), 2. Ebbe Sand (73), 3. Olaf Thon (52)

VfB Stuttgart

Gründung: 09. September 1893
Vereinsfarben: weiß/rot
Stadion: Mercedes-Benz-Arena (57 000 Plätze)
BL-Zugehörigkeit: 1963-75, seit 1977
Ewige Tabelle: Platz 4
Saison 2008/09: 1. Bundesliga
Trainer: Armin Veh
Präsident: Erwin Staudt
Adresse: Mercedesstraße 109, 70372 Stuttgart; www.vfb.de >>

<<

Titel: Deutscher Meister: 1950, 1952, 1984, 1992, 2007
DFB-Pokalsieger: 1954, 1958, 1997

BL-Rekordspieler: 1. Karl Allgöwer (338), 2. Günther Schäfer (331), 3. Guido Buchwald (325)
BL-Rekordtorschützen: 1. Karl Allgöwer (129), 2. Fritz Walter (102), 3. Hermann Ohlicher (96)

SV Stuttgarter Kickers

Gründung: 21. September 1899
Vereinsfarben: blau/weiß
Stadion: GAZi-Stadion (11 534 Plätze)
BL-Zugehörigkeit: 1988/89, 1991/92
Ewige Tabelle: Platz 41
Saison 2008/09: 3. Liga
Trainer: Stefan Minkwitz
Präsident: Dirk Eichelbaum

Adresse: Königsträßle 56, 70597 Stuttgart; www.stuttgarter-kickers.de
Titel: –
BL-Rekordspieler: 1. Ralf Vollmer (62), 2. Wolfgang Wolf (60), 3. Alois Schwartz (51)
BL-Rekordtorschützen: 1. Marcus Marin (13), 2. Dimitrios Moutas (12), 3. Wolfgang Schüler (9)

KFC Uerdingen 05

Gründung: 17. November 1905
Vereinsfarben: blau/rot
Stadion: Grotenburg-Stadion (34 500 Plätze)
BL-Zugehörigkeit: 1975/76, 1979-1981, 1983-1991, 1992/93, 1994-1996
Ewige Tabelle: Platz 22
Saison 2008/09: Verbandsliga Niederrhein
Trainer: Richard Towa

Vorstandsvorsitzender: Agissilaos Kourkoudialos
Adresse: Glockenspitz 148, 47800 Krefeld; www.kfc-uerdingen.de
Titel: DFB-Pokalsieger: 1985
BL-Rekordspieler: 1. Friedhelm Funkel (254), 2. Wolfgang Funkel (210), 3. Dietmar Klinger (208)
BL-Rekordtorschützen: 1. Friedhelm Funkel (59), 2. Stefan Kuntz (32), 3. Wolfgang Funkel (31)

SSV Ulm 1846

Gründung: 05. Mai 1970
Vereinsfarben: schwarz/weiß
Stadion: Donaustadion (19 500 Plätze)
BL-Zugehörigkeit: 1999/2000
Ewige Tabelle: Platz 44
Saison 2008/09: Regionalliga Süd
Trainer: Markus Gisdol
Präsidentin: Katja Adler

Adresse: Stadionstraße 17, 89073 Ulm; www.ssvulm1846.com
Titel: –
BL-Rekordspieler: 1. Philipp Laux (34), 2. Oliver Otto, Oliver Unsöld (beide 33), 3. Rui Marques (3)
BL-Rekordtorschützen: 1. Hans van de Haar (10), 2. David Zdrilic (6), 3. Rainer Scharinger (4)

SpVgg Unterhaching

Gründung: 01. Januar 1925
Vereinsfarben: rot/blau
Stadion: Generali Sportpark (15 053 Plätze)
BL-Zugehörigkeit: 1999-2001
Ewige Tabelle: Platz 40
Saison 2008/09: 2. Bundesliga
Trainer: Ralph Hasenhüttl
Präsident: Engelbert Kupka

Adresse: Am Sportpark 1, 82008 Unterhaching; www.spvgg-unterhaching.de
Titel: –
BL-Rekordspieler: 1. Danny Schwarz (68), 2. Matthias Zimmermann (66), 3. Markus Oberleitner (63)
BL-Rekordtorschützen: 1. Andre Breitenreiter (15), 2. Altin Rraklli (10), 3. Oliver Straube (7)

SG Wattenscheid 09

Gründung: 18. September 1909
Vereinsfarben: schwarz/weiß
Stadion: Lohrheidestadion (16 233 Plätze)
BL-Zugehörigkeit: 1990-1994
Ewige Tabelle: Platz 32
Saison 2008/09: NRW-Liga
Trainer: Dirk Helmig
Vorstandsvorsitzender: Guido Tann

Adresse: Lohrheidestraße 82, 44866 Bochum; www.sgwattenscheid09.de
Titel: –
BL-Rekordspieler: 1. Thorsten Fink (125), 2. Stefan Emmerling (120), 3. Hans-Werner Moser (119)
BL-Rekordtorschützen: 1. Souleyman Sane (39), 2. Thorsten Fink (25), 3. Uwe Tschiskale (21)

VfL Wolfsburg

Gründung: 12. September 1945
Vereinsfarben: grün/weiß
Stadion: Volkswagen Arena (30 000 Plätze)
BL-Zugehörigkeit: seit 1997
Ewige Tabelle: Platz 23
Saison 2008/09: 1. Bundesliga
Trainer: Felix Magath
Aufsichtsratsvorsitzender: Hans Dieter Pötsch

Adresse: In den Allerwiesen 1, 38446 Wolfsburg; www.vflwolfsburg.de
Titel: –
BL-Rekordspieler: 1. Miroslav Karhan (173), 2. Claus Reitmaier (163), 3. Patrick Weiser (159)
BL-Rekordtorschützen: 1. Diego Klimowicz (57), 2. Andrzej Juskowiak (39), 3. Tomislav Maric (31)

Wuppertaler SV Borussia

Gründung: 08. Juli 1954
Vereinsfarben: rot/blau
Stadion: Stadion am Zoo (28 300 Plätze)
BL-Zugehörigkeit: 1972-1975
Ewige Tabelle: Platz 37
Saison 2008/09: 3. Liga
Trainer: Christoph John
Präsident: Friedhelm Runge

Adresse: Hubertusallee 4, 42117 Wuppertal; www.wuppertalersv.de
Titel: –
BL-Rekordspieler: 1. Gustav Jung (97), 2. Erich Miss, Günter Pröpper, Herbert Stöckl (alle 87), 3. Heinz-Dieter Lömm (86)
BL-Rekordtorschützen: 1. Günter Pröpper (39), 2. Gustav Jung (21), 3. Jürgen Kohle (16)

DEUTSCHER VEREINSFUSSBALL – FRAUEN

Deutsche Meisterschaft

Meisterliste

Saison	Verein
1973/74	TuS Wörrstadt
1974/75	Bonner SC
1975/76	FC Bayern München
1976/77	SSG 09 Bergisch Gladbach
1977/78	SC 07 Bad Neuenahr
1978/79	SSG 09 Bergisch Gladbach
1979/80	SSG 09 Bergisch Gladbach
1980/81	SSG 09 Bergisch Gladbach
1981/82	SSG 09 Bergisch Gladbach
1982/83	SSG 09 Bergisch Gladbach
1983/84	SSG 09 Bergisch Gladbach
1984/85	KBC Duisburg

Saison	Verein
1985/86	FSV Frankfurt
1986/87	TSV Siegen
1987/88	SSG 09 Bergisch Gladbach
1988/89	SSG 09 Bergisch Gladbach
1989/90	TSV Siegen
1990/91	TSV Siegen
1991/92	TSV Siegen
1992/93	TuS Niederkirchen
1993/94	TSV Siegen
1994/95	FSV Frankfurt
1995/96	TSV Siegen
1996/97	Grün-Weiß Brauweiler

>>

<<

Saison	Verein
1997/98	FSV Frankfurt
1998/99	1. FFC Frankfurt
1999/00	FCR Duisburg
2000/01	1. FFC Frankfurt
2001/02	1. FFC Frankfurt
2002/03	1. FFC Frankfurt
2003/04	1. FFC Turbine Potsdam
2004/05	1. FFC Frankfurt
2005/06	1. FFC Turbine Potsdam
2006/07	1. FFC Frankfurt
2007/08	1. FFC Frankfurt

Endspiele um die deutsche Meisterschaft vor Einführung der eingleisigen 1. Bundesliga

Von 1973/74 bis 1989/90 Austragung der Deutschen Meisterschaft der Frauen in Turnierform. Ab 1990/91 Einführung einer zweigleisigen 1. Bundesliga. Die beiden Bestplatzierten der Gruppen Nord und Süd spielen über Kreuz das Halbfinale. Die Sieger kommen ins Endspiel.

Datum	Ort	Begegnung	Erg.	Tore
08.09.**1974**	Mainz	**TuS Wörrstadt** - DJK Eintracht Erle	4:0	1:0 Israel (25.), 2:0 Israel (36.), 3:0 Wohlleben (42.), 4:0 Israel (48.)
15.06.**1975**	Bad Godesberg	**Bonner SC** - Bayern München	4:2	0:1 Niederlöhner (3.), 1:1 Trabant-Haarbach (26.), 1:2 Langer (28.), 2:2 Ranger (32.), 3:2 Charlotte Nüsser (48.), 4:2 Charlotte Nüsser (60.)
20.06.**1976**	Siegen	**Bayern München** - TB Berlin	4:2 n. V.*	1:0 Niederlöhner (6.), 1:1 Cygon (23.), 2:1 Schmidt (33.), 2:2 Cygon (42.), 3:2 Mayerhofer (70.), 4:2 Niederlöhner (75.)
18.06.1977	B. Gladb.	Bergisch Gladbach - OS Niederrad	0:0	
25.06.**1977**	Niederrad	**Bergisch Gladbach** - OS Niederrad	1:0	1:0 Gebauer (31.)
17.06.1978	Bad Neuenahr	SC Bad Neuenahr - FC H. Marpingen	2:0	1:0 Nüsser (12.), 2:0 Nüsser (45.)
25.06.**1978**	Eppelborn	**SC Bad Neuenahr** - FC H. Marpingen	0:1	0:1 Schreiber (20., ET)
17.06.1979	München	Bergisch Gladbach - Bayern München	3:2	0:1 Doll (7.), 1:1 Kresimon (16.), 2:1 Kresimon (43.), 2:2 Mayerhofer (45.), 3:2 Neuenfeldt (53.)
24.06.**1979**	B. Gladb.	**Bergisch Gladbach** - Bayern München	1:0	1:0 Kresimon (2.)
15.06.**1980**	B. Gladb.	**Bergisch Gladbach** - KBC Duisburg	5:0	1:0 Krug (2.), 2:0 Gebauer (7.), 3:0 Kresimon (53.), 4:0 Budny (63.), 5:0 Kresimon (65.)
20.06.**1981**	B. Gladb.	**Bergisch Gladbach** - TB Berlin	4:0	1:0 Neuenfeldt (2.), 2:0 Kresimon (11.), 3:0 Kresimon (24.), Kresimon (46.)
17.06.**1982**	B. Gladb.	**Bergisch Gladbach** - Bayern München	6:0	1:0 Trabant-Haarbach (25.), 2:0 Kresimon (37.), 3:0 Kresimon (41.), 4:0 Gebauer (60.), 4:0 Frauenrath (69.), 5:0 Kresimon (71.)
25.06.**1983**	B. Gladb.	**Bergisch Gladbach** - TB Berlin	6:0	1:0 Gebauer (15.), 2:0 Schauerova (45.), 3:0 Kresimon (52.), 4:0 Schauerova (54., E), 5:0 Krug (57.), 6:0 Dlugi (69.)
30.06.**1984**	Frankfurt	**Bergisch Gladbach** - FSV Frankfurt	3:1	1:0 Neid (31.), 1:1 Jahn (27.), 2:1 Bartelmann (52.), 3:1 Dahl (80.)
30.06.**1985**	Duisburg	**KBC Duisburg** - Bayern München	1:0	1:0 Klinkowski (76.)

>>

Datum	Ort	Begegnung	Erg.	Tore
<< 28.06.**1986**	B. Gladb.	**FSV Frankfurt** - Bergisch Gladbach	5:0	1:0 Jahn (38.), 2:0 Koekkoek (49.), 3:0 Laufer (62.), 4:0 Laufer (64.), 5:0 Mantel (78.)
28.06.**1987**	Siegen	**TSV Siegen** - FSV Frankfurt	2:1	0:1 Stumpf (11.), 1:1 Neid (42.), 2:1 Pick (65.)
26.06.**1988**	B. Gladb.	**Bergisch Gladbach** - KBC Duisburg	5:4 n. E.	
08.07.**1989**	Montabaur	**Bergisch Gladbach** - TuS Ahrbach	2:0	1:0 Flues (54.), 2:0 Flues (58.)
24.06.**1990**	Siegen	**TSV Siegen** - Bergisch Gladbach	3:0	1:0 Voß (11.), 2:0 Voß (19.), 3:0 Hennecke (64.)
16.06.**1991**	Siegen	**TSV Siegen** - FSV Frankfurt	4:2	0:1 Unsleber (4.), 1:1 Kern (11.), 2:1 Kern (33.), 3:1 Neid (20.), 4:1 Voß (34.), 4:2 Walter (61.)
28.06.**1992**	Siegen	**TSV Siegen** - GW Brauweiler	2:0	1:0 Neid (27.), 2:0 Meyer (57.)
20.06.**1993**	Niederkirchen	**TuS Niederkirchen** - TSV Siegen	2:1 n.V.	0:1 Neid (24.), 1:1 Mohr (42., HE), 2:1 Mohr (99.)
19.06.**1994**	Pulheim	**TSV Siegen** - GW Brauweiler	1:0	1:0 Kubat (65.)
14.05.**1995**	Pulheim	**FSV Frankfurt** - GW Brauweiler	2:0	1:0 Bornschein (3.), Prinz (16.)
02.06.**1996**	Frankfurt	**TSV Siegen** - SG Praunheim	1:0	1:0 Kubat (29.)
08.06.**1997**	Duisburg	**GW Brauweiler** - FCR Duisburg	6:4 n. E.	0:1 Grings (91.), 1:1 Menge (117.); 5:3 i. E.

* Das Spiel dauert 2 x 30 Minuten. Danach folgt eine Verlängerung.

Die Abschlusstabellen der eingleisigen Frauen-Bundesliga

Saison 1997/98

Verein	Sp.	S	U	N	Tore	Pkt.
1. **FSV Frankfurt**	22	18	2	2	80:19	56
2. SG Praunheim	22	16	2	4	58:22	50
3. FCR Duisburg	22	15	2	5	57:22	47
4. GW Brauweiler	22	12	3	7	35:28	39
5. Spfr. Siegen	22	12	2	8	46:23	38
6. Turbine Potsdam	22	9	3	10	34:43	30
7. Eintracht Rheine	22	9	2	11	28:32	29
8. 1. FC Saarbrücken	22	9	2	11	32:41	29
9. TuS Niederkirchen	22	5	5	12	26:44	20
10. SC Bad Neuenahr	22	5	4	13	23:49	19
11. **SC Klinge Seckach**	22	5	3	14	23:58	18
12. **Hamburger SV**	22	1	2	19	17:78	5

Saison 1998/99

Verein	Sp.	S	U	N	Tore	Pkt.
1. **1. FFC Frankfurt**	22	19	2	1	96:11	59
2. FCR Duisburg	22	18	2	2	77:14	56
3. Spfr. Siegen	22	10	7	5	32:28	37
4. Turbine Potsdam	22	7	8	7	41:39	29
5. FSV Frankfurt	22	7	8	7	26:31	29
6. WSV Wolfsburg	22	7	6	9	39:48	27
7. 1. FC Saarbrücken	22	6	6	10	21:31	24
8. TuS Niederkirchen	22	7	3	12	26:54	24
9. GW Brauweiler	22	6	5	11	29:51	23
10. SC Bad Neuenahr	22	5	8	9	18:43	23
11. **FFC Heike Rheine**	22	6	4	12	29:44	22
12. **SC Freiburg**	22	2	5	15	18:58	11

Saison 1999/2000

Verein	Sp.	S	U	N	Tore	Pkt.
1. **FCR Duisburg**	22	20	0	2	85:10	60
2. 1. FFC Frankfurt	22	14	3	5	67:13	45
3. Spfr. Siegen	22	13	3	6	48:28	42
4. Turbine Potsdam	22	13	2	7	43:27	41
5. GW Brauweiler	22	11	6	5	50:30	39
6. SC Bad Neuenahr	22	12	2	8	41:28	38
7. WSV Wolfsburg	22	10	5	7	46:37	35
8. Flaesheim-Hillen	22	6	2	14	23:74	20
9. FSV Frankfurt	22	6	1	15	28:52	19
10. 1. FC Saarbrücken	22	5	3	14	25:40	18
11. **TuS Niederkirchen**	22	4	2	16	16:63	14
12. **1. FC Nürnberg**	22	2	3	17	15:85	9

Saison 2000/01

Verein	Sp.	S	U	N	Tore	Pkt.
1. **1. FFC Frankfurt**	22	17	3	2	81:17	54
2. Turbine Potsdam	22	13	5	4	63:17	44
3. FCR Duisburg	22	12	4	6	43:39	40
4. Brauweiler Pulheim	22	12	1	9	56:32	37
5. Flaesheim-Hillen	22	9	6	7	30:25	33
6. FC Bayern München	22	10	3	9	45:52	33

Verein	Sp.	S	U	N	Tore	Pkt.
7. FSV Frankfurt	22	7	7	8	28:37	28
8. Spfr. Siegen	22	7	5	10	28:46	26
9. SC Bad Neuenahr	22	7	5	10	36:55	26
10. WSV Wolfsburg	22	5	5	12	30:48	20
11. **FFC Heike Rheine**	22	5	5	12	28:52	20
12. **1. FC Saarbrücken**	22	2	3	17	18:66	9

Saison 2001/02

Verein	Sp.	S	U	N	Tore	Pkt.
1. **1. FFC Frankfurt**	22	18	4	0	65:17	58
2. Turbine Potsdam	22	14	2	6	56:23	44
3. FCR Duisburg	22	14	2	6	61:34	44
4. FC Bayern München	22	12	4	6	59:38	40
5. FSV Frankfurt	22	11	6	5	48:29	39
6. SC Freiburg	22	11	2	9	30:34	35

Verein	Sp.	S	U	N	Tore	Pkt.
7. Brauweiler Pulheim	22	10	3	9	37:27	33
8. FFC Heike Rheine	22	6	9	7	34:34	27
9. SC Bad Neuenahr	22	6	4	12	24:51	22
10. WSV Wolfsburg	22	5	2	15	26:52	17
11. **Hamburger SV**	22	2	2	18	16:62	8
12. **1. FC Saarbrücken**	22	2	2	18	16:71	8

Saison 2002/03

Verein	Sp.	S	U	N	Tore	Pkt.
1. **1. FFC Frankfurt**	22	18	3	1	90:14	57
2. Turbine Potsdam	22	17	4	1	65:15	55
3. FCR Duisburg	22	14	2	6	58:32	44
4. FFC Heike Rheine	22	12	2	8	52:31	38
5. FC Bayern München	22	11	4	7	45:32	37
6. Brauweiler Pulheim	22	9	4	9	41:27	31

Verein	Sp.	S	U	N	Tore	Pkt.
7. FSV Frankfurt	22	9	0	13	42:54	27
8. SC Freiburg	22	6	6	10	33:43	24
9. WSV Wolfsburg	22	6	6	10	31:49	24
10. SC Bad Neuenahr	22	7	2	13	31:73	23
11. **TB Berlin**	22	4	3	15	17:68	15
12. **TuS Niederkirchen**	22	0	2	20	10:77	2

Saison 2003/04

Verein	Sp.	S	U	N	Tore	Pkt.
1. **Turbine Potsdam**	22	20	1	1	96:17	61
2. 1. FFC Frankfurt	22	18	3	1	68:19	57
3. FFC Heike Rheine	22	13	4	5	64:37	43
4. FCR Duisburg	22	11	2	9	57:38	35
5. FC Bayern München	22	10	4	8	53:36	34
6. Hamburger SV	22	10	4	8	47:34	34

Verein	Sp.	S	U	N	Tore	Pkt.
7. SC Bad Neuenahr	22	8	4	10	40:48	28
8. VfL Wolfsburg	22	8	3	11	35:55	27
9. FSV Frankfurt	22	6	3	13	29:53	21
10. SC Freiburg	22	5	5	12	34:51	20
11. **Brauweiler Pulheim**	22	3	6	13	30:57	15
12. **1. FC Saarbrücken**	22	0	1	21	7:115	1

Saison 2004/05

Verein	Sp.	S	U	N	Tore	Pkt.
1. **1. FFC Frankfurt**	22	21	0	1	78:16	63
2. FCR Duisburg	22	18	2	2	91:20	56
3. Turbine Potsdam	22	16	1	5	79:29	49
4. FC Bayern München	22	10	3	9	39:37	33
5. SC Bad Neuenahr	22	10	3	9	40:42	33
6. FSV Frankfurt	22	7	5	10	37:51	26

Verein	Sp.	S	U	N	Tore	Pkt.
7. FFC Heike Rheine	22	7	4	11	36:54	25
8. SC Freiburg	22	7	2	13	30:56	23
9. Hamburger SV	22	6	2	14	20:48	20
10. Essen-Schönebeck	22	6	2	14	28:63	20
11. **TSV Crailsheim**	22	6	0	16	19:49	18
12. **VfL Wolfsburg**	22	5	2	15	26:58	17

Saison 2005/06

Verein	Sp.	S	U	N	Tore	Pkt.
1. **Turbine Potsdam**	22	19	2	1	115:13	59
2. FCR Duisburg	22	17	4	1	91:11	55
3. 1. FFC Frankfurt	22	17	1	4	97:25	52

Verein	Sp.	S	U	N	Tore	Pkt.
4. SC Bad Neuenahr	22	14	2	6	61:40	44
5. Hamburger SV	22	10	3	9	42:40	33
6. Essen-Schönebeck	22	9	3	10	44:49	30

>>

Verein	Sp.	S	U	N	Tore	Pkt.
7. SC Freiburg*	22	9	5	8	45:48	29
8. FC Bayern München	22	8	3	11	41:48	27
9. FFC Heike Rheine	22	5	5	12	39:56	20
10. Brauweiler Pulheim	22	3	4	15	24:79	13
11. **VfL Sindelfingen**	22	2	5	15	19:72	11
12. **FSV Frankfurt**	22	0	1	21	5:142	1

* Dem SC Freiburg werden nach DFB-Entscheid drei Punkte abgezogen.

Saison 2006/07

Verein	Sp.	S	U	N	Tore	Pkt.
1. **1. FFC Frankfurt**	22	19	3	0	91:17	60
2. FCR Duisburg	22	16	3	3	76:25	51
3. Turbine Potsdam	22	13	5	4	51:23	44
4. FC Bayern München	22	12	2	8	35:29	38
5. SC Bad Neuenahr	22	10	3	9	45:45	33
6. Essen-Schönebeck	22	10	2	10	55:42	32
7. TSV Crailsheim	22	9	3	10	33:37	30
8. VfL Wolfsburg	22	8	3	11	20:49	27
9. Hamburger SV	22	7	5	10	34:34	26
10. SC Freiburg	22	8	1	13	36:57	25
11. **FFC Heike Rheine**	22	4	2	16	24:57	14
12. **Brauweiler Pulheim**	22	0	0	22	15:100	0

Saison 2007/08

Verein	Sp.	S	U	N	Tore	Pkt.
1. **1. FFC Frankfurt**	22	17	3	2	87:22	54
2. FCR Duisburg	22	17	2	3	65:20	53
3. Turbine Potsdam	22	11	5	6	48:32	38
4. FC Bayern München	22	12	2	8	53:38	38
5. SC Bad Neuenahr	22	12	1	9	43:33	37
6. VfL Wolfsburg	22	10	4	8	42:48	34
7. Essen-Schönebeck	22	9	6	7	43:40	33
8. SC Freiburg	22	6	3	13	30:63	21
9. TSV Crailsheim	22	5	4	13	28:43	19
10. Hamburger SV	22	4	6	12	23:46	18
11. **1. FC Saarbrücken**	22	4	6	12	26:51	18
12. **SG Wattenscheid 09**	22	3	2	17	17:69	11

Die erfolgreichsten Torschützinnen der einzelnen Bundesliga-Saisons

Saison	Name	Verein	Tore
1990/91	Heidi Mohr	TuS Niederkirchen	36
1991/92	Heidi Mohr	TuS Niederkirchen	24
1992/93	Heidi Mohr	TuS Niederkirchen	21
1993/94	Heidi Mohr	TuS Niederkirchen	28
1994/95	Heidi Mohr	TuS Ahrbach	27
1995/96	Sandra Smisek	FSV Frankfurt	29
1996/97	Birgit Prinz	FSV Frankfurt	20
1997/98	Birgit Prinz	FSV Frankfurt	23
1998/99	Inka Grings	FCR Duisburg	25
1999/00	Inka Grings	FCR Duisburg	38
2000/01	Birgit Prinz	1. FFC Frankfurt	24
2001/02	Conny Pohlers	1. FFC Turbine Potsdam	27
2002/03	Inka Grings	FCR 2001 Duisburg	20
2003/04	Kerstin Garefrekes	FFC Heike Rheine	26
2004/05	Shelley Thompson	FCR 2001 Duisburg	30
2005/06	Conny Pohlers	1. FFC Turbine Potsdam	36
2006/07	Birgit Prinz	1. FFC Frankfurt	28
2007/08	Inka Grings	FCR 2001 Duisburg	26

Ewige Tabelle der eingleisigen Frauen-Bundesliga nach der Saison 2007/08

Verein	Jahre	Sp.	S	U	N	Tore	Diff.	Pkt.
1. 1. FFC Frankfurt	11	242	194	27	21	878:193	+685	609
2. FCR 2001 Duisburg	11	242	172	25	45	763:265	+498	541
3. 1. FFC Turbine Potsdam	11	242	152	38	52	691:278	+413	494
4. SC 07 Bad Neuenahr	11	242	96	38	108	402:507	-105	326
5. FC Bayern München	8	176	85	25	66	370:310	+60	280
6. FSV Frankfurt	9	198	70	33	95	322:469	-147	243
7. FFC Heike Rheine	9	198	67	37	94	334:397	-63	238
8. FFC Brauweiler Pulheim 2000	9	198	67	32	99	318:430	-112	233
9. VfL Wolfsburg	9	198	64	36	98	295:444	-149	228
10. SC Freiburg	8	176	54	29	93	256:410	-154	188
11. Hamburger SV	7	154	40	24	90	199:342	-143	144
12. Sportfreunde Siegen	4	88	42	17	29	154:125	+29	143
13. SG Essen-Schönebeck	4	88	34	13	41	170:194	-24	115
14. 1. FC Saarbrücken	7	154	28	23	103	145:415	-270	107
15. TSV Crailsheim	3	66	20	7	39	80:129	-49	67
16. TuS Niederkirchen	4	88	16	12	60	78:238	-160	60
17. FFC Flaesheim-Hillen	2	44	15	8	21	53:99	-46	53
18. SC Klinge Seckach	1	22	5	3	14	23:58	-35	18
19. Tennis Borussia Berlin	1	22	4	3	15	17:68	-51	15
20. SG Wattenscheid 09	1	22	3	2	17	17:69	-52	11
21. VfL Sindelfingen	1	22	2	5	15	19:72	-53	11
22. 1. FC Nürnberg	1	22	2	3	17	15:85	-70	9

In der Saison 2005/06 werden dem SC Freiburg nach DFB-Entscheid drei Punkte abgezogen.

Titel-Ranking Deutsche Meisterschaft

Verein	Titel
1. SSG 09 Bergisch Gladbach* / TuS Köln rrh. 1874	9
2. SG Praunheim / 1. FFC Frankfurt*	7
3. TSV Siegen* / Sportfreunde Siegen	6
4. FSV Frankfurt	3
5. 1. FFC Turbine Potsdam	1
6. FC Bayern München	1
Bonner SC	1

Verein	Titel
Grün-Weiß Brauweiler* / FFC Brauweiler Pulheim 2000	1
FCR Duisburg* / FCR 2001 Duisburg	
KBC Duisburg	1
TuS Niederkirchen	1
SC 07 Bad Neuenahr	1
TuS Wörrstadt	1

* alle Titel unter diesem Namen

Fußballerinnen des Jahres

Jahr	Name	Verein
1996	Martina Voss	FCR Duisburg
1997	Bettina Wiegmann	Grün-Weiß Brauweiler
1998	Silke Rottenberg	Sportfreunde Siegen
1999	Inka Grings	FCR Duisburg
2000	Martina Voss	FCR Duisburg
2001	Birgit Prinz	1. FFC Frankfurt
2002	Birgit Prinz	1. FFC Frankfurt
2003	Birgit Prinz	1. FFC Frankfurt

>>

Jahr	Name	Verein
<< 2004	Birgit Prinz	1. FFC Frankfurt
2005	Birgit Prinz	1. FFC Frankfurt
2006	Birgit Prinz	1. FFC Frankfurt
2007	Birgit Prinz	1. FFC Frankfurt

DFB-Pokal

Endspiele

Datum	Ort	Begegnung	Erg.	Tore
02.05.**1981**	Stuttgart	**Bergisch Gladbach** - TuS Wörrstadt	5:0	1:0 Kresimon (17.), 2:0 Kresimon (34.), 3:0 Degwitz (38.), 4:0 Trabant-Haarbach (52.), 5:0 Kresimon (69.)
01.05.**1982**	Frankfurt	**Bergisch Gladbach** - VfL Wildeshausen	3:0	1:0 Dahl (9.), 2:0 Trabant-Haarbach (44.), 3:0 Krug (59.)
08.05.**1983**	Frankfurt	**KBC Duisburg** - FSV Frankfurt	3:0	1:0 Offermann (33.), 2:0 Offermann (54.), 3:0 Carastergiou (68., E)
31.05.**1984**	Frankfurt	**Bergisch Gladbach** - VfL Wolfsburg	2:0	1:0 Bartelmann (28.), 2:0 Dlugi (78.)
26.05.**1985**	Berlin	**FSV Frankfurt** - KBC Duisburg	5:4 n. E.	1:0 Koekkoek (25.), 1:1 Offermann (52.); 4:3 i. E.
03.05.**1986**	Berlin	**TSV Siegen** - Bergisch Gladbach	2:0	1:0 Chaladyniak (37.), 2:0 Fischbach (66.)
20.06.**1987**	Berlin	**TSV Siegen** - STV Loevenich	5:2	1:0 Neid (19.), 2:0 Chaladyniak (24.), 2:1 Schotten (37.), 3:1 Hennecke (50., FE), 3:2 Czyganowski (64., ET), 4:2 Pick (65.), 5:2 Bartelmann (71.)
28.05.**1988**	Berlin	**TSV Siegen** - FC Bayern München	4:0	1:0 Neid (15.), 2:0 Neid (34.), 3:0 Wiese (66., FE), 4:0 Neid (73.)
24.06.**1989**	Berlin	**TSV Siegen** - FSV Frankfurt	5:1	1:0 Neid (10.), 2:0 Neid (18.), 3:0 Kern (36.), 4:0 Kern (44.), 5:0 Voss (46.), 5:1 Unsleber (52., FE)
19.05.**1990**	Berlin	**FSV Frankfurt** - FC Bayern München	1:0	1:0 Walter (20.)
22.06.**1991**	Berlin	**Grün-Weiß Brauweiler** - TSV Siegen	1:0	1:0 Kubat (19.)
23.05.**1992**	Berlin	**FSV Frankfurt** - TSV Siegen	1:0	1:0 König (58.)
12.06.**1993**	Berlin	**TSV Siegen** - Grün-Weiß Brauweiler	7:6 n. E.	1:0 Wiegmann (38.), 1:1 Fitschen (42.); 6:5 i. E.
14.05.**1994**	Berlin	**Grün-Weiß Brauweiler** - TSV Siegen	2:1	1:0 A. Klein (49.), 2:0 Wiegmann (50.), 2:1 Fitschen (67.)
24.06.**1995**	Berlin	**FSV Frankfurt** - TSV Siegen	3:1	1:0 Prinz (30.), 1:1 Fitzner (32.), 2:1 König (77.), 3:1 Austermühl (90.)
25.05.**1996**	Berlin	**FSV Frankfurt** - SC Klinge Seckach	2:1	1:0 Smisek (3.), 1:1 Lingor (25.), 2:1 Prinz (84.)
14.06.**1997**	Berlin	**GW Brauweiler** - Eintracht Rheine	3:1	1:0 C. Klein (42.), 2:0 Fuss (62.), 2:1 Unterbrink (75.) 3:1 Holinka (76.)

>>

<<

Datum	Ort	Begegnung	Erg.	Tore
16.05.**1998**	Berlin	**FCR Duisburg** - FSV Frankfurt	6:2	1:0 Grings (4.), 2:0 Nieczypor (7.), 3:0 Meinert (18.), 4:0 Nieczypor (30.), 4:1 König (42.), 5:1 Grings (48.), 5:2 Bornschein (52.), 6:2 Grings (90.)
12.06.**1999**	Berlin	**1. FFC Frankfurt** - FCR Duisburg	1:0	1:0 Künzer (43.)
06.05.**2000**	Berlin	**1. FFC Frankfurt** - SF Siegen	2:1	1:0 Meyer (63.), 2:0 Lingor (73.), 2:1 Menge (87.)
26.05.**2001**	Berlin	**1. FFC Frankfurt** - Flaesheim-Hillen	2:1	0:1 A. Meier (44.), 1:1 Prinz (48.), 2:1 J. Meier (78.)
11.05.**2002**	Berlin	**1. FFC Frankfurt** - Hamburger SV	5:0	1:0 Prinz (11.), 2:0 Lingor (29.), 3:0 Prinz (82.), 4:0 Prinz (89.), 5:0 Künzer (90.)
31.05.**2003**	Berlin	**1. FFC Frankfurt** - FCR 2001 Duisburg	1:0	1:0 Voss (89., ET)
29.05.**2004**	Berlin	**Turbine Potsdam** - 1. FFC Frankfurt	3:0	1:0 Pohlers (27.), 2:0 Zietz (50.), 3:0 Mittag (55.)
28.05.**2005**	Berlin	**Turbine Potsdam** - 1. FFC Frankfurt	3:0	1:0 Pohlers (23.), 2:0 Wimbersky (34.), 3:0 Mittag (80.)
29.04.**2006**	Berlin	**Turbine Potsdam** - 1. FFC Frankfurt	2:0	1:0 Kerschowski (79.), 2:0 Wimbersky (82.)
26.05.**2007**	Berlin	**1. FFC Frankfurt** - FCR 2001 Duisburg	5:2 n. E.	1:0 Lingor (3., FE), 1:1 Fuss (45.); 4:1 i. E.
19.04.**2008**	Berlin	**1. FFC Frankfurt** - 1. FC Saarbrücken	5:1	0:1 Budge (4.), 1:1 Wimbersky (22.), 2:1 Pohlers (50.), 3:1 Garefrekes (54.), 4:1 Pohlers (59.), 5:1 Prinz (75.)

Titel-Ranking DFB-Pokal

Verein	Titel	Endspiele
1. SG Praunheim / 1. FFC Frankfurt*	7	10
2. TSV Siegen* / Spfr. Siegen	5	10
3. FSV Frankfurt	5	8
4. SSG 09 Bergisch Gladbach* / TuS Köln rrh. 1874	3	4
Grün-Weiß Brauweiler* / FFC Brauweiler Pulheim 2000	3	4
6. 1. FFC Turbine Potsdam	3	3
7. FCR Duisburg* / FCR 2001 Duisburg	1	4
8. KBC Duisburg	1	2

* alle Titel unter diesem Namen

Alle Vereine der eingleisigen Frauen-Bundesliga

SC 07 Bad Neuenahr

Gründung: 01. Januar 1907
Vereinsfarben: rot/weiß
Stadion: Apollinaris-Stadion (4 500 Plätze)
BL-Zugehörigkeit: seit 1997
Ewige Tabelle: Platz 4
Saison 2008/09: 1. Bundesliga

Trainer: Deniz Bakir
Vorstandsvorsitzender: Fritz Langenhorst
Adresse: Postfach 100 960, Nordstraße 10, 53474 Bad Neuenahr; www.sc07badneuenahr.de
Titel: Deutscher Meister: 1978

Tennis Borussia Berlin

Gründung: 09. April 1902
Vereinsfarben: lila/weiß
Stadion: Mommsenstadion (11 500 Plätze)
BL-Zugehörigkeit: 2002/03
Ewige Tabelle: Platz 19
Saison 2008/09: 2. Bundesliga
Trainer: Thomas Grunenberg
Vorstandsvorsitzender: Bernd Sievers
Adresse: Waldschulallee 34-42, 14055 Berlin; www.tebe.de/frauen.html
Titel: –

TSV Crailsheim

Gründung: 01.01.1971
Vereinsfarben: rot/weiß
Stadion: Schönebürgstadion (5 000 Plätze)
BL-Zugehörigkeit: 2004/05, seit 2006
Ewige Tabelle: Platz 15
Saison 2008/09: 1. Bundesliga
Trainer: Andreas Haferkamp
Vorstandsvorsitzender: Klaus Jürgen Mümmler
Adresse: Goldbacher Straße 42, 74564 Crailsheim; www.tsv-crailsheim.de
Titel: –

FCR 2001 Duisburg

Gründung: 08. Juni 2001
Vereinsfarben: grün/weiß
Stadion: PCC-Stadion (3 000 Plätze)
BL-Zugehörigkeit: seit 1997
Ewige Tabelle: Platz 2
Saison 2008/09: 1. Bundesliga
Trainerin: Martina Voss
Vorstandsvorsitzender: Ferdi Seidelt
Adresse: Mündelheimer Straße 123-125, 47259 Duisburg; www.frc-01.de
Titel: Deutscher Meister: 2000
DFB-Pokalsieger: 1998

SG Essen-Schönebeck 19/68

Gründung: 01.01.2000
Vereinsfarben: lila/schwarz/grün
Stadion: Stadion Am Hallo (4 000 Plätze)
BL-Zugehörigkeit: seit 2004
Ewige Tabelle: Platz 13
Saison 2008/09: 1. Bundesliga
Trainer: Ralf Agolli
Vorstandsvorsitzender: Karl Peter Traude
Adresse: Ardelhütte 166b, 45359 Essen; www.sgs-frauenfussball.de
Titel: –

FFC Flaesheim-Hillen

Gründung: 01. April 1999
Vereinsfarben: blau/weiß/rot
BL-Zugehörigkeit: 1999-2001
Ewige Tabelle: Platz 13
Auflösung: Juli 2001
Nachfolgeverein: SuS Concordia Flaesheim 1969 e. V.
Saison 2008/09: Verbandsliga Westfalen
Stadion: Sportzentrum Haardkampfbahn (4 000 Plätze)
Trainer: Olaf Bryjak
Vorstandsvorsitzender: Theo Siebert
Adresse: Postfach 100 527, 45713 Haltern am See; www.frauenfussball-flaesheim.de
Titel: –

1. FFC Frankfurt

Gründung: 27. August 1998
Vereinsfarben: rot/weiß/blau
Stadion: Stadion am Brentanobad (5 500 Plätze)
BL-Zugehörigkeit: seit 1998
Ewige Tabelle: Platz 1
Saison 2008/09: 1. Bundesliga

>>

<<

Trainer: Günter Wegmann
Vorstandsvorsitzende: Doris Dietmayr
Adresse: Breitlacherstraße 94, 60489 Frankfurt; www.ffc-frankfurt.de

Titel: Deutscher Meister: 1999, 2001, 2002, 2003, 2005, 2007, 2008
DFB-Pokalsieger: 1999, 2000, 2001, 2002, 2003, 2007, 2008
UEFA Women's Cup: 2002, 2006, 2008

FSV Frankfurt

Gründung: 20. August 1899
Vereinsfarben: schwarz/blau
BL-Zugehörigkeit: 1997-2006
Ewige Tabelle: Platz 6

Auflösung: 2006
Titel: Deutscher Meister: 1986, 1995, 1998
DFB-Pokalsieger: 1985, 1990, 1992, 1995, 1996

SC Freiburg

Gründung: 30. Mai 1904
Vereinsfarben: rot/weiß
Stadion: Weststadion (3 300 Plätze)
BL-Zugehörigkeit: 1998/99, seit 2001
Ewige Tabelle: Platz 10
Saison 2008/09: 1. Bundesliga

Trainer: Alexander Fischinger
Vorstandsvorsitzender: Achim Stocker
Adresse: Schwarzwaldstraße 193, 79117 Freiburg i. Br.; www.scfreiburg-frauen.com
Titel: –

Hamburger SV

Gründung: 29. September 1887
Vereinsfarben: blau/weiß/schwarz
Stadion: Wolfgang-Meyer-Sportplatz (2 018 Plätze)
BL-Zugehörigkeit: 1997/98, 2001/02, seit 2003
Ewige Tabelle: Platz 11

Saison 2008/09: 1. Bundesliga
Trainer: Achim Feifel
Vorstandsvorsitzender: Bernd Hoffmann
Adresse: Sylvesterallee 7, 22525 Hamburg; www.hsv-frauen.de
Titel: –

FC Bayern München

Gründung: 27. Februar 1900
Vereinsfarben: rot/weiß
Stadion: Sportpark Aschheim (3 000 Plätze)
BL-Zugehörigkeit: seit 2000
Ewige Tabelle: Platz 5
Saison 2008/09: 1. Bundesliga

Trainer: Sissy Raith
Vorstandsvorsitzender: Karl-Heinz Rummenigge
Adresse: Säbener Straße 51, Abteilung Frauenfußball, 81547 München; www.fcbayern-frauenfussball.de
Titel: Deutscher Meister: 1976

TuS Niederkirchen

Gründung: 20. Februar 1900
Vereinsfarben: rot/weiß
Stadion: Sportgelände Nachtweide (2 000 Plätze)
BL-Zugehörigkeit: 1997-2000, 2002/03
Ewige Tabelle: Platz 16
Auflösung: April 2008
Nachfolgeverein: 1. FFC 08 Niederkirchen

Saison 2008/09: Regionalliga Südwest
Trainer: Torben Meyer
Präsidentin: Tina Weisbrodt
Adresse: Am Sportgelände 1, 67150 Niederkirchen; www.ffc-niederkirchen.de
Titel: Deutscher Meister: 1992

1. FC Nürnberg

Gründung: 04. Mai 1900
Vereinsfarben: rot/weiß
Stadion: Sportplatz Valznerweiher (2 000 Plätze)
BL-Zugehörigkeit: 1999/00
Ewige Tabelle: Platz 22
Saison 2008/09: Bayernliga
Trainer: Abdi Cetin
Vorstandsvorsitzender: Andreas Bößl
Adresse: Valznerweiherstraße 200, 90480 Nürnberg; www.fcn-frauenfussball
Titel: –

1. FFC Turbine Potsdam

Gründung: 01. September 1999
Vereinsfarben: blau/weiß
Stadion: Karl-Liebknecht-Stadion (10 499 Plätze)
BL-Zugehörigkeit: seit 1997
Ewige Tabelle: Platz 3
Saison 2008/09: 1. Bundesliga
Trainer: Bernd Schröder
Präsident: Günther Baaske
Adresse: Am Luftschiffhafen 02 / Haus 33, 14471 Potsdam; www.ffc-turbine.de
Titel: Deutscher Meister: 2004, 2006
DFB-Pokalsieger: 2004, 2005, 2006
UEFA Women's Cup: 2005

FFC Brauweiler Pulheim 2000

Gründung: 01. Juni 2000
Vereinsfarben: grün/weiß
Stadion: Sportzentrum Pulheim (2 200 Plätze)
BL-Zugehörigkeit: 1997-2004, 2005-2007
Ewige Tabelle: Platz 8
Saison 2008/09: Regionalliga West
Trainer: Manuel Ortiz Gonzalez
Vorstandsvorsitzende: Monika Beckmann
Adresse: von-Werth-Straße 26, 50259 Pulheim-Brauweiler; www.ffc-brauweiler.de
Titel: Deutscher Meister: 1997
DFB-Pokalsieger: 1991, 1994, 1997

FFC Heike Rheine

Gründung: 10. März 1998
Vereinsfarben: schwarz/rot/gelb
Stadion: Jahnstadion Rheine (10 500 Plätze)
BL-Zugehörigkeit: 1997-1999, 2000-2007
Ewige Tabelle: Platz 7
Saison 2008/09: Regionalliga West
Trainer: Ralf Spanier
Vorstandsvorsitzender: Alfred Werner
Adresse: Surenburgstrasse 164, 48429 Rheine; www.ffc-heike-rheine.de
Titel: –

1. FC Saarbrücken

Gründung: 18. April 1903
Vereinsfarben: blau/schwarz
Stadion: Stadion Kieselhumes (1600 Plätze)
BL-Zugehörigkeit: 1997-2002, 2003/04, 2006/07
Ewige Tabelle: Platz 14
Saison 2008/09: 2. Bundesliga
Trainer: Guido Mey
Präsident: Horst Hirschberger
Adresse: Berliner Promenade 12, 66111 Saarbrücken; www.fc-saarbruecken.de
Titel: –

SC Klinge Seckach

Gründung: 28. Juni 1981
Vereinsfarben: gelb/rot
Stadion: Sportgelände Großeichholzheim (400 Plätze)
BL-Zugehörigkeit: 1997/98
Ewige Tabelle: Platz 18
Saison 2008/09: Verbandsliga Baden

>>

<<

Trainer: Norbert Häfner
Präsident: Hubert Lang

Adresse: Heckenstraße 31, 74706 Osterburken-Schlierstadt; vereine.freepage.de/scklinge
Titel: –

Sportfreunde Siegen

Gründung: 11. Mai 1899
Vereinsfarben: rot/weiß
Stadion: Leimbachstadion (18 500 Plätze)
BL-Zugehörigkeit: 1997-2001
Ewige Tabelle: Platz 12
Saison 2008/09: Regionalliga West

Trainer: Frank Baxmeier
Vorstandsvorsitzender: Manfred Hambloch
Adresse: Leimbachstraße 230, 57074 Siegen; www.damen.sportfreunde-siegen.de
Titel: Deutscher Meister: 1987, 1990, 1991, 1992, 1996
DFB-Pokalsieger: 1986, 1987, 1988, 1989, 1993

VfL Sindelfingen

Gründung: 1862
Vereinsfarben: blau/weiß
Stadion: Floschenstadion (5 000 Plätze)
BL-Zugehörigkeit: 2005/06
Ewige Tabelle: Platz 21
Saison 2008/09: 2. Bundesliga Süd

Trainer: Dieter Sehrig
Vorstandsvorsitzender: Roland Medinger
Adresse: Rudolf-Harbig-Straße 6, 71063 Sindelfingen; www.vfl-frauen.de
Titel: –

SG Wattenscheid 09

Gründung: 18. September 1909
Vereinsfarben: schwarz/weiß
Stadion: Lohrheidestadion (16 233 Plätze)
BL-Zugehörigkeit: 2007/08
Ewige Tabelle: Platz 20
Saison 2008/09: 2. Bundesliga Süd

Trainer: Andre Birker
Vorstandsvorsitzender: Guido Tann
Adresse: Lohrheidestraße 82, 44866 Bochum; www.09frauen.de
Titel: –

VfL Wolfsburg

Gründung: 12. September 1945
Vereinsfarben: grün/weiß
Stadion: VfL-Stadion am Elsterweg (17 600 Plätze)
BL-Zugehörigkeit: 2000-2005, seit 2006
Ewige Tabelle: Platz 9
Saison 2008/09: 1. Bundesliga

Trainer: Hans Dieter Pötsch
Aufsichtsratsvorsitzender: Lothar Sander
Adresse: In den Allerwiesen 1, 38446 Wolfsburg; www.vflwolfsburg.de
Titel: –

DEUTSCHER NATIONALFUSSBALL – MÄNNER

Alle Länderspiele der Nationalmannschaft

	Dat.	Ort	Gegner	Erg.
1908				
1	05.04.	Basel	Schweiz	3:5
2	20.04.	Berlin	England	1:5
3	07.06.	Wien	Österreich	2:3
1909				
4	16.03.	Oxford	England	0:9
5	04.04.	Budapest	Ungarn	3:3
6	04.04.	Karlsruhe	Schweiz	1:0

>>

<<

	Dat.	Ort	Gegner	Erg.
1910				
7	03.04.	Basel	Schweiz	3:2
8	24.04.	Arnheim	Niederlande	2:4
9	16.05.	Duisburg	Belgien	0:3
10	16.10.	Kleve	Niederlande	1:2
1911				
11	26.03.	Stuttgart	Schweiz	6:2
12	14.04.	Berlin	England	2:2
13	23.04.	Lüttich	Belgien	1:2
14	18.06.	Stockholm	Schweden	4:2
15	09.10.	Dresden	Österreich	1:2
16	29.10.	Hamburg	Schweden	1:3
17	17.12.	München	Ungarn	1:4
1912				
18	24.03.	Zwolle	Niederlande	5:5
19	14.04.	Budapest	Ungarn	4:4
20	05.05.	St. Gallen	Schweiz	2:1
21 OL	29.06.	Stockholm	Österreich	1:5
22 OL	01.07.	Stockholm	Russland	16:0
23 OL	03.07.	Stockholm	Ungarn	1:3
24	06.10.	Kopenhagen	Dänemark	1:3
25	17.11.	Leipzig	Niederlande	2:3
1913				
26	21.03.	Berlin	England	0:3
27	18.05.	Freiburg	Schweiz	1:2
28	26.10.	Hamburg	Dänemark	1:4
29	23.11.	Antwerpen	Belgien	2:6
1914				
30	05.04.	Amsterdam	Niederlande	4:4
1920				
31	27.06.	Zürich	Schweiz	1:4
32	26.09.	Wien	Österreich	2:3
33	24.10.	Berlin	Ungarn	1:0
1921				
34	05.05.	Dresden	Österreich	3:3
35	05.06.	Budapest	Ungarn	0:3
36	18.09.	Helsingfors	Finnland	3:3
1922				
37	26.03.	Frankfurt/M.	Schweiz	2:2
38	23.04.	Wien	Österreich	2:0
39	02.07.	Bochum	Ungarn	0:0
1923				
40	01.01.	Mailand	Italien	1:3
41	10.05.	Hamburg	Niederlande	0:0
42	03.06.	Basel	Schweiz	2:1
43	29.06.	Stockholm	Schweden	1:2
44	12.08.	Dresden	Finnland	1:2
45	04.11.	Hamburg	Norwegen	1:0
1924				
46	13.01.	Nürnberg	Österreich	4:3
47	21.04.	Amsterdam	Niederlande	1:0
48	15.06.	Christiania	Norwegen	2:0
49	31.08.	Berlin	Schweden	1:4
50	21.09.	Budapest	Ungarn	1:4
51	23.11.	Duisburg	Italien	0:1
52	14.12.	Stuttgart	Schweiz	1:1
1925				
53	29.03.	Amsterdam	Niederlande	1:2
54	21.06.	Stockholm	Schweden	0:1
55	26.06.	Helsingfors	Finnland	5:3
56	25.10.	Basel	Schweiz	4:0
1926				
57	18.04.	Düsseldorf	Niederlande	4:2
58	20.06.	Nürnberg	Schweden	3:3
59	31.10.	Amsterdam	Niederlande	3:2
60	12.12.	München	Schweiz	2:3
1927				
61	02.10.	Kopenhagen	Dänemark	1:3
62	23.10.	Altona	Norwegen	6:2
63	20.11.	Köln	Niederlande	2:2
1928				
64	15.04.	Bern	Schweiz	3:2
65 OL	28.05.	Amsterdam	Schweiz	4:0
66 OL	03.06.	Amsterdam	Uruguay	1:4
67	16.09.	Nürnberg	Dänemark	2:1
68	23.09.	Oslo	Norwegen	2:0
69	30.09.	Stockholm	Schweden	0:2
1929				
70	10.02.	Mannheim	Schweiz	7:1
71	28.04.	Turin	Italien	2:1
72	01.06.	Berlin	Schottland	1:1
73	23.06.	Köln	Schweden	3:0
74	20.10.	Altona	Finnland	4:0
1930				
75	02.03.	Frankfurt/M.	Italien	0:2
76	04.05.	Zürich	Schweiz	5:0
77	10.05.	Berlin	England	3:3
78	07.09.	Kopenhagen	Dänemark	3:6
79	28.09.	Dresden	Ungarn	5:3
80	02.11.	Breslau	Norwegen	1:1
1931				
81	15.03.	Paris	Frankreich	0:1
82	26.04.	Amsterdam	Niederlande	1:1
83	24.05.	Berlin	Österreich	0:6
84	17.06.	Stockholm	Schweden	0:0
85	21.06.	Oslo	Norwegen	2:2
86	13.09.	Wien	Österreich	0:5
87	27.09.	Hannover	Dänemark	4:2
1932				
88	06.03.	Leipzig	Schweiz	2:0
89	01.07.	Helsingfors	Finnland	4:1
90	25.09.	Nürnberg	Schweden	4:3
91	30.10.	Budapest	Ungarn	1:2
92	04.12.	Düsseldorf	Niederlande	0:2

>>

<<

	Dat.	Ort	Gegner	Erg.
1933				
93	01.01.	Bologna	Italien	1:3
94	19.03.	Berlin	Frankreich	3:3
95	22.10.	Duisburg	Belgien	8:1
96	05.11.	Magdeburg	Norwegen	2:2
97	19.11.	Zürich	Schweiz	2:0
98	03.12.	Berlin	Polen	1:0
1934				
99	14.01.	Frankfurt/M.	Ungarn	3:1
100 WQ	11.03.	Luxemburg	Luxemburg	9:1
101 WM	27.05.	Florenz	Belgien	5:2
102 WM	31.05.	Mailand	Schweden	2:1
103 WM	03.06.	Rom	Tschechosl.	1:3
104 WM	07.06.	Neapel	Österreich	3:2
105	09.09.	Warschau	Polen	5:2
106	07.10.	Kopenhagen	Dänemark	5:2
1935				
107	27.01.	Stuttgart	Schweiz	4:0
108	17.02.	Amsterdam	Niederlande	3:2
109	17.03.	Paris	Frankreich	3:1
110	28.04.	Brüssel	Belgien	6:1
111	08.05.	Dortmund	Irland	3:1
112	12.05.	Köln	Spanien	1:2
113	26.05.	Dresden	Tschechosl.	2:1
114	27.06.	Oslo	Norwegen	1:1
115	30.06.	Stockholm	Schweden	1:3
116	18.08.	München	Finnland	6:0
117	18.08.	Luxemburg	Luxemburg	1:0
118	25.08.	Erfurt	Rumänien	4:2
119	15.09.	Breslau	Polen	1:0
120	15.09.	Stettin	Estland	5:0
121	13.10.	Königsberg	Lettland	3:0
122	20.10.	Leipzig	Bulgarien	4:2
123	04.12.	London	England	0:3
1936				
124	23.02.	Barcelona	Spanien	2:1
125	27.02.	Lissabon	Portugal	3:1
126	15.03.	Budapest	Ungarn	2:3
127 OL	04.08.	Berlin	Luxemburg	9:0
128 OL	07.08.	Berlin	Norwegen	0:2
129	13.09.	Warschau	Polen	1:1
130	27.09.	Prag	Tschechosl.	2:1
131	27.09.	Krefeld	Luxemburg	7:2
132	14.10.	Glasgow	Schottland	0:2
133	17.10.	Dublin	Irland	2:5
134	15.11.	Berlin	Italien	2:2
1937				
135	31.01.	Düsseldorf	Niederlande	2:2
136	21.03.	Stuttgart	Frankreich	4:0
137	21.03.	Luxemburg	Luxemburg	3:2
138	25.04.	Hannover	Belgien	1:0
139	02.05.	Zürich	Schweiz	1:0

	Dat.	Ort	Gegner	Erg.
140	16.05.	Breslau	Dänemark	8:0
141	25.06.	Riga	Lettland	3:1
142 WQ	29.06.	Helsinki	Finnland	2:0
143 WQ	29.08.	Königsberg	Estland	4:1
144	24.10.	Berlin	Norwegen	3:0
145 WQ	21.11.	Hamburg	Schweden	5:0
1938				
146	06.02.	Köln	Schweiz	1:1
147	20.03.	Nürnberg	Ungarn	1:1
148	20.03.	Wuppertal	Luxemburg	2:1
149	24.04.	Frankfurt/M.	Portugal	1:1
150	14.05.	Berlin	England	3:6
151 WM	04.06.	Paris	Schweiz	1:1 n. V.
152 WM	09.06.	Paris	Schweiz	2:4
153	18.09.	Chemnitz	Polen	4:1
154	25.09.	Bukarest	Rumänien	4:1
1939				
155	25.01.	Brüssel	Belgien	4:1
156	26.02.	Berlin	Jugoslawien	3:2
157	26.03.	Florenz	Italien	2:3
158	26.03.	Differdingen	Luxemburg	1:2
159	23.05.	Bremen	Irland	1:1
160	22.06.	Oslo	Norwegen	4:0
161	25.06.	Kopenhagen	Dänemark	2:0
162	29.06.	Tallinn	Estland	2:0
163	27.08.	Bratislava	Slowakei	0:2
164	24.09.	Budapest	Ungarn	1:5
165	15.10.	Zagreb	Jugoslawien	5:1
166	22.10.	Sofia	Bulgarien	2:1
167	12.11.	Breslau	Böhmen-M.	4:4
168	26.11.	Berlin	Italien	5:2
169	03.12.	Chemnitz	Slowakei	3:1
1940				
170	07.04.	Berlin	Ungarn	2:2
171	14.04.	Wien	Jugoslawien	1:2
172	05.05.	Mailand	Italien	2:3
173	14.07.	Frankfurt/M.	Rumänien	9:3
174	01.09.	Leipzig	Finnland	13:0
175	15.09.	Bratislava	Slowakei	1:0
176	06.10.	Budapest	Ungarn	2:2
177	20.10.	München	Bulgarien	7:3
178	03.11.	Zagreb	Jugoslawien	0:2
179	17.11.	Hamburg	Dänemark	1:0
1941				
180	09.03.	Stuttgart	Schweiz	4:2
181	06.04.	Köln	Ungarn	7:0
182	20.04.	Bern	Schweiz	1:2
183	01.06.	Bukarest	Rumänien	4:1
184	15.06.	Wien	Kroatien	5:1
185	05.10.	Stockholm	Schweden	2:4
186	05.10.	Helsinki	Finnland	6:0
187	16.11.	Dresden	Dänemark	1:1

>>

<<

	Dat.	Ort	Gegner	Erg.
188	07.12.	Breslau	Slowakei	4:0
1942				
189	18.01.	Agram	Kroatien	2:0
190	01.02.	Wien	Schweiz	1:2
191	12.04.	Berlin	Spanien	1:1
192	03.05.	Budapest	Ungarn	5:3
193	19.07.	Sofia	Bulgarien	3:0
194	16.08.	Beuthen	Rumänien	7:0
195	20.09.	Berlin	Schweden	2:3
196	18.10.	Bern	Schweiz	5:3
197	01.11.	Stuttgart	Kroatien	5:1
198	22.11.	Bratislava	Slowakei	5:2
1950				
199	22.11.	Stuttgart	Schweiz	1:0
1951				
200	15.04.	Zürich	Schweiz	3:2
201	17.06.	Berlin	Türkei	1:2
202	23.09.	Wien	Österreich	2:0
203	17.10.	Dublin	Irland	2:3
204	21.11.	Istanbul	Türkei	2:0
205	23.12.	Essen	Luxemburg	4:1
1952				
206	20.04.	Luxemburg	Luxemburg	3:0
207	04.05.	Köln	Irland	3:0
208	05.10.	Paris	Frankreich	1:3
209	09.11.	Augsburg	Schweiz	5:1
210	21.12.	Ludwigshafen	Jugoslawien	3:2
211	28.12.	Madrid	Spanien	2:2
1953				
212	22.03.	Köln	Österreich	0:0
213 WQ	19.08.	Oslo	Norwegen	1:1
214 WQ	11.10.	Stuttgart	Saarland	3:0
215 WQ	22.11.	Hamburg	Norwegen	5:1
1954				
216 WQ	28.03.	Saarbrücken	Saarland	3:1
217	25.04.	Basel	Schweiz	5:3
218 WM	17.06.	Bern	Türkei	4:1
219 WM	20.06.	Basel	Ungarn	3:8
220 WM	23.06.	Zürich	Türkei	7:2
221 WM	27.06.	Genf	Jugoslawien	2:0
222 WM	30.06.	Basel	Österreich	6:1
223 WM	04.07.	Bern	Ungarn	3:2
224	26.09.	Brüssel	Belgien	0:2
225	16.10.	Hannover	Frankreich	1:3
226	01.12.	London	England	1:3
227	19.12.	Lissabon	Portugal	3:0
1955				
228	30.03.	Stuttgart	Italien	1:2
229	28.05.	Hamburg	Irland	2:1
230	21.08.	Moskau	Sowjetunion	2:3
231	25.09.	Belgrad	Jugoslawien	1:3
232	16.11.	Karlsruhe	Norwegen	2:0

	Dat.	Ort	Gegner	Erg.
233	18.12.	Rom	Italien	1:2
1956				
234	14.03.	Düsseldorf	Niederlande	1:2
235	26.05.	Berlin	England	1:3
236	13.06.	Oslo	Norwegen	3:1
237	30.06.	Stockholm	Schweden	2:2
238	15.09.	Hannover	Sowjetunion	1:2
239	21.11.	Frankfurt/M.	Schweiz	1:3
240	25.11.	Dublin	Irland	0:3
241	23.12.	Köln	Belgien	4:1
1957				
242	10.03.	Wien	Österreich	3:2
243	03.04.	Amsterdam	Niederlande	2:1
244	22.05.	Stuttgart	Schottland	1:3
245	20.11.	Hamburg	Schweden	1:0
246	22.12.	Hannover	Ungarn	1:0
1958				
247	02.03.	Brüssel	Belgien	2:0
248	19.03.	Frankfurt/M.	Spanien	2:0
249	02.04.	Prag	Tschechosl.	2:3
250 WM	08.06.	Malmö	Argentinien	3:1
251 WM	11.06.	Hälsingborg	Tschechosl.	2:2
252 WM	15.06.	Malmö	Nordirland	2:2
253 WM	19.06.	Malmö	Jugoslawien	1:0
254 WM	24.06.	Göteborg	Schweden	1:3
255 WM	28.06.	Göteborg	Frankreich	3:6
256	24.09.	Kopenhagen	Dänemark	1:1
257	26.10.	Paris	Frankreich	2:2
258	19.11.	Berlin	Österreich	2:2
259	21.12.	Augsburg	Bulgarien	3:0
260	28.12.	Kairo	Ägypten	1:2
1959				
261	06.05.	Glasgow	Schottland	2:3
262	20.05.	Hamburg	Polen	1:1
263	04.10.	Bern	Schweiz	4:0
264	21.10.	Köln	Niederlande	7:0
265	08.11.	Budapest	Ungarn	3:4
266	20.12.	Hannover	Jugoslawien	1:1
1960				
267	23.03.	Stuttgart	Chile	2:1
268	27.04.	Ludwigshafen	Portugal	2:1
269	11.05.	Düsseldorf	Irland	0:1
270	03.08.	Reykjavik	Island	5:0
271 WQ	26.10.	Belfast	Nordirland	4:3
272 WQ	20.11.	Athen	Griechenland	3:0
273	23.11.	Sofia	Bulgarien	1:2
1961				
274	08.03.	Frankfurt	Belgien	1:0
275	26.03.	Santiago	Chile	1:3
276 WQ	10.05.	Berlin	Nordirland	2:1
277	20.09.	Düsseldorf	Dänemark	5:1
278	08.10.	Warschau	Polen	2:0

>>

<<

	Dat.	Ort	Gegner	Erg.
279 WQ	22.10.	Augsburg	Griechenland	2:1
1962				
280	11.04.	Hamburg	Uruguay	3:0
281 WM	31.05.	Santiago	Italien	0:0
282 WM	03.06.	Santiago	Schweiz	2:1
283 WM	06.06.	Santiago	Chile	2:0
284 WM	10.06.	Santiago	Jugoslawien	0:1
285	30.09.	Zagreb	Jugoslawien	3:2
286	24.10.	Stuttgart	Frankreich	2:2
287	23.12.	Karlsruhe	Schweiz	5:1
1963				
288	05.05.	Hamburg	Brasilien	1:2
289	28.09.	Frankfurt/M.	Türkei	3:0
290	03.11.	Stockholm	Schweden	1:2
291	29.12.	Casablanca	Marokko	4:1
1964				
292	01.01.	Algier	Algerien	0:2
293	29.04.	Ludwigshafen	Tschechosl.	3:4
294	12.05.	Hannover	Schottland	2:2
295	07.06.	Helsinki	Finnland	4:1
296 WQ	04.11.	Berlin	Schweden	1:1
1965				
297	13.03.	Hamburg	Italien	1:1
298 WQ	24.04.	Karlsruhe	Zypern	5:0
299	12.05.	Nürnberg	England	0:1
300	26.05.	Basel	Schweiz	1:0
301	06.06.	Rio de Janeiro	Brasilien	0:2
302 WQ	26.09.	Stockholm	Schweden	2:1
303	09.10.	Stuttgart	Österreich	4:1
304 WQ	14.11.	Nikosia	Zypern	6:0
1966				
305	23.02.	London	England	0:1
306	23.03.	Rotterdam	Niederlande	4:2
307	04.05.	Dublin	Irland	4:0
308	07.05.	Belfast	Nordirland	2:0
309	01.06.	Ludwigshafen	Rumänien	1:0
310	23.06.	Hannover	Jugoslawien	2:0
311 WM	12.07.	Sheffield	Schweiz	5:0
312 WM	16.07.	Birmingham	Argentinien	0:0
313 WM	20.07.	Birmingham	Spanien	2:1
314 WM	23.07.	Sheffield	Uruguay	4:0
315 WM	25.07.	Liverpool	Sowjetunion	2:1
316 WM	30.07.	London	England	2:4 n. V.
317	12.10.	Ankara	Türkei	2:0
318	19.11.	Köln	Norwegen	3:0
1967				
319	22.02.	Karlsruhe	Marokko	5:1
320	22.03.	Hannover	Bulgarien	1:0
321 EQ	08.04.	Dortmund	Albanien	6:0
322 EQ	03.05.	Belgrad	Jugoslawien	0:1
323	27.09.	Berlin	Frankreich	5:1
324 EQ	07.10.	Hamburg	Jugoslawien	3:1

	Dat.	Ort	Gegner	Erg.
325	22.11.	Bukarest	Rumänien	0:1
326 EQ	17.12.	Tirana	Albanien	0:0
1968				
327	06.03.	Brüssel	Belgien	3:1
328	17.04.	Basel	Schweiz	0:0
329	08.05.	Cardiff	Wales	1:1
330	01.06.	Hannover	England	1:0
331	16.06.	Stuttgart	Brasilien	2:1
332	25.09.	Marseille	Frankreich	1:1
333 WQ	13.10.	Wien	Österreich	2:0
334 WQ	23.11.	Nikosia	Zypern	1:0
335	14.12.	Rio de Janeiro	Brasilien	2:2
336	18.12.	Santiago	Chile	1:2
337	22.12.	Mexiko City	Mexiko	0:0
1969				
338	26.03.	Frankfurt/M.	Wales	1:1
339 WQ	16.04.	Glasgow	Schottland	1:1
340 WQ	10.05.	Nürnberg	Österreich	1:0
341 WQ	21.05.	Essen	Zypern	12:0
342	21.09.	Wien	Österreich	1:1
343	24.09.	Sofia	Bulgarien	1:0
344 WQ	22.10.	Hamburg	Schottland	3:2
1970				
345	11.02.	Sevilla	Spanien	0:2
346	08.04.	Stuttgart	Rumänien	1:1
347	09.05.	Berlin	Irland	2:1
348	13.05.	Hannover	Jugoslawien	1:0
349 WM	03.06.	Leon	Marokko	2:1
350 WM	07.06.	Leon	Bulgarien	5:2
351 WM	10.06.	Leon	Peru	3:1
352 WM	14.06.	Leon	England	3:2 n. V.
353 WM	17.06.	Mexiko City	Italien	3:4 n. V.
354 WM	20.06.	Mexiko City	Uruguay	1:0
355	09.09.	Nürnberg	Ungarn	3:1
356 EQ	17.10.	Köln	Türkei	1:1
357	18.11.	Zagreb	Jugoslawien	0:2
358	22.11.	Athen	Griechenland	3:1
1971				
359 EQ	17.02.	Tirana	Albanien	1:0
360 EQ	25.04.	Istanbul	Türkei	3:0
361 EQ	12.06.	Karlsruhe	Albanien	2:0
362	22.06.	Oslo	Norwegen	7:1
363	27.06.	Göteborg	Schweden	0:1
364	30.06.	Kopenhagen	Dänemark	3:1
365	08.09.	Hannover	Mexiko	5:0
366 EQ	10.10.	Warschau	Polen	3:1
367 EQ	17.11.	Hamburg	Polen	0:0
1972				
368	29.03.	Budapest	Ungarn	2:0
369 EM	29.04.	London	England	3:1
370 EM	13.05.	Berlin	England	0:0
371	26.05.	München	Sowjetunion	4:1

>>

	Dat.	Ort	Gegner	Erg.
<< 372 EM	14.06.	Antwerpen	Belgien	2:1
373 EM	18.06.	Brüssel	Sowjetunion	3:0
374	15.11.	Düsseldorf	Schweiz	5:1
1973				
375	14.02.	München	Argentinien	2:3
376	28.03.	Düsseldorf	Tschechosl.	3:0
377	09.05.	München	Jugoslawien	0:1
378	12.05.	Hamburg	Bulgarien	3:0
379	16.06.	Berlin	Brasilien	0:1
380	05.09.	Moskau	Sowjetunion	1:0
381	10.10.	Hannover	Österreich	4:0
382	13.10.	Gelsenkirchen	Frankreich	2:1
383	14.11.	Glasgow	Schottland	1:1
384	24.11.	Stuttgart	Spanien	2:1
1974				
385	23.02.	Barcelona	Spanien	0:1
386	26.02.	Rom	Italien	0:0
387	27.03.	Frankfurt/M.	Schottland	2:1
388	17.04.	Dortmund	Ungarn	5:0
389	01.05.	Hamburg	Schweden	2:0
390 WM	14.06.	Berlin	Chile	1:0
391 WM	18.06.	Hamburg	Australien	3:0
392 WM	22.06.	Hamburg	DDR	0:1
393 WM	26.06.	Düsseldorf	Jugoslawien	2:0
394 WM	30.06.	Düsseldorf	Schweden	4:2
395 WM	03.07.	Frankfurt/M.	Polen	1:0
396 WM	07.07.	München	Niederlande	2:1
397	04.09.	Basel	Schweiz	2:1
398 EQ	20.11.	Piräus	Griechenland	2:2
399 EQ	22.12.	Gzira	Malta	1:0
1975				
400	12.03.	London	England	0:2
401 EQ	27.04.	Sofia	Bulgarien	1:1
402	17.05.	Frankfurt	Niederlande	1:1
403	03.09.	Wien	Österreich	2:0
404 EQ	11.10.	Düsseldorf	Griechenland	1:1
405 EQ	19.11.	Stuttgart	Bulgarien	1:0
406	20.12.	Istanbul	Türkei	5:0
1976				
407 EQ	28.02.	Dortmund	Malta	8:0
408 EM	24.04.	Madrid	Spanien	1:1
409 EM	22.05.	München	Spanien	2:0
410 EM	17.06.	Belgrad	Jugoslawien	4:2 n. V.
411 EM	20.06.	Belgrad	Tschechosl.	5:7 n. E.
412	06.10.	Cardiff	Wales	2:0
413	17.11.	Hannover	Tschechosl.	2:0
1977				
414	23.02.	Paris	Frankreich	0:1
415	27.04.	Köln	Nordirland	5:0
416	30.04.	Belgrad	Jugoslawien	2:1
417	05.06.	Buenos Aires	Argentinien	3:1
418	08.06.	Montevideo	Uruguay	2:0

	Dat.	Ort	Gegner	Erg.
419	12.06.	Rio de Janeiro	Brasilien	1:1
420	14.06.	Mexiko City	Mexiko	2:2
421	07.09.	Helsinki	Finnland	1:0
422	08.10.	Berlin	Italien	2:1
423	16.11.	Stuttgart	Schweiz	4:1
424	14.12.	Dortmund	Wales	1:1
1978				
425	22.02.	München	England	2:1
426	08.03.	Frankfurt	Sowjetunion	1:0
427	05.04.	Hamburg	Brasilien	0:1
428	19.04.	Stockholm	Schweden	1:3
429 WM	01.06.	Buenos Aires	Polen	0:0
430 WM	06.06.	Cordoba	Mexiko	6:0
431 WM	10.06.	Cordoba	Tunesien	0:0
432 WM	14.06.	Buenos Aires	Italien	0:0
433 WM	18.06.	Cordoba	Niederlande	2:2
434 WM	21.06.	Cordoba	Österreich	2:3
435	11.10.	Prag	Tschechosl.	4:3
436	15.11.	Frankfurt/M.	Ungarn	0:0
437	20.12.	Düsseldorf	Niederlande	3:1
1979				
438 EQ	25.02.	Gzira	Malta	0:0
439 EQ	01.04.	Izmir	Türkei	0:0
440 EQ	02.05.	Wrexham	Wales	2:0
441	22.05.	Dublin	Irland	3:1
442	26.05.	Reykjavik	Island	3:1
443	12.09.	Berlin	Argentinien	2:1
444 EQ	17.10.	Köln	Wales	5:1
445	21.11.	Tiflis	Sowjetunion	3:1
446 EQ	22.12.	Gelsenkirchen	Türkei	2:0
1980				
447 EQ	27.02.	Bremen	Malta	8:0
448	02.04.	München	Österreich	1:0
449	13.05.	Frankfurt	Polen	3:1
450 EM	11.06.	Rom	Tschechosl.	1:0
451 EM	14.06.	Neapel	Niederlande	3:2
452 EM	17.06.	Turin	Griechenland	0:0
453 EM	22.06.	Rom	Belgien	2:1
454	10.09.	Basel	Schweiz	3:2
455	11.10.	Eindhoven	Niederlande	1:1
456	19.11.	Hannover	Frankreich	4:1
457 WQ	03.12.	Sofia	Bulgarien	3:1
1981				
458	01.01.	Montevideo	Argentinien	1:2
459	07.01.	Montevideo	Brasilien	1:4
460 WQ	01.04.	Tirana	Albanien	2:0
461 WQ	29.04.	Hamburg	Österreich	2:0
462	19.05.	Stuttgart	Brasilien	1:2
463 WQ	24.05.	Lahti	Finnland	4:0
464	02.09.	Königshütte	Polen	2:0
465 WQ	23.09.	Bochum	Finnland	7:1
466 WQ	14.10.	Wien	Österreich	3:1 >>

<<

	Dat.	Ort	Gegner	Erg.
467 WQ	18.11.	Dortmund	Albanien	8:0
468 WQ	22.11.	Düsseldorf	Bulgarien	4:0
1982				
469	17.02.	Hannover	Portugal	3:1
470	21.03.	Rio de Janeiro	Brasilien	0:1
471	24.03.	Buenos Aires	Argentinien	1:1
472	14.04.	Köln	Tschechosl.	2:1
473	12.05.	Oslo	Norwegen	4:2
474 WM	16.06.	Gijon	Algerien	1:2
475 WM	20.06.	Gijon	Chile	4:1
476 WM	25.06.	Gijon	Österreich	1:0
477 WM	29.06.	Madrid	England	0:0
478 WM	02.07.	Madrid	Spanien	2:1
479 WM	08.07.	Sevilla	Frankr.	8:7 n. E.
480 WM	11.07.	Madrid	Italien	1:3
481	22.09.	München	Belgien	0:0
482	13.10.	London	England	2:1
483 EQ	17.11.	Belfast	Nordirland	0:1
1983				
484	23.02.	Lissabon	Portugal	0:1
485 EQ	30.03.	Tirana	Albanien	2:1
486 EQ	23.04.	Izmir	Türkei	3:0
487 EQ	27.04.	Wien	Österreich	0:0
488	07.06.	Luxemburg	Jugoslawien	4:2
489	07.09.	Budapest	Ungarn	1:1
490 EQ	05.10.	Gelsenkirchen	Österreich	3:0
491 EQ	26.10.	Berlin	Türkei	5:1
492 EQ	16.11.	Hamburg	Nordirland	0:1
493 EQ	20.11.	Saarbrücken	Albanien	2:1
1984				
494	15.02.	Varna	Bulgarien	3:2
495	29.02.	Brüssel	Belgien	1:0
496	28.03.	Hannover	Sowjetunion	2:1
497	18.04.	Straßburg	Frankreich	0:1
498	22.05.	Zürich	Italien	1:0
499 EM	14.06.	Straßburg	Portugal	0:0
500 EM	17.06.	Lens	Rumänien	2:1
501 EM	20.06.	Paris	Spanien	0:1
502	12.09.	Düsseldorf	Argentinien	1:3
503 WQ	17.10.	Köln	Schweden	2:0
504 WQ	16.12.	La Valletta	Malta	3:2
1985				
505	29.01.	Hamburg	Ungarn	0:1
506 WQ	24.02.	Lissabon	Portugal	2:1
507 WQ	27.03.	Saarbrücken	Malta	6:0
508	17.04.	Augsburg	Bulgarien	4:1
509 WQ	30.04.	Prag	Tschechosl.	5:1
510	12.06.	Mexiko City	England	0:3
511	15.06.	Mexiko City	Mexiko	0:2
512	28.08.	Moskau	Sowjetunion	0:1
513 WQ	25.09.	Stockholm	Schweden	2:2
514 WQ	16.10.	Stuttgart	Portugal	0:1

	Dat.	Ort	Gegner	Erg.
515 WQ	17.11.	München	Tschechosl.	2:2
1986				
516	05.02.	Avellino	Italien	2:1
517	12.03.	Frankfurt/M.	Brasilien	2:0
518	09.04.	Basel	Schweiz	1:0
519	11.05.	Bochum	Jugoslawien	1:1
520	14.05.	Dortmund	Niederlande	3:1
521 WM	04.06.	Queretaro	Uruguay	1:1
522 WM	08.06.	Queretaro	Schottland	2:1
523 WM	13.06.	Queretaro	Dänemark	0:2
524 WM	17.06.	Monterrey	Marokko	1:0
525 WM	21.06.	Monterrey	Mexiko	4:1 n. E.
526 WM	25.06.	Guadalajara	Frankreich	2:0
527 WM	29.06.	Mexiko City	Argentinien	2:3
528	24.09.	Kopenhagen	Dänemark	2:0
529	15.10.	Hannover	Spanien	2:2
530	29.10.	Wien	Österreich	1:4
1987				
531	25.03.	Tel Aviv	Israel	2:0
532	18.04.	Köln	Italien	0:0
533	12.08.	Berlin	Frankreich	2:1
534	09.09.	Düsseldorf	England	3:1
535	23.09.	Hamburg	Dänemark	1:0
536	14.10.	Gelsenkirchen	Schweden	1:1
537	18.11.	Budapest	Ungarn	0:0
538	12.12.	Brasilia	Brasilien	1:1
539	16.12.	Buenos Aires	Argentinien	1:0
1988				
540	31.03.	Berlin	Schweden	3:5 n. E.
541	02.04.	Berlin	Argentinien	1:0
542	27.04.	Kaiserslautern	Schweiz	1:0
543	04.06.	Bremen	Jugoslawien	1:1
544 EM	10.06.	Düsseldorf	Italien	1:1
545 EM	14.06.	Gelsenkirchen	Dänemark	2:0
546 EM	17.06.	München	Spanien	2:0
547 EM	21.06.	Hamburg	Niederlande	1:2
548 WQ	31.08.	Helsinki	Finnland	4:0
549	21.09.	Düsseldorf	Sowjetunion	1:0
550 WQ	19.10.	München	Niederlande	0:0
1989				
551	22.03.	Sofia	Bulgarien	2:1
552 WQ	26.04.	Rotterdam	Niederlande	1:1
553 WQ	31.05.	Cardiff	Wales	0:0
554	06.09.	Dublin	Irland	1:1
555 WQ	04.10.	Dortmund	Finnland	6:1
556 WQ	15.11.	Köln	Wales	2:1
1990				
557	28.02.	Montpellier	Frankreich	1:2
558	25.04.	Stuttgart	Uruguay	3:3
559	26.05.	Düsseldorf	Tschechosl.	1:0
560	30.05.	Gelsenkirchen	Dänemark	1:0
561 WM	10.06.	Mailand	Jugoslawien	4:1

>>

<<

	Dat.	Ort	Gegner	Erg.
562 WM	15.06.	Mailand	V. A. Emirate	5:1
563 WM	19.06.	Mailand	Kolumbien	1:1
564 WM	24.06.	Mailand	Niederlande	2:1
565 WM	01.07.	Mailand	Tschechosl.	1:0
566 WM	04.07.	Turin	England	5:4 n. E.
567 WM	08.07.	Rom	Argentinien	1:0
568	29.08.	Lissabon	Portugal	1:1
569	10.10.	Stockholm	Schweden	3:1
570 EQ	31.10.	Luxemburg	Luxemburg	3:2
571	19.12.	Stuttgart	Schweiz	4:0
1991				
572	27.03.	Frankfurt/M.	Sowjetunion	2:1
573 EQ	01.05.	Hannover	Belgien	1:0
574 EQ	05.06.	Cardiff	Wales	0:1
575	11.09.	London	England	1:0
576 EQ	16.10.	Nürnberg	Wales	4:1
577 EQ	20.11.	Brüssel	Belgien	1:0
578 EQ	18.12.	Leverkusen	Luxemburg	4:0
1992				
579	25.03.	Turin	Italien	0:1
580	22.04.	Prag	Tschechosl.	1:1
581	30.05.	Gelsenkirchen	Türkei	1:0
582	02.06.	Bremen	Nordirland	1:1
583 EM	12.06.	Norrköping	GUS	1:1
584 EM	15.06.	Norrköping	Schottland	2:0
585 EM	18.06.	Göteborg	Niederlande	1:3
586 EM	21.06.	Stockholm	Schweden	3:2
587 EM	26.06.	Göteborg	Dänemark	0:2
588	09.09.	Kopenhagen	Dänemark	2:1
589	14.10.	Dresden	Mexiko	1:1
590	18.11.	Nürnberg	Österreich	0:0
591	16.12.	Porto Allegre	Brasilien	1:3
592	20.12.	Montevideo	Uruguay	4:1
1993				
593	24.03.	Glasgow	Schottland	1:0
594	14.04.	Bochum	Ghana	6:1
595	10.06.	Washington	Brasilien	3:3
596	13.06.	Chicago	USA	4:3
597	19.06.	Detroit	England	2:1
598	22.09.	Tunis	Tunesien	1:1
599	13.10.	Karlsruhe	Uruguay	5:0
600	17.11.	Köln	Brasilien	2:1
601	15.12.	Miami	Argentinien	1:2
602	18.12.	San Francisco	USA	3:0
603	22.12.	Mexiko City	Mexiko	0:0
1994				
604	23.03.	Stuttgart	Italien	2:1
605	27.04.	Abu Dhabi	V. A. Emirate	2:0
606	29.05.	Hannover	Irland	0:2
607	02.06.	Wien	Österreich	5:1
608	08.06.	Toronto	Kanada	2:0
609 WM	17.06.	Chicago	Bolivien	1:0

	Dat.	Ort	Gegner	Erg.
610 WM	21.06.	Chicago	Spanien	1:1
611 WM	27.06.	Dallas	Südkorea	3:2
612 WM	02.07.	Chicago	Belgien	3:2
613 WM	10.07.	New York	Bulgarien	1:2
614	07.09.	Moskau	Russland	1:0
615	12.10.	Budapest	Ungarn	0:0
616 EQ	16.11.	Tirana	Albanien	2:1
617 EQ	14.12.	Chişinau	Moldawien	3:0
618 EQ	18.12.	Kaiserslautern	Albanien	2:1
1995				
619	22.02.	Jerez d. l. Fr.	Spanien	0:0
620 EQ	29.03.	Tiflis	Georgien	2:0
621 EQ	26.04.	Düsseldorf	Wales	1:1
622 EQ	07.06.	Sofia	Bulgarien	2:3
623	21.06.	Zürich	Italien	2:0
624	23.06.	Bern	Schweiz	2:1
625	23.08.	Brüssel	Belgien	2:1
626 EQ	06.09.	Nürnberg	Georgien	4:1
627 EQ	08.10.	Leverkusen	Moldawien	6:1
628 EQ	11.10.	Cardiff	Wales	2:1
629 EQ	15.11.	Berlin	Bulgarien	3:1
630	15.12.	Johannesburg	Südafrika	0:0
1996				
631	21.02.	Porto	Portugal	2:1
632	27.03.	München	Dänemark	2:0
633	24.04.	Rotterdam	Niederlande	1:0
634	29.05.	Belfast	Nordirland	1:1
635	01.06.	Stuttgart	Frankreich	0:1
636	04.06.	Mannheim	Liechtenstein	9:1
637 EM	09.06.	Manchester	Tschechien	2:0
638 EM	16.06.	Manchester	Russland	3:0
639 EM	19.06.	Manchester	Italien	0:0
640 EM	23.06.	Manchester	Kroatien	2:1
641 EM	26.06.	London	England	7:6 n. E.
642 EM	30.06.	London	Tschechien	2:1 n. V.
643	04.09.	Zabrze	Polen	2:0
644 WQ	09.10.	Eriwan	Armenien	5:1
645 WQ	09.11.	Nürnberg	Nordirland	1:1
646 WQ	14.12.	Lissabon	Portugal	0:0
1997				
647	26.02.	Tel Aviv	Israel	1:0
648 WQ	02.04.	Granada	Albanien	3:2
649 WQ	30.04.	Bremen	Ukraine	2:0
650 WQ	07.06.	Kiew	Ukraine	0:0
651 WQ	20.08.	Belfast	Nordirland	3:1
652 WQ	06.09.	Berlin	Portugal	1:1
653 WQ	10.09.	Dortmund	Armenien	4:0
654 WQ	11.10.	Hannover	Albanien	4:3
655	15.11.	Düsseldorf	Südafrika	3:0
1998				
656	18.02.	Maskat	Oman	2:0
657	22.02.	Riad	Saudi-Arabien	3:0

>>

<<

	Dat.	Ort	Gegner	Erg.
658	25.03.	Stuttgart	Brasilien	1:2
659	22.04.	Köln	Nigeria	1:0
660	27.05.	Helsinki	Finnland	0:0
661	30.05.	Frankfurt/M.	Kolumbien	3:1
662	05.06.	Mannheim	Luxemburg	7:0
663 WM	15.06.	Paris	USA	2:0
664 WM	21.06.	Lens	Jugoslawien	2:2
665 WM	25.06.	Montpellier	Iran	2:0
666 WM	29.06.	Montpellier	Mexiko	2:1
667 WM	04.07.	Lyon	Kroatien	0:3
668	02.09.	La Valetta	Malta	2:1
669	05.09.	La Valetta	Rumänien	1:1
670 EQ	10.10.	Bursa	Türkei	0:1
671 EQ	14.10.	Chişinau	Moldawien	3:1
672	18.11.	Gelsenkirchen	Niederlande	1:1
1999				
673	06.02.	Jacksonville	USA	0:3
674	09.02.	Miami	Kolumbien	3:3
675 EQ	27.03.	Belfast	Nordirland	3:0
676 EQ	31.03.	Nürnberg	Finnland	2:0
677	28.04.	Bremen	Schottland	0:1
678 EQ	04.06.	Leverkusen	Moldawien	6:1
679 CC	24.07.	Guadalajara	Brasilien	0:4
680 CC	28.07.	Guadalajara	Neuseeland	2:0
681 CC	30.07.	Guadalajara	USA	0:2
682 EQ	04.09.	Helsinki	Finnland	2:1
683 EQ	08.09.	Dortmund	Nordirland	4:0
684 EQ	09.10.	München	Türkei	0:0
685	14.11.	Oslo	Norwegen	1:0
2000				
686	23.02.	Amsterdam	Niederlande	1:2
687	29.03.	Zagreb	Kroatien	1:1
688	26.04.	Kaiserslautern	Schweiz	1:1
689	03.06.	Nürnberg	Tschechien	3:2
690	07.06.	Freiburg	Liechtenstein	8:2
691 EM	12.06.	Lüttich	Rumänien	1:1
692 EM	17.06.	Charleroi	England	0:1
693 EM	20.06.	Rotterdam	Portugal	0:3
694	16.08.	Hannover	Spanien	4:1
695 WQ	02.09.	Hamburg	Griechenland	2:0
696 WQ	07.10.	London	England	1:0
697	15.11.	Kopenhagen	Dänemark	1:2
2001				
698	27.02.	Paris	Frankreich	0:1
699 WQ	24.03.	Leverkusen	Albanien	2:1
700 WQ	28.03.	Athen	Griechenland	4:2
701	29.05.	Bremen	Slowakei	2:0
702 WQ	02.06.	Helsinki	Finnland	2:2
703 WQ	06.06.	Tirana	Albanien	2:0
704	15.08.	Budapest	Ungarn	5:2
705 WQ	01.09.	München	England	1:5
706 WQ	06.10.	Gelsenkirchen	Finnland	0:0

	Dat.	Ort	Gegner	Erg.
707 WQ	10.11.	Kiew	Ukraine	1:1
708 WQ	14.11.	Dortmund	Ukraine	4:1
2002				
709	13.02.	Kaiserslautern	Israel	7:1
710	27.03.	Rostock	USA	4:2
711	17.04.	Stuttgart	Argentinien	0:1
712	09.05.	Freiburg	Kuwait	7:0
713	14.05.	Cardiff	Wales	0:1
714	18.05.	Leverkusen	Österreich	6:2
715 WM	01.06.	Sapporo	Saudi-Arabien	8:0
716 WM	05.06.	Ibaraki	Irland	1:1
717 WM	11.06.	Shizuoka	Kamerun	2:0
718 WM	15.06.	Seogwipo	Paraguay	1:0
719 WM	21.06.	Ulsan	USA	1:0
720 WM	25.06.	Seoul	Südkorea	1:0
721 WM	30.06.	Yokohama	Brasilien	0:2
722	21.08.	Sofia	Bulgarien	2:2
723 EQ	07.09.	Kaunas	Litauen	2:0
724	11.10.	Sarajevo	Bosn.-Herzeg.	1:1
725 EQ	16.10.	Hannover	Färöer	2:1
726	20.11.	Gelsenkirchen	Niederlande	1:3
2003				
727	12.02.	Palma d. M.	Spanien	1:3
728 EQ	29.03.	Nürnberg	Litauen	1:1
729	30.04.	Bremen	Serb. & Mont.	1:0
730	01.06.	Wolfsburg	Kanada	4:1
731 EQ	07.06.	Glasgow	Schottland	1:1
732 EQ	11.06.	Tórshavn	Färöer	2:0
733	20.08.	Stuttgart	Italien	0:1
734 EQ	06.09.	Reykjavik	Island	0:0
735 EQ	10.09.	Dortmund	Schottland	2:1
736 EQ	11.10.	Hamburg	Island	3:0
737	15.11.	Gelsenkirchen	Frankreich	0:3
2004				
738	18.02.	Split	Kroatien	2:1
739	31.03.	Köln	Belgien	3:0
740	28.04.	Bukarest	Rumänien	1:5
741	27.05.	Freiburg	Malta	7:0
742	02.06.	Basel	Schweiz	2:0
743	06.06.	Kaiserslautern	Ungarn	0:2
744 EM	15.06.	Porto	Niederlande	1:1
745 EM	19.06.	Porto	Lettland	0:0
746 EM	23.06.	Lissabon	Tschechien	1:2
747	18.08.	Wien	Österreich	3:1
748	08.09.	Berlin	Brasilien	1:1
749	09.10.	Teheran	Iran	2:0
750	17.11.	Leipzig	Kamerun	3:0
751	16.12.	Yokohama	Japan	3:0
752	19.12.	Busan	Südkorea	1:3
753	21.12.	Bangkok	Thailand	5:1
2005				
754	09.02.	Düsseldorf	Argentinien	2:2

>>

	Dat.	Ort	Gegner	Erg.
755	26.03.	Celje	Slowenien	1:0
756	04.06.	Belfast	Nordirland	4:1
757	08.06.	M'Gladbach	Russland	2:2
758 CC	15.06.	Frankfurt	Australien	4:3
759 CC	18.06.	Köln	Tunesien	3:0
760 CC	21.06.	Nürnberg	Argentinien	2:2
761 CC	25.06.	Nürnberg	Brasilien	2:3
762 CC	29.06.	Leipzig	Mexiko	4:3 n. V.
763	17.08.	Rotterdam	Niederlande	2:2
764	03.09.	Bratislava	Slowakei	0:2
765	07.09.	Bremen	Südafrika	4:2
766	08.10.	Istanbul	Türkei	1:2
767	12.10.	Hamburg	China	1:0
768	12.11.	Paris	Frankreich	0:0
2006				
769	01.03.	Florenz	Italien	1:4
770	22.03.	Dortmund	USA	4:1
771	27.05.	Freiburg	Luxemburg	7:0
772	30.05.	Leverkusen	Japan	2:2
773	02.06.	M'Gladbach	Kolumbien	3:0
774 WM	09.06.	München	Costa Rica	4:2
775 WM	14.06.	Dortmund	Polen	1:0
776 WM	20.06.	Berlin	Ecuador	3:0
777 WM	24.06.	München	Schweden	2:0
778 WM	30.06.	Berlin	Argentinien	5:3 n. E.
779 WM	04.07.	Dortmund	Italien	0:2 n. V.
780 WM	08.07.	Stuttgart	Portugal	3:1
781	16.08.	Gelsenkirchen	Schweden	3:0
782 EQ	02.09.	Stuttgart	Irland	1:0
783 EQ	06.09.	Serravalle	San Marino	13:0
784	07.10.	Rostock	Georgien	2:0
785 EQ	11.10.	Bratislava	Slowakei	4:1
786 EQ	15.11.	Nikosia	Zypern	1:1
2007				
787	07.02.	Düsseldorf	Schweiz	3:1
788 EQ	24.03.	Prag	Tschechien	2:1
789	28.03.	Duisburg	Dänemark	0:1
790 EQ	02.06.	Nürnberg	San Marino	6:0
791 EQ	06.06.	Hamburg	Slowakei	2:1
792	22.08.	London	England	2:1
793 EQ	08.09.	Cardiff	Wales	2:0
794	12.09.	Köln	Rumänien	3:1
795 EQ	13.10.	Dublin	Irland	0:0
796 EQ	17.10.	München	Tschechien	0:3
797 EQ	17.11.	Hannover	Zypern	4:0
798 EQ	21.11.	Frankfurt/M.	Wales	0:0
2008				
799	06.02.	Wien	Österreich	3:0
800	26.03.	Basel	Schweiz	4:0
801	27.05.	Kaiserslautern	Weißrussland	2:2
802	31.05.	Gelsenkirchen	Serbien	2:1
803 EM	08.06.	Klagenfurt	Polen	2:0
804 EM	12.06.	Klagenfurt	Kroatien	1:2
805 EM	16.06.	Wien	Österreich	1:0
806 EM	19.06.	Basel	Portugal	3:2
807 EM	25.06.	Basel	Türkei	3:2
808 EM	29.06.	Wien	Spanien	0:1

WM = FIFA WM-Endrunde; WQ = FIFA WM-Qualifikation; EM = UEFA EM-Endrunde; EQ = UEFA EM-Qualifikation;
CC = Confederations Cup; OL = Olympische Spiele

Länderspielbilanz der Nationalmannschaft

Gegner	erstes Spiel	Sp.	S	U	N	Tore
Ägypten	28.12.1958	1	–	–	1	1:2
Albanien	08.04.1967	14	13	1	–	38:10
Algerien	01.01.1964	2	–	–	2	1:4
Argentinien	08.06.1958	17	5	5	7	23:24
Armenien	09.10.1996	2	2	–	–	9:1
Australien	18.06.1974	1	1	–	–	3:0
Belgien	16.05.1910	22	17	1	4	52:25
Böhmen-M.	12.11.1939	1	–	1	–	4:4
Bolivien	17.06.1994	1	1	–	–	1:0
Bosn.-Herzeg.	11.10.2002	1	–	1	–	1:1
Brasilien	05.05.1963	19	3	5	11	19:34
Bulgarien	20.10.1935	21	16	2	3	56:24
Chile	23.03.1960	6	4	–	2	11:7
China	12.10.2005	1	1	–	–	1:0
Costa Rica	09.06.2006	1	1	–	–	4:2
Dänemark	06.10.1912	24	14	2	8	49:33
DDR	22.06.1974	1	–	–	1	0:1
England	20.04.1908	30	10	6	14	36:64
Estland	15.09.1935	3	3	–	–	11:1
Färöer	16.10.2002	2	2	–	–	4:1
Finnland	18.09.1921	20	15	4	1	76:15
Frankreich	15.03.1931	23	7	6	10	39:38
Georgien	29.03.1995	3	3	–	–	8:1
Ghana	14.04.1993	1	1	–	–	6:1
Griechenland	20.11.1960	8	5	3	–	17:7
Iran	25.06.1998	2	2	–	–	4:0
Irland	08.05.1935	16	7	4	5	25:21
Island	03.08.1960	4	3	1	–	11:1
Israel	25.03.1987	3	3	–	–	10:1
Italien	01.01.1923	29	7	8	14	33:44
Japan	16.12.2004	2	1	1	–	5:2
Jugoslawien	26.02.1939	25	14	4	7	46:31

Gegner	erstes Spiel	Sp.	S	U	N	Tore
Kamerun	11.06.2002	2	2	–	–	5:0
Kanada	08.06.1994	2	2	–	–	6:1
Kolumbien	19.06.1990	4	2	2	–	10:5
Kroatien	15.06.1941	8	5	1	2	18:10
Kuwait	09.05.2002	1	1	–	–	7:0
Lettland	13.10.1935	3	2	1	–	6:1
Liechtenstein	04.06.1996	2	2	–	–	17:3
Litauen	07.09.2002	2	1	1	–	3:1
Luxemburg	11.03.1934	13	12	–	1	60:11
Malta	22.12.1974	8	7	1	–	35:3
Marokko	29.12.1963	4	4	–	–	12:3
Mexiko	22.12.1968	9	3	5	1	16:6
Moldawien	14.12.1994	4	4	–	–	18:3
Neuseeland	28.07.1999	1	1	–	–	2:0
Niederlande	24.04.1910	37	13	14	10	72:63
Nigeria	22.04.1998	1	1	–	–	1:0
Nordirland	15.06.1958	13	7	4	2	28:12
Norwegen	04.11.1923	19	13	5	1	50:16
Österreich	07.06.1908	35	21	6	8	76:51
Oman	18.02.1998	1	1	–	–	2:0
Paraguay	15.06.2002	1	1	–	–	1:0
Peru	10.06.1970	1	1	–	–	3:1
Polen	03.12.1933	16	12	4	–	29:7
Portugal	27.02.1936	16	8	5	3	24:16
Rumänien	25.08.1935	13	8	3	2	38:18
Russland*	01.07.1912	16	12	1	3	43:12
Saarland	11.10.1953	2	2	–	–	6:1
San Marino	06.09.2006	2	2	–	–	19:0
Saudi-Arabien	22.02.1998	2	2	–	–	11:0

* inkl. Sowjetunion und GUS

Gegner	erstes Spiel	Sp.	S	U	N	Tore
Schottland	01.06.1929	15	6	5	4	21:20
Schweden	18.06.1911	33	14	7	12	61:53
Schweiz	05.04.1908	50	36	6	8	135:60
Serbien	31.05.2008	1	1	–	–	2:1
Serb. & Mont.	30.04.2003	1	1	–	–	1:0
Slowakei	27.08.1939	9	7	–	2	21:9
Slowenien	26.03.2005	1	1	–	–	1:0
Spanien	12.05.1935	20	8	6	6	27:22
Südafrika	15.12.1995	3	2	1	–	7:2
Südkorea	27.06.1994	3	2	–	1	5:5
Thailand	21.12.2004	1	1	–	–	5:1
Tschechien	09.06.1996	6	4	–	2	10:9
Tschechosl.	03.06.1934	17	10	4	3	36:24
Türkei	17.06.1951	18	12	3	3	43:12
Tunesien	10.06.1978	2	–	2	–	1:1
Ukraine	30.04.1997	4	2	2	–	7:2
Ungarn	04.04.1909	32	11	10	11	66:64
Uruguay	03.06.1928	9	6	2	1	24:9
USA	13.06.1993	8	6	–	2	18:11
V. A. Emirate	15.06.1990	2	2	–	–	7:1
Wales	08.05.1968	15	7	6	2	23:10
Weißrussland	27.05.2008	1	–	1	–	2:2
Zypern	24.04.1965	6	5	1	–	29:1

Spiele gesamt:	**808**
Siege gesamt:	**462**
Unentschieden gesamt:	**165**
Niederlagen gesamt:	**181**
Tore gesamt:	**1796:975**

Alle Spieler der Nationalmannschaft

Name	Spiele	Tore	erster Einsatz	letzter Einsatz	Verein(e)
Abramczik, Rüdiger	19	2	27.04.1977	25.02.1979	FC Schalke 04
Adam, Karl	3	–	21.11.1951	04.05.1952	TuS Neuendorf
Adamkiewicz, Edmund	2	1	01.11.1942	22.11.1942	Hamburger SV
Albertz, Jörg	3	–	21.02.1996	05.09.1998	Hamburger SV, Glasgow Rangers
Albrecht, Erich	1	–	16.03.1909	16.03.1909	Wacker Leipzig
Albrecht, Ernst	17	4	15.04.1928	11.03.1934	Fortuna Düsseldorf
Allgöwer, Karl	10	–	19.11.1980	14.05.1986	VfB Stuttgart
Allofs, Klaus	56	17	11.10.1978	31.03.1988	Fortuna Düsseldorf, 1. FC Köln, Olympique Marseille
Allofs, Thomas	2	–	16.10.1985	21.09.1988	1. FC Kaiserslautern, 1. FC Köln
Altvater, Heinrich	1	–	26.03.1922	26.03.1922	Wacker München
Appel, Hans	5	–	03.12.1933	25.09.1938	Berliner SV 92
Arlt, Willi	11	2	25.01.1939	19.07.1942	Riesaer SV
Asamoah, Gerald	43	6	29.05.2001	06.09.2006	FC Schalke 04
Ascherl, Willy	1	–	21.04.1924	21.04.1924	SpVgg Greuther Fürth
Au, Alfred	1	–	18.09.1921	18.09.1921	VfR Mannheim
Auer, Karl	3	2	13.01.1924	20.06.1926	SpVgg Greuther Fürth
Augenthaler, Klaus	27	–	05.10.1983	08.07.1990	FC Bayern München

<<

Name	Spiele	Tore	erster Einsatz	letzter Einsatz	Verein(e)
Aumann, Raimond	4	–	06.09.1989	10.10.1990	FC Bayern München
Babbel, Markus	51	1	22.02.1995	17.06.2000	FC Bayern München
Bache, Fritz	2	–	04.11.1923	31.08.1924	Wacker 04 Berlin
Balitsch, Hanno	1	–	12.02.2003	12.02.2003	Bayer 04 Leverkusen
Ballack, Michael	87	38	28.04.1999	29.06.2008	1. FC Kaiserslautern, Bayer 04 Leverkusen, FC Bayern München, FC Chelsea
Balogh, Fritz	1	–	22.11.1950	22.11.1950	VfL Neckarau
Bantle, Ernst	1	–	21.09.1924	21.09.1924	Freiburger FC
Barufka, Karl	3	–	22.11.1950	23.09.1951	VfB Stuttgart
Bäse, Joachim	1	–	08.05.1968	08.05.1968	Eintracht Braunschweig
Basler, Mario	30	2	23.03.1994	18.11.1998	SV Werder Bremen, FC Bayern München
Bauer, Hans	5	–	23.12.1951	26.10.1958	FC Bayern München
Baumann, Frank	28	2	14.11.1999	26.03.2005	SV Werder Bremen
Baumann, Gunther	2	–	22.11.1950	15.04.1951	1. FC Nürnberg
Baumgarten, Fritz	1	–	05.04.1908	05.04.1908	Germania Berlin
Baumgärtner, Willy	4	–	05.04.1908	16.03.1909	SV 04 Düsseldorf
Bäumler, Erich	1	1	13.06.1956	13.06.1956	Eintracht Frankfurt
Bauwens, Peco	1	–	16.05.1910	16.05.1910	SC 99 Köln
Beck, Alfred	1	1	01.12.1954	01.12.1954	FC St. Pauli
Beckenbauer, Franz	103	14	26.09.1965	23.02.1977	FC Bayern München
Becker, Fritz	1	2	05.04.1908	05.04.1908	Kickers Frankfurt
Beer, Erich	24	7	17.05.1975	21.06.1978	Hertha BSC
Beier, Albert	11	–	14.12.1924	24.05.1931	Hamburger SV
Beiersdorfer, Dietmar	1	–	01.05.1991	01.05.1991	Hamburger SV
Bein, Uwe	17	3	04.10.1989	22.09.1993	Eintracht Frankfurt
Beinlich, Stefan	5	–	02.09.1998	16.08.2000	Bayer 04 Leverkusen, Hertha BSC
Bella, Michael	4	–	18.12.1968	17.02.1971	MSV Duisburg
Bender, Jakob	9	–	22.10.1933	30.06.1935	Fortuna Düsseldorf
Benthaus, Helmut	8	–	21.12.1958	23.11.1960	Westfalia Herne
Berg, Walter	1	–	20.03.1938	20.03.1938	FC Schalke 04
Berghausen, Alfred	1	–	16.05.1910	16.05.1910	Preußen Duisburg
Bergmaier, Josef	8	1	04.05.1930	01.01.1933	FC Bayern München
Bernard, Günter	5	–	24.10.1962	08.05.1968	1. FC Schweinfurt 05, SV Werder Bremen
Bernard, Robert	2	–	04.08.1936	07.08.1936	VfR Schweinfurt
Berndt, Hans	3	2	25.06.1937	20.03.1938	Tennis Borussia Berlin
Berthold, Rudolf	1	–	15.04.1928	15.04.1928	Dresdner SC
Berthold, Thomas	62	1	29.01.1985	18.12.1994	Eintracht Frankfurt, Hellas Verona, AS Rom, VfB Stuttgart
Biallas, Hans	3	1	25.09.1938	25.06.1939	TuS Duisburg 48/99
Bierhoff, Oliver	70	37	21.02.1996	30.06.2002	Udinese Calcio, AC Mailand, AS Monaco
Bierofka, Daniel	3	1	09.05.2002	21.08.2002	TSV München 1860, Bayer 04 Leverkusen
Biesinger, Ulrich	7	2	26.09.1954	28.12.1958	BC Augsburg
Billen, Matthias	1	–	27.09.1936	27.09.1936	VfL Osnabrück
Billmann, Willi	11	–	02.05.1937	05.10.1941	1. FC Nürnberg
Binder, Franz	9	10	25.01.1939	01.06.1941	Rapid Wien
Binz, Manfred	14	1	29.08.1990	18.06.1992	Eintracht Frankfurt
Bleidick, Hartwig	2	–	12.06.1971	22.06.1971	Borussia Mönchengladbach

>>

3:0

<<

Name	Spiele	Tore	erster Einsatz	letzter Einsatz	Verein(e)
Blum, Ernst	1	–	02.10.1927	02.10.1927	VfB Stuttgart
Blunk, Wilhelm	1	–	20.10.1929	20.10.1929	Hamburger SV
Bobic, Fredi	37	10	12.10.1994	19.06.2004	VfB Stuttgart, Hannover 96, Hertha BSC
Bockenfeld, Manfred	1	–	15.02.1984	15.02.1984	Fortuna Düsseldorf
Bode, Marco	40	9	15.12.1995	30.06.2002	SV Werder Bremen
Bögelein, Karl	1	–	23.12.1951	23.12.1951	VfB Stuttgart
Böhme, Jörg	10	1	29.05.2001	29.03.2003	FC Schalke 04
Bökle, Otto	1	–	13.10.1935	13.10.1935	VfB Stuttgart
Bollmann, Albert	1	–	05.04.1914	05.04.1914	Schwarz-Weiß Essen
Bommer, Rudolf	6	–	15.02.1984	12.09.1984	Fortuna Düsseldorf
Bongartz, Hans	4	–	28.02.1976	07.09.1977	FC Schalke 04
Bonhof, Rainer	53	9	26.05.1972	07.01.1981	Borussia Mönchengladbach, FC Valencia, 1. FC Köln
Borchers, Ronald	6	–	20.12.1978	23.09.1981	Eintracht Frankfurt
Borck, Walter	1	–	17.12.1911	17.12.1911	MTV München
Borkenhagen, Kurt	1	–	05.10.1952	05.10.1952	Fortuna Düsseldorf
Borowka, Ulrich	6	–	02.04.1988	21.06.1988	SV Werder Bremen
Borowski, Tim	33	2	21.08.2002	19.06.2008	SV Werder Bremen
Bosch, Hermann	5	–	29.06.1912	18.05.1913	Karlsruher FV
Brdaric, Thomas	8	1	27.03.2002	21.12.2004	Bayer 04 Leverkusen, Hannover 96
Brehme, Andreas	86	8	15.02.1984	10.07.1994	1. FC Kaiserslautern, FC Bayern München, Inter Mailand
Breitner, Paul	48	10	22.06.1971	11.07.1982	FC Bayern München, Real Madrid
Brenninger, Dieter	1	–	10.05.1969	10.05.1969	FC Bayern München
Breuer, Theo	2	–	22.10.1933	05.11.1933	Fortuna Düsseldorf
Breunig, Max	9	1	24.04.1910	23.11.1913	Karlsruher FV, 1. FC Pforzheim
Breynk, Andreas	1	–	16.05.1910	16.05.1910	Preußen Duisburg
Briegel, Hans-Peter	72	4	17.10.1979	29.06.1986	1. FC Kaiserslautern, Hellas Verona
Brülls, Albert	25	9	04.10.1959	16.07.1966	Borussia Mönchengladbach, AC Brescia
Brunke, Hans	7	–	02.10.1927	13.09.1931	Tennis Borussia Berlin
Brunnenmeier, Rudolf	5	3	04.11.1964	14.11.1965	TSV München 1860
Bruns, Hans-Günter	4	–	29.02.1984	12.09.1984	Borussia Mönchengladbach
Buchloh, Fritz	17	–	04.12.1932	13.09.1936	VfB Speldorf
Buchwald, Guido	76	4	22.05.1984	10.07.1994	VfB Stuttgart
Budzinsky, Lothar	1	–	16.05.1910	16.05.1910	Duisburger SV
Bülte, Otto	1	–	16.10.1910	16.10.1910	Eintracht Braunschweig
Burdenski, Dieter	12	–	08.06.1977	22.05.1984	SV Werder Bremen
Burdenski, Herbert	5	2	05.10.1941	15.04.1951	FC Schalke 04, SV Werder Bremen
Burger, Karl	11	1	04.04.1909	01.07.1912	SpVgg Greuther Fürth
Burgsmüller, Manfred	3	–	16.11.1977	22.02.1978	Borussia Dortmund
Burkhardt, Theodor	1	–	28.09.1930	28.09.1930	Germania Brötzingen
Busch, Willy	13	–	22.10.1933	27.09.1936	TuS Duisburg 99
Butt, Hans-Jörg	3	–	07.06.2000	01.06.2003	Hamburger SV, Bayer 04 Leverkusen
Castro, Gonzalo	5	–	28.03.2007	21.11.2007	Bayer 04 Leverkusen
Cieslarczyk, Hans	7	3	22.12.1957	26.10.1958	SV Sodingen, Borussia Dortmund
Claus-Oehler, Walter	2	1	10.05.1923	12.08.1923	DSC Arminia Bielefeld

>>

<<

Name	Spiele	Tore	erster Einsatz	letzter Einsatz	Verein(e)
Conen, Edmund	28	27	14.01.1934	03.05.1942	FV Saarbrücken, Stuttgarter Kickers
Cullmann, Bernd	40	6	14.02.1973	22.06.1980	1. FC Köln
Damminger, Ludwig	3	5	28.04.1935	15.09.1935	Karlsruher FV
Danner, Dietmar	6	–	05.09.1973	17.06.1976	Borussia Mönchengladbach
Decker, Karl	8	8	20.01.1942	22.11.1942	Vienna Wien
Deike, Fritz	1	–	25.08.1935	25.08.1935	Hannover 96
Deisler, Sebastian	36	3	23.02.2000	01.03.2006	Hertha BSC, FC Bayern München
Del'Haye, Karl	2	–	02.04.1980	17.06.1980	Borussia Mönchengladbach
Derwall, Jupp	2	–	01.12.1954	19.12.1954	Fortuna Düsseldorf
Deyhle, Erwin	1	–	29.06.1939	29.06.1939	Stuttgarter Kickers
Diemer, Kurt	4	–	06.10.1912	18.05.1913	Britannia Berlin
Dietrich, Peter	1	–	09.05.1970	09.05.1970	Borussia Mönchengladbach
Dietz, Bernard	53	–	22.12.1974	19.05.1981	MSV Duisburg
Ditgens, Heinz	3	–	04.08.1936	20.03.1938	Borussia Mönchengladbach
Dogan, Mustafa	2	–	30.07.1999	09.10.1999	Fenerbahce Istanbul
Doll, Thomas	18	1	27.03.1991	24.03.1993	Hamburger SV, Lazio Rom
Dörfel, Bernd	15	2	19.11.1966	24.09.1969	Hamburger SV, Eintracht Braunschweig
Dörfel, Friedrich	2	1	12.04.1942	03.05.1942	Hamburger SV
Dörfel, Gert	11	7	03.08.1960	04.11.1964	Hamburger SV
Dörner, Herbert	2	–	13.06.1956	30.06.1956	1. FC Köln
Dorfner, Hans	7	1	12.08.1987	15.11.1989	FC Bayern München
Dremmler, Wolfgang	27	3	07.01.1981	29.02.1984	FC Bayern München
Droz, Rudolf	1	–	18.06.1911	18.06.1911	Preußen Berlin
Dumke, Otto	2	3	18.06.1911	29.10.1911	Viktoria 89 Berlin
Durek, Ludwig	6	2	15.09.1940	03.05.1942	FC Wien
Dutton, Edwin	1	–	04.04.1909	04.04.1909	Preußen Berlin
Dzur, Walter	3	–	01.09.1940	05.10.1941	Dresdner SC
Eckel, Horst	32	–	09.11.1952	19.11.1958	1. FC Kaiserslautern
Eckert, Jakob	1	–	02.05.1937	02.05.1937	Wormatia Worms
Eckstein, Dieter	7	–	15.10.1986	31.08.1988	1. FC Nürnberg
Eder, Norbert	9	–	11.05.1986	29.06.1986	FC Bayern München
Effenberg, Stefan	35	5	05.06.1991	05.09.1998	FC Bayern München, AC Florenz
Ehrmann, Kurt	1	–	20.04.1952	20.04.1952	Karlsruher FV
Eiberle, Fritz	1	–	19.11.1933	19.11.1933	TSV München 1860
Eichelmann, Paul	2	–	20.04.1908	07.06.1908	Union 92 Berlin
Eikhof, Ernst	3	–	10.05.1923	12.08.1923	Victoria Hamburg
Eilts, Dieter	31	–	18.12.1993	07.06.1997	SV Werder Bremen
Elbern, Franz	8	2	18.08.1935	25.06.1937	SV 06 Beuel
Emmerich, Heinz	3	–	17.06.1931	13.09.1931	Tennis Borussia Berlin
Emmerich, Lothar	5	2	23.03.1966	30.07.1966	Borussia Dortmund
Engelhardt, Marco	3	–	16.12.2004	21.06.2005	1. FC Kaiserslautern
Engels, Stefan	8	–	21.03.1982	27.04.1983	1. FC Köln
Enke, Robert	1	–	28.03.2007	28.03.2007	Hannover 96
Eppenhoff, Hermann	3	3	15.09.1940	01.02.1942	FC Schalke 04
Erhardt, Herbert	50	1	11.10.1953	30.09.1962	SpVgg Greuther Fürth, FC Bayern München
Ernst, Fabian	24	1	09.05.2002	22.03.2006	SV Werder Bremen, FC Schalke 04
Ertl, Georg	7	–	21.06.1925	02.10.1927	Wacker München

>>

<<

Name	Spiele	Tore	erster Einsatz	letzter Einsatz	Verein(e)
Eschenlohr, Albert	1	–	31.08.1924	31.08.1924	Tennis Borussia Berlin
Esser, Franz	1	–	02.07.1922	02.07.1922	Holstein Kiel
Euler, Georg	1	–	13.09.1936	13.09.1936	SpVgg Köln-Sülz 07
Ewert, Fritz	4	–	21.10.1959	01.01.1964	1. FC Köln
Faas, Robert	1	–	16.05.1910	16.05.1910	1. FC Pforzheim
Fach, Holger	5	–	31.08.1988	06.09.1989	Bayer 05 Uerdingen
Faeder, Helmut	1	–	28.12.1958	28.12.1958	Hertha BSC
Fahrenhorst, Frank	2	–	18.08.2004	08.09.2004	SV Werder Bremen
Fahrian, Wolfgang	10	–	11.04.1962	29.04.1964	TSG Ulm 1846
Falk, Wilhelm	1	–	20.11.1927	20.11.1927	Wacker München
Falkenmayer, Ralf	4	–	12.09.1984	09.04.1986	Eintracht Frankfurt
Fath, Josef	13	7	09.09.1934	24.04.1938	Wormatia Worms
Fathi, Malik	2	–	16.08.2006	07.10.2006	Hertha BSC
Ferner, Diethelm	2	–	29.12.1963	01.01.1964	SV Werder Bremen
Fichtel, Klaus	23	1	22.02.1967	17.11.1971	FC Schalke 04
Fick, Willy	1	1	24.04.1910	24.04.1910	Holstein Kiel
Fiederer, Hans	6	3	26.03.1939	16.11.1941	SpVgg Greuther Fürth
Fiederer, Leo	1	–	24.10.1920	24.10.1920	SpVgg Greuther Fürth
Fischer, Erich	2	–	01.07.1932	19.03.1933	1. FC Pforzheim
Fischer, Klaus	45	32	27.04.1977	11.07.1982	FC Schalke 04, 1. FC Köln
Fischer, Paul	1	–	20.04.1908	20.04.1908	Viktoria 89 Berlin
Fischer, Walter	5	–	26.03.1911	05.04.1914	Duisburger SV
Fitz, Willy	1	–	01.02.1942	01.02.1942	Rapid Wien
Fleischmann, Hans	1	–	23.11.1924	23.11.1924	VfR Mannheim
Flick, Hermann	1	–	20.10.1929	20.10.1929	TuS Duisburg 99
Flink, Karl	1	–	02.07.1922	02.07.1922	Kölner BC
Flohe, Heinz	39	8	22.11.1970	14.06.1978	1. FC Köln
Flotho, Heinz	1	–	26.03.1939	26.03.1939	VfL Osnabrück
Foda, Franco	2	–	12.12.1987	16.12.1987	1. FC Kaiserslautern
Förderer, Fritz	11	10	05.04.1908	26.10.1913	Karlsruher FV
Forell, Paul	1	–	24.10.1920	24.10.1920	1. FC Pforzheim
Förster, Bernd	33	–	22.05.1979	20.06.1984	VfB Stuttgart
Förster, Karlheinz	81	2	05.04.1978	29.06.1986	VfB Stuttgart
Frank, Georg	4	5	02.10.1927	02.03.1930	SpVgg Greuther Fürth
Franke, Bernd	7	–	28.03.1973	12.05.1982	Eintracht Braunschweig
Franz, Andreas	10	4	26.03.1922	20.06.1926	SpVgg Greuther Fürth
Freier, Paul	19	1	09.05.2002	28.03.2007	VfL Bochum, Bayer 04 Leverkusen
Freund, Steffen	21	–	22.02.1995	27.05.1998	Borussia Dortmund
Fricke, Willi	1	–	18.08.1935	18.08.1935	Arminia Hannover
Friedel, Georg	1	–	31.01.1937	31.01.1937	1. FC Nürnberg
Friedrich, Adalbert	1	–	16.05.1910	16.05.1910	VfB Leipzig
Friedrich, Arne	61	–	21.08.2002	29.06.2008	Hertha BSC
Friedrich, Manuel	9	1	16.08.2006	06.02.2008	FSV Mainz 05, Bayer 04 Leverkusen
Frings, Torsten	77	10	27.02.2001	29.06.2008	SV Werder Bremen, Borussia Dortmund, FC Bayern München
Fritz, Clemens	18	2	07.10.2006	19.06.2008	SV Werder Bremen
Fritzsche, Walter	1	–	05.05.1921	05.05.1921	Vorwärts Berlin
Frontzeck, Michael	19	–	12.09.1984	09.09.1992	Borussia Mönchengladbach, VfB Stuttgart
Fuchs, Gottfried	6	14	26.03.1911	23.11.1913	Karlsruher FV

>>

Name	Spiele	Tore	erster Einsatz	letzter Einsatz	Verein(e)
<< Funkel, Wolfgang	2	–	14.05.1986	29.10.1986	Bayer 05 Uerdingen
Fürst, Fritz	1	–	18.05.1913	18.05.1913	FC Bayern München
Gablonsky, Max	4	–	16.05.1910	29.10.1911	FC Bayern München
Gaebelein, Arthur	1	–	17.11.1912	17.11.1912	Hohenzollern Halle
Garrn (Ehlers), Hermann	2	–	07.06.1908	16.03.1909	Victoria Hamburg
Gärtner, Ludwig	3	1	27.08.1939	05.10.1941	Olympia Lorsch
Gauchel, Josef	16	13	04.08.1936	19.07.1942	TuS Neuendorf
Gaudino, Maurizio	5	1	22.09.1993	08.06.1994	Eintracht Frankfurt
Gedlich, Richard	2	–	18.04.1926	02.10.1927	Dresdner SC
Gehlhaar, Paul	2	–	30.09.1928	24.05.1931	Hertha BSC
Gehrts, Adolf	2	–	20.04.1908	24.04.1910	Victoria Hamburg
Geiger, Hans	6	–	31.10.1926	23.06.1929	ASV Nürnberg, 1. FC Nürnberg
Geiger, Rolf	8	2	23.12.1956	07.06.1964	Stuttgarter Kickers, VfB Stuttgart
Gellesch, Rudolf	20	1	18.08.1935	05.10.1941	FC Schalke 04
Gerber, Heiko	2	–	24.07.1999	30.07.1999	VfB Stuttgart
Gerdau, Willi	1	–	22.05.1957	22.05.1957	Heider SV
Gerritzen, Felix	4	1	15.04.1951	17.10.1951	Preußen Münster
Gersdorff, Bernd	1	–	03.09.1975	03.09.1975	Eintracht Braunschweig
Gerwien, Klaus	6	1	29.12.1963	22.12.1968	Eintracht Braunschweig
Geye, Rainer	4	1	15.11.1972	20.11.1974	Fortuna Düsseldorf
Giesemann, Willi	14	–	11.05.1960	06.06.1965	FC Bayern München, Hamburger SV
Glaser, Josef	5	–	16.03.1909	01.07.1912	Freiburger FC
Goede, Erich	1	–	03.12.1939	03.12.1939	Berliner SV 92
Goldbrunner, Ludwig	39	–	19.11.1933	20.10.1940	FC Bayern München
Gomez, Mario	14	6	07.02.2007	29.06.2008	VfB Stuttgart
Görlitz, Andreas	2	–	08.09.2004	09.10.2004	FC Bayern München
Görtz, Armin	2	–	27.04.1988	31.08.1988	1. FC Köln
Gottinger, Richard	1	–	11.10.1953	11.10.1953	SpVgg Greuther Fürth
Grabowski, Jürgen	44	5	04.05.1966	07.07.1974	Eintracht Frankfurt
Gramlich, Hermann	3	–	18.08.1935	15.09.1935	Villingen 08
Gramlich, Rudolf	22	–	27.09.1931	07.08.1936	Eintracht Frankfurt
Groh, Jürgen	2	–	26.05.1979	07.09.1983	1. FC Kaiserslautern, Hamburger SV
Gröner, Emil	1	–	05.06.1921	05.06.1921	SC Stuttgart
Gros, Wilhelm	1	–	24.03.1912	24.03.1912	Karlsruher FV
Groß, Volkmar	1	–	22.11.1970	22.11.1970	Hertha BSC
Grosser, Peter	2	–	26.09.1965	07.05.1966	TSV München 1860
Gruber, Hans	1	–	01.06.1929	01.06.1929	Duisburger SV
Gründel, Heinz	4	–	16.10.1985	14.05.1986	Hamburger SV
Günther, Walter	4	2	18.08.1935	31.01.1937	TuS Duisburg 48/99
Haber, Marco	2	–	23.08.1995	15.12.1995	VfB Stuttgart
Haferkamp, Hans	4	2	17.06.1951	20.04.1952	VfL Osnabrück
Haftmann, Martin	1	–	02.10.1927	02.10.1927	Dresdner SC
Hagen, Hans	12	–	26.09.1920	04.05.1930	SpVgg Greuther Fürth
Hahnemann, Wilhelm	23	16	04.06.1938	07.12.1941	Admira Wien
Haller, Helmut	33	13	24.09.1958	03.06.1970	BC Augsburg, FC Bologna, Juventus Turin
Hamann, Dietmar	59	5	15.11.1997	17.08.2005	FC Bayern München, Newcastle United, FC Liverpool
Hammerl, Franz	1	–	20.10.1940	20.10.1940	Post-SV München >>

<<

Name	Spiele	Tore	erster Einsatz	letzter Einsatz	Verein(e)
Hänel, Erich	3	1	26.03.1939	03.12.1939	BC Hartha
Hanke, Mike	12	1	08.06.2005	17.11.2007	FC Schalke 04, VfL Wolfsburg, Hannover 96
Hanke, Richard	1	1	02.11.1930	02.11.1930	FV Breslau 06
Hannes, Wilfried	8	–	01.04.1981	22.09.1982	Borussia Mönchengladbach
Hanreiter, Franz	7	–	14.04.1940	01.02.1942	Admira Wien
Hanssen, Karl	3	–	16.10.1910	23.04.1911	Altona 93
Hantschick, Otto	2	–	20.04.1908	16.03.1909	Union 92 Berlin
Harder, Otto	15	14	05.04.1914	12.12.1926	Hamburger SV
Haringer, Sigmund	15	–	15.03.1931	25.04.1937	FC Bayern München, Wacker München
Harpers, Gerhard	6	–	22.03.1953	16.11.1955	SV Sodingen
Hartmann, Karl	4	2	10.05.1923	31.08.1924	Union Potsdam, Victoria Hamburg
Hartmann, Michael	4	–	30.04.2003	06.09.2003	Hertha BSC
Hartwig, William	2	–	22.05.1979	26.05.1979	Hamburger SV
Häßler, Thomas	101	11	31.08.1988	20.06.2000	1. FC Köln, Juventus Turin, AS Rom, Karlsruher SC, TSV München 1860
Heibach, Hans	1	–	20.03.1938	20.03.1938	Fortuna Düsseldorf
Heidemann, Hartmut	3	–	12.10.1966	17.04.1968	MSV Duisburg
Heidemann, Matthias	3	–	19.11.1933	13.10.1935	Bonner FV, SV Werder Bremen
Heidkamp, Conrad	9	1	20.11.1927	28.09.1930	SC 99 Düsseldorf, FC Bayern München
Heinrich, Jörg	37	2	21.06.1995	18.05.2002	SC Freiburg, Borussia Dortmund, AC Florenz
Heiß, Alfred	8	2	23.12.1962	07.05.1966	TSV München 1860
Held, Siegfried	41	5	23.02.1966	14.11.1973	Borussia Dortmund, Kickers Offenbach
Heldt, Horst	2	–	28.04.1999	30.07.1999	TSV München 1860, Eintracht Frankfurt
Helmer, Thomas	68	5	10.10.1990	29.06.1998	Borussia Dortmund, FC Bayern München
Helmes, Patrick	5	–	28.03.2007	27.05.2008	1. FC Köln
Hempel, Walter	11	–	05.04.1908	01.07.1912	Sportfreunde Leipzig
Hense, Robert	1	–	16.10.1910	16.10.1910	Kölner BC
Hensel, Gustav	1	–	05.04.1908	05.04.1908	FV Kassel
Herberger, Sepp	3	2	18.09.1921	29.03.1925	SV Waldhof Mannheim, VfR Mannheim
Hergert, Heinrich	5	–	04.05.1930	19.03.1933	FK Pirmasens
Herget, Matthias	39	4	26.10.1983	21.09.1988	Bayer 05 Uerdingen
Herkenrath, Fritz	21	–	26.09.1954	24.09.1958	Rot-Weiß Essen
Hermann, Günter	2	–	21.09.1988	30.05.1990	SV Werder Bremen
Herrlich, Heiko	5	1	29.03.1995	11.10.1995	Borussia Mönchengladbach, Borussia Dortmund
Herrmann, Günter	9	1	26.10.1960	22.03.1967	Karlsruher SC, FC Schalke 04
Herrmann, Richard	8	1	22.11.1950	20.06.1954	FSV Frankfurt
Hertzsch, Ingo	2	–	15.11.2000	21.08.2002	Hamburger SV
Herzog, Dieter	5	–	23.02.1974	04.09.1974	Fortuna Düsseldorf
Heynckes, Jupp	39	14	22.02.1967	17.11.1976	Borussia Mönchengladbach, Hannover 96
Hieronymus, Holger	3	–	02.09.1981	13.10.1982	Hamburger SV
Hilbert, Roberto	8	–	28.03.2007	06.02.2008	VfB Stuttgart

>>

<<

Name	Spiele	Tore	erster Einsatz	letzter Einsatz	Verein(e)
Hildebrand, Timo	7	–	28.04.2004	17.10.2007	VfB Stuttgart, FC Valencia
Hiller, Arthur	4	–	05.04.1908	04.04.1909	1. FC Pforzheim
Hiller, Marius	3	1	03.04.1910	09.10.1911	1. FC Pforzheim
Hinkel, Andreas	17	–	30.04.2003	03.09.2005	VfB Stuttgart
Hirsch, Julius	7	4	17.12.1911	23.11.1913	Karlsruher FV, SpVgg Greuther Fürth
Hirth, Herbert	1	–	04.04.1909	04.04.1909	Hertha BSC
Hitzlsperger, Thomas	38	5	09.10.2004	29.06.2008	Aston Villa, VfB Stuttgart
Hobsch, Bernd	1	–	22.09.1993	22.09.1993	SV Werder Bremen
Hochgesang, Georg	6	4	15.06.1924	23.10.1927	1. FC Nürnberg
Hochstätter, Christian	2	–	12.12.1987	16.12.1987	Borussia Mönchengladbach
Hoeneß, Dieter	6	4	22.05.1979	29.06.1986	VfB Stuttgart, FC Bayern München
Hoeneß, Uli	35	5	29.03.1972	17.11.1976	FC Bayern München
Hofer, Franz	1	–	27.08.1939	27.08.1939	Rapid Wien
Hoffmann, Rudolf	1	–	28.05.1955	28.05.1955	Viktoria Aschaffenburg
Hofmann, Ludwig	18	4	18.04.1926	15.03.1931	FC Bayern München
Hofmann, Richard	25	24	02.10.1927	19.03.1933	Meerane 07, Dresdner SC
Hofmeister, Ludwig	2	–	17.11.1912	05.04.1914	FC Bayern München, Stuttgarter Kickers
Hofstätter, Johann	1	–	14.04.1940	14.04.1940	Rapid Wien
Höger, Karl	4	–	05.06.1921	14.12.1924	SV Waldhof Mannheim, VfR Mannheim
Hohmann, Karl	26	20	07.09.1930	25.06.1937	VfL Benrath
Hollstein, Ernst	6	–	24.04.1910	03.07.1912	Karlsruher FV
Holz, Friedel	1	–	20.03.1938	20.03.1938	TuS Duisburg 48/99
Hölzenbein, Bernd	40	5	10.10.1973	21.06.1978	Eintracht Frankfurt
Horn, Franz	3	–	16.09.1928	20.10.1929	Hamburger SV
Hornauer, Josef	5	3	15.04.1928	13.09.1931	TSV München 1860, 1. FC Nürnberg
Hornig, Heinz	7	–	13.03.1965	01.06.1966	1. FC Köln
Hörster, Thomas	4	–	24.09.1986	25.03.1987	Bayer 04 Leverkusen
Höschle, Adolf	1	–	27.06.1920	27.06.1920	Stuttgarter Kickers
Höttges, Horst-Dieter	66	1	13.03.1965	22.06.1974	SV Werder Bremen
Hrubesch, Horst	21	6	02.04.1980	11.07.1982	Hamburger SV
Huber, Alfred	1	–	04.05.1930	04.05.1930	FC 04 Rastatt
Huber, Lorenz	1	–	30.10.1932	30.10.1932	Karlsruher FV
Hunder, Paul	8	–	16.03.1909	17.12.1911	Viktoria 89 Berlin
Hundt, Eduard	3	–	22.10.1933	11.03.1934	Schwarz-Weiß Essen
Huth, Robert	17	2	18.08.2004	20.06.2006	FC Chelsea
Hutter, Willi	2	–	18.09.1921	26.03.1922	SV Waldhof Mannheim, Saar 05
Illgner, Bodo	54	–	23.09.1987	10.07.1994	1. FC Köln
Illmer, Eberhardt	1	–	04.04.1909	04.04.1909	FV Straßburg
Immel, Eike	19	–	11.10.1980	21.06.1988	Borussia Dortmund, VfB Stuttgart
Immig, Franz	2	–	26.03.1939	27.08.1939	Karlsruher FV
Islacker, Franz	1	–	16.10.1954	16.10.1954	Rot-Weiß Essen
Jäger, Adolf	18	10	07.06.1908	14.12.1924	Altona 93
Jäger, Günter	1	–	24.09.1958	24.09.1958	Fortuna Düsseldorf
Jahn, Helmut	17	–	03.12.1939	22.11.1942	Berliner SV 92
Jakob, Hans	38	–	02.11.1930	24.09.1939	Jahn Regensburg
Jakobs, Ditmar	20	1	13.05.1980	29.06.1986	Hamburger SV
Jakobs, Johannes	1	–	29.06.1939	29.06.1939	Hannover 96

>>

<<

Name	Spiele	Tore	erster Einsatz	letzter Einsatz	Verein(e)
Jancker, Carsten	33	10	14.10.1998	16.10.2002	FC Bayern München, Udinese Calcio
Janes, Paul	71	7	30.10.1932	22.11.1942	Fortuna Düsseldorf
Jansen, Marcell	27	1	03.09.2005	29.06.2008	Borussia Mönchengladbach, FC Bayern München
Jellinek, Franz	1	–	15.09.1940	15.09.1940	Wiener SC
Jeremies, Jens	55	1	15.11.1997	23.06.2004	TSV München 1860, FC Bayern München
Jones, Jermaine	2	–	06.02.2008	27.05.2008	FC Schalke 04
Joppich, Karl	1	–	30.10.1932	30.10.1932	SV Hoyerswerda
Jordan, Ernst	1	–	05.04.1908	05.04.1908	Cricket-Victoria Magdeburg
Jungtow, Otto	1	–	21.03.1913	21.03.1913	Hertha BSC
Jürissen, Willy	6	–	18.08.1935	27.08.1939	Rot-Weiß Oberhausen
Juskowiak, Erich	31	4	23.12.1951	08.11.1959	Rot-Weiß Oberhausen, Fortuna Düsseldorf
Kaburek, Matthias	1	–	27.08.1939	27.08.1939	Rapid Wien
Kahn, Oliver	86	–	23.06.1995	08.07.2006	FC Bayern München
Kalb, Hans	15	2	27.06.1920	03.06.1928	1. FC Nürnberg
Kaltz, Manfred	69	8	03.09.1975	23.02.1983	Hamburger SV
Kapellmann, Jupp	5	–	12.05.1973	20.11.1974	1. FC Köln, FC Bayern München
Kapitulski, Helmut	1	–	19.11.1958	19.11.1958	FK Pirmasens
Kargus, Rudolf	3	–	20.12.1975	30.04.1977	Hamburger SV
Kauer, Erich	5	–	02.11.1930	13.09.1931	Tennis Borussia Berlin
Kaufhold, Gerhard	1	–	01.12.1954	01.12.1954	Kickers Offenbach
Kehl, Sebastian	31	3	29.05.2001	08.07.2006	SC Freiburg, Borussia Dortmund
Kelbassa, Alfred	6	2	23.12.1956	28.06.1958	Borussia Dortmund
Keller, Ferdinand	1	–	03.09.1975	03.09.1975	TSV München 1860
Kelsch, Walter	4	3	01.04.1979	27.02.1980	VfB Stuttgart
Kießling, Georg	2	1	02.10.1927	23.09.1928	SpVgg Greuther Fürth
Kießling, Stefan	1	–	28.03.2007	28.03.2007	Bayer 04 Leverkusen
Kipp, Eugen	18	10	05.04.1908	23.11.1913	Sportfreunde Stuttgart, Stuttgarter Kickers
Kirsei, Willi	1	–	31.08.1924	31.08.1924	Hertha BSC
Kirsten, Ulf	51	21	08.05.1985	20.06.2000	Bayer 04 Leverkusen
Kitzinger, Albin	44	2	25.08.1935	03.05.1942	Schweinfurt 05
Klaas, Werner	1	–	21.03.1937	21.03.1937	SV Koblenz
Kleff, Wolfgang	6	–	22.06.1971	14.11.1973	Borussia Mönchengladbach
Kliemann, Uwe	1	–	17.05.1975	17.05.1975	Hertha BSC
Kling, Eugen	1	–	02.10.1927	02.10.1927	TSV München 1860
Klingler, August	5	6	16.08.1942	22.11.1942	FV Daxlanden
Klinsmann, Jürgen	108	47	12.12.1987	04.07.1998	VfB Stuttgart, Inter Mailand, AS Monaco, Tottenham Hotspur, FC Bayern München, Sampdoria Genua
Klöckner, Theo	2	–	28.12.1958	20.05.1959	Schwarz-Weiß Essen
Klodt, Bernhard	19	3	22.11.1950	20.05.1959	FC Schalke 04
Klodt, Hans	17	–	20.03.1938	05.10.1941	FC Schalke 04
Klose, Miroslav	81	39	24.03.2001	29.06.2008	1. FC Kaiserslautern, SV Werder Bremen, FC Bayern München
Kmetsch, Sven	2	–	10.09.1997	18.02.1998	Hamburger SV
Knesebeck, Willi	2	–	17.12.1911	06.10.1912	Viktoria 89 Berlin
Knöpfle, Georg	23	–	15.04.1928	01.01.1933	SpVgg Greuther Fürth, FSV Frankfurt

>>

Name	Spiele	Tore	erster Einsatz	letzter Einsatz	Verein(e)
<< Kobierski, Stanislaus	26	9	27.09.1931	05.10.1941	Fortuna Düsseldorf
Köchling, Willi	1	–	23.12.1956	23.12.1956	Rot-Weiß Essen
Koenen, Theo	1	–	17.12.1911	17.12.1911	FV Bonn
Kögl, Ludwig	2	–	15.06.1985	17.11.1985	FC Bayern München
Köhl, Georg	1	–	21.03.1937	21.03.1937	1. FC Nürnberg
Köhler, Georg	5	–	25.10.1925	30.09.1928	Dresdner SC
Kohler, Jürgen	105	2	24.09.1986	04.07.1998	SV Waldhof Mannheim, 1. FC Köln, FC Bayern München, Juventus Turin, Borussia Dortmund
Kohlmeyer, Werner	22	–	17.06.1951	30.03.1955	1. FC Kaiserslautern
Konietzka, Friedhelm	9	3	30.09.1962	24.04.1965	Borussia Dortmund
Konopka, Harald	2	–	14.06.1978	26.05.1979	1. FC Köln
Köpke, Andreas	59	–	30.05.1990	04.07.1998	1. FC Nürnberg, Eintracht Frankfurt, Olympique Marseille
Köppel, Horst	11	2	06.03.1968	05.09.1973	VfB Stuttgart, Borussia Mönchengladbach
Köpplinger, Emil	1	–	23.10.1927	23.10.1927	1. FC Nürnberg
Körbel, Karl-Heinz	6	–	22.12.1974	11.10.1975	Eintracht Frankfurt
Kördell, Heinz	1	–	28.12.1958	28.12.1958	FC Schalke 04
Koslowski, Willi	3	1	11.04.1962	30.09.1962	FC Schalke 04
Kostedde, Erwin	3	–	22.12.1974	11.10.1975	Kickers Offenbach, Hertha BSC
Krämer, Werner	13	3	28.09.1963	22.03.1967	MSV Duisburg
Kraus, Engelbert	9	3	25.09.1955	07.06.1964	Kickers Offenbach, TSV München 1860
Krause, Emil	1	–	03.12.1933	03.12.1933	Hertha BSC
Krause, Walter	6	–	24.10.1920	15.06.1924	Victoria Hamburg, Holstein Kiel
Krauß, Willy	2	–	26.03.1911	14.04.1912	Carl Zeiss Jena
Kremers, Erwin	15	3	26.05.1972	01.05.1974	FC Schalke 04
Kremers, Helmut	8	–	10.10.1973	12.03.1975	FC Schalke 04
Kreß, Anton	1	–	05.06.1921	05.06.1921	1. FC Pforzheim
Kreß, Richard	9	2	19.12.1954	22.10.1961	Eintracht Frankfurt
Kreß, Willibald	16	–	10.02.1929	03.06.1934	Rot-Weiß Frankfurt, Dresdner SC
Krogmann, Georg	3	–	14.04.1912	03.07.1912	Holstein Kiel
Kroth, Thomas	1		29.01.1985	29.01.1985	Eintracht Frankfurt
Krüger, Kurt	1	–	14.07.1940	14.07.1940	Fortuna Düsseldorf
Krumm, Franz	2	1	25.09.1932	01.01.1933	FC Bayern München
Kubsch, Heinz	3	–	25.04.1954	21.11.1956	FK Pirmasens
Kubus, Richard	1	–	03.12.1939	03.12.1939	Vorwärts Rasensport Gleiwitz
Kugler, Anton	7	–	01.01.1923	20.11.1927	1. FC Nürnberg
Kugler, Paul	2	–	29.10.1911	18.05.1913	Viktoria 89 Berlin
Kühnle, Paul	2	–	03.04.1910	26.03.1911	Stuttgarter Kickers
Kuhnt, Werner	1	–	31.08.1924	31.08.1924	Norden-Nordwest Berlin
Kund, Willi	2	1	07.09.1930	13.09.1931	1. FC Nürnberg
Kuntz, Stefan	25	6	18.12.1993	11.10.1997	1. FC Kaiserslautern, Besiktas Istanbul, DSC Arminia Bielefeld
Kupfer, Andreas	44	1	21.03.1937	22.11.1950	Schweinfurt 05
Küppers, Hans	7	2	23.12.1962	17.12.1967	TSV München 1860
Kuranyi, Kevin	50	19	29.03.2003	29.06.2008	VfB Stuttgart, FC Schalke 04
Kurbjuhn, Jürgen	5	–	11.04.1962	04.05.1966	Hamburger SV
Kutterer, Emil	8	–	21.06.1925	15.04.1928	FC Bayern München
Kuzorra, Ernst	12	7	20.11.1927	20.03.1938	FC Schalke 04 >>

<<

Name	Spiele	Tore	erster Einsatz	letzter Einsatz	Verein(e)
Kwiatkowski, Heinrich	4	–	20.06.1954	28.06.1958	Borussia Dortmund
Laband, Fritz	4	–	25.04.1954	27.06.1954	Hamburger SV
Labbadia, Bruno	2	–	20.12.1992	23.08.1995	FC Bayern München, 1. FC Köln
Lachner, Ludwig	8	4	28.09.1930	14.01.1934	TSV München 1860
Lahm, Philipp	47	3	18.02.2004	29.06.2008	VfB Stuttgart, FC Bayern München
Lang, Hans	10	–	26.03.1922	18.04.1926	SpVgg Greuther Fürth, Hamburger SV
Langenbein, Kurt	2	1	06.03.1932	13.10.1935	VfR Mannheim
Laumen, Herbert	2	1	06.03.1968	08.05.1968	Borussia Mönchengladbach
Lauth, Benjamin	5	–	12.02.2003	18.02.2004	TSV München 1860
Lehmann, Jens	61	–	18.02.1998	29.06.2008	FC Schalke 04, Borussia Dortmund, FC Arsenal
Lehner, Ernst	65	31	19.11.1933	01.11.1942	Schwaben Augsburg, Blau-Weiß Berlin
Leinberger, Ludwig	24	–	02.10.1927	01.01.1933	SpVgg Greuther Fürth
Leip, Rudolf	3	–	12.08.1923	31.08.1924	Guts Muths Dresden
Lenz, August	14	9	28.04.1935	20.03.1938	Borussia Dortmund
Libuda, Reinhard	26	3	28.09.1963	17.11.1971	FC Schalke 04, Borussia Dortmund
Liebrich, Werner	16	–	17.06.1951	21.11.1956	1. FC Kaiserslautern
Lindner, Willi	1	–	19.03.1933	19.03.1933	Eintracht Frankfurt
Linke, Thomas	43	1	15.11.1997	18.08.2004	FC Schalke 04, FC Bayern München
Littbarski, Pierre	73	18	14.10.1981	08.07.1990	1. FC Köln, Racing Paris
Löble, Otto	4	–	04.04.1909	21.03.1913	Stuttgarter Kickers
Lohneis, Hans	1	–	26.09.1920	26.09.1920	MTV Fürth
Löhr, Johannes	20	5	22.02.1967	09.09.1970	1. FC Köln
Lohrmann, Theodor	3	–	24.10.1920	02.07.1922	SpVgg Greuther Fürth
Lorenz, Max	19	1	24.04.1965	20.06.1970	SV Werder Bremen, Eintracht Braunschweig
Ludewig, Heinz	1	–	05.04.1914	05.04.1914	Duisburger SV
Ludwig, Johann	3	2	28.09.1930	21.06.1931	Holstein Kiel
Ludwig, Karl	1	–	05.04.1908	05.04.1908	SC 99 Köln
Lüke, Josef	2	–	10.05.1923	12.08.1923	TuRU Düsseldorf
Lutz, Friedel	12	–	03.08.1960	25.07.1966	Eintracht Frankfurt
Lux, Hermann	3	–	31.08.1924	26.06.1925	Tennis Borussia Berlin
Maas, Erich	3	–	06.03.1968	08.04.1970	Eintracht Braunschweig
Madlung, Alexander	2	–	07.10.2006	28.03.2007	VfL Wolfsburg
Magath, Felix	43	3	30.04.1977	29.06.1986	Hamburger SV
Mahlmann, Carl-Heinz	1	–	04.12.1932	04.12.1932	Hamburger SV
Mai, Karl	21	1	11.10.1953	20.05.1959	SpVgg Greuther Fürth, FC Bayern München
Maier, Sepp	95	–	04.05.1966	26.05.1979	FC Bayern München
Malecki, Edmund	5	2	25.08.1935	26.03.1939	Hannover 96
Malik, Richard	2	1	30.10.1932	01.01.1933	Beuthen 09
Maneval, Hellmut	1	–	10.05.1923	10.05.1923	Stuttgarter Kickers
Manglitz, Manfred	4	–	13.03.1965	13.05.1970	MSV Duisburg, 1. FC Köln
Männer, Ludwig	5	–	25.06.1937	15.09.1940	Hannover 96
Mantel, Hugo	5	–	02.10.1927	19.03.1933	Dresdner SC, Eintracht Frankfurt
Marin, Marko	1	–	27.05.2008	27.05.2008	Borussia Mönchengladbach
Marischka, Otto	1	–	27.08.1939	27.08.1939	Admira Wien

>>

<<

Name	Spiele	Tore	erster Einsatz	letzter Einsatz	Verein(e)
Marohn, Arthur	1	–	05.06.1921	05.06.1921	Viktoria 89 Berlin
Marschall, Olaf	13	3	12.10.1994	28.07.1999	1. FC Kaiserslautern
Martin, Bernd	1	–	02.05.1979	02.05.1979	VfB Stuttgart
Martinek, Alexander	1	–	14.07.1940	14.07.1940	Wacker Wien
Martwig, Otto	6	–	21.06.1925	23.10.1927	Tennis Borussia Berlin
Marx, Joseph	1	1	03.08.1960	03.08.1960	SV Sodingen
Massini, Erich	1	–	16.03.1909	16.03.1909	Preußen Berlin
Mathies, Paul	2	–	15.09.1935	13.10.1935	Preußen Danzig
Matthäus, Lothar	150	23	14.06.1980	20.06.2000	Borussia Mönchengladbach, FC Bayern München, Inter Mailand, New York Metrostars
Matthes, Paul	1	–	20.04.1908	20.04.1908	Viktoria 96 Magdeburg
Mauch, Paul	1	–	23.04.1922	23.04.1922	VfB Stuttgart
Maul, Ronald	2	–	24.07.1999	30.07.1999	DSC Arminia Bielefeld
Mauritz, Matthias	1	–	20.05.1959	20.05.1959	Fortuna Düsseldorf
Max, Martin	1	–	17.04.2002	17.04.2002	TSV München 1860
Mebus, Paul	6	–	15.04.1951	20.06.1954	VfL Benrath, 1. FC Köln
Mechling, Heinrich	2	1	05.05.1912	18.05.1913	Freiburger FC
Mehl, Paul	2	–	04.08.1936	13.09.1936	Fortuna Düsseldorf
Meier, Norbert	16	2	13.10.1982	16.10.1985	SV Werder Bremen
Meißner, Kurt	1	–	23.11.1924	23.11.1924	VfR Mannheim
Memering, Caspar	3	–	22.05.1979	17.06.1980	Hamburger SV
Mengel, Hans	1	–	20.03.1938	20.03.1938	TuRU Düsseldorf
Merkel, Max	1	–	27.08.1939	27.08.1939	Wiener SC
Mertesacker, Per	49	1	09.10.2004	29.06.2008	Hannover 96, SV Werder Bremen
Metzelder, Christoph	47	–	15.08.2001	29.06.2008	Borussia Dortmund, Real Madrid
Metzner, Karl-Heinz	2	–	28.12.1952	11.10.1953	Hessen Kassel
Meyer, Peter	1	–	17.12.1967	17.12.1967	Borussia Mönchengladbach
Milewski, Jürgen	3	–	18.11.1981	28.03.1984	Hamburger SV
Mill, Frank	17	–	21.03.1982	30.05.1990	Borussia Mönchengladbach, Borussia Dortmund
Miller, Karl	12	–	06.04.1941	22.11.1942	FC St. Pauli
Miltz, Jakob	2	–	19.12.1954	25.11.1956	TuS Neuendorf
Mock, Hans	5	–	04.06.1938	01.02.1942	Austria Wien
Mohns, Arthur	5		26.09.1920	03.07.1923	Norden-Nordwest Berlin
Möller, Andreas	85	29	21.09.1988	09.02.1999	Borussia Dortmund, Eintracht Frankfurt, Juventus Turin
Möller, Ernst	9	4	14.04.1911	23.11.1913	Holstein Kiel
Montag, Otto	4	–	03.06.1923	26.06.1925	Norden-Nordwest Berlin
Moog, Alfons	7	–	29.06.1939	17.11.1940	VfL 99 Köln
Morlock, Max	26	21	22.11.1950	28.12.1958	1. FC Nürnberg
Müller, Dieter	12	9	17.06.1976	21.06.1978	1. FC Köln
Müller, Ernst	1	–	24.05.1931	24.05.1931	Hertha BSC
Müller, Friedrich	2	–	26.04.1931	24.05.1931	Dresdner SC
Müller, Gerd	62	68	12.10.1966	07.07.1974	FC Bayern München
Müller, Hansi	42	5	05.04.1978	07.09.1983	VfB Stuttgart, Inter Mailand
Müller, Henry	9	–	05.06.1921	23.09.1928	Victoria Hamburg
Müller, Josef	12	–	18.09.1921	15.04.1928	Phönix Ludwigshafen, SpVgg Greuther Fürth, FV 04 Würzburg
Müller, Ludwig	6	–	01.06.1968	24.09.1969	1. FC Nürnberg, Borussia Mönchengladbach
Munkert, Andreas	8	–	28.04.1935	15.11.1936	1. FC Nürnberg

>>

<<

Name	Spiele	Tore	erster Einsatz	letzter Einsatz	Verein(e)
Münzenberg, Reinhold	41	–	07.09.1930	26.03.1939	Alemannia Aachen
Nafziger, Rudolf	1	–	09.10.1965	09.10.1965	FC Bayern München
Nagelschmitz, Ernst	1	–	18.04.1926	18.04.1926	FC Bayern München
Neiße, Hermann	3	–	16.10.1910	23.04.1911	Eimsbütteler TV
Nerlinger, Christian	6	1	05.09.1998	09.10.1999	Borussia Dortmund
Netzer, Günter	37	6	09.10.1965	11.10.1975	Borussia Mönchengladbach, Real Madrid
Neubarth, Frank	1	–	02.04.1988	02.04.1988	SV Werder Bremen
Neuberger, Willi	2	–	08.05.1968	16.06.1968	Borussia Dortmund
Neumaier, Robert	3	–	04.04.1909	05.05.1912	Phönix Karlsruhe
Neumann, Arno	1	–	20.04.1908	20.04.1908	Dresdner SC
Neumann, Herbert	1	–	22.02.1978	22.02.1978	1. FC Köln
Neumer, Leopold	1	–	09.06.1938	09.06.1938	Austria Wien
Neuschäfer, Hans	1	1	21.11.1956	21.11.1956	Fortuna Düsseldorf
Neuville, Oliver	69	10	02.09.1998	16.06.2008	FC Hansa Rostock, Bayer 04 Leverkusen, Borussia Mönchengladbach
Nickel, Bernd	1	–	22.12.1974	22.12.1974	Eintracht Frankfurt
Nickel, Harald	3	–	21.11.1979	27.02.1980	Borussia Mönchengladbach
Nicodemus, Otto	1	–	04.04.1909	04.04.1909	SV Wiesbaden
Niederbacher, Max	1	–	21.06.1925	21.06.1925	Stuttgarter Kickers
Niedermayer, Kurt	1	–	11.10.1980	11.10.1980	FC Bayern München
Nigbur, Norbert	6	–	23.02.1974	02.04.1980	FC Schalke 04
Noack, Rudolf	3	1	14.01.1934	02.05.1937	Hamburger SV
Nogly, Peter	4	–	23.02.1977	14.06.1977	Hamburger SV
Nowak, Hans	15	–	20.09.1961	04.11.1964	FC Schalke 04
Nowotny, Jens	48	1	30.04.1997	16.08.2006	Bayer 04 Leverkusen
Oberle, Emil	5	1	04.04.1909	03.07.1912	Phönix Karlsruhe
Odonkor, David	16	1	30.05.2006	12.06.2008	Borussia Dortmund, Betis Sevilla
Oehm, Richard	3	–	25.09.1932	11.03.1934	1. FC Nürnberg
Ohlhauser, Rainer	1	–	18.12.1968	18.12.1968	FC Bayern München
Olk, Werner	1	–	08.10.1961	08.10.1961	FC Bayern München
Ordenewitz, Frank	2	–	12.12.1987	16.12.1987	SV Werder Bremen
Otten, Jonny	6	–	23.02.1983	28.03.1984	SV Werder Bremen
Overath, Wolfgang	81	17	28.09.1963	07.07.1974	1. FC Köln
Owomoyela, Patrick	11	–	16.12.2004	22.03.2006	DSC Arminia Bielefeld, SV Werder Bremen
Pander, Christian	2	1	22.08.2007	08.09.2007	FC Schalke 04
Panse, Herbert	1	1	13.10.1935	13.10.1935	Eimsbütteler TV
Patzke, Bernd	24	–	13.03.1965	25.04.1971	TSV München 1860, Hertha BSC
Paßlack, Stephan	4	1	09.10.1996	05.09.1998	Borussia Mönchengladbach
Paulsen, Paul	6	3	31.08.1924	26.06.1925	VfB Leipzig
Pekarek, Josef	1	–	27.08.1939	27.08.1939	Wacker Wien
Pendorf, Eduard	3	–	21.03.1913	23.04.1922	VfB Leipzig
Pesser, Hans	12	2	14.05.1938	17.11.1940	Rapid Wien
Peters, Wolfgang	1	–	20.11.1957	20.11.1957	Borussia Dortmund
Pfaff, Alfred	7	2	19.08.1953	21.11.1956	Eintracht Frankfurt
Pfeiffer, Michael	1	–	01.12.1954	01.12.1954	Alemannia Aachen
Pflipsen, Karlheinz	1	–	13.06.1993	13.06.1993	Borussia Mönchengladbach
Pflügler, Hans	11	–	25.03.1987	19.06.1990	FC Bayern München
Philipp, Ludwig	2	–	03.04.1910	24.04.1910	1. FC Nürnberg
Picard, Alfred	1	–	26.03.1939	26.03.1939	SSV Ulm 1846

>>

<<

Name	Spiele	Tore	erster Einsatz	letzter Einsatz	Verein(e)
Piontek, Josef	6	–	13.03.1965	07.05.1966	SV Werder Bremen
Pirrung, Josef	2	–	20.11.1974	22.12.1974	1. FC Kaiserslautern
Platzer, Peter	2	–	25.01.1939	26.03.1939	Admira Wien
Plener, Ernst	2	2	14.07.1940	01.09.1940	Vorwärts-Rasensport Gleiwitz
Podolski, Lukas	54	27	06.06.2004	29.06.2008	1. FC Köln, FC Bayern München
Poertgen, Ernst	3	5	20.10.1935	21.03.1937	FC Schalke 04
Poetsch, Ernst	3	–	07.06.1908	24.04.1910	Union 92 Berlin
Pohl, Erich	2	–	10.05.1923	12.08.1923	SC 99 Köln
Pohl, Herbert	2	–	05.10.1941	07.12.1941	Dresdner SC
Pöhler, Ludwig	1	–	26.03.1939	26.03.1939	Hannover 96
Politz, Karl	1	–	14.01.1934	14.01.1934	Hamburger SV
Popp, Luitpold	5	1	24.10.1920	20.06.1926	1. FC Nürnberg
Poppe, Walter	1	–	20.04.1908	20.04.1908	Eintracht Braunschweig
Porges, Ingo	1	–	11.05.1960	11.05.1960	FC St. Pauli
Posipal, Josef	32	1	17.06.1951	15.09.1956	Hamburger SV
Pott, Fritz	3	–	24.10.1962	29.04.1964	1. FC Köln
Pöttinger, Josef	14	9	18.04.1926	10.05.1930	FC Bayern München
Preetz, Michael	7	3	06.02.1999	26.04.2000	Hertha BSC
Preißler, Alfred	2	–	23.09.1951	17.10.1951	Preußen Münster
Pyka, Alfred	1	–	28.12.1958	28.12.1958	Westfalia Herne
Queck, Richard	3	2	04.04.1909	05.04.1914	Eintracht Braunschweig
Raftl, Rudolf	6	–	04.06.1938	14.04.1940	Rapid Wien
Rahn, Christian	5	–	09.05.2002	31.03.2004	FC St. Pauli, Hamburger SV
Rahn, Helmut	40	21	21.11.1951	27.04.1960	Rot-Weiß Essen, 1. FC Köln
Rahn, Uwe	14	5	17.10.1984	23.09.1987	Borussia Mönchengladbach
Ramelow, Carsten	46	3	10.10.1998	28.04.2004	Bayer 04 Leverkusen
Rasselnberg, Josef	9	8	22.10.1933	04.12.1935	VfL Benrath
Rau, Tobias	7	1	12.02.2003	10.09.2003	VfL Wolfsburg, FC Bayern München
Rebele, Hans	2	–	26.05.1965	26.03.1969	TSV München 1860
Reck, Oliver	1	–	04.06.1996	04.06.1996	SV Werder Bremen
Redder, Theo	1	–	07.06.1964	07.06.1964	Borussia Dortmund
Reese, Hans	1	–	01.07.1912	01.07.1912	Holstein Kiel
Rehmer, Marko	35	4	02.09.1998	15.11.2003	FC Hansa Rostock, Hertha BSC
Reich, Marco	1	–	09.02.1999	09.02.1999	1. FC Kaiserslautern
Reichel, Peter	2	–	20.12.1975	24.04.1976	Eintracht Frankfurt
Reinders, Uwe	4	1	12.05.1982	02.07.1982	SV Werder Bremen
Reinhardt, Alois	4	–	31.05.1989	28.02.1990	Bayer 04 Leverkusen
Reinhardt, Knut	7	–	21.09.1988	16.12.1992	Bayer 04 Leverkusen, Borussia Dortmund
Reinmann, Baptist	4	–	23.10.1927	10.02.1929	1. FC Nürnberg
Reisch, Stefan	9	–	30.09.1962	12.05.1964	1. FC Nürnberg
Reiser, Otto	1	–	23.04.1911	23.04.1911	Phönix Karlsruhe
Reislant, Otto	1	–	16.05.1910	16.05.1910	Wacker Leipzig
Reißmann, Martin	1	–	04.11.1923	04.11.1923	Guts Muths Dresden
Reitermaier, Ernst	1	–	27.08.1939	27.08.1939	Wacker Wien
Reitgaßl, Willy	1	1	03.08.1960	03.08.1960	Karlsruher SC
Retter, Erich	14	–	20.04.1952	26.05.1956	VfB Stuttgart
Retter, Fritz	1	–	26.03.1922	26.03.1922	Sportfreunde Stuttgart
Reuter, Stefan	69	2	18.04.1987	15.06.1998	1. FC Nürnberg, FC Bayern München, Juventus Turin, Borussia Dortmund

>>

<<

Name	Spiele	Tore	erster Einsatz	letzter Einsatz	Verein(e)
Richter, Leopold	1	–	04.04.1909	04.04.1909	VfB Leipzig
Richter, Lothar	1	–	05.10.1941	05.10.1941	Chemnitzer BC
Ricken, Lars	16	1	10.09.1997	17.04.2002	Borussia Dortmund
Riedle, Karlheinz	42	16	31.08.1988	07.09.1994	SV Werder Bremen, Lazio Rom, Borussia Dortmund
Riegel, Carl	7	–	27.06.1920	29.06.1923	1. FC Nürnberg
Riegler, Franz	2	–	07.12.1941	20.01.1942	Austria Wien
Ringel, Karl	1	–	28.12.1958	28.12.1958	Borussia Neunkirchen
Rink, Paulo	13	0	02.09.1998	02.09.2000	Bayer 04 Leverkusen, FC Santos
Riso, Hans	1	–	03.04.1910	03.04.1910	Wacker Leipzig
Riso, Heinrich	2	–	07.06.1908	04.04.1909	VfB Leipzig
Risse, Walter	8	–	10.05.1923	23.09.1928	SC 99 Düsseldorf, Hamburger SV
Ritschel, Manfred	3	1	12.03.1975	17.05.1975	Kickers Offenbach
Ritter, Oskar	1	–	21.06.1925	21.06.1925	Holstein Kiel
Ritter, Thomas	1	–	13.10.1993	13.10.1993	1. FC Kaiserslautern
Rodekamp, Walter	3	1	12.05.1965	06.06.1965	Hannover 96
Rodzinski, Josef	3	–	13.09.1936	17.10.1936	Hamborn 07
Rohde, Hans	25	–	27.09.1936	22.11.1942	Eimsbütteler TV
Rohr, Oskar	4	5	06.03.1932	19.03.1933	FC Bayern München
Röhrig, Josef	12	2	22.11.1950	14.03.1956	1. FC Köln
Rohwedder, Otto	5	2	07.10.1934	25.04.1937	Eimsbütteler TV
Rokosch, Ernst	1	–	05.04.1914	05.04.1914	SpVgg Leipzig
Roleder, Helmut	1	–	28.03.1984	28.03.1984	VfB Stuttgart
Rolfes, Simon	12	–	28.03.2007	25.06.2008	Bayer 04 Leverkusen
Rolff, Wolfgang	37	–	23.02.1983	26.04.1989	Hamburger SV, Bayer 04 Leverkusen
Roller, Gustav	1	–	21.09.1924	21.09.1924	1. FC Pforzheim
Röpnack, Helmut	10	–	16.03.1909	23.11.1913	Viktoria 89 Berlin
Rose, Walter	1	–	29.08.1937	29.08.1937	SpVgg Leipzig
Rost, Frank	4	–	27.03.2002	11.06.2003	SV Werder Bremen, FC Schalke 04
Roth, Franz	4	–	07.10.1967	22.11.1970	FC Bayern München
Ruch, Hans	3	2	21.06.1925	01.06.1929	Union 92 Berlin, Hertha BSC
Ruchay, Fritz	1	–	13.10.1935	13.10.1935	Prussia Samland Königsberg
Rummenigge, Karl-Heinz	95	45	06.10.1976	29.06.1986	FC Bayern München, Inter Mailand
Rummenigge, Michael	2	–	26.10.1983	29.10.1986	FC Bayern München
Rupp, Bernd	1	1	12.10.1966	12.10.1966	Borussia Mönchengladbach
Rüssmann, Rolf	20	1	30.04.1977	15.11.1978	FC Schalke 04
Rutz, Willi	1	1	01.07.1932	01.07.1932	VfB Stuttgart
Sabeditsch, Ernst	1	–	27.08.1939	27.08.1939	Vienna Wien
Sackenheim, August	4	2	20.10.1929	21.06.1931	Guts Muths Dresden
Sammer, Matthias	51	8	19.12.1990	07.06.1997	VfB Stuttgart, Inter Mailand, Borussia Dortmund
Sawitzki, Günter	10	–	13.06.1956	03.11.1963	SV Sodingen, VfB Stuttgart
Schade, Horst	3	1	15.04.1951	11.10.1953	SpVgg Greuther Fürth, 1. FC Nürnberg
Schädler, Erwin	4	–	21.03.1937	20.03.1938	Ulmer FV 94
Schäfer, Hans	39	15	09.11.1952	10.06.1962	1. FC Köln
Schäfer, Herbert	1	–	20.11.1957	20.11.1957	Sportfreunde Siegen
Schäfer, Max	1	–	14.01.1934	14.01.1934	TSV München 1860
Schaletzki, Reinhard	2	1	22.06.1939	29.06.1939	Vorwärts Rasensport Gleiwitz

>>

<<

Name	Spiele	Tore	erster Einsatz	letzter Einsatz	Verein(e)
Schanko, Erich	14	–	17.06.1951	28.03.1954	Borussia Dortmund
Scherm, Karl	2	1	31.10.1926	12.12.1926	ASV Nürnberg
Schilling, Christian	2	–	16.05.1910	16.10.1910	Duisburger SV
Schlaudraff, Jan	3	–	07.10.2006	28.03.2007	Alemannia Aachen
Schlebrowski, Elwin	2	–	25.11.1956	23.12.1956	Borussia Dortmund
Schlienz, Robert	3	–	28.05.1955	26.05.1956	VfB Stuttgart
Schlösser, Karl	1	1	26.04.1931	26.04.1931	Dresdner SC
Schmaus, Willibald	10	–	04.06.1938	01.02.1942	Vienna Wien
Schmidt, Alfred	25	8	03.04.1957	07.06.1964	Borussia Dortmund
Schmidt, Christian	3	–	24.04.1910	18.05.1913	Concordia 95 Berlin, Stuttgarter Kickers
Schmidt, Hans	1	–	07.06.1908	07.06.1908	Germania Berlin
Schmidt, Hans	16	–	18.05.1913	12.12.1926	SpVgg Greuther Fürth, TV Fürth 1860, 1. FC Nürnberg
Schmidt Karl	9	–	25.09.1955	20.11.1957	1. FC Kaiserslautern
Schmitt, Josef	2	1	16.09.1928	23.09.1928	1. FC Nürnberg
Schneider, Bernd	81	4	28.07.1999	06.02.2008	Bayer 04 Leverkusen
Schneider, Georg	3	–	27.06.1920	05.06.1921	FC Bayern München
Schneider, Helmut	1	–	01.09.1940	01.09.1940	SV Waldhof Mannheim
Schneider, Johannes	2	–	26.10.1913	23.11.1913	VfB Leipzig
Schneider, René	1	–	15.12.1995	15.12.1995	FC Hansa Rostock
Schnellinger, Karl-Heinz	47	1	02.04.1958	17.02.1971	SG Düren 99, 1. FC Köln, AS Rom, AC Mailand
Schnürle, Fritz	1	–	05.06.1921	05.06.1921	Germania Frankfurt
Scholl, Mehmet	36	8	26.04.1995	13.02.2002	FC Bayern München
Scholz, Heiko	1	–	14.10.1992	14.10.1992	Bayer 04 Leverkusen
Schön, Helmut	16	17	21.11.1937	05.10.1941	Dresdner SC
Schönhöft, Theo	1	1	13.06.1956	13.06.1956	VfL Osnabrück
Schreier, Christian	1	–	12.09.1984	12.09.1984	Bayer 04 Leverkusen
Schröder, Erich	1	–	26.04.1931	26.04.1931	VfR Köln
Schröder, Hans	1	–	18.04.1926	18.04.1926	Tennis Borussia Berlin, SV Werder Bremen
Schröder, Willi	12	3	23.12.1951	20.11.1957	Bremen 1860, SV Werder Bremen
Schubert, Helmut	3	–	05.10.1941	07.12.1941	Dresdner SC
Schulz, Christian	3	–	16.12.2004	09.02.2005	SV Werder Bremen
Schulz, Fritz	1	–	04.04.1909	04.04.1909	Hertha BSC
Schulz, Karl	2	–	21.06.1925	26.06.1925	Holstein Kiel
Schulz, Karl	1	–	20.10.1929	20.10.1929	Viktoria 89 Berlin
Schulz, Michael	7	–	25.03.1992	22.12.1993	Borussia Dortmund
Schulz, Werner	4	–	28.04.1935	20.03.1938	Arminia Hannover
Schulz, Willi	66	–	20.12.1959	17.06.1970	Union Günnigfeld, FC Schalke 04, Hamburger SV
Schumacher, Toni	76	–	26.05.1979	15.10.1986	1. FC Köln
Schumann, Georg	1	–	31.08.1924	31.08.1924	Vorwärts Berlin
Schümmelfelder, Josef	5	–	26.10.1913	05.06.1921	Bonner FV
Schuster, Bernd	21	4	22.05.1979	29.02.1984	1. FC Köln, FC Barcelona
Schuster, Dirk	3	–	12.10.1994	22.02.1995	Karlsruher SC
Schütz, Franz	11	–	10.02.1929	04.12.1932	Eintracht Frankfurt
Schütz, Jürgen	6	2	23.03.1960	05.05.1963	Borussia Dortmund
Schwabl, Manfred	4	–	23.09.1987	27.04.1988	1. FC Nürnberg
Schwartz, Hans	2	–	27.05.1934	07.10.1934	Victoria Hamburg
Schwarzenbeck, Georg	44	–	12.06.1971	22.02.1978	FC Bayern München

>>

<<

Name	Spiele	Tore	erster Einsatz	letzter Einsatz	Verein(e)
Schwedler, Willy	1	–	18.09.1921	18.09.1921	VfB Pankow
Schweikert, Hermann	1	–	04.04.1909	04.04.1909	1. FC Pforzheim
Schweinsteiger, Bastian	56	15	06.06.2004	29.06.2008	FC Bayern München
Sebescen, Zoltan	1	–	23.02.2000	23.02.2000	VfL Wolfsburg
Seel, Wolfgang	6	–	04.09.1974	14.12.1977	Fortuna Düsseldorf
Seeler, Uwe	72	43	16.10.1954	09.09.1970	Hamburger SV
Seiderer, Leonhard	8	5	27.06.1920	21.04.1924	SpVgg Greuther Fürth
Seliger, Rudolf	2	–	22.12.1974	06.10.1976	MSV Duisburg
Sesta, Karl	3	–	15.06.1941	01.02.1942	Austria Wien
Siedl, Gerhard	6	3	03.04.1957	20.12.1959	Karlsruher SC, FC Bayern München
Sieloff, Klaus-Dieter	14	5	07.06.1964	22.06.1971	VfB Stuttgart, Borussia Mönchengladbach
Siemensmeyer, Hans	3	2	27.09.1967	22.11.1967	Hannover 96
Sievert, Helmut	1	–	27.09.1936	27.09.1936	Hannover 96
Siffling, Otto	31	17	27.05.1934	24.04.1938	SV Waldhof Mannheim
Simetsreiter, Wilhelm	8	8	25.08.1935	29.08.1937	FC Bayern München
Sing, Albert	9	1	20.10.1940	22.11.1942	Stuttgarter Kickers
Sinkiewicz, Lukas	3	–	03.09.2005	08.10.2005	1. FC Köln
Skoumal, Stefan	3	–	09.06.1938	14.04.1940	Rapid Wien
Sobeck, Johannes	10	2	03.06.1923	21.06.1931	Alemannia Berlin, Hertha BSC
Sold, Wilhelm	12	–	18.08.1935	20.09.1942	FV Saarbrücken, 1. FC Nürnberg, Tennis Borussia Berlin
Solz, Wolfgang	2	–	24.10.1962	29.04.1964	Eintracht Frankfurt
Sonnrein, Heinrich	2	–	15.09.1935	15.03.1936	Hanau 93
Sorkale, Walter	1	–	29.10.1911	29.10.1911	Preußen Berlin
Steffen, Bernhard	2	–	02.04.1958	11.05.1960	Fortuna Düsseldorf
Steffenhagen, Arno	1	–	08.09.1971	08.09.1971	Hertha BSC
Stein, Erwin	1	1	20.05.1959	20.05.1959	Griesheim 02
Stein, Ulrich	6	–	07.06.1983	14.05.1986	Hamburger SV
Steiner, Paul	1	–	30.05.1990	30.05.1990	1. FC Köln
Steiner, Rudolf	1	–	12.05.1964	12.05.1964	TSV München 1860
Steinmann, Heinz	3	1	24.10.1962	12.05.1965	Schwarz-Weiß Essen, SV Werder Bremen
Stephan, Günter	1	–	18.08.1935	18.08.1935	Schwarz-Weiß Essen
Stielike, Uli	42	3	03.09.1975	12.09.1984	Borussia Mönchengladbach, Real Madrid
Stollenwerk, Georg	23	2	23.12.1951	23.03.1960	Düren 99, 1. FC Köln
Stössel, Kurt	1	–	26.04.1931	26.04.1931	Dresdner SC
Strack, Gerhard	10	1	13.10.1982	20.11.1983	1. FC Köln
Straßburger, Wilhelm	2	–	07.09.1930	02.11.1930	Duisburger SV
Strehl, Heinz	4	4	30.09.1962	24.04.1965	1. FC Nürnberg
Streitle, Jakob	15	–	09.06.1938	04.05.1952	FC Bayern München
Striebinger, Karl	3	2	21.03.1937	06.02.1938	VfR Mannheim
Strobel, Wolfgang	4	–	23.04.1922	21.09.1924	1. FC Nürnberg
Stroh, Josef	4	1	09.06.1938	26.02.1939	Austria Wien
Strunz, Thomas	41	1	10.10.1990	08.09.1999	FC Bayern München, VfB Stuttgart
Stubb, Hans	10	1	04.05.1930	14.01.1934	Eintracht Frankfurt
Stuhlfauth, Heinrich	21	–	27.06.1920	02.03.1930	1. FC Nürnberg
Stührk, Erwin	3	–	27.01.1935	13.10.1935	Eimsbütteler TV
Sturm, Hans	3	–	02.04.1958	31.05.1962	1. FC Köln

>>

<<

Name	Spiele	Tore	erster Einsatz	letzter Einsatz	Verein(e)
Sturm, Wilhelm	1	–	07.06.1964	07.06.1964	Borussia Dortmund
Stürmer, Klaus	2	1	16.10.1954	10.05.1961	Hamburger SV
Sukop, Albert	1	–	15.09.1935	15.09.1935	Eintracht Braunschweig
Sundermann, Hans-Jürgen	1	–	23.03.1960	23.03.1960	Rot-Weiß Oberhausen
Sutor, Hans	12	2	26.09.1920	25.10.1925	1. FC Nürnberg
Szepan, Fritz	34	8	20.10.1929	22.10.1939	FC Schalke 04
Szymaniak, Horst	43	2	21.11.1956	01.06.1966	Wuppertaler SV, Karlsruher SC, CC Catania, Inter Mailand, FC Varese, Tasmania 1900 Berlin
Tänzer, Willy	1	–	07.06.1908	07.06.1908	Berliner SC
Tarnat, Michael	19	0	09.10.1996	14.10.1998	Karlsruher SC, FC Bayern München
Tenhagen, Franz-Josef	3	–	30.04.1977	14.12.1977	VfL Bochum
Termath, Bernhard	7	4	21.11.1951	16.10.1954	Rot-Weiß Essen
Tewes, Karl	6	–	26.09.1920	02.07.1922	Viktoria 89 Berlin
Thiel, Otto	2	–	17.12.1911	01.07.1912	Preußen Berlin
Thielen, Karl-Heinz	2	–	29.04.1964	12.05.1965	1. FC Köln
Thom, Andreas	10	2	19.12.1990	27.04.1994	Bayer 04 Leverkusen
Thon, Olaf	52	3	16.12.1984	25.06.1998	FC Schalke 04, FC Bayern München
Tibulski, Hans	1	–	27.09.1931	27.09.1931	FC Schalke 04
Tibulski, Otto	2	–	27.09.1936	26.02.1939	FC Schalke 04
Tiefel, Willi	7	–	08.05.1935	27.02.1936	Eintracht Frankfurt
Tilkowski, Hans	39	–	03.04.1957	08.04.1967	Westfalia Herne, Borussia Dortmund
Todt, Jens	3	–	12.10.1994	23.06.1995	SC Freiburg
Toppmöller, Klaus	3	1	22.05.1976	01.04.1979	1. FC Kaiserslautern
Träg, Heinrich	6	1	05.05.1921	31.10.1926	1. FC Nürnberg
Trautmann, Wilhelm	1	–	03.04.1910	03.04.1910	Viktoria Mannheim
Trimhold, Horst	1	–	30.09.1962	30.09.1962	Schwarz-Weiß Essen
Trochowski, Piotr	12	–	07.10.2006	27.05.2008	Hamburger SV
Turek, Toni	20	–	22.11.1950	16.10.1954	Fortuna Düsseldorf
Ugi, Camillo	15	1	16.03.1909	17.11.1912	VfB Leipzig, Sportfreunde Breslau
Uhle, Karl	1	–	01.07.1912	01.07.1912	VfB Leipzig
Ulsaß, Lothar	10	8	24.04.1965	26.03.1969	Eintracht Braunschweig
Umbach, Josef	1	–	16.10.1910	16.10.1910	SC Mönchengladbach
Unfried, Gustav	1	–	24.04.1910	24.04.1910	Preußen Berlin
Urban, Adolf	21	11	18.08.1935	01.11.1942	FC Schalke 04
Urbanek, Hans	1	–	15.06.1941	15.06.1941	Admira Wien
Vogts, Berti	96	1	03.05.1967	21.06.1978	Borussia Mönchengladbach
Völker, Otto	1	–	21.03.1913	21.03.1913	Preußen Berlin
Völker, Willi	1	–	20.10.1929	20.10.1929	Hertha BSC
Völker, Willy	1	–	05.04.1914	05.04.1914	VfB Leipzig
Volkert, Georg	12	2	06.03.1968	08.10.1977	1. FC Nürnberg, Hamburger SV
Völler, Rudi	90	47	17.11.1982	10.07.1994	SV Werder Bremen, AS Rom, Olympique Marseille
Vollmar, Heinz	12	3	30.06.1956	08.03.1961	SV St. Ingbert, 1. FC Saarbrücken
Voß, Kurt	2	2	29.03.1925	26.06.1925	Holstein Kiel
Votava, Miroslav	5	–	21.11.1979	07.01.1981	Borussia Dortmund
Waas, Herbert	11	1	07.06.1983	21.09.1988	Bayer 04 Leverkusen
Wagner, Franz	3	–	25.09.1938	01.02.1942	Rapid Wien
Wagner, Martin	6	–	16.12.1992	12.10.1994	1. FC Kaiserslautern

>>

<<

Name	Spiele	Tore	erster Einsatz	letzter Einsatz	Verein(e)
Waldner, Erwin	13	2	19.12.1954	21.12.1958	VfB Stuttgart
Walter, Fritz	61	33	14.07.1940	24.06.1958	1. FC Kaiserslautern
Walter, Ottmar	21	10	22.11.1950	26.05.1956	1. FC Kaiserslautern
Warnken, Heinz	1	–	20.10.1935	20.10.1935	Komet Bremen
Weber, Albert	3	–	05.05.1912	06.10.1912	Vorwärts Berlin
Weber, Heinrich	12	–	28.05.1928	24.05.1931	Kurhessen Kassel
Weber, Josef	1	–	20.11.1927	20.11.1927	Wacker München
Weber, Ralf	9	–	07.09.1994	23.06.1995	Eintracht Frankfurt
Weber, Wolfgang	53	2	29.04.1964	23.02.1974	1. FC Köln
Wegele, Karl	15	3	03.04.1910	05.04.1914	Phönix Karlsruhe
Weilbächer, Hans	1	–	28.05.1955	28.05.1955	Eintracht Frankfurt
Weiß, Leonhard	1	–	13.09.1931	13.09.1931	1. FC Nürnberg
Weißenbacher, Viktor	1	1	23.04.1922	23.04.1922	1. FC Pforzheim
Welker, Hans	1	–	15.03.1931	15.03.1931	FC Bayern München
Wellhöfer, Georg	1	–	26.03.1922	26.03.1922	SpVgg Greuther Fürth
Welsch, Kurt	1	–	25.06.1937	25.06.1937	Borussia Neunkirchen
Wenauer, Ferdinand	4	–	11.05.1960	11.04.1962	1. FC Nürnberg
Wendl, Josef	5	–	02.11.1930	19.11.1933	TSV München 1860
Wentorf, Hans	2	–	15.04.1928	16.09.1928	Altona 93
Wenz, Ludwig	1	–	07.09.1930	07.09.1930	ASV Nürnberg
Werner, Adolf	13	–	16.03.1909	03.07.1912	Holstein Kiel, Victoria Hamburg
Werner, August	2	–	21.06.1925	26.06.1925	Holstein Kiel
Werner, Heinz	1	–	25.08.1935	25.08.1935	SV Jena
Werner, Jürgen	4	2	26.03.1961	05.05.1963	Hamburger SV
Westermann, Heiko	3	–	06.02.2008	31.05.2008	FC Schalke 04
Wetzel, Fritz	1	–	23.04.1922	23.04.1922	1. FC Pforzheim
Wewers, Heinz	12	1	23.12.1951	28.06.1958	Rot-Weiß Essen
Weymar, Hans	4	–	05.04.1908	16.10.1910	Victoria Hamburg
Widmayer, Werner	2	–	17.06.1931	21.06.1931	Holstein Kiel
Wieder, Ludwig	6	2	03.06.1923	31.10.1926	1. FC Nürnberg
Wientjes, Clemens	2	–	20.04.1952	05.10.1952	Rot-Weiß Essen
Wiggers, Hermann	1	–	18.06.1911	18.06.1911	Victoria Hamburg
Wigold, Willi	4	3	04.12.1932	11.03.1934	Fortuna Düsseldorf
Wilden, Leo	15	–	23.03.1960	29.04.1964	1. FC Köln
Willimowski, Ernst	8	13	01.06.1941	22.11.1942	PSV Chemnitz, TSV München 1860
Wimmer, Herbert	36	4	23.11.1968	20.06.1976	Borussia Mönchengladbach
Winkler, Paul	1	–	20.03.1938	20.03.1938	Schwarz-Weiß Essen
Winkler, Willi	1	–	23.09.1928	23.09.1928	Wormatia Worms
Wohlfarth, Roland	2	–	15.10.1986	06.09.1989	FC Bayern München
Wolpers, Eduard	1	–	12.12.1926	12.12.1926	Hamburger SV
Wolter, Horst	13	–	22.02.1967	20.06.1970	Eintracht Braunschweig
Wolter, Karl	3	–	06.10.1912	18.09.1921	Vorwärts Berlin
Wolter, Thomas	1	–	16.12.1992	16.12.1992	SV Werder Bremen
Worm, Ronald	7	5	20.12.1975	11.10.1978	MSV Duisburg
Wörns, Christian	66	–	22.04.1992	03.09.2005	Bayer 04 Leverkusen, Paris Saint-Germain, Borussia Dortmund
Worpitzky, Willi	9	5	04.04.1909	06.10.1912	Viktoria 89 Berlin
Wosz, Dariusz	17	1	26.02.1997	15.11.2000	VfL Bochum, Hertha BSC
Wunder, Klaus	1	–	05.09.1973	05.09.1973	MSV Duisburg
Wunderlich, Georg	5	–	27.06.1920	10.05.1923	TV Fürth 1860, Helvetia Bockenheim, Stuttgarter Kickers

>>

Name	Spiele	Tore	erster Einsatz	letzter Einsatz	Verein(e)
<< Wuttke, Wolfram	4	1	15.10.1986	17.06.1988	1. FC Kaiserslautern
Zaczyk, Klaus	1	1	22.02.1967	22.02.1967	Karlsruher SC
Zastrau, Walter	1	–	28.12.1958	28.12.1958	Rot-Weiß Essen
Zeitler, Hans	1	1	20.04.1952	20.04.1952	VfB Bayreuth
Zembski, Dieter	1	–	08.09.1971	08.09.1971	SV Werder Bremen
Zewe, Gerd	4	–	11.10.1978	25.02.1979	Fortuna Düsseldorf
Zickler, Alexander	12	2	18.11.1998	11.10.2002	FC Bayern München
Ziege, Christian	72	9	10.06.1993	27.05.2004	FC Bayern München, AC Mailand, FC Middlesbrough, FC Liverpool, Tottenham Hotspur
Zielinski, Paul	15	–	27.05.1934	27.09.1936	Union Hamborn
Zilgas, Karl	1	–	26.10.1913	26.10.1913	Victoria Hamburg
Zimmermann, Herbert	14	2	06.10.1976	22.12.1979	1. FC Köln
Zolper, Karl	1	–	29.03.1925	29.03.1925	CfR Köln
Zorc, Michael	7	–	16.12.1992	13.10.1993	Borussia Dortmund
Zörner, Karl	4	–	10.05.1923	12.08.1923	SC 99 Köln
Zwolanowski, Felix	2	–	15.09.1940	03.11.1940	Fortuna Düsseldorf

Alle Trainer / Teamchefs der Nationalmannschaft

Name	Amtszeit	Status	Sp.	S	U	N	Erfolge
Otto Nerz	1923-1936	Bundestrainer	70	42	10	18	
Sepp Herberger	1936-1964	Bundestrainer	162	92	26	44	Weltmeister 1954
Helmut Schön	1964-1978	Bundestrainer	139	87	30	22	Europameister 1972; Weltmeister 1974
Jupp Derwall	1978-1984	Bundestrainer	67	45	11	11	Europameister 1980
Franz Beckenbauer	1984-1990	Teamchef	66	36	17	13	Weltmeister 1990
Berti Vogts	1990-1998	Bundestrainer	102	67	23	12	Europameister 1996
Erich Ribbeck	1998-2000	Teamchef	24	10	6	8	
Rudi Völler	2000-2004	Teamchef	53	29	11	13	
Jürgen Klinsmann	2004-2006	Bundestrainer	34	20	8	8	
Joachim Löw	seit 2006	Bundestrainer	28	20	4	4	

Die Vereine mit den meisten Nationalspielern

Verein	Spieler
1. FC Bayern München	77
2. Hamburger SV	45
3. 1. FC Köln	42
4. Borussia Dortmund	41
5. SV Werder Bremen	38
FC Schalke 04	38
VfB Stuttgart	38
8. 1. FC Nürnberg	37
9. Borussia Mönchengladbach	34
10. Eintracht Frankfurt	28
11. Hertha BSC	26
Bayer 04 Leverkusen	26
13. Fortuna Düsseldorf	25

Verein	Spieler
14. SpVgg Greuther Fürth	22
TSV München 1860	22
1. FC Kaiserslautern	22
17. Dresdner SC	15
18. Hannover 96	14
19. Eintracht Braunschweig	13
Holstein Kiel	13
Stuttgarter Kickers	13
22. 1. FC Pforzheim	11
Karlsruher FV	11
Victoria Hamburg	11
25. Viktoria 89 Berlin	10

Rekordspieler der Nationalmannschaft

Name	Spiele
1. Lothar Matthäus	150
2. Jürgen Klinsmann	108
3. Jürgen Kohler	105
4. Franz Beckenbauer	103
5. Thomas Häßler	101
6. Berti Vogts	96

Name	Spiele
7. Sepp Maier	95
Karl-Heinz Rummenigge	95
9. Rudi Völler	90
10. Michael Ballack	87

Rekordtorschützen der Nationalmannschaft

Name	Tore
1. Gerd Müller	68
2. Jürgen Klinsmann	47
Rudi Völler	47
4. Karl-Heinz Rummenigge	45
5. Uwe Seeler	43

Name	Tore
6. Miroslav Klose	41
7. Michael Ballack	38
8. Oliver Bierhoff	37
9. Fritz Walter	33
10. Klaus Fischer	32

FIFA WM-Bilanz der Nationalmannschaft

Jahr	Gastgeber	Sp.	S	U	N	Tore	Abschneiden
1934	Italien	4	3	–	1	11:8	3. Platz
1938	Frankreich	2	–	1	1	3:5	in der Vorrunde ausgeschieden
1954	Schweiz	6	5	–	1	25:14	Weltmeister
1958	Schweden	6	2	2	2	12:14	4. Platz
1962	Chile	4	2	1	1	4:2	im Viertelfinale ausgeschieden
1966	England	6	4	1	1	15:6	Vize-Weltmeister
1970	Mexiko	6	5	–	1	17:10	3. Platz
1974	Deutschland	7	6	–	1	13:4	Weltmeister
1978	Argentinien	6	1	4	1	10:5	in der 2. Runde ausgeschieden
1982	Spanien	7	3	2	2	12:10	Vize-Weltmeister
1986	Mexiko	7	3	2	2	8:7	Vize-Weltmeister
1990	Italien	7	5	2	–	15:5	Weltmeister
1994	USA	5	3	1	1	9:7	im Viertelfinale ausgeschieden
1998	Frankreich	5	3	1	1	8:6	im Viertelfinale ausgeschieden
2002	Korea / Japan	7	5	1	1	14:3	Vize-Weltmeister
2006	Deutschland	7	6	–	1	14:6	3. Platz
Summe:		**92**	**56**	**18**	**18**	**190:112**	

1930: nicht teilgenommen
1950: nicht eingeladen

FIFA WM-Länderspielbilanz der Nationalmannschaft

Gegner	Sp.	S	U	N	Tore
Algerien	1	–	–	1	1:2
Argentinien	5	3	1	1	7:5
Australien	1	1	–	–	3:0
Belgien	2	2	–	–	8:4
Bolivien	1	1	–	–	1:0
Brasilien	1	–	–	1	0:2

Gegner	Sp.	S	U	N	Tore
Bulgarien	2	1	–	1	6:4
Chile	3	3	–	–	7:1
Costa Rica	1	1	–	–	4:2
Dänemark	1	–	–	1	0:2
DDR	1	–	–	1	0:1
Ecuador	1	1	–	–	3:0

>>

Gegner	Sp.	S	U	N	Tore
<< England	4	1	2	1	6:7
Frankreich	3	1	1	1	8:9
Iran	1	1	–	–	2:0
Italien	4	–	2	2	4:9
Jugoslawien	6	4	1	1	11:4
Irland	1	–	1	–	1:1
Kamerun	1	1	–	–	2:0
Kolumbien	1	–	1	–	1:1
Kroatien	1	–	–	1	0:3
Marokko	2	2	–	–	3:1
Mexiko	3	2	1	–	8:1
Niederlande	3	2	1	–	6:4
Nordirland	1	–	1	–	2:2
Österreich	4	3	–	1	12:6
Paraguay	1	1	–	–	1:0
Peru	1	1	–	–	3:1
Polen	3	2	1	–	2:0
Portugal	1	1	–	–	3:1
Saudi-Arabien	1	1	–	–	8:0
Schottland	1	1	–	–	2:1
Schweden	4	3	–	1	9:6
Schweiz	4	2	1	1	10:6
Sowjetunion	1	1	–	–	2:1
Spanien	3	2	1	–	5:3
Südkorea	2	2	–	–	4:2
Tschechoslowakei	3	1	1	1	4:5
Tunesien	1	–	1	–	0:0
Türkei	2	2	–	–	11:3
Ungarn	2	1	–	1	6:10
Uruguay	3	2	1	–	6:1
USA	2	2	–	–	3:0
V. A. Emirate	1	1	–	–	5:1

Spiele gesamt:	**92**
Siege gesamt:	**56**
Unentschieden gesamt:	**18**
Niederlagen gesamt:	**18**
Tore gesamt:	**190:112**

FIFA WM-Kader der Nationalmannschaft

In den Klammern werden Spiele und Tore angegeben.

1934 Italien

Kader: Ernst Albrecht (–/–), Jakob Bender (2/–), Willy Busch (3/–), Edmund Conen (4/4), Rudolf Gramlich (1/–), Sigismund Haringer (3/–), Matthias Heidemann (1/–), Karl Hohmann (2/2), Hans Jakob (1/–), Paul Janes (2/–), Stanislaus Kobierski (3/1), Willibald Kreß (3/–), Ernst Lehner (4/2), Reinhold Münzenberg (1/–), Rudolf Noack (1/1), Hans Schwartz (1/–), Otto Siffling (4/1), Fritz Szepan (4/–), Paul Zielinski (4/–)
Trainer: Otto Nerz

1938 Frankreich

Kader: Fritz Buchloh (–/–), Josef Gauchel (1/1), Rudolf Gellesch (1/–), Ludwig Goldbrunner (1/–), Wilhelm Hahnemann (2/1), Hans Jakob (–/–), Paul Janes (2/–), Albin Kitzinger (1/–), Andreas Kupfer (2/–), Ernst Lehner (2/–), Hans Mock (1/–), Reinhold Münzenberg (–/–), Leopold Neumer (1/–), Hans Pesser (1/–), Rudolf Raftl (2/–), Willibald Schmaus (1/–), Otto Siffling (–/–), Stefan Skoumal (1/–), Jakob Streitle (1/–), Josef Stroh (1/–), Fritz Szepan (1/–), Franz Wagner (–/–)
Trainer: Sepp Herberger

1954 Schweiz

Kader: Hans Bauer (2/–), Ulrich Biesinger (–/–), Horst Eckel (6/–), Herbert Erhardt (–/–), Richard Herrmann (1/1), Bernhard Klodt (2/1), Werner Kohlmeyer (5/–), Heinz Kubsch (–/–), Heinrich Kwiatkowski (1/–), Fritz Laband (3/–), Werner Liebrich (4/–), Karl Mai (5/–), Paul Mebus (1/–), Karl-Heinz Metzner (–/–), Max Morlock (5/6), Alfred Pfaff (1/1), Josef Posipal (5/–), Helmut Rahn (4/4), Hans Schäfer (5/4), Toni Turek (5/–), Fritz Walter (6/3), Ottmar Walter (5/4)
Trainer: Sepp Herberger

1958 Schweden

Kader: Hans Cieslarczyk (2/1), Horst Eckel (4/–), Herbert Erhardt (6/–), Fritz Herkenrath (5/–), Erich Juskowiak (5/–), Alfred Kelbassa (1/–), Bernhard Klodt (2/–), Heinrich Kwiatkowski (1/–), Helmut Rahn (6/6), Hans Schäfer (6/3), Alfred Schmidt (2/–), Karl-Heinz Schnellinger (2/–), Uwe Seeler (5/2), Georg Stollenwerk (6/–), Hans Sturm (1/–), Horst Szymaniak (6/–), Fritz Walter (5/–), Heinz Wewers (1/–)
Trainer: Sepp Herberger

1962 Chile

Kader: Albert Brülls (4/1), Herbert Erhardt (4/–), Wolfgang Fahrian (4/–), Willi Giesemann (2/–), Helmut Haller (3/–), Günther Hermann (–/–), Willi Koslowski (1/–), Engelbert Kraus (1/–), Jürgen Kurbjuhn (–/–), Hans Nowak (4/–), Günther Sawitzki (–/–), Hans Schäfer (4/–), Karl-Heinz Schnellinger (4/–), Willi Schulz (4/–), Uwe Seeler (4/2), Heinz Strehl (–/–), Hans Sturm (1/–), Horst Szymaniak (4/1), Hans Tilkowski (–/–), Heinz Vollmar (–/–), Jürgen Werner (–/–), Leo Wilden (–/–)
Trainer: Sepp Herberger

1966 England

Kader: Franz Beckenbauer (6/4), Günter Bernard (–/–), Albert Brülls (2/–), Lothar Emmerich (4/1), Jürgen Grabowski (–/–), Helmut Haller (5/6), Siegfried Held (6/1), Heinz Hornig (–/–), Horst-Dieter Höttges (5/–), Werner Krämer (1/–), Max Lorenz (–/–), Friedel Lutz (1/–), Sepp Maier (–/–), Wolfgang Overath (6/–),Bernd Patzke (–/–), Wolfgang Paul (–/–), Karl Heinz Schnellinger (6/–), Willi Schulz (6/–), Uwe Seeler (6/2), Klaus-Dieter Sieloff (–/–), Hans Tilkowski (6/–), Wolfgang Weber (6/1)
Trainer: Helmut Schön

1970 Mexiko

Kader: Franz Beckenbauer (5/1), Peter Dietrich (–/–), Klaus Fichtel (5/–), Jürgen Grabowski (5/–), Helmut Haller (1/–), Siegfried Held (3/–), Horst-Dieter Höttges (4/–), Reinhard Libuda (5/1), Johannes Löhr (6/–), Max Lorenz (1/–), Sepp Maier (5/–), Manfred Manglitz (–/–), Gerd Müller (6/10), Wolfgang Overath (6/1), Bernd Patzke (3/–), Karl-Heinz Schnellinger (5/1), Willi Schulz (3/–), Uwe Seeler (6/3), Klaus-Dieter Sieloff (–/–), Berti Vogts (6/–), Wolfgang Weber (2/–), Horst Wolter (1/–)
Trainer: Helmut Schön

1974 Deutschland

Kader: Franz Beckenbauer (7/–), Rainer Bonhof (4/1), Paul Breitner (7/3), Bernhard Cullmann (3/1), Heinz Flohe (3/–), Jürgen Grabowski (6/1), Dieter Herzog (2/–), Josef Heynckes (2/–), Uli Hoeneß (7/1), Bernd Hölzenbein (6/–), Horst-Dieter Höttges (1/–), Jupp Kapellmann (–/–), Wolfgang Kleff (–/–), Helmut Kremers (–/–), Sepp Maier (7/–), Gerd Müller (7/4), Günther Netzer (1/–), Norbert Nigbur (–/–), Wolfgang Overath (7/2), Hans-Georg Schwarzenbeck (7/–), Berti Vogts (7/–), Herbert Wimmer (2/–)
Trainer: Helmut Schön

1978 Argentinien

Kader: Rüdiger Abramczik (3/1), Erich Beer (4/–), Rainer Bonhof (6/–), Dieter Burdenski (–/–), Bernhard Cullmann (–/–), Bernard Dietz (5/–), Klaus Fischer (5/–), Heinz Flohe (4/2), Bernd Hölzenbein (3/1), Manfred Kaltz (6/–), Rudolf Kargus (–/–), Harald Konopka (1/–), Sepp Maier (6/–), Dieter Müller (4/2), Hansi Müller (4/1), Karl-Heinz Rummenigge (5/3), Rolf Rüßmann (6/–), Hans-Georg Schwarzenbeck (–/–), Berti Vogts (6/–), Ronald Worm (–/–), Gerd Zewe (–/–), Herbert Zimmermann (2/–)
Trainer: Helmut Schön

1982 Spanien

Kader: Paul Breitner (7/1), Hans-Peter Briegel (7/–), Wolfgang Dremmler (7/–), Klaus Fischer (6/2), Bernd Förster (4/–), Karlheinz Förster (7/–), Bernd Franke (–/–), Wilfried Hannes (–/–), Horst Hrubesch (5/1), Eike Immel (–/–), Manfred Kaltz (7/–), Pierre Littbarski (7/2), Felix Magath (4/–), Lothar Matthäus (2/–), Hansi Müller (2/–), Uwe Reinders (3/1), Karl-Heinz Rummenigge (7/5), Harald Schumacher (7/–), Uli Stielike (7/–)
Trainer: Jupp Derwall

1986 Mexiko

Kader: Karl Allgöwer (–/–), Klaus Allofs (7/2), Klaus Augenthaler (2/–), Thomas Berthold (6/–), Andreas Brehme (5/1), Hans-Peter Briegel (6/–), Norbert Eder (7/–), Karlheinz Förster (7/–), Matthias Herget (1/–), Dieter Hoeneß (2/–), Eike Immel (–/–), Ditmar Jakobs (6/–), Pierre Littbarski (5/–), Felix Magath (6/–), Lothar Matthäus (7/1), Uwe Rahn (–/–), Wolfgang Rolff (2/–), Karl-Heinz Rummenigge (7/1), Harald Schumacher (7/–), Ulrich Stein (–/–), Olaf Thon (–/–), Rudi Völler (6/3)
Trainer: Franz Beckenbauer

1990 Italien

Kader: Klaus Augenthaler (7/–), Raimond Aumann (–/–), Uwe Bein (4/1), Thomas Berthold (7/–), Andreas Brehme (6/3), Guido Buchwald (7/–), Thomas Häßler (5/–), Günter Hermann (–/–), Bodo Illgner (7/–), Jürgen Klinsmann (7/3), Jürgen Kohler (4/–), Andreas Köpke (–/–), Pierre Littbarski (6/1), Lothar Matthäus (7/4), Frank Mill (–/–), Andreas Möller (2/–), Hans Pflügler (1/–), Stefan Reuter (6/–), Karlheinz Riedle (4/–), Paul Steiner (–/–), Olaf Thon (2/–), Rudi Völler (6/3)
Trainer: Franz Beckenbauer

1994 USA

Kader: Mario Basler (1/–), Thomas Berthold (5/–), Andreas Brehme (5/–), Guido Buchwald (3/–), Stefan Effenberg (3/–), Maurizio Gaudino (–/–), Thomas Häßler (5/–), Thomas Helmer (3/–), Bodo Illgner (5/–), Oliver Kahn (–/–), Ulf Kirsten (–/–), Jürgen Klinsmann (5/5), Jürgen Kohler (5/–), Andreas Köpke (–/–), Stefan Kuntz (1/–), Lothar Matthäus (5/1), Andreas Möller (4/–), Karlheinz Riedle (2/1), Matthias Sammer (4/–), Thomas Strunz (3/–), Rudi Völler (3/2), Martin Wagner (2/–)
Trainer: Berti Vogts

1998 Frankreich

Kader: Markus Babbel (2/–), Oliver Bierhoff (5/3), Steffen Freund (–/–), Dietmar Hamann (5/–), Thomas Häßler (4/–), Jörg Heinrich (5/–), Thomas Helmer (2/–), Jens Jeremies (3/–), Oliver Kahn (–/–), Ulf Kirsten (4/–), Jürgen Klinsmann (5/3), Jürgen Kohler (4/–), Andreas Köpke (5/–), Jens Lehmann (–/–), Olaf Marschall (1/–), Lothar Matthäus (4/–), Andreas Möller (3/1), Stefan Reuter (1/–), Michael Tarnat (4/–), Olaf Thon (3/–), Christian Wörns (5/–), Christian Ziege (4/–)
Trainer: Berti Vogts

2002 Korea / Japan

Kader: Gerald Asamoah (3/–), Michael Ballack (6/3), Frank Baumann (1/–), Oliver Bierhoff (5/1), Marco Bode (6/1), Jörg Böhme (–/–), Hans-Jörg Butt (–/–), Torsten Frings (7/–), Dietmar Hamann (6/–), Carsten Jancker (3/1), Jens Jeremies (7/–), Oliver Kahn (7/–), Sebastian Kehl (2/–), Miroslav Klose (7/5), Jens Lehmann (–/–), Thomas Linke (7/1), Christoph Metzelder (7/–), Oliver Neuville (6/1), Carsten Ramelow (5/–), Marko Rehmer (1/–), Lars Ricken (–/–), Bernd Schneider (7/1), Christian Ziege (5/–)
Trainer: Rudi Völler

2006 Deutschland

Kader: Gerald Asamoah (1/–), Michael Ballack (5/–), Tim Borowski (6/–), Arne Friedrich (6/–), Torsten Frings (6/1), Mike Hanke (1/–), Timo Hildebrand (–/–), Thomas Hitzlsperger (1/–), Robert Huth (1/–), Marcell Jansen (1/–), Oliver Kahn (1/–), Sebastian Kehl (4/–), Miroslav Klose (7/5), Philipp Lahm (7/1), Jens Lehmann (6/–), Per Mertseacker (6/–), Christoph Metzelder (6/–), Oliver Neuville (7/1), Jens Nowotny (1/–), David Odonkor (1/–), Lukas Podolski (7/3), Bernd Schneider (7/–), Bastian Schweinsteiger (7/2)
Trainer: Jürgen Klinsmann

FIFA WM-Rekordspieler der Nationalmannschaft

Name	WM	Sp.
1. Lothar Matthäus	1982, 1986, 1990, 1994, 1998	25
2. Uwe Seeler	1958, 1962, 1966, 1970	21
3. Wolfgang Overath	1966, 1970, 1974	19
Berti Vogts	1970, 1974, 1978	19
Karl-H. Rummenigge	1978, 1982, 1986	19

Name	WM	Sp.
6. Franz Beckenbauer	1966, 1970, 1974	18
Sepp Maier	1970, 1974, 1978	18
Pierre Littbarski	1982, 1986, 1990	18
Thomas Berthold	1986, 1990, 1994	18
10. Karl-Heinz Schnellinger	1958, 1962, 1966, 1970	17
Jürgen Klinsmann	1990, 1994, 1998	17

FIFA WM-Rekordtorschützen der Nationalmannschaft

Name	WM	Tore
1. Gerd Müller	1970, 1974	14
2. Jürgen Klinsmann	1990, 1994, 1998	11
3. Helmut Rahn	1954, 1958	10
Miroslav Klose	2002, 2006	10
5. Uwe Seeler	1958, 1962, 1966, 1970	9
Karl-H. Rummenigge	1978, 1982, 1986	9
7. Rudi Völler	1986, 1990, 1994	8
8. Hans Schäfer	1954, 1958, 1962	7
9. Max Morlock	1954	6
Helmut Haller	1962, 1966, 1970	6
Lothar Matthäus	1982, 1986, 1990, 1994, 1998	6

UEFA EM-Bilanz der Nationalmannschaft

Jahr	Gastgeber	Sp.	S	U	N	Tore	Abschneiden
1972*	Belgien	2	2	–	–	5:1	Europameister
1976*	Jugoslawien	2	1	1	–	6:4	Vize-Europameister
1980	Italien	4	3	1	–	6:3	Europameister
1984	Frankreich	3	1	1	1	2:2	in der Vorrunde ausgeschieden
1988	Deutschland	4	2	1	1	6:3	im Halbfinale ausgeschieden
1992	Schweden	5	2	1	2	7:8	Vize-Europameister
1996	England	6	4	2	–	10:3	Europameister
2000	Belgien / Niederlande	3	–	1	2	1:5	in der Vorrunde ausgeschieden
2004	Portugal	3	–	2	1	2:3	in der Vorrunde ausgeschieden
2008	Österreich / Schweiz	6	4	–	2	10:7	Vize-Europameister
Summe:		**38**	**19**	**10**	**9**	**55:39**	

Europa-Nationenpokal 1960, 1964: nicht teilgenommen
EM 1968: nicht qualifiziert
* berücksichtigt werden nur die Endrunden

UEFA EM-Länderspielbilanz der Nationalmannschaft

Gegner	Sp.	S	U	N	Tore
Belgien	2	2	–	–	4:2
Dänemark	2	1	–	1	2:2
England	2	–	1	1	1:2
Griechenland	1	–	1	–	0:0
Italien	2	–	2	–	1:1
Jugoslawien	1	1	–	–	4:2
Kroatien	2	1	–	1	3:3
Lettland	1	–	1	–	0:0
Niederlande	4	1	1	2	6:8
Österreich	1	1	–	–	1:0
Polen	1	1	–	–	2:0
Portugal	3	1	1	1	3:5
Rumänien	2	1	1	–	3:2
Russland*	3	2	1	–	7:1
Schottland	1	1	–	–	2:0
Schweden	1	1	–	–	3:2
Spanien	3	1	–	2	2:2
Tschechien	3	2	–	1	5:3
Tschechoslowakei	2	1	1	–	3:2
Türkei	1	1	–	–	3:2

Spiele gesamt:	**38**
Siege gesamt:	**19**
Unentschieden gesamt:	**10**
Niederlagen gesamt:	**9**
Tore gesamt:	**55:39**

* inkl. Sowjetunion und GUS

UEFA EM-Kader der Nationalmannschaft

In den Klammern werden Spiele und Tore angegeben.

1972 Belgien

Kader: Franz Beckenbauer (2/–), Michael Bella (–/–), Rainer Bonhof (–/–), Paul Breitner (2/–), Jürgen Grabowski (1/–), Jupp Heynckes (2/–), Uli Hoeneß (2/–), Horst-Dieter Höttges (2/–), Wolfgang Kleff (–/–), Horst Köppel (–/–), Erwin Kremers (2/–), Hannes Löhr (–/–), Sepp Maier (2/–), Gerd Müller (2/4), Günter Netzer (2/–), Georg Schwarzenbeck (2/–), Berti Vogts (–/–), Herbert Wimmer (2/1)
Trainer: Helmut Schön

1976 Jugoslawien

Kader: Franz Beckenbauer (2/–), Erich Beer (2/–), Hannes Bongartz (1/–), Rainer Bonhof (2/–), Dietmar Danner (1/–), Bernard Dietz (2/–), Heinz Flohe (2/1), Uli Hoeneß (2/–), Bernd Hölzenbein (2/1), Manfred Kaltz (–/–), Rudi Kargus (–/–), Sepp Maier (2/–), Dieter Müller (2/4), Peter Nogly (–/–), Georg Schwarzenbeck (2/–), Berti Vogts (2/–), Herbert Wimmer (2/–), Ronald Worm (–/–)
Trainer: Helmut Schön

1980 Italien

Kader: Klaus Allofs (3/3), Hans-Peter Briegel (4/–), Bernd Cullmann (3/–), Calle Del'Haye (1/–), Bernard Dietz (3/–), Bernd Förster (2/–), Karlheinz Förster (4/–), Horst Hrubesch (3/2), Eike Immel (–/–), Walter Junghans (–/–), Manfred Kaltz (4/–), Felix Magath (2/–), Lothar Matthäus (1/–), Caspar Memering (1/–), Hansi Müller (4/–), Karl-Heinz Rummenigge (4/1), Toni Schumacher (4/–), Bernd Schuster (2/–), Uli Stielike (4/–), Miroslav Votava (1/–), Herbert Zimmermann (–/–)
Trainer: Jupp Derwall

1984 Frankreich

Kader: Klaus Allofs (3/–), Rudi Bommer (1/–), Andreas Brehme (3/–), Hans-Peter Briegel (3/–), Hans-Günter Bruns (–/–), Guido Buchwald (2/–), Dieter Burdenski (–/–), Ralf Falkenmayer (–/–), Bernd Förster (3/–), Karlheinz Förster (3/–), Pierre Littbarski (2/–), Lothar Matthäus (3/–), Norbert Meier (2/–), Helmut Roleder (–/–), Wolfgang Rolff (2/–), Karl-Heinz Rummenigge (3/–), Toni Schumacher (3/–), Uli Stielike (3/–), Gerd Strack (–/–), Rudi Völler (3/2)
Trainer: Jupp Derwall

1988 Deutschland

Kader: Thomas Berthold (1/–), Uli Borowka (4/–), Andreas Brehme (4/1), Guido Buchwald (2/–), Hans Dorfner (–/–), Dieter Eckstein (1/–), Mathias Herget (4/–), Bodo Illgner (–/–), Eike Immel (4/–), Jürgen Klinsmann (4/1), Jürgen Kohler (4/–), Pierre Littbarski (4/–), Lothar Matthäus (4/1), Frank Mill (3/–), Hans Pflügler (1/–), Wolfgang Rolff (3/–), Gunnar Sauer (–/–), Olaf Thon (4/1), Rudi Völler (4/2), Wolfram Wuttke (1/–)
Trainer: Franz Beckenbauer

1992 Schweden

Kader: Manfred Binz (3/–), Andreas Brehme (5/–), Guido Buchwald (4/–), Thomas Doll (4/–), Stefan Effenberg (5/1), Michael Frontzeck (1/–), Thomas Häßler (5/2), Thomas Helmer (3/–), Bodo Illgner (5/–), Jürgen Klinsmann (5/1), Jürgen Kohler (5/–), Andreas Köpke (–/–), Andreas Möller (3/–), Stefan Reuter (4/–), Karlheinz Riedle (5/3), Matthias Sammer (4/–), Michael Schulz (1/–), Andreas Thom (1/–), Rudi Völler (1/–), Christian Wörns (–/–)
Trainer: Berti Vogts

1996 England

Kader: Markus Babbel (5/–), Mario Basler (–/–), Oliver Bierhoff (3/2), Fredi Bobic (3/–), Marco Bode (3/–), Dieter Eilts (6/–), Steffen Freund (4/–), Thomas Häßler (6/–), Thomas Helmer (6/–), Oliver Kahn (–/–), Jürgen Klinsmann (4/3), Jürgen Kohler (1/–), Andreas Köpke (6/–), Stefan Kuntz (5/1), Andreas Möller (5/1), Oliver Reck (–/–), Stefan Reuter (4/–), Matthias Sammer (6/2), René Schneider (–/–), Mehmet Scholl (3/–), Thomas Strunz (5/–), Jens Todt (–/–), Christian Ziege (6/1)
Trainer: Berti Vogts

2000 Belgien / Niederlande

Kader: Markus Babbel (2/–), Michael Ballack (2/–), Oliver Bierhoff (1/–), Marco Bode (2/–), Hans-Jörg Butt (–/–), Sebastian Deisler (3/–), Dietmar Hamann (3/–), Thomas Häßler (2/–), Carsten Jancker (2/–), Jens Jeremies (2/–), Oliver Kahn (3/–), Ulf Kirsten (2/–), Jens Lehmann (–/–), Thomas Linke (2/–), Lothar Matthäus (3/–), Jens Nowotny (3/–), Carsten Ramelow (–/–), Marko Rehmer (2/–), Paulo Rink (3/–), Mehmet Scholl (3/1), Darius Wosz (–/–), Christian Ziege (2/–)
Trainer: Erich Ribbeck

2004 Portugal

Kader: Michael Ballack (3/1), Frank Baumann (2/–), Fredi Bobic (2/–), Thomas Brdaric (1/–), Fabian Ernst (1/–), Arne Friedrich (3/–), Torsten Frings (3/1), Dietmar Hamann (3/–), Timo Hildebrand (–/–), Andreas Hinkel (–/–), Jens Jeremies (1/–), Oliver Kahn (3/–), Sebastian Kehl (–/–), Miroslav Klose (2/–), Kevin Kuranyi (3/–), Philipp Lahm (3/–), Jens Lehmann (–/–), Jens Nowotny (2/–), Lukas Podolski (1/–), Bernd Schneider (3/–), Bastian Schweinsteiger (3/–), Christian Wörns (3/–), Christian Ziege (–/–)
Trainer: Rudi Völler

2008 Österreich / Schweiz

Kader: René Adler (–/–), Michael Ballack (6/2), Tim Borowski (2/–), Robert Enke (–/–), Arne Friedrich (4/–), Torsten Frings (5/–), Clemens Fritz (4/–), Mario Gomez (4/–), Thomas Hitzlsperger (5/–), Marcell Jansen (5/–), Miroslav Klose (6/2), Kevin Kuranyi (3/–), Philipp Lahm (6/1), Jens Lehmann (6/–), Per Mertesacker (6/–), Christoph Metzelder (6/–), Oliver Neuville (1/–), David Odonkor (1/–), Lukas Podolski (6/3), Simon Rolfes (2/–), Bastian Schweinsteiger (5/2), Piotr Trochowski (–/–), Heiko Westermann (–/–)
Trainer: Joachim Löw

UEFA EM-Rekordspieler der Nationalmannschaft

	Name	EM	Sp.
1.	Thomas Häßler	1992, 1996, 2000	13
	Jürgen Klinsmann	1988, 1992, 1996	13
3.	Andreas Brehme	1984, 1988, 1992	12
4.	Michael Ballack	2000, 2004, 2008	11
	Lothar Matthäus	1980, 1984, 1988, 2000	11
6.	Jürgen Kohler	1988, 1992, 1996	10
	Matthias Sammer	1992, 1996	10
8.	Thomas Helmer	1992, 1996	9
	Philipp Lahm	2004, 2008	9
10.	Guido Buchwald	1984, 1988, 1992	8
	Torsten Frings	2004, 2008	8
	Miroslav Klose	2004, 2008	8
	Andreas Möller	1992, 1996	8
	Stefan Reuter	1992, 1996	8
	Bastian Schweinsteiger	2004, 2008	8
	Rudi Völler	1984, 1988, 1992	8
	Christian Ziege	1996, 2000, 2004	8

UEFA EM-Rekordtorschützen der Nationalmannschaft

	Name	EM	Tore
1.	Jürgen Klinsmann	1988, 1992, 1996	5
2.	Gerd Müller	1972	4
	Dieter Müller	1976	4
	Rudi Völler	1984, 1988, 1992	4
5.	Klaus Allofs	1980, 1984	3
	Michael Ballack	2000, 2004, 2008	3
	Lukas Podolski	2004, 2008	3
	Karlheinz Riedle	1992	3
9.	Oliver Bierhoff	1996, 2000	2
	Thomas Häßler	1992, 1996, 2000	2
	Horst Hrubesch	1980	2
	Miroslav Klose	2004, 2008	2
	Bastian Schweinsteiger	2004, 2008	2
	Matthias Sammer	1992, 1996	2

Olympia-Bilanz deutscher Nationalmannschaften

Jahr	Gastgeber	Mannschaft	Sp.	S	U	N	Tore	Abschneiden
1912	Stockholm	A-Nationalmannschaft	3	1	–	2	18:8	im Halbfinale der Trostrunde ausgeschieden
1928	Amsterdam	A-Nationalmannschaft	2	1	–	1	5:4	im Viertelfinale ausgeschieden
1936	Berlin	A-Nationalmannschaft	2	1	–	1	9:2	im Viertelfinale ausgeschieden
1952	Helsinki	Amateur-Nationalmannschaft	4	2	–	2	8:8	4. Platz
1956	Melbourne	Amateur-Nationalmannschaft	1	–	–	1	1:2	in der Vorrunde ausgeschieden
1972	München	Amateur-Nationalmannschaft	6	3	1	2	17:8	in der 2. Runde ausgeschieden
1984	Los Angeles	Olympiamannschaft	4	2	–	2	10:6	im Viertelfinale ausgeschieden
1988	Seoul	Olympiamannschaft	6	4	1	1	16:4	3. Platz
Summe:			**28**	**14**	**2**	**12**	**84:42**	

1908, 1920, 1960, 1964, 1968, 1976, 1980: nicht teilgenommen
1924, 1948: nicht eingeladen
1992-2004: nicht qualifiziert

DEUTSCHER NATIONALFUSSBALL – FRAUEN

Alle Länderspiele der Nationalmannschaft

	Dat.	Ort	Gegner	Erg.
1982				
1	10.11.	Koblenz	Schweiz	5:1
1983				
2 EQ	05.03.	B. Gladbach	Belgien	1:1
3 EQ	19.03.	Venray	Niederlande	2:2
4 EQ	01.05.	Delmenhorst	Dänemark	1:1
5	07.09.	Basel	Schweiz	2:0
6 EQ	24.09.	Sonderburg	Dänemark	0:1
7 EQ	08.10.	Siegen	Niederlande	1:1
8 EQ	22.10.	Brüssel	Belgien	1:1
1984				
9	25.01.	Mailand	Italien	1:2
10	02.05.	Helmstedt	Norwegen	1:4
11	19.08.	Caorle	Italien	2:1
12	22.08.	Jesolo	England	2:0
13	23.08.	Caorle	Belgien	0:2
14	26.08.	Jesolo	Italien	1:3
15 EQ	03.10.	Lüdenscheid	Finnland	1:0
16	21.11.	Waalwijk	Niederlande	1:1
1985				
17	09.04.	Siofok	Ungarn	0:1
18 EQ	01.05.	Sonerborg	Dänemark	0:3
19 EQ	07.09.	Lüneburg	Norwegen	2:3
20 EQ	05.10.	Turku	Finnland	0:1
1986				
21	15.04.	Straubing	Ungarn	2:1
22 EQ	19.05.	Oslo	Norwegen	0:0
23	27.07.	Kopavogur	Island	4:1
24	30.07.	Reykjavik	Island	5:0
25 EQ	04.10.	B. Gladbach	Dänemark	2:0
26	19.11.	Nordhorn	Niederlande	3:1
1987				
27	01.04.	Bad Neuenahr-Ahrweiler	Niederlande	3:1
28	16.05.	Dillingen/S.	Frankreich	2:0
29	04.09.	Verden	Island	5:0
30	06.09.	Delmenhorst	Island	3:2
31 EQ	07.10.	Budapest	Ungarn	1:0
32 EQ	15.11.	Burghausen	Italien	3:0
1988				
33 EQ	02.04.	Andria	Italien	0:0
34 EQ	14.05.	Pforzheim	Schweiz	0:0
35	20.07.	Arco	Italien	0:1
36	22.07.	Arco	USA	1:2
37 EQ	17.09.	Binningen	Schweiz	10:0
38 EQ	30.10.	Passau	Ungarn	4:0
39 EM	26.11.	Bratislava	Tschechosl.	1:1
40 EM	17.12.	Kaiserslautern	Tschechosl.	2:0
1989				
41	21.03.	Sofia	Bulgarien	3:1
42	10.05.	Osnabrück	Dänemark	1:0
43 EM	28.06.	Siegen	Italien	5:4 n. E.
44 EM	02.07.	Osnabrück	Norwegen	4:1
45 EQ	01.10.	Straubing	Ungarn	0:0
46 EQ	22.11.	Marburg	Tschechosl.	5:0

>>

<<

	Dat.	Ort	Gegner	Erg.
1990				
47 EQ	11.04.	Sofia	Bulgarien	4:1
48 EQ	29.04.	Frydek-Mistek	Tschechosl.	1:0
49	05.08.	Minneapolis	England	3:1
50	07.08.	Minneapolis	Sowjetunion	3:0
51	09.08.	Minneapolis	USA II	3:2
52	11.08.	Minneapolis	USA I	0:3
53 EQ	26.09.	Rheine	Bulgarien	4:0
54 EQ	14.10.	Sopron	Ungarn	4:0
55 EM	25.11.	H'Wycombe	England	4:1
56 EM	16.12.	Bochum	England	2:0
1991				
57	28.03.	Paris-Antony	Frankreich	2:0
58	09.05.	Aue	Polen	2:1
59	30.05.	Kaiserslautern	USA	2:4
60	30.06.	Lüdenscheid	China	2:0
61 EM	11.07.	Frederikshavn	Italien	3:0
62 EM	14.07.	Aalborg	Norwegen	3:1 n.V.
63	28.08.	Weil/Rh.	Schweiz	3:1
64	25.09.	Mosonmagyarovar	Ungarn	2:0
65	09.10.	Brüssel	Belgien	2:1
66 WM	17.11.	Jiangmen	Nigeria	4:0
67 WM	19.11.	Zhongshan	Taiwan	3:0
68 WM	21.11.	Zhongshan	Italien	2:0
69 WM	24.11.	Zhongshan	Dänemark	2:1 n.V.
70 WM	27.11.	Guangzhou	USA	2:5
71 WM	29.11.	Guangzhou	Schweden	0:4
1992				
72	18.04.	Rom	Italien	1:1
73 EQ	28.05.	Sofia	Jugoslawien	3:0
74	02.09.	Bad Kreuzn.	Frankreich	7:0
75	05.09.	Jaworzno	Polen	4:0
76 EM	11.10.	Moskau	Russland	7:0
77 EM	14.11.	Rheine	Russland	0:0
1993				
78	11.03.	Agia Napa	Schweden	1:3
79	12.03.	Agia Napa	Frankreich	3:0
80	14.03.	Agia Napa	USA	1:0
81	07.04.	Philadelphia	USA	2:1
82	10.04.	Atlanta	USA	0:3
83	05.05.	Wädenswil	Schweiz	1:0
84 EM	30.06.	Rimini	Italien	4:5 n. E.
85 EM	03.07.	Cesenatico	Dänemark	1:3
86	22.09.	Boras	Schweden	2:3
87	25.09.	Rade	Norwegen	3:1
88 EQ	24.10.	Muri	Schweiz	5:0
89	07.12.	Tarragona	Russland	1:0
90	08.12.	Tarragona	Polen	7:0

	Dat.	Ort	Gegner	Erg.
1994				
91 EQ	31.03.	Bielefeld	Wales	12:0
92 EQ	05.05.	Swansea	Wales	12:0
93 EQ	02.06.	Zagreb	Kroatien	7:0
94	27.07.	Montreal	Kanada	2:1
95	31.07.	Fairfax	USA	1:2
96	02.08.	Oakford	Norwegen	6:3
97	06.08.	New Britain	China	2:3
98	07.09.	Wolfenbüttel	Schweden	3:1
99 EQ	21.09.	Sindelfingen	Kroatien	8:0
100 EQ	25.09.	Weingarten	Schweiz	11:0
101 EM	09.10.	Moskau	Russland	1:0
102 EM	27.10.	Osnabrück	Russland	4:0
103 EM	11.12.	Watford	England	4:1
1995				
104 EM	23.02.	Bochum	England	2:1
105 EM	26.03.	Kaiserslautern	Schweden	3:2
106	13.04.	Potsdam	Polen	8:0
107	23.05.	Therwyl	Schweiz	8:0
108	25.05.	Rotenburg/W.	China	3:1
109 WM	05.06.	Karlstad	Japan	1:0
110 WM	07.06.	Helsingborg	Schweden	2:3
111 WM	09.06.	Karlstad	Brasilien	6:1
112 WM	13.06.	Västeras	England	3:0
113 WM	15.06.	Helsingborg	China	1:0
114 WM	18.06.	Stockholm	Norwegen	0:2
115 EQ	20.09.	Tampere	Finnland	3:0
116 EQ	25.10.	Bratislava	Slowakei	3:0
1996				
117	14.03.	Decatur	USA	0:6
118	16.03.	Davidson	USA	0:2
119 EQ	11.04.	Unterhaching	Slowakei	2:0
120 EQ	02.05.	Jena	Norwegen	1:3
121 EQ	05.05.	Gifhorn	Finnland	6:0
122 EQ	06.06.	Trondheim	Norwegen	0:0
123	28.06.	Mannheim	Island	8:0
124	30.06.	Pfogheim	Island	3:0
125 OL	21.07.	Birmingham	Japan	3:2
126 OL	23.07.	Washington	Norwegen	2:3
127 OL	25.07.	Birmingham	Brasilien	1:1
128	27.08.	Lichtenvoorde	Niederlande	3:0
129 EQ	18.09.	Reykjavik	Island	3:0
130 EQ	29.09.	Koblenz	Island	4:0
131	11.12.	Benevento	Italien	0:0
1997				
132	27.02.	Preston	England	6:4
133	20.03.	Euskirchen	China	2:2
134	23.03.	Warendorf	China	1:1
135	24.04.	Lübeck	Spanien	6:0
136	27.05.	Kopenhagen	Dänemark	2:2
137	28.05.	Kopenhagen	Norwegen	3:0

>>

<<

	Dat.	Ort	Gegner	Erg.
138 EM	30.06.	Moss	Italien	1:1
139 EM	03.07.	Moss	Norwegen	0:0
140 EM	06.07.	Moss	Dänemark	2:0
141 EM	09.07.	Karlstad	Schweden	1:0
142 EM	12.07.	Oslo	Italien	2:0
143 WQ	25.09.	Dessau	England	3:0
144	09.10.	Duisburg	USA	3:1
145	12.10.	Salzgitter	USA	0:3
146 WQ	06.11.	Bayreuth	Norwegen	1:0
147 WQ	13.12.	Almelo	Niederlande	0:1
1998				
148	05.02.	Catania	Italien	1:0
149 WQ	08.03.	London	England	1:0
150 WQ	02.04.	Rheine	Niederlande	2:1
151	26.05.	Spremberg	Neuseeland	4:1
152	28.05.	Dresden	Neuseeland	8:0
153 WQ	17.06.	Ulefoss	Norwegen	2:3
154	25.06.	St. Louis	USA	1:1
155	28.06.	Chicago	USA	2:4
156 WQ	17.09.	Fulda	Ukraine	5:0
157 WQ	11.10.	Kiew	Ukraine	1:1
1999				
158	14.02.	Istanbul	Türkei	12:1
159	25.03.	Holzwickede	China	0:3
160	28.03.	Hamburg	China	4:1
161	22.04.	Saarbrücken	Dänemark	3:1
162	26.05.	Weil/Rh.	Schweiz	2:0
163	30.05.	Weil/Rh.	Frankreich	4:1
164	03.06.	Rheinbach	Niederlande	2:0
165 WM	20.06.	Los Angeles	Italien	1:1
166 WM	24.06.	Portland	Mexiko	6:0
167 WM	27.06.	Washington	Brasilien	3:3
168 WM	01.07.	Washington	USA	2:3
169	02.09.	Plauen	Russland	3:1
170 EQ	23.09.	Fürth	Ukraine	3:0
171 EQ	14.10.	Oldenburg	Island	5:0
172 EQ	11.11.	Isernia	Italien	4:4
2000				
173	16.03.	Arnheim	Niederlande	0:2
174 EQ	06.04.	Frankfurt/M.	Italien	3:0
175 EQ	11.05.	Kiew	Ukraine	6:1
176	16.07.	Osnabrück	China	1:3
177	19.07.	Göttingen	Norwegen	1:4
178	22.07.	Braunschweig	USA	0:1
179 EQ	17.08.	Reykjavik	Island	6:0
180	27.08.	Aachen	Dänemark	7:0
181 OL	13.09.	Canberra	Australien	3:0
182 OL	16.09.	Canberra	Brasilien	2:1
183 OL	19.09.	Melbourne	Schweden	1:0
184 OL	24.09.	Sydney	Norwegen	0:1
185 OL	28.09.	Sydney	Brasilien	2:0
2001				
186	06.03.	Augsburg	China	1:0
187	08.03.	Ulm	China	2:4
188	10.05.	Troisdorf	Italien	1:0
189	17.05.	Gera	Russland	1:1
190	14.06.	Goch	Kanada	3:0
191	17.06.	Oberhausen	Kanada	7:1
192 EM	23.06.	Erfurt	Schweden	3:1
193 EM	27.06.	Erfurt	Russland	5:0
194 EM	30.06.	Jena	England	3:0
195 EM	04.07.	Ulm	Norwegen	1:0
196 EM	07.07.	Ulm	Schweden	1:0 n. V.
197	08.09.	Oakbrook	Japan	1:0
198	09.09.	Chicago	USA	1:4
199 WQ	27.09.	Kassel	England	3:1
200 WQ	25.10.	Wolfsburg	Portugal	9:0
201 WQ	17.11.	Enschede	Niederlande	3:0
2002				
202	23.01.	Huadu	China	1:2
203	25.01.	Panyu	USA	0:0
204	27.01.	Guangzhou	Norwegen	3:1
205	01.03.	Portimao	Dänemark	3:0
206	03.03.	Sao Antonio	China	2:4
207	05.03.	Olmao	Finnland	2:0
208	07.03.	Faro	Schweden	1:2
209 WQ	18.04.	Aschaffenburg	Niederlande	6:0
210 WQ	04.05.	Barcelos	Portugal	8:0
211 WQ	19.05.	London	England	1:0
212	14.09.	Grimstad	Norwegen	3:1
213	17.10.	Ulm	Dänemark	2:0
214	14.11.	Lüdenscheid	Russland	4:0
2003				
215	23.01.	Yiwu	China	0:0
216	26.01.	Wuhan	Norwegen	2:2
217	29.01.	Schanghai	USA	0:1
218	04.03.	Gütersloh	China	2:2
219	06.03.	Arnsberg	China	3:1
220 EQ	27.03.	Potsdam	Schottland	5:0
221	17.04.	Ozoir-la-Ferrière	Frankreich	0:1
222	22.05.	Schönberg	Dänemark	1:1
223	25.05.	Haderslev	Dänemark	6:2
224	06.08.	Trier	Nigeria	3:0
225 EQ	09.08.	Kiew	Ukraine	3:1
226 EQ	28.08.	Passau	Tschechien	4:0
227	11.09.	Darmstadt	England	4:0
228 WM	20.09.	Columbus	Kanada	4:1
229 WM	24.09.	Columbus	Japan	3:0
230 WM	27.09.	Washington	Argentinien	6:1
231 WM	03.10.	Portland	Russland	7:1
232 WM	06.10.	Portland	USA	3:0

>>

<<

	Dat.	Ort	Gegner	Erg.
233 WM	12.10.	Carson	Schweden	2:1
234 EQ	15.11.	Reutlingen	Portugal	13:0
2004				
235 EQ	07.02.	Albufeira	Portugal	11:0
236	04.03.	Fürth	China	0:1
237	31.03.	Bozen	Italien	1:0
238 EQ	28.04.	Oldenburg	Ukraine	6:0
239 EQ	02.05.	Livingston	Schottland	3:1
240	21.07.	Hoffenheim	Norwegen	0:1
241	24.07.	Offenbach	Nigeria	3:1
242 OL	11.08.	Patras	China	8:0
243 OL	17.08.	Athen	Mexiko	2:0
244 OL	20.08.	Patras	Nigeria	2:1
245 OL	23.08.	Heraklion	USA	1:2
246 OL	26.08.	Athen	Schweden	1:0
247 EQ	25.09.	Pribram	Tschechien	5:0
248	14.10.	Berlin	Niederlande	0:0
2005				
249	28.01.	Quanzhou	Australien	0:1
250	30.01.	Quanzhou	Russland	1:0
251	01.02.	Quanzhou	China	2:0
252	09.03.	Lagos	Schweden	2:1
253	11.03.	Silves	Norwegen	4:0
254	13.03.	Alvor	China	2:0
255	15.03.	Faro-Loule	USA	0:1
256	21.04.	Osnabrück	Kanada	3:1
257	24.04.	Hildesheim	Kanada	3:2
258 EM	06.06.	Warrington	Norwegen	1:0
259 EM	09.06.	Preston	Italien	4:0
260 EM	12.06.	Warrington	Frankreich	3:0
261 EM	15.06.	Preston	Finnland	4:1
262 EM	19.06	Blackburn	Norwegen	3:1
263	01.09	Vancouver	Kanada	3:1
264	04.09.	Edmonton	Kanada	4:3
265 WQ	25.08	Siegen	Russland	5:1
266 WQ	20.10	Bayreuth	Schottland	4:0
267 WQ	12.11	Ulm	Schweiz	4:0
2006				
268	01.03	Homburg/Saar	China	0:1
269	09.03.	Loulé	Finnland	5:0
270	11.03.	Loulé	Schweden	3:0
271	13.03.	Faro	Norwegen	1:0
272	15.03.	Faro	USA	4:3 n. E.
273 WQ	10.05.	Cottbus	Irland	1:0
274	03.08.	Krefeld	Italien	5:0
275 WQ	26.08.	Dublin	Irland	3:0
276 WQ	30.08.	Schaffhausen	Schweiz	6:0
277 WQ	23.09.	Perth	Schottland	5:0
278 WQ	27.09.	Moskau	Russland	3:2
279	25.10.	Aalen	England	5:1
280	23.11.	Karlsruhe	Japan	6:3
2007				
281	26.01.	Guangzhou	USA	0:0
282	28.01.	Guangzhou	China	0:0
283	30.01.	Guangzhou	England	0:0
284	07.03.	Faro	Norwegen	1:2
285	09.03.	Faro	Frankreich	0:1
286	12.03.	Sao Antonio	Dänemark	3:0
287	14.03.	Olhao	Italien	0:1
288 EQ	12.04.	Wattenscheid	Niederlande	5:1
289 EQ	10.05.	Haverfordwest	Wales	6:0
290	29.07.	Magdeburg	Dänemark	4:0
291	02.08.	Gera	Tschechien	5:0
292 EQ	22.08.	Koblenz	Schweiz	7:0
293	30.08.	Mainz	Norwegen	2:2
294 WM	10.09.	Shanghai	Argentinien	11:0
295 WM	14.09.	Shanghai	England	0:0
296 WM	17.09.	Hangzhou	Japan	2:0
297 WM	22.09	Wuhan	Nordkorea	3:0
298 WM	26.09.	Tianjin	Norwegen	3:0
299 WM	30.09.	Shanghai	Brasilien	2:0
300 EQ	28.10.	Lübeck	Belgien	3:0
301 EQ	01.11.	Volendam	Niederlande	1:0
2008				
302	28.02.	Freiburg	China	2:0
303	05.03.	Albufeira	Dänemark	0:1
304	07.03	Albufeira	Finnland	3:0
305	10.03	Sao Antonio	Schweden	2:0
306	12.03.	Sao Antonio	Norwegen	0:2
307 EQ	07.05.	Eupen	Belgien	5:0
308 EQ	29.05.	Kassel	Wales	4:0

WM = FIFA WM-Endrunde; WQ = FIFA WM-Qualifikation; EM = UEFA EM-Endrunde; EQ = UEFA EM-Qualifikation; OL = Olympische Spiele

Länderspielbilanz der Nationalmannschaft

Gegner	erstes Spiel	Sp.	S	U	N	Tore
Argentinien	27.09.2003	2	2	–	–	17:1
Australien	13.09.2000	2	1	–	1	3:1
Belgien	05.03.1983	6	3	2	1	12:5
Brasilien	09.06.1995	6	4	2	–	16:6
Bulgarien	21.03.1989	3	3	–	–	11:2
China	30.06.1991	23	10	5	8	41:29
Dänemark	01.05.1983	18	11	3	4	40:16
England	22.08.1984	17	15	2	–	46:10

>>

<<

Gegner	erstes Spiel	Sp.	S	U	N	Tore
Finnland	03.10.1984	8	7	–	1	24:2
Frankreich	16.05.1987	8	6	–	2	21:3
Irland	10.05.2006	2	2	–	–	4:0
Island	27.07.1986	10	10	–	–	46:3
Italien	25.01.1984	23	11	8	4	38:17
Japan	05.06.1995	6	6	–	–	16:5
Jugoslawien	28.05.1992	1	1	–	–	3:0
Kanada	27.07.1994	8	8	–	–	29:10
Kroatien	02.06.1994	2	2	–	–	15:0
Mexiko	24.06.1999	2	2	–	–	8:0
Neuseeland	26.05.1998	2	2	–	–	12:1
Niederlande	19.03.1983	15	9	4	2	32:11
Nigeria	17.11.1991	4	4	–	–	12:2
Nordkorea	22.09.2007	1	1	–	–	3:0
Norwegen	02.05.1984	30	13	5	12	50:44
Polen	09.05.1991	4	4	–	–	21:1
Portugal	25.10.2001	4	4	–	–	41:0
Russland*	07.08.1990	14	12	2	–	45:6
Schottland	27.03.2003	4	4	–	–	17:1

* inkl. Sowjetunion

Gegner	erstes Spiel	Sp.	S	U	N	Tore
Schweden	29.11.1991	16	11	–	5	28:21
Schweiz	10.11.1982	13	12	1	–	64:2
Slowakei	25.10.1995	2	2	–	–	5:0
Spanien	24.04.1997	1	1	–	–	6:0
Taiwan	19.11.1991	1	1	–	–	3:0
Tschechien	28.08.2003	3	3	–	–	14:0
Tschechosl.	26.11.1988	4	3	1	–	9:1
Türkei	14.02.1999	1	1	–	–	12:1
Ukraine	17.09.1998	6	5	1	–	24:3
Ungarn	09.04.1985	7	5	1	1	13:2
USA	22.07.1988	25	5	4	16	25:51
Wales	31.03.1994	4	4	–	–	34:0

Spiele gesamt:	**308**
Siege gesamt:	**210**
Unentschieden gesamt:	**41**
Niederlagen gesamt:	**57**
Tore gesamt:	**860:257**

3:0

Alle Spielerinnen der Nationalmannschaft

Name	Spiele	Tore	erster Einsatz	letzter Einsatz	Verein(e)
Alter, Sandra	2	–	28.08.1991	25.09.1991	KBC Duisburg
Angerer, Nadine	62	–	27.08.1996	29.05.2008	1. FC Nürnberg, FFC Wacker München, 1. FFC Turbine Potsdam, Djurgården Damfotboll
Austermühl, Birgitt	58	2	25.09.1991	25.07.1996	TSV Battenberg, TSV Calden, FSV Frankfurt
Bachor, Isabell	27	3	06.03.2001	12.03.2008	FSV Frankfurt, SC 07 Bad Neuenahr
Bartelmann, Petra	25	4	10.11.1982	29.04.1990	SC Klinge Seckach, SSG Bergisch Gladbach, TSV Siegen, Asker Club Oslo
Bajramaj, Fatmire	15	1	20.10.2005	29.05.2008	FCR 2001 Duisburg
Banecki, Nicole	1	–	07.03.2008	07.03.2008	FC Bayern München
Bartusiak, Saskia	13	–	12.04.2007	07.05.2008	1. FFC Frankfurt
Baudzus, Vanessa	1	–	05.02.1998	05.02.1998	SC 07 Bad Neuenahr
Becher, Inken	13	–	28.05.1997	01.09.2005	Hertha Zehlendorf, 1. FFC Turbine Potsdam
Becker, Stefanie	3	–	09.09.2001	17.11.2001	FSV Frankfurt
Behringer, Melanie	32	9	28.01.2005	29.05.2008	SC Freiburg
Berens, Bettina	1	–	18.04.1992	18.04.1992	TuS Ahrbach
Bernhard, Anouschka	47	1	30.06.1991	23.03.1997	VfL Sindelfingen, FSV Frankfurt
Bindl, Roswitha	22	3	30.10.1988	29.11.1991	FC Bayern München, FFC Wacker München
Boll, Monika	7	–	02.06.1994	23.03.1997	VfB Rheine & SG Eintracht Rheine
Bormann, Birgit	8	2	10.11.1982	22.10.1983	SC 07 Bad Neuenahr

>>

<<

Name	Spiele	Tore	erster Einsatz	letzter Einsatz	Verein(e)
Bornschein, Katja	37	2	30.06.1991	20.03.1997	FSV Frankfurt, SG Praunheim
Brandebusemeyer, Nicole	8	–	05.02.1998	19.09.2000	Grün-Weiß Brauweiler
Bresonik, Linda	39	3	10.05.2001	29.05.2008	FCR 2001 Duisburg, SC 07 Bad Neuenahr, SG Essen-Schönebeck
Breuer, Maria	1	–	07.09.1983	07.09.1983	SC 07 Bad Neuenahr
Brocker (geb. Grigoli), Patricia	46	30	18.04.1992	25.07.1996	VfR Saarbrücken, TuS Niederkirchen
Butscher, Brigitte	1	–	27.07.1986	27.07.1986	SG Aulendorf
Carlson, Britta	31	4	04.03.2004	12.03.2007	Hamburger SV, 1. FFC Turbine Potsdam
Chaladyniak, Christine	2	–	15.04.1986	30.06.1996	TSV Siegen
da Mbabi, Okoyino	27	3	28.01.2005	14.03.2007	SC 07 Bad Neuenahr
Damm, Petra	46	2	21.11.1984	29.11.1991	VfR Eintracht Wolfsburg
Danner, Karin	1	–	02.05.1984	02.05.1984	FC Bayern München
Dietrich, Helene	1	–	22.10.1983	22.10.1983	TuS Ahrbach
Dlugi-Winterberg, Gaby	8	–	10.11.1982	22.10.1983	SSG Bergisch Gladbach
Doll, Cornelia	4	–	24.09.1983	23.08.1984	FC Bayern München
Eichenlaub, Rosi	12	4	19.03.1983	05.10.1985	FC Bayern München
Engel, Heidi	1	–	20.07.1988	20.07.1988	SSG Bergisch Gladbach
Erhardt, Nicole	1	–	05.05.1993	05.05.1993	Sportfreunde Werne-West
Fehrmann, Angelika	9	1	20.07.1988	02.07.1989	SSG Bergisch Gladbach
Ferber, Nicole	1	–	27.08.1996	27.08.1996	FC Rumeln-Kaldenhausen Duisburg
Fischer, Nicole	3	–	07.09.1983	14.05.1988	Sportfreunde Schliengen
Fitschen, Doris	144	16	04.10.1986	07.07.2001	TuS Westerholz, VfR Eintracht Wolfsburg, TSV Siegen, SG Praunheim, 1. FFC Frankfurt, Philadelphia Charge
Francke, Christine	2	–	13.04.1995	23.05.1995	TuS Ahrbach
Friedrich, Niobe	2	–	07.08.1990	09.08.1990	FC Bayern München
Fütterer, Christine	3	–	02.04.1988	28.03.1991	FC Spöck, SC Klinge Seckach
Fuss, Sonja	53	3	27.08.1996	01.11.2007	FFC Brauweiler-Pulheim, 1. FFC Turbine Potsdam, FCR 2001 Duisburg
Garefrekes, Kerstin	51	12	17.11.2001	19.06.2005	FFC Heike Rheine, 1. FFC Frankfurt
Gebauer, Ingrid	3	2	10.11.1982	01.05.1983	SSG Bergisch Gladbach
Gehlen, Marie-Luise	4	–	22.08.1984	09.04.1985	STV Lövenich
Goeßling, Lena	6	–	28.02.2008	29.05.2008	SC 07 Bad Neuenahr
Götte, Jeanette	8	–	16.03.2000	25.10.2001	FFC Flaesheim-Hillen, FCR 2001 Duisburg
Goller, Manuela	45	–	05.08.1990	25.07.1996	SSG Bergisch Gladbach, Grün-Weiß Brauweiler
Gottschlich, Gudrun	33	2	10.05.1989	02.05.1996	KBC Duisburg, VfL Sindelfingen, Grün-Weiß Brauweiler
Gottschlich, Stephanie	45	3	12.10.1997	31.03.2004	WSV Wendschott-Wolfsburg, VfL Wolfsburg
Grings, Inka	64	41	05.05.1996	20.10.2005	FCR 2001 Duisburg
Gröpper, Astrid	1	–	27.08.1996	27.08.1996	SV Kempten
Günther, Sarah	27	–	06.03.2001	20.10.2005	ATS Buntentor, Hamburger SV, 1. FFC Frankfurt

>>

Name	Spiele	Tore	erster Einsatz	letzter Einsatz	Verein(e)
<< Haberlaß, Andrea	10	1	01.05.1985	02.07.1989	SSG Bergisch Gladbach, TSV Siegen
Hagedorn, Verena	13	1	08.09.2001	22.05.2003	SC 07 Bad Neuenahr
Heidecke, Astrid	1	–	21.11.1984	21.11.1984	ABC Wesseln
Heinrich, Andrea	4	–	05.08.1990	11.08.1990	FSV Frankfurt
Hengst, Sandra	7	1	14.10.1990	28.05.1992	KBC Duisburg
Henkel, Beate	10	–	08.10.1983	14.05.1988	TSV Siegen
Hennen, Martina	9	–	05.05.1993	27.07.1994	Schmalfelder SV
Hingst, Ariane	149	10	27.08.1996	29.05.2008	Hertha Zehlendorf, 1. FFC Turbine Potsdam, Djurgården Damfotboll
Hoffmann, Melanie	36	2	23.05.1995	28.09.2000	FC Rumeln-Kaldenhausen Duisburg
Holl, Ursula	2	–	09.03.2007	12.03.2007	1. FFC Frankfurt
Hümme, Anja	4	–	19.11.1986	28.03.1991	Fortuna Sachsenroß Hannover
Isbert (geb. Feiden), Marion	58	–	10.11.1982	29.11.1991	TuS Ahrbach, TSV Siegen
Israel, Regine	2	–	21.11.1984	01.05.1985	TuS Wörrstadt
Jahn, Susanne	1	–	25.01.1984	25.01.1984	FSV Frankfurt
Jones, Stephanie	111	9	03.07.1993	14.03.2007	SG Praunheim, FSV Frankfurt, SC 07 Bad Neuenahr, 1. FFC Frankfurt
Kerschowski, Isabel	1	–	10.05.2007	10.05.2007	1. FFC Turbine Potsdam
Klein, Claudia	6	–	31.07.1994	12.07.1997	Grün-Weiß Brauweiler
Kliehm, Katrin	5	–	14.09.2002	29.01.2003	1. FFC Frankfurt
Klinz, Brigitte	8	–	10.11.1982	05.10.1985	SSG Bergisch Gladbach
Klinzmann, Christel	21	1	10.11.1982	22.07.1988	VfR Eintracht Wolfsburg
Knopf, Maike-Katrin	1	–	05.03.1983	05.03.1983	VfR Eintracht Wolfsburg
Knüpp, Anne	1	–	07.09.1983	07.09.1983	Tennis Borussia Berlin
Koekkoek, Rike	28	2	10.11.1982	15.11.1987	FSV Frankfurt, TSV Siegen
König, Gaby	3	–	30.05.1991	08.12.1993	FSV Frankfurt
Krahn, Annike	38	3	28.01.2005	29.05.2008	FCR 2001 Duisburg
Kratz, Margret	2	–	07.09.1985	05.10.1985	1. FC Kaiserslautern
Kraus, Katja	7	–	25.05.1995	23.03.1997	FSV Frankfurt
Krause, Thekla	5	2	20.07.1988	26.11.1988	Fortuna Sachsenroß Hannover
Kresimon, Doris	7	1	10.11.1982	22.10.1983	SSG Bergisch Gladbach
Kreuzberg, Anne	10	3	25.01.1984	01.05.1985	SC 07 Bad Neuenahr
Krug, Bettina	3	–	10.11.1982	01.05.1983	SSG Bergisch Gladbach
Kubat, Michaela	11	2	28.08.1991	05.05.1993	Grün-Weiß Brauweiler, TSV Siegen
Künzer, Nia	34	2	27.05.1997	15.11.2003	VfB Gießen, 1. FFC Frankfurt
Kuhlmann, Frauke	43	1	21.11.1984	05.09.1992	Schmalfelder SV, TSV Siegen, VfB Rheine
Landers, Petra	15	–	10.11.1982	30.05.1991	SSG Bergisch Gladbach
Landwehr, Ursula	6	1	17.09.1988	30.06.1991	VfB Rheine
Lasrich, Melanie	5	3	09.04.1985	24.10.1993	VfB Uerdingen, TuS Ahrbach
Laudehr, Simone	13	2	29.07.2007	07.05.2008	FCR 2001 Duisburg
Limper, Andrea	7	3	07.09.1985	15.11.1987	KBC Duisburg
Lingor, Renate	141	35	25.10.1995	12.03.2008	SC Klinge Seckach, SG Praunheim, 1. FFC Frankfurt
Lohn, Ursula	26	9	21.03.1989	18.06.1995	Grün-Weiß Brauweiler, TuS Ahrbach

>>

<<

Name	Spiele	Tore	erster Einsatz	letzter Einsatz	Verein(e)
Lübbers, Claudia	8	2	25.09.1994	18.09.1996	SV Wilhelmshaven
Lütke, Manuela	1	–	22.07.1988	22.07.1988	Tennis Borussia Berlin
Mandrysch, Claudia	2	–	20.09.1995	25.10.1995	FC Rumeln-Kaldenhausen Duisburg
Meier, Jennifer	7	–	08.09.2001	07.03.2002	1. FFC Frankfurt
Meinert, Maren	92	33	09.10.1991	12.10.2003	FCR 2001 Duisburg, FFC Brauweiler-Pulheim, Boston Breakers
Melka, Petra	2	–	02.05.1984	23.08.1984	FSV Frankfurt
Messner, Susanne	3	–	16.12.1990	11.10.1992	VfR Saarbrücken
Meyer, Monika	27	5	27.05.1997	01.07.1999	Sportfreunde Siegen, 1. FFC Frankfurt
Michel, Kerstin	1	–	02.08.1994	02.08.1994	FSV Schwarzbach
Minnert, Sandra	147	16	28.05.1992	01.11.2007	FSV Frankfurt, Sportfreunde Siegen, 1. FFC Frankfurt, Washington Freedom, SC 07 Bad Neuenahr
Minor, Eva	1	–	16.05.1987	16.05.1987	VfR Saarbrücken
Mittag, Anja	44	5	31.03.2004	07.05.2008	1. FFC Turbine Potsdam
Mohr, Heidi	104	83	19.05.1986	29.09.1996	SV Laudenbach, TuS Niederkirchen, TuS Ahrbach
Müller, Claudia	46	22	27.08.1996	07.07.2001	Fortuna Sachsenroß Hannover, SG Praunheim, 1. FFC Frankfurt, WSV Wendschott-Wolfsburg
Müller, Martina	71	27	06.03.2001	29.05.2008	SC 07 Bad Neuenahr, VfL Wolfsburg
Müller, Nicole	1	–	09.10.1997	09.10.1997	1. FC Saarbrücken
Nardenbach, Jutta	59	4	19.11.1986	25.07.1996	TuS Ahrbach, TSV Siegen
Neid, Silvia	111	48	10.11.1982	25.07.1996	SC Klinge Seckach, SSG Bergisch Gladbach, TSV Siegen
Neuser, Rosemarie	8	–	25.01.1984	04.09.1987	SSG Bergisch Gladbach, TSV Siegen
Odebrecht, Viola	29	1	26.01.2003	25.04.2005	1. FFC Turbine Potsdam
Offermann, Birgit	7	–	10.11.1982	01.05.1985	KBC Duisburg
Omilade, Navina	56	–	10.05.2001	29.05.2008	FFC Brauweiler-Pulheim 2000, 1. FFC Turbine Potsdam, VfL Wolfsburg
Paul, Christine	11	–	07.09.1985	27.11.1991	FC Bayern München, FFC Wacker München
Peter, Babett	17	–	09.03.2006	12.03.2008	1. FFC Turbine Potsdam
Pirrung, Eva	1	–	15.04.1986	15.04.1986	SV Beeden
Pohlers, Conny	64	28	10.05.2001	29.05.2008	1. FFC Turbine Potsdam, Atlanta Beat, 1. FFC Frankfurt
Pohlmann, Dagmar	37	4	02.09.1992	25.07.1996	FSV Frankfurt
Prinz, Birgit	180	120	27.07.1994	29.05.2008	FSV Frankfurt, SG Praunheim, 1. FFC Frankfurt, Carolina Courage
Raith, Silvia	58	4	05.03.1983	28.08.1991	FFC Wacker München, FSV Frankfurt, TSV Siegen
Rastetter, Tanja	6	–	02.09.1992	05.05.1993	SC Klinge Seckach
Rech, Bianca	20	–	14.09.2002	02.08.2007	1. FFC Frankfurt, FC Bayern München

>>

Name	Spiele	Tore	erster Einsatz	letzter Einsatz	Verein(e)
<< Reichler, Claudia	3	–	10.11.1982	05.10.1985	BV 08 Lüttringhausen, KBC Duisburg
Richter, Elke	27	1	07.09.1983	02.04.1988	Rot-Weiß Berrendorf
Roth, Judith	1	–	18.04.1992	18.04.1992	SSG Bergisch Gladbach
Rottenberg, Silke	126	–	07.04.1993	29.05.2008	TSV Siegen, Sportfreunde Siegen, FFC Brauweiler-Pulheim 2000, FCR 2001 Duisburg, 1. FFC Frankfurt
Schadrack, Jana	1	–	19.05.2002	19.05.2002	1. FFC Turbine Potsdam
Schäfer, Carmen	3	–	27.05.1997	09.10.1997	SC 07 Bad Neuenahr
Schäpertöns, Christa	1	–	25.01.2002	25.01.2002	FFC Brauweiler-Pulheim 2000
Schaller, Andrea	1	–	16.03.2000	16.03.2000	SC 07 Bad Neuenahr
Scharras, Susanne	4	–	02.05.1984	04.09.1987	SC Hamm, SC Poppenbüttel
Scheib, Miriam	1	–	27.08.1996	27.08.1996	VfR Saarbrücken
Schlamann, Manuela	1	–	14.11.1992	14.11.1992	VfB Rheine
Schmale, Antonia	3	–	05.02.1998	09.09.2001	Hamburger SV
Schmetz, Ulrike	1	–	25.10.2006	25.10.2006	FC Bayern München
Schute, Eva	4	–	02.05.1984	26.08.1984	VfL Wildeshausen
Smisek, Sandra	126	32	13.04.1995	12.03.2008	FSV Frankfurt, FCR 2001 Duisburg, 1. FFC Frankfurt
Sonn, Claudia	7	3	17.09.1988	22.11.1989	SC Husen-Kurl
Stegemann, Kerstin	178	7	13.04.1995	29.05.2008	FC Eintracht Rheine, FFC Heike Rheine, FCR 2001 Duisburg, FFC Flaesheim-Hillen, SG Wattenscheid 09
Steinmetz (geb. Degwitz), Monika	22	–	10.11.1982	07.10.1987	SSG Bergisch Gladbach
Stumpf, Daniela	6	–	16.05.1987	18.04.1992	FSV Frankfurt
Thomas, Karolin	1	–	13.03.2006	13.03.2006	1. FFC Turbine Potsdam
Thompson, Shelley	2	1	06.08.2003	25.09.2004	FCR 2001 Duisburg
Trabant, Anne	8	–	10.11.1982	22.10.1983	SSG Bergisch Gladbach
Trauschke, Cornelia	3	–	16.05.1987	22.07.1988	VfB Uerdingen, SSG Bergisch Gladbach
Uebelhör, Dagmar	11	1	22.11.1989	28.03.1991	FC Bayern München
Ullrich, Stephanie	4	–	28.01.2007	14.03.2007	VfL Wolfsburg
Unsleber, Britta	54	13	21.11.1984	03.07.1993	FSV Frankfurt, TSV Siegen
von Lanken, Claudia	3	–	24.04.1997	08.03.1998	Schmalfelder SV, FC Eintracht Rheine
Voss, Martina	125	27	03.10.1984	16.03.2000	KBC Duisburg, TSV Siegen, FC Rumeln-Kaldenhausen Duisburg
Vreden, Tanja	6	1	28.05.1998	28.03.1999	Hamburger SV
Wagner, Marion	2	–	06.09.1987	20.07.1988	TV Jahn Delmenhorst
Walther, Elke	17	–	21.03.1989	27.10.1994	VfL Sindelfingen, SSG Bergisch Gladbach
Wasems, Kerstin	1	–	26.05.1998	26.05.1998	Grün-Weiß Brauweiler
Weimar, Bärbel	5	–	11.03.1993	22.09.1993	FFC Wacker München
Weiß, Birte	2	–	09.05.1991	12.03.1993	Wismut Aue, VfR Eintracht Wolfsburg
Wendt, Beate	9	1	28.03.1991	29.11.1991	SC Poppenbüttel >>

Name	Spiele	Tore	erster Einsatz	letzter Einsatz	Verein(e)
Wiegmann, Bettina	154	51	01.10.1989	12.10.2003	Grün-Weiß Brauweiler, Sportfreunde Siegen, Boston Breakers
Wiese, Birgit	5	–	17.09.1988	09.10.1991	TSV Siegen
Wilder, Madleen	2	–	14.06.2001	25.10.2001	1. FFC Turbine Potsdam
Wilmes, Marion	2	–	18.04.2002	04.05.2002	Germania Twist
Wimbersky, Petra	70	16	06.03.2001	10.03.2008	FC Bayern München, 1. FFC Turbine Potsdam, 1. FFC Frankfurt
Wörle, Tanja	2	–	02.09.1999	14.10.1999	FC Bayern München
Wunderlich, Pia	102	21	07.12.1993	01.03.2006	SG Praunheim, 1. FFC Frankfurt
Wunderlich, Tina	34	–	25.09.1994	06.03.2003	SG Praunheim, 1. FFC Frankfurt
Zerbe, Christina	12	–	16.03.2000	06.08.2003	Sportfreunde Siegen, FFC Brauweiler-Pulheim, 1. FFC Frankfurt
Zietz, Jennifer	11	–	28.01.2005	07.05.2008	1. FFC Turbine Potsdam
Zimmermann, Ingrid	11	–	02.05.1984	30.07.1986	FSV Frankfurt

Alle Trainer / Trainerinnen der Nationalmannschaft

Name	Amtszeit	Status	Sp.	S	U	N	Erfolge
Gero Bisanz	1982-1996	Bundestrainer	127	84	15	28	Europameister 1989, 1991, 1995
Tina Theune-Meyer	1996-2005	Bundestrainerin	135	92	20	23	Europameisterin 1997, 2001, 2005; Weltmeisterin 2003
Silvia Neid	seit 2005	Bundestrainerin	46	34	6	6	Weltmeisterin 2007

Die Vereine mit den meisten Nationalspielerinnen

Verein	Spielerinnen
1. SG Praunheim / 1. FFC Frankfurt	30
2. TSV Siegen / Sportfreunde Siegen	22
3. FSV Frankfurt	20
4. SSG Bergisch Gladbach	18
5. 1. FFC Turbine Potsdam	16
FC Rumeln-Kaldenhausen Duisburg / FCR 2001 Duisburg	16
7. Grün-Weiß Brauweiler / FFC Brauweiler-Pulheim 2000	14

Verein	Spielerinnen
SC 07 Bad Neuenahr	14
9. FC Bayern München	12
10 VfB Rheine & SG Eintracht Rheine / FC Eintracht Rheine / FFC Heike Rheine	9
11. TuS Ahrbach	8
12. KBC Duisburg	7
13. FFC Wacker München	5
SC Klinge Seckach	5
VfR Eintracht Wolfsburg	5

Rekordspielerinnen der Nationalmannschaft

Name	Spiele
1. Birgit Prinz	180
2. Kerstin Stegemann	178
3. Bettina Wiegmann	154
4. Ariane Hingst	149
5. Sandra Minnert	147

Name	Spiele
6. Doris Fitschen	144
7. Renate Lingor	141
8. Silke Rottenberg	126
Sandra Smisek	126
10. Martina Voss	125

Rekordtorschützinnen der Nationalmannschaft

Name	Tore
1. Birgit Prinz	120
2. Heidi Mohr	83
3. Bettina Wiegmann	51
4. Silvia Neid	48
5. Inka Grings	41

Name	Tore
6. Renate Lingor	35
7. Maren Meinert	33
8. Sandra Smisek	32
9. Kerstin Garefrekes	31
10. Conny Pohlers	28

FIFA WM-Bilanz der Nationalmannschaft

Jahr	Gastgeber	Sp.	S	U	N	Tore	Abschneiden
1991	China	6	4	–	2	13:10	4. Platz
1995	Schweden	6	4	–	2	13:6	Vize-Weltmeister
1999	USA	4	1	2	1	12:7	im Viertelfinale ausgeschieden
2003	USA	6	6	–	–	25:4	Weltmeister
2007	China	6	5	1	–	21:0	Weltmeister
Summe:		**28**	**20**	**3**	**5**	**84:27**	

FIFA WM-Länderspielbilanz der Nationalmannschaft

Gegner	Sp.	S	U	N	Tore
Argentinien	2	2	–	–	17:1
Brasilien	3	2	1	–	11:4
China	1	1	–	–	1:0
Dänemark	1	1	–	–	2:1
England	2	1	1	–	3:0
Italien	2	1	1	–	3:1
Japan	3	3	–	–	6:0
Kanada	1	1	–	–	4:1
Mexiko	1	1	–	–	6:0
Nigeria	1	1	–	–	4:0
Nordkorea	1	1	–	–	3:0

Gegner	Sp.	S	U	N	Tore
Norwegen	2	1	–	1	3:2
Russland	1	1	–	–	7:1
Schweden	3	1	–	2	4:8
Taiwan	1	1	–	–	3:0
USA	3	1	–	2	7:8

Spiele gesamt:	**28**
Siege gesamt:	**20**
Unentschieden gesamt:	**3**
Niederlagen gesamt:	**5**
Tore gesamt:	**84:27**

FIFA WM-Kader der Nationalmannschaft

In den Klammern werden Spiele und Tore angegeben.

1991 China

Kader: Birgitt Austermühl (5/–), Roswitha Bindl (6/–), Petra Damm (4/–), Doris Fitschen (6/–), Gudrun Gottschlich (6/1), Sandra Hengst (1/–), Marion Isbert (6/–), Michaela Kubat (1/–), Frauke Kuhlmann (5/–), Heidi Mohr (6/7), Jutta Nardenbach (4/–), Silvia Neid (1/1), Christine Paul (4/–), Britta Unsleber (5/1), Martina Voss (6/–), Elke Walther (1/–), Beate Wendt (5/–), Bettina Wiegmann (6/3)
Trainer: Gero Bisanz

1995 Schweden

Kader: Birgitt Austermühl (5/–), Anouschka Bernhard (6/1), Patricia Brocker (5/–), Christine Francke (–/–), Manuela Goller (6/–), Melanie Hoffmann (1/–), Claudia Klein (–/–), Katja Kraus (–/–), Ursula Lohn (6/1), Maren Meinert (6/2), Sandra Minnert (2/–), Heidi Mohr (6/3), Silvia Neid (6/1), Dagmar Pohlmann (6/–), Birgit Prinz (6/1), Sandra Smisek (1/–), Martina Voss (6/1), Bettina Wiegmann (6/3), Pia Wunderlich (4/–), Tina Wunderlich (1/–)
Trainer: Gero Bisanz

1999 USA

Kader: Nadine Angerer (–/–), Nicole Brandebusemeyer (–/–), Doris Fitschen (4/–), Inka Grings (4/3), Ariane Hingst (4/1), Melanie Hoffmann (2/–), Steffi Jones (4/1), Renate Lingor (3/1), Maren Meinert (4/–), Monika Meyer (3/–), Sandra Minnert (3/–), Claudia Müller (1/–), Birgit Prinz (4/1), Silke Rottenberg (4/–), Sandra Smisek (4/1), Kerstin Stegemann (1/–), Martina Voss (1/–), Bettina Wiegmann (4/3), Pia Wunderlich (4/–), Tina Wunderlich (1/–)
Trainerin: Tina Theune-Meyer

2003 USA

Kader: Nadine Angerer (–/–), Linda Bresonik (2/–), Sonja Fuss (1/–), Kerstin Garefrekes (6/4), Stefanie Gottschlich (6/1), Ariane Hingst (6/–), Steffi Jones (3/–), Nia Künzer (4/1), Renate Lingor (6/–), Maren Meinert (6/4), Sandra Minnert (6/2), Martina Müller (3/2), Viola Odebrecht (1/–), Conny Pohlers (1/1), Birgit Prinz (6/7), Silke Rottenberg (6/–), Sandra Smisek (1/–), Kerstin Stegemann (6/–), Bettina Wiegmann (6/2), Pia Wunderlich (3/1)
Trainerin: Tina Theune-Meyer

3:0

2007 China

Kader: Nadine Angerer (6/–), Fatmire Bajramaj (4/–), Saskia Bartusiak (1/–), Melanie Behringer (6/2), Linda Bresonik (6/–), Sonja Fuss (–/–), Kerstin Garefrekes (6/2), Ariane Hingst (6/–), Ursula Holl (–/–), Annike Krahn (5/1), Simone Laudehr (5/1), Renate Lingor (6/4), Sandra Minnert (3/–), Anja Mittag (1/–), Martina Müller (4/1), Babett Peter (–/–), Birgit Prinz (6/5), Silke Rottenberg (–/–), Sandra Smisek (6/3), Kerstin Stegemann (6/1), Petra Wimbersky (2/–)
Trainerin: Silvia Neid

FIFA WM-Rekordspielerinnen der Nationalmannschaft

Name	WM	Sp.
1. Bettina Wiegmann	1991, 1995, 1999, 2003	22
Birgit Prinz	1995, 1999, 2003, 2007	22
3. Maren Meinert	1995, 1999, 2003	16
Birgit Prinz	1995, 1999, 2003	16
5. Renate Lingor	1999, 2003, 2007	15

Name	WM	Sp.
6. Sandra Minnert	1995, 1999, 2003, 2007	14
7. Martina Voss	1991, 1995, 1999	13
Kerstin Stegemann	1999, 2003, 2007	13
9. Heidi Mohr	1991, 1995	12
Sandra Smisek	1995, 1999, 2003, 2007	12
Kerstin Garefrekes	2003, 2007	12

FIFA WM-Rekordtorschützinnen der Nationalmannschaft

Name	WM	Tore
1. Birgit Prinz	1995, 1999, 2003, 2007	14
2. Bettina Wiegmann	1991, 1995, 1999, 2003	11
3. Heidi Mohr	1991, 1995	10
4. Maren Meinert	1995, 1999, 2003, 2007	6
Kerstin Garefrekes	2003, 2007	6
6. Renate Lingor	1999, 2003, 2007	5

Name	WM	Tore
7. Sandra Smisek	1995, 1999, 2003, 2007	4
8. Inka Grings	1999	3
Martina Müller	2003, 2007	3
10. Silvia Neid	1991, 1995	2
Sandra Minnert	1995, 1999, 2003, 2007	2
Melanie Behringer	2007	2

UEFA EM-Bilanz der Nationalmannschaft

Jahr	Gastgeber	Sp.	S	U	N	Tore	Abschneiden
1989	Deutschland	2	1	1	–	5:2	Europameister
1991	Dänemark	2	2	–	–	6:1	Europameister
1993	Italien	2	–	1	1	2:4	4. Platz
1995	–	1	1	–	–	3:2	Europameister
1997	Norwegen / Schweden	5	3	2	–	6:1	Europameister
2001	Deutschland	5	5	–	–	13:1	Europameister
2005	England	5	5	–	–	15:2	Europameister
Summe:		**22**	**17**	**4**	**1**	**50:13**	

1984: nach Gruppenphase ausgeschieden
1987: Endrunde nicht erreicht

UEFA EM-Länderspielbilanz der Nationalmannschaft

Gegner	Sp.	S	U	N	Tore
Dänemark	2	1	–	1	3:3
England	1	1	–	–	3:0
Finnland	1	1	–	–	4:1
Frankreich	1	1	–	–	3:0
Italien	6	3	3	–	12:3
Norwegen	6	5	1	–	12:3
Russland	1	1	–	–	5:0

Gegner	Sp.	S	U	N	Tore
Schweden	4	4	–	–	8:3

Spiele gesamt:	**22**
Siege gesamt:	**17**
Unentschieden gesamt:	**4**
Niederlagen gesamt:	**1**
Tore gesamt:	**50:13**

UEFA EM-Kader der Nationalmannschaft

In den Klammern werden Spiele und Tore angegeben.

1989 Deutschland

Kader: Roswitha Bindl (2/–), Petra Damm (2/–), Angelika Fehrmann (2/1), Doris Fitschen (2/–), Andrea Haberlaß (1/–), Marion Isbert (2/–), Frauke Kuhlmann (2/–), Petra Landers (1/–), Ursula Lohn (2/2), Heidi Mohr (2/1), Jutta Nardenbach (2/–), Silvia Neid (2/1), Silvia Raith (2/–), Martina Voss (2/–)
Trainer: Gero Bisanz

1991 Dänemark

Kader: Katja Bornschein (1/–), Petra Damm (2/–), Doris Fitschen (2/–), Gudrun Gottschlich (2/–), Sandra Hengst (1/–), Marion Isbert (2/–), Frauke Kuhlmann (2/–), Heidi Mohr (2/4), Jutta Nardenbach (2/–), Silvia Neid (2/1), Silvia Raith (2/1), Britta Unsleber (2/–), Martina Voss (2/–), Bettina Wiegmann (2/–)
Trainer: Gero Bisanz

1993 Italien

Kader: Birgitt Austermühl (2/–), Anouschka Bernhard (2/–), Katja Bornschein (2/–), Doris Fitschen (2/–), Manuela Goller (1/–), Gudrun Gottschlich (1/–), Steffi Jones (1/–), Maren Meinert (2/1), Sandra Minnert (1/–), Heidi Mohr (2/1), Jutta Nardenbach (1/–), Silvia Neid (2/–), Dagmar Pohlmann (2/–), Silke Rottenberg (1/–), Britta Unsleber (2/–), Bettina Wiegmann (2/–)
Trainer: Gero Bisanz

1995 Deutschland

Kader: Birgitt Austermühl (1/–), Anouschka Bernhard (1/–), Patricia Brocker (1/–), Manuela Goller (1/–), Ursula Lohn (1/–), Maren Meinert (1/1), Heidi Mohr (1/–), Silvia Neid (1/–), Dagmar Pohlmann (1/–), Birgit Prinz (1/1), Martina Voss (1/–), Bettina Wiegmann (1/1), Tina Wunderlich (1/–)
Trainer: Gero Bisanz

1997 Norwegen/Schweden

Kader: Nadine Angerer (–/–), Inken Becher (3/–), Doris Fitschen (5/–), Sonja Fuss (1/–), Inka Grings (–/–), Ariane Hingst (3/–), Melanie Hoffmann (1/–), Steffi Jones (5/–), Claudia Klein (1/–), Nia Künzer (–/–), Maren Meinert (4/1), Monika Meyer (4/1), Sandra Minnert (4/1), Claudia Müller (2/–), Birgit Prinz (5/2), Silke Rottenberg (5/–), Sandra Smisek (5/–), Kerstin Stegemann (5/–), Claudia von Lanken (–/–), Martina Voss (2/–), Bettina Wiegmann (5/1), Pia Wunderlich (5/–)
Trainerin: Tina Theune-Meyer

2001 Deutschland

Kader: Nadine Angerer (–/–), Linda Bresonik (1/–), Doris Fitschen (5/–), Ariane Hingst (5/–), Steffi Jones (5/–), Renate Lingor (5/1), Maren Meinert (4/2), Sandra Minnert (4/–), Claudia Müller (5/3), Martina Müller (2/–), Navina Omilade (1/–), Birgit Prinz (5/1), Silke Rottenberg (5/–), Sandra Smisek (5/3), Kerstin Stegemann (4/–), Bettina Wiegmann (5/2), Madleen Wilder (–/–), Petra Wimbersky (2/1), Pia Wunderlich (5/–), Tina Wunderlich (–/–)
Trainerin: Tina Theune-Meyer

2005 England

Kader: Nadine Angerer (–/–), Britta Carlson (5/–), Sonja Fuss (2/–), Kerstin Garefrekes (5/–), Inka Grings (5/3), Sarah Günther (2/–), Ariane Hingst (5/–), Ursula Holl (–/–) Steffi Jones (5/1), Renate Lingor (5/2), Sandra Minnert (5/1), Anja Mittag (5/2), Navina Omilade (2/–), Conny Pohlers (5/3), Birgit Prinz (4/3), Silke Rottenberg (5/0), Sandra Smisek (3/–), Kerstin Stegemann (2/–), Petra Wimbersky (4/–), Pia Wunderlich (1/–)
Trainerin: Tina Theune-Meyer

UEFA EM-Rekordspielerinnen der Nationalmannschaft

Name	EM	Sp.
1. Doris Fitschen	1989, 1991, 1993, 1997, 2001	16
Steffi Jones	1993, 1997, 2001, 2005	16
Silke Rottenberg	1993, 1997, 2001, 2005	16
4. Birgit Prinz	1995, 1997, 2001, 2005	15
Bettina Wiegmann	1991, 1993, 1995, 1997, 2001	15
6. Sandra Minnert	1993, 1997, 2001, 2005	14
7. Ariane Hingst	1997, 2001, 2005	13
Sandra Smisek	1997, 2001, 2005	13
9. Maren Meinert	1993, 1995, 1997, 2001	11
Kerstin Stegemann	1997, 2001, 2005	11
Pia Wunderlich	1997, 2001, 2005	11

UEFA EM-Rekordtorschützinnen der Nationalmannschaft

Name	EM	Tore
1. Birgit Prinz	1995, 1997, 2001, 2005	7
2. Heidi Mohr	1989, 1991, 1993, 1995	6
3. Maren Meinert	1993, 1995, 1997, 2001	5
4. Bettina Wiegmann	1991, 1993, 1995, 1997, 2001	4
5. Inka Grings	1997, 2005	3
Renate Lingor	2001, 2005	3
Claudia Müller	1997, 2001	3
Conny Pohlers	2005	3
Sandra Smisek	1997, 2001, 2005	3
10. Silvia Neid	1989, 1991, 1993, 1995	2
Ursula Lohn	1989, 1995	2
Anja Mittag	2005	2

Olympia-Bilanz der deutschen Nationalmannschaft

Jahr	Gastgeber	Sp.	S	U	N	Tore	Abschneiden
1996	Atlanta	3	1	1	1	6:6	in der Vorrunde ausgeschieden
2000	Sydney	5	4	–	1	8:2	Bronzemedaille
2004	Athen	5	4	–	1	14:3	Bronzemedaille
Summe:		**13**	**9**	**1**	**3**	**28:11**	

VERBÄNDE

Dachverband des DDR-Fußballs

DFV

Voller Name: Deutscher Fußball-Verband der DDR
Gründung: 17. Mai 1958
Auflösung: 20. November 1990
Präsidenten:
Fritz Gödicke (1950-1953)
Heinz Schöbel (1953-1958)
Kurt Stoph (1958-1961)
Helmut Riedel (1961-1976)
Günter Schneider (1976-1983)
Günter Erbach (1983-1990)
Hans-Georg Moldenhauer (1990)
Geschichte:
1948: Austragung der ersten Ostzonenmeisterschaft; Gründung des Deutschen Sportausschusses (DS) am 1. Oktober
1949: Einführung der Oberliga und des FDGB-Pokal
1950: Gründung der Zentralen Sparte Fußball am 3. Juli
1952: Umbenennung der Zentralen Sparte Fußball in Sektion Fußball; FIFA-Beitritt; erstes Länderspiel (0:3 gegen Polen)
1954: UEFA-Beitritt
1955: Einführung der eingleisigen Liga (zweite Spielklasse)
1957: Gründung des Deutschen Turn- und Sportbunds (DTSB) anstelle des DS
1958: Gründung des Deutschen Fußball-Verbands (DFV) am 17. Mai in Berlin
1962: Auflösung der eingleisigen zweiten Spielklasse
1974: 1:0-Sieg über die Nationalmannschaft der BRD am 22. Juni bei der FIFA WM in Deutschland
1976: Goldmedaille bei den Olympischen Spielen in Toronto für die DFV-Olympiamannschaft
1978: Einführung der Frauenfußball-Meisterschaft (genannt: DFV-Bestenermittlung)
1990: Auflösung des DFV am 20. November (zu diesem Zeitpunkt gehören dem Verband 4 412 Vereine, ca. 17 000 Mannschaften und ca. 390 000 Mitglieder an); Gründung des Nordostdeutschen Fußballverbands (NOFV)
Wichtige Wettbewerbe:
Männer: DDR-Meisterschaft, FDGB-Pokal
Frauen: DFV-Bestenermittlung, FDGB-Pokal
Wichtigste Spielklassen:

Männer	Frauen
1. Oberliga	**1.** DDR-Liga
2. DDR-Liga*	**2.** Bezirksliga
3. Bezirksliga	
4. Bezirksklasse	

* 1955-1963: Die DDR-Liga ist eine eingleisige Oberliga-Aufstiegsrunde. Als dritte Spielklasse folgt die so genannte II. Liga mit zwei (1955-1957) bzw. fünf Staffeln (1958-1963).

DDR-VEREINSFUSSBALL – MÄNNER

Ostzonenmeisterschaft

Vor der Gründung der DDR am 7. Oktober 1949 wurde in der Sowjetischen Besatzungszone (auch Ostzone genannt) zwischen zehn qualifizierten Mannschaften aus den Ländern Brandenburg, Mecklenburg, Sachsen, Sachsen-Anhalt und Thüringen insgesamt zweimal der so genannte Ostzonenmeister ausgespielt.

Ostzonenmeisterschaft 1948

Ausscheidungsspiele

Begegnung	Erg.
SG Sömmerda - **SG Sportfreunde Burg**	0:1

Begegnung	Erg.
SG Meerane - SG Babelsberg	3:1

Viertelfinale

Begegnung	Erg.
SG Meerane - SG Sportfreunde Burg	2:1 n. V.
SG Schwerin - **SG Planitz**	1:3

Begegnung	Erg.
SG Cottbus Ost - **SG Weimar Ost**	0:1 n. V.
SG Freiimfelde Halle - SG Wismar Süd	3:1

Halbfinale

Begegnung	Erg.
SG Freiimfelde Halle - SG Meerane	5:2
SG Planitz - SG Weimar Ost	5:0

Finale

Datum	Ort	Begegnung	Erg.
04.07.1948	Leipzig	**SG Planitz** - SG Freiimfelde Halle	1:0

Ostzonenmeisterschaft 1949

Ausscheidungsspiele

Begegnung	Erg.
F. Mehring Marga - SG Schwerin	2:0
SG Altenburg Nord - **Eintracht Stendal**	3:4

Viertelfinale

Begegnung	Erg.
SG Meerane - SG Babelsberg	3:2
Eintracht Stendal - F. Mehring Marga	4:0
Fortuna Erfurt - SG Wismar Süd	10:0
Union Halle - SG Dresden-Friedrichstadt	2:1

Halbfinale

Begegnung	Erg.
Union Halle - Eintracht Stendal	3:0
Fortuna Erfurt - SG Meerane	4:3 n. V.

Finale

Datum	Ort	Begegnung	Erg.
26.06.1949	Dresden	**Union Halle** - Fortuna Erfurt	4:1

DDR-Meisterschaft

Meisterliste

Saison	Verein
1949/50	ZSG Horch Zwickau
1950/51	BSG Chemie Leipzig
1951/52	BSG Turbine Halle
1952/53	SG Dynamo Dresden
1953/54	BSG Turbine Erfurt
1954/55	SC Turbine Erfurt
1955*	–
1956	SC Wismut Karl-Marx-Stadt
1957	SC Wismut Karl-Marx-Stadt
1958	ASK Vorwärts Berlin
1959	SC Wismut Karl-Marx-Stadt
1960	ASK Vorwärts Berlin
1961/62	ASK Vorwärts Berlin
1962/63	SC Motor Jena
1963/64	BSG Chemie Leipzig
1964/65	ASK Vorwärts Berlin
1965/66	FC Vorwärts Berlin
1966/67	FC Karl-Marx-Stadt
1967/68	FC Carl Zeiss Jena
1968/69	FC Vorwärts Berlin
1969/70	FC Carl Zeiss Jena
1970/71	SG Dynamo Dresden
1971/72	1. FC Magdeburg
1972/73	SG Dynamo Dresden
1973/74	1. FC Magdeburg
1974/75	1. FC Magdeburg
1975/76	SG Dynamo Dresden
1976/77	SG Dynamo Dresden
1977/78	SG Dynamo Dresden
1978/79	Berliner FC Dynamo
1979/80	Berliner FC Dynamo
1980/81	Berliner FC Dynamo
1981/82	Berliner FC Dynamo
1982/83	Berliner FC Dynamo
1983/84	Berliner FC Dynamo
1984/85	Berliner FC Dynamo
1985/86	Berliner FC Dynamo
1986/87	Berliner FC Dynamo
1987/88	Berliner FC Dynamo
1988/89	SG Dynamo Dresden
1989/90	1. FC Dynamo Dresden
1990/91**	FC Hansa Rostock

* In der Saison 1955 wird nur eine Hinrunde ausgespielt, um die Liga an den Frühling-Herbst-Rhythmus anzupassen. Es werden weder Meister noch Auf- oder Absteiger ermittelt. Erster wird der SC Wismut Karl-Marx-Stadt; ab 1961/62 Rückkehr zum Herbst-Frühling-Rhythmus.
** Die Saison 1990/91 wird als Oberliga des Nordostdeutschen Fußball-Verbands (NOFV) ausgespielt. Dabei qualifizieren sich die ersten beiden Vereine für die 1. Bundesliga und die folgenden sechs Vereine für die 2. Bundesliga. Die restlichen sechs Vereine steigen in die Regionalliga ab.

Die Abschlusstabellen der Oberliga

Die zahlreichen Namenswechsel der DDR-Vereine werden im Folgenden nicht explizit gekennzeichnet. Genannt wird immer der Name, mit dem der Verein die Saison beendet hat. Die Vereinsprofile ab Seite 190 stellen die Namensgeschichte der Vereine detailliert dar.

Saison 1949/50

Verein	Sp.	S	U	N	Tore	Pkt.
1. **Horch Zwickau**	26	20	1	5	69:27	41-11
2. Dresden-Friedrichs.	26	18	3	5	87:29	39-13
3. Waggonbau Dessau	26	17	3	6	67:36	37-15
4. KWU Erfurt	26	15	5	6	58:30	35-17
5. Union Halle	26	13	5	8	56:38	31-21
6. F. Mehring Marga	26	13	5	8	49:48	31-21
7. Babelsberg	26	10	4	12	42:66	24-28

Verein	Sp.	S	U	N	Tore	Pkt.
8. Industrie Leipzig	26	8	6	12	38:45	22-30
9. Einheit Meerane	26	9	3	14	38:56	21-31
10. H. Wendler Stendal	26	7	5	14	31:45	19-33
11. Gera Süd	26	6	7	13	34:54	19-33
12. Altenburg Nord	26	6	5	15	34:50	17-35
13. **Anker Wismar**	26	6	5	15	35:60	17-35
14. **Vorwärts Schwerin**	26	4	3	19	30:84	11-41

Die Saison 1949/50 wird unter dem Namen DS-Liga ausgespielt.

Saison 1950/51

Verein	Sp.	S	U	N	Tore	Pkt.
1. **Chemie Leipzig***	34	22	6	6	66:33	50-18
2. Turbine Erfurt	34	22	6	6	80:37	50-18
3. Motor Zwickau	34	17	9	8	72:35	43-25
4. VP Dresden**	34	17	9	8	75:40	43-25
5. Brieske-Ost	34	20	3	11	87:79	43-25
6. Turbine Halle	34	16	8	10	74:50	40-28
7. Stahl Thale	34	17	5	12	82:65	39-29
8. Babelsberg	34	18	3	13	95:78	39-29
9. Motor Dessau	34	14	6	14	68:62	34-34

Verein	Sp.	S	U	N	Tore	Pkt.
10. Fortschr. Meerane	34	12	8	14	65:71	32-36
11. Stahl Altenburg	34	12	7	15	46:61	31-37
12. Rotation Dresden	34	12	6	16	64:61	30-38
13. Motor Gera	34	9	12	13	59:63	30-38
14. Lok Stendal	34	12	5	17	73:73	29-39
15. Oberschöneweide	34	9	8	17	49:72	26-42
16. **Turbine Weimar**	34	10	6	18	45:71	26-42
17. **Lichtenberg 47**	34	6	8	20	49:96	20-48
18. **VfB Pankow**	34	2	3	29	29:131	7-61

* Entscheidungsspiel um die Meisterschaft: Chemie Leipzig - Turbine Erfurt 2:0
** VP Dresden ersetzt den aufgelösten SG Dresden-Friedrichstadt.

Saison 1951/52

Verein	Sp.	S	U	N	Tore	Pkt.
1. **Turbine Halle**	36	21	11	4	80:42	53-19
2. VP Dresden	36	23	3	10	79:53	49-23
3. Chemie Leipzig	36	19	9	8	90:53	47-25
4. Rotation Dresden	36	19	8	9	73:44	46-26
5. Motor Zwickau	36	17	11	8	71:50	45-27
6. Babelsberg	36	18	6	12	75:58	42-30
7. Wismut Aue	36	15	10	11	75:62	40-32
8. Turbine Erfurt	36	17	5	14	58:47	39-33
9. Brieske-Ost	36	16	6	14	72:74	38-34
10. Lok Stendal	36	16	5	15	70:69	37-35

Verein	Sp.	S	U	N	Tore	Pkt.
11. Oberschöneweide	36	14	7	15	53:66	35-37
12. Motor Dessau	36	14	6	16	67:69	34-38
13. Stahl Thale	36	12	7	17	52:59	31-41
14. Motor Gera	36	11	9	16	56:72	31-41
15. Vorwärts Leipzig	36	10	10	16	57:60	30-42
16. **Fortschr. Meerane**	36	10	6	20	66:89	26-46
17. **Motor Wismar**	36	10	4	22	55:77	24-48
18. **Stahl Altenburg**	36	8	5	23	46:95	21-51
19. **Einheit Pankow**	36	5	6	25	38:94	16-56

Saison 1952/53

Verein	Sp.	S	U	N	Tore	Pkt.
1. **Dynamo Dresden**	32	15	8	9	51:33	38-26
2. Wismut Aue	32	16	6	10	57:48	38-26
3. Motor Zwickau	32	16	5	11	54:43	37-27
4. Rotation Dresden	32	15	6	11	65:55	36-28
5. Stahl Thale	32	14	8	10	45:47	36-28
6. Motor Dessau	32	15	5	12	66:55	35-29
7. Turbine Erfurt	32	14	6	12	51:44	34-30
8. Chemie Leipzig	32	14	6	12	55:51	34-30
9. Brieske-Ost	32	13	8	11	55:52	34-30

Verein	Sp.	S	U	N	Tore	Pkt.
10. Empor Lauter	32	13	7	12	58:61	33-31
11. Lok Stendal	32	13	6	13	56:54	32-32
12. Babelsberg	32	13	6	13	58:59	32-32
13. Turbine Halle	32	12	7	13	51:44	31-33
14. **Vorwärts Leipzig**	32	12	6	14	49:56	30-34
15. **Oberschöneweide**	32	12	3	17	47:50	27-37
16. **Motor Jena**	32	9	4	19	35:62	22-42
17. **Wismut Gera**	32	5	5	22	32:71	15-49

Saison 1953/54

Verein	Sp.	S	U	N	Tore	Pkt.
1. **Turbine Erfurt**	28	17	5	6	58:36	39-17
2. Chemie Leipzig	28	15	5	8	51:37	35-21
3. Dynamo Dresden	28	15	4	9	54:44	34-22
4. Wismut Aue	28	15	3	10	59:42	33-23
5. Babelsberg	28	12	8	8	58:43	32-24
6. Brieske-Ost	28	11	8	9	48:43	30-26
7. Rotation Dresden	28	9	10	9	46:39	28-28
8. Turbine Halle	28	11	6	11	30:30	28-28
9. Empor Lauter	28	8	11	9	40:38	27-29
10. Fortschr. Meerane	28	8	9	11	46:46	25-31
11. Motor Zwickau	28	10	5	13	39:56	25-31
12. Einh. Ost Leipzig	28	9	5	14	43:57	23-33
13. **Lok Stendal**	28	6	11	11	38:51	23-33
14. **Motor Dessau**	28	7	9	12	38:55	23-33
15. **Stahl Thale**	28	4	7	17	28:59	15-41

Saison 1954/55

Verein	Sp.	S	U	N	Tore	Pkt.
1. **Turbine Erfurt**	26	13	8	5	58:25	34-18
2. Wismut KMS	26	13	7	6	62:38	33-19
3. Rotation Leipzig	26	10	10	6	58:47	30-22
4. Einheit Dresden	26	13	3	10	64:55	29-23
5. Motor Zwickau	26	13	2	11	51:49	28-24
6. Brieske-Senftenberg	26	11	5	10	37:44	27-25
7. Dynamo Berlin	26	12	2	12	50:50	26-26
8. Vorwärts Berlin	26	10	6	10	43:46	26-26
9. Empor Rostock	26	12	2	12	29:33	26-26
10. Chemie KMS	26	8	9	9	34:43	25-27
11. SC Lok Leipzig	26	9	6	11	33:38	24-28
12. Babelsberg	26	10	3	13	36:36	23-29
13. **Chemie Halle-Leuna**	26	8	4	14	28:52	20-32
14. **Fortschr. Meerane**	26	5	3	18	31:58	13-39

Saison 1955

Verein	Sp.	S	U	N	Tore	Pkt.
1. Wismut KMS	13	8	4	1	30:13	20-6
2. Empor Rostock	13	8	3	2	25:13	19-7
3. Dynamo Berlin	13	8	2	3	35:12	18-8
4. Motor Zwickau	13	7	3	3	36:21	17-9
5. Babelsberg	13	6	3	4	29:24	15-11
6. SC Lok Leipzig	13	6	2	5	21:17	14-12
7. Weißenfels	13	5	3	5	19:20	13-13
8. Turbine Erfurt	13	5	3	5	16:18	13-13
9. Lok Stendal	13	5	1	7	16:31	11-15
10. Vorwärts Berlin	13	4	2	7	26:28	10-16
11. Rotation Leipzig	13	4	2	7	16:27	10-16
12. Einheit Dresden	13	3	2	8	21:24	8-18
13. Brieske-Senftenberg	13	4	0	9	17:33	8-18
14. Chemie KMS	13	2	2	9	16:42	6-20

Es wird lediglich eine Hinrunde ausgespielt, um die Oberliga an den Frühling-Herbst-Rhythmus anzupassen. Es werden weder Meister noch Auf- oder Absteiger ermittelt.

Saison 1956

Verein	Sp.	S	U	N	Tore	Pkt.
1. **Wismut KMS**	26	15	8	3	53:21	38-14
2. Brieske-Senftenberg	26	14	8	4	34:15	36-16
3. SC Lok Leipzig	26	14	6	6	45:22	34-18
4. Lok Stendal	26	12	4	10	55:54	28-24
5. Einheit Dresden	26	10	6	10	50:46	26-26
6. Vorwärts Berlin	26	9	8	9	41:41	26-26
7. Babelsberg	26	9	8	9	41:53	26-26
8. Rotation Leipzig	26	9	6	11	35:41	24-28
9. Chemie KMS	26	8	7	11	24:28	23-29
10. Weißenfels	26	7	8	11	36:38	22-30
11. Motor Zwickau	26	10	2	14	47:52	22-30
12. Turbine Erfurt	26	5	11	10	36:38	21-31
13. **Dynamo Berlin**	26	7	6	13	37:47	20-32
14. **Empor Rostock**	26	6	6	14	31:49	18-34

Saison 1957

Verein	Sp.	S	U	N	Tore	Pkt.
1. **Wismut KMS**	26	16	4	6	49:28	36-16
2. Vorwärts Berlin	26	13	7	6	45:22	33-19
3. Rotation Leipzig	26	12	8	6	40:29	32-20
4. Motor Jena	26	11	6	9	41:28	28-24
5. Brieske-Senftenberg	26	11	6	9	33:26	28-24
6. Turbine Erfurt	26	10	7	9	37:33	27-25
7. SC Lok Leipzig	26	9	8	9	36:33	26-26
8. Einheit Dresden	26	8	9	9	40:44	25-27
9. Weißenfels	26	8	7	11	38:38	23-29
10. Motor Zwickau	26	9	5	12	35:43	23-29
11. Babelsberg	26	8	7	11	29:44	23-29
12. Chemie Halle-Leuna	26	9	4	13	42:51	22-30
13. **Lok Stendal**	26	9	4	13	28:43	22-30
14. **Chemie KMS**	26	3	10	13	31:62	16-36

Saison 1958

Verein	Sp.	S	U	N	Tore	Pkt.
1. **Vorwärts Berlin**	26	17	4	5	50:24	38-14
2. Motor Jena	26	15	2	9	49:36	32-20
3. Brieske-Senftenberg	26	12	6	8	41:25	30-22
4. Wismut KMS	26	10	8	8	43:32	28-24
5. Einheit Dresden	26	11	6	9	38:39	28-24
6. Dynamo Berlin	26	10	6	10	37:34	26-26
7. Empor Rostock	26	10	6	10	33:31	26-26
8. Motor Zwickau	26	8	10	8	38:41	26-26
9. SC Lok Leipzig	26	8	9	9	40:28	25-27
10. Rotation Leipzig	26	10	5	11	38:41	25-27
11. Turbine Erfurt	26	8	6	12	33:44	22-30
12. Weißenfels	26	8	6	12	30:42	22-30
13. **Chemie Halle**	26	7	8	11	30:50	22-30
14. **Babelsberg**	26	5	4	17	32:65	14-38

Saison 1959

Verein	Sp.	S	U	N	Tore	Pkt.
1. **Wismut KMS**	26	17	5	4	44:25	39-13
2. Vorwärts Berlin	26	13	9	4	49:24	35-17
3. Dynamo Berlin	26	14	5	7	46:26	33-19
4. Empor Rostock	26	10	9	7	36:26	29-23
5. Motor Jena	26	10	9	7	29:27	29-23
6. Weißenfels	26	10	7	9	36:39	27-25
7. Brieske-Senftenberg	26	8	8	10	36:30	24-28
8. Motor Zwickau	26	9	6	11	30:32	24-28
9. SC Lok Leipzig	26	8	8	10	28:36	24-28
10. Chemie Zeitz	26	9	6	11	42:52	24-28
11. Rotation Leipzig	26	6	10	10	31:40	22-30
12. Einheit Dresden	26	4	11	11	23:42	19-33
13. **Turbine Erfurt**	26	6	6	14	27:45	18-34
14. **Lok Stendal**	26	4	9	13	19:32	17-35

Saison 1960

Verein	Sp.	S	U	N	Tore	Pkt.
1. **Vorwärts Berlin**	26	19	3	4	73:28	41-11
2. Dynamo Berlin	26	12	8	6	44:27	32-20
3. SC Lok Leipzig	26	12	8	6	37:31	32-20
4. Motor Zwickau	26	13	5	8	37:33	31-21
5. Wismut KMS	26	14	2	10	40:32	30-22
6. Empor Rostock	26	11	7	8	46:36	29-23
7. Aufbau Magdeburg	26	12	3	11	47:59	27-25
8. Motor Jena	26	9	6	11	55:43	24-28
9. Brieske-Senftenberg	26	8	8	10	35:39	24-28
10. Rotation Leipzig	26	9	5	12	39:39	23-29
11. Chemie Halle	26	8	6	12	37:42	22-30
12. Einheit Dresden	26	7	7	12	30:51	21-31
13. **Chemie Zeitz**	26	7	6	13	43:61	20-32
14. **Weißenfels**	26	–	8	18	27:69	8-44

Saison 1961/62

Verein	Sp.	S	U	N	Tore	Pkt.
1. **Vorwärts Berlin**	39	21	8	10	69:49	50-28
2. Empor Rostock	39	20	7	12	70:43	47-31
3. Dynamo Berlin	39	18	9	12	72:64	45-33
4. Motor Jena	39	15	13	11	77:60	43-35
5. Motor Zwickau	39	16	9	14	59:66	41-37
6. SC Lok Leipzig	39	15	10	14	67:57	40-38
7. Wismut KMS*	39	13	14	12	60:48	38-38
8. Rotation Leipzig	39	11	16	12	57:57	38-40
9. Aufbau Magdeburg	39	16	5	18	59:63	37-41
10. Turbine Erfurt	39	13	9	17	66:69	35-43
11. Chemie Halle	39	11	12	16	53:66	34-44
12. Brieske-Senftenberg	39	10	13	16	45:53	33-45
13. **Einheit Dresden**	39	9	14	16	48:73	32-46
14. **Lok Stendal**	39	12	7	20	49:83	31-47

Es werden insgesamt drei Spielrunden ausgetragen, um die Oberliga wieder an den Herbst-Frühling-Rhythmus anzupassen.
* Wismut Karl-Marx-Stadt werden nach DFV-Entscheid zwei Pluspunkte abgezogen.

Saison 1962/63

Verein	Sp.	S	U	N	Tore	Pkt.
1. **Motor Jena**	26	17	5	4	49:22	39-13
2. Empor Rostock	26	13	7	6	42:24	33-19
3. Vorwärts Berlin	26	11	9	6	41:34	31-21
4. Wismut KMS	26	10	8	8	43:42	28-24
5. SC Lok Leipzig	26	12	3	11	38:35	27-25
6. Chemie Halle	26	9	7	10	38:40	25-27
7. Motor Zwickau	26	10	5	11	38:41	25-27
8. Turbine Erfurt	26	10	4	12	45:45	24-28
9. Rotation Leipzig	26	8	8	10	29:35	24-28
10. Dynamo Berlin	26	8	7	11	37:32	23-29
11. Aufbau Magdeburg	26	10	3	13	44:46	23-29
12. Motor KMS	26	6	11	9	39:44	23-29
13. **Dynamo Dresden**	26	8	6	12	36:45	22-30
14. **Brieske-Senftenberg**	26	6	5	15	22:56	17-35

Saison 1963/64

Verein	Sp.	S	U	N	Tore	Pkt.
1. **Chemie Leipzig**	26	13	9	4	38:21	35-17
2. Empor Rostock	26	13	7	6	40:23	33-19
3. SC Leipzig	26	12	8	6	34:27	32-20
4. SC Karl-Marx-Stadt	26	10	9	7	31:29	29-23
5. Vorwärts Berlin	26	10	6	10	45:36	26-26
6. Motor Jena	26	10	6	10	43:35	26-26
7. Motor Steinach	26	8	9	9	30:36	25-27
8. Dynamo Berlin	26	9	6	11	35:34	24-28
9. Lok Stendal	26	9	5	12	31:34	23-29
10. Wismut Aue	26	7	9	10	23:32	23-29
11. Aufbau Magdeburg	26	7	9	10	25:38	23-29
12. Motor Zwickau	26	7	8	11	37:41	22-30
13. **Chemie Halle**	26	8	6	12	24:35	22-30
14. **Turbine Erfurt**	26	4	13	9	23:38	21-31

Saison 1964/65

Verein	Sp.	S	U	N	Tore	Pkt.
1. **Vorwärts Berlin**	26	17	3	6	51:24	37-15
2. Motor Jena	26	14	4	8	41:27	32-20
3. Chemie Leipzig	26	11	9	6	47:29	31-21
4. SC Leipzig	26	12	6	8	53:34	30-22
5. Empor Rostock	26	13	2	11	37:33	28-24
6. Lok Stendal	26	9	8	9	47:42	26-26
7. Aufbau Magdeburg	26	9	7	10	35:35	25-27
8. Motor Zwickau	26	9	6	11	36:46	24-28
9. Wismut Aue	26	6	12	8	23:36	24-28
10. Dynamo Dresden	26	9	5	12	34:38	23-29
11. SC Karl-Marx-Stadt	26	8	7	11	36:41	23-29
12. Dynamo Berlin	26	8	6	12	27:37	22-30
13. **Neubrandenburg**	26	7	6	13	34:58	20-32
14. **Motor Steinach**	26	8	3	15	28:49	19-33

Saison 1965/66

Verein	Sp.	S	U	N	Tore	Pkt.
1. **Vorwärts Berlin**	26	15	4	7	44:27	34-18
2. Carl Zeiss Jena	26	14	4	8	45:24	32-20
3. 1. FC Lok Leipzig	26	13	2	11	50:41	28-24
4. Hansa Rostock	26	11	6	9	41:34	28-24
5. Dynamo Dresden	26	11	6	9	34:31	28-24
6. Wismut Aue	26	11	6	9	33:33	28-24
7. FC Karl-Marx-Stadt	26	12	4	10	29:33	28-24
8. Chemie Leipzig	26	9	8	9	32:32	26-26
9. BFC Dynamo	26	11	3	12	42:32	25-27
10. Motor Zwickau	26	9	6	11	28:35	24-28
11. Hall. FC Chemie	26	7	9	10	26:33	23-29
12. Lok Stendal	26	10	2	14	36:49	22-30
13. **Rot-Weiß Erfurt**	26	8	3	15	26:42	19-33
14. **1. FC Magdeburg**	26	7	5	14	19:39	19-33

Saison 1966/67

Verein	Sp.	S	U	N	Tore	Pkt.
1. **FC Karl-Marx-Stadt**	26	14	9	3	39:23	37-15
2. 1. FC Lok Leipzig	26	14	2	10	39:32	30-22
3. Motor Zwickau	26	9	9	8	41:26	27-25
4. Dynamo Dresden	26	11	5	10	35:31	27-25
5. Carl Zeiss Jena	26	11	5	10	31:29	27-25
6. Union Berlin	26	9	9	8	33:35	27-25
7. Lok Stendal	26	11	5	10	39:44	27-25
8. Vorwärts Berlin	26	10	6	10	43:34	26-26
9. Wismut Aue	26	11	4	11	45:43	26-26
10. Hansa Rostock	26	9	8	9	27:27	26-26
11. Hall. FC Chemie	26	11	4	11	38:41	26-26
12. Chemie Leipzig	26	9	7	10	35:38	25-27
13. **BFC Dynamo**	26	6	9	11	28:40	21-31
14. **Wismut Gera***	26	4	4	18	27:57	10-42

* Wismut Gera werden nach DFV-Entscheid zwei Punkte abgezogen.

Saison 1967/68

Verein	Sp.	S	U	N	Tore	Pkt.
1. **Carl Zeiss Jena**	26	17	5	4	51:19	39-13
2. Hansa Rostock	26	15	4	7	37:27	34-18
3. 1. FC Magdeburg	26	13	7	6	43:38	33-19
4. Vorwärts Berlin*	26	9	10	7	34:29	26-26
5. 1. FC Lok Leipzig	26	9	7	10	39:35	25-27
6. FC Karl-Marx-Stadt	26	8	9	9	33:30	25-27
7. Sachsenr. Zwickau	26	11	3	12	36:34	25-27
8. Union Berlin	26	9	7	10	26:35	25-27
9. Rot-Weiß Erfurt	26	8	7	11	34:39	23-29
10. Hall. FC Chemie	26	8	7	11	32:41	23-29
11. Wismut Aue	26	9	4	13	32:40	22-30
12. Chemie Leipzig	26	7	7	12	26:32	21-31
13. **Dynamo Dresden**	26	5	11	10	25:33	21-31
14. **Lok Stendal**	26	7	6	13	26:42	20-32

* Vorwärts Berlin werden nach DFV-Entscheid zwei Punkte abgezogen.

Saison 1968/69

Verein	Sp.	S	U	N	Tore	Pkt.
1. **Vorwärts Berlin**	26	15	4	7	47:28	34-18
2. Carl Zeiss Jena	26	13	6	7	43:22	32-20
3. 1. FC Magdeburg	26	13	5	8	43:41	31-21
4. Hansa Rostock	26	10	9	7	42:33	29-23
5. Sachsenr. Zwickau	26	10	7	9	23:19	27-25
6. Chemie Leipzig	26	8	11	7	30:27	27-25
7. FC Karl-Marx-Stadt	26	10	6	10	35:36	26-26
8. Rot-Weiß Erfurt	26	10	5	11	32:27	25-27
9. Wismut Aue	26	9	7	10	33:31	25-27
10. BFC Dynamo	26	10	5	11	25:36	25-27
11. Hall. FC Chemie	26	6	10	10	32:35	22-30
12. Stahl Riesa	26	9	4	13	26:43	22-30
13. **Union Berlin**	26	6	8	12	29:41	20-32
14. **1. FC Lok Leipzig**	26	5	9	12	16:37	19-33

Saison 1969/70

Verein	Sp.	S	U	N	Tore	Pkt.
1. **Carl Zeiss Jena**	26	16	7	3	50:16	39-13
2. Vorwärts Berlin	26	12	8	6	43:34	32-20
3. Dynamo Dresden	26	13	5	8	36:26	31-21
4. Chemie Leipzig	26	11	8	7	33:27	30-22
5. Sachsenr. Zwickau	26	9	10	7	25:26	28-24
6. BFC Dynamo	26	10	8	8	29:32	28-24
7. Wismut Aue	26	10	7	9	31:34	27-25
8. 1. FC Magdeburg	26	10	4	12	37:37	24-28
9. Rot-Weiß Erfurt	26	8	8	10	32:40	24-28
10. Hall. FC Chemie	26	8	6	12	35:34	22-30
11. Stahl Riesa	26	9	4	13	31:35	22-30
12. Hansa Rostock	26	7	7	12	22:33	21-31
13. **FC Karl-Marx-Stadt**	26	7	5	14	27:42	19-33
14. **Eisenhüttenstadt**	26	5	7	14	21:36	17-35

Saison 1970/71

Verein	Sp.	S	U	N	Tore	Pkt.
1. **Dynamo Dresden**	26	18	3	5	56:29	39-13
2. Carl Zeiss Jena	26	14	5	7	58:29	33-19
3. Hall. FC Chemie	26	10	10	6	35:29	30-22
4. 1. FC Magdeburg	26	10	7	9	37:38	27-25
5. Union Berlin	26	8	11	7	27:33	27-25
6. Sachsenr. Zwickau	26	11	4	11	40:42	26-26
7. Vorwärts Berlin	26	10	6	10	38:44	26-26
8. Hansa Rostock	26	10	5	11	31:25	25-27
9. BFC Dynamo	26	10	5	11	31:29	25-27
10. 1. FC Lok Leipzig	26	9	6	11	42:46	24-28
11. Wismut Aue	26	8	5	13	30:36	21-31
12. Stahl Riesa	26	6	9	11	28:41	21-31
13. **Rot-Weiß Erfurt**	26	6	9	11	28:44	21-31
14. **Chemie Leipzig**	26	5	9	12	27:43	19-33

Saison 1971/72

Verein	Sp.	S	U	N	Tore	Pkt.
1. **1. FC Magdeburg**	26	17	4	5	48:23	38-14
2. BFC Dynamo	26	13	9	4	45:20	35-17
3. Dynamo Dresden	26	12	9	5	59:30	33-19
4. Carl Zeiss Jena	26	12	7	7	42:34	31-21
5. Vorwärts Frankfurt	26	9	9	8	33:36	27-25
6. Hall. FC Chemie	26	10	7	9	40:44	27-25
7. Sachsenr. Zwickau	26	7	11	8	26:25	25-27
8. 1. FC Lok Leipzig	26	9	7	10	30:31	25-27
9. Hansa Rostock	26	8	8	10	27:24	24-28
10. Wismut Aue	26	7	9	10	34:46	23-29
11. Union Berlin	26	5	11	10	21:32	21-31
12. FC Karl-Marx-Stadt	26	7	5	14	34:48	19-33
13. **Stahl Riesa**	26	5	8	13	23:41	18-34
14. **Vorwärts Stralsund**	26	6	6	14	20:48	18-34

Saison 1972/73

Verein	Sp.	S	U	N	Tore	Pkt.
1. **Dynamo Dresden**	26	18	6	2	61:30	42-10
2. Carl Zeiss Jena	26	15	9	2	46:21	39-13
3. 1. FC Magdeburg	26	14	6	6	50:28	34-18
4. 1. FC Lok Leipzig	26	12	6	8	57:41	30-22
5. FC Karl-Marx-Stadt	26	11	8	7	33:32	30-22
6. BFC Dynamo	26	9	8	9	41:42	26-26
7. Vorwärts Frankfurt	26	10	5	11	54:46	25-27
8. Sachsenr. Zwickau	26	8	8	10	37:43	24-28
9. Chemie Leipzig	26	5	11	10	21:26	21-31
10. Hansa Rostock	26	6	8	12	36:44	20-32
11. Wismut Aue	26	7	6	13	27:46	20-32
12. Rot-Weiß Erfurt	26	8	3	15	37:56	19-33
13. **Union Berlin**	26	7	4	15	22:45	18-34
14. **Hall. FC Chemie**	26	4	8	14	35:57	16-36

Saison 1973/74

Verein	Sp.	S	U	N	Tore	Pkt.
1. **1. FC Magdeburg**	26	16	7	3	50:27	39-13
2. Carl Zeiss Jena	26	16	4	6	55:26	36-16
3. Dynamo Dresden	26	15	5	6	55:40	35-17
4. Vorwärts Frankfurt	26	13	8	5	48:27	34-18
5. 1. FC Lok Leipzig	26	11	8	7	49:35	30-22
6. BFC Dynamo	26	12	3	11	42:41	27-25
7. Hansa Rostock	26	10	5	11	37:35	25-27
8. Sachsenr. Zwickau	26	10	5	11	37:41	25-27
9. FC Karl-Marx-Stadt	26	7	10	9	42:46	24-28
10. Wismut Aue	26	7	8	11	29:38	22-30
11. Stahl Riesa*	26	7	9	10	25:42	21-31
12. Rot-Weiß Erfurt	26	5	9	12	27:39	19-33
13. **Chemie Leipzig**	26	3	9	14	22:39	15-37
14. **Energie Cottbus**	26	1	8	17	16:58	10-42

* Stahl Riesa werden nach DFV-Entscheid zwei Punkte abgezogen.

Saison 1974/75

Verein	Sp.	S	U	N	Tore	Pkt.
1. **1. FC Magdeburg**	26	17	7	2	57:28	41-11
2. Carl Zeiss Jena	26	17	4	5	42:23	38-14
3. Dynamo Dresden	26	12	8	6	42:30	32-20
4. BFC Dynamo	26	10	10	6	47:29	30-22
5. Vorwärts Frankfurt	26	8	10	8	37:31	26-26
6. Stahl Riesa	26	11	4	11	34:42	26-26
7. Sachsenr. Zwickau	26	9	7	10	42:39	25-27
8. 1. FC Lok Leipzig	26	9	6	11	37:39	24-28
9. Rot-Weiß Erfurt	26	9	5	12	37:42	23-29
10. FC Karl-Marx-Stadt	26	7	8	11	28:38	22-30
11. Hall. FC Chemie	26	5	11	10	37:49	21-31
12. Wismut Aue	26	7	7	12	24:43	21-31
13. **Hansa Rostock**	26	7	6	13	29:35	20-32
14. **Vorwärts Stralsund**	26	4	7	15	21:46	15-37

Saison 1975/76

Verein	Sp.	S	U	N	Tore	Pkt.
1. **Dynamo Dresden**	26	19	5	2	70:23	43-9
2. BFC Dynamo	26	17	3	6	67:24	37-15
3. 1. FC Magdeburg	26	15	6	5	59:33	36-16
4. 1. FC Lok Leipzig	26	12	7	7	40:34	31-21
5. Carl Zeiss Jena	26	11	7	8	50:43	29-23
6. Wismut Aue	26	9	9	8	30:35	27-25
7. Rot-Weiß Erfurt	26	8	10	8	44:36	26-26
8. Hall. FC Chemie	26	9	7	10	37:35	25-27
9. Sachsenr. Zwickau	26	7	8	11	29:43	22-30
10. Stahl Riesa	26	7	7	12	35:46	21-31
11. FC Karl-Marx-Stadt	26	7	7	12	25:41	21-31
12. Vorwärts Frankfurt	26	8	4	14	41:57	20-32
13. **Chemie Leipzig**	26	3	8	15	25:62	14-38
14. **Energie Cottbus**	26	3	6	17	23:63	12-40

Saison 1976/77

Verein	Sp.	S	U	N	Tore	Pkt.
1. **Dynamo Dresden**	26	16	6	4	66:27	38-14
2. 1. FC Magdeburg	26	14	6	6	47:28	34-18
3. Carl Zeiss Jena	26	14	5	7	45:31	33-19
4. BFC Dynamo	26	14	4	8	43:27	32-20
5. 1. FC Lok Leipzig	26	10	9	7	40:29	29-23
6. Rot-Weiß Erfurt	26	8	9	9	27:35	25-27
7. Hall. FC Chemie	26	7	10	9	34:39	24-28
8. Sachsenr. Zwickau	26	7	8	11	32:34	22-30
9. FC Karl-Marx-Stadt	26	10	2	14	35:39	22-30
10. Wismut Aue	26	6	10	10	27:45	22-30
11. Union Berlin	26	7	7	12	30:42	21-31
12. Vorwärts Frankfurt	26	9	3	14	23:36	21-31
13. **Stahl Riesa**	26	8	5	13	28:47	21-31
14. **Hansa Rostock**	26	6	8	12	23:41	20-32

Saison 1977/78

Verein	Sp.	S	U	N	Tore	Pkt.
1. **Dynamo Dresden**	26	18	5	3	70:25	41-11
2. 1. FC Magdeburg	26	16	6	4	52:17	38-14
3. BFC Dynamo	26	14	7	5	54:25	35-17
4. 1. FC Lok Leipzig	26	13	6	7	57:34	32-20
5. Carl Zeiss Jena	26	13	5	8	53:32	31-21
6. Hall. FC Chemie	26	11	8	7	44:34	30-22
7. FC Karl-Marx-Stadt	26	6	12	8	34:37	24-28
8. Union Berlin	26	9	6	11	27:36	24-28
9. Rot-Weiß Erfurt	26	7	9	10	23:35	23-29
10. Sachsenr. Zwickau	26	8	7	11	22:45	23-29
11. Wismut Aue	26	8	6	12	22:47	22-30
12. Chemie Böhlen	26	6	8	12	34:51	20-32
13. **Vorwärts Frankfurt**	26	3	9	14	19:35	15-37
14. **Wismut Gera**	26	1	4	21	17:75	6-46

Saison 1978/79

Verein	Sp.	S	U	N	Tore	Pkt.
1. **BFC Dynamo**	26	21	4	1	75:18	46-6
2. Dynamo Dresden	26	15	9	2	59:19	39-13
3. Carl Zeiss Jena	26	14	6	6	38:21	34-18
4. 1. FC Magdeburg	26	14	5	7	63:32	33-19
5. 1. FC Lok Leipzig	26	11	7	8	41:40	29-23
6. Hall. FC Chemie	26	10	7	9	36:32	27-25
7. Rot-Weiß Erfurt	26	9	6	11	37:46	24-28
8. FC Karl-Marx-Stadt	26	9	4	13	32:38	22-30
9. Stahl Riesa	26	8	5	13	33:47	21-31
10. Union Berlin	26	7	7	12	22:39	21-31
11. Wismut Aue	26	8	3	15	34:49	19-33
12. Sachsenr. Zwickau	26	7	4	15	23:63	18-34
13. **Chemie Böhlen**	26	5	6	15	33:66	16-36
14. **Hansa Rostock**	26	5	5	16	30:46	15-37

Saison 1979/80

Verein	Sp.	S	U	N	Tore	Pkt.
1. **BFC Dynamo**	26	20	3	3	72:16	43-9
2. Dynamo Dresden	26	20	2	4	65:22	42-10
3. Carl Zeiss Jena	26	13	6	7	41:24	32-20
4. 1. FC Magdeburg	26	12	6	8	45:37	30-22
5. Vorwärts Frankfurt	26	11	8	7	41:40	30-22
6. 1. FC Lok Leipzig	26	11	7	8	50:34	29-23
7. Hall. FC Chemie	26	12	4	10	38:37	28-24
8. Sachsenr. Zwickau	26	9	4	13	27:42	22-30
9. Wismut Aue	26	8	4	14	26:42	20-32
10. Stahl Riesa	26	5	10	11	22:53	20-32
11. FC Karl-Marx-Stadt	26	6	7	13	26:38	19-33
12. Rot-Weiß Erfurt	26	6	6	14	33:38	18-34
13. **Union Berlin**	26	6	4	16	18:44	16-36
14. **Chemie Leipzig**	26	4	7	15	21:58	15-37

Saison 1980/81

Verein	Sp.	S	U	N	Tore	Pkt.
1. **BFC Dynamo**	26	17	5	4	74:31	39-13
2. Carl Zeiss Jena	26	16	4	6	57:29	36-16
3. 1. FC Magdeburg	26	15	4	7	58:35	34-18
4. Dynamo Dresden	26	16	2	8	49:37	34-18
5. Vorwärts Frankfurt	26	13	5	8	58:40	31-21
6. 1. FC Lok Leipzig	26	12	4	10	46:35	28-24
7. Rot-Weiß Erfurt	26	10	7	9	37:49	27-25
8. Hall. FC Chemie	26	11	3	12	41:41	25-27
9. FC Karl-Marx-Stadt	26	6	9	11	37:54	21-31
10. Hansa Rostock	26	6	8	12	35:47	20-32
11. Sachsenr. Zwickau	26	7	4	15	32:51	18-34
12. Wismut Aue	26	7	4	15	34:60	18-34
13. **Stahl Riesa**	26	6	5	15	38:64	17-35
14. **Chemie Böhlen**	26	5	6	15	25:48	16-36

Saison 1981/82

Verein	Sp.	S	U	N	Tore	Pkt.
1. **BFC Dynamo**	26	18	5	3	74:27	41-11
2. Dynamo Dresden	26	15	4	7	50:24	34-18
3. 1. FC Lok Leipzig	26	13	7	6	53:29	33-19
4. Vorwärts Frankfurt	26	14	5	7	56:39	33-19
5. Carl Zeiss Jena	26	14	4	8	49:27	32-20
6. 1. FC Magdeburg	26	13	6	7	49:42	32-20
7. Rot-Weiß Erfurt	26	10	8	8	55:44	28-24
8. Hansa Rostock	26	9	7	10	37:40	25-27
9. FC Karl-Marx-Stadt	26	9	6	11	50:38	24-28
10. Wismut Aue	26	8	7	11	33:48	23-29
11. Hall. FC Chemie	26	8	7	11	28:46	23-29
12. Sachsenr. Zwickau	26	4	6	16	24:57	14-38
13. **Energie Cottbus**	26	3	5	18	21:62	11-41
14. **Buna Schkopau**	26	3	5	18	21:77	11-41

Saison 1982/83

Verein	Sp.	S	U	N	Tore	Pkt.
1. **BFC Dynamo**	26	20	6	–	72:22	46-6
2. Vorwärts Frankfurt	26	13	8	5	56:29	34-18
3. Carl Zeiss Jena	26	15	4	7	46:29	34-18
4. 1. FC Lok Leipzig	26	12	7	7	45:27	31-21
5. Rot-Weiß Erfurt	26	11	9	6	45:37	31-21
6. 1. FC Magdeburg	26	10	9	7	52:32	29-23
7. Dynamo Dresden	26	12	5	9	51:43	29-23
8. Hansa Rostock	26	11	6	9	38:40	28-24
9. FC Karl-Marx-Stadt	26	10	6	10	41:41	26-26
10. Wismut Aue	26	6	8	12	30:45	20-32
11. Hall. FC Chemie	26	5	7	14	41:53	17-35
12. Union Berlin	26	5	7	14	23:50	17-35
13. **Chemie Böhlen**	26	4	5	17	31:80	13-39
14. **Sachsenr. Zwickau**	26	2	5	19	21:64	9-43

Saison 1983/84

Verein	Sp.	S	U	N	Tore	Pkt.
1. **BFC Dynamo**	26	17	5	4	66:36	39-13
2. Dynamo Dresden	26	14	9	3	61:28	37-15
3. 1. FC Lok Leipzig	26	16	5	5	56:28	37-15
4. Vorwärts Frankfurt	26	13	7	6	56:36	33-19
5. 1. FC Magdeburg	26	12	8	6	56:33	32-20
6. FC Karl-Marx-Stadt	26	10	10	6	37:34	30-22
7. Rot-Weiß Erfurt	26	10	8	8	36:39	28-24
8. Wismut Aue	26	9	7	10	28:34	25-27
9. Hansa Rostock	26	8	8	10	32:41	24-28
10. Carl Zeiss Jena	26	7	6	13	50:63	20-32
11. Stahl Riesa	26	7	6	13	41:55	20-32
12. Chemie Leipzig*	26	4	6	16	21:49	14-38
13. **Union Berlin**	26	4	6	16	27:55	14-38
14. **Hall. FC Chemie**	26	1	9	16	32:68	11-41

* Entscheidungsspiele um den Klassenerhalt: Chemie Leipzig - Union Berlin 1:1 / 2:1

Saison 1984/85

Verein	Sp.	S	U	N	Tore	Pkt.
1. **BFC Dynamo**	26	20	4	2	90:28	44-8
2. Dynamo Dresden	26	15	8	3	69:34	38-14
3. 1. FC Lok Leipzig	26	17	4	5	55:26	38-14
4. Wismut Aue	26	12	8	6	38:33	32-20
5. 1. FC Magdeburg	26	11	9	6	53:35	31-21
6. Rot-Weiß Erfurt	26	10	10	6	47:39	30-22
7. Carl Zeiss Jena	26	9	7	10	36:27	25-27
8. Vorwärts Frankfurt	26	7	8	11	41:38	22-30
9. FC Karl-Marx-Stadt	26	7	7	12	39:48	21-31
10. Hansa Rostock	26	6	9	11	37:51	21-31
11. Stahl Brandenburg	26	5	10	11	25:39	20-32
12. Stahl Riesa	26	6	8	12	29:55	20-32
13. **Chemie Leipzig**	26	4	9	13	26:56	17-35
14. **Motor Suhl**	26	1	3	22	16:92	5-47

Saison 1985/86

Verein	Sp.	S	U	N	Tore	Pkt.
1. **BFC Dynamo**	26	12	10	4	46:31	34-18
2. 1. FC Lok Leipzig	26	12	8	6	33:22	32-20
3. Carl Zeiss Jena	26	9	13	4	32:18	31-21
4. 1. FC Magdeburg	26	9	11	6	39:33	29-23
5. Stahl Brandenburg	26	10	9	7	27:23	29-23
6. Dynamo Dresden	26	10	8	8	40:39	28-24
7. Union Berlin	26	9	9	8	32:31	27-25
8. FC Karl-Marx-Stadt	26	9	8	9	33:32	26-26
9. Vorwärts Frankfurt	26	8	9	9	37:35	25-27
10. Rot-Weiß Erfurt	26	6	12	8	41:34	24-28
11. Wismut Aue	26	7	10	9	31:40	24-28
12. Stahl Riesa	26	7	8	11	27:36	22-30
13. **Hansa Rostock**	26	7	6	13	31:46	20-32
14. **Sachsenr. Zwickau**	26	2	9	15	27:56	13-39

Saison 1986/87

Verein	Sp.	S	U	N	Tore	Pkt.
1. **BFC Dynamo**	26	19	4	3	59:20	42-10
2. Dynamo Dresden	26	13	10	3	52:24	36-16
3. 1. FC Lok Leipzig	26	13	8	5	34:22	34-18
4. Wismut Aue	26	12	8	6	40:26	32-20
5. 1. FC Magdeburg	26	11	6	9	42:32	28-24
6. Carl Zeiss Jena	26	10	8	8	32:31	28-24
7. Rot-Weiß Erfurt	26	7	10	9	33:33	24-28
8. FC Karl-Marx-Stadt	26	6	12	8	27:34	24-28
9. Stahl Brandenburg	26	7	9	10	27:34	23-29
10. Vorwärts Frankfurt	26	6	9	11	23:32	21-31
11. Union Berlin	26	6	7	13	26:52	19-33
12. Stahl Riesa	26	6	6	14	29:39	18-34
13. **Energie Cottbus**	26	7	4	15	19:45	18-34
14. **Bischofswerda**	26	6	5	15	25:44	17-35

Saison 1987/88

Verein	Sp.	S	U	N	Tore	Pkt.
1. **BFC Dynamo**	26	15	7	4	59:30	37-15
2. 1. FC Lok Leipzig	26	14	9	3	42:21	37-15
3. Dynamo Dresden	26	12	9	5	47:24	33-19
4. Stahl Brandenburg	26	12	5	9	44:37	29-23
5. Hall. FC Chemie	26	7	12	7	33:33	26-26
6. Carl Zeiss Jena	26	8	10	8	28:29	26-26
7. 1. FC Magdeburg	26	9	7	10	34:33	25-27
8. FC Karl-Marx-Stadt	26	8	9	9	40:45	25-27
9. Hansa Rostock	26	7	9	10	42:49	23-29
10. Wismut Aue	26	8	7	11	24:34	23-29
11. Union Berlin	26	7	8	11	35:54	22-30
12. Rot-Weiß Erfurt	26	8	5	13	40:49	21-31
13. **Vorwärts Frankfurt**	26	6	9	11	33:43	21-31
14. **Stahl Riesa**	26	3	10	13	23:43	16-36

Saison 1988/89

Verein	Sp.	S	U	N	Tore	Pkt.
1. **Dynamo Dresden**	26	16	8	2	61:26	40-12
2. BFC Dynamo	26	12	8	6	51:32	32-20
3. FC Karl-Marx-Stadt	26	12	6	8	38:36	30-22
4. Hansa Rostock	26	12	5	9	34:31	29-23
5. 1. FC Lok Leipzig	26	11	6	9	39:26	28-24
6. 1. FC Magdeburg	26	11	6	9	35:30	28-24
7. Wismut Aue	26	10	8	8	35:35	28-24

Verein	Sp.	S	U	N	Tore	Pkt.
8. Carl Zeiss Jena	26	11	5	10	35:24	27-25
9. Hall. FC Chemie	26	8	9	9	36:38	25-27
10. Energie Cottbus	26	9	5	12	29:41	23-29
11. Stahl Brandenburg	26	9	4	13	36:43	22-30
12. Rot-Weiß Erfurt	26	9	3	14	27:39	21-31
13. **Sachsenr. Zwickau**	26	6	4	16	25:49	16-36
14. **Union Berlin**	26	5	5	16	22:53	15-37

Saison 1989/90

Verein	Sp.	S	U	N	Tore	Pkt.
1. **Dynamo Dresden**	26	12	12	2	47:26	36-16
2. FC Karl-Marx-Stadt	26	13	10	3	35:20	36-16
3. 1. FC Magdeburg	26	13	8	5	39:22	34-18
4. BFC Dynamo	26	9	12	5	38:35	30-22
5. Carl Zeiss Jena	26	11	8	7	29:27	30-22
6. Hansa Rostock	26	9	9	8	38:33	27-25
7. Energie Cottbus	26	10	7	9	36:37	27-25

Verein	Sp.	S	U	N	Tore	Pkt.
8. 1. FC Lok Leipzig	26	9	7	10	34:33	25-27
9. Hall. FC Chemie	26	8	8	10	38:38	24-28
10. Stahl Brandenburg	26	6	12	8	35:37	24-28
11. Rot-Weiß Erfurt	26	5	9	12	29:40	19-33
12. Eisenhüttenstadt	26	2	14	10	22:31	18-34
13. **Wismut Aue**	26	5	8	13	25:36	18-34
14. **Bischofswerda**	26	7	2	17	22:52	16-36

Saison 1990/91

Verein	Sp.	S	U	N	Tore	Pkt.
1. **Hansa Rostock**	26	13	9	4	44:25	35-17
2. Dynamo Dresden	26	12	8	6	48:28	32-20
3. Rot-Weiß Erfurt	26	11	9	6	30:26	31-21
4. Hall. FC Chemie	26	10	9	7	40:31	29-23
5. Chemnitzer FC	26	9	11	6	24:23	29-23
6. Carl Zeiss Jena	26	12	4	10	41:36	28-24
7. 1. FC Lok Leipzig	26	10	8	8	37:33	28-24

Verein	Sp.	S	U	N	Tore	Pkt.
8. Stahl Brandenburg	26	9	9	8	34:31	27-25
9. Eisenhüt. FC Stahl	26	7	12	7	29:25	26-26
10. 1. FC Magdeburg	26	9	8	9	34:32	26-26
11. FC Berlin	26	7	8	11	25:39	22-30
12. FC Sachsen Leipzig	26	6	10	10	23:38	22-30
13. **Energie Cottbus**	26	3	10	13	21:38	16-36
14. **Viktoria Frankfurt**	26	4	5	17	29:54	13-39

Die Saison 1990/91 wird als Oberliga des Nordostdeutschen Fußball-Verbands (NOFV) ausgespielt. Dabei qualifizieren sich die ersten beiden Vereine für die 1. Bundesliga und die folgenden sechs Vereine für die 2. Bundesliga. Die restlichen sechs Vereine steigen in die Regionalliga ab.

Die erfolgreichsten Torschützen der einzelnen Oberliga-Saisons

Saison	Name	Verein	Tore
1949/50	Heinz Satrapa	ZSG Horch Zwickau	23
1950/51	Hans Schöne	BSG Rotation Babelsberg	38
1951/52	Rudolf Krause	BSG Chemie Leipzig	27
	Kurt Weißenfels	BSG Lokomotive Stendal	27
1952/53	Harry Arlt	SC Einheit Dresden	26
1953/54	Heinz Satrapa	BSG Wismut Aue	21
	Siegfried Vollrath	SC Turbine Erfurt	21
1954/55	Willy Tröger	SC Wismut Karl-Marx-Stadt	22
1956	Ernst Lindner	BSG Lokomotive Stendal	18
1957	Heinz Kaulmann	ASK Vorwärts Berlin	15
1958	Helmut Müller	SC Motor Jena	17
1959	Bernd Bauchspieß	BSG Chemie Zeitz	18
1960	Bernd Bauchspieß	BSG Chemie Zeitz	25
1961/62	Arthur Bialas	SC Empor Rostock	23
1962/63	Peter Ducke	SC Motor Jena	19
1963/64	Gerd Backhaus	BSG Lokomotive Stendal	15
1964/65	Bernd Bauchspieß	BSG Chemie Leipzig	14

>>

<<

Saison	Name	Verein	Tore
1965/66	Henning Frenzel	1. FC Lokomotive Leipzig	22
1966/67	Hartmut Rentzsch	BSG Motor Zwickau	17
1967/68	Gerd Kostmann	FC Hansa Rostock	15
1968/69	Gerd Kostmann	FC Hansa Rostock	18
1969/70	Otto Skrowny	BSG Chemie Leipzig	12
1970/71	Hans-Jürgen Kreische	SG Dynamo Dresden	17
1971/72	Hans-Jürgen Kreische	SG Dynamo Dresden	14
1972/73	Hans-Jürgen Kreische	SG Dynamo Dresden	26
1973/74	Hans-Bert Matoul	1. FC Lokomotive Leipzig	20
1974/75	Hans Vogel	Hallescher FC Chemie	17
1975/76	Hans-Jürgen Kreische	SG Dynamo Dresden	24
1976/77	Joachim Streich	1. FC Magdeburg	17
1977/78	Klaus Havenstein	BSG Chemie Böhlen	15
1978/79	Joachim Streich	1. FC Magdeburg	23
1979/80	Dieter Kühn	1. FC Lokomotive Leipzig	21
1980/81	Joachim Streich	1. FC Magdeburg	20
1981/82	Rüdiger Schnuphase	FC Carl Zeiss Jena	19
1982/83	Joachim Streich	1. FC Magdeburg	19
1983/84	Rainer Ernst	Berliner FC Dynamo	20
1984/85	Rainer Ernst	Berliner FC Dynamo	24
1985/86	Ralf Sträßer	1. FC Union Berlin	14
1986/87	Frank Pastor	Berliner FC Dynamo	17
1987/88	Andreas Thom	Berliner FC Dynamo	20
1988/89	Torsten Gütschow	SG Dynamo Dresden	17
1989/90	Torsten Gütschow	SG Dynamo Dresden	18
1990/91	Torsten Gütschow	1. FC Dynamo Dresden	20

Aufsteiger in die Oberliga

(→ Name in der folgenden Oberliga-Saison)

Saison	Vereine
In der ersten Oberliga-Saison Aufstieg von drei der Erstplatzierten der fünf Landesligen und von drei Berliner Vereinen.	
1949/50	SG Mickten (→ BSG Sachsenverlag Dresden), KWU Weimar (→ Turbine Weimar), BSG EHW Thale, SG Union Oberschöneweide, VfB Pankow, SG Lichtenberg 47
Von 1950/51 bis 1954/55 Aufstieg der beiden Erstplatzierten der zwei Staffeln der DDR-Liga. Ausnahme: 1950/51 Aufstieg der jeweils beiden Bestplatzierten.	
1950/51	ZSG Anker Wismar (→ BSG Motor Wismar), Zentra Wismut Aue (→ BSG Wismut Aue), KVP Vorwärts Leipzig, BSG Einheit Pankow
1951/52	BSG Motor Jena, BSG Empor Lauter
1952/53	BSG Fortschritt Meerane, BSG Einheit Ost Leipzig
1953/54	BSG Chemie Karl-Marx-Stadt, ASK Vorwärts Berlin
1954/55	BSG Fortschritt Weißenfels (→ SC Fortschritt Weißenfels), BSG Lokomotive Stendal
1955*	–
Von 1956 bis 1961/62 Aufstieg der beiden Bestplatzierten aus der DDR-Liga.	
1956	SC Motor Jena, SC Chemie Halle-Leuna
1957	SC Dynamo Berlin, SC Empor Rostock
1958	BSG Chemie Zeitz, BSG Lokomotive Stendal
1959	SC Chemie Halle, SC Aufbau Magdeburg
1960	SC Turbine Erfurt, BSG Lokomotive Stendal
1961/62	SG Dynamo Dresden, SC Motor Karl-Marx-Stadt

>>

<<

Saison	Vereine
Von 1962/63 bis 1970/71 Aufstieg der beiden Erstplatzierten der zwei Staffeln der DDR-Liga.	
1962/63	BSG Motor Steinach, BSG Lokomotive Stendal
1963/64	SC Neubrandenburg, SG Dynamo Dresden
1964/65	SC Turbine Erfurt (→ FC Rot-Weiß Erfurt), SC Chemie Halle
1965/66	1. FC Union Berlin, BSG Wismut Gera
1966/67	1. FC Magdeburg, FC Rot-Weiß Erfurt
1967/68	BSG Stahl Riesa, Berliner FC Dynamo
1968/69	SG Dynamo Dresden, BSG Stahl Eisenhüttenstadt
1969/70	1. FC Union Berlin, 1. FC Lokomotive Leipzig
1970/71	FC Karl-Marx-Stadt, ASG Vorwärts Stralsund
Von 1971/72 bis 1983/84 Aufstieg der beiden Bestplatzierten eines Turniers, das die jeweils Erstplatzierten aus den fünf Staffeln der DDR-Liga austragen.	
1971/72	FC Rot-Weiß Erfurt, BSG Chemie Leipzig
1972/73	BSG Stahl Riesa, BSG Energie Cottbus
1973/74	Hallescher FC Chemie, ASG Vorwärts Stralsund
1974/75	BSG Chemie Leipzig, BSG Energie Cottbus
1975/76	FC Hansa Rostock, 1. FC Union Berlin
1976/77	BSG Chemie Böhlen, BSG Wismut Gera
1977/78	BSG Stahl Riesa, FC Hansa Rostock
1978/79	FC Vorwärts Frankfurt, BSG Chemie Leipzig
1979/80	FC Hansa Rostock, BSG Chemie Böhlen
1980/81	BSG Energie Cottbus, BSG Chemie Buna Schkopau
1981/82	BSG Chemie Böhlen, 1. FC Union Berlin
1982/83	BSG Stahl Riesa, BSG Chemie Leipzig
1983/84	BSG Stahl Brandenburg, BSG Motor Suhl
Von 1984/85 bis 1989/90 Aufstieg der beiden Erstplatzierten der zwei Staffeln der DDR-Liga.	
1984/85	1. FC Union Berlin, BSG Sachsenring Zwickau
1985/86	BSG Energie Cottbus, BSG Fortschritt Bischofswerda
1986/87	FC Hansa Rostock, Hallescher FC Chemie
1987/88	BSG Energie Cottbus, BSG Sachsenring Zwickau
1988/89	BSG Stahl Eisenhüttenstadt, BSG Fortschritt Bischofswerda
1989/90	FC Vorwärts Frankfurt (→ FC Viktoria 91 Frankfurt), BSG Chemie Böhlen (→ Sachsen Leipzig)
1990/91**	–

* In der Saison 1955 wird lediglich eine Hinrunde ausgespielt, um die Oberliga an den Frühling-Herbst-Rhythmus anzupassen. Es werden weder ein Meister noch Auf- oder Absteiger ermittelt. Nach der Saison 1960 Rückkehr zum Herbst-Frühling-Rhythmus.
** Die Saison 1990/91 wird als Oberliga des Nordostdeutschen Fußball-Verbands (NOFV) ausgespielt. Dabei qualifizieren sich die ersten beiden Vereine für die 1. Bundesliga und die folgenden sechs Vereine für die 2. Bundesliga. Die restlichen sechs Vereine steigen in die Regionalliga ab.

Ewige Tabelle der Oberliga

Verein*	Jahre	Sp.	S	U	N	Tore	Diff.	Pkt.
1. FC Carl Zeiss Jena	35	929	442	213	274	1544:1129	+415	1097-761
2. Berliner FC Dynamo	35	897	441	210	246	1681:1093	+588	1092-702
3. SG Dynamo Dresden	31	832	437	203	192	1637:982	+655	1077-587
4. BSG Wismut Aue	38	1019	376	266	377	1406:1485	-79	1016-1020
5. FC Vorwärts Frankfurt**	35	939	388	238	313	1547:1294	+253	1012-866
6. FC Rot-Weiß Erfurt	37	1001	351	270	380	1467:1479	-12	972-1030
7. 1. FC Magdeburg	30	793	365	190	238	1351:1046	+305	920-666
8. BSG Sachsenring Zwickau	35	949	336	218	395	1310:1489	-179	888-1010
9. Hallescher FC Chemie	34	923	309	256	358	1330:1426	-96	874-972
10. FC Hansa Rostock	31	819	300	208	311	1114:1105	+9	808-830

>>

Verein*	Jahre	Sp.	S	U	N	Tore	Diff.	Pkt.
<< 11. 1. FC Lokomotive Leipzig	27	702	312	174	216	1148:871	+277	798-606
12. FC Karl-Marx-Stadt	31	806	263	243	300	1048:1193	-145	769-843
13. BSG Chemie Leipzig	19	522	176	149	197	707:760	-53	501-543
14. 1. FC Union Berlin	19	520	144	135	241	571:868	-297	423-617
15. SC Aktivist Brieske-Senftenberg	13	377	153	89	135	594:584	+10	395-359
16. BSG Lokomotive Stendal	14	403	137	82	184	598:715	-117	356-450
17. BSG Stahl Riesa	16	416	110	108	198	472:729	-257	326-506
18. SC Einheit Dresden	11	325	117	86	122	541:549	-8	320-330
19. BSG Rotation Babelsberg	9	260	103	49	108	466:502	-36	255-265
20. SC Rotation Leipzig	9	249	84	73	92	368:385	-17	241-257
21. SC Lokomotive Leipzig	8	221	87	58	76	324:279	+45	232-210
22. BSG Stahl Brandenburg	7	182	58	58	66	228:244	-16	174-190
23. BSG Motor Dessau	5	156	67	29	60	306:277	+29	163-149
24. BSG Stahl Thale	4	130	47	27	56	207:230	-23	121-139
25. BSG Fortschritt Meerane	5	150	44	29	77	246:320	-74	117-183
26. BSG Energie Cottbus	7	182	36	45	101	165:354	-189	117-247
27. BSG Wismut Gera	6	180	36	41	103	225:392	-167	111-249
28. SC Fortschritt Weißenfels	5	130	33	36	61	167:226	-59	102-158
29. BSG Stahl Altenburg	3	97	27	17	53	129:208	-79	71-123
30. BSG Chemie Böhlen	4	104	20	25	59	123:245	-122	65-143
31. BSG Stahl Eisenhüttenstadt	3	78	14	33	31	72:92	-20	61-95
32. BSG Empor Lauter	2	60	21	18	21	98:99	-1	60-60
33. BSG Motor Steinach	2	52	16	12	24	58:85	-27	44-60
34. BSG Chemie Zeitz	2	52	16	12	24	85:113	-28	44-60
35. BSG Motor Wismar	2	63	16	9	38	92:140	-48	41-85
36. SG Dresden-Friedrichstadt	1	26	18	3	5	87:29	+85	39-13
37. BSG Fortschritt Bischofswerda	2	52	13	7	32	47:96	-49	33-71
38. ASG Vorwärts Stralsund	2	52	10	13	29	41:94	-53	33-71
39. Turbine Weimar	1	34	10	6	18	45:71	-26	26-42
40. BSG Einheit Pankow	2	70	7	9	54	67:225	-158	23-117
41. FC Sachsen Leipzig	1	26	6	10	10	23:38	-15	22-30
42. SC Neubrandenburg	1	26	7	6	13	34:58	-24	20-32
43. SG Lichtenberg 47	1	34	6	8	20	49:96	-47	20-48
44. SG Vorwärts Schwerin	1	26	4	3	19	30:84	-54	11-41
45. BSG Chemie Buna Schkopau	1	26	3	5	18	21:77	-56	11-41
46. BSG Motor Suhl	1	26	1	3	22	16:92	-76	5-47

* angegeben werden die am längsten in der Oberliga verwendeten Vereinsnamen
** eingerechnet sind die Bilanzen der Vereine Vorwärts Berlin und Vorwärts Leipzig

Titel-Ranking DDR-Meisterschaft

Verein	Titel
1. Berliner FC Dynamo	10
2. SG Dynamo Dresden	8
3. FC Vorwärts Berlin	6
4. FC Carl Zeiss Jena	3
Wismut Karl-Marx-Stadt	3
1. FC Magdeburg	3
7. SC Turbine Erfurt	2
BSG Chemie Leipzig	2
9. BSG Turbine Halle	1
FC Karl-Marx-Stadt	1
ZSG Horch Zwickau	1

Rekordspieler der Oberliga

Name	Spiele	Verein(e)	Zeitraum
1. Eberhard Vogel	440	FC Karl-Marx-Stadt, FC Carl Zeiss Jena	1962-1982
2. Alois Glaubitz	428	BSG Sachsenring Zwickau	1956-1973
3. Henning Frenzel	420	1. FC Lokomotive Leipzig	1960-1978
4. Hans-Jürgen Dörner	392	SG Dynamo Dresden	1969-1986
5. Reinhard Häfner	391	SG Dynamo Dresden	1971-1988
6. Wolfgang Seguin	380	1. FC Magdeburg	1964-1981
7. Joachim Streich	378	Hansa Rostock, 1. FC Magdeburg	1969-1985
8. Frank Terletzki	373	Berliner FC Dynamo	1970-1986
9. Jürgen Croy	372	BSG Sachsenring Zwickau	1965-1981
10. Holger Erler	359	BSG Wismut Aue	1970-1985
11. Lothar Kurbjuweit	357	BSG Stahl Riesa, FC Carl Zeiss Jena, Hallescher FC Chemie	1968-1984
12. Peter Ducke	352	FC Carl Zeiss Jena	1959-1977
13. Jürgen Bähringer	350	FC Karl-Marx-Stadt	1973-1988
14. Bodo Rudwaleit	344	Berliner FC Dynamo, BSG Stahl Eisenhüttenstadt	1976-1991
15. Roland Ducke	343	FC Carl Zeiss Jena	1956-1971
16. Jürgen Raab	342	FC Carl Zeiss Jena	1976-1991
17. Jürgen Heun	341	FC Rot-Weiß Erfurt	1976-1991
18. Joachim Müller	340	FC Karl-Marx-Stadt	1971-1986
19. Wolfgang Steinbach	337	1. FC Magdeburg	1972-1990
20. Manfred Kaiser	336	BSG Motor Gera, BSG Wismut Aue	1950-1965
21. Harald Irmscher	330	BSG Motor Zwickau, FC Carl Zeiss Jena, BSG Wismut Gera	1964-1978
22. Manfred Zapf	328	1. FC Magdeburg	1964-1979
23. Dirk Heyne	326	1. FC Magdeburg	1979-1991
24. Wolfgang Altman	325	1. FC Lokomotive Leipzig	1971-1987
25. Günter Schröter	321	SG Dynamo Dresden, SC Dynamo Berlin	1950-1963
Wolfram Löwe	321	1. FC Lokomotive Leipzig	1963-1980
Matthias Liebers	321	1. FC Lokomotive Leipzig	1976-1991

Rekordtorschützen der Oberliga

Name	Tore	Verein(e)	Zeitraum
1. Joachim Streich	229	FC Hansa Rostock, 1. FC Magdeburg	1969-1985
2. Eberhard Vogel	188	FC Karl-Marx-Stadt, FC Carl Zeiss Jena	1962-1982
3. Peter Ducke	153	FC Carl Zeiss Jena	1959-1977
4. Henning Frenzel	152	1. FC Lokomotive Leipzig	1960-1978
5. Günter Schröter	142	SG Dynamo Dresden, SC Dynamo Berlin	1950-1963
6. Hans-Jürgen Kreische	131	SG Dynamo Dresden	1971-1978
7. Rüdiger Schnuphase	123	FC Carl Zeiss Jena, FC Rot-Weiß Erfurt	1972-1986
8. Dieter Kühn	122	1. FC Lokomotive Leipzig, FC Sachsen Leipzig	1975-1989
9. Bernd Bauchspieß	119	BSG Chemie Zeitz, SC Dynamo Berlin, BSG Chemie Leipzig	1950-1973
10. Jürgen Heun	114	FC Rot-Weiß Erfurt	1976-1991
Jürgen Raab	114	FC Carl Zeiss Jena	1976-1991
Johannes Schöne	114	BSG Rotation Babelsberg, BSG Einheit Ost Leipzig	1950-1958

>>

<<

	Name	Tore	Verein(e)	Zeitraum
13.	Wolf-Rüdiger Netz	112	Berliner FC Dynamo	1971-1984
	Jürgen Sparwasser	112	1. FC Magdeburg	1966-1979
15.	Frank Pastor	110	Hallescher FC Chemie, Berliner FC Dynamo	1977-1989
16.	Rudolf Krause	105	BSG Chemie Leipzig, SC Lokomotive Leipzig	1949-1960
	Hans-Jürgen Riediger	105	Berliner FC Dynamo	1973-1984
	Willy Tröger	105	SC Wismut Karl-Marx-Stadt, BSG Wismut Aue	1951-1962
19.	Torsten Gütschow	104	SG Dynamo Dresden	1979-1991
20.	Ralf Minge	103	SG Dynamo Dresden	1980-1991
21.	Hans Richter	100	FC Karl-Marx-Stadt, 1. FC Lokomotive Leipzig	1978-1990
22.	Rainer Trölitzsch	94	1. FC Lokomotive Leipzig, Rot-Weiß Erfurt	1966-1971
23.	Rainer Ernst	91	Berliner FC Dynamo	1978-1990
	Frank Terletzki	91	Berliner FC Dynamo	1970-1986
	Hartmut Rentzsch	91	Motor Karl-Marx-Stadt, BSG Sachsenring Zwickau	1962-1974

Fußballer des Jahres

Jahr	Name	Verein
1963	Manfred Kaiser	SC Wismut Karl-Marx-Stadt
1964	Klaus Urbanczyk	SC Chemie Halle
1965	Horst Weigang	SC Leipzig
1966	Jürgen Nöldner	FC Vorwärts Berlin
1967	Dieter Erler	FC Karl-Marx-Stadt
1968	Bernd Bransch	Hallescher FC Chemie
1969	Eberhard Vogel	FC Karl-Marx-Stadt
1970	Roland Ducke	FC Carl Zeiss Jena
1971	Peter Ducke	FC Carl Zeiss Jena
1972	Jürgen Croy	BSG Sachsenring Zwickau
1973	Hans-Jürgen Kreische	SG Dynamo Dresden
1974	Bernd Bransch	FC Carl Zeiss Jena
1975	Jürgen Pommerenke	1. FC Magdeburg
1976	Jürgen Croy	BSG Sachsenring Zwickau
1977	Hans-Jürgen Dörner	SG Dynamo Dresden
1978	Jürgen Croy	BSG Sachsenring Zwickau
1979	Joachim Streich	1. FC Magdeburg
1980	Hans-Ulrich Grapenthin	FC Carl Zeiss Jena
1981	Hans-Ulrich Grapenthin	FC Carl Zeiss Jena
1982	Rüdiger Schnuphase	FC Carl Zeiss Jena
1983	Joachim Streich	1. FC Magdeburg
1984	Hans-Jürgen Dörner	SG Dynamo Dresden
1985	Hans-Jürgen Dörner	SG Dynamo Dresden
1986	René Müller	1. FC Lokomotive Leipzig
1987	René Müller	1. FC Lokomotive Leipzig
1988	Andreas Thom	Berliner FC Dynamo
1989	Andreas Trautmann	SG Dynamo Dresden
1990	Ulf Kirsten	1. FC Dynamo Dresden
1991	Torsten Gütschow	1. FC Dynamo Dresden

FDGB-Pokal

Endspiele

Datum	Ort	Begegnung	Erg.	Tore
28.08.**1949**	Halle	**Waggonbau Dessau** - Gera Süd	1:0	1:0 Kusmirek (76.)
03.09.**1950**	Berlin	**EHW Thale** - KWU Erfurt	4:0	1:0 Weitkuhn (1.), 2:0 Wlassny (65.), 3:0 Oberländer (80.), 4:0 Gropp (87.)
14.09.**1952**	Berlin	**VP Dresden** - Einheit Pankow	3:0	1:0 Matzen (5.), 2:0 Holze (21.), 3:0 Holze (82.)
03.07.**1954**	Dresden	**Vorwärts Berlin** - Motor Zwickau	2:1	1:0 Mitzschke (18.), 1:1 W. Baumann (27.), 2:1 Fröhlich (79., FE)
19.06.**1955**	Leipzig	**Wismut KMS** - Empor Rostock	3:2 n. V.	1:0 Kaiser (2.), 1:1 Zwahr (46.), 2:1 Viertel (58.), 2:2 Pöschel (71.), 3:2 Günther (111.)
16.12.**1956**	Magdeburg	**Chemie Halle-Leuna** - Vorwärts Berlin	2:1	1:0 Büchner (18.), 1:1 Kaulmann (73.), 2:1 Imhof (84.)
22.12.**1957**	Karl-Marx-Stadt	**SC Lok Leipzig** - Empor Rostock	2:1 n. V.	0:1 A. Bialas (53.), 1:1 Schoppe (58.), 2:1 Fröhlich (104., FE)
14.12.**1958**	Cottbus	**Einheit Dresden** - SC Lok Leipzig	2:1 n. V.	0:1 Scherbarth (60.), 1:1 Pfeifer (68.), 2:1 Söllner (113.)
06.12.1959	Dresden	Dynamo Berlin - Wismut KMS	0:0 n. V.	
13.12.**1959**	Leipzig	**Dynamo Berlin** - Wismut KMS	3:2	1:0 Hofmann (17.), 1:1 Tröger (30.), 2:1 Schröter (53., FE), 2:2 Kaiser (65.), 3:2 Hofmann (67.)
07.10.**1960**	Madgeburg	**Motor Jena** - Empor Rostock	3:2 n. V.	0:1 Drews (30.), 0:2 Pankau (63.), 1:2 P. Ducke (78.), 2:2 P. Ducke (90.), 3:2 Kirsch (110.)
10.06.**1962**	Karl-Marx-Stadt	**Chemie Halle** - Dynamo Berlin	3:1	1:0 Lehrmann (21.), 2:0 Schimpf (55.), 2:1 Schröter (68.), 3:1 Walter (85.)
01.05.**1963**	Altenburg	**Motor Zwickau** - Chemie Zeitz	3:0	1:0 Speth (19.), 2:0 Witzger (37.), 3:0 Speth (80.)
13.06.**1964**	Dessau	**Aufbau Magdeburg** - SC Leipzig	3:2	0:1 Faber (8.), 0:2 Engelhardt (37.), 1:2 Walter (40.), 2:2 Walter (74.), 3:2 Stöcker (90.)
08.05.**1965**	Berlin	**Aufbau Magdeburg** - Motor Jena	2:1	0:1 Müller (66.), 1:1 Walter (82.), 2:1 Hirschmann (89., FE)
30.04.**1966**	Bautzen	**Chemie Leipzig** - Lokomotive Stendal	1:0	1:0 Matoul (73.)
30.04.**1967**	Brandenburg	**Motor Zwickau** - Hansa Rostock	3:0	1:0 Beier (22.), 2:0 Rentzsch (45.), 3:0 Henschel (48.)
09.06.**1968**	Halle	**Union Berlin** - Carl Zeiss Jena	2:1	0:1 W. Krauß (1.), 1:1 Uentz (29., FE), 2:1 Quest (63.)
01.06.**1969**	Dresden	**1. FC Magdeburg** - FC Karl-Marx-Stadt	4:0	1:0 Ohm (28.), 2:0 Walter (51.), 3:0 Ohm (60.), 4:0 Sparwasser (68.)
13.06.**1970**	Dresden	**Vorwärts Berlin** - 1. FC Lok Leipzig	4:2	1:0 Begerad (4.), 2:0 H. Wruck (15.), 3:0 Gießner (52., ET), 3:1 Löwe (62.), 3:2 Köditz (67.), 4:2 Nöldner (82.)

>>

Datum	Ort	Begegnung	Erg.	Tore
<< 02.06.**1971**	Halle	**Dynamo Dresden** - BFC Dynamo	2:1 n. V.	1:0 Sammer (65.), 1:1 Johannsen (70., FE), 2:1 Sammer (119.)
14.05.**1972**	Leipzig	**Carl Zeiss Jena** - Dynamo Dresden	2:1	0:1 Dörner (22.), 1:1 P. Ducke (45.), 2:1 P. Ducke (55.)
01.05.**1973**	Dessau	**1. FC Magdeburg** - 1. FC Lok Leipzig	3:2	0:1 Frenzel (5.), 1:1 Zapf (19.), 2:1 Sparwasser (49.), 2:2 Altmann (73.), 3:2 Sparwasser (86.)
13.04.**1974**	Leipzig	**Carl Zeiss Jena** - Dynamo Dresden	3:1 n. V.	0:1 Häfner (20.), 1:1 Schlutter (78.), 2:1 Schumann (114.), 3:1 Bransch (116.)
14.06.**1975**	Berlin	**Sachsenr. Zwickau** - Dynamo Dresden	6:5 n. E.	0:1 Heidler (65.), 1:1 J. Schykowski (73.), 1:2 Richter (99.), 2:2 Nestler (119.); 4:3 i. E.
01.05.**1976**	Berlin	**1. FC Lok Leipzig** - Vorwärts Frankfurt	3:0	1:0 Frenzel (44.), 2:0 Frenzel (47.), 3:0 Roth (70.)
28.05.**1977**	Berlin	**Dynamo Dresden** - 1. FC Lok Leipzig	3:2	1:0 Sachse (46.), 1:1 Löwe (55.), 1:2 Sekora (63.), 2:2 Weber (85.), 3:2 Sachse (87.)
29.04.**1978**	Berlin	**1. FC Magdeburg** - Dynamo Dresden	1:0	1:0 Zapf (8.)
28.04.**1979**	Berlin	**1. FC Magdeburg** - BFC Dynamo	1:0 n. V.	1:0 Seguin (101.)
17.05.**1980**	Berlin	**Carl Zeiss Jena** - Rot-Weiß Erfurt	3:1 n. V.	0:1 Romstedt (40.), 1:1 Raab (81.), 2:1 Kurbjuweit (94.), 3:1 Sengewald (97.)
07.06.**1981**	Berlin	**1. FC Lok Leipzig** - Vorwärts Frankfurt	4:1	0:1 Andrich (17.), 1:1 Zötzsche (60.), 2:1 Liebers (62.), 3:1 Fritsche (67., FE), 4:1 Moldt (79.)
01.05.**1982**	Berlin	**Dynamo Dresden** - BFC Dynamo	6:5 n. E.	1:0 Trautmann (51.), 1:1 Riediger (85.); 5:4 i. E.
04.06.**1983**	Berlin	**1. FC Magdeburg** - FC Karl-Marx-Stadt	4:0	1:0 Streich (34.), 2:0 Wittke (37.), 3:0 Streich (53.), 4:0 Pommerenke (87.)
26.05.**1984**	Berlin	**Dynamo Dresden** - BFC Dynamo	2:1	1:0 Dörner (81.), 2:0 Häfner (82.), 2:1 Troppa (85.)
08.06.**1985**	Berlin	**Dynamo Dresden** - BFC Dynamo	3:2	1:0 Döschner (43.), 1:1 Thom (51.), 2:1 Stübner (59.), 3:1 Minge (67.), 3:2 Ernst (88.)
31.05.**1986**	Berlin	**1. FC Lok Leipzig** - Union Berlin	5:1	1:0 Altman (33.), 2:0 Zötzsche (51.), 3:0 Richter (66.), 3:1 Probst (81.), 4:1 Richter (85.), 5:1 Richter (89.)
13.06.**1987**	Berlin	**1. FC Lok Leipzig** - Hansa Rostock	4:1	0:1 März (21.), 1:1 Kühn (22.), 2:1 Kühn (58.), 3:1 Marschall (66.), 4:1 Leitzke (87.)
04.06.**1988**	Berlin	**BFC Dynamo** - Carl Zeiss Jena	2:0 n. V.	1:0 Doll (102.), 2:0 M. Schulz (116.)
01.04.**1989**	Berlin	**BFC Dynamo** - FC Karl-Marx-Stadt	1:0	1:0 Thom (57.)
02.06.**1990**	Berlin	**Dynamo Dresden** - PSV Schwerin	2:1	0:1 Kort (5.), 1:1 Stubner (18.), 2:1 Kirsten (84.)
02.06.**1991**	Berlin	**Hansa Rostock** - Eisenhüttenst. FC Stahl	1:0	1:0 Wahl (43.)

Titel-Ranking FDGB-Pokal

Verein	Titel	Endspiele
1. SG Dynamo Dresden	7	11
2. 1. FC Magdeburg	7	7
3. FC Carl Zeiss Jena	4	7
1. FC Lokomotive Leipzig	4	7
5. Berliner FC Dynamo	3	9
6. BSG Sachsenring Zwickau	3	4
7. FC Vorwärts Berlin / Frankfurt	2	5
8. SC Chemie Leipzig	2	4
9. SC Chemie Halle	2	2
10. BSG Wismut Karl-Marx-Stadt	1	3
11. 1. FC Union Berlin	1	2
FC Hansa Rostock	1	2
13. BSG Waggonbau Dessau	1	1
BSG EHW Thale	1	1

Alle Vereine der Oberliga

BSG Stahl Altenburg

Gründung: 1946
OL-Zugehörigkeit: 1949-1952
Ewige Tabelle: Platz 29
Stadion: Lenin-Stadion (seit 1990: Waldstadion)
Titel: –

Vereinsnamen: SG Altenburg Nord (1946-1949), ZSG Altenburg (1949-1950), BSG Stahl Altenburg (1950-1952), BSG Motor Altenburg (1952-1990), SV 1990 Altenburg (1990-1998), SV Motor Altenburg (seit 1998)

BSG Wismut Aue

Gründung: 1946
OL-Zugehörigkeit: 1951-1990
Ewige Tabelle: Platz 4
Stadion: Otto-Grotewohl-Stadion (seit 1991: Erzgebirgestadion)
Titel: DDR-Meister: 1956, 1957, 1959
FDGB-Pokalsieger: 1955

Vereinsnamen: Pneumatik Aue (1946-1949), Zentra Wismut Aue (1949-1951), BSG Wismut Aue (1951-1954), SC Wismut Karl-Marx-Stadt (1954-1963), BSG Wismut Aue (1963-1990), FC Wismut Aue (1990-1993), FC Erzgebirge Aue (seit 1993)

BSG Rotation Babelsberg

Gründung: 1946
OL-Zugehörigkeit: 1949-1958
Ewige Tabelle: Platz 19
Stadion: Karl-Liebknecht-Stadion
Titel: –

Vereinsnamen: SG Babelsberg (1946-1949), Märkische Volksstimme Babelsberg (1949-1950), BSG Rotation Babelsberg (1950-1969), BSG DEFA Babelsberg (1969-1990), SG Fortuna Babelsberg (1990-1991), SV Babelsberg 03 (seit 1991)

1. FC Union Berlin

Gründung: 1966
OL-Zugehörigkeit: 1950-1953, 1966-1969, 1970-1973, 1976-1980, 1982-1984, 1985-1989
Ewige Tabelle: Platz 14
Stadion: Stadion Alte Försterei
Titel: FDGB-Pokalsieger: 1968

Vereinsnamen: SG Union Oberschöneweide (1945-1951), BSG Motor Oberschöneweide (1951-1955), SC Motor Berlin (1955-1957), TSC Oberschöneweide (1957-1963), TSC Berlin (1963-1966), 1. FC Union Berlin (seit 1966)

Berliner FC Dynamo

Gründung: 1966
OL-Zugehörigkeit: 1954-1956, 1958-1967, 1968-1991
Ewige Tabelle: Platz 2
Stadion: Friedrich-Ludwig-Jahn-Sportpark
Titel: DDR-Meister: 1979, 1980, 1981, 1982, 1983, 1984, 1985, 1986, 1987, 1988
FDGB-Pokalsieger: 1959, 1988, 1989
Vereinsnamen: SC Dynamo Berlin (1954-1966), Berliner FC Dynamo (1966-1990), FC Berlin (1990-1999), Berliner FC Dynamo (seit 1999)

BSG Fortschritt Bischofswerda

Gründung: 1970
OL-Zugehörigkeit: 1986/87, 1989/90
Ewige Tabelle: Platz 37
Stadion: Stadion der Jugend (seit 1995: Wesenitz-sportpark)
Titel: –
Vereinsnamen: BSG Stahl Bischofswerda / Einheit Bischofswerda / Motor Süd Bischofswerda (1945-1951), BSG Motor Bischofswerda (1951-1970), BSG Fortschritt Bischofswerda (1970-1990), FV Fortschritt Bischofswerda e. V. (1990-1991), Bischofswerdaer Fußballverein 1908 e. V. (seit 1991)

BSG Chemie Böhlen

Gründung: 1969
OL-Zugehörigkeit: 1977-1979, 1980/81, 1982/83
Ewige Tabelle: Platz 30
Stadion: Stadion an der Jahnbaude
Titel: –
Vereinsnamen: BSG Brennstoff Böhlen (1949-1951), Aktivist Böhlen Mitte (1951-1952), BSG Aktivist Böhlen (1952-1968), BSG Chemie Böhlen (1969-1990), FC Sachsen Leipzig (Fusion mit Chemie Leipzig) (seit 1990)

BSG Stahl Brandenburg

Gründung: 1950
OL-Zugehörigkeit: 1984-1991
Ewige Tabelle: Platz 22
Stadion: Stahl-Stadion (seit 1993: Stadion am Quenz)
Titel: –
Vereinsnamen: BSG Einheit Brandenburg (1950-1955), BSG Stahl Brandenburg (1955-1990), BSV Stahl Brandenburg (1990-1992), BSV Brandenburg (1993-1998), FC Stahl Brandenburg (seit 1998)

SC Aktivist Brieske-Senftenberg

Gründung: 1954
OL-Zugehörigkeit: 1949-1963
Ewige Tabelle: Platz 15
Stadion: Elster-Kampfbahn, Glückauf-Stadion
Titel: –
Vereinsnamen: SG Marga (1945-1949), BSG „Franz Mehring" Marga (1949-1950), BSG Aktivist Brieske-Ost (1950-1954), SC Aktivist Brieske-Senftenberg (1954-1963), BSG Aktivist Brieske-Senftenberg (1963-1990), Glückauf Brieske-Senftenberg (seit 1990)

BSG Energie Cottbus

Gründung: 1966
OL-Zugehörigkeit: 1973/74, 1975/76, 1981/82, 1986/87, 1988-1991
Ewige Tabelle: Platz 26
Stadion: Stadion der Freundschaft (Cottbus)
Titel: –
Vereinsnamen: SC Cottbus (1963-1966), BSG Energie Cottbus (1966-1990), FC Energie Cottbus (seit 1990)

BSG Motor Dessau

Gründung: 1950
OL-Zugehörigkeit: 1949-1954
Ewige Tabelle: Platz 23
Stadion: Sportplatz Schillerpark, Paul-Greifzu-Stadion
Titel: –
Vereinsnamen: SG Dessau Nord (1945-1948), BSG Waggonbau Dessau (1948-1950), BSG Motor Dessau (1950-1989), SG Waggonbau 05 (1989-1995), SV Dessau 05 (seit 1995)

SC Einheit Dresden

Gründung: 1954
OL-Zugehörigkeit: 1950-1962
Ewige Tabelle: Platz 18
Stadion: Heinz-Steyer-Stadion
Titel: FDGB-Pokalsieger: 1958
Vereinsnamen: SG Mickten (1945-1950), BSG Sachsenverlag Dresden (1950-1951), BSG Rotation Dresden (1951-1954), SC Einheit Dresden (1954-1966), FSV Lokomotive Dresden (1966-1990), Dresdner SC 1898 (seit 1990)

SG Dynamo Dresden

Gründung: 1953
OL-Zugehörigkeit: 1950-1954, 1962/63, 1964-1968, 1969-1991
Ewige Tabelle: Platz 3
Stadion: Rudolf-Harbig-Stadion (1971-1990: Dynamo-Stadion)
Titel: DDR-Meister: 1953, 1971, 1973, 1976, 1977, 1978, 1989, 1990
FDGB-Pokalsieger: 1952, 1971, 1977, 1982, 1984, 1985, 1990
Vereinsnamen: SG Volkspolizei Dresden (1950-1953), SG Dynamo Dresden (1953-1990), 1. FC Dynamo Dresden (seit 1990)

SG Dresden-Friedrichstadt

Gründung: 1945
OL-Zugehörigkeit: 1949/50
Ewige Tabelle: Platz 36
Auflösung: 1950
Stadion: Heinz-Steyer-Stadion
Titel: –

BSG Stahl Eisenhüttenstadt

Gründung: 1960
OL-Zugehörigkeit: 1969/70, 1989-1991
Ewige Tabelle: Platz 31
Stadion: Sportplatz der Hüttenwerker
Titel: –
Vereinsnamen: BSG Stahl Fürstenberg (1950-1953), BSG Stahl Stalinstadt (1953-1959), BSG Stahl Eisenhüttenstadt (1960-1990), Eisenhüttenstädter FC Stahl (seit 1990)

FC Rot-Weiß Erfurt

Gründung: 1966
OL-Zugehörigkeit: 1949-1959, 1961-1964, 1965/66, 1967-1971, 1972-1991
Ewige Tabelle: Platz 6
Stadion: Georgi-Dimitroff-Stadion (Erfurt)
Titel: DDR-Meister: 1954, 1955
Vereinsnamen: SG Erfurt West (1946-1948), SG Fortuna Erfurt (1948-1949), BSG KWU Erfurt (1949-1951), BSG Turbine Erfurt (1951-1954), SC Turbine Erfurt (1954-1966), FC Rot-Weiß Erfurt (seit 1966)

FC Vorwärts Frankfurt / FC Vorwärts Berlin

Gründung: 1966
OL-Zugehörigkeit: 1951-1953, 1954-1978, 1979-1988, 1990/91
Ewige Tabelle: Platz 5
Stadion: Friedrich-Ludwig-Jahn-Sportpark (Berlin), Stadion der Freundschaft (Frankfurt/Oder)
Titel: DDR-Meister: 1958, 1960, 1962, 1965, 1966, 1969
FDGB-Pokalsieger: 1954, 1970

Vereinsnamen: KVP Vorwärts Leipzig (1951-1953), ZSK Vorwärts Berlin (1953-1954), ASK Vorwärts Berlin (1954-1966), FC Vorwärts Berlin (1966-1971), FC Vorwärts Frankfurt (1971-1991), FC Victoria 91 Frankfurt (1991-1992), Frankfurter FC Victoria (seit 1992)

BSG Wismut Gera

Gründung: 1951
OL-Zugehörigkeit: 1949-1953, 1966/67, 1977/78
Ewige Tabelle: Platz 27
Stadion: Stadion der Freundschaft (Gera)
Titel: –

Vereinsnamen: SG Gera-Pforten (1945-1949), BSG Gera Süd (1949-1950), BSG Mechanik Gera (Fusion mit RFT Gera) (1950-1951), BSG Motor Gera (1951-1953), BSG Wismut Gera (1953-1990), FSV Wismut Gera (1990-1993), 1. SV Gera (seit 1993)

Hallescher FC Chemie

Gründung: 1966
OL-Zugehörigkeit: 1949-1955, 1957-1958, 1960-1964, 1965-1973, 1974-1984, 1987-1991
Ewige Tabelle: Platz 9
Stadion: Kurt-Wabbel-Stadion
Titel: DDR-Meister: 1949, 1952
FDGB-Pokalsieger: 1956, 1962

Vereinsnamen: SG Halle-Glaucha (1945-1948), SG Freiimfelde Halle (1948-1949), ZSG Union Halle (1949-1950), BSG Turbine Halle (1950-1954), SC Chemie Halle-Leuna (1954-1958), SC Chemie Halle (1958-1966), Hallescher FC Chemie (1966-1991), Hallescher FC (seit 1991)

FC Carl Zeiss Jena

Gründung: 1966
OL-Zugehörigkeit: 1952-1954, 1957-1991
Ewige Tabelle: Platz 1
Stadion: Ernst-Abbe-Sportfeld
Titel: DDR-Meister: 1963, 1968, 1970
FDGB-Pokalsieger: 1960, 1972, 1974, 1980

Vereinsnamen: SG Ernst Abbe Jena (1945-1948), SG Stadion Jena (1948-1949), BSG Carl Zeiss Jena (1949-1951), BSG Motor Jena (1951-1954), SC Motor Jena (1954-1966), FC Carl Zeiss Jena (seit 1966)

FC Karl-Marx-Stadt

Gründung: 1966
OL-Zugehörigkeit: 1954-1957, 1962-1970, 1971-1990
Ewige Tabelle: Platz 12
Stadion: Dr. Kurt-Fischer-Stadion (seit 1996: Arena an der Gellertstraße), Ernst-Thälmann-Stadion (Karl-Marx-Stadt; seit 1991: Sportforum Chemnitz)

Titel: DDR-Meister: 1967
Vereinsnamen: SG Chemnitz Nord (1945-1950), BSG FEWA Chemnitz (1950-1951), BSG Chemie Chemnitz (1951-1953), BSG Chemie Karl-Marx-Stadt (1953-1956), SC Motor Karl-Marx-Stadt (1956-1963), SC Karl-Marx-Stadt (1963-1966), FC Karl-Marx-Stadt (1966-1990), Chemnitzer FC (seit 1990)

BSG Empor Lauter

Gründung: 1946
OL-Zugehörigkeit: 1952-1954
Ewige Tabelle: Platz 32
Stadion: Kampfbahn des Friedens (Schwarzenberg)
Titel: –
Vereinsnamen: SG Lauter (1946-1949), BSG Freiheit Wismut Lauter (1950-1951), BSG Empor Lauter (1951-1954), BSG Empor Rostock (1954-1965), FC Hansa Rostock (seit 1965)

1. FC Lokomotive Leipzig

Gründung: 1966
OL-Zugehörigkeit: 1953-1969, 1970-1991
Ewige Tabelle: Platz 11
Stadion: Bruno-Plache-Stadion
Titel: FDGB-Pokalsieger: 1976, 1981, 1986, 1987
Vereinsnamen: SG Leipzig-Probstheida (1945-1948), BSG Erich Zeigner Leipzig (1948-1950), BSG Einheit Ost Leipzig (1950-1954), SC Rotation Leipzig (1954-1963), SC Leipzig (Fusion mit SC Lokomotive Leipzig) 1963-1966, 1. FC Lokomotive Leipzig (1966-1991), VfB Leipzig (seit 1991)

4:0

BSG Chemie Leipzig

Gründung: 1950
OL-Zugehörigkeit: 1949-1971, 1972-1974, 1975/76, 1979/80, 1983-1985
Ewige Tabelle: Platz 13
Stadion: Georg-Schwarz-Sportpark (seit 1992: Alfred-Kunze-Sportpark)
Titel: DDR-Meister: 1951, 1964
FDGB-Pokalsieger: 1957, 1966
Vereinsnamen: SG Leipzig-Leutzsch (1945-1948), ZSG Industrie Leipzig (Fusion mit Lindenau-Aue, Lindenau-Hafen, Leipzig Mitte, Böhlitz-Ehrenberg) (1948-1950), BSG Chemie Leipzig (1950-1954), SC Lokomotive Leipzig (1954-1963), BSG Chemie Leipzig (Fusion mit SC Rotation Leipzig) (1963-1990), FC Grün-Weiß Leipzig (1990), FC Sachsen Leipzig (Fusion mit BSG Chemie Böhlen) (seit 1990)

FC Sachsen Leipzig

Gründung: 1990 (Fusion von BSG Chemie Böhlen und FC Grün-Weiß Leipzig)
OL-Zugehörigkeit: 1990/91
Ewige Tabelle: Platz 41
Stadion: Georg-Schwarz-Sportpark (seit 1992: Alfred-Kunze-Sportpark)
Titel: –

SG Lichtenberg 47

Gründung: 1947
OL-Zugehörigkeit: 1950/51
Ewige Tabelle: Platz 43
Stadion: Hans-Zoschke-Stadion
Titel: –
Vereinsnamen: SG Lichtenberg 47 (1947-1969), BSG EAB Lichtenberg 47 (1969-1979), BSG EAB 47 Berlin (1979-1990), SV Lichtenberg 47 (seit 1990)

1. FC Magdeburg

Gründung: 1965
OL-Zugehörigkeit: 1960-1966, 1967-1991
Ewige Tabelle: Platz 7
Stadion: Ernst-Grube-Stadion (Magdeburg)
Titel: DDR-Meister: 1972, 1974, 1975
FDGB-Pokalsieger: 1964, 1965, 1969, 1973, 1978, 1979, 1983
Europapokal-Sieger: 1974
Vereinsnamen: SG Sudenburg (1945-1948), SG Eintracht Sudenburg (1948-1950), BSG Krupp-Gruson Magdeburg (Fusion mit Lemsdorf) (1950-1951), BSG Stahl Magdeburg (1951-1952), BSG Motor Magdeburg (1952-1953), BSG Motor Mitte Magdeburg (1953-1957), SC Aufbau Magdeburg (1957-1965), 1. FC Magdeburg (seit 1965)

BSG Fortschritt Meerane

Gründung: 1950
OL-Zugehörigkeit: 1949-1951, 1953-1955
Ewige Tabelle: Platz 25
Stadion: Karl-Liebknecht-Sportplatz (seit 1991: Richard-Hofmann-Stadion)
Titel: –
Vereinsnamen: SG Meerane (1946-1949), BSG Einheit Meerane (1949-1950), BSG Fortschritt Meerane (1950-1990), Meeraner SV (seit 1990)

SC Neubrandenburg

Gründung: 1950
OL-Zugehörigkeit: 1964/65
Ewige Tabelle: Platz 42
Stadion: Günter-Harder-Stadion
Titel: –
Vereinsnamen: SG „Fritz Reuter" Neubrandenburg (1948-1950), BSG Energie Neubrandenburg (1950-1953), BSG Turbine Neubrandenburg (1953-1962), SC Neubrandenburg (1962-1966), BSG Post „Walter Block", Neubrandenburg (1966-1990), MSV Post Neubrandenburg (1990-1991), SV Post Telekom Neubrandenburg (1991-1993), FC Neubrandenburg (seit 1993)

BSG Einheit Pankow

Gründung: 1951
OL-Zugehörigkeit: 1950-1952
Ewige Tabelle: Platz 40
Stadion: Paul-Zobel-Sportplatz
Titel: –
Vereinsnamen: SG Pankow Nord (1945-1949), VfB Pankow (1949-1951), BSG Einheit Pankow (1951-1990), PSV Einheit Pankow (1990-1991), VfB Einheit zu Pankow 1893 (seit 1991)

BSG Stahl Riesa

Gründung: 1948
OL-Zugehörigkeit: 1968-1972, 1973-1977, 1978-1981, 1983-1988
Ewige Tabelle: Platz 17
Stadion: Ernst-Grube-Stadion (Riesa)
Titel: –
Vereinsnamen: Stahlwerk Riesa (1945-1948), BSG Stahl Riesa (1948-1990), SV Stahl Riesa (1990-1992), Riesaer SV (seit 1992)

FC Hansa Rostock

Gründung: 1965
OL-Zugehörigkeit: 1954-1956, 1958-1975, 1976/77, 1978/79, 1980-1986, 1987-1991
Ewige Tabelle: Platz 10
Stadion: Ostseestadion
Titel: DDR-Meister: 1991
FDGB-Pokalsieger: 1991
Vereinsnamen: BSG Empor Lauter (1951-1954), SC Empor Rostock (1954-1965), FC Hansa Rostock (seit 1965)

BSG Chemie Buna Schkopau

Gründung: 1948
OL-Zugehörigkeit: 1981/82
Ewige Tabelle: Platz 45
Stadion: Stadion der Chemiearbeiter
Titel: –
Vereinsnamen: BSG Chemie Buna Schkopau (1948-1990), SV Buna Schkopau (1990-1991), SV Merseburg 99 (seit 1991)

SG Vorwärts Schwerin

Gründung: 1947
OL-Zugehörigkeit: 1949/50
Ewige Tabelle: Platz 44
Auflösung: 1968
Stadion: Sportpark am Burgsee

Titel: –
Vereinsnamen: SG Schwerin (1947-1949), SG Vorwärts Schwerin (1949-1952), BSG Einheit Schwerin (1952-1956), ASG Vorwärts Schwerin (1957-1968)

BSG Motor Steinach

Gründung: 1945
OL-Zugehörigkeit: 1963-1965
Ewige Tabelle: Platz 33
Stadion: Stadion am Fellberg
Titel: –

Vereinsnamen: SG Steinach (1945-1950), BSG Mechanik Steinach (1950-1951), BSG Stahl Steinach (1951-1952), BSG Motor Steinach (1952-1990), SV 08 Steinach (seit 1990)

BSG Lokomotive Stendal

Gründung: 1949
OL-Zugehörigkeit: 1949-1954, 1955-1957, 1959, 1961/62, 1963-1968
Ewige Tabelle: Platz 16
Stadion: Wilhelm-Helfers-Kampfbahn (seit 2000: Stadion Am Hölzchen)

Titel: –
Vereinsnamen: BSG Hans Wendler Stendal (1949-1950), BSG Lokomotive Stendal (1950-1989), FSV Lok Altmark Stendal (1990-2003), 1. FC Lok Stendal (seit 2003)

ASG Vorwärts Stralsund

Gründung: 1967
OL-Zugehörigkeit: 1971/72, 1974/75
Ewige Tabelle: Platz 38
Stadion: Stadion der Freundschaft (Stralsund)
Titel: –

Vereinsnamen: Sturmvogel Parow (1952-1956), SV der KVP „Vorwärts See“ Rostock (1956-1957), ASK Vorwärts Rostock (1957-1958), ASG Vorwärts Rostock (1958-1967), ASG Vorwärts Stralsund (1967-1989)
Nachfolgeverein: FC Pommern Stralsund (seit 1994)

BSG Motor Suhl

Gründung: 1951
OL-Zugehörigkeit: 1950-54
Ewige Tabelle: Platz 46
Stadion: Sportpark der Freundschaft (seit 1991: Auenstadion)
Titel: –

Vereinsnamen: BSG Fortschritt Suhl (1949-1950), ZSG Suhl (1950-1952), BSG Motor Mitte Suhl (1952-1957), BSG Motor Suhl (1957-1962), BSG Motor Mitte Suhl (1962-1969), BSG Motor „Ernst Thälmann“ Suhl (1969), BSG Motor Suhl (Fusion mit Motor Simon Suhl) (1969-1991), 1. Suhler SV 06 (seit 1991)

BSG Stahl Thale

Gründung: 1951
OL-Zugehörigkeit: 1950-1954
Ewige Tabelle: Platz 24
Stadion: Sportplatz Thale
Titel: FDGB-Pokalsieger: 1950

Vereinsnamen: KWU Thale, BSG EHW Thale (1946-1951), BSG Stahl Thale (1951-1990), SV Stahl Thale e.V. (1990-1992), SpVgg Thale 04 (1992-2001), SV Thale 04 (seit 2001)

BSG Turbine Weimar

Gründung: 1948
OL-Zugehörigkeit: 1950/51
Ewige Tabelle: Platz 39
Stadion: Sportplatz Lindenberg
Titel: -

Vereinsnamen: Weimar Ost (1946-1948), KWU Weimar (1948-1950), BSG Turbine Weimar (1950-1955), Lokomotive Weimar (1955-1961), BSG Motor Weimar (1961-1990), SV Motor Weimar (1990-1991), SC Weimar 1903 (seit 1992)

SC Fortschritt Weißenfels

Gründung: 1951
OL-Zugehörigkeit: 1955-1960
Ewige Tabelle: Platz 28
Stadion: Otto-Müller-Kampfbahn (seit 1992: Stadion an der Beuditzstraße)
Titel: –

Vereinsnamen: Weißenfels Süd (1945-1946), ZSG Schuhmetro Weißenfels (1946-1951), BSG Fortschritt Weißenfels (1951-1954), SC Fortschritt Weißenfels (1954-1960), BSG Fortschritt Weißenfels (1961-1991), SC 1861 Weißenfels (1991-1992), 1. FC Weißenfels (seit 1992)

BSG Motor Wismar

Gründung: 1948
OL-Zugehörigkeit: 1949/50, 1951/52
Ewige Tabelle: Platz 35
Stadion: Jahnsportplatz
Titel: –

Vereinsnamen: Wismar Süd (1948-1949), ZSG Anker Wismar (1949-1951), BSG Motor Wismar (1951-1961), TSG Wismar (Fusion mit BSG Aufbau Wismar) (1961-1997), FC Anker Wismar (seit 1997)

BSG Chemie Zeitz

Gründung: 1949
OL-Zugehörigkeit: 1959-1960
Ewige Tabelle: Platz 34
Stadion: Ernst-Thälmann-Stadion (Zeitz)

Titel: –
Vereinsnamen: BSG Hydrierwerk Zeitz (1949-1950), BSG Chemie Zeitz (1950-1990), SG Chemie Zeitz (1990-1994), 1. FC Zeitz (seit 1994)

BSG Sachsenring Zwickau

Gründung: 1949
OL-Zugehörigkeit: 1949-1983, 1985/86, 1988/89
Ewige Tabelle: Platz 8
Stadion: Georgi-Dimitroff-Stadion (seit 1991: Westsachsenstadion)
Titel: DDR-Meister: 1948, 1950
FDGB-Pokalsieger: 1963, 1967, 1975

Vereinsnamen: ZSG Horch Zwickau (Fusion von SG Planitz, Zwickau-Mitte, Cainsdorf) (1949-1950), BSG Motor Zwickau (1950-1968), BSG Sachsenring Zwickau (1968-1990), FSV Zwickau (seit 1990)

DDR-VEREINSFUSSBALL – FRAUEN

DFV-Frauenfußball-Bestenermittlung

Meisterliste

Saison	Verein
1978/79	BSG Motor Mitte Karl-Marx-Stadt
1979/80	BSG Wismut Karl-Marx-Stadt
1980/81	BSG Turbine Potsdam
1981/82	BSG Turbine Potsdam
1982/83	BSG Turbine Potsdam
1983/84	BSG Motor Halle
1984/85	BSG Turbine Potsdam

Saison	Verein
1985/86	BSG Turbine Potsdam
1986/87	BSG Rotation Schlema
1987/88	BSG Rotation Schlema
1988/89	BSG Turbine Potsdam
1989/90	BSG Post Rostock
1990/91	Uni SV Jena

Die Abschlusstabellen der Endrundenturniere der DFV-Frauenfußball-Bestenermittlung

Saison 1978/79

Verein	Sp.	S	U	N	Tore	Pkt.
1. **Motor Mitte KMS**	3	2	1	0	3:0	5-1
2. Aufbau Dresden-Ost	3	1	2	0	2:0	4-2
3. Post Rostock	3	1	0	2	3:3	2-4
4. Chemie Wolfen	3	0	1	2	0:5	1-5

Saison 1979/80

Verein	Sp.	S	U	N	Tore	Pkt.
1. **Wismut KMS**	4	2	1	1	7:4	5-3
2. Aufbau Dresden-Ost	4	1	2	1	2:2	4-4
3. Chemie Wolfen	4	1	2	1	2:2	4-4
4. Chemie PCK Schwedt	4	2	0	2	4:6	4-4
5. Post Rostock	4	1	1	2	3:4	3-5

Saison 1980/81

Verein	Sp.	S	U	N	Tore	Pkt.
1. **Turbine Potsdam**	4	4	0	0	12:2	8-0
2. Chemie Wolfen	4	2	0	2	5:4	4-4
3. Chemie Leipzig	4	2	0	2	3:4	4-4
4. Aufbau Dresden-Ost	4	1	0	3	5:7	2-6
5. EAB Berlin 47	4	1	0	3	3:11	2-6

Saison 1981/82

Verein	Sp.	S	U	N	Tore	Pkt.
1. **Turbine Potsdam**	4	4	0	0	11:0	8-0
2. Chemie PCK Schwedt	4	2	1	1	7:4	5-3
3. Chemie Leipziag	4	2	1	1	4:3	5-3
4. Fortschritt Erfurt	4	1	0	3	3:10	2-6
5. Chemie Wolfen	4	0	0	4	2:10	0-8

Saison 1982/83

Verein	Sp.	S	U	N	Tore	Pkt.
1. **Turbine Potsdam**	4	3	1	0	7:0	7-1
2. Wismut KMS	4	2	0	2	3:3	4-4
3. Chemie PCK Schwedt	4	1	2	1	3:3	4-4
4. EAB Berlin 47	4	1	1	2	3:9	3-5
5. Fortschritt Erfurt	4	1	0	3	4:5	2-6

Saison 1983/84

Verein	Sp.	S	U	N	Tore	Pkt.
1. **Motor Halle**	4	2	1	1	6:3	5-3
2. Turbine Potsdam	4	1	3	0	4:1	5-3
3. Rotation Schlema	4	1	3	0	3:1	5-3
4. Post Rostock	4	0	3	1	1:4	3-5
5. Chemie Leipzig	4	0	2	2	0:5	2-6

Endspiele der DFV-Frauenfußball-Bestenermittlung

Saison	Datum	Begegnung	Erg.
1984/85	06.10.1985	**BSG Turbine Potsdam** - BSG Wismut KMS	2:0
1985/86	21.06.1986	**BSG Turbine Potsdam** - BSG Motor Halle	4:1
1986/87	28.06.1987	**BSG Rotation Schlema** - BSG Wismut KMS	4:1
1987/88	05./12.06.1988	**BSG Rotation Schlema** - BSG Turbine Potsdam	3:0 / 1:3
1988/89	21./28.06.1989	**BSG Turbine Potsdam** - BSG Rotation Schlema	3:1 / 2:3
1989/90	18.06./02.07.1990	**BSG Post Rostock** - BSG Wismut Chemnitz	6:1 / 4:2

Abschlusstabelle der NOFV-Frauen-Oberliga

Saison 1990/91

Verein	Sp.	S	U	N	Tore	Pkt.
1. **Uni SV Jena**	18	15	1	2	49:5	31-5
2. FC Wismut Aue	18	14	1	3	67:15	29-7
3. Turbine Potsdam	18	12	4	2	59:24	28-8
4. Post SV Rostock	18	12	2	4	44:13	26-10
5. Wismut Chemnitz	18	5	5	8	24:31	15-21
6. SG Motor Halle	18	5	4	9	15:38	14-22
7. Johannst. Dresden	18	5	3	10	20:34	13-23
8. 1. FC Union Berlin	18	5	2	11	14:43	12-24
9. Fortschritt Erfurt	18	2	2	14	13:53	6-30
10. Handw. Magdeburg	18	2	2	14	14:63	6-30

FDGB-Pokal

Siegerliste

Saison	Verein
1986/87	BSG Rotation Schlema
1987/88	BSG Wismut Karl-Marx-Stadt
1988/89	BSG Rotation Schlema
1989/90	BSG Post Rostock
1990/91	FC Wismut Aue

DDR-NATIONALFUSSBALL – MÄNNER

Alle Länderspiele der Nationalmannschaft

		Dat.	Ort	Gegner	Erg.
1952					
1		21.09.	Warschau	Polen	0:3
2		26.10.	Bukarest	Rumänien	1:3
1953					
3		14.06.	Dresden	Bulgarien	0:0
1954					
4		08.05.	Ost-Berlin	Rumänien	0:1
5		26.09.	Rostock	Polen	0:1
6		24.10.	Sofia	Bulgarien	1:3
1955					
7		18.09.	Bukarest	Rumänien	3:2
8		20.11.	Ost-Berlin	Bulgarien	1:0
1956					
9		22.07.	Chorzow	Polen	2:0
10		20.09.	Karl-Marx-Stadt	Indonesien	3:1
11		14.10.	Sofia	Bulgarien	1:3
1957					
12		10.03.	Ost-Berlin	Luxemburg	3:0
13	WQ	19.05.	Leipzig	Wales	2:1
14	WQ	16.06.	Brünn	Tschechosl.	1:3
15	WQ	25.09.	Cardiff	Wales	1:4
16	WQ	27.10.	Leipzig	Tschechosl.	1:4
1958					
17		04.05.	Tirana	Albanien	1:1
18		29.06.	Rostock	Polen	1:1
19		13.08.	Oslo	Norwegen	5:6
20		14.09.	Leipzig	Rumänien	3:2
21		05.10.	Ost-Berlin	Bulgarien	1:1
22		02.11.	Leipzig	Norwegen	4:1
1959					
23		11.02.	Djakarta	Indonesien	2:2
24		01.05.	Dresden	Ungarn	0:1
25	EQ	21.06.	Ost-Berlin	Portugal	0:2
26	EQ	28.06.	Porto	Portugal	2:3
27		12.08.	Leipzig	Tschechosl.	2:1
28		06.09.	Helsinki	Finnland	2:3
1960					
29		10.07.	Sofia	Bulgarien	0:2
30		17.08.	Leipzig	Sowjetunion	0:1
31		30.10.	Rostock	Finnland	5:1
32		04.12.	Tunis	Tunesien	3:0
33		11.12.	Casablanca	Marokko	3:2
1961					
34	WQ	16.04.	Budapest	Ungarn	0:2
35	WQ	14.05.	Leipzig	Niederlande	1:1
36		28.05.	Kopenhagen	Dänemark	1:1
37		21.06.	Erfurt	Marokko	1:2
38	WQ	10.09.	Ost-Berlin	Ungarn	2:3
39		22.10.	Warschau	Polen	1:3
40		10.12.	Casablanca	Marokko	0:2

>>

<<

		Dat.	Ort	Gegner	Erg.
1962					
41		03.05.	Moskau	Sowjetunion	1:2
42		16.05.	Belgrad	Jugoslawien	1:3
43		23.05.	Leipzig	Dänemark	4:1
44		16.09.	Leipzig	Jugoslawien	2:2
45		14.10.	Dresden	Rumänien	3:2
46	EQ	21.11.	Ost-Berlin	Tschechosl.	2:1
47		09.12.	Bamako	Mali	2:1
48		16.12.	Conakry	Guinea	3:2
1963					
49	EQ	31.03.	Prag	Tschechosl.	1:1
50		12.05.	Bukarest	Rumänien	2:3
51		02.06.	Leipzig	England	1:2
52		04.09.	Magdeburg	Bulgarien	1:1
53	EQ	19.10.	Ost-Berlin	Ungarn	1:2
54	EQ	03.11.	Budapest	Ungarn	3:3
55		17.12.	Rangun	Burma	5:1
1964					
56		12.01.	Colombo	Sri Lanka	12:1
57		23.02.	Accra	Ghana	0:3
1965					
58		03.01.	Montevideo	Uruguay	2:0
59	WQ	25.04.	Wien	Österreich	1:1
60	WQ	23.05.	Leipzig	Ungarn	1:1
61		04.09.	Warna	Bulgarien	2:3
62	WQ	09.10.	Budapest	Ungarn	2:3
63	WQ	31.10.	Leipzig	Österreich	1:0
1966					
64		27.04.	Leipzig	Schweden	4:1
65		02.07.	Leipzig	Chile	5:2
66		04.09.	Karl-Marx-Stadt	Ägypten	6:0
67		11.09.	Erfurt	Polen	2:0
68		21.09.	Gera	Rumänien	2:0
69		23.10.	Moskau	Sowjetunion	2:2
1967					
70	EQ	05.04.	Leipzig	Niederlande	4:3
71		17.05.	Helsingborg	Schweden	1:0
72	EQ	04.06.	Kopenhagen	Dänemark	1:1
73	EQ	13.09.	Amsterdam	Niederlande	0:1
74	EQ	27.09.	Budapest	Ungarn	1:3
75	EQ	11.10.	Leipzig	Dänemark	3:2
76	EQ	29.10.	Leipzig	Ungarn	1:0
77	OQ	18.11.	Ost-Berlin	Rumänien	1:0
78	OQ	06.12.	Bukarest	Rumänien	1:0
1968					
79		02.02.	Santiago	Tschechosl.	2:2
80		20.10.	Stettin	Polen	1:1
1969					
81	WQ	29.03.	Ost-Berlin	Italien	2:2
82	WQ	16.04.	Dresden	Wales	2:1
83		22.06.	Magdeburg	Chile	0:1

		Dat.	Ort	Gegner	Erg.
84		09.07.	Rostock	Ägypten	7:0
85		25.07.	Leipzig	Sowjetunion	2:2
86	WQ	22.10.	Cardiff	Wales	3:1
87	WQ	22.11.	Neapel	Italien	0:3
88		08.12.	Bagdad	Irak	1:1
89		19.12.	Kairo	Ägypten	3:1
1970					
90		16.05.	Krakau	Polen	1:1
91		26.07.	Jena	Irak	5:0
92		06.09.	Rostock	Polen	5:0
93	EQ	11.11.	Dresden	Niederlande	1:0
94	EQ	15.11.	Luxemburg	Luxemburg	5:0
95		29.11.	London	England	1:3
1971					
96		02.02.	Santiago	Chile	1:0
97		08.02.	Montevideo	Uruguay	3:0
98		15.02.	Montevideo	Uruguay	1:1
99	EQ	24.04.	Gera	Luxemburg	2:1
100	EQ	09.05.	Leipzig	Jugoslawien	1:2
101		16.08.	Guadalajara	Mexiko	1:0
102		18.09.	Leipzig	Mexiko	1:1
103		25.09.	Ost-Berlin	Tschechosl.	1:1
104	EQ	10.10.	Rotterdam	Niederlande	2:3
105	EQ	16.10.	Belgrad	Jugoslawien	0:0
1972					
106		27.05.	Leipzig	Uruguay	1:0
107		31.05.	Rostock	Uruguay	0:0
108	OL	28.08.	München	Ghana	4:0
109	OL	01.09.	Nürnberg	Polen	1:2
110	OL	03.09.	Passau	Ungarn	0:2
111	OL	09.09.	München	Sowjetunion	2:2
112	WQ	07.10.	Dresden	Finnland	5:0
113		01.11.	Bratislava	Tschechosl.	3:1
1973					
114		15.02.	Bogota	Kolumbien	2:0
115		18.02.	Quito	Ecuador	1:1
116	WQ	07.04.	Magdeburg	Albanien	2:0
117		18.04.	Antwerpen	Belgien	0:3
118		16.05.	Karl-Marx-Stadt	Ungarn	2:1
119	WQ	27.05.	Bukarest	Rumänien	0:1
120	WQ	06.06.	Tampere	Finnland	5:1
121		17.07.	Reykjavik	Island	2:1
122		19.07.	Reykjavik	Island	2:0
123	WQ	26.09.	Leipzig	Rumänien	2:0
124		17.10.	Leipzig	Sowjetunion	1:0
125	WQ	03.11.	Tirana	Albanien	4:1
126		21.11.	Budapest	Ungarn	1:0
1974					
127		26.02.	Tunis	Tunesien	4:0
128		28.02.	Algier	Algerien	3:1
129		13.03.	Ost-Berlin	Belgien	1:0

>>

<<

		Dat.	Ort	Gegner	Erg.
130		27.03.	Dresden	Tschechosl.	1:0
131		23.05.	Rostock	Norwegen	1:0
132		29.05.	Leipzig	England	1:1
133	WM	14.06.	Hamburg	Australien	2:0
134	WM	18.06.	West-Berlin	Chile	1:1
135	WM	22.06.	Hamburg	Deutschland	1:0
136	WM	26.06.	Hannover	Brasilien	0:1
137	WM	30.06.	Gelsenkirchen	Niederlande	0:2
138	WM	03.07.	Gelsenkirchen	Argentinien	1:1
139		04.09.	Warschau	Polen	3:1
140		25.09.	Prag	Tschechosl.	1:3
141		09.10.	Frankfurt/ Oder	Kanada	2:0
142	EQ	12.10.	Magdeburg	Island	1:1
143		30.10.	Glasgow	Schottland	0:3
144	EQ	16.11.	Paris	Frankreich	2:2
145	EQ	07.12.	Leipzig	Belgien	0:0
1975					
146		26.03.	Ost-Berlin	Bulgarien	0:0
147		28.05.	Halle	Polen	1:2
148	EQ	05.06.	Reykjavik	Island	1:2
149		29.07.	Toronto	Kanada	3:0
150		31.07.	Ottawa	Kanada	7:1
151		03.09.	Moskau	Sowjetunion	0:0
152	EQ	27.09.	Brüssel	Belgien	2:1
153	EQ	12.10.	Leipzig	Frankreich	2:1
154	OQ	19.11.	Brünn	Tschechosl.	1:1
1976					
155	OQ	07.04.	Leipzig	Tschechosl.	0:0
156		21.04.	Cottbus	Algerien	5:0
157	OL	27.07.	Montreal	Sowjetunion	2:1
158	OL	31.07.	Montreal	Polen	3:1
159		22.09.	Ost-Berlin	Ungarn	1:1
160		27.10.	Sliven	Bulgarien	4:0
161	WQ	17.11.	Dresden	Türkei	1:1
1977					
162	WQ	02.04.	Valetta	Malta	1:0
163		27.04.	Bukarest	Rumänien	1:1
164		12.07.	Buenos Aires	Argentinien	0:2
165		28.07.	Leipzig	Sowjetunion	2:1
166		17.08.	Stockholm	Schweden	1:0
167		07.09.	Ost-Berlin	Schottland	1:0
168	WQ	24.09.	Wien	Österreich	1:1
169	WQ	12.10.	Leipzig	Österreich	1:1
170	WQ	29.10.	Babelsberg	Malta	9:0
171	WQ	16.11.	Izmir	Türkei	2:1
1978					
172		08.03.	Karl-Marx-Stadt	Schweiz	3:1
173		04.04.	Leipzig	Schweden	0:1
174		19.04.	Magdeburg	Belgien	0:0
175		30.08.	Erfurt	Bulgarien	2:2
176		06.09.	Leipzig	Tschechosl.	2:1
177	EQ	04.10.	Halle	Island	3:1
178	EQ	15.11.	Rotterdam	Niederlande	0:3
1979					
179		09.02.	Bagdad	Irak	1:1
180		11.02.	Bagdad	Irak	1:2
181		28.02.	Burgas	Bulgarien	0:1
182		28.03.	Budapest	Ungarn	0:3
183	EQ	18.04.	Leipzig	Polen	2:1
184	EQ	05.05.	St. Gallen	Schweiz	2:0
185		01.06.	Ost-Berlin	Rumänien	1:0
186		05.09.	Moskau	Sowjetunion	0:1
187	EQ	12.09.	Reykjavik	Island	3:0
188	EQ	26.09.	Chorzow	Polen	1:1
189	EQ	13.10.	Ost-Berlin	Schweiz	5:2
190	EQ	21.11.	Leipzig	Niederlande	2:3
1980					
191		13.02.	Malaga	Spanien	1:0
192		02.04.	Bukarest	Rumänien	2:2
193		16.04.	Leipzig	Griechenland	2:0
194		07.05.	Rostock	Sowjetunion	2:2
195		08.10.	Prag	Tschechosl.	1:0
196		15.10.	Leipzig	Spanien	0:0
197		19.11.	Halle	Ungarn	2:0
1981					
198	WQ	04.04.	Valetta	Malta	2:1
199		19.04.	Udine	Italien	0:0
200	WQ	02.05.	Chorzow	Polen	0:1
201		19.05.	Senftenberg	Kuba	5:0
202	WQ	10.10.	Leipzig	Polen	2:3
203	WQ	11.11.	Jena	Malta	5:1
1982					
204		26.01.	Natal	Brasilien	1:3
205		10.02.	Athen	Griechenland	1:0
206		02.03.	Bagdad	Irak	0:0
207		14.04.	Leipzig	Italien	1:0
208		11.05.	Moskau	Sowjetunion	0:1
209		19.05.	Halmstad	Schweden	2:2
210		08.09.	Reykjavik	Island	1:0
211		22.09.	Burgas	Bulgarien	2:2
212	EQ	13.10.	Glasgow	Schottland	0:2
213		17.11.	Karl-Marx-Stadt	Rumänien	4:1
1983					
214		10.02.	Tunis	Tunesien	2:0
215		23.02.	Dresden	Griechenland	2:1
216		16.03.	Magdeburg	Finnland	3:1
217	EQ	30.03.	Leipzig	Belgien	1:2
218		13.04.	Gera	Bulgarien	3:0
219	EQ	27.04.	Brüssel	Belgien	1:2
220	EQ	14.05.	Bern	Schweiz	0:0
221		26.07.	Leipzig	Sowjetunion	1:3

>>

<<

		Dat.	Ort	Gegner	Erg.
222		24.08.	Bukarest	Rumänien	0:1
223	EQ	12.10.	Ost-Berlin	Schweiz	3:0
224	EQ	16.11.	Halle	Schottland	2:1
1984					
225		15.02.	Athen	Griechenland	3:1
226		28.03.	Erfurt	Tschechosl.	2:1
227		11.08.	Ost-Berlin	Mexiko	1:1
228		29.08.	Gera	Rumänien	2:1
229		12.09.	Zwickau	Griechenland	1:0
230		19.09.	London	England	0:1
231		10.10.	Aue	Algerien	5:2
232	WQ	20.10.	Leipzig	Jugoslawien	2:3
233	WQ	17.11.	Esch	Luxemburg	5:0
234	WQ	08.12.	Paris	Frankreich	0:2
1985					
235		29.01.	Montevideo	Uruguay	0:3
236		06.02.	Guayaquil	Ecuador	3:2
237		13.03.	Batna	Algerien	1:1
238	WQ	06.04.	Sofia	Bulgarien	0:1
239		17.04.	Frankfurt/ Oder	Norwegen	1:0
240		08.05.	Kopenhagen	Dänemark	1:4
241	WQ	18.05.	Babelsberg	Luxemburg	3:1
242		14.08.	Oslo	Norwegen	1:0
243	WQ	11.09.	Leipzig	Frankreich	2:0
244	WQ	28.09.	Belgrad	Jugoslawien	2:1
245		16.10.	Glasgow	Schottland	0:0
246	WQ	16.11.	Karl-Marx-Stadt	Bulgarien	2:1
1986					
247		14.02.	San Jose	Mexiko	2:1
248		19.02.	Braga	Portugal	3:1
249		12.03.	Leipzig	Niederlande	0:1
250		26.03.	Athen	Griechenland	0:2
251		09.04.	Goiania	Brasilien	0:3
252		23.04.	Nitra	Tschechosl.	0:2
253		20.08.	Lahti	Finnland	0:1
254		10.09.	Leipzig	Dänemark	0:1
255	EQ	24.09.	Oslo	Norwegen	0:0
256	EQ	29.10.	Karl-Marx-Stadt	Island	2:0
257	EQ	19.11.	Leipzig	Frankreich	0:0

		Dat.	Ort	Gegner	Erg.
1987					
258		25.03.	Istanbul	Türkei	1:3
259	EQ	29.04.	Kiew	Sowjetunion	0:2
260		13.05.	Brandenburg	Tschechosl.	2:0
261	EQ	03.06.	Reykjavik	Island	6:0
262		28.07.	Leipzig	Ungarn	0:0
263		19.08.	Lubin	Polen	0:2
264		23.09.	Gera	Tunesien	2:0
265	EQ	10.10.	Ost-Berlin	Sowjetunion	1:1
266	EQ	28.10.	Magdeburg	Norwegen	3:1
267	EQ	18.11.	Paris	Frankreich	1:0
1988					
268		27.01.	Valencia	Spanien	0:0
269		02.03.	Mohammedia	Marokko	1:2
270		30.03.	Halle	Rumänien	3:3
271		13.04.	Burgas	Bulgarien	1:1
272		31.08.	Ost-Berlin	Griechenland	1:0
273		21.09.	Cottbus	Polen	1:2
274	WQ	19.10.	Ost-Berlin	Island	2:0
275	WQ	30.11.	Istanbul	Türkei	1:3
1989					
276		13.02.	Kairo	Ägypten	4:0
277		08.03.	Athen	Griechenland	2:3
278		22.03.	Dresden	Finnland	1:1
279	WQ	12.04.	Magdeburg	Türkei	0:2
280	WQ	26.04.	Kiew	Sowjetunion	0:3
281	WQ	20.05.	Leipzig	Österreich	1:1
282		23.08.	Erfurt	Bulgarien	1:1
283	WQ	06.09.	Reykjavik	Island	3:0
284	WQ	08.10.	Karl-Marx-Stadt	Sowjetunion	2:1
285		25.10.	Valetta	Malta	4:0
286	WQ	15.11.	Wien	Österreich	0:3
1990					
287		24.01.	Kuwait	Frankreich	0:3
288		29.01.	Kuwait	Kuwait	2:1
289		01.04.	Ost-Berlin	USA	3:2
290		11.04.	Karl-Marx-Stadt	Ägypten	2:0
291		30.04.	Glasgow	Schottland	1:0
292		13.05.	Rio de Janeiro	Brasilien	3:3
293		12.09.	Brüssel	Belgien	2:0

WM = FIFA WM-Endrunde, WQ = FIFA WM-Qualifikation, EQ = UEFA EM-Qualifikation, OQ = Olympia-Qualifikation, OL = Olympische Spiele

Länderspielbilanz der Nationalmannschaft

Gegner	erstes Spiel	Sp.	S	U	N	Tore
Ägypten	04.09.1966	5	5	–	–	22:1
Albanien	01.05.1958	3	2	1	–	7:2
Algerien	28.02.1974	4	3	1	–	14:4
Argentinien	03.07.1974	2	–	1	1	1:3
Australien	15.06.1974	1	1	–	–	2:0

Gegner	erstes Spiel	Sp.	S	U	N	Tore
Belgien	18.04.1973	8	3	2	3	7:8
Brasilien	26.06.1974	4	–	1	3	4:10
Bulgarien	14.06.1953	18	4	8	6	22:22
Burma	17.12.1963	1	1	–	–	5:1
Chile	02.07.1966	4	2	1	1	7:4

>>

<<

Gegner	erstes Spiel	Sp.	S	U	N	Tore
Dänemark	28.05.1961	6	2	2	2	10:10
Deutschland	22.06.1974	1	1	–	–	1:0
Ecuador	18.02.1973	2	1	1	–	4:3
England	02.06.1963	4	–	1	3	3:7
Finnland	06.09.1959	7	4	1	2	21:8
Frankreich	16.11.1974	7	3	2	2	7:8
Ghana	23.02.1964	2	1	–	1	4:3
Griechenland	17.04.1980	8	6	–	2	12:7
Guinea	16.12.1962	1	1	–	–	3:2
Indonesien	19.09.1956	2	1	1	–	5:3
Irak	08.12.1969	5	1	3	1	8:4
Island	17.06.1973	11	9	1	1	26:5
Italien	29.03.1969	4	1	2	1	3:5
Jugoslawien	16.05.1962	6	1	2	3	8:11
Kanada	09.10.1974	3	3	–	–	12:1
Kolumbien	15.02.1973	1	1	–	–	2:0
Kuba	19.05.1981	1	1	–	–	5:0
Kuwait	26.01.1990	1	1	–	–	2:1
Luxemburg	10.03.1957	5	5	–	–	18:2
Mali	09.12.1962	1	1	–	–	2:1
Malta	02.04.1977	5	5	–	–	21:2
Marokko	11.12.1960	4	1	–	3	5:8
Mexiko	16.08.1971	4	2	2	–	5:3
Niederlande	14.05.1961	9	2	1	6	10:17

Gegner	erstes Spiel	Sp.	S	U	N	Tore
Norwegen	13.08.1958	7	5	1	1	15:8
Österreich	25.04.1965	6	1	4	1	5:7
Polen	21.09.1952	19	6	4	9	27:26
Portugal	21.06.1959	3	1	–	2	5:6
Rumänien	26.10.1952	18	10	3	5	31:23
Schottland	30.10.1974	6	3	1	2	4:6
Schweden	27.04.1966	5	3	1	1	8:4
Schweiz	08.03.1978	5	4	1	–	13:3
Sowjetunion	17.08.1960	17	4	6	7	18:25
Spanien	31.01.1980	3	1	2	–	1:0
Sri Lanka	12.01.1964	1	1	–	–	12:1
Tschechosl.	16.06.1957	17	8	5	4	23:22
Tunesien	04.12.1960	4	4	–	–	11:0
Türkei	17.11.1976	5	1	1	3	5:10
Ungarn	01.05.1959	16	4	4	8	17:25
Uruguay	02.01.1965	6	3	2	1	7:4
USA	28.03.1990	1	1	–	–	3:2
Wales	19.05.1957	4	3	–	1	8:7

Spiele gesamt:	**293**
Siege gesamt:	**138**
Unentschieden gesamt:	**69**
Niederlagen gesamt:	**86**
Tore gesamt:	**501:345**

Alle Spieler der Nationalmannschaft

Name	Spiele	Tore	erster Einsatz	letzter Einsatz	Verein(e)
Adler, Jens	1	–	12.09.1990	12.09.1990	Hallescher FC Chemie
Assmy, Horst	12	4	08.05.1954	21.06.1959	ASK Vorwärts Berlin
Backhaus, Gerd	3	2	17.12.1963	11.09.1966	BSG Lokomotive Stendal
Backs, Christian	9	1	26.07.1983	06.04.1985	Berliner FC Dynamo
Bähringer, Jürgen	1	–	07.05.1980	07.05.1980	SC Karl-Marx-Stadt
Barthels, Wolfgang	2	2	17.12.1963	12.01.1964	BSG Chemie Zeitz
Bauchspieß, Bernd	1	–	06.09.1959	06.09.1959	SC Empor Rostock
Bauer, Erhardt	3	–	08.05.1954	24.10.1954	SC Wismut Karl-Marx-Stadt
Baum, Frank	17	–	28.02.1979	12.09.1984	SC Lokomotive Leipzig
Baumann, Rainer	2	–	22.07.1956	14.10.1956	Lokomotive Leipzig
Benkert, Wolfgang	1	–	12.09.1984	12.09.1984	FC Rot-Weiß Erfurt
Bialas, Arthur	1	–	16.04.1961	16.04.1961	SC Empor Rostock
Bielau, Andreas	9	–	19.04.1981	16.10.1985	FC Carl Zeiss Jena
Bley, Hermann	1	–	21.06.1961	21.06.1961	Berliner FC Dynamo
Blochwitz, Wolfgang	19	–	04.09.1966	26.02.1974	FC Carl Zeiss Jena
Böger, Stefan	4	–	11.04.1990	12.09.1990	FC Carl Zeiss Jena
Bonan, Heiko	2	–	13.02.1989	12.09.1990	1. FC Magdeburg, Berliner FC Dynamo
Bornschein, Andreas	1	–	05.05.1982	05.05.1982	1. FC Lokomotive Leipzig
Bransch, Bernd	72	3	17.05.1967	31.07.1976	Hallescher FC Chemie
Brauer, Gert	4	–	26.09.1979	07.05.1980	FC Carl Zeiss Jena
Bräutigam, Perry	3	–	26.10.1989	13.05.1990	FC Carl Zeiss Jena
Busch, Günter	2	–	08.05.1954	29.09.1957	BSG Chemie Leipzig, 1. FC Lokomotive Leipzig

>>

<<

Name	Spiele	Tore	erster Einsatz	letzter Einsatz	Verein(e)
Buschner, Georg	6	–	26.09.1954	27.10.1957	SC Motor Jena
Busse, Martin	3	1	30.03.1983	27.04.1983	FC Rot-Weiß Erfurt
Büttner, Steffen	3	–	28.03.1990	25.04.1990	SG Dynamo Dresden
Carow, Jochen	1	–	31.05.1972	31.05.1972	Berliner FC Dynamo
Croy, Jürgen	94	–	17.05.1967	19.05.1981	BSG Sachsenring Zwickau
Decker, Klaus	3	–	25.09.1974	12.10.1974	1. FC Magdeburg
Dennstedt, Thomas	1	–	24.08.1983	24.08.1983	1. FC Lokomotive Leipzig
Dobermann, Bernd	2	–	09.07.1969	19.12.1969	BSG Chemie Leipzig
Doll, Thomas	29	7	26.03.1986	13.05.1990	FC Hansa Rostock, Berliner FC Dynamo
Dörner, Hans-Jürgen	100	9	22.06.1969	18.05.1985	SG Dynamo Dresden
Dorner, Konrad	2	–	01.05.1958	13.08.1958	SC Dynamo Berlin
Döschner, Matthias	40	2	26.01.1982	15.11.1989	SG Dynamo Dresden
Drews, Werner	2	–	22.10.1961	09.12.1962	SC Empor Rostock
Ducke, Peter	68	15	30.10.1960	19.11.1975	SC Motor Jena, FC Carl Zeiss Jena,
Ducke, Roland	37	5	14.09.1958	11.10.1967	SC Motor Jena, FC Carl Zeiss Jena
Eigendorf, Lutz	6	3	30.08.1978	11.02.1979	Berliner FC Dynamo
Eilitz, Werner	8	–	21.09.1952	14.10.1956	BSG Chemie Leipzig, ASK Vorwärts Berlin
Engelhardt, Dieter	3	1	27.04.1966	04.09.1966	1. FC Lokomotive Leipzig
Erler, Dieter	47	12	28.06.1959	02.02.1968	SC Wismut Karl-Marx-Stadt, FC Karl-Marx-Stadt
Ernst, Rainer	56	20	11.11.1981	13.05.1990	Berliner FC Dynamo
Faber, Michael	1	–	17.12.1963	17.12.1963	SC Leipzig
Fischer, Dieter	4	–	14.09.1958	17.08.1960	SC Lokomotive Leipzig
Franke, Gerhard	6	–	29.06.1958	11.02.1959	SC Turbine Erfurt
Franke, Horst	2	–	14.06.1953	08.05.1954	Aktivist Brieske-Ost
Franz, Rainer	5	2	14.10.1956	10.06.1960	BSG Motor Zwickau
Fräßdorf, Otto	33	4	04.09.1963	11.11.1970	FC Vorwärts Berlin
Freitag, Horst	1	–	10.03.1957	10.03.1957	SC Wismut Karl-Marx-Stadt
Frenzel, Henning	56	19	10.12.1961	28.02.1974	1. FC Lokomotive Leipzig
Fritsche, Joachim	14	–	29.09.1973	12.07.1977	1. FC Lokomotive Leipzig
Fritzsche, Harald	8	–	16.05.1962	23.02.1964	SC Motor Jena
Fritzsche, Rolf	2	–	18.09.1955	20.11.1955	ASK Vorwärts Berlin
Fröhlich, Heinz	2	–	21.09.1952	26.10.1952	BSG Chemie Leipzig
Ganzera, Frank	13	–	08.12.1969	27.05.1973	SG Dynamo Dresden
Geisler, Manfred	15	1	02.01.1965	13.09.1967	1. FC Lokomotive Leipzig
Glowatzky, Michael	9	1	12.09.1984	20.08.1986	FC Karl-Marx-Stadt
Grapenthin, Hans-Ulrich	21	–	31.07.1975	10.10.1981	FC Carl Zeiss Jena
Gröbner, Wilfried	8	–	21.04.1976	28.02.1979	1. FC Lokomotive Leipzig
Großstück, Wolfgang	1	–	05.10.1958	05.10.1958	SC Einheit Dresden
Gütschow, Torsten	3	2	16.02.1984	22.03.1989	SG Dynamo Dresden
Haack, Lothar	1	–	21.06.1961	21.06.1961	SC Empor Rostock
Haase, Günter	1	–	14.06.1953	14.06.1953	BSG Turbine Halle
Häfner, Reinhard	58	5	18.09.1971	12.09.1984	SC Dynamo Dresden
Halata, Damian	4	1	12.09.1984	22.03.1989	1. FC Magdeburg
Hamann, Erich	3	–	22.06.1969	26.06.1974	FC Vorwärts Berlin, FC Vorwärts Frankfurt
Hauptmann, Ralf	4	–	22.03.1989	13.05.1990	SG Dynamo Dresden
Hause, Lothar	9	1	06.09.1978	22.09.1982	FC Vorwärts Frankfurt

>>

Name	Spiele	Tore	erster Einsatz	letzter Einsatz	Verein(e)
Heidler, Gert	12	2	19.11.1975	19.04.1978	SG Dynamo Dresden
Heidrich, Steffen	1	–	11.04.1990	11.04.1990	FC Karl-Marx-Stadt
Heine, Werner	29	2	05.10.1958	23.02.1964	SC Dynamo Berlin
Heinsch, Jürgen	7	–	04.09.1963	04.09.1965	SC Empor Rostock
Herget, Heinz	1	–	16.12.1962	16.12.1962	SC Motor Jena
Herzog, Hendrik	7	–	26.10.1989	13.05.1990	Berliner FC Dynamo
Heun, Jürgen	17	4	07.05.1980	16.11.1985	FC Rot-Weiß Erfurt
Heyne, Dirk	9	–	11.02.1979	11.04.1990	1. FC Magdeburg
Hirschmann, Günter	1	–	16.04.1961	16.04.1961	SC Aufbau Magdeburg
Hoffmann, Martin	66	16	21.06.1961	02.02.1968	ASK Vorwärts Berlin, 1. FC Union Berlin
Hoge, Günter	6	–	21.11.1973	19.05.1981	1. FC Magdeburg
Holze, Karl-Heinz	1	–	08.05.1954	08.05.1954	SC Dynamo Berlin
Holzmüller, Willy	1	–	27.10.1957	27.10.1957	SC Motor Karl-Marx-Stadt
Ilsch, Karl-Heinz	1	–	14.06.1953	14.06.1953	BSG Motor Dessau
Imhof, Günther	2	–	21.09.1952	26.10.1952	BSG Turbine Halle
Irmscher, Harald	41	4	04.09.1966	30.10.1974	BSG Motor Zwickau, FC Carl Zeiss Jena
Jahn, Rolf	1	–	27.10.1957	27.10.1957	SC Turbine Erfurt
Janotta, Eberhard	1	–	23.04.1986	23.04.1986	BSG Stahl Brandenburg
Jarohs, Rainer	3	1	14.04.1982	19.05.1982	FC Hansa Rostock
Kaiser, Manfred	31	1	20.11.1955	23.02.1964	SC Wismut Karl-Marx-Stadt
Kaiser, Siegfried	1	–	26.09.1954	26.09.1954	BDG Motor Zwickau
Kalinke, Peter	7	–	10.06.1960	22.10.1961	ASK Vorwärts Berlin
Kirsten, Ulf	49	14	08.05.1985	13.05.1990	SG Dynamo Dresden
Kische, Gerd	63	–	16.08.1971	19.11.1980	FC Hansa Rostock
Kiupel, Hans	1	–	10.12.1961	10.12.1961	ASK Vorwärts Berlin
Klank, Wolfgang	3	–	21.09.1952	14.06.1953	BSG Motor Dessau
Kleiminger, Heino	4	5	04.09.1963	23.02.1964	SC Empor Rostock
Klingbiel, Wilfried	6	1	29.06.1958	10.09.1961	BSG Lokomotive Stendal, SC Dynamo Berlin
Kohle, Horst	1	1	28.06.1959	28.06.1959	ASK Vorwärts Berlin
Köhler, Sven	2	–	13.02.1989	26.04.1989	FC Karl-Marx-Stadt
Konik, Bernhard	1	–	12.09.1984	12.09.1984	BSG Wismut Aue
Körner, Gerhard	33	4	03.05.1962	19.12.1969	FC Vorwärts Berlin
Kotte, Peter	21	3	21.04.1976	19.11.1980	SG Dynamo Dresden
Kracht, Torsten	2	–	13.04.1988	12.09.1990	1. FC Lokomotive Leipzig
Krampe, Dieter	28	–	11.02.1959	04.09.1965	ASK Vorwärts Berlin
Krause, Andreas	4	2	11.11.1981	08.05.1985	FC Carl Zeiss Jena
Krause, Rudolf	2	–	14.06.1953	19.09.1956	BSG Chemie Leipzig
Krauß, Steffen	2	–	17.04.1985	08.05.1985	BSG Wismut Aue
Krebs, Albert	1	–	28.05.1975	28.05.1975	FC Rot-Weiß Erfurt
Kreer, Ronald	65	2	22.09.1982	15.11.1989	SG Dynamo Dresden
Kreische, Hans-Jürgen	50	25	02.02.1968	31.07.1975	1. FC Lokomotive Leipzig
Krüger, Heinz	1	–	10.03.1957	10.03.1957	SC Aktivist Brieske-Senftenberg
Ksienzyk, Waldemar	1	–	23.09.1987	23.09.1987	Berliner FC Dynamo
Kubisch, Günter	1	–	22.10.1961	22.10.1961	SC Aufbau Magdeburg
Kühn, Dieter	13	5	06.09.1978	30.03.1983	1. FC Lokomotive Leipzig
Kurbjuweit, Lothar	66	4	16.05.1970	10.10.1981	BSG Stahl Riesa, FC Carl Zeiss Jena
Lauck, Reinhard	33	3	16.05.1973	12.07.1977	1. FC Union Berlin, Berliner FC Dynamo

<<

Name	Spiele	Tore	erster Einsatz	letzter Einsatz	Verein(e)
Lemanczyk, Heinz	2	–	18.09.1955	14.09.1958	SC Aktivist Brieske-Senftenberg
Lesser, Henry	4	–	14.02.1986	08.04.1986	FC Carl Zeiss Jena
Lieberam, Frank	1	–	26.04.1989	26.04.1989	SG Dynamo Dresden
Liebers, Matthias	59	4	08.10.1980	02.03.1988	1. FC Lokomotive Leipzig
Liebrecht, Kurt	16	1	30.10.1960	04.09.1965	BSG Lokomotive Stendal
Lihsa, Werner	1	–	01.11.1972	01.11.1972	Berliner FC Dynamo
Lindemann, Lutz	21	2	01.09.1977	15.10.1980	FC Carl Zeiss Jena
Lindner, Ernst	6	–	14.10.1956	16.09.1962	BSG Lokomotive Stendal
Lindner, Matthias	22	–	29.04.1987	13.05.1990	1. FC Lokomotive Leipzig
Linß, Werner	2	–	09.12.1962	16.12.1962	BSG Motor Steinach
Löwe, Wolfram	43	12	17.05.1967	12.10.1977	1. FC Lokomotive Leipzig
Marotzke, Gerhard	1	–	18.09.1955	18.09.1955	ASK Vorwärts Berlin
Marquardt, Willi	1	–	19.09.1956	19.09.1956	BSG Rotation Babelsberg
Marschall, Olaf	4	–	06.02.1985	08.03.1989	1. FC Lokomotive Leipzig
März, Heiko	1	–	26.04.1989	26.04.1989	FC Hansa Rostock
Maschke, Robert	7	–	12.08.1959	16.09.1962	SC Dynamo Berlin
Matoul, Hans-Bert	3	1	26.02.1974	13.03.1974	1. FC Lokomotive Leipzig
Matzen, Johannes	2	–	21.09.1952	26.09.1954	SC Dynamo Berlin
Maucksch, Matthias	1	–	24.01.1990	24.01.1990	SG Dynamo Dresden
Meier, Siegfried	3	1	21.09.1952	24.10.1954	BSG Motor Zwickau
Meinhold, Erhard	2	–	26.09.1954	24.10.1954	BSG Motor Zwickau
Meyer, Lothar	16	2	08.05.1954	16.04.1961	ASK Vorwärts Berlin
Minge, Ralf	36	8	13.04.1983	12.04.1989	SG Dynamo Dresden
Minkwitz, Stefan	2	–	28.03.1990	11.04.1990	1. FC Magdeburg
Mosert, Erhard	1	–	19.12.1969	19.12.1969	Hallescher FC Chemie
Mothes, Harald	1	–	28.03.1984	28.03.1984	BSG Wismut Aue
Mühlbacher, Waldemar	17	1	01.05.1958	09.10.1965	SC Dynamo Berlin
Müller, Bringfried	18	–	18.09.1955	11.12.1960	BSG Wismut Aue, SC Wismut Karl-Marx-Stadt
Müller, Helmut	13	5	27.10.1957	14.10.1962	SC Motor Jena
Müller, Joachim	5	–	27.04.1977	08.03.1978	FC Karl-Marx-Stadt
Müller, Jochen	3	–	14.06.1953	24.10.1954	SC Turbine Erfurt
Müller, Klaus	2	–	27.10.1976	17.11.1976	SG Dynamo Dresden
Müller, Matthias	4	–	07.05.1980	19.11.1980	SG Dynamo Dresden
Müller, Rene	46	–	16.02.1984	12.04.1989	1. FC Lokomotive Leipzig
Nachtigall, Rainer	11	2	11.12.1960	02.01.1965	ASK Vorwärts Berlin
Naumann, Jürgen	1	–	02.02.1968	02.02.1968	1. FC Lok Leipzig
Netz, Wolf-Rüdiger	2	–	15.11.1978	04.04.1981	Berliner FC Dynamo
Neuhäuser, Mario	1	–	28.03.1984	28.03.1984	FC Karl-Marx-Stadt
Noack, Michael	2	–	01.06.1979	04.04.1981	Berliner FC Dynamo
Nöldner, Jürgen	30	16	10.06.1960	29.03.1969	FC Vorwärts Berlin
Nordhaus, Helmut	3	–	14.06.1953	24.10.1954	SC Turbine Erfurt
Pankau, Herbert	25	4	09.12.1962	06.12.1967	FC Hansa Rostock
Pastor, Frank	7	–	24.08.1983	13.05.1987	Hallescher FC Chemie, Berliner FC Dynamo
Peschke, Heiko	5	1	28.03.1990	12.09.1990	FC Carl Zeiss Jena
Peter, Werner	9	1	08.03.1978	28.03.1979	Hallescher FC Chemie
Pfeifer, Wolfgang	2	–	02.11.1958	11.02.1959	SC Einheit Dresden
Pilz, Hans-Uwe	35	–	09.09.1982	12.04.1989	SG Dynamo Dresden
Pommerenke, Jürgen	57	3	31.05.1972	16.03.1983	1. FC Magdeburg
Preuße, Udo	1	–	27.07.1970	27.07.1970	FC Carl Zeiss Jena
Raab, Jürgen	20	2	10.02.1982	19.10.1988	FC Carl Zeiss Jena

>>

<<

Name	Spiele	Tore	erster Einsatz	letzter Einsatz	Verein(e)
Raugust, Detlef	3	–	08.03.1978	11.02.1979	1. FC Magdeburg
Reich, Burkhard	6	–	13.05.1987	26.01.1990	Berliner FC Dynamo
Reinhardt, Alfred	1	–	14.06.1953	14.06.1953	BSG Fortschritt Weißenfels
Richter, Frank	7	1	02.02.1971	18.02.1973	SG Dynamo Dresden
Richter, Hans	15	4	17.11.1982	19.08.1987	FC Karl-Marx-Stadt, 1. FC Lokomotive Leipzig
Riedel, Dieter	4	–	27.03.1974	19.04.1978	SG Dynamo Dresden
Riediger, Hans-Jürgen	41	6	26.03.1975	13.10.1982	Berliner FC Dynamo
Rock, Peter	11	1	06.12.1967	02.02.1971	FC Carl Zeiss Jena
Rohde, Frank	42	1	12.09.1984	20.05.1989	Berliner FC Dynamo
Romstedt, Armin	1	–	12.09.1984	12.09.1984	FC Rot-Weiß Erfurt
Rosbigalle, Georg	2	–	21.09.1952	26.10.1952	SC Turbine Erfurt
Röser, Mario	1	–	13.04.1988	13.04.1988	FC Carl Zeiss Jena
Rösler, Uwe	5	–	29.01.1990	12.09.1990	1. FC Magdeburg
Rudolph, Norbert	1	–	12.09.1984	12.09.1984	FC Vorwärts Frankfurt
Rudwaleit, Bodo	33	–	09.02.1979	21.09.1988	Berliner FC Dynamo
Sachse, Rainer	2	–	27.04.1977	12.07.1977	SG Dynamo Dresden
Sammer, Klaus	17	–	11.11.1970	29.09.1973	SG Dynamo Dresden
Sammer, Matthias	23	6	19.11.1986	12.09.1990	SG Dynamo Dresden
Sänger, Carsten	16	–	28.03.1984	25.03.1987	FC Rot-Weiß Erfurt
Schade, Hartmut	31	5	12.10.1975	31.01.1980	SG Dynamo Dresden
Schaller, Gerhard	5	–	18.09.1955	14.10.1956	SC Empor Rostock
Schellenberg, Gerd	3	–	04.09.1974	09.10.1974	FC Karl-Marx-Stadt
Scherbaum, Horst	5	–	21.09.1952	14.09.1958	BSG Chemie Leipzig, ZKS Vorwärts Berlin, SC Rotation Leipzig
Schlutter, Rainer	5	–	27.07.1970	09.05.1971	FC Carl Zeiss Jena
Schmidt, Jens	1	–	12.09.1990	12.09.1990	Chemnitzer FC
Schmuck, Udo	7	1	27.10.1976	19.05.1981	SG Dynamo Dresden
Schneider, Dieter	3	–	09.07.1969	17.06.1973	FC Hansa Rostock
Schneider, Günter	1	–	26.09.1954	26.09.1954	BSG Motor Zwickau
Schnieke, Karl	3	1	26.10.1952	24.10.1954	SC Motor Jena
Schnuphase, Rüdiger	45	6	17.06.1973	12.10.1983	FC Rot-Weiß Erfurt, FC Carl Zeiss Jena
Schoen, Herbert	12		21.09.1952	27.10.1957	SG Dynamo Dresden, SC Dynamo Berlin
Scholz, Heiko	7	–	29.04.1987	12.09.1990	1. FC Lokomotive Leipzig
Schöne, Hans	3	–	08.05.1954	24.10.1954	BSG Rotation Babelsberg
Schößler, Detlef	18	–	19.02.1986	12.09.1990	1. FC Magdeburg, SG Dynamo Dresden
Schröter, Günter	39	13	21.09.1952	18.11.1962	SG Dynamo Dresden, SC Dynamo Berlin
Schulenberg, Ralf	3	–	27.05.1972	28.08.1972	Berliner FC Dynamo
Schulz, Axel	3	–	16.02.1984	06.02.1985	FC Hansa Rostock
Schulz, Bernd	3	1	12.09.1984	06.04.1985	Berliner FC Dynamo
Schulze, Ulrich	1	–	12.10.1974	12.10.1974	1. FC Magdeburg
Schuster, Dirk	4	–	28.03.1990	13.05.1990	1. FC Magdeburg
Schütze, Harald	1	–	09.07.1969	09.07.1969	Berliner FC Dynamo
Schwanke, Jörg	1	–	12.09.1990	12.09.1990	FC Energie Cottbus
Seehaus, Dieter	10	–	17.12.1963	22.11.1969	FC Hansa Rostock
Seguin, Wolfgang	21	–	27.05.1972	03.09.1975	1. FC Magdeburg
Sekora, Günter	1	–	17.04.1980	17.04.1980	1. FC Lokomotive Leipzig

>>

<<

Name	Spiele	Tore	erster Einsatz	letzter Einsatz	Verein(e)
Skaba, Martin	8	–	14.09.1958	21.10.1963	SC Dynamo Berlin
Sparwasser, Jürgen	53	15	22.06.1969	16.11.1977	1. FC Magdeburg
Speth, Hans	2	–	26.10.1952	29.06.1958	BSG Motor Zwickau, SC Empor Rostock
Spickenagel, Karl-Heinz	29	–	26.09.1954	03.05.1962	DHfK Leipzig, ASK Vorwärts Berlin
Stahmann, Dirk	46	2	02.03.1982	15.11.1989	1. FC Magdeburg
Stein, Helmut	22	3	09.12.1962	03.11.1973	FC Carl Zeiss Jena
Steinbach, Wolfgang	28	1	04.04.1978	13.03.1985	1. FC Magdeburg
Steinmann, Rico	23	3	19.11.1986	13.05.1990	FC Karl-Marx-Stadt
Stöcker, Hermann	6	4	04.09.1963	25.04.1965	SC Aufbau Magdeburg
Sträßer, Ralf	4	–	02.03.1982	23.04.1986	Berliner FC Dynamo
Streich, Joachim	102	55	08.12.1969	20.10.1984	FC Hansa Rostock, 1. FC Magdeburg
Strempel, Michael	15	1	16.05.1970	16.10.1971	FC Carl Zeiss Jena
Strozniak, Dieter	6	–	07.05.1980	26.01.1982	Hallescher FC Chemie
Stübner, Jörg	47	1	17.11.1984	12.09.1990	SG Dynamo Dresden
Terletzki, Frank	4	1	03.09.1975	07.05.1980	Berliner FC Dynamo
Teuber, Ronny	1	–	26.01.1990	26.01.1990	SG Dynamo Dresden
Thiele, Klaus	4	–	01.05.1958	06.09.1959	SC Wismut Karl-Marx-Stadt
Thom, Andreas	51	16	10.10.1984	28.03.1990	Berliner FC Dynamo
Torhauer, Günter	1	–	21.09.1952	21.09.1952	SG Volkspolizei Dresden
Trautmann, Andreas	14	1	10.02.1983	20.05.1989	SG Dynamo Dresden
Trieloff, Norbert	18	–	19.11.1980	12.09.1984	Berliner FC Dynamo
Trocha, Martin	8	1	07.05.1980	22.09.1982	FC Carl Zeiss Jena
Tröger, Willy	15	11	24.10.1954	01.05.1959	BSG Wismut Aue, SC Wismut Karl-Marx-Stadt
Troppa, Rainer	17	–	11.11.1981	08.12.1984	Berliner FC Dynamo
Tyll, Axel	4	–	21.11.1973	28.05.1975	1. FC Magdeburg
Uhlig, Frank	1	–	07.05.1980	07.05.1980	FC Karl-Marx-Stadt
Ullrich, Arthur	13	–	02.04.1980	24.08.1983	Berliner FC Dynamo
Unger, Werner	7	–	24.10.1954	12.01.1964	BSG Motor Zwickau, ASK Vorwärts Berlin
Urbanczyk, Klaus	34	–	10.12.1961	19.12.1969	SC Chemie Halle, Hallescher FC Chemie
Uteß, Jürgen	1	–	02.03.1982	02.03.1982	FC Hansa Rostock
Vetterke, Lothar	1	–	14.06.1953	14.06.1953	BSG Chemie Leipzig
Vogel, Eberhard	74	25	16.12.1962	21.04.1976	FC Karl-Marx-Stadt, FC Carl Zeiss Jena
Vogt, Gerhard	4	1	11.02.1959	12.08.1959	ASK Vorwärts Berlin
Wagenhaus, Andreas	3	–	24.01.1990	12.09.1990	SG Dynamo Dresden
Wagner, Konrad	4	–	21.06.1959	04.09.1963	SC Wismut Karl-Marx-Stadt
Wahl, Jens	1	–	08.03.1989	08.03.1989	FC Hansa Rostock
Walter, Horst	1	–	16.05.1962	16.05.1962	SC Chemie Halle
Walter, Manfred	16	–	02.01.1965	11.10.1967	BSG Chemie Leipzig
Wätzlich, Siegmar	24	–	28.08.1972	05.06.1975	SG Dynamo Dresden
Weber, Gerd	35	5	03.09.1975	19.11.1980	SG Dynamo Dresden
Wehner, Harald	1	–	10.12.1961	10.12.1961	SC Turbine Erfurt
Weidemann, Uwe	10	–	06.04.1985	13.05.1990	FC Rot-Weiß Erfurt
Weigang, Horst	12	–	18.11.1962	02.02.1968	1. FC Lokomotive Leipzig
Weilandt, Hilmar	2	–	24.01.1990	26.01.1990	FC Hansa Rostock
Weise, Konrad	86	2	27.07.1970	10.10.1981	FC Carl Zeiss Jena

>>

Name	Spiele	Tore	erster Einsatz	letzter Einsatz	Verein(e)
<< Weißflog, Jörg	15	–	11.08.1984	20.05.1989	BSG Wismut Aue
Welzel, Werner	1	–	26.10.1952	26.10.1952	BSG Motor Dessau
Werner, Jürgen	1	–	06.09.1970	06.09.1970	FC Carl Zeiss Jena
Wirth, Günther	28	10	08.05.1954	14.10.1962	BSG Motor Oberschönweide, ASK Vorwärts Berlin
Wohlfahrt, Karl-Heinz	2	–	21.09.1952	26.10.1952	BSG Rotation Babelsberg
Woitzat, Siegfried	1	–	22.10.1961	22.10.1961	SC Motor Jena
Wolf, Karl	10	–	08.05.1954	29.09.1957	BSG Wismut Aue, SC Wismut Karl-Marx-Stadt
Wolf, Siegfried	17	–	18.09.1955	06.09.1959	BSG Wismut Aue, SC Wismut Karl-Marx-Stadt
Wosz, Dariusz	7	–	22.03.1989	12.09.1990	Hallescher FC Chemie
Wruck, Horst	1	–	22.06.1969	22.06.1969	FC Vorwärts Berlin
Wruck, Wolfgang	6	–	13.09.1967	19.10.1968	1. FC Union Berlin
Wuckel, Markus	4	2	29.04.1987	26.01.1990	1. FC Magdeburg
Wunderlich, Bernd	1	–	16.02.1984	16.02.1984	FC Vorwärts Frankfurt
Zapf, Kurt	4	–	27.10.1957	14.09.1958	SC Empor Rostock
Zapf, Manfred	16	–	22.06.1969	05.06.1975	1. FC Magdeburg
Zerbe, Arno	1	–	10.12.1961	10.12.1961	1. FC Lokomotive Leipzig
Zötsche, Uwe	38	5	14.04.1982	30.03.1988	1. FC Lokomotive Leipzig
Zulkowski, Alfred	1	–	16.12.1962	16.12.1962	ASK Vorwärts Berlin

Alle Trainer der Nationalmannschaft

Name	Amtszeit	Sp.	S	U	N	Tore
Willi Oelgardt	1952-1953	3	–	1	2	1:6
Hans Siegert	1954	3	–	–	3	1:5
Janos Gyarmati	1955-1957	10	6	–	4	18:18
Fritz Gödicke	1958-1959	10	2	4	4	19:20
Heinz Krügel	1959-1961	8	4	–	4	15:12
Karoly Soos	1961-1967	43	19	10	14	92:66
Harald Seeger	1967-1969	12	5	5	2	24:15
Georg Buschner	1970-1981	113	59	31	23	195:98
Rudolf Krause	1981-1983	20	9	4	7	30:22
Bernd Stange	1983-1988	53	25	10	18	75:59
Manfred Zapf, Frank Engel, Heinz Werner	1988-1989	6	1	2	3	8:10
Eduard Geyer	1989-1990	12	8	2	2	23:14

Die Anzahl der Nationalspieler pro Verein

Verein	Spieler
1. Berliner FC Dynamo	36
2. SG Dynamo Dresden	34
3. FC Carl Zeiss Jena	32
4. FC Lokomotive Leipzig	27
5. FC Vorwärts Berlin	25
6. 1. FC Magdeburg	23
7. FC Hansa Rostock	20
8. Wismut Aue / Wismut Karl-Marx-Stadt	14

Verein	Spieler
FC Rot-Weiß Erfurt	14
FC Karl-Marx-Stadt	14
11. Hallescher FC Chemie	12
12. Chemie Leipzig	8
Sachsenring Zwickau	8
14. Lokomotive Stendal	4
15. Rotation Babelsberg	3
1. FC Union Berlin	3

>>

	Verein	Spieler
	Aktivist Brieske-Senftenberg	3
	Motor Dessau	3
19.	SC Einheit Dresden	2
	Motor Oberschöneweide	2
21.	Stahl Brandenburg	1
	Energie Cottbus	1
	SC DHfK Leipzig	1
	Vorwärts Leipzig	1
	Stahl Riesa	1
	Motor Steinach	1
	Fortschritt Weißenfeld	1
	Chemie Zeitz	1

Rekordspieler der Nationalmannschaft

	Name	Spiele
1.	Joachim Streich	102
2.	Hans-Jürgen Dörner	100
3.	Jürgen Croy	94
4.	Konrad Weise	86
5.	Eberhard Vogel	74
6.	Bernd Bransch	72
7.	Peter Ducke	67
8.	Martin Hoffmann	66
	Lothar Kurbjuweit	66
10.	Ronald Kreer	65

Rekordtorschützen der Nationalmannschaft

	Name	Tore
1.	Joachim Streich	55
2.	Hans-Jürgen Kreische	25
	Eberhard Vogel	25
4.	Rainer Ernst	20
5.	Henning Frenzel	19
6.	Martin Hoffmann	16
	Jürgen Nöldner	16
	Andreas Thom	16
9.	Peter Ducke	15
10.	Ulf Kirsten	14
	Jürgen Sparwasser	14

FIFA WM-Bilanz der Nationalmannschaft

Jahr	Gastgeber	Sp.	S	U	N	Tore	Abschneiden
1974	Deutschland	6	2	2	2	5:5	in der Vorrunde ausgeschieden

1950-54: nicht teilgenommen; 1958-70, 1978-90: nicht qualifiziert

FIFA WM-Kader der Nationalmannschaft

In den Klammern werden Spiele und Tore angegeben.

1974 Deutschland

Kader: Wolfgang Blochwitz (–/–), Bernd Bransch (6/–), Jürgen Croy (6/–), Peter Ducke (3/–), Werner Friese (–/–), Joachim Fritsche (–/–), Erich Hamann (2/–), Martin Hoffman (6/1), Harald Irmscher (4/–), Gerd Kische (6/–), Hans-Jürgen Kreische (3/–), Lothar Kurbjuweit (4/–), Reinhard Lauck (3/–), Wolfram Löwe (4/–), Jürgen Pommerenke (3/–), Rüdiger Schnuphase (2/–), Wolfgang Seguin (1/–), Jürgen Sparwasser (6/1), Joachim Streich (4/2), Eberhard Vogel (3/–), Siegmar Wätzlich (4/–), Konrad Weise (6/–)
Trainer: Georg Buschner

Bilanz der Olympiamannschaft bei Olympischen Spielen

Jahr	Gastgeber	Sp.	S	U	N	Tore	Abschneiden
1964	Tokio	6	4	1	1	12:4	Bronzemedaille
1972	München	8	4	2	2	23:9	Bronzemedaille
1976	Montreal	5	4	1	–	10:2	Goldmedaille
1980	Moskau	6	4	1	1	12:2	Silbermedaille
Summe		**25**	**16**	**5**	**4**	**57:17**	

Länderspielbilanz der Olympiamannschaft bei Olympischen Spielen

Gegner	Sp.	S	U	N	Tore
Algerien	1	1	–	–	1:0
Ägypten	1	1	–	–	3:1
Brasilien	1	–	1	–	0:0
BRD	1	1	–	–	3:2
Frankreich	1	1	–	–	4:0
Ghana	1	1	–	–	4:0
Irak	1	1	–	–	4:0
Iran	1	1	–	–	4:0
Jugoslawien	2	1	1	–	1:0
Kolumbien	1	1	–	–	6:1
Mexiko	2	2	–	–	9:0
Polen	2	1	–	1	4:3
Rumänien	1	–	1	–	1:1
Spanien	2	1	1	–	2:1
Syrien	1	1	–	–	5:0
Sowjetunion	3	2	1	–	5:3
Tschechoslowakei	2	–	–	2	1:3
Ungarn	1	–	–	1	0:2

Spiele gesamt:	**25**
Siege gesamt:	**16**
Unentschieden gesamt:	**5**
Niederlagen gesamt:	**4**
Tore gesamt:	**57:17**

Rekordspieler der Olympiamannschaft bei Olympischen Spielen

	Name	Olympia	Spiele
1.	Jürgen Croy	1972, 1976	12
	Konrad Weise	1972, 1976	12
3.	Lothar Kurbjuweit	1972, 1976	8
4.	Bernd Bransch	1972	7
	Peter Ducke	1972	7
	Hans-Jürgen Kreische	1972	7
	Jürgen Pommerenke	1972	7
	Jürgen Sparwasser	1972	7
	Joachim Streich	1972	7
	Eberhard Vogel	1964, 1972	7
	Manfred Zapf	1972	7

Rekordtorschützen der Olympiamannschaft bei Olympischen Spielen

	Name	Olympia	Tore
1.	Joachim Streich	1972	6
	Eberhard Vogel	1964, 1972	6
3.	Hans-Jürgen Kreische	1972	5
	Jürgen Sparwasser	1972	5
5.	Hans-Jürgen Dörner	1976	4
6.	Henning Frenzel	1964	3
	Frank Terletzki	1980	3
	Wolf-Rüdiger Netz	1980	3
9.	Jürgen Nöldner	1964	2

DDR-NATIONALFUSSBALL – FRAUEN

Länderspiel der Nationalmannschaft

Aufgrund der geringen Förderung des Frauenfußballs durch den DFV kommt es erst 1990 zur Bildung einer Nationalmannschaft. Diese bestreitet bis zur Auflösung der DDR lediglich ein Spiel (gegen die Tschechoslowakei am 9. Mai 1990 im Karl-Liebknecht-Stadion in Potsdam-Babelsberg).

DDR - Tschechoslowakei 0:3

Mannschaft: Viertel, Hecker, Weschenfelder (70. Vater), Hoffmann, Lange, Weiß (46. Ulmer), Prühs, Brüdgam, Baaske (60. Berger), Krumbiegel, Meier
Trainer: Bernd Schröder

VERBÄNDE

Dachverband des österreichischen Fußballs

ÖFB

Voller Name: Österreichischer Fußball-Bund
Gründung: 18. März 1904
Adresse: Meiereistraße 7, 1020 Wien; www.oefb.at
Präsident: Friedrich Stickler
Generalsekretär: Alfred Ludwig
Ehemalige Präsidenten:
Prof. Strehblow (1904-1906)
Ignaz Abeles (1906-1907)
Adolf Wallner (1907-1914)
Ignaz Abeles (1914-1922)
Karl Volkert (1922-1926)
Richard Eberstaller (1926-38)
Josef Gerö (1945-1955)
Hans Walch (1955-1969)
Heinz Gerö (1970-1976)
Karl Sekanina (1976-1982)
Herbert Raggautz, Heinz Gerö (1982-1984)
Beppo Mauhart (1984-2002)
Geschichte:
1904: Gründung am 18. März in Wien
1905: FIFA-Beitritt
1912: Rapid Wien wird erster Österreichischer Meister
1919: erstmals wird der Wiener Cup ausgetragen (Pokalwettbewerb; heute Stiegl-Cup)
1938: Auflösung aufgrund Österreichs Anschluss an das Deutsche Reich
1945: Neugründung nach Ende des 2. Weltkriegs
1949: Gründung der Staatsliga
1950: Einführung der eingleisigen 2. Liga
1954: UEFA-Beitritt
1974: Gründung der Bundesliga
1982: fortan Durchführung der seit 1972 ausgespielten Frauen-Meisterschaft
1992: fortan Durchführung des seit 1972 ausgespielten Pokalwettbewerbs der Frauen
2008: rund 2 100 Vereine und ca. 592 000 aktive Spielerinnen und Spieler gehören dem Verband an
Wichtige Aufgaben
- Organisation der Meisterschaftsspiele und anderer Wettbewerbe
- Gesamtverantwortung für die Einheit des österreichischen Fußballs
- Gewährleistung der Einhaltung des FIFA Regelwerks
- Aufstellung der Nationalmannschaften
- Aus- und Fortbildung von Trainern und Schiedsrichtern

Wichtige Wettbewerbe:
Männer: Österreichische Meisterschaft, Stiegl-Cup, Toto-Jugendliga U 19
Frauen: Österreichische Meisterschaft, Stiegl-Ladies-Cup
Landesverbände: Burgenländischer Fußballverband (BFV), Kärntner Fußball Verband (KFV), Niederösterreichischer Fußballverband (NÖFV), Oberösterreichischer Fußballverband (OÖFV), Salzburger Fußballverband (SFV), Steirischer Fußballverband (StFV), Tiroler Fußballverband (TFV), Vorarlberger Fußballverband (VFV), Wiener Fußball-Verband (WFV)

Spielklassen Männer	Spielklassen Frauen
1. T-Mobile Bundesliga	**1.** Bundesliga
2. Red Zac Erste Liga	**2.** 2. Division
3. Regionalliga	**3.** Landesliga
4. Landesliga	**4.** Gebietsliga
5. Oberliga	
6. Unterliga	
7. Gebietsliga und 1. Klasse	

Landesverbände

Burgenländischer Fußballverband (BFV)

Gründung: 1923
Präsident: Karl Kaplan
Adresse: Hotterweg 67, 7001 Eisenstadt; www.bfv.at

Kärntner Fußball Verband (KFV)

Gründung: 1920
Präsident: Thomas Partl
Adresse: St. Ruprechter Straße 9, 9021 Klagenfurt; www.kfv-fussball.at

Niederösterreichischer Fußballverband (NÖFV)

Gründung: 1911
Präsident: Johann Gartner

Adresse: Bimbo-Binder-Promenade 1, 3100 St. Pölten; www.noefv.at

Oberösterreichischer Fußballverband (OÖFV)

Gründung: 1919
Präsident: Leo Windtner

Adresse: Daimlerstraße 35–37, 4030 Linz; www.ofv.at

Salzburger Fußballverband (SFV)

Gründung: 1921
Präsident: Herbert Hübel

Adresse: Schießstattstraße 7, 5020 Salzburg; www.sfv.at

Steirischer Fußballverband (StFV)

Gründung: 1911
Präsident: Gerhard Kapl

Adresse: Herrgottwiesgasse 134, 8020 Graz; www.stfv.at

Tiroler Fußballverband (TFV)

Gründung: 1919
Präsident: Erwin Lentner

Adresse: Stadionstraße 1a, 6020 Innsbruck; www.tfv.at

Vorarlberger Fußballverband (VFV)

Gründung: 1920
Präsident: Horst Lumper

Adresse: Schlossplatz 1, 6845 Hohenems; www.vfv.at

Wiener Fußball-Verband (WFV)

Gründung: 1923
Präsident: Kurt Ehrenberger

Adresse: Fischhofgasse 12, 1100 Wien; www.wfv.at

ÖSTERREICHISCHER VEREINSFUSSBALL – MÄNNER

Österreichische Meisterschaft

Meisterliste

Saison	Verein
1911/12	Rapid Wien
1912/13	Rapid Wien
1913/14	Wiener Association
1914/15	Wiener AC
1915/16	Rapid Wien
1916/17	Rapid Wien
1917/18	Floridsdorfer AC
1918/19	Rapid Wien
1919/20	Rapid Wien
1920/21	Rapid Wien
1921/22	Wiener Sportclub

Saison	Verein
1922/23	Rapid Wien
1923/24	Amateure Wien
1924/25	SC Hakoah
1925/26	Amateure Wien
1926/27	Admira Wien
1927/28	Admira Wien
1928/29	Rapid Wien
1929/30	Rapid Wien
1930/31	First Vienna FC
1931/32	Admira Wien
1932/33	First Vienna FC

<<

Saison	Verein
1933/34	Admira Wien
1934/35	Rapid Wien
1935/36	Admira Wien
1936/37	Admira Wien
1937/38	Rapid Wien
1938/39	Admira Wien
1939/40	Rapid Wien
1940/41	Rapid Wien
1941/42	First Vienna FC
1942/43	First Vienna FC
1943/44	First Vienna FC
1944/45*	–
1945/46	Rapid Wien
1946/47	Wacker Wien
1947/48	Rapid Wien
1948/49	Austria Wien
1949/50	Austria Wien
1950/51	Rapid Wien
1951/52	Rapid Wien
1952/53	Austria Wien
1953/54	Rapid Wien
1954/55	First Vienna FC
1955/56	Rapid Wien
1956/57	Rapid Wien
1957/58	Wiener Sportclub
1958/59	Wiener Sportclub
1959/60	Rapid Wien
1960/61	Austria Wien
1961/62	Austria Wien
1962/63	Austria Wien
1963/64	Rapid Wien
1964/65	Linzer ASK
1965/66	Admira Energie
1966/67	Rapid Wien
1967/68	Rapid Wien
1968/69	Austria Wien
1969/70	Austria Wien
1970/71	Wacker Innsbruck
1971/72	Wacker Innsbruck
1972/73	Wacker Innsbruck
1973/74	FC Linz
1974/75	Wacker Innsbruck
1975/76	Wiener AC
1976/77	Wacker Innsbruck
1977/78	Austria Wien
1978/79	Austria Wien
1979/80	Austria Wien
1980/81	Austria Wien
1981/82	Rapid Wien
1982/83	Rapid Wien
1983/84	Austria Wien
1984/85	Austria Wien
1985/86	Austria Wien
1986/87	Rapid Wien
1987/88	Rapid Wien
1988/89	FC Tirol
1989/90	FC Tirol
1990/91	Austria Wien
1991/92	Austria Wien
1992/93	Austria Wien
1993/94	SV Salzburg
1994/95	SV Salzburg
1995/96	Rapid Wien
1996/97	SV Salzburg
1997/98	Sturm Graz
1998/99	Sturm Graz
1999/00	FC Tirol Innsbruck
2000/01	FC Tirol Innsbruck
2001/02	FC Tirol Innsbruck
2002/03	Austria Wien
2003/04	Grazer AK
2004/05	Rapid Wien
2005/06	Austria Wien
2006/07	Red Bull Salzburg
2007/08	Rapid Wien

Während des Anschlusses Österreichs an das Deutsche Reich (1938-1945) heißt die oberste österreichische Spielklasse Gauliga Ostmark bzw. Gauliga Donau-Alpenland. Der Sieger qualifiziert sich für die Endrunde um die deutsche Meisterschaft. Der jeweils Erstplatzierte der Saisons 1938/39 bis 1943/44 wird vom ÖFB nicht als Österreichischer Meister anerkannt.

* Die Saison 1944/45 wird vorzeitig abgebrochen.

Die erfolgreichsten Torschützen der einzelnen Saisons seit Gründung der Staatsliga

Saison	Name	Verein	Tore
1949/50	Karl Decker	First Vienna FC	23
1950/51	Robert Dienst	Rapid Wien	37
1951/52	Ernst Stojaspal	Austria Wien	31
1952/53	Ernst Stojaspal	Austria Wien	30
1953/54	Robert Dienst	Rapid Wien	25
1954/55	Richard Brousek	Wacker Wien	31
1955/56	Hans Buzek	First Vienna FC	33

>>

Saison	Name	Verein	Tore
1956/57	Robert Dienst	Rapid Wien	32
1957/58	Walter Horak	Wiener Sportclub	34
1958/59	Erich Hof	Wiener Sportclub	32
1959/60	Friedrich Cejka	Wiener AC	28
1960/61	Horst Nemec	Austria Wien	31
1961/62	Horst Nemec	Austria Wien	24
1962/63	Erich Hof	Wiener Sportclub	21
1963/64	Horst Nemec	Austria Wien	20
1964/65	Wolfgang Gayer	Wiener Sportclub	18
1965/66	Hans Buzek	Austria Wien	17
1966/67	August Starek	Rapid Wien	21
1967/68	Johnny Bjerregaard	Rapid Wien	23
1968/69	Helmut Köglberger	Austria Wien	31
1969/70	Günter Kaltenbrunner	Wiener Sportclub	22
1970/71	Willy Kreuz	Admira Energie	26
1971/72	Alfred Riedl	Austria Wien	16
1972/73	Bobby Breuer	Wacker Innsbruck	22
1973/74	Hans Krankl	Rapid Wien	36
1974/75	Helmut Köglberger	Austria Wien, Linzer ASK	22
1975/76	Hans Pirkner	Austria Wien	21
1976/77	Hans Krankl	Rapid Wien	32
1977/78	Hans Krankl	Rapid Wien	41
1978/79	Walter Schachner	Austria Wien	24
1979/80	Walter Schachner	Austria Wien	34
1980/81	Gernot Jurtin	Sturm Graz	20
1981/82	Bozo Bakota	Sturm Graz	24
1982/83	Hans Krankl	Rapid Wien	23
1983/84	Tibor Nyilasi	Austria Wien	26
1984/85	Toni Polster	Austria Wien	24
1985/86	Toni Polster	Austria Wien	33
1986/87	Toni Polster	Austria Wien	39
1987/88	Zoran Stojadinovic	Rapid Wien	27
1988/89	Peter Pacult	FC Tirol	26
1989/90	Gerhard Rodax	Admira/Wacker	35
1990/91	Vaclav Danek	FC Tirol	29
1991/92	Christoph Westerthaler	FC Tirol	17
1992/93	Vaclav Danek	Wacker Innsbruck	24
1993/94	Nikola Jurcevic	SV Salzburg	14
	Heimo Pfeifenberger	SV Salzburg	14
1994/95	Souleymane Sane	FC Tirol Innsbruck	20
1995/96	Ivica Vastic	Sturm Graz	20
1996/97	Rene Wagner	Rapid Wien	21
1997/98	Geir Frigard	Linzer ASK	23
1998/99	Edi Glieder	SV Salzburg	22
1999/00	Ivica Vastic	Sturm Graz	32
2000/01	Radoslav Gilewicz	FC Tirol Innsbruck	22
2001/02	Ronald Brunmayr	Grazer AK	27
2002/03	Axel Lawaree	SW Bregenz	21
2003/04	Roland Kollmann	Grazer AK	27
2004/05	Christian Mayrleb	FC Superfund	21
2005/06	Sanel Kuljic	SV Ried	15
	Roland Linz	Austria Wien	15
2006/07	Alexander Zickler	Red Bull Salzburg	22
2007/08	Alexander Zickler	Red Bull Salzburg	16

Ewige Tabelle 1911–2008

Verein	Jahre	Sp.	S	U	N	Tore	Diff.	Pkt.
1. Rapid Wien	96	2609	1476	551	582	6409:3409	+3000	4979
2. Austria Wien	96	2609	1371	528	710	5640:3562	+2078	4641
3. VfB Admira/Wacker Mödling	82	2286	897	536	853	4133:3871	+262	3227
4. Wiener Sportclub	76	1871	755	415	701	3556:3346	+210	2680
5. First Vienna FC	68	1672	729	354	589	3402:2849	+553	2541
6. Sturm Graz	52	1644	612	402	630	2348:2497	-149	2238
7. Wacker Innsbruck	40	1344	625	341	378	2222:1555	+667	2216
8. Grazer AK	50	1546	572	406	568	2196:2321	-125	2122
9. Red Bull Salzburg	44	1438	547	355	536	2056:2049	7	1996
10. LASK Linz	44	1352	496	334	522	1974:2118	-144	1822
11. Wacker Wien	52	1153	472	245	436	2490:2225	+265	1661
12. Wiener AC	38	825	318	177	330	1668:1666	+2	1131
13. Floridsdorfer AC	38	787	285	154	348	1630: 1836	-206	1009
14. FC Linz	23	738	256	209	273	954: 1013	-59	977
15. Simmering SC	36	847	262	166	419	1449:1996	-547	952
16. FC Wien	27	576	204	127	245	1054:1246	-192	739
17. FC Kärnten	20	596	173	156	267	676:966	-290	675
18. SV Ried	11	396	126	103	167	476:557	-81	481
19. SC Eisenstadt	13	380	102	104	174	421:604	-183	410
20. SW Bregenz	13	414	107	89	218	449:803	-354	410
21. SC Hakoah Wien	15	338	104	83	151	538:692	-154	395
22. Wiener Association	13	253	115	46	92	557:467	+90	391
23. SC Rudolfshügel	15	299	99	59	141	540:666	-126	356
24. Hertha Wien	17	343	81	75	187	494:825	-331	318
25. Vorwärts Steyr	11	344	76	79	189	391:635	-224	307
26. DSV Alpine	10	280	76	65	139	360:583	-223	293
27. SV Kapfenberg	11	286	75	59	152	390:658	-268	284
28. SV Pasching	5	180	77	51	52	243:199	+44	282
29. SV Mattersburg	5	180	62	48	70	243:274	-31	234
30. SV Schwechat	6	156	60	33	63	254:272	-18	213
31. VSE St. Pölten	6	202	49	63	90	233:349	-116	210
32. SC Wiener Neustadt	8	206	55	42	109	297:460	-163	207
33. Slovan Wien	9	200	46	46	108	309:481	-172	184
34. Kremser SC	7	170	45	39	86	258:378	-120	174
35. Brigittenauer AC	7	160	45	31	84	212:377	-165	166
36. Favoritner AC	5	122	38	22	62	154:289	-135	136
37. Vfb Mödling	5	142	33	33	76	163:268	-105	132
38. SVS Linz	4	104	32	23	49	176:214	-38	119
39. SV Wattens	3	88	31	22	35	127:135	-8	115
40. FC Libertas Wien	5	110	26	33	51	170:227	-57	111
41. SC Rheindorf Altach	2	72	19	17	36	82:128	-46	74
42. Austria Lustenau	3	108	14	32	62	84:194	-110	74
43. WSG Radenthein/Villacher SV	3	88	15	23	50	94:181	-87	68
44. FC Stadlau	3	78	14	15	49	98:220	-122	57
45. Grazer SC	3	62	15	6	41	105:205	-100	51
46. FC Dornbirn	3	82	11	18	53	91:223	-132	51
47. Union Wels	2	60	10	14	36	49:115	-66	44
48. ÖMV Olympia Wien	2	52	9	11	32	59:159	-100	38
49. SV Spittal/Drau	1	30	9	6	15	28:55	-27	33
50. Austria Kärnten	1	36	8	9	19	26:58	-32	33
51. SC Neusiedl	2	60	8	9	43	39:151	-112	33
52. Amateure Fiat Wien	2	32	9	4	19	83:111	-28	31

>>

Verein	Jahre	Sp.	S	U	N	Tore	Diff.	Pkt.
<< 53. SV St. Veit	1	30	7	7	16	37:59	-22	28
54. Post SV	3	58	7	7	44	65:202	-137	28
55. SC Helfort	1	22	7	5	10	39:56	-17	26
56. Ostbahn XI	2	42	7	5	30	49:195	-146	26
57. Rapid Oberlaa	4	82	6	8	68	81:323	-242	26
58. SC Rasenspieler Hochstädt	2	38	6	5	27	43:130	-87	23
59. Austria Graz	1	26	7	1	18	25:78	-53	22
60. LSV Markersdorf	1	16	6	3	7	43:45	-2	21
61. Salzburger AK 1914	3	74	2	15	57	76:238	-162	21
62. SV Donau	1	22	5	5	12	32:54	-22	20
63. Blau-Weiß Wien	1	26	5	3	18	25:89	-64	18
64. Favoritner SC	1	22	4	5	13	25:53	-28	17
65. Admira Wiener Neustadt	1	30	3	6	21	23:70	-47	15
66. SV Gloggnitz	1	24	4	3	17	49:104	-55	15
67. Elektra Wien	1	24	3	1	20	31:115	-84	10
68. SC Bischofshofen	1	28	1	6	21	22:64	-42	9
69. Amateure Steyr	1	18	2	–	16	22:75	-53	6
70. Wacker Wiener Neustadt	1	18	2	–	16	17:87	-70	6
71. Vienna Cricket	1	20	–	2	18	12:96	-84	2

Die Tabelle ist nach der Drei-Punkte-Regel erstellt; die abgebrochene Saison 1944/45 ist nicht miteingerechnet.
Folgende Vereine haben ihren Namen gewechselt (nach dem Pfeil folgen die vorherigen Vereinsnamen in chronologischer Reihenfolge): Austria Wien → Amateure Wien, Austria/WAC; VfB Admira/Wacker Mödling → Admira Wien, Admira Energie, Admira Wacker; Wacker Innsbruck → FC Wacker Tirol, FC Tirol, FC Tirol Innsbruck; Red Bull Salzburg → SV Salzburg, Austria Salzburg, Hertha/Rapid Salzburg; LASK Linz → Linzer ASK; FC Linz → VÖEST Linz, Stahl Linz; FC Wien → SC Nicholson; FC Kärnten → Austria Klagenfurt; SW Bregenz → Vorwerk Vorarlberg.

Titel-Ranking Österreichische Meisterschaft

Verein	Titel
1. Rapid Wien	32
2. Austria Wien*	23
3. FC Tirol Innsbruck*	10
4. Admira Wien*	8
5. First Vienna FC	6
6. Red Bull Salzburg	4
7. Wiener Sportclub	3
8. Sturm Graz	2
9. Floridsdorfer AC	1
Grazer AK	1
SC Hakoah	1
Linzer ASK	1
VÖEST Linz	1
Wacker Wien	1
Wiener AC	1
Wiener Association	1

* Titel unter verschiedenen Vereinsnamen gewonnen

Fußballer des Jahres

Wahl der österreichischen Presseagentur APA

Jahr	Spieler	Verein
1984	Herbert Prohaska	Austria Wien
1985	Herbert Prohaska	Austria Wien
1986	Toni Polster	Austria Wien
1987	Heribert Weber	Rapid Wien
1988	Herbert Prohaska	Austria Wien
1989	Gerhard Rodax	Admira/Wacker
1990	Andreas Ogris	Austria Wien, Espanyol Barcelona
1991	Nestor Gorosito	FC Tirol
1992	Andreas Herzog	Rapid Wien, SV Werder Bremen
1993	Franz Wohlfahrt	Austria Wien
1994	Heimo Pfeifenberger	SV Salzburg

>>

<<

Jahr	Spieler	Verein
1995	Ivica Vastic	Sturm Graz
1996	Michael Konsel	Rapid Wien
1997	Toni Polster	1. FC Köln
1998	Ivica Vastic	Sturm Graz
1999	Ivica Vastic	Sturm Graz
2000	Radoslav Gilewicz	FC Tirol Innsbruck
2001	Ronald Brunmayr	Grazer AK
2002	Vladimir Janocko	Austria Wien
2003	Andreas Ivanschitz	Rapid Wien
2004	Steffen Hofmann	Rapid Wien
2005	Mario Bazina	Grazer AK
2006	Alexander Zickler	Red Bull Salzburg
2007	Ivica Vastic	LASK Linz

Österreichischer Pokal

1918-1946: Wiener Cup
1946-2003: Österreichischer Memphis-Cup
seit 2003: Stiegl-Cup

Siegerliste

Saison	Verein
1918/19	Rapid Wien
1919/20	Rapid Wien
1920/21	Amateure Wien
1921/22	Wiener Association
1922/23	Wiener Sportclub
1923/24	Amateure Wien
1924/25	Amateure Wien
1925/26	Amateure Wien
1926/27	Rapid Wien
1927/28	Admira Wien
1928/29	First Vienna FC
1929/30	First Vienna FC
1930/31	Wiener AC
1931/32	Admira Wien
1932/33	Austria Wien
1933/34	Admira Wien
1934/35	Austria Wien
1935/36	Austria Wien
1936/37	First Vienna FC
1937/38	Wiener AC
1945/46	Rapid Wien
1946/47	Wacker Wien
1947/48	Austria Wien
1948/49	Austria Wien
1958/59	Wiener AC

Saison	Verein
1959/60	Austria Wien
1960/61	Rapid Wien
1961/62	Austria Wien
1962/63	Austria Wien
1963/64	Admira Energie
1964/65	Linzer ASK
1965/66	Admira Energie
1966/67	Austria Wien
1967/68	Rapid Wien
1968/69	Rapid Wien
1969/70	Wacker Innsbruck
1970/71	Austria Wien
1971/72	Rapid Wien
1972/73	Wacker Innsbruck
1973/74	Austria Wien
1974/75	Wacker Innsbruck
1975/76	Rapid Wien
1976/77	Austria Wien/ Wiener AC
1977/78	Wacker Innsbruck
1978/79	Wacker Innsbruck
1979/80	Austria Wien
1980/81	Grazer AK
1981/82	Austria Wien
1982/83	Rapid Wien

Saison	Verein
1983/84	Rapid Wien
1984/85	Rapid Wien
1985/86	Austria Wien
1986/87	Rapid Wien
1987/88	SC Krems
1988/89	FC Tirol
1989/90	Austria Wien
1990/91	SV Stockerau
1991/92	Austria Wien
1992/93	Wacker Innsbruck
1993/94	Austria Wien
1994/95	Rapid Wien
1995/96	Sturm Graz
1996/97	Sturm Graz
1997/98	SV Ried
1998/99	Sturm Graz
1999/00	Grazer AK
2000/01	FC Kärnten
2001/02	Grazer AK
2002/03	Austria Wien
2003/04	Grazer AK
2004/05	Austria Wien
2005/06	Austria Wien
2006/07	Austria Wien
2007/08	nicht ausgetragen

Titel-Ranking Österreichischer Pokal

Verein	Titel	Endspiele
1. Austria Wien*	26	36
2. Rapid Wien	14	26
3. FC Tirol Innsbruck*	7	13
4. Admira Wien*	5	5

>>

<<

Verein	Titel	Endspiele
5. Grazer AK	4	6
6. First Vienna FC	3	9
7. Sturm Graz	3	7
8. Wiener AC	3	6
9. Wiener Sportclub	1	8
10. Linzer ASK	1	5
11. FC Kärnten	1	2
Wacker Wien	1	2
13. Kremser SC	1	1
SV Ried	1	1
SV Stockerau	1	1
Wiener Association	1	1

* Titel unter verschiedenen Vereinsnamen gewonnen

ÖSTERREICHISCHER VEREINSFUSSBALL – FRAUEN

Österreichische Meisterschaft

Meisterliste

Saison	Verein
1972/73	Favoritner AC
1973/74	USC Landhaus
1974/75	Ankerbrot
1975/76	USC Landhaus
1976/77	SV Elektra
1977/78	USC Landhaus
1978/79	SV Elektra
1979/80	SV Elektra
1980/81	USC Landhaus
1981/82	USC Landhaus
1982/83	USC Landhaus
1983/84	SV Aspern
1984/85	DFC Ostbahn XI
1985/86	DFC Leoben
1986/87	DFC Leoben
1987/88	USC Landhaus
1988/89	USC Landhaus
1989/90	Union Kleinmünchen
1990/91	Union Kleinmünchen
1991/92	Union Kleinmünchen
1992/93	Union Kleinmünchen
1993/94	Union Kleinmünchen
1994/95	USC Landhaus
1995/96	Union Kleinmünchen
1996/97	USC Landhaus
1997/98	Union Kleinmünchen
1998/99	Union Kleinmünchen
1999/00	USC Landhaus
2000/01	USC Landhaus
2001/02	Innsbrucker AC
2002/03	SV Neulengbach
2003/04	SV Neulengbach
2004/05	SV Neulengbach
2005/06	SV Neulengbach
2006/07	SV Neulengbach
2007/08	SV Neulengbach

Ewige Tabelle 1972-2008

Verein	Jahre	Sp.	S	U	N	Tore	Diff.	Pkt.
1. USC Landhaus	36	579	417	63	99	2260:567	+1693	1314
2. Union Kleinmünchen	29	477	296	66	115	1672:762	+910	954
3. DFC Ostbahn XI	23	352	191	73	88	1078:501	+577	646
4. DFC Leoben	27	461	184	62	215	962:1093	-131	614
5. SV Neulengbach	11	185	162	7	16	1004:146	+858	493
6. SC Brunn am Gebirge	20	282	107	50	125	641:608	+33	371
7. LUV Graz	18	297	109	38	150	603:739	-136	365
8. Innsbrucker AC	9	150	93	10	47	461:257	+204	289
9. ASV Vösendorf	11	192	70	27	95	380:443	-63	237
10. DFC Heidenreichstein	10	182	58	31	93	309:378	-69	205
11. SV Aspern	7	102	54	15	33	198:131	+67	177
12. SV Elektra	5	88	54	11	23	306:106	+200	173
13. SG Ardagger/Neustadtl	6	107	53	11	43	234:211	+23	170
14. FC Südburgenland	5	89	31	12	46	190:233	-43	105
15. SV Kagran	5	66	31	9	26	140:148	-8	102

<<

Verein	Jahre	Sp.	S	U	N	Tore	Diff.	Pkt.
16. Tyrolia Halbturn	5	104	24	11	69	129:338	-209	83
17. First Vienna	5	94	24	11	59	124:362	-238	83
18. ASK Erlaa	4	71	24	10	37	114:155	-41	82
19. ESV Südost	6	98	23	11	64	143:319	-176	80
20. Wiener Berufsschulen CA	7	114	19	15	80	126:497	-371	72
21. SG ESV Stadlau/Kaisermühlen	6	102	17	12	73	127:509	-382	63
22. SC Neunkirchen	6	108	14	13	81	107:453	-346	55
23. SC Dörfl	3	56	12	10	34	61:177	-116	46
24. Hellas Kagran	5	88	13	6	57	91:428	-337	45
25. Ankerbrot	1	14	13	–	1	105:11	+94	39
26. Wacker Innsbruck	1	17	10	2	5	40:24	16	32
27. ASV St. Margarethen i. Lav.	3	54	7	10	37	48:180	-132	31
28. Enzesfeld-Hirtenberg	3	44	8	5	31	58:145	-87	29
29. Favoritner AC	1	10	9	1	–	96:3	+93	28
30. FC St. Veit	1	17	7	5	5	36:25	11	26
31. SV Gloggnitz	2	36	7	2	27	41:150	-109	23
32. SV Wienerfeld	3	56	6	3	47	38:312	-274	21
33. SC Hainfeld	1	14	5	1	8	27:45	-18	16
34. SW Bregenz	2	38	4	4	30	31:169	-138	16
35. DFC St. Peter/Ottersbach	2	38	3	5	30	34:182	-148	14
36. SC Stattersdorf	1	18	3	3	12	26:62	-36	12
37. SG Spratzern	1	20	2	4	14	23:101	-78	10
38. LASK Ladies	1	18	2	–	16	22:105	-83	6
39. ESV Parndorf	3	38	1	3	34	10:248	-238	6
40. SC Drasenhofen	1	12	1	2	9	16:72	-56	5
41. Antonshof	1	10	–	5	5	0:60	-60	5
42. ASV 13	1	18	1	2	15	8:90	-82	5
43. SVg Guntramsdorf	1	18	1	–	17	11:91	-80	3
44. Gersthof	1	10	–	2	8	0:69	-69	2
45. Juwelen Janecka	1	18	–	1	17	10:173	-163	1
46. SC Stetteldorf	1	10	–	–	10	4:99	-95	–
47. Pauker	1	14	–	–	14	0:167	-167	–

Die Tabelle ist nach der Drei-Punkte-Regel erstellt.

Titel-Ranking Österreichische Meisterschaft

Verein	Titel
1. USC Landhaus	12
2. Union Kleinmünchen	8
3. SV Neulengbach	6
4. SV Elektra	3
5. DFC Leoben	2
6. Ankerbrot	1
SV Aspern	1
Favoritner AC	1
Innsbrucker AC	1
DFC Ostbahn XI	1

Österreichischer Pokal

1972-1992: Österreichischer Pokal
1992-2003: ÖFB-Cup
seit 2003: Stiegl-Ladies-Cup

Siegerliste

Saison	Verein
1972/73	USC Landhaus
1973/74	DFC Ostbahn XI
1974/75	USC Landhaus
1975/76	USC Landhaus
1976/77	SV Elektra
1977/78	SV Elektra
1978/79	LUV Graz
1979/80	USC Landhaus
1980/81	DFC Ostbahn XI

>>

Saison	Verein
1981/82	DFC Ostbahn XI
1982/83	DFC Ostbahn XI
1983/84	DFC Ostbahn XI
1984/85	Wacker Innsbruck
1985/86	USC Landhaus
1986/87	USC Landhaus
1987/88	USC Landhaus
1989/90	SC Brunn am Gebirge
1990/91	Union Kleinmünchen
1992/93	Union Kleinmünchen
1993/94	Innsbrucker AC
1994/95	Union Kleinmünchen
1995/96	Union Kleinmünchen
1996/97	USC Landhaus
1997/98	Union Kleinmünchen
1998/99	Union Kleinmünchen
1999/00	USC Landhaus
2000/01	USC Landhaus
2001/02	USC Landhaus
2002/03	SV Neulengbach
2003/04	SV Neulengbach
2004/05	SV Neulengbach
2005/06	SV Neulengbach
2006/07	SV Neulengbach
2007/08	SV Neulengbach

Titel-Ranking Österreichischer Pokal

	Verein	Titel	Endspiele
1.	USC Landhaus	11	19
2.	Union Kleinmünchen	6	9
3.	SV Neulengbach	6	7
4.	DFC Ostbahn XI	5	6
5.	SV Elektra	2	4
6.	LUV Graz	1	7
7.	Innsbrucker AC	1	3
8.	SC Brunn am Gebirge	1	1
	Wacker Innsbruck	1	1

ÖSTERREICHISCHER NATIONALFUSSBALL – MÄNNER

Länderspielbilanz der Nationalmannschaft

Gegner	erstes Spiel	Sp.	S	U	N	Tore
Ägypten	22.06.1924	3	1	1	1	3:2
Albanien	15.11.1980	6	6	–	–	17:1
Algerien	21.06.1982	1	1	–	-	2:0
Argentinien	21.05.1980	2	–	1	1	2:6
Aserbaidschan	08.09.2004	2	1	1	–	2:0
Belgien	13.12.1925	12	9	2	1	37:12
Bosn.-Herzeg.	24.03.2001	2	1	1	–	3:1
Brasilien	15.04.1956	8	–	3	5	4:12
Bulgarien	21.05.1924	8	5	2	1	21:7
Chile	17.06.1982	3	1	1	1	2:3
Costa Rica	20.08.2003	2	1	1	–	4:2
Dänemark	05.11.1950	7	3	1	3	12:12
DDR	25.04.1965	6	1	4	1	7:5
Deutschland	07.06.1908	35	8	6	21	51:76
Elfenbeinküste	17.10.2007	1	1	–	–	3:2
England	06.06.1908	18	4	4	10	27:58
Estland	30.04.1997	2	2	–	–	5:0
Färöer	12.09.1990	2	1	–	1	3:1
Finnland	31.07.1921	9	7	1	1	20:9
Frankreich	19.04.1925	21	8	2	11	36:35
Ghana	24.03.2007	1	–	1	–	1:1
Griechenland	04.10.1967	10	3	5	2	15:15
Iran	01.09.2000	1	1	–	–	5:1
Irland	07.05.1952	12	8	2	2	33:15
Island	14.06.1989	2	1	1	–	2:1
Israel	23.04.1969	9	4	4	1	15:13
Italien	03.07.1912	36	13	7	16	55:45
Japan	07.09.2007	1	–	1	–	0:0
Jugoslawien	10.02.1924	18	6	4	8	38:39
Kamerun	11.06.1998	2	–	2	–	1:1
Kanada	01.03.2006	1	–	–	1	0:2
Kroatien	26.04.2000	4	–	–	4	2:8
Lettland	05.10.1937	6	4	1	1	15:7
Liechtenstein	07.06.1984	6	6	–	–	22:1
Litauen	14.04.1992	1	1	–	–	4:0
Luxemburg	30.09.1956	5	5	–	–	22:4
Malta	24.02.1957	8	7	1	–	27:4
Moldawien	07.09.2002	2	1	–	1	2:1
Niederlande	30.06.1912	17	6	4	7	23:31
Nigeria	27.03.2008	1	–	1	–	1:1
Nordirland	01.07.1982	9	2	3	4	15:17
Norwegen	01.07.1912	10	7	1	2	21:8
Paraguay	02.06.2007	1	–	1	–	0:0
Polen	12.05.1935	8	3	1	4	17:18
Portugal	26.01.1936	10	3	5	2	19:11
Rumänien	20.05.1924	5	1	3	1	6:7
Russland*	11.06.1958	16	4	4	8	13:22
San Marino	14.10.1998	2	2	–	–	11:1
Schottland	16.05.1931	20	8	6	6	33:25
Schweden	26.03.1921	30	15	5	10	46:45
Schweiz	23.12.1917	40	25	5	10	104:57
Slowakei	27.03.2002	2	1	1	–	3:1
Slowenien	18.03.1997	1	–	–	1	0:2
Spanien	21.12.1924	15	4	3	8	21:38
Trinidad & Tobago	15.11.2006	1	1	–	–	4:1
Tschechien	29.05.1996	4	1	1	2	4:8
Tschechosl.	24.05.1925	36	8	11	17	53:69

<<

Gegner	erstes Spiel	Sp.	S	U	N	Tore
Tunesien	27.05.1998	2	1	1	–	2:1
Türkei	30.05.1948	11	7	–	4	13:14
Ungarn	12.10.1902	136	40	30	66	252:297
Uruguay	03.07.1954	2	1	–	1	3:3
USA	19.06.1990	2	1	–	1	2:4
Venezuela	06.09.2006	1	–	–	1	0:1
Wales	09.05.1954	7	5	1	1	10:4
Weißrussland	10.09.1997	4	4	–	–	12:0

* inkl. Sowjetunion

Gegner	erstes Spiel	Sp.	S	U	N	Tore
Zypern	19.05.1968	7	6	1	–	22:5

Spiele gesamt	**675**
Siege gesamt	**277**
Unentschieden gesamt	**148**
Niederlagen gesamt	**250**
Tore gesamt	**1230:1093**

Alle Trainer der Nationalmannschaft

Name	Amtszeit	Sp.	S	U	N	Tore
ÖFB	1902-1912	30	12	4	14	61:81
Hugo Meisl	1912-1937	155	78	33	44	383:261
ÖFB	1937	2	1	1	–	3:1
Heinrich Retschury	1937	5	2	1	2	10:10
Karl Zankl	1945	2	–	–	2	2:7
Eduard Bauer	1945-1947	11	4	–	7	26:28
Franz Putzendopler, Eduard Frühwirth, Hanno Kolisch	1948	5	3	–	2	9:9
Walter Nausch	1948-1954	47	21	10	16	119:87
Hans Kaulich	1954	1	–	–	1	2:3
Josef Molzer	1955	3	1	1	1	6:8
Karl Geyer	1955-1956	5	2	–	3	8:14
Josef Argauer	1956-1958	18	7	6	5	37:27
Alfred Frey, Franz Putzendopler, Josef Molzer, A. Selzer	1958	2	–	–	2	4:6
Karl Decker	1958-1963	36	16	3	17	60:67
Josef Walter, Bela Guttmann	1964	5	3	1	1	6:5
Eduard Fruhwirth	1965-1966	15	4	3	8	12:23
Erwin Alge, Hans Pesser	1967-1968	10	3	2	5	18:19
Leopold Stastny	1968-1975	48	15	16	17	58:58
Branko Elsner	1975	2	1	–	1	6:3
Helmut Senekowitsch	1976-1978	26	14	4	8	40:26
Karl Stotz	1978-1981	24	13	6	5	43:25
Felix Latzke, Georg Schmidt	1982	8	5	1	2	9:7
Erich Hof	1982-1984	15	6	3	6	22:20
Branko Elsner	1985-1987	18	5	5	8	20:28
Josef Hickersberger	1988-1990	29	10	7	12	36:39
Alfred Riedl	1990-1991	8	1	3	4	6:16
Dietmar Constantini	1991	2	–	–	2	1:4
Ernst Happel	1992	9	2	3	4	18:17
Dietmar Constantini	1992	1	–	1	–	0:0
Herbert Prohaska	1993-1999	51	25	9	17	96:73
Otto Baric	1999-2001	22	7	6	9	31:35
Hans Krankl	2002-2005	31	10	10	11	47:46
Wilhelm Ruttensteiner	2005	2	1	0	1	2:1
Josef Hickersberger	2006-2008	27	5	9	13	29:39

Rekordspieler der Nationalmannschaft

Name	Spiele
1. Andreas Herzog	103
2. Toni Polster	95
3. Gerhard Hanappi	93
4. Karl Koller	86
5. Friedrich Koncilia	84
Bruno Pezzey	84
7. Herbert Prohaska	83
8. Hans Krankl	69
9. Heribert Weber	68
10. Peter Stöger	65
11. Walter Schachner	64
12. Andreas Ogris	63
Anton Pfeffer	63

Name	Spiele
Peter Schöttel	63
15. Ernst Ocwirk	62
16. Kurt Jara	59
Franz Wohlfahrt	59
18. Willy Kreuz	58
19. Markus Schopp	56
20. Peter Artner	55
Robert Sara	55
Dietmar Kühbauer	55
23. René Aufhauser	54
24. Josef Blum	51
Ernst Happel	51
Roland Hattenberger	51

Rekordtorschützen der Nationalmannschaft

Name	Tore
1. Toni Polster	44
2. Hans Krankl	34
3. Johann Horvath	29
4. Erich Hof	28
5. Anton Schall	27
6. Matthias Sindelar	26
Andreas Herzog	26
8. Karl Zischek	24
9. Walter Schachner	23
10. Theodor Wagner	22
11. Karl Decker	19
12. Erich Probst	18
Johann Studnicka	18

Name	Tore
Ferdinand Swatosch	18
15. Ferdinand Wessely	17
16. Franz Binder	16
Ernst Melchior	16
Horst Nemec	16
19. Kurt Jara	15
Peter Stöger	15
Ernst Stojaspal	15
22. Josef Bican	14
Alfred Körner	14
Richard Kuthan	14
Ivica Vastic	14

FIFA WM-Bilanz der Nationalmannschaft

Jahr	Gastgeber	Sp.	S	U	N	Tore	Abschneiden
1934	Italien	4	2	–	2	7:7	4. Platz
1954	Schweiz	5	4	–	1	17:12	3. Platz
1958	Schweden	3	–	1	2	2:7	in der Vorrunde ausgeschieden
1978	Argentinien	6	3	–	3	7:10	in der 2. Runde ausgeschieden
1982	Spanien	5	2	1	2	5:4	in der 2. Runde ausgeschieden
1990	Italien	3	1	–	2	2:3	in der Vorrunde ausgeschieden
1998	Frankreich	3	–	2	1	3:4	in der Vorrunde ausgeschieden
Summe		**29**	**12**	**4**	**13**	**43:47**	

1966-1974, 1986, 1994, 2002: nicht qualifiziert
1930, 1938, 1950, 1962: nicht teilgenommen

FIFA WM-Länderspielbilanz der Nationalmannschaft

Gegner	Sp.	S	U	N	Tore
Algerien	1	1	–	–	2:0
Brasilien	2	–	–	2	0:4
Chile	2	1	1	–	2:1

Gegner	Sp.	S	U	N	Tore
Deutschland	4	1	–	3	6:12
England	1	–	1	–	2:2
Frankreich	2	1	–	1	3:3

>>

Gegner	Sp.	S	U	N	Tore
Italien	4	–	–	4	1:5
Kamerun	1	–	1	–	1:1
Niederlande	1	–	–	1	1:5
Nordirland	1	–	1	–	2:2
Schottland	1	1	–	–	1:0
Schweden	1	1	–	–	1:0
Schweiz	1	1	–	–	7:5
Sowjetunion	1	–	–	1	0:2
Spanien	1	1	–	–	2:1
Tschechoslowakei	2	1	–	1	5:1
Ungarn	1	1	–	–	2:1
Uruguay	1	1	–	–	3:1
USA	1	1	–	–	2:1

Spiele gesamt:	**29**
Siege gesamt:	**12**
Unentschieden gesamt:	**4**
Niederlagen gesamt:	**13**
Tore gesamt:	**43:47**

FIFA WM-Kader der Nationalmannschaft

In den Klammern werden Spiele und Tore angegeben.

1934 Italien

Kader: Josef Bican (4/1), Georg Braun (1/–), Franz Cisar (4/–), Friedrich Franzl (–/–), Josef Hassmann (–/–), Leopold Hoffmann (–/–), Johann Horvath (2/2), Anton Janda (–/–), Matthias Kaburek (–/–), Peter Platzer (4/–), Rudolf Raftl (–/–), Anton Schall (2/1), Willi Schmaus (–/–), Karl Sesta (4/1), Matthias Sindelar (3/1), Josef Smistik (4/–), Josef Stroh (–/–), Johann Urbanek (4/–), Rudolf Viertl (4/–), Franz Wagner (4/–), Hans Walzhofer (–/–), Karl Zischek (4/1)
Trainer: Hugo Meisl

1954 Schweiz

Kader: Leopold Barschandt (4/–), Robert Dienst (2/–), Karl Giesser (–/–), Paul Halla (–/–), Gerhard Hanappi (5/–), Ernst Happel (4/–), Walter Haummer (–/–), Karl Koller (5/-), Walter Kollmann (1/–), Alfred Körner (4/2), Robert Körner (5/–), Ernst Ocwirk (5/2), Franz Pelikan (–/–), Erich Probst (5/6), Johann Riegler (–/–), Walter Schleger (2/–), Kurt Schmied (4/–), Ernst Stojaspal (4/3), Karl Stotz (–/–), Alfred Teinitzer (–/–), Theodor Wagner (4/3), Walter Zeman (1/–)
Trainer: Walter Nausch

1958 Schweden

Kader: Leopold Barschandt (–/–), Johann Buzek (–/–), Robert Dienst (–/–), Bruno Engelmeier (–/–), Paul Halla (1/–), Josef Hammerl (–/–), Gerhard Hanappi (2/–), Ernst Happel (2/–), Walter Horak (2/–), Karl Koller (3/1), Walter Kollmann (1/–), Alfred Körner (3/1), Ernst Kozlicek (2/–), Paul Kozlicek (2/–), Herbert Ninaus (–/–), Ignaz Puschnik (–/–), Walter Schleger (1/–), Kurt Schmied (1/–), Helmut Senekowitsch (3/–), Karl Stotz (1/–), Franz Swoboda (3/–), Rudolf Szanwald (2/–)
Trainer: Karl Argauer

1978 Argentinien

Kader: Ernst Baumeister (–/–), Hubert Baumgartner (–/–), Gerd Breitenberger (4/–), Erwin Fuchsbichler (–/–), Günther Happich (1/–), Roland Hattenberger (–/–), Josef Hickersberger (6/–), Kurt Jara (4/–), Friedrich Koncilia (6/–), Hans Krankl (6/4), Willy Kreuz (6/–), Edi Krieger (5/–), Franz Oberacher (1/–), Erich Obermayer (6/1), Peter Persidis (–/–), Bruno Pezzey (6/–), Hans Pirkner (2/–), Herbert Prohaska (6/–), Robert Sara (6/–), Walter Schachner (3/1), Heinrich Strasser (2/–), Heribert Weber (3/–)
Trainer: Helmut Senekowitsch

1982 Spanien

Kader: Ernst Baumeister (4/–), Josef Degeorgi (4/–), Johann Dihanich (–/–), Herbert Feurer (–/–), Maximilian Hagmayr (1/–), Roland Hattenberger (4/–), Reinhold Hintermayer (5/1), Kurt Jara (1/–), Gernot Jurtin (2/–), Friedrich Koncilia (5/–), Hans Krankl (4/1), Bernd Krauss (5/–), Klaus Lindenberger (–/–), Gerald Messlender (–/–), Erich Obermayer (5/–), Bruno Pezzey (5/1), Anton Pichler (1/–), Johann Pregesbauer (1/–), Herbert Prohaska (5/–), Walter Schachner (5/2), Heribert Weber (3/–), Kurt Welzl (3/–)
Trainer: Georg Schmidt

1990 Italien

Kader: Ernst Aigner (3/–), Peter Artner (2/–), Michael Baur (–/–), Gerald Glatzmayer (1/–), Andreas Herzog (3/–), Alfred Hörtnagl (2/–), Christian Keglevits (–/–), Otto Konrad (–/–), Michael Konsel (–/–), Klaus Lindenberger (3/–), Manfred Linzmaier (1/–), Andreas Ogris (3/1), Robert Pecl (3/–), Anton Pfeffer (2/–), Heimo Pfeiffenberger (–/–), Toni Polster (3/–), Andreas Reisinger (1/–), Gerhard Rodax (2/1), Kurt Russ (2/–), Peter Schöttel (2/–), Michael Streiter (3/–), Manfred Zsak (3/–)
Trainer: Josef Hickersberger

1998 Frankreich

Kader: Martin Amerhauser (–/–), Harald Cerny (2/–), Wolfgang Feiersinger (3/–), Mario Haas (3/–), Andreas Heraf (–/–), Andreas Herzog (3/1), Martin Hiden (–/–), Wolfgang Knaller (–/–), Walter Kogler (–/–), Michael Konsel (3/–), Dietmar Kühbauer (3/–), Roman Mählich (3/–), Anton Pfeffer (3/–), Heimo Pfeiffenberger (3/–), Toni Polster (3/1), Hannes Reinmayr (1/–), Markus Schopp (1/–), Peter Schöttel (3/–), Peter Stöger (2/–), Ivica Vastic (3/1), Arnold Wetl (3/–), Franz Wohlfahrt (–/–)
Trainer: Herbert Prohaska

FIFA WM-Rekordspieler

	Name	WM	Spiele
1.	Friedrich Koncilia	1978, 1982	11
	Erich Obermeyer	1978, 1982	11
	Bruno Pezzey	1978, 1982	11
	Herbert Prohaska	1978, 1982	11
5.	Hans Krankl	1978, 1982	10
6.	Walter Schachner	1978, 1982	8
7.	Gerhard Hanappi	1954, 1958	7
	Karl Koller	1954, 1958	7
	Alfred Körner	1954, 1958	7
10.	Ernst Happel	1954, 1958	6
	Andreas Herzog	1990, 1998	6
	Josef Hickersberger	1978	6
	Willy Kreuz	1978	6
	Toni Polster	1990, 1998	6
	Robert Sara	1978	6
	Heribert Weber	1978, 1982	6

FIFA WM-Rekordtorschützen

	Name	WM	Tore
1.	Erich Probst	1954	6
2.	Hans Krankl	1978, 1982	5
3.	Alfred Körner	1954, 1958	3
	Ernst Stojaspal	1954	3
	Theodor Wagner	1954	3

UEFA EM-Bilanz der Nationalmannschaft

Jahr	Gastgeber	Sp.	S	U	N	Tore	Abschneiden
2008	Österreich / Schweiz	3	–	1	2	1:6	in der Vorrunde ausgeschieden
Summe		**3**	**–**	**1**	**2**	**1:3**	

UEFA EM-Kader der Nationalmannschaft

In den Klammern werden Spiele und Tore angegeben.

2008 Österreich / Schweiz

Kader: René Aufhauser (3/–), Christian Fuchs (1/–), György Garics (2/–), Ronald Gercaliu (1/–), Martin Harnik (3/–), Martin Hiden (1/–), Erwin Hoffer (1/–), Andreas Ivanschitz (3/–), Markus Katzer (–/–), Roman Kienast (3/–), Ümit Korkmaz (3/–), Christoph Leitgeb (2/–), Roland Linz (2/–), Jürgen Macho (3/–), Alex Manninger (–/–), Ramazan Özcan (–/–), Jürgen Patocka (–/–), Emanuel Pogatetz (3/–), Sebastian Prödl (2/–), Jürgen Säumel (3/–), Joachim Standfest (1/–), Martin Stranzl (3/–), Ivica Vastic (2/1)
Trainer: Josef Hickersberger

ÖSTERREICHISCHER NATIONALFUSSBALL – FRAUEN

Länderspielbilanz der Nationalmannschaft

Gegner	erstes Spiel	Sp.	S	U	N	Tore
Armenien	10.05.2003	2	2	–	–	22:0
Belgien	16.10.1999	4	–	–	4	4:13
England	01.09.2005	2	–	–	2	1:8
Frankreich	20.03.1999	3	–	–	3	3:9
Griechenland	05.11.1995	4	2	1	1	4:2
Israel	30.07.1998	3	3	–	–	12:0
Japan	21.08.1994	1	–	–	1	0:1
Jugoslawien	17.09.1995	2	1	–	1	3:6
Kroatien	28.06.1998	2	1	–	1	1:1
Niederlande	02.06.1994	3	–	1	2	1:6
Norwegen	21.06.2007	2	–	–	2	0:7
Polen	03.10.1993	7	1	1	5	8:17
Russland	23.08.2007	1	–	–	1	1:5
Schottland	29.09.2001	2	–	–	2	1:7
Schweiz	25.08.1990	6	1	1	4	8:19
Slowakei	13.04.1994	8	4	–	4	13:13
Slowenien	27.05.1995	3	3	–	–	17:1
Tschechien	17.11.1991	3	–	2	1	4:9
Türkei	29.07.1998	1	1	–	–	1:0
Ukraine	18.08.1995	1	–	–	1	0:2
Ungarn	09.10.1991	9	2	2	5	7:15
Wales	24.10.1999	4	2	2	–	5:2

Spiele gesamt:	**73**
Siege gesamt:	**23**
Unentschieden gesamt:	**10**
Niederlagen gesamt:	**40**
Tore gesamt:	**116:143**

Alle Trainer der Nationalmannschaft

Name	Amtszeit	Sp.	S	U	N	Tore
Peter Leitl	1990	1	–	–	1	1:5
Paul Gludowatz	1991-1992	3	–	1	2	1:7
Peter Leitl	1992-1997	26	8	4	14	38:48
Ernst Weber	seit 1998	43	15	5	23	76:83

Rekordspielerinnen der Nationalmannschaft

	Name	Spiele
1.	Gertrud Stallinger	56
2.	Sonja Spieler	54
3.	Sabine Eder	40
4.	Elke Scheubmayer	37
5.	Ines Faustenhammer	36
6.	Nina Aigner	34
7.	Brigitte Entacher	32
8.	Maria Gstöttner	30
	Birgitt Schalkhammer-Hufnagl	30
10.	Katharina Pregartbauer	26
	Rosa Wimmer	26
12.	Alexandra Szankovich	24
13.	Ilse Fazekas	23
14.	Irene Fuhrmann	22
	Birgit Leitner	22
16.	Manuela Binder	21
	Helene Falkner	21
	Heidrun Grutsch	21
19.	Gabriele Seidl	20
20.	Isabel Hochstöger	19
	Iris Seibezeder	19
22.	Melanie Fischer	18
23.	Marlies Hanschitz	17
24.	Nina Burger	15
25.	Astrid Urbanek	14

Rekordtorschützinnen der Nationalmannschaft

	Name	Tore
1.	Gertrud Stallinger	30
2.	Elke Scheubmayer	13
3.	Nina Burger	10
	Sonja Spieler	10
5.	Nina Aigner	8
6.	Birgitt Hufnagl	5
7.	Brigitte Entacher	4
	Maria Gstöttner	4
9.	Manuela Binder	3
	Natascha Celouch	3
	Irene Fuhrmann	3
	Michaela Schaffranek	3

VERBÄNDE

Dachverband des Schweizer Fußballs

SFV/ASF

Voller Name: Schweizerischer Fussballverband/ Associazione Svizzera di Football; Association Suisse de Football

Gründung: 7. April 1895

Adresse: Worbstrasse 48, 3074 Muri; www.football.ch/sfv

Präsident: Ralph Zloczower

Generalsekretär: Peter Gilliéron

Ehemalige Präsidenten:
Emil J. Westermann (1895-1898)
Max Auckenthaler (1898)
Paul Kehrli (1898-1899)
Henri Doll (1899-1900)
Hans Burckhardt (1900-1901)
Hans Girsberger (1901-1902)
Robert C. Westermann (1902-1903)
Fritz Curti (1903-1905)
Hans Enderli (1905-1906)
Albert Heiniger (1906-1907)
Paul Buser (1907-1909)
Louis Berthod (1909-1910)
Henry Ducommun (1910-1911)
Henri Tschudi (1911-1912)
Fritz Curti (1912-1913)
Adrien Bech (1913-1916)
Franz Rinderer (1916-1917)
Fritz Hauser (1917-1920)
Marcel Henninger (1920-1923)
Meinrad Ott (1923-1925)
Jakob Schlegel (1925-1929)
Otto Eicher (1929-1941)
Robert Zumbühl (1941-1944)
Jean Krebs (1944-1947)
Ernst Thommen (1947-1954)
Gustav Wiederkehr (1954-1964)
Victor de Werra (1964-1975)
Walter Baumann (1975-1983)
Heinrich Röthlisberger (1983-1989)
Freddy Rumo (1989-1993)
Marcel Mathier (1993-2001)

Geschichte:
1895: Gründung am 7. April in Oelten
1898: Grasshopper-Club Zürich wird erster Schweizer Meister
1899: Umstellung der Meisterschaft auf Ligabetrieb
1904: FIFA-Beitritt
1925: Einführung des Swiss Cup (Pokalwettbewerb)
1933: Einführung der Nationalliga
1944: Einführung der eingleisigen 2. Nationalliga
1954: UEFA-Beitritt
1971: DFC Aarau wird erster Schweizer Frauen-Meister
1976: Einführung des Schweizer Cup Frauen
2005: ca. 1 400 Vereine, 12 900 Mannschaften und 228 000 aktive Spielerinnen und Spieler gehören dem Verband an

Wichtige Aufgaben
- Organisation der Meisterschaftsspiele und anderer Wettbewerbe
- Gesamtverantwortung für die Einheit des Schweizer Fußballs
- Gewährleistung der Einhaltung des FIFA Regelwerks
- Aufstellung der Nationalmannschaften
- Aus- und Fortbildung von Trainern und Schiedsrichtern

Wichtige Wettbewerbe:
Männer: Schweizer Meisterschaft, Swisscom Cup, Junioren Spitzenfußball
Frauen: Schweizer Meisterschaft, Schweizer Cup, Schweizer Cup (Juniorinnen)

Regionalverbände: Aargauischer Fussballverband (AFV), Fussballverband Bern/Jura (FVBJ), Innerschweizerischer Fussballverband (IFV), Fussballverband Nordwestschweiz (FVNWS), Ostschweizer Fussballverband (OFV), Solothurner Kantonal-Fussballverband (SKFV), Fussballverband Region Zürich (FVRZ), Federazione ticinese di calcio (FTC), Freiburger Fussballverband (FFV)/Association fribourgeoise de football (AFF), Association cantonale genevoise de football (ACGF), Association neuchâteloise de football (ANF), Walliser Fussballverband (WFV)/Association valaisanne de football (AVF), Association cantonale vaudoise de football (ACVF)

Spielklassen Männer	Spielklassen Frauen
1. Axpo Super League	**1.** Nationalliga A
2. Challenge League	**2.** Nationalliga B
3. 1. Liga	**3.** 1. Liga
4. 2. Liga	**4.** 2. Liga
5. 3. Liga	**5.** 3. Liga
6. 4. Liga	
7. 5. Liga	

Regionalverbände

Aargauischer Fussballverband (AFV)

Gründung: 1940
Präsident: Hansruedi Rohr
Adresse: Distelbergstrasse 22, 5000 Aarau; www.football.ch/afv

Fussballverband Bern/Jura (FVBJ)

Gründung: 1951
Präsident: Jürg Widmer
Adresse: Fabrikstrasse 29b, 3012 Bern; www.football.ch/fvbj

Innerschweizerischer Fussballverband (IFV)

Gründung: 1918
Präsident: Peter Hofstetter
Adresse: Staldenhof 12, 6014 Littau; www.football.ch/ifv

Fussballverband Nordwestschweiz (FVNWS)

Gründung: 1939
Präsident: Roland Paolucci
Adresse: St. Jakobs-Strasse 397, 4052 Basel, Schweiz; www.football.ch/fvnws

Ostschweizer Fussballverband (OFV)

Gründung: 1944
Präsident: Albert Kern
Adresse: Lerchentalstrasse 29, 9016 St. Gallen; www.football.ch/ofv

Solothurner Kantonal-Fussballverband (SKFV)

Gründung: 1951
Präsident: Roland Stampfli
Adresse: Hauptstrasse 60, 4528 Zuchwil; www.football.ch/skfv

Fussballverband Region Zürich (FVRZ)

Gründung: 1912
Präsident: Reinhard Zweifel
Adresse: Alter Zürichweg 21, 8952 Schlieren; www.football.ch/fvrz

Federazione ticinese di calcio (FTC)

Gründung: 1919
Präsident: Luca Zorzi
Adresse: Via Campagna 2.1, 6512 Giubiasco; www.football.ch/ftc

Freiburger Fussballverband (FFV)/ Association fribourgeoise de football (AFF)

Gründung: 1910
Präsident: Bernard Sansonnens
Adresse: Rue de l'Aurore 7, 1701 Freiburg; www.football.ch/aff

Association cantonale genevoise de football (ACGF)

Gründung: 1902
Präsident: Yvan Perroud
Adresse: Rue des Plantaporrêts 4, 1205 Genève, Schweiz; www.football.ch/acgf

Association neuchâteloise de football (ANF)

Gründung: 1900
Präsident: Alain Grosjean

Adresse: Rue du Châtelard 10, 2208 Les Hauts-Geneveys, www.football.ch/anf

Walliser Fussballverband (WFV)/ Association valaisanne de football (AVF)

Gründung: 1919
Präsident: Anselme Mabillard

Adresse: Rue Blancherie 27a, 1951 Sion; www.football.ch/avf

Association cantonale vaudoise de football (ACVF)

Gründung: 1904
Präsident: Dominique Blanc

Adresse: Ch. de Maillefer 35, 1052 Mont-sur-Lausanne; www.football.ch/acvf

SCHWEIZER VEREINSFUSSBALL – MÄNNER

Schweizer Meisterschaft

Meisterliste

Saison	Verein
1897/98*	Grasshopper-Club Zürich
1898/99	Anglo-American Club Zürich
1999/00	Grasshopper-Club Zürich
1900/01	Grasshopper-Club Zürich
1901/02	FC Zürich
1902/03	Young Boys Bern
1903/04	FC St. Gallen
1904/05	Grasshopper-Club Zürich
1905/06	FC Winterthur
1906/07	Servette Genf
1907/08	FC Winterthur
1908/09	Young Boys Bern
1909/10	Young Boys Bern
1910/11	Young Boys Bern
1911/12	FC Aarau
1912/13	Montriond Lausanne
1913/14	FC Aarau
1914/15	Brühl St. Gallen
1915/16	FC Cantonal Neuchâtel
1916/17	FC Winterthur
1917/18	Servette Genf
1918/19	Étoile La Chaux-de-Fonds
1919/20	Young Boys Bern
1920/21	Grasshopper-Club Zürich
1921/22	Servette Genf
1922/23**	–
1923/24	FC Zürich
1924/25	Servette Genf
1925/26	Servette Genf

Saison	Verein
1926/27	Grasshopper-Club Zürich
1927/28	Grasshopper-Club Zürich
1928/29	Young Boys Bern
1929/30	Servette Genf
1930/31	Grasshopper-Club Zürich
1931/32	Lausanne-Sports
1932/33	Servette Genf
1933/34	Servette Genf
1934/35	Lausanne-Sports
1935/36	Lausanne-Sports
1936/37	Grasshopper-Club Zürich
1937/38	FC Lugano
1938/39	Grasshopper-Club Zürich
1939/40	Servette Genf
1940/41	FC Lugano
1941/42	Grasshopper-Club Zürich
1942/43	Grasshopper-Club Zürich
1943/44	Lausanne-Sports
1944/45	Grasshopper-Club Zürich
1945/46	Servette Genf
1946/47	FC Biel-Bienne
1947/48	AC Bellinzona
1948/49	FC Lugano
1949/50	Servette Genf
1950/51	Lausanne-Sports
1951/52	Grasshopper-Club Zürich
1952/53	FC Basel
1953/54	FC La Chaux-de-Fonds
1954/55	FC La Chaux-de-Fonds

>>

<<

Saison	Verein
1955/56	Grasshopper-Club Zürich
1956/57	Young Boys Bern
1957/58	Young Boys Bern
1958/59	Young Boys Bern
1959/60	Young Boys Bern
1960/61	Servette Genf
1961/62	Servette Genf
1962/63	FC Zürich
1963/64	FC La Chaux-de-Fonds
1964/65	Lausanne-Sports
1965/66	FC Zürich
1966/67	FC Basel
1967/68	FC Zürich
1968/69	FC Basel
1969/70	FC Basel
1970/71	Grasshopper-Club Zürich
1971/72	FC Basel
1972/73	FC Basel
1973/74	FC Zürich
1974/75	FC Zürich
1975/76	FC Zürich
1976/77	FC Basel
1977/78	Grasshopper-Club Zürich
1978/79	Servette Genf
1979/80	FC Basel
1980/81	FC Zürich
1981/82	Grasshopper-Club Zürich

Saison	Verein
1982/83	Grasshopper-Club Zürich
1983/84	Grasshopper-Club Zürich
1984/85	Servette Genf
1985/86	Young Boys Bern
1986/87	Neuchâtel Xamax FC
1987/88	Neuchâtel Xamax FC
1988/89	FC Luzern
1989/90	Grasshopper-Club Zürich
1990/91	Grasshopper-Club Zürich
1991/92	FC Sion
1992/93	FC Aarau
1993/94	Servette Genf
1994/95	Grasshopper-Club Zürich
1995/96	Grasshopper-Club Zürich
1996/97	FC Sion
1997/98	Grasshopper-Club Zürich
1998/99	Servette Genf
1999/00	FC St. Gallen
2000/01	Grasshopper-Club Zürich
2001/02	FC Basel
2002/03	Grasshopper-Club Zürich
2003/04	FC Basel
2004/05	FC Basel
2005/06	FC Zürich
2006/07	FC Zürich
2007/08	FC Basel

* inoffizielle Meisterschaft
** Saison wird nicht zu Ende gespielt

Die erfolgreichsten Torschützen der einzelnen Saisons seit Gründung der Nationalliga

Saison	Name	Verein	Tore
1933/34	Leopold Kielholz	Geneve Servette	40
1934/35	Englebert Bösch	FC Bern	27
1935/36	Willy Jaeggi	Lausanne-Sports	30
1936/37	Alessandro Frigerio	Young Fellows Zürich	23
1937/38	Numa Monnard	FC Basel	20
1938/39	Josef Artimovics	FC Grenchen	15
1939/40	Georges Aeby	Servette Genf	22
1940/41	Alessandro Frigerio	FC Lugano	26
1941/42	Alessandro Frigerio	FC Lugano	23
1942/43	Lauro Amado	Grasshopper-Club Zürich	31
1943/44	Erich Andres	Young Fellows Zürich	23
1944/45	Hans-Peter Friedländer	Grasshopper-Club Zürich	26
1945/46	Hans-Peter Friedländer	Grasshopper-Club Zürich	25
1946/47	Lauro Amado	Grasshopper-Club Zürich	19
	Hans Blaser	Young Boys Bern	19
1947/48	Josef Righetti	FC Grenchen	26
1948/49	Jacques Fatton	Servette Genf	21
1949/50	Jacques Fatton	Servette Genf	32
1950/51	Hans-Peter Friedländer	Lausanne-Sports	22

>>

<<

Saison	Name	Verein	Tore
1951/52	Josef Hügi	FC Basel	24
1952/53	Josef Hügi	FC Basel	32
	Eugen Meier	Young Boys Bern	32
1953/54	Josef Hügi	FC Basel	29
1954/55	Marcel Mauron	FC La Chaux-de-Fonds	30
1955/56	Branislav Vukosalijevic	Grasshopper-Club Zürich	33
1956/57	Adrien Kauer	FC La Chaux-de-Fonds	29
1957/58	Ernst Wechselberger	Young Boys Bern	22
1958/59	Eugen Meier	Young Boys Bern	24
1959/60	Willy Schneider	Young Boys Bern	25
1960/61	Giuliano Robbiani	Grasshopper-Club Zürich	27
1961/62	Jacques Fatton	Servette Genf	25
1962/63	Peter Von Burg	FC Zürich	24
1963/64	Michel Desbiolles	Servette Genf	23
1964/65	Rolf Blättler	Grasshopper-Club Zürich	19
	Pierre Kerkhoffs	Lausanne-Sports	19
1965/66	Rolf Blättler	Grasshopper-Club Zürich	28
1966/67	Rolf Blättler	Grasshopper-Club Zürich	24
	Fritz Künzli	FC Zürich	24
1967/68	Fritz Künzli	FC Zürich	28
1968/69	Hans-Otto Peters	FC Biel-Bienne	24
1969/70	Fritz Künzli	FC Zürich	19
1970/71	Walter Müller	Young Boys Bern	19
1971/72	Herbert Dimmeler	FC Winterthur	17
	Bernd Dörfel	Servette Genf	17
1972/73	Ove Grahn	Lausanne-Sports	18
	Ottmar Hitzfeld	FC Basel	18
1973/74	Daniel Jeandupeux	FC Zürich	22
1974/75	Ilija Katic	FC Zürich	23
1975/76	Peter Risi	FC Zürich	33
1976/77	Franco Cuccinotta	FC Zürich	28
1977/78	Fritz Künzli	FC Zürich	21
1978/79	Peter Risi	FC Zürich	16
1979/80	Claudio Sulser	Grasshopper-Club Zürich	25
1980/81	Peter Risi	FC Luzern	18
1981/82	Claudio Sulser	Grasshopper-Club Zürich	23
1982/83	Jean-Paul Brigger	Servette Genf	23
1983/84	Georges Bregy	FC Sion	21
1984/85	Dominique Cina	FC Sion	24
1985/86	Steen Thychosen	Lausanne-Sports	21
1986/87	John Eriksen	Servette Genf	28
1987/88	John Eriksen	Servette Genf	36
1988/89	Karl-Heinz Rummenigge	Servette Genf	24
1989/90	Ivano Zamorano	FC St. Gallen	23
1990/91	Dario Zuffi	Young Boys Bern	17
1991/92	Miklos Molnar	Servette Genf	18
1992/93	Sonny Anderson da Silva	Servette Genf	20
1993/94	Giovane Élber	Grasshopper-Club Zürich	21
1994/95	Petar Alexandrov	Neuchâtel Xamax FC	24
1995/96	Petar Alexandrov	FC Luzern	19
	Viorel Moldovan	Neuchâtel Xamax FC	19
1996/97	Viorel Moldovan	Grasshopper-Club Zürich	27

>>

<<

Saison	Name	Verein	Tore
1997/98	Shabani Nonda	FC Zürich	24
1998/99	Alexandre Rey	Servette Genf	19
1999/00	Charles Amoah	FC St. Gallen	25
2000/01	Stéphane Chapuisat	Grasshopper-Club Zürich	21
	Christian Giménez	FC Lugano	21
2001/02	Christian Giménez	FC Basel	28
	Richard Núñez	Grasshopper-Club Zürich	28
2002/03	Richard Núñez	Grasshopper-Club Zürich	27
2003/04	Stéphane Chapuisat	Young Boys Bern	23
2004/05	Christian Giménez	FC Basel	27
2005/06	Kéita Alhassane	FC Zürich	20
2006/07	Mladen Petrić	FC Basel	19
2007/08	Hakan Yakin	Young Boys Bern	24

Ewige Tabelle 1897–2008

Verein	Jahre	Sp.	S	U	N	Tore	Diff.	Pkt.
1. Grasshopper-Club Zürich	104	2549	1349	562	638	5828:3555	+2273	4609
2. Servette Genf	105	2483	1232	543	708	5306:3515	+1791	4236
3. Young Boys Bern	101	2391	1092	574	725	4756:3567	+1189	3850
4. FC Basel	99	2304	1040	508	756	4626:3829	+797	3628
5. FC Zürich	99	2283	1042	486	755	4566:3664	+902	3612
6. Lausanne-Sports	99	2297	998	543	756	4398:3601	+797	3537
7. FC Lugano	65	1624	613	431	580	2589:2519	+70	2270
8. FC St. Gallen	79	1778	615	416	747	2876:3254	-378	2261
9. FC La Chaux-de-Fonds	76	1572	616	319	637	3079:3125	-46	2167
10. FC Luzern	60	1530	464	372	694	2087:2937	-850	1764
11. FC Sion	40	1204	444	352	408	1807:1742	+65	1684
12. FC Aarau	55	1225	417	307	501	1881:2058	-177	1558
13. Neuchâtel Xamax FC	34	1048	412	300	336	1670:1436	+234	1536
14. FC Biel-Bienne	60	1257	426	246	585	2094:2577	-483	1524
15. Young Fellows Zürich	56	1130	411	195	524	2119:2447	-328	1428
16. FC Grenchen	39	936	322	221	393	1506:1681	-175	1187
17. FC Winterthur	43	792	295	139	358	1463:1550	-87	1024
18. FC Bern	45	716	261	139	316	1285:1487	-202	922
19. AC Bellinzona	30	794	234	201	359	1036:1439	-403	903
20. FC Nordstern Basel	35	655	229	127	299	1056:1285	-229	814
21. FC Chiasso	28	690	212	146	332	972:1486	-514	782
22. FC Cantonal Neuchâtel	34	571	205	110	256	1068:1219	-151	725
23. Urania Sport Genf	33	566	171	116	279	939:1265	-326	629
24. Old Boys Basel	34	431	177	83	171	876:871	+5	614
25. Étoile La Chaux-de-Fonds	23	332	162	59	111	761:618	+143	545
26. FC Fribourg	30	524	129	92	303	750:1313	-563	479
27. FC Locarno	13	330	109	68	153	513:658	-145	395
28. Brühl St. Gallen	21	304	113	51	140	605:692	-87	390
29. FC Blue Stars Zürich	20	327	113	47	167	642:785	-143	386
30. FC Thun	7	240	79	52	109	316:408	-92	289
31. FC Wettingen	10	278	69	78	131	318:434	-116	285
32. Étoile Carouge FC	13	240	76	49	115	391:506	-115	277
33. Concordia Basel	11	208	59	34	115	303:477	-174	211
34. CS Chenois	8	196	48	60	88	228:349	-121	204
35. Vevey-Sports	7	206	48	47	111	267:445	-178	191
36. FC Schaffhausen	7	210	35	65	110	223:435	-212	170

>>

<<

Verein	Jahre	Sp.	S	U	N	Tore	Diff.	Pkt.
37. Montreux-Sports	14	180	30	27	123	245:533	-288	117
38. FC Yverdon	6	119	27	29	63	132:207	-75	110
39. FC Solothurn	6	98	24	20	54	150:254	-104	92
40. Neumünster Zürich	5	70	23	15	32	113:143	-30	84
41. FC Wil	2	72	17	19	36	99:148	-49	70
42. FC Bulle	3	82	13	18	51	74:187	-113	57
43. SC Veltheim	4	64	18	2	44	93:197	-104	56
44. FC Baden	8	109	13	13	83	117:379	-262	52
45. FC Neuchâtel	7	36	12	3	21	53:90	-37	39
46. SC Kriens	2	44	8	14	22	40:79	-39	38
47. SR Delemont	2	44	10	7	27	48:92	-44	37
48. Blue Stars St. Gallen	6	49	8	2	39	80:198	-118	26
49. Fire Flies Zürich	2	18	7	2	9	31:69	-38	23
50. Concordia Yverdon	4	42	6	4	32	60:183	-123	22
51. Anglo-American Club Zürich	2	12	6	1	5	26:25	+1	19
52. SC Zug	1	30	4	6	20	27:71	-44	18
53. Kickers Zürich	2	16	4	3	9	32:39	-7	15
54. Lausanne FC	2	6	4	-	2	19:8	11	12
55. Racing Lausanne	1	10	2	2	6	19:42	-23	8
56. FC Moutier	1	26	2	2	22	16:100	-84	8
57. Floria Biel-Bienne	1	10	2	1	7	11:38	-27	7
58. La Villa Longchamp Lausanne	1	3	2	–	1	3:6	-3	6
59. Fortuna Basel	3	22	2	–	20	19:81	-62	6
60. Black Stars Basel	1	10	1	2	7	12:31	-19	5
61. FC Wohlen	1	10	1	1	8	11:42	-31	4
62. American Wanderers Zürich	2	18	1	1	16	6:69	-63	4
63. La Châtelaine Genève	1	2	1	–	1	9:4	+5	3
64. Château de Lancy Genf	1	2	1	–	1	6:9	-3	3
65. International Zürich	2	9	1	–	8	9:52	-43	3
66. Fortuna Zürich	1	10	1	–	9	6:35	-29	3
67. FC Monthey	1	10	1	–	9	10:46	-36	3
68. Villa d'Ouchy	1	1	–	-	1	2:5	-3	0
69. Maison Neuve Vevey	1	1	–	–	1	0:4	-4	0
70. Geneva United	1	1	–	–	1	0:4	-4	0
71. Racing Club de Genève	1	1	–	–	1	0:4	-4	0
72. Excelsior Basel	1	4	–	–	4	1:29	-28	0
73. Weissenbühl Bern	1	8	–	–	8	5:52	-47	0

Die Tabelle ist nach der Drei-Punkte-Regel erstellt; die inoffizielle Saison 1897/98 und die nicht zu Ende gespielte Saison 1922/23 sind miteingerechnet.

Titel-Ranking Schweizer Meisterschaft

Verein	Titel
1. Grasshopper-Club Zürich	27
2. Servette Genf	17
3. FC Basel	12
4. Young Boys Bern	11
FC Zürich	11
6. Lausanne-Sports	7
7. FC Aarau	3
FC La Chaux-de-Fonds	3
FC Lugano	3
FC Winterthur	3
11. Neuchâtel Xamax FC	2
FC St. Gallen	2
FC Sion	2
14. AC Bellinzona	1
FC Biel-Bienne	1
Étoile La Chaux-de-Fonds	1
FC Luzern	1
FC Cantonal Neuchâtel	1
Brühl St. Gallen	1
Anglo-American Club Zürich	1

Fußballer des Jahres

Wahl durch die 1999 aufgelöste Zeitschrift „Sport"

Jahr	Name	Verein
1973	Karl Odermatt	FC Basel
1975	Umberto Barberis	Grasshopper-Club Zürich
1976	Jakob Kuhn	FC Zürich
1977	Hansjörg Pfister	Servette Genf
1978	Ruedi Elsener	Grasshopper-Club Zürich
1979	Umberto Barberis	Servette Genf
1980	Umberto Barberis	Servette Genf
1981	Heinz Lüdi	FC Zürich
1982	Claudio Sulser	Grasshopper-Club Zürich
1983	Lucien Favre	Servette Genf
1984	Heinz Hermann	Grasshopper-Club Zürich
1985	Heinz Hermann	Grasshopper-Club Zürich
	Rolf Osterwalder	FC Aarau
1986	Heinz Hermann	Neuchâtel Xamax FC
1987	Heinz Hermann	Neuchâtel Xamax FC
1988	Heinz Hermann	Neuchâtel Xamax FC
1989	Peter Nadig	FC Luzern
1990	André Egli	Grasshopper-Club Zürich
1991	Adrian Knup	FC Luzern
1992	Jean-Paul Brigger	FC Sion
1993	Ciriaco Sforza	Grasshopper-Club Zürich
1994	Thomas Bickel	Grasshopper-Club Zürich
1995	Nestor Subiat	Grasshopper-Club Zürich
1996	Kubilay Türkyilmaz	Grasshopper-Club Zürich
1997	Kubilay Türkyilmaz	Grasshopper-Club Zürich
1998	Kubilay Türkyilmaz	Grasshopper-Club Zürich

Schweizer Pokal

1925-2002: Swiss Cup
seit 2002: Swisscom Cup

Siegerliste

Saison	Verein
1925/26	Grasshopper-Club Zürich
1926/27	Grasshopper-Club Zürich
1927/28	Servette Genf
1928/29	Urania Sport Genf
1929/30	Young Boys Bern
1930/31	AC Lugano
1931/32	Grasshopper-Club Zürich
1932/33	FC Basel
1933/34	Grasshopper-Club Zürich
1934/35	Lausanne-Sports

Saison	Verein
1935/36	Young Fellows Zürich
1936/37	Grasshopper-Club Zürich
1937/38	Grasshopper-Club Zürich
1938/39	Lausanne-Sports
1939/40	Grasshopper-Club Zürich
1940/41	Grasshopper-Club Zürich
1941/42	Grasshopper-Club Zürich
1942/43	Grasshopper-Club Zürich

Saison	Verein
1943/44	Lausanne-Sports
1944/45	Young Boys Bern
1945/46	Grasshopper-Club Zürich
1946/47	FC Basel
1947/48	FC La Chaux-de-Fonds
1948/49	Servette Genf
1949/50	Lausanne-Sports
1950/51	FC La Chaux-de-Fonds
1951/52	Grasshopper-Club Zürich
1952/53	Young Boys Bern

>>

<<

Saison	Verein
1953/54	FC La Chaux-de-Fonds
1954/55	FC La Chaux-de-Fonds
1955/56	Grasshopper-Club Zürich
1956/57	FC La Chaux-de-Fonds
1957/58	Young Boys Bern
1958/59	FC Grenchen
1959/60	FC Luzern
1960/61	FC La Chaux-de-Fonds
1961/62	Lausanne-Sports
1962/63	FC Basel
1963/64	Lausanne-Sports
1964/65	FC Sion
1965/66	FC Zürich
1966/67	FC Basel
1967/68	AC Lugano
1968/69	FC St. Gallen
1969/70	FC Zürich

Saison	Verein
1970/71	Servette Genf
1971/72	FC Zürich
1972/73	FC Zürich
1973/74	FC Sion
1974/75	FC Basel
1975/76	FC Zürich
1976/77	Young Boys Bern
1977/78	Servette Genf
1978/79	Servette Genf
1979/80	FC Sion
1980/81	Lausanne-Sports
1981/82	FC Sion
1982/83	Grasshopper-Club Zürich
1983/84	Servette Genf
1984/85	FC Aarau
1985/86	FC Sion
1986/87	Young Boys Bern
1987/88	Grasshopper-Club Zürich
1988/89	Grasshopper-Club Zürich

Saison	Verein
1989/90	Grasshopper-Club Zürich
1990/91	FC Sion
1991/92	FC Luzern
1992/93	AC Lugano
1993/94	Grasshopper-Club Zürich
1994/95	FC Sion
1995/96	FC Sion
1996/97	FC Sion
1997/98	Lausanne-Sports
1998/99	Lausanne-Sports
1999/00	FC Zürich
2000/01	Servette Genf
2001/02	FC Basel
2002/03	FC Basel
2003/04	FC Wil
2004/05	FC Zürich
2005/06	FC Sion
2006/07	FC Basel
2007/08	FC Basel

Titel-Ranking Schweizer Pokal

Verein	Titel	Endspiele
1. Grasshopper-Club Zürich	18	31
2. FC Sion	10	10
3. Lausanne-Sports	9	16
4. FC Basel	9	15
5. Servette Genf	7	19
6. FC Zürich	7	8
7. Young Boys Bern	6	12
8. FC La Chaux-de-Fonds	6	7
9. FC Lugano	3	7
10. FC Luzern	2	5
11. FC Grenchen	1	4
FC St. Gallen	1	4
13. FC Aarau	1	3
14. Urania Sport Genf	1	2
Young Fellows Zürich	1	2
16. FC Wil	1	1

SCHWEIZER VEREINSFUSSBALL – FRAUEN

Schweizer Meisterschaft

Meisterliste

Saison	Verein
1970/71	DFC Aarau
1971/72	DFC Aarau
1972/73	DFC Aarau
1973/74	DFC Aarau
1974/75	DFC Alpnach
1975/76	DFC Sion
1976/77	DFC Sion
1977/78	DFC Bern
1978/79	DFC Bern
1979/80	SV Seebach Zürich
1980/81	SV Seebach Zürich
1981/82	SV Seebach Zürich
1982/83	SV Seebach Zürich
1983/84	DFC Bern
1984/85	SV Seebach Zürich
1985/86	DFC Bern

>>

<<

Saison	Verein
1986/87	SV Seebach Zürich
1987/88	SV Seebach Zürich
1988/89	FC Rapid Lugano
1989/90	SV Seebach Zürich
1990/91	SV Seebach Zürich
1991/92	DFC Bern
1992/93	SV Seebach Zürich
1993/94	SV Seebach Zürich
1994/95	DFC Bern
1995/96	DFC Bern
1996/97	DFC Bern

Saison	Verein
1997/98	SV Seebach Zürich
1998/99	DFC Schwerzenbach
1999/00	DFC Bern
2000/01	DFC Bern
2001/02	FC Sursee
2002/03	FC Sursee
2003/04	FC Sursee
2004/05	SC LUwin.ch
2005/06	SC LUwin.ch
2006/07	FFC Zuchwil 05
2007/08	FFC Zürich Seebach

Ewige Tabelle der eingleisigen obersten Spielklasse 1978–2008

Verein	Jahre	Sp.	S	U	N	Tore	Diff.	Pkt.
1. FFC Bern	30	553	371	99	83	1606:587	+1019	1212
2. FFC Zürich Seebach	30	553	352	72	129	1766:911	+855	1128
3. FC Rapid Lugano	26	488	183	93	212	984:1045	-61	642
4. FFC United Schwerzenbach	20	367	168	67	133	828:618	+210	571
5. SC LUwin.ch (FC Sursee)	15	275	158	44	73	725:399	+326	518
6. Blue Stars Zürich	19	350	124	72	154	630:711	-81	444
7. FFC Zuchwil 05	9	167	89	29	59	388:200	+188	296
8. FC Bad Ragaz	13	222	80	46	106	399:493	-94	286
9. FC Rot-Schwarz Thun	14	256	76	47	133	424:638	-214	275
10. FC Malters	10	183	59	32	94	355:456	-101	209
11. FC Therwil	9	162	49	33	80	251:339	-88	180
12. DFC Spreitenbach	7	124	44	30	50	175:225	-50	162
13. Solothurn	8	142	42	22	78	211:350	-139	148
14. FC Weinfelden	5	90	33	15	42	138:145	-7	114
15. FC Rapperswil-Jona	6	108	27	14	67	127:261	-134	95
16. SC Veltheim	6	108	25	17	66	150:289	-139	92
17. Willisau	3	54	23	10	21	120:103	+17	79
18. FC St. Gallen	6	110	19	17	74	132:364	-232	74
19. FC Yverdon Féminin	4	71	20	13	38	112:164	-52	73
20. Zürich	4	72	19	14	39	86:170	-84	71
21. Ruggell-Liechtenstein	3	60	18	13	29	80:100	-20	67
22. Stans	3	54	13	18	23	71:120	-49	57
23. SK Root	3	57	11	9	37	74:184	-110	42
24. US Giubiasco	3	54	7	10	37	48:149	-101	31
25. Schaffhausen	2	36	8	4	24	39:89	-50	28
26. Rudolfstetten	1	18	5	3	10	38:46	-8	18
27. FC Baden	2	36	5	2	29	26:167	-141	17
28. Urdorf	1	18	3	2	13	22:64	-42	11
29. Verdeaux	1	18	2	4	12	16:59	-43	10
30. FC Lachen/Altendorf	1	18	2	3	13	21:42	-21	9
31. FC Staad	2	36	2	3	31	31:112	-81	9
32. BCO Basel	1	16	2	2	12	22:56	-34	8
33. FC Bethlehem	2	38	–	4	34	36:193	-157	4
34. DFC Sion	1	18	1	1	16	14:97	-83	4
35. Lausanne-Sports	1	18	–	2	16	17:69	-52	2

Die Tabelle ist nach der Drei-Punkte-Regel erstellt.

Titel-Ranking Schweizer Meisterschaft

Verein	Titel
1. FFC Zürich Seebach	13
2. FFC Bern	10
3. SC LUwin.ch (FC Sursee)	5
4. DFC Aarau	4
5. DFC Sion	2
6. DFC Alpnach	1
FC Rapid Lugano	1
FFC United Schwerzenbach	1
FFC Zuchwil 05	1

Schweizer Cup

Siegerliste

Saison	Verein
1975/76	DFC Sion
1976/77	DFC Sion
1977/78	DFC Bern
1978/79	DFC Spreitenbach
1979/80	DFC Bern
1980/81	SV Seebach Zürich
1981/82	DFC Bern
1982/83	DFC Bern
1983/84	DFC Bern
1984/85	DFC Bern
1985/86	SV Seebach Zürich
1986/87	SV Seebach Zürich
1987/88	SV Seebach Zürich
1988/89	SV Seebach Zürich
1989/90	SV Seebach Zürich
1990/91	DFC Bern
1991/92	DFC Schwerzenbach
1992/93	SV Seebach Zürich
1993/94	DFC Bern
1994/95	DFC Bern
1995/96	DFC Bern
1996/97	DFC Bern
1997/98	DFC Bern
1998/99	DFC Bern
1999/00	DFC Bern
2000/01	DFC Bern
2001/02	FC Sursee
2002/03	DFC Schwerzenbach
2003/04	FC Sursee
2004/05	SC LUwin.ch
2005/06	SC LUwin.ch
2006/07	FFC Zürich Seebach
2007/08	FFC United Schwerzenbach

Titel-Ranking Schweizer Cup

Verein	Titel	Endspiele
1. FFC Bern	15	22
2. FFC Zürich Seebach	8	17
3. SC LUwin.ch (FC Sursee)	4	5
4. FFC United Schwerzenbach	3	5
5. DFC Sion	2	2
6. DFC Spreitenbach	1	1

SCHWEIZER NATIONALFUSSBALL – MÄNNER

Länderspielbilanz der Nationalmannschaft

Gegner	erstes Spiel	Sp.	S	U	N	Tore
Ägypten	14.12.1988	1	1	–	–	3:1
Albanien	11.04.1965	4	3	1	–	7:3
Algerien	30.11.1983	2	2	–	–	4:1
Argentinien	19.07.1966	5	–	2	3	2:11
Aserbaidschan	31.08.1996	2	1	–	1	5:1
Belgien	20.02.1912	26	8	6	12	37:49
Bolivien	11.06.1994	1	–	1	–	0:0
Brasilien	28.06.1950	7	1	3	3	7:10
Bulgarien	17.08.1976	7	3	2	2	11:10
Chile	06.04.1960	3	2	–	1	7:6
China	03.06.2006	1	1	–	–	4:1
Costa Rica	06.09.2006	1	1	–	–	2:0
Dänemark	17.06.1923	10	2	5	3	11:13
DDR	08.03.1978	5	–	1	4	3:13

>>

<<

Gegner	erstes Spiel	Sp.	S	U	N	Tore
Deutschland	05.04.1908	50	8	6	36	60:135
Elfenbeinküste	02.12.1983	2	–	1	1	1:2
England	20.05.1909	24	4	4	16	19:70
Estland	16.08.1992	2	2	–	–	10:0
Färöer	07.10.2000	4	4	–	–	15:2
Finnland	19.05.1976	4	2	–	2	6:5
Frankreich	12.02.1905	36	12	9	15	58:62
Georgien	08.09.2002	2	1	1	–	4:1
Griechenland	12.10.1968	10	5	3	2	13:10
Irland	05.05.1935	15	5	3	7	10:17
Island	22.05.1979	4	4	–	–	7:1
Israel	14.02.1968	5	2	2	1	7:5
Italien	07.05.1911	56	8	20	28	66:106
Jamaika	22.03.2007	1	1	–	–	2:0
Japan	23.01.1993	2	1	1	–	4:5
Jugoslawien	07.05.1933	13	2	5	6	16:29
Kanada	15.05.2002	1	–	–	1	1:3
Kenia	06.12.1983	1	–	1	–	0:0
Kolumbien	01.02.1985	4	1	1	2	6:9
Kroatien	13.06.2004	1	–	1	–	0:0
Lettland	02.04.1997	1	1	–	–	1:0
Liechtenstein	12.03.1991	5	5	–	–	15:0
Litauen	25.05.1924	1	1	–	–	9:0
Luxemburg	26.06.1949	9	8	1	–	25:7
Malta	20.12.1970	6	5	1	–	17:3
Marokko	13.01.1963	2	–	–	2	1:3
Mexiko	02.07.1950	5	3	1	1	10:7
Niederlande	16.05.1920	32	15	2	15	61:68
Nigeria	20.11.2007	1	–	–	1	0:1
Nordirland	14.10.1964	4	1	1	2	2:3
Norwegen	21.06.1923	16	5	4	7	17:24
Oman	10.02.1999	2	2	–	–	6:2
Österreich	23.12.1917	40	10	5	25	57:104

* inkl. Sowjetunion

Gegner	erstes Spiel	Sp.	S	U	N	Tore
Polen	04.06.1939	9	1	4	4	9:18
Portugal	06.11.1938	20	9	5	6	30:25
Rumänien	29.10.1933	11	4	3	4	19:14
Russland*	20.04.1966	12	–	4	8	11:29
Saarland	01.05.1956	1	–	1	–	1:1
San Marino	14.11.1990	2	2	–	–	11:0
Schottland	24.05.1931	16	5	3	8	24:26
Schweden	06.06.1920	28	11	7	10	42:46
Simbabwe	04.12.1983	1	–	–	1	2:3
Slowakei	06.08.1997	2	1	–	1	2:1
Slowenien	06.02.1999	5	3	1	1	11:5
Spanien	01.06.1925	18	–	3	15	15:45
Südkorea	23.06.2006	1	1	–	–	2:0
Togo	19.06.2006	1	1	–	–	2:0
Tschechien	20.04.1994	4	1	–	3	4:6
Tschechosl.	28.05.1924	27	7	6	14	38:58
Tunesien	17.03.1993	2	1	1	–	2:1
Türkei	01.06.1952	15	4	3	8	20:21
Ukraine	26.06.2006	1	–	–	1	0:0
Ungarn	08.01.1911	44	9	5	30	58:127
Uruguay	09.06.1924	3	–	1	2	3:10
USA	06.09.1978	7	3	3	1	8:5
V. A. Emirate	26.01.1992	4	3	–	1	5:2
Venezuela	02.09.2006	1	1	–	–	1:0
Wales	26.05.1949	5	4	–	1	12:3
Weißrussland	27.03.1999	2	2	–	–	3:0
Zypern	08.11.1967	5	3	–	2	11:4

Spiele gesamt:	**683**
Siege gesamt:	**219**
Unentschieden gesamt:	**144**
Niederlagen gesamt:	**320**
Tore gesamt:	**975:1253**

Alle Trainer der Nationalmannschaft

Name	Amtszeit	Sp.	S	U	N	Tore
François Dégerine	1905-1909	5	1	–	4	6:16
ZV-Kommission	1910-1911	9	3	1	5	18:32
Technische Kommission	1912-1923	36	8	9	19	53:84
Teddy Duckworth	1924, 1928*	7	4	1	2	15:10
Technische Kommission	1924-1933	60	14	9	37	95:169
Henry Müller	1933-1937	33	8	5	20	49:82
Karl Rappan	1937-1938	13	4	4	5	23:24
Henry Müller	1938-1941	17	7	2	8	24:31
Karl Rappan	1942-1949	35	14	4	17	66:84
Franco Andreoli, Severino Minelli, Gaston Tschirren	1950	9	3	2	4	19:24
William Baumgartner, Gaston Tschirren, Leopold Kielholz	1951-1953	16	2	2	12	25:50

>>

Name	Amtszeit	Sp.	S	U	N	Tore
<< Karl Rappan	1953-1954	9	4	2	3	26:24
Hans Rüegsegger	1954	2	–	1	1	1:4
William Baumgartner, Leopold Kielholz, Jacques Spagnoli	1955-1956	11	1	3	7	16:29
Jacques Spagnoli	1956-1958	10	1	3	6	12:22
Willibald Hahn	1958-1959	6	1	–	5	6:24
Leopold Kielholz, Jacques Spagnoli	1960	1	–	–	1	0:3
Karl Rappan	1960-1963	20	7	2	11	34:51
Georges Sobotka	1964	3	1	–	2	5:6
Alfredo Foni	1964-1967	19	4	3	12	17:35
Erwin Ballabio	1967-1969	17	5	4	8	24:25
René Hüssy	1970	2	1	–	1	2:2
Louis Maurer	1970-1971	10	5	2	3	19:11
Bruno Michaud	1972-1973	7	1	5	1	4:7
René Hüssy	1973-1976	24	5	4	15	17:29
Miroslav Blažević	1976	2	–	–	2	2:5
Roger Volanthen	1977-1979	15	4	1	10	11:25
Léo Walker	1979-1980	16	4	1	11	15:33
Paul Wolfisberg	1981-1985	50	16	20	14	50:61
Daniel Jeandupeux	1986-1989	28	8	8	12	32:33
Paul Wolfisberg	1989	1	–	–	1	0:1
Uli Stielike	1989-1991	25	13	5	7	48:30
Roy Hodgson	1992-1995	41	21	10	10	69:38
Artur Jorge	1996	7	1	2	4	5:8
Rolf Fringer	1996-1997	11	4	1	6	13:15
Gilbert Gress	1998-1999	18	6	6	6	19:20
Hanspeter Zaugg	2000	4	1	2	1	7:5
Enzo Trossero	2000-2001	11	3	4	4	17:15
Jakob Kuhn	2001-2008	73	32	18	23	111:88

* Teddy Duckworth übernimmt erneut das Traineramt und betreut die Schweizer Nationalmannschaft bei ihrem einzigen Spiel bei den Olympischen Spielen 1928.

Rekordspieler der Nationalmannschaft

Name	Spiele
1. Heinz Hermann	117
2. Alain Geiger	112
3. Stéphane Chapuisat	103
4. Johann Vogel	94
5. Patrick Müller	81
6. Severino Minelli	80
7. André Egli	79
Ciriaco Sforza	79
9. Raphaël Wicky	75
10. Stéphane Henchoz	72
11. Alfred Bickel	71
12. Hakan Yakin	69
13. Max Abegglen	68

Name	Spiele
Roger Wehrli	68
15. René Botteron	65
16. Erich Burgener	64
17. Marc Hottiger	63
Jakob Kuhn	63
Alain Sutter	63
20. Kubilay Türkyilmaz	62
21. Beat Sutter	61
22. Alexander Frei	58
23. Rudolf Ramseyer	59
24. Charles Antenen	56
Marcel Koller	56
Christophe Ohrel	56

Rekordtorschützen der Nationalmannschaft

	Name	Tore
1.	Alexander Frei	35
2.	Max Abegglen	34
	Kubilay Türkyilmaz	34
4.	André Abegglen	29
5.	Jacques Fatton	29
6.	Adrian Knup	26
7.	Josef Hügi	23
8.	Charles Antenen	22
9.	Lauro Amado	21
	Stéphane Chapuisat	21
11.	Robert Ballamann	19
12.	Hakan Yakin	18
13.	Alfred Bickel	15
	Heinz Hermann	15
15.	Fritz Künzli	14
16.	Willy Jaeggi	13
	Claudio Sulser	13
	Beat Sutter	13
19.	Rolf Blättler	12
	Georges Brégy	12
	Leopold Kielholz	12
22.	Hans-Peter Friedländer	11
	Marco Streller	11
24.	Karl Odermatt	10
	René-Pierre Quentin	10
	Paolo Sturzenegger	10

FIFA WM-Bilanz der Nationalmannschaft

Jahr	Gastgeber	Sp.	S	U	N	Tore	Abschneiden
1934	Italien	2	1	–	1	5:5	im Viertelfinale ausgeschieden
1938	Frankreich	3	1	1	1	5:5	im Viertelfinale ausgeschieden
1950	Brasilien	3	1	1	1	4:6	in der Vorrunde ausgeschieden
1954	Schweiz	4	2	–	2	11:11	im Viertelfinale ausgeschieden
1962	Chile	3	–	–	3	2:8	in der Vorrunde ausgeschieden
1966	England	3	–	–	3	1:9	in der Vorrunde ausgeschieden
1994	USA	4	1	1	2	5:7	in der 2. Runde ausgeschieden
2006	Deutschland	4	2	1	1	4:0	im Achtelfinale ausgeschieden
Summe		**26**	**8**	**4**	**14**	**37:51**	

1958, 1970-1990, 1998-2002: nicht qualifiziert
1930: nicht teilgenommen

FIFA WM-Länderspielbilanz der Nationalmannschaft

Gegner	Sp.	S	U	N	Tore
Argentinien	1	–	–	1	0:2
Brasilien	1	–	1	–	2:2
Chile	1	–	–	1	1:3
Deutschland	4	1	1	2	6:10
England	1	–	–	1	0:2
Frankreich	1	–	1	–	0:0
Italien	3	2	–	1	6:5
Jugoslawien	1	–	–	1	0:3
Kolumbien	1	–	–	1	0:2
Mexiko	1	1	–	–	2:1
Niederlande	1	1	–	–	3:2
Österreich	1	–	–	1	5:7
Rumänien	1	1	–	–	4:1
Spanien	2	–	–	2	1:5
Südkorea	1	1	–	–	2:0
Togo	1	1	–	–	2:0
Tschechoslowakei	1	–	–	1	2:3
Ukraine	1	–	–	1	0:0
Ungarn	1	–	–	1	0:2
USA	1	–	1	–	1:1

Spiele gesamt:	**26**
Siege gesamt:	**8**
Unentschieden gesamt:	**4**
Niederlagen gesamt:	**14**
Tore gesamt:	**37:51**

FIFA WM-Kader der Nationalmannschaft

In den Klammern werden Spiele und Tore angegeben.

1934 Italien

Kader: André Abegglen (2/2), Renato Bizzozzero (–/–), Giuseppe Bossi (1/–), Albert Büche (–/–), Otto Bühler (–/–), Ernst Frick (–/–), Louis Gobet (–/–), Albert Guinchard (2/–), Erwin Hochsträsser (–/–), Willy Huber (–/–), Paul Hufschmid (2/–), Fernand Jaccard (2/–), Alfred Jäck (1/–), Willy Jaeggi (1/–), Leopold Kielholz (2/3), Edmond Loichot (–/–), Severino Minelli (2/–), Arnoldo Ortelli (–/–), Raymond Passello (1/–), Frank Sechehaye (2/–), Willy von Känel (2/–), Walter Weiler (2/–)
Trainer: Henry Müller

1938 Frankreich

Kader: André Abegglen (3/3), Paul Aebi (–/–), Georges Aeby (2/–), Lauro Amadò (3/–), Erwin Ballabio (–/–), Alfred Bickel (3/1), Renato Bizzozzero (–/–), Alessandro Frigerio (–/–), Tulio Grassi (1/–), Albert Guinchard (–/–), Willy Huber (3/–), Leopold Kielholz (–/–), August Lehmann (3/–), Ernst Lörtscher (3/–), Severino Minelli (2/–), Oscar Rauch (–/–), Eugen Rupf (–/–), Hermann Springer (3/–), Adolf Stelzer (1/–), Sirio Vernati (3/–), Fritz Wagner (–/–), Eugen Walascheck (3/1)
Trainer: Karl Rappan

1950 Brasilien

Kader: Charles Antenen (2/1), René Bader (3/1), Walter Beerli (–/–), Alfred Bickel (2/–), Roger Bocquet (3/–), Eugenio Corrodi (–/–), Oliver Eggimann (3/–), Jacques Fatton (3/2), Hans-Peter Friedländer (2/–), Rudolf Gyger (–/–), Adolphe Hug (1/–), Wilhelm Kernen (–/–), Gerhard Lusenti (3/–), André Neury (3/–), Roger Quinche (3/–), Kurt Rey (–/–), Walter Schneiter (–/–), Hans Siegenthaler (–/–), Felice Soldini (–/–), Willy Steffen (–/–), Georges Stuber (2/–), Jean Tamini (3/–)
Trainer: Franco Andreoli

1954 Schweiz

Kader: Charles Antenen (3/–), Robert Ballaman (4/4), Heinz Bigler (1/–), Roger Bocquet (4/–), Charles Casali (3/–), Oliver Eggimann (3/–), Walter Eich (–/–), Norbert Eschmann (–/–), Jacques Fatton (4/1), Gilbert Fesselet (–/–), Marcel Flückiger (1/–), Yvo Frosio (–/–), Josef Hügi (3/6), Wilhelm Kernen (4/–), Roger Mathis (–/–), Marcel Mauron (–/–), Eugen Meier (2/–), André Neury (4/–), Eugène Parlier (4/–), Ferdinando Riva (–/–), Georges Stuber (–/–), Roger Vonlanthen (4/–)
Trainer: Karl Rappan

1962 Chile

Kader: Anton Allemann (3/–), Charles Antenen (3/–), Richard Dürr (2/–), Charles Elsener (3/–), Norbert Eschmann (2/–), Roberto Frigerio (–/–), André Grobéty (3/–), Fritz Kehl (–/–), Willhelm Kernen (–/–), Eugen Meier (1/–), Fritz Morf (1/–), Antonio Permunian (–/–),Phillippe Pottier (1/–), Gilbert Rey (–/–), Peter Rösch (–/–), Heinz Schneiter (3/1), Kurt Stettler (–/–), Ely Tacchella (3/–), Marcel Vonlanden (–/–), Roger Vonlanthen (2/–), Hans Weber (3/–), Rolf Wüthrich (3/1)
Trainer: Karl Rappan

1966 England

Kader: Willy Allemann (–/–), Kurt Armbruster (2/–), Heinz Bäni (3/–), René Brodmann (2/–), Richard Dürr (1/–), Leo Eichmann (1/–), Karl Elsener (–/–), Hansrüdi Fuhrer (3/–), Vittorio Gottardi (2/–), André Grobéty (1/–), Robert Hosp (3/–), Jakob Kuhn (2/–), Fritz Künzli (2/–), Werner Leimgruber (1/–), Karl Odermatt (1/–), Mario Prosperi (–/–), René-Pierre Quentin (2/1), Jean-Claude Schindelholz (1/–), Heinz Schneiter (1/–), Xavier Stierli (2/–), Ely Tacchella (1/–), Georges Vuilleumier (–/–)
Trainer: Alfredo Foni

1994 USA

Kader: Thomas Bickel (3/–), Georges Bregy (4/2), Martin Brunner (–/–), Stéphane Chapuisat (4/1), André Egli (–/–), Sébastien Fournier (–/–), Alain Geiger (4/–), Marco Grassi (1/–), Dominique Herr (4/–), Marc Hottiger (4/–), Adrian Knup (3/1), Stéphane Lehmann (–/–), Christophe Ohrel (4/–), Marco Pascolo (4/–), Yvan Quentin (4/–), Martin Rueda (–/–), Ciriaco Sforza (4/–), Jörg Studer (1/–), Nestor Subiat (3/–), Alain Sutter (3/1), Patrick Sylvestre (1/–), Thomas Wyss (1/–)
Trainer: Roy Hodgson

2006 Deutschland

Kader: Tranquillo Barnetta (4/1), Valon Behrami (–/–), Diego Benaglio (–/–), Ricardo Cabanas (4/–), Fabio Coltorti (–/–), David Degen (–/–), Philipp Degen (4/–), Johan Djourou (3/–), Blerim Dzemaili (–/–), Alexander Frei (4/2), Stéphane Grichting (1/–), Daniel Gygax (2/–), Mauro Lustrinelli (2/–), Xavier Mageiraz (2/–), Ludovic Magnin (3/–), Patrick Müller (4/–), Philippe Senderos (3/1), Christoph Spycher (1/–), Marco Streller (3/–), Johann Vogel (4/–), Raphael Wicky (4/–), Hakan Yakin (3/–), Pascal Zuberbühler (4/–)
Trainer: Jakob Kuhn

FIFA WM-Rekordspieler

	Name	WM	Spiele
1.	Charles Antenen	1950, 1954, 1962	8
2.	Roger Bocquet	1950, 1954	7
	Jacques Fatton	1950, 1954	7
	André Neury	1950, 1954	7
5.	Oliver Eggimann	1950, 1954	6
	Roger Vonlanthen	1954, 1962	6
7.	André Abegglen	1934, 1938	5
	Alfred Bickel	1938, 1950	5
9.	Robert Ballamann	1954	4
	Tranquillo Barnetta	2006	4
	Georges Bregy	1994	4
	Ricardo Cabanas	2006	4
	Stéphane Chapuisat	1994	4
	Philipp Degen	2006	4
	Alexander Frei	2006	4
	Alain Geiger	1994	4

Name	WM	Spiele
André Grobéty	1962, 1966	4
Dominique Herr	1994	4
Marc Hottiger	1994	4
Wilhelm Kernen	1962	4
Severino Minelli	1934, 1938	4
Patrick Müller	2006	4
Christophe Ohrel	1994	4
Eugène Parlier	1954	4
Marco Pascolo	1994	4
Yvan Quentin	1994	4
Ciriaco Sforza	1994	4
Ely Tacchella	1962, 1966	4
Johann Vogel	2006	4
Raphael Wicky	2006	4
Pascal Zuberbühler	2006	4

FIFA WM-Rekordtorschützen

	Name	WM	Tore
1.	Josef Hügi	1954	6
2.	André Abegglen	1934, 1938	5
3.	Robert Ballaman	1954	4

	Name	WM	Tore
4.	Jacques Fatton	1950, 1954	3
	Leopold Kielholz	1934	3

UEFA EM-Bilanz der Nationalmannschaft

Jahr	Gastgeber	Sp.	S	U	N	Tore	Abschneiden
1996	England	3	–	1	2	1:4	in der Vorrunde ausgeschieden
2004	Portugal	3	–	1	2	1:6	in der Vorrunde ausgeschieden
2008	Österreich / Schweiz	3	1	–	2	3:3	in der Vorrunde ausgeschieden
Summe		**9**	**1**	**2**	**6**	**5:13**	

1968-1992, 2002: nicht qualifiziert
1960-1964: nicht teilgenommen

UEFA EM-Kader der Nationalmannschaft

In den Klammern werden Spiele und Tore angegeben.

1996 England

Kader: Christophe Bonvin (2/–), Stéphane Chapuisat (3/–), Alexandre Comisetti (2/–), Joël Corminbœuf (–/–), Sébastien Fournier (1/–), Alain Geiger (1/–), Marco Grassi (2/–), Stéphane Henchoz (3/–), Marc Hottiger (2/–), Sébastien Jeanneret (2/–), Marcel Koller (2/–), Stéphane Lehmann (–/–), Christophe Ohrel (–/–), Marco Pascolo (3/–), Yvan Quentin (3/–), Regis Rothenbühler (–/–), David Sesa (–/–), Ciriaco Sforza (3/–), Kubilay Türkyilmaz (3/1), Ramon Vega (3/–), Johann Vogel (3/–), Raphaël Wicky (1/–),
Trainer: Artur Jorge

2004 Portugal

Kader: Bruno Berner (–/–), Ricardo Cabanas (2/–), Fabio Celestini (2/–), Stéphane Chapuisat (2/–), Alexander Frei (2/–), Daniel Gygax (3/–), Bernt Haas (2/–), Stéphane Henchoz (2/–), Benjamin Huggel (3/–), Johann Lonfat (–/–), Ludovic Magnin (1/–), Patrick Müller (3/–),Milaim Rama (1/–), Sébastien Roth (–/–), Christoph Spycher (3/–), Jörg Stiel (3/–), Johann Vogel (2/–), Johan Vonlanthen (2/1), Raphaël Wicky (3/–), Hakan Yakin (3/–), Murat Yakin (3/–), Pascal Zuberbühler (–/–), Marco Zwyssig (–/–),
Trainer: Jakob Kuhn

2008 Österreich / Schweiz

Kader: Tranquillo Barnetta (3/–), Valon Behrami (3/–), Diego Benaglio (2/–), Ricardo Cabanas (2/–), Philipp Degen (–/–), Eren Derdiyok (3/–), Johan Djourou (–/–), Gelson Fernandes (3/–), Alexander Frei (1/–), Stéphane Grichting (1/–), Daniel Gygax (1/–), Benjamin Huggel (–/–), Gökhan Inler (3/–), Eldin Jakupovic (–/–), Stephan Lichtsteiner (3/–), Ludovic Magnin (3/–), Patrick Müller (3/–), Philippe Senderos (3/–), Christoph Spycher (–/–), Marco Streller (1/–), Johan Vonlanthen (3/–), Hakan Yakin (3/3), Pascal Zuberbühler (1/–)
Trainer: Jakob Kuhn

SCHWEIZER NATIONALFUSSBALL – FRAUEN

Länderspielbilanz der Nationalmannschaft

Gegner	erstes Spiel	Sp.	S	U	N	Tore
Belgien	21.05.1977	16	4	5	7	11:18
Dänemark	14.10.1989	7	–	–	7	6:30
Deutschland	10.11.1982	13	–	1	12	2:64
England	19.04.1975	5	–	–	5	2:18
Finnland	21.07.1979	9	1	2	6	5:11
Frankreich	07.05.1972	15	4	4	7	22:29
Griechenland	02.03.1996	2	1	–	1	3:3
Irland	25.03.2006	2	1	–	1	2:2
Island	17.08.1985	3	1	1	1	6:5
Italien	08.04.1978	18	1	2	15	6:44
Jugoslawien	08.08.1978	3	1	1	1	6:3
Kroatien	10.11.1993	4	2	1	1	8:5
Malta	23.02.2007	1	–	1	–	0:0
Niederlande	11.05.1974	15	2	3	10	19:30
Nordirland	23.06.1984	1	1	–	–	2:0
Norwegen	23.05.1981	7	–	–	7	0:34
Österreich	08.11.1970	7	5	1	1	25:10
Polen	12.09.1998	3	3	–	–	8:0
Portugal	10.10.1982	4	2	1	1	4:3

Gegner	erstes Spiel	Sp.	S	U	N	Tore
Rumänien	30.09.2007	2	1	–	1	3:2
Russland	30.03.2002	3	–	1	2	0:4
Schottland	07.08.1978	4	–	2	2	1:8
Schweden	18.06.1977	9	–	–	9	3:34
Serbien & Montenegro	17.05.2003	2	1	–	1	1:1
Slovakei	19.10.1994	4	4	–	–	10:0
Slovenien	08.05.1997	1	1	–	–	10:0
Spanien	30.03.1983	6	2	2	2	4:5
Tschechien	07.04.2007	1	–	–	1	0:3
Tunesien	18.02.2008	1	1	–	–	1:0
Ungarn	12.10.1985	6	1	2	3	8:13
Wales	19.09.1993	5	5	–	–	14:6

Spiele gesamt:	**179**
Siege gesamt:	**45**
Unentschieden gesamt:	**30**
Niederlagen gesamt:	**104**
Tore gesamt:	**188:393**

Alle Trainer / Trainerinnen der Nationalmannschaft

Name	Amtszeit	Sp.	S	U	N	Tore
Jacques Gaillard	1970-1972	1	–	1	–	2:2
Libero Taddei	1972-1978	19	4	3	12	28:51
Bruno Streit	1979-1986	36	6	8	22	29:72
Gerry Schmidli	1987-1988	9	1	1	7	6:38
Hansruedi Wagner	1989-1992	13	2	3	8	11:35
Alex Gebhart	1992-1996	24	11	2	11	49:57
Simon Steiner	1997-2000	21	5	–	16	13:32
Jost Leuzinger	2000-2004	27	7	8	12	20:45
Béatrice von Siebenthal	seit 2005	29	9	4	16	31:60

Rekordspielerinnen der Nationalmannschaft

	Name	Spiele
1.	Nelly Sauter	55
2.	Sonja Spinner	51
3.	Sandra Kälin	49
	Prisca Steinegger	49
5.	Susanne Gubler	44
6.	Monica Di Fonzo	43
7.	Helga Moser	42
8.	Nadia Poncioni	41
9.	Christa Meyer	39
10.	Marissa Brunner	38
	Meret Wenger	38
12.	Sabina Wölbitsch	36
13.	Helen Barmettler	35

	Name	Spiele
14.	Kathrin Lehmann	33
	Evelyn Zimmermann	33
16.	Franziska Schärer	31
17.	Sylvie Gaillard	30
18.	Sandra Werren	29
19.	Fabienne Daetwyler	28
20.	Michaela Achermann	27
	Esther Rippstein-Iseli	27
22.	Myriam Berz	26
23.	Franziska Buchegger	25
	Sandra De Pol	25
	Manuela Zürcher	25

Rekordtorschützinnen der Nationalmannschaft

	Name	Tore
1.	Sonja Spinner	13
2.	Cathy Moser	10
3.	Nadia Poncioni	9
4.	Sandra Kälin	8
	Anouk Macheret	8

	Name	Tore
6.	Helga Moser	7
	Nelly Sauter	7
8.	Monica Di Fonzo	6
	Sophie Sillere	6
	Sandra Werren	6

TOP-FUSSBALLNATIONEN IM PROFIL

Die folgende Darstellung beinhaltet die 15 erstplatzierten Fußballnationen der FIFA/Coca-Cola Weltrangliste (Stand: 02.07.2008).

1. Spanien
Real Federación Española de Fútbol (FEF)

Gründung: 1905
FIFA-Beitritt: 1913
UEFA-Beitritt: 1954
Präsident: Ángel María Villar Llona
Adresse: Ramon y Cajal, s/n Apartado Postal 385, 28230 Laz Rozas (Madrid); www.rfef.es
Spielkleidung: rotes Trikot, blaue Hose, blaue Stutzen

Titel: Europameister: 1964
Rekordspieler: Andoni Zubizarreta (126)
Rekordtorschütze: Raúl (44)
Höchste nationale Spielklasse: Primera División, 20 Vereine
Rekordmeister: Real Madrid (31)
Rekordpokalsieger: FC Barcelona (24)

Landesmeister

1929	FC Barcelona
1930	Athletic Bilbao
1931	Athletic Bilbao
1932	Real FC Madrid
1933	Real FC Madrid
1934	Athletic Bilbao
1935	Real Betis Sevilla
1936	Athletic Bilbao
1940	Atlético Aviación Madrid
1941	Atlético Aviación Madrid
1942	FC Valencia
1943	Atlético Bilbao
1944	FC Valencia
1945	FC Barcelona
1946	FC Sevilla
1947	FC Valencia
1948	FC Barcelona
1949	FC Barcelona
1950	Atlético Madrid
1951	Atlético Madrid
1952	FC Barcelona
1953	FC Barcelona
1954	Real Madrid
1955	Real Madrid
1956	Atlético Bilbao
1957	Real Madrid
1958	Real Madrid
1959	FC Barcelona
1960	FC Barcelona
1961	Real Madrid
1962	Real Madrid
1963	Real Madrid
1964	Real Madrid
1965	Real Madrid
1966	Atlético Madrid
1967	Real Madrid
1968	Real Madrid
1969	Real Madrid
1970	Atlético Madrid
1971	FC Valencia
1972	Real Madrid
1973	Atlético Madrid
1974	FC Barcelona
1975	Real Madrid
1976	Real Madrid
1977	Atlético Madrid
1978	Real Madrid
1979	Real Madrid
1980	Real Madrid
1981	Real Sociedad San Sebastián
1982	Real Sociedad San Sebastián
1983	Athletic Bilbao
1984	Athletic Bilbao
1985	FC Barcelona
1986	Real Madrid
1987	Real Madrid
1988	Real Madrid
1989	Real Madrid
1990	Real Madrid
1991	FC Barcelona
1992	FC Barcelona
1993	FC Barcelona
1994	FC Barcelona
1995	Real Madrid
1996	Atlético Madrid
1997	Real Madrid
1998	FC Barcelona
1999	FC Barcelona
2000	Deportivo La Coruña
2001	Real Madrid
2002	FC Valencia
2003	Real Madrid
2004	FC Valencia
2005	FC Barcelona
2006	FC Barcelona
2007	Real Madrid
2008	Real Madrid

Pokalsieger

1902	Vizcaya Bilbao
1903	Athletic Bilbao
1904	Athletic Bilbao
1905	Real Madrid
1906	Real Madrid
1907	Real Madrid
1908	Real Madrid
1909	Ciclista San Sebastián
1910	Athletic Bilbao

>>

<<

1911	Athletic Bilbao
1912	FC Barcelona
1913	FC Barcelona
1914	Athletic Bilbao
1915	Athletic Bilbao
1916	Athletic Bilbao
1917	Real Madrid
1918	Real Unión Irún
1919	Guechas Las Arena
1920	FC Barcelona
1921	Athletic Bilbao
1922	FC Barcelona
1923	Athletic Bilbao
1924	Real Unión Irún
1925	FC Barcelona
1926	FC Barcelona
1927	Real Unión Irún
1928	FC Barcelona
1929	Espanyol Barcelona
1930	Athletic Bilbao
1931	Athletic Bilbao
1932	Athletic Bilbao
1933	Athletic Bilbao
1934	Real FC Madrid
1935	FC Sevilla
1936	Real FC Madrid
1939	FC Sevilla
1940	Espanyol Barcelona
1941	FC Valencia
1942	FC Barcelona
1943	Atlético Bilbao
1944	Atlético Bilbao
1945	Atlético Bilbao
1946	Real Madrid
1947	Real Madrid
1948	FC Sevilla
1949	FC Valencia
1950	Atlético Bilbao
1951	FC Barcelona
1952	FC Barcelona
1953	FC Barcelona
1954	FC Valencia
1955	Atlético Bilbao
1956	Atlético Bilbao
1957	FC Barcelona
1958	Atlético Bilbao
1959	FC Barcelona
1960	Atlético Madrid
1961	Atlético Madrid
1962	Real Madrid
1963	FC Barcelona
1964	Real Saragossa
1965	Atlético Madrid
1966	Real Saragossa
1967	FC Valencia
1968	FC Barcelona
1969	Atlético Bilbao
1970	Real Madrid
1971	FC Barcelona
1972	Atlético Madrid
1973	Athletic Bilbao
1974	Real Madrid
1975	Real Madrid
1976	Atlético Madrid
1977	Betis Sevilla
1978	FC Barcelona
1979	FC Valencia
1980	Real Madrid
1981	FC Barcelona
1982	Real Madrid
1983	FC Barcelona
1984	Athletic Bilbao
1985	Atlético Madrid
1986	Real Saragossa
1987	Real Sociedad San Sebastián
1988	FC Barcelona
1989	Real Madrid
1990	FC Barcelona
1991	Atlético Madrid
1992	Atlético Madrid
1993	Real Madrid
1994	Real Saragossa
1995	Deportivo La Coruña
1996	Atlético Madrid
1997	FC Barcelona
1998	FC Barcelona
1999	FC Valencia
2000	Espanyol Barcelona
2001	Real Saragossa
2002	Deportivo La Coruña
2003	RCD Mallorca
2004	Real Saragossa
2005	Betis Sevilla
2006	Espanyol Barcelona
2007	FC Sevilla
2008	FC Valencia

2. Italien
Federazione Italiana Giuoco Calcio (FIGC)

Gründung: 1898
FIFA-Beitritt: 1905
UEFA-Beitritt: 1954
Präsident: Giancarlo Anbete
Adresse: Via Gregorio Allegri 14, CP 2450, 00198 Roma; www.figc.it
Spielkleidung: blaues Trikot, weiße Hose, blaue Stutzen

Titel: Weltmeister: 1934, 1938, 1982, 2006
Europameister: 1968
Rekordspieler: Paolo Maldini (126)
Rekordtorschütze: Luigi Riva (35)
Höchste nationale Spielklasse: Serie A, 20 Vereine
Rekordmeister: Juventus Turin (27)
Rekordpokalsieger: Juventus Turin / AS Rom (je 9)

Landesmeister

1898	Genua 1893
1899	Genua 1893
1900	Genua 1893
1901	AC Mailand
1902	Genua 1893
1903	Genua 1893
1904	Genua 1893
1905	Juventus Turin
1906	AC Mailand
1907	AC Mailand
1908	US Pro Vercelli
1909	US Pro Vercelli

>>

<<

1910 Inter Mailand
1911 US Pro Vercelli
1912 US Pro Vercelli
1913 US Pro Vercelli
1914 FBC Casale Monferrato
1915 Genua 1893
1920 Inter Mailand
1921 US Pro Vercelli
1922 US Pro Vercelli / US Novese
1923 Genua 1893
1924 Genua 1893
1925 FC Bologna
1926 Juventus Turin
1927 Turin FBC (aberkannt)
1928 Turin FBC
1929 AGC Bologna
1930 Ambrosiana Inter Mailand
1931 Juventus Turin
1932 Juventus Turin
1933 Juventus Turin
1934 Juventus Turin
1935 Juventus Turin
1936 AGC Bologna
1937 AGC Bologna
1938 Ambrosiana Inter Mailand
1939 AGC Bologna
1940 Ambrosiana Inter Mailand
1941 AGC Bologna
1942 AS Rom
1943 AC Turin
1946 AC Turin
1947 AC Turin
1948 AC Turin
1949 AC Turin
1950 Juventus Turin
1951 AC Mailand
1952 Juventus Turin
1953 Inter Mailand
1954 Inter Mailand
1955 AC Mailand
1956 AC Florenz
1957 AC Mailand
1958 Juventus Turin
1959 AC Mailand
1960 Juventus Turin
1961 Juventus Turin
1962 AC Mailand
1963 Inter Mailand
1964 FC Bologna
1965 Inter Mailand
1966 Inter Mailand
1967 Juventus Turin
1968 AC Mailand
1969 AC Florenz
1970 US Cagliari
1971 Inter Mailand
1972 Juventus Turin
1973 Juventus Turin
1974 Lazio Rom
1975 Juventus Turin
1976 AC Turin
1977 Juventus Turin
1978 Juventus Turin
1979 AC Mailand
1980 Inter Mailand
1981 Juventus Turin
1982 Juventus Turin
1983 AS Rom
1984 Juventus Turin
1985 Hellas Verona
1986 Juventus Turin
1987 SSC Neapel
1988 AC Mailand
1989 Inter Mailand
1990 SSC Neapel
1991 Sampdoria Genua
1992 AC Mailand
1993 AC Mailand
1994 AC Mailand
1995 Juventus Turin
1996 AC Mailand
1997 Juventus Turin
1998 Juventus Turin
1999 AC Mailand
2000 Lazio Rom
2001 AS Rom
2002 Juventus Turin
2003 Juventus Turin
2004 AC Mailand
2005 Juventus Turin (aberkannt)
2006 Inter Mailand
2007 Inter Mailand
2008 Inter Mailand

Pokalsieger

1922 Vado
1936 AC Turin
1937 Genua 1893
1938 Juventus Turin
1939 Ambrosiana Inter Mailand
1940 AC Florenz
1941 FC Venedig
1942 Juventus Turin
1943 AC Turin
1958 Lazio Rom
1959 Juventus Turin
1960 Juventus Turin
1961 AC Florenz
1962 AC Neapel
1963 Atalanta Bergamo
1964 AS Rom
1965 Juventus Turin
1966 AC Florenz
1967 AC Mailand
1968 AC Turin
1969 AS Rom
1970 FC Bologna
1971 AC Turin
1972 AC Mailand
1973 AC Mailand
1974 FC Bologna
1975 AC Florenz
1976 SSC Neapel
1977 AC Mailand
1978 Inter Mailand
1979 Juventus Turin
1980 AS Rom
1981 AS Rom
1982 Inter Mailand
1983 Juventus Turin
1984 AS Rom
1985 Sampdoria Genua
1986 AS Rom
1987 SSC Neapel
1988 Sampdoria Genua
1989 Sampdoria Genua
1990 Juventus Turin
1991 AS Rom
1992 AC Parma
1993 AC Turin
1994 Sampdoria Genua
1995 Juventus Turin
1996 AC Florenz
1997 Vicenza Calcio
1998 Lazio Rom
1999 AC Parma

>>

<<

2000	Lazio Rom
2001	AC Florenz
2002	AC Parma
2003	AC Mailand
2004	Lazio Rom
2005	Inter Mailand
2006	Inter Mailand
2007	AS Rom
2008	AS Rom

3. Deutschland
Deutscher Fußball-Bund (DFB)

Das Profil des DFB sowie alle weiteren statistischen Angaben zum deutschen Fußball finden Sie im Kapitel 3:0 auf den Seiten 53-171.

4. Brasilien
Confederação Brasileira de Futebol (CBF)

Gründung: 1914
FIFA-Beitritt: 1923
CONMEBOL-Beitritt: 1916
Präsident: Ricardo Terra Teixeira
Adresse: Rua Victor Civita 66, Bloco 1 - Edifício 5 - 5 Andar, Barra da Tijuca, Rio de Janeiro 22775-040; www.cbf.com.br
Spielkleidung: gelbes Trikot, blaue Hose, weiße Stutzen

Titel: Weltmeister: 1958, 1962, 1970, 1994, 2002
Südamerikameister: 1919, 1922, 1949, 1989, 1997, 1999, 2004, 2007
Rekordspieler: Cafú (142)
Rekordtorschütze: Pelé (77)
Höchste nationale Spielklasse: Série A, 20 Vereine
Rekordmeister: FC São Paulo (5)
Rekordpokalsieger: Cruzeiro Belo Horizonte / FC Santos (je 5)

Landesmeister

1967 erstes Aufeinandertreffen der besten brasilianischen Vereine auf nationaler Ebene (Turnier Roberto Gomes Pedrosa). Offizielle Ermittlung des Landesmeisters seit 1971.

1967	Palmeiras São Paulo
1968	FC Santos
1969	Palmeiras São Paulo
1970	Fluminense Rio de Janeiro
1971	Atlético Mineiro Belo Horizonte
1972	Palmeiras São Paulo
1973	Palmeiras São Paulo
1974	Vasco da Gama Rio de Janeiro
1975	Internacional Pôrto Alegre
1976	Internacional Pôrto Alegre
1977	FC São Paulo
1978	Guaraní Campinas
1979	Internacional Pôrto Alegre
1980	Flamengo Rio de Janeiro
1981	Grêmio Pôrto Alegre
1982	Flamengo Rio de Janeiro
1983	Flamengo Rio de Janeiro
1984	Fluminense Rio de Janeiro
1985	Atlético Parana Coritiba
1986	FC São Paulo
1987	Sport Recife
1988	EC Bahia Salvador
1989	Vasco da Gama Rio de Janeiro
1990	Corinthians São Paulo
1991	FC São Paulo
1992	Flamengo Rio de Janeiro
1993	Palmeiras São Paulo
1994	Palmeiras São Paulo
1995	Botafogo Rio de Janeiro
1996	Grêmio Pôrto Alegre
1997	Vasco da Gama Rio de Janeiro
1998	Corinthians São Paulo
1999	Corinthians São Paulo
2000	Vasco da Gama Rio de Janeiro
2001	Clube Atlético Paranaense
2002	FC Santos
2003	Cruzeiro Minas Gerais
2004	FC Santos
2005	Corinthians São Paulo
2006	FC São Paulo
2007	FC São Paulo

Pokalsieger

Taça do Brasil

1959	Bahia Salvador
1960	Palmeiras São Paulo
1961	FC Santos
1962	FC Santos
1963	FC Santos
1964	FC Santos
1965	FC Santos
1966	Cruzeiro Belo Horizonte
1967	Palmeiras São Paulo
1968	Botofogo Rio de Janeiro

>>

<< **Copa do Brasil**

1989	Grêmio Pôrto Alegre
1990	Flamengo Rio de Janeiro
1991	Criciúma
1992	Internacional Pôrto Alegre
1993	Cruzeiro Belo Horizonte
1994	Grêmio Pôrto Alegre
1995	Corinthians São Paulo
1996	Cruzeiro Belo Horizonte
1997	Grêmio Pôrto Alegre
1998	Palmeiras São Paulo
1999	Juventude Caxias do Sul
2000	Cruzeiro Belo Horizonte
2001	Grêmio Pôrto Alegre
2002	Corinthians São Paulo
2003	Cruzeiro Belo Horizonte
2004	Santo André
2005	Federação Paulista de Futebol
2006	Flamengo Rio de Janeiro
2007	Fluminense Rio de Janeiro
2008	Sport Recife

5. Niederlande
Koninklijke Nederlandse Voetbalbond (KNVB)

Gründung: 1889
FIFA-Beitritt: 1904
UEFA-Beitritt: 1954
Präsident: Henk Kesler
Adresse: Woudenbergseweg 56-58, Postbus 515, 3700 AM Zeist; www.knvb.nl
Spielkleidung: oranges Trikot, weiße Hose, orange Stutzen

Titel: Europameister: 1988
Rekordspieler: Edwin van der Sar (128)
Rekordtorschütze: Patrick Kluivert (40)
Höchste nationale Spielklasse: Eredivisie, 18 Vereine
Rekordmeister: Ajax Amsterdam (29)
Rekordpokalsieger: Ajax Amsterdam (17)

Landesmeister

1898	RAP Amsterdam
1899	RAP Amsterdam
1900	VV Den Haag
1901	VV Den Haag
1902	VV Den Haag
1903	VV Den Haag
1904	HBS Den Haag
1905	VV Den Haag
1906	HBS Den Haag
1907	VV Den Haag
1908	Quick Den Haag
1909	Sparta Rotterdam
1910	VV Den Haag
1911	Sparta Rotterdam
1912	Sparta Rotterdam
1913	Sparta Rotterdam
1914	VV Den Haag
1915	Sparta Rotterdam
1916	Willem II Tilburg
1917	Go Ahead Deventer
1918	Ajax Amsterdam
1919	Ajax Amsterdam
1920	Quick Groningen
1921	NAC Breda
1922	Go Ahead Deventer
1923	RC Haarlem
1924	Feyenoord Rotterdam
1925	HBS Den Haag
1926	SC Enschede
1927	Heracles Almelo
1928	Feyenoord Rotterdam
1929	PSV Eindhoven
1930	Go Ahead Deventer
1931	Ajax Amsterdam
1932	Ajax Amsterdam
1933	Go Ahead Deventer
1934	Ajax Amsterdam
1935	PSV Eindhoven
1936	Feyenoord Rotterdam
1937	Ajax Amsterdam
1938	Feyenoord Rotterdam
1939	Ajax Amsterdam
1940	Feyenoord Rotterdam
1941	Heracles Almelo
1942	ADO Den Haag
1943	ADO Den Haag
1944	De Volewijckers Amsterdam
1946	FC Haarlem
1947	Ajax Amsterdam
1948	BVV Schiedam
1949	SVV Schiedam
1950	Limburgia Brunssum
1951	PSV Eindhoven
1952	Willem II Tilburg
1953	RC Haarlem
1954	PSV Eindhoven
1955	Willem II Tilburg
1956	Rapid JC Haarlem
1957	Ajax Amsterdam
1958	DOS Utrecht
1959	Sparta Rotterdam
1960	Ajax Amsterdam
1961	Feyenoord Rotterdam
1962	Feyenoord Rotterdam
1963	PSV Eindhoven
1964	DWS Amsterdam
1965	Feyenoord Rotterdam
1966	Ajax Amsterdam
1967	Ajax Amsterdam
1968	Ajax Amsterdam
1969	Feyenoord Rotterdam
1970	Ajax Amsterdam
1971	Feyenoord Rotterdam
1972	Ajax Amsterdam
1973	Ajax Amsterdam
1974	Feyenoord Rotterdam
1975	PSV Eindhoven
1976	PSV Eindhoven
1977	Ajax Amsterdam
1978	PSV Eindhoven
1979	Ajax Amsterdam
1980	Ajax Amsterdam
1981	AZ '67 Alkmaar
1982	Ajax Amsterdam
1983	Ajax Amsterdam
1984	Feyenoord Rotterdam

<<

1985	Ajax Amsterdam
1986	PSV Eindhoven
1987	PSV Eindhoven
1988	PSV Eindhoven
1989	PSV Eindhoven
1990	Ajax Amsterdam
1991	PSV Eindhoven
1992	PSV Eindhoven
1993	Feyenoord Rotterdam
1994	Ajax Amsterdam
1995	Ajax Amsterdam
1996	Ajax Amsterdam
1997	PSV Eindhoven
1998	Ajax Amsterdam
1999	Feyenoord Rotterdam
2000	PSV Eindhoven
2001	PSV Eindhoven
2002	Ajax Amsterdam
2003	PSV Eindhoven
2004	Ajax Amsterdam
2005	PSV Eindhoven
2006	PSV Eindhoven
2007	PSV Eindhoven
2008	PSV Eindhoven

Pokalsieger

1899	RAP Amsterdam
1900	Velocitas Breda
1901	HBS Den Haag
1902	RC Haarlem
1903	HVV Den Haag
1904	HFC Haarlem
1905	VOC Rotterdam
1906	Concordia Delft
1907	VOC Rotterdam
1908	HBS Den Haag
1909	Quick Den Haag
1910	Quick Den Haag
1911	Quick Den Haag
1912	HFC Haarlem
1913	HFC Den Haag
1914	DFC Dordrecht
1915	HFC Haarlem
1916	Quick Den Haag
1917	Ajax Amsterdam
1918	RC Haarlem
1920	CVV Rotterdam
1921	Schoten Haarlem
1925	Zaandamsche FC
1926	Longa Tilburg
1927	VUC Den Haag
1928	RC Haarlem
1930	Feyenoord Rotterdam
1932	DFC Dordrecht
1934	Velocitas Groningen
1935	Feyenoord Rotterdam
1936	Roermond
1937	PSV Eindhoven
1938	VSV Velsen
1939	Wageningen
1943	Ajax Amsterdam
1944	Willem II Tilburg
1948	WVV Wageningen
1949	Quick Nijmegen
1950	PSV Eindhoven
1957	Fortuna '54 Geleen
1958	Sparta Rotterdam
1959	VV Venlo
1961	Ajax Amsterdam
1962	Sparta Rotterdam
1963	Willem II Tilburg
1964	Fortuna '54 Geleen
1965	Feyenoord Rotterdam
1966	Sparta Rotterdam
1967	Ajax Amsterdam
1968	ADO Den Haag
1969	Feyenoord Rotterdam
1970	Ajax Amsterdam
1971	Ajax Amsterdam
1972	Ajax Amsterdam
1973	NAC Breda
1974	PSV Eindhoven
1975	FC Den Haag
1976	PSV Eindhoven
1977	Twente Enschede
1978	AZ '67 Alkmaar
1979	Ajax Amsterdam
1980	Feyenoord Rotterdam
1981	AZ '67 Alkmaar
1982	AZ '67 Alkmaar
1983	Ajax Amsterdam
1984	Feyenoord Rotterdam
1985	FC Utrecht
1986	Ajax Amsterdam
1987	Ajax Amsterdam
1988	PSV Eindhoven
1989	PSV Eindhoven
1990	PSV Eindhoven
1991	Feyenoord Rotterdam
1992	Feyenoord Rotterdam
1993	Ajax Amsterdam
1994	Feyenoord Rotterdam
1995	Feyenoord Rotterdam
1996	PSV Eindhoven
1997	Roda JC Kerkrade
1998	Ajax Amsterdam
1999	Ajax Amsterdam
2000	Roda JC Kerkrade
2001	Twente Enschede
2002	Ajax Amsterdam
2003	FC Utrecht
2004	FC Utrecht
2005	PSV Eindhoven
2006	Ajax Amsterdam
2007	Ajax Amsterdam
2008	Feyenoord Rotterdam

6. Argentinien
Asociación del Fútbol Argentino

Gründung: 1893
FIFA-Beitritt: 1912
CONMEBOL-Beitritt: 1916
Präsident: Julio H. Grondona

Adresse: Viamonte 1366/76, (C1053ACA), Buenos Aires 1053; www.afa.org.ar
Spielkleidung: blau-weißes Trikot, blaue Hose, weiße Stutzen

>>

<< **Titel:** Weltmeister: 1978, 1986
Südamerikameister: 1921, 1925, 1927, 1927, 1937, 1941, 1945, 1946, 1947, 1955, 1957, 1959, 1991, 1993
Rekordspieler: Javier Zanetti (118)
Rekordtorschütze: Gabriel Batistuta (56)

Höchste nationale Spielklasse: Primera División, 20 Vereine
Rekordmeister: River Plate Buenos Aires (16)
Rekordpokalsieger: –

Landesmeister

Die nationale Meisterschaft wird seit 1967 ausgetragen. Vorher war der Meister der Campeonato Metropolitano (Buenos Aires) gleichzeitig Landesmeister. Seit Abschluss der Saison 1990/91 wird jeweils ein Winter- (Apertura Championship) und ein Sommermeister (Clausura Championship) ausgespielt.

1967	Independiente Buenos Aires
1968	CA Vélez Sarsfield
1969	Boca Juniors Buenos Aires
1970	Boca Juniors Buenos Aires
1971	Rosario Central
1972	San Lorenzo de Almagro
1973	Rosario Central
1974	San Lorenzo de Almagro
1975	River Plate Buenos Aires
1976	Boca Juniors Buenos Aires
1977	Independiente Buenos Aires
1978	Independiente Buenos Aires
1979	River Plate Buenos Aires
1980	Rosario Central
1981	River Plate Buenos Aires
1982	Ferro Carril Oeste
1983	Estudiantes de La Plata
1984	Ferrocarril Oeste
1985	Argentinos Juniors
1986	River Plate Buenos Aires
1987	Rosario Central
1988	Newell's Old Boys Rosario
1989	Independiente Buenos Aires
1990	River Plate Buenos Aires
1991	Newell's Old Boys Rosario
	River Plate Buenos Aires (Winter)
1992	Newell's Old Boys Rosario (Sommer)
	Boca Juniors Buenos Aires (Winter)
1993	CA Vélez Sarsfield (Sommer)
	River Plate Buenos Aires (Winter)
1994	Independiente Buenos Aires (Sommer)
	River Plate Buenos Aires (Winter)
1995	San Lorenzo de Almagro (Sommer)
	CA Vélez Sarsfield (Winter)
1996	CA Vélez Sarsfield (Sommer)
	River Plate Buenos Aires (Winter)
1997	River Plate Buenos Aires (Sommer)
	River Plate Buenos Aires (Winter)
1998	CA Vélez Sarsfield (Sommer)
	Boca Juniors Buenos Aires (Winter)
1999	Boca Juniors Buenos Aires (Sommer)
	River Plate Buenos Aires (Winter)
2000	River Plate Buenos Aires (Sommer)
	Boca Juniors Buenos Aires (Winter)
2001	San Lorenzo de Almagro (Sommer)
	Racing Club Avellaneda (Winter)
2002	River Plate Buenos Aires (Sommer)
	Independiente Buenos Aires (Winter)
2003	River Plate Buenos Aires (Sommer)
	Boca Juniors Buenos Aires (Winter)
2004	River Plate Buenos Aires (Sommer)
	Newell's Old Boys Rosario (Winter)
2005	CA Vélez Sarsfield (Sommer)
	Boca Juniors Buenos Aires (Winter)
2006	Boca Juniors Buenos Aires (Sommer)
	Estudiantes de La Plata (Winter)
2007	San Lorenzo de Almagro (Sommer)
	Lanús Buenos Aires (Winter)

Pokalsieger

In Argentinien hat sich bisher kein regelmäßig ausgetragener Pokalwettbewerb für Vereinsmannschaften etabliert.

7. Kroatien
Hrvatski Nogometni Savez (HNS)

Gründung: 1912
FIFA-Beitritt: 1992
UEFA-Beitritt: 1992
Präsident: Vlatko Markovic
Adresse: Rusanova 13, 10 000 Zagreb, www.hns-cff.hr
Spielkleidung: rot-weißes Trikot, weiße Hose, blaue Stutzen

Titel: –
Rekordspieler: Dario Šimić (99)
Rekordtorschütze: Davor Šuker (45)
Höchste nationale Spielklasse: T-Com 1.HNL, 12 Vereine
Rekordmeister: Dinamo Zagreb (10)
Rekordpokalsieger: Dinamo Zagreb (9)

Landesmeister

1992	Hajduk Split	1998	Croatia Zagreb	2004	Hajduk Split
1993	Croatia Zagreb	1999	Croatia Zagreb*	2005	Hajduk Split
1994	Hajduk Split	2000	Dinamo Zagreb	2006	Dinamo Zagreb
1995	Hajduk Split	2001	Hajduk Split	2007	Dinamo Zagreb
1996	Croatia Zagreb	2002	NK Zagreb	2008	Dinamo Zagreb
1997	Croatia Zagreb	2003	Dinamo Zagreb		

*Croatia Zagreb hat sich 2000 in Dinamo Zagreb umbenannt.

Pokalsieger

1992	Inter Zaprešić	1998	Croatia Zagreb*	2004	Dinamo Zagreb
1993	Hajduk Split	1999	NK Osijek	2005	HNK Rijeka
1994	Croatia Zagreb	2000	Hajduk Split	2006	HNK Rijeka
1995	Hajduk Split	2001	Dinamo Zagreb	2007	Dinamo Zagreb
1996	Croatia Zagreb	2002	Dinamo Zagreb	2008	Dinamo Zagreb
1997	Croatia Zagreb	2003	Hajduk Split		

*Croatia Zagreb hat sich 2000 in Dinamo Zagreb umbenannt.

8. Tschechien
Českomoravský Fotbalový Svaz (ČMFS)

Gründung: 1901 (1993)
FIFA-Beitritt: 1907 (1994)
UEFA-Beitritt: 1954 (1993)
Präsident: Pavel Mokrý
Adresse: Diskarská 100, 16017 Prag 6; www.fotbal.cz
Spielkleidung: rotes Trikot, weiße Hose, blaue Stutzen

Titel: Europameister: 1976
Rekordspieler: Karel Poborský (118)
Rekordtorschütze: Jan Koller (55)
Höchste nationale Spielklasse: Gambrinus Liga, 16 Vereine
Rekordmeister: Sparta Prag (31)
Rekordpokalsieger: Sparta Prag (18)

Landesmeister

Tschechoslowakei
1925 Slavia Prag
1926 Sparta Prag
1927 Sparta Prag
1928 Viktoria Zizkov
1929 Slavia Prag
1930 Slavia Prag
1931 Slavia Prag
1932 Sparta Prag
1933 Slavia Prag
1934 Slavia Prag
1935 Slavia Prag
1936 Sparta Prag
1937 Slavia Prag
1938 Sparta Prag
1939 Sparta Prag
1940 Slavia Prag
1941 Slavia Prag
1942 Slavia Prag
1943 Slavia Prag
1944 Sparta Prag
1946 Sparta Prag
1947 Slavia Prag
1948 Sparta Prag
1949 Sokol NV Bratislava
1950 Sokol NV Bratislava
1951 Sokol NV Bratislava
1952 Sparta Prag
1953 ÚDA (Dukla) Prag
1954 Sparta Prag
1955 Slovan Bratislava
1956 Dukla Prag
1958 Dukla Prag
1959 Roter Stern Bratislava
1960 Spartak Královė
1961 Dukla Prag
1962 Dukla Prag
1963 Dukla Prag
1964 Dukla Prag
1965 Sparta Prag
1966 Dukla Prag
1967 Sparta Prag
1968 Spartak Trnava
1969 Spartak Trnava
1970 Slovan Bratislava
1971 Spartak Trnava
1972 Spartak Trnava
1973 Spartak Trnava
1974 Slovan Bratislava
1975 Slovan Bratislava
1976 Banik Ostrau
1977 Dukla Prag
1978 Zbrojovka Brno
1979 Dukla Prag
1980 Banik Ostrau
1981 Banik Ostrau
1982 Dukla Prag
1983 Bohemians Prag
1984 Sparta Prag
1985 Sparta Prag
1986 TJ Vitkovice
1987 Sparta Prag
1988 Sparta Prag
1989 Sparta Prag
1990 Sparta Prag
1991 Sparta Prag
1992 Slovan Bratislava
1993 Sparta Prag

Tschechien
1994 Sparta Prag
1995 Sparta Prag
1996 Slavia Prag
1997 Sparta Prag
1998 Sparta Prag
1999 Sparta Prag
2000 Sparta Prag
2001 Sparta Prag
2002 Slovan Liberec
2003 Sparta Prag
2004 TJ Banik Ostrau
2005 Sparta Prag
2006 Slovan Liberec
2007 Sparta Prag
2008 Slavia Prag

Pokalsieger

Tschechoslowakei
1961 Dukla Prag
1962 Slovan Bratislava
1963 Slovan Bratislava
1964 Sparta Prag
1965 Dukla Prag
1966 Dukla Prag
1967 Spartak Trnava
1968 Slovan Bratislava
1969 Dukla Prag
1970 TJ Gottwaldov
1971 Spartak Trnava
1972 Sparta Prag
1973 Banik Ostrau
1974 Slovan Bratislava
1975 Spartak Trnava
1976 Sparta Prag
1977 Lokomotive Košice
1978 Banik Ostrau
1979 Lokomotive Košice
1980 Sparta Prag
1981 Dukla Prag
1982 Slovan Bratislava
1983 Dukla Prag
1984 Sparta Prag
1985 Dukla Prag
1986 Spartak Trnava
1987 Dunajská Streda
1988 Sparta Prag
1989 Sparta Prag
1990 Dukla Prag
1991 Banik Ostrau
1992 Sparta Prag
1993 1. FC Košice

Tschechien
1994 Viktoria Zizkov
1995 Hradec Králové
1996 Sparta Prag
1997 Slavia Prag
1998 FK Jablonec
1999 Slavia Prag
2000 Slovan Liberec
2001 Viktoria Zizkov
2002 Slavia Prag
2003 FK Teplice
2004 Sparta Prag
2005 Banik Ostrau
2006 Sparta Prag
2007 Sparta Prag
2008 Sparta Prag

9. Portugal
Federação Portuguesa de Futebol (FPF)

Gründung: 1914
FIFA-Beitritt: 1923
UEFA-Beitritt: 1954
Präsident: Gilberto Parca Madaíl
Adresse: Rua Alexandre Herculano, 58, 1250-012 Lissabon; www.fpf.pt
Spielkleidung: rotes Trikot, grüne Hose, rote Stutzen

Titel: –
Rekordspieler: Luís Figo (127)
Rekordtorschütze: Pauleta (47)
Höchste nationale Spielklasse: bwin Liga, 16 Vereine
Rekordmeister: Benfica Lissabon (31)
Rekordpokalsieger: Benfica Lissabon (24)

Landesmeister

Die offizielle portugiesische Liga und der Pokalwettbewerb Taça de Portugal werden seit der Saison 1938/39 ausgetragen. Von 1921-1938 wurde der Landesmeister als Campeonato de Portugal im Pokalsystem ermittelt.

1922	FC Porto
1923	Sporting Lissabon
1924	Olhanense
1925	FC Porto
1926	SC Marítimo
1927	Belenenses Lissabon
1928	Carcavelinhos
1929	Belenenses Lissabon
1930	Benfica Lissabon
1931	Benfica Lissabon
1932	FC Porto
1933	Belenenses Lissabon
1934	Sporting Lissabon
1935	Benfica Lissabon
1936	Sporting Lissabon
1937	FC Porto
1938	Sporting Lissabon
1939	FC Porto
1940	FC Porto
1941	Sporting Lissabon
1942	Benfica Lissabon
1943	Benfica Lissabon
1944	Sporting Lissabon
1945	Benfica Lissabon
1946	Belenenses Lissabon
1947	Sporting Lissabon
1948	Sporting Lissabon
1949	Sporting Lissabon
1950	Benfica Lissabon
1951	Sporting Lissabon
1952	Sporting Lissabon
1953	Sporting Lissabon
1954	Sporting Lissabon
1955	Benfica Lissabon
1956	FC Porto
1957	Benfica Lissabon
1958	Sporting Lissabon
1959	FC Porto
1960	Benfica Lissabon
1961	Benfica Lissabon
1962	Sporting Lissabon
1963	Benfica Lissabon
1964	Benfica Lissabon
1965	Benfica Lissabon
1966	Sporting Lissabon
1967	Benfica Lissabon
1968	Benfica Lissabon
1969	Benfica Lissabon
1970	Sporting Lissabon
1971	Benfica Lissabon
1972	Benfica Lissabon
1973	Benfica Lissabon
1974	Sporting Lissabon
1975	Benfica Lissabon
1976	Benfica Lissabon
1977	Benfica Lissabon
1978	FC Porto
1979	FC Porto
1980	Sporting Lissabon
1981	Benfica Lissabon
1982	Sporting Lissabon
1983	Benfica Lissabon
1984	Benfica Lissabon
1985	FC Porto
1986	FC Porto
1987	Benfica Lissabon
1988	FC Porto
1989	Benfica Lissabon
1990	FC Porto
1991	Benfica Lissabon
1992	FC Porto
1993	FC Porto
1994	Benfica Lissabon
1995	FC Porto
1996	FC Porto
1997	FC Porto
1998	FC Porto
1999	FC Porto
2000	Sporting Lissabon
2001	Boavista Porto
2002	Sporting Lissabon
2003	FC Porto
2004	FC Porto
2005	Benfica Lissabon
2006	FC Porto
2007	FC Porto
2008	FC Porto

Pokalsieger

1939	Académica Coimbra
1940	Benfica Lissabon
1941	Sporting Lissabon
1942	Belenenses Lissabon
1943	Benfica Lissabon
1944	Benfica Lissabon
1945	Sporting Lissabon
1946	Sporting Lissabon
1948	Sporting Lissabon
1949	Benfica Lissabon
1951	Benfica Lissabon
1952	Benfica Lissabon
1953	Benfica Lissabon
1954	Sporting Lissabon
1955	Benfica Lissabon
1956	FC Porto
1957	Benfica Lissabon
1958	FC Porto
1959	Benfica Lissabon
1960	Belenenses Lissabon
1961	Leixões Porto
1962	Benfica Lissabon
1963	Sporting Lissabon
1964	Benfica Lissabon
1965	Vitória Setúbal
1966	Sporting Braga
1967	Vitória Setúbal
1968	FC Porto
1969	Benfica Lissabon
1970	Benfica Lissabon
1971	Sporting Lissabon
1972	Benfica Lissabon
1973	Sporting Lissabon
1974	Sporting Lissabon
1975	Boavista Porto
1976	Boavista Porto
1977	FC Porto
1978	Sporting Lissabon
1979	Boavista Porto
1980	Benfica Lissabon
1981	Benfica Lissabon
1982	Sporting Lissabon
1983	Benfica Lissabon
1984	FC Porto
1985	Benfica Lissabon
1986	Benfica Lissabon
1987	Benfica Lissabon
1988	FC Porto
1989	Belenenses Lissabon
1990	Estrela Amadora
1991	FC Porto
1992	Boavista Porto
1993	Benfica Lissabon
1994	FC Porto
1995	Sporting Lissabon
1996	Benfica Lissabon
1997	Boavista Porto
1998	FC Porto
1999	SC Beira Mar
2000	FC Porto
2001	FC Porto
2002	Sporting Lissabon
2003	FC Porto
2004	Benfica Lissabon
2005	Vitória Setúbal
2006	FC Porto
2007	Sporting Lissabon
2008	Sporting Lissabon

10. Frankreich
Fédération Française de Football (FFF)

Gründung: 1919
FIFA-Beitritt: 1904
UEFA-Beitritt: 1954
Präsident: Jean-Pierre Escalettes
Adresse: 60 Bis Avenue d'Iéna, Paris – 75116; www.fff.fr
Spielkleidung: blaues Trikot, weiße Hose, rote Stutzen

Titel: Weltmeister: 1998
Europameister: 1982, 2000
Rekordspieler: Lilian Thuram (142)
Rekordtorschütze: Thierry Henry (45)
Höchste nationale Spielklasse: Ligue 1, 20 Vereine
Rekordmeister: AS Saint-Etienne (10)
Rekordpokalsieger: Olympique Marseille (10)

Landesmeister

1933	OSC Lille
1934	FC Sète
1935	FC Sochaux
1936	Racing Paris
1937	Olympique Marseille
1938	FC Sochaux
1939	FC Sète
1944	Lens-Artois
1945	FC Rouen
1946	OSC Lille
1947	Excelsior Roubaix
1948	Olympique Marseille
1949	Stade Reims
1950	Girondins Bordeaux
1951	OGC Nizza
1952	OGC Nizza
1953	Stade Reims
1954	OSC Lille
1955	Stade Reims
1956	OGC Nizza
1957	AS Saint-Etienne
1958	Stade Reims
1959	OGC Nizza
1960	Stade Reims
1961	AS Monaco
1962	Stade Reims
1963	AS Monaco
1964	AS Saint-Etienne
1965	FC Nantes
1966	FC Nantes
1967	AS Saint-Etienne
1968	AS Saint-Etienne
1969	AS Saint-Etienne
1970	AS Saint-Etienne
1971	Olympique Marseille
1972	Olympique Marseille

>>

<<

1973 FC Nantes
1974 AS Saint-Etienne
1975 AS Saint-Etienne
1976 AS Saint-Etienne
1977 FC Nantes
1978 AS Monaco
1979 RC Straßburg
1980 FC Nantes
1981 AS Saint-Etienne
1982 AS Monaco
1983 FC Nantes
1984 Girondins Bordeaux
1985 Girondins Bordeaux
1986 Paris Saint-Germain
1987 Girondins Bordeaux
1988 AS Monaco
1989 Olympique Marseille
1990 Olympique Marseille
1991 Olympique Marseille
1992 Olympique Marseille
1994 Paris Saint-Germain
1995 FC Nantes
1996 AJ Auxerre
1997 AS Monaco
1998 RC Lens
1999 Girondins Bordeaux
2000 AS Monaco
2001 FC Nantes
2002 Olympique Lyon
2003 Olympique Lyon
2004 Olympique Lyon
2005 Olympique Lyon
2006 Olympique Lyon
2007 Olympique Lyon
2008 Olympique Lyon

Pokalsieger

1918 Olympique de Pantin
1919 CAS Généraux
1920 C.A. Paris
1921 Red Star Paris
1922 Red Star Paris
1923 Red Star Paris
1924 Olympique Marseille
1925 CAS Généraux
1926 Olympique Marseille
1927 Olympique Marseille
1928 Red Star Paris
1929 SO Montpellier
1930 FC Sète
1931 Club Français Paris
1932 AS Cannes
1933 RC Roubaix
1934 FC Sète
1935 Olympique Marseille
1936 Racing Paris
1937 FC Sochaux
1938 Olympique Marseille
1939 Racing Paris
1940 Racing Paris
1941 Girondins Bordeaux
1942 Red Star Paris
1943 Olympique Marseille
1944 AS Nancy-Lorraine
1945 Racing Paris
1946 OSC Lille
1947 OSC Lille
1948 OSC Lille
1949 Racing Paris
1950 Stade Reims
1951 RC Straßburg
1952 OGC Nizza
1953 OSC Lille
1954 OGC Nizza
1955 OSC Lille
1956 US Sedan-Torcy
1957 FC Toulouse
1958 Stade Rennes
1959 AC Le Havre
1960 AS Monaco
1961 US Sedan-Torcy
1962 AS Saint-Etienne
1963 AS Monaco
1964 Olympique Lyon
1965 Stade Reims
1966 RC Straßburg
1967 Olympique Lyon
1968 AS Saint-Etienne
1969 Olympique Marseille
1970 AS Saint-Etienne
1971 Stade Rennes
1972 Olympique Marseille
1973 Olympique Lyon
1974 AS Saint-Etienne
1975 AS Saint-Etienne
1976 Olympique Marseille
1977 AS Saint-Etienne
1978 AS Nancy-Lorraine
1979 FC Nantes
1980 AS Monaco
1981 SC Bastia
1982 Paris Saint-Germain
1983 Paris Saint-Germain
1984 FC Metz
1985 AS Monaco
1986 Girondins Bordeaux
1987 Girondins Bordeaux
1988 FC Metz
1989 Olympique Marseille
1990 SC Montpellier
1991 AS Monaco
1993 Paris Saint-Germain
1994 AJ Auxerre
1995 Paris Saint-Germain
1996 AJ Auxerre
1997 OGC Nizza
1998 Paris Saint-Germain
1999 FC Nantes
2000 FC Nantes
2001 RC Straßburg
2002 FC Lorient
2003 AJ Auxerre
2004 Paris Saint-Germain
2005 AJ Auxerre
2006 Paris Saint-Germain
2007 FC Sochaux
2008 Olympique Lyon

11. Russland
Rossijski Futbolny Sojus (RFS)

Gründung: 1912
FIFA-Beitritt: 1912
UEFA-Beitritt: 1992
Präsident: Vitaly Mutko
Adresse: House of Football, Ulitsa Narodnaya 7, 115 172 Moskau; www.rfs.ru
Spielkleidung: rotes Trikot, weiße Hose, blaue Stutzen

Titel: Europameister: 1960
Rekordspieler: Viktor Onopko (109)
Rekordtorschütze: Wladimir Bestchastnykh (26)
Höchste nationale Spielklasse: Premjer-Liga, 16 Vereine
Rekordmeister: Spartak Moskau (21)
Rekordpokalsieger: Spartak Moskau (13)

Landesmeister

Sowjetunion

1936 Dynamo Moskau (Frühling)
Spartak Moskau (Herbst)
1937 Dynamo Moskau
1938 Spartak Moskau
1939 Spartak Moskau
1940 Dynamo Moskau
1945 Dynamo Moskau
1946 ZSKA Moskau
1947 ZSKA Moskau
1948 ZSKA Moskau
1949 Dynamo Moskau
1950 ZSKA Moskau
1951 ZSKA Moskau
1952 Spartak Moskau
1953 Spartak Moskau
1954 Dynamo Moskau
1955 Dynamo Moskau
1956 Spartak Moskau
1957 Dynamo Moskau
1958 Spartak Moskau
1959 Dynamo Moskau
1960 Torpedo Moskau
1961 Dynamo Kiew
1962 Spartak Moskau
1963 Dynamo Moskau
1964 Dinamo Tiflis
1965 Torpedo Moskau
1966 Dynamo Kiew
1967 Dynamo Kiew
1968 Dynamo Kiew
1969 Spartak Moskau
1970 ZSKA Moskau
1971 Dynamo Kiew
1972 Sarja Woroschilowgrad
1973 Ararat Eriwan
1974 Dynamo Kiew
1975 Dynamo Kiew
1976 Dynamo Moskau (Frühling)
Torpedo Moskau (Herbst)
1977 Dynamo Kiew
1978 Dinamo Tiflis
1979 Spartak Moskau
1980 Dynamo Kiew
1981 Dynamo Kiew
1982 Dinamo Minsk
1983 Dnipro Dnipropetrowsk
1984 Zenit Leningrad
1985 Dynamo Kiew
1986 Dynamo Kiew
1987 Spartak Moskau
1988 Dnipro Dnipropetrowsk
1989 Spartak Moskau
1990 Dynamo Kiew
1991 ZSKA Moskau

Russland

1992 Spartak Moskau
1993 Spartak Moskau
1994 Spartak Moskau
1995 Alanija Wladikawkas
1996 Spartak Moskau
1997 Spartak Moskau
1998 Spartak Moskau
1999 Spartak Moskau
2000 Spartak Moskau
2001 Spartak Moskau
2002 Lokomotive Moskau
2003 ZSKA Moskau
2004 Lokomotive Moskau
2005 ZSKA Moskau
2006 ZSKA Moskau
2007 Zenit St. Petersburg

Pokalsieger

Sowjetunion

1918 Olympique de Pantin
1936 Lokomotive Moskau
1937 Dynamo Moskau
1938 Spartak Moskau
1939 Spartak Moskau
1944 Zenit Leningrad
1945 ZDKA Moskau
1946 Spartak Moskau
1947 Spartak Moskau
1948 ZDKA Moskau
1949 Torpedo Moskau
1950 Spartak Moskau
1951 ZDSA Moskau
1952 Torpedo Moskau
1953 Dynamo Moskau
1954 Dynamo Kiew
1955 ZDSA Moskau

>>

<<

1957 Lokomotive Moskau
1958 Spartak Moskau
1960 Torpedo Moskau
1961 Schachtjor Donezk
1962 Schachtjor Donezk
1963 Spartak Moskau
1964 Dynamo Kiew
1965 Spartak Moskau
1966 Dynamo Kiew
1967 Dynamo Moskau
1968 Torpedo Moskau
1969 Karpaty Lwiw
1970 Dynamo Moskau
1971 Spartak Moskau
1972 Torpedo Moskau
1973 Ararat Eriwan
1974 Dynamo Kiew
1975 Ararat Eriwan
1976 Dynamo Tiflis
1977 Dynamo Moskau
1978 Dynamo Kiew
1979 Dynamo Tiflis
1980 Schachtjor Donezk
1981 SKA Rostow
1982 Dynamo Kiew
1983 Schachtjor Donezk
1984 Dynamo Moskau
1985 Dynamo Kiew
1986 Torpedo Moskau
1987 Dynamo Kiew
1988 Metalist Charkiw
1989 Dnipro Dnipropetrowsk
1990 Dynamo Kiew
1991 ZSKA Moskau
1992 Spartak Moskau

Russland
1993 Torpedo Moskau
1994 Spartak Moskau
1995 Dynamo Moskau
1996 Lokomotive Moskau
1997 Lokomotive Moskau
1998 Spartak Moskau
1999 Zenit St. Petersburg
2000 Lokomotive Moskau
2001 Lokomotive Moskau
2002 ZSKA Moskau
2003 Spartak Moskau
2004 Terek Grosny
2005 ZSKA Moskau
2006 ZSKA Moskau
2007 Lokomotive Moskau
2008 ZSKA Moskau

12. Rumänien
Federatia Romana de Fotbal (FRF)

Gründung: 1909
FIFA-Beitritt: 1923
UEFA-Beitritt: 1954
Präsident: Mircea Sandu
Adresse: House of Football, Str. Serg. Serbanica Vasile 12, 022186 Bukarest; www.frf.ro
Spielkleidung: gelbes Trikot, gelbe Hose, gelbe Stutzen

Titel: –
Rekordspieler: Dorinel Munteanu (134)
Rekordtorschütze: Gheorghe Hagi (35)
Höchste nationale Spielklasse: Liga 1, 18 Vereine
Rekordmeister: Steaua Bukarest (23)
Rekordpokalsieger: Steaua Bukarest (21)

Landesmeister

1910 Olimpia Bukarest
1911 Olimpia Bukarest
1912 United AC Ploieşti
1913 Colentina Bukarest
1914 Colentina Bukarest
1915 Romãno-Americanã Bukarest
1916 Prahova Ploieşti
1920 Venus Bukarest
1921 Venus Bukarest
1922 Chinezul Timişoara
1923 Chinezul Timişoara
1924 Chinezul Timişoara
1925 Chinezul Timişoara
1926 Chinezul Timişoara
1927 Chinezul Timişoara
1928 Colţea Braşov
1929 Venus Bukarest
1930 Juventus Bukarest
1931 UDR Reşiţa
1932 Venus Bukarest
1933 Ripensia Timişoara
1934 Venus Bukarest
1935 Ripensia Timişoara
1936 Ripensia Timişoara
1937 Venus Bukarest
1938 Ripensia Timişoara
1939 Venus Bukarest
1940 Venus Bukarest
1941 Unirea Tricolor Bukarest
1947 ITA Arad
1948 ITA Arad
1949 ICO Oradea
1950 Flamura Roşie UT Arad
1951 CCA Bukarest
1952 CCA Bukarest
1953 CCA Bukarest
1954 Flamura Roşie UT Arad
1955 Dinamo Bukarest

>>

<< 1956 CCA Bukarest
1958 Petrolul Ploieşti
1959 Petrolul Ploieşti
1960 CCA Bukarest
1961 CCA Bukarest*
1962 Dinamo Bukarest
1963 Dinamo Bukarest
1964 Dinamo Bukarest
1965 Dinamo Bukarest
1966 Petrolul Ploieşti
1967 Rapid Bukarest
1968 Steaua Bukarest
1969 UTA Arad
1970 UTA Arad
1971 Dinamo Bukarest
1972 FC Argeş Piteşti
1973 Dinamo Bukarest
1974 Universitatea Craiova
1975 Dinamo Bukarest
1976 Steaua Bukarest
1977 Dinamo Bukarest
1978 Steaua Bukarest
1979 FC Argeş Piteşti
1980 Universitatea Craiova
1981 Universitatea Craiova
1982 Dinamo Bukarest
1983 Dinamo Bukarest
1984 Dinamo Bukarest
1985 Steaua Bukarest
1986 Steaua Bukarest
1987 Steaua Bukarest
1988 Steaua Bukarest
1989 Steaua Bukarest
1990 Dinamo Bukarest
1991 Universitatea Craiova
1992 Dinamo Bukarest
1993 Steaua Bukarest
1994 Steaua Bukarest
1995 Steaua Bukarest
1996 Steaua Bukarest
1997 Steaua Bukarest
1998 Steaua Bukarest
1999 Rapid Bukarest
2000 Dinamo Bukarest
2001 Steaua Bukarest
2002 Dinamo Bukarest
2003 Rapid Bukarest
2004 Dinamo Bukarest
2005 Steaua Bukarest
2006 Steaua Bukarest
2007 Dinamo Bukarest
2008 CFR Cluj

*CCA Bukarest hat sich 1961 in Steaua Bukarest umbenannt.

Pokalsieger

1934 Ripensia Timişoara
1935 CFR Bukarest
1936 Ripensia Timişoara
1937 Rapid Bukarest
1938 Rapid Bukarest
1939 Rapid Bukarest
1940 Rapid Bukarest
1941 Rapid Bukarest
1942 Rapid Bukarest
1943 CFR Turnu-Severin
1948 ITA Arad
1949 CSCA Bukarest
1950 CCA Bukarest
1951 CCA Bukarest
1952 CCA Bukarest
1953 Flamura Roşie Arad
1954 Metalul Reşiţa
1955 CCA Bukarest*
1956 Progresul Oradea
1958 Ştiinţa Timişoara
1959 Dinamo Bukarest
1960 Progresul Bukarest
1961 Arieşul Turda
1962 Steaua Bukarest
1963 Petrolul Ploieşti
1964 Dinamo Bukarest
1965 Ştiinţa Cluj
1966 Steaua Bukarest
1967 Steaua Bukarest
1968 Dinamo Bukarest
1969 Steaua Bukarest
1970 Steaua Bukarest
1971 Steaua Bukarest
1972 Rapid Bukarest
1973 Chimia Râmnicu-Vâlcea
1974 Jiul Petroşani
1975 Rapid Bukarest
1976 Steaua Bukarest
1977 Universitatea Craiova
1978 Universitatea Craiova
1979 Steaua Bukarest
1980 Politehnica Timişoara
1981 Universitatea Craiova
1982 Dinamo Bukarest
1983 Universitatea Craiova
1984 Dinamo Bukarest
1985 Steaua Bukarest
1986 Dinamo Bukarest
1987 Steaua Bukarest
1988 Steaua Bukarest
1989 Steaua Bukarest
1990 Dinamo Bukarest
1991 Universitatea Craiova
1992 Steaua Bukarest
1993 Universitatea Craiova
1994 Gloria Bistriţa
1995 Petrolul Ploieşti
1996 Steaua Bukarest
1997 Steaua Bukarest
1998 Rapid Bukarest
1999 Steaua Bukarest
2000 Dinamo Bukarest
2001 Dinamo Bukarest
2002 Rapid Bukarest
2003 Dinamo Bukarest
2004 Dinamo Bukarest
2005 Dinamo Bukarest
2006 Rapid Bukarest
2007 Rapid Bukarest
2008 CFR Cluj

*CCA Bukarest hat sich 1961 in Steaua Bukarest umbenannt.

13. Kamerun
Fédération Camerounaise de Football (FECAFOOT)

Gründung: 1959
FIFA-Beitritt: 1964
CAF-Beitritt: 1963
Präsident: Mohamed Iya
Adresse: Avenue du 27 août 1940, Tsinga-Yaoundé Case Postale 1116, Yaoundé; www.fecafootonline.com
Spielkleidung: grünes Trikot, rote Hose, gelbe Stutzen

Titel: Afrikameister: 1984, 1988, 2000, 2002
Rekordspieler: Rigobert Song (118)
Rekordtorschütze: Patrick Mboma (33)
Höchste nationale Spielklasse: Première Division, 16 Vereine
Rekordmeister: Canon Yaoundé (10)
Rekordpokalsieger: Canon Yaoundé (11)

Landesmeister

1960	Oryx Douala	1976	Union Douala	1992	Racing Bafoussam
1961	Oryx Douala	1977	Canon Yaoundé	1993	Racing Bafoussam
1962	Caïman Douala	1978	Union Douala	1994	Canon Yaoundé
1963	Oryx Douala	1979	Canon Yaoundé	1995	Aigle Nkongsamba
1964	Oryx Douala	1980	Canon Yaoundé	1996	Unisport Bafang
1965	Oryx Douala	1981	Tonnerre Yaoundé	1997	Cotonsport de Garoua
1966	Diamant Yaoundé	1982	Canon Yaoundé	1998	Cotonsport de Garoua
1967	Oryx Douala	1983	Tonnerre Yaoundé	1999	Sable Batié
1968	Caïman Club Douala	1984	Tonnerre Yaoundé	2000	Fovu Baham
1969	Union Douala	1985	Canon Yaoundé	2001	Cotonsport de Garoua
1970	Canon Yaoundé	1986	Canon Yaoundé	2002	Canon Yaoundé
1971	Aigle Nkongsamba	1987	Tonnerre Yaoundé	2003	Cotonsport de Garoua
1972	Léopard Douala	1988	Tonnerre Yaoundé	2004	Cotonsport de Garoua
1973	Léopard Douala	1989	Racing Bafoussam	2005	Cotonsport de Garoua
1974	Canon Yaoundé	1990	Union Douala	2006	Cotonsport de Garoua
1975	Caïman Douala	1991	Canon Yaoundé	2007	Cotonsport de Garoua

Pokalsieger

1960	Lion Yaoundé	1976	Canon Yaoundé	1992	Olympique Mvolyé
1961	Union Douala	1977	Canon Yaoundé	1993	Canon Yaoundé
1962	Lion Yaoundé	1978	Canon Yaoundé	1994	Olympique Mvolyé
1963	Oryx Douala	1979	Dynamo Douala	1995	Canon Yaoundé
1964	Diamant Yaoundé	1980	Union Douala	1996	Racing Bafoussam
1965	Lion Yaoundé	1981	Dynamo Douala	1997	Union Douala
1966	Lion Yaoundé	1982	Dragon Yaoundé	1998	Dynamo Douala
1967	Canon Yaoundé	1983	Canon Yaoundé	1999	Canon Yaoundé
1968	Oryx Douala	1984	Dihep Nkam Yabassi	2000	Kumbo Strikers
1969	Union Douala	1985	Union Douala	2001	Fovu Baham
1970	Oryx Douala	1986	Canon Yaoundé	2002	Mount Cameroon Buéa
1971	Diamant Yaoundé	1987	Tonnerre Yaoundé	2003	Cotonsport de Garoua
1972	Diamant Yaoundé	1988	Panthère Bangangté	2004	Cotonsport de Garoua
1973	Canon Yaoundé	1989	Tonnerre Yaoundé	2005	Impôts Yaoundé
1974	Tonnerre Yaoundé	1990	Prévoyance Yaoundé	2006	Union Douala
1975	Canon Yaoundé	1991	Tonnerre Yaoundé	2007	Cotonsport de Garoua

14. Türkei
Türkiye Futbol Federasyonu (TFF)

Gründung: 1923
FIFA-Beitritt: 1923
UEFA-Beitritt: 1962
Präsident: Hasan Doğan
Adresse: Konaklar Mah. Ihlamurlu Sok. 9, 4. Levent, Istanbul; www.tff.org
Spielkleidung: rotes Trikot, rote Hose, rote Stutzen
Titel: –

Rekordspieler: Rüstü Reçber (118)
Rekordtorschütze: Hakan Sükür (51)
Höchste nationale Spielklasse: Süper Lig, 18 Vereine
Rekordmeister: Fenerbahce Istanbul / Galatasaray Istanbul (je 17)
Rekordpokalsieger: Galatasaray Istanbul (14)

Landesmeister

1959	Fenerbahce Istanbul
1960	Besiktas Istanbul
1961	Fenerbahce Istanbul
1962	Galatasaray Istanbul
1963	Galatasaray Istanbul
1964	Fenerbahce Istanbul
1965	Fenerbahce Istanbul
1966	Besiktas Istanbul
1967	Besiktas Istanbul
1968	Fenerbahce Istanbul
1969	Galatasaray Istanbul
1970	Fenerbahce Istanbul
1971	Galatasaray Istanbul
1972	Galatasaray Istanbul
1973	Galatasaray Istanbul
1974	Fenerbahce Istanbul
1975	Fenerbahce Istanbul
1976	Trabzonspor
1977	Trabzonspor
1978	Fenerbahce Istanbul
1979	Trabzonspor
1980	Trabzonspor
1981	Trabzonspor
1982	Besiktas Istanbul
1983	Fenerbahce Istanbul
1984	Trabzonspor
1985	Fenerbahce Istanbul
1986	Besiktas Istanbul
1987	Galatasaray Istanbul
1988	Galatasaray Istanbul
1989	Fenerbahce Istanbul
1990	Besiktas Istanbul
1991	Besiktas Istanbul
1992	Besiktas Istanbul
1993	Galatasaray Istanbul
1994	Galatasaray Istanbul
1995	Besiktas Istanbul
1996	Fenerbahce Istanbul
1997	Galatasaray Istanbul
1998	Galatasaray Istanbul
1999	Galatasaray Istanbul
2000	Galatasaray Istanbul
2001	Fenerbahce Istanbul
2002	Galatasaray Istanbul
2003	Besiktas Istanbul
2004	Fenerbahce Istanbul
2005	Fenerbahce Istanbul
2006	Galatasaray Istanbul
2007	Fenerbahce Istanbul
2008	Galatasaray Istanbul

Pokalsieger

1963	Galatasaray Istanbul
1964	Galatasaray Istanbul
1965	Galatasaray Istanbul
1966	Galatasaray Istanbul
1967	Altay Izmir
1968	Fenerbahce Istanbul
1969	Göztepe Izmir
1970	Göztepe Izmir
1971	Eskisehirspor
1972	Ankaragücü
1973	Galatasaray Istanbul
1974	Fenerbahce Istanbul
1975	Besiktas Istanbul
1976	Galatasaray Istanbul
1977	Trabzonspor
1978	Trabzonspor
1979	Fenerbahce Istanbul
1980	Altay Izmir
1981	Ankaragücü
1982	Galatasaray Istanbul
1983	Fenerbahce Istanbul
1984	Trabzonspor
1985	Galatasaray Istanbul
1986	Bursaspor
1987	Genclerbirligi Ankara
1988	Sakaryaspor
1989	Besiktas Istanbul
1990	Besiktas Istanbul
1991	Galatasaray Istanbul
1992	Trabzonspor

7:0 >>

<<

1993	Galatasaray Istanbul
1994	Besiktas Istanbul
1995	Trabzonspor
1996	Galatasaray Istanbul
1997	Kocaelispor
1998	Besiktas Istanbul
1999	Galatasaray Istanbul
2000	Galatasaray Istanbul
2001	Genclerbirligi Ankara
2002	Kocaelispor
2003	Trabzonspor
2004	Trabzonspor
2005	Galatasaray Istanbul
2006	Besiktas Istanbul
2007	Besiktas Istanbul
2008	Kayserispor

15. England
The Football Association (FA)

Gründung: 1863
FIFA-Beitritt: 1905
UEFA-Beitritt: 1954
Präsident: Lord Triesman
Adresse: 25 Soho Square, London W1D4FA; www.thefa.com
Spielkleidung: weißes Trikot, blaue Hose, weiße Stutzen
Titel: Weltmeister: 1966
Rekordspieler: Peter Shilton (125)
Rekordtorschütze: Bobby Charlton (49)
Höchste nationale Spielklasse: Premier League, 20 Vereine
Rekordmeister: FC Liverpool (18)
Rekordpokalsieger: Manchester United (11)

Landesmeister

1889	Preston North End
1890	Preston North End
1891	FC Everton
1892	FC Sunderland
1893	FC Sunderland
1894	Aston Villa
1895	FC Sunderland
1896	Aston Villa
1897	Aston Villa
1898	Sheffield United
1899	Aston Villa
1900	Aston Villa
1901	FC Liverpool
1902	FC Sunderland
1903	Sheffield Wednesday
1904	Sheffield Wednesday
1905	Newcastle United
1906	FC Liverpool
1907	Newcastle United
1908	Manchester United
1909	Newcastle United
1910	Aston Villa
1911	Manchester United
1912	Blackburn Rovers
1913	FC Sunderland
1914	Blackburn Rovers
1915	FC Everton
1920	West Bromwich Albion
1921	FC Burnley
1922	FC Liverpool
1923	FC Liverpool
1924	Huddersfield Town
1925	Huddersfield Town
1926	Huddersfield Town
1927	Newcastle United
1928	FC Everton
1929	Sheffield Wednesday
1930	Sheffield Wednesday
1931	FC Arsenal
1932	FC Everton
1933	FC Arsenal
1934	FC Arsenal
1935	FC Arsenal
1936	FC Sunderland
1937	Manchester City
1938	FC Arsenal
1939	FC Everton
1947	FC Liverpool
1948	FC Arsenal
1949	FC Portsmouth
1950	FC Portsmouth
1951	Tottenham Hotspur
1952	Manchester United
1953	FC Arsenal
1954	Wolverhampton Wanderers
1955	FC Chelsea
1956	Manchester United
1957	Manchester United
1958	Wolverhampton Wanderers
1959	Wolverhampton Wanderers
1960	FC Burnley
1961	Tottenham Hotspur
1962	Ipswich Town
1963	FC Everton
1964	FC Liverpool
1965	Manchester United
1966	FC Liverpool
1967	Manchester United
1968	Manchester City
1969	Leeds United
1970	FC Everton
1971	FC Arsenal

>>

<<

1972 Derby County
1973 FC Liverpool
1974 Leeds United
1975 Derby County
1976 FC Liverpool
1977 FC Liverpool
1978 Nottingham Forest
1979 FC Liverpool
1980 FC Liverpool
1981 Aston Villa
1982 FC Liverpool
1983 FC Liverpool
1984 FC Liverpool
1985 FC Everton
1986 FC Liverpool
1987 FC Everton
1988 FC Liverpool
1989 Arsenal London
1990 FC Liverpool
1991 FC Arsenal
1992 Leeds United
1993 Manchester United
1994 Manchester United
1995 Blackburn Rovers
1996 Manchester United
1997 Manchester United
1998 FC Arsenal
1999 Manchester United
2000 Manchester United
2001 Manchester United
2002 FC Arsenal
2003 Manchester United
2004 FC Arsenal
2005 FC Chelsea
2006 FC Chelsea
2007 Manchester United
2008 Manchester United

Pokalsieger

1872 Wanderers FC
1873 Wanderers FC
1874 Oxford University
1875 Royal Engineers
1876 Wanderers FC
1877 Wanderers FC
1878 Wanderers FC
1879 Old Etonians
1880 Clapham Rovers
1881 Old Carthusians
1882 Old Etonians
1883 Blackburn Olympic
1884 Blackburn Rovers
1885 Blackburn Rovers
1886 Blackburn Rovers
1887 Aston Villa
1888 West Bromwich Albion
1889 Preston North End
1890 Blackburn Rovers
1891 Blackburn Rovers
1892 West Bromwich Albion
1893 Wolverhampton Wanderers
1894 Notts County
1895 Aston Villa
1896 Sheffield Wednesday
1897 Aston Villa
1898 Nottingham Forest
1899 Sheffield United
1900 FC Bury
1901 Tottenham Hotspur
1902 Sheffield United
1903 FC Bury
1904 Manchester City
1905 Aston Villa
1906 FC Everton
1907 Sheffield Wednesday
1908 Wolverhampton Wanderers
1909 Manchester United
1910 Newcastle United
1911 Bradford City
1912 FC Barnsley
1913 Aston Villa
1914 FC Burnley
1915 Sheffield United
1920 Aston Villa
1921 Tottenham Hotspur
1922 Huddersfield Town
1923 Bolton Wanderers
1924 Newcastle United
1925 Sheffield United
1926 Bolton Wanderers
1927 Cardiff City
1928 Blackburn Rovers
1929 Bolton Wanderers
1930 FC Arsenal
1931 West Bromwich Albion
1932 Newcastle United
1933 FC Everton
1934 Manchester City
1935 Sheffield Wednesday
1936 Arsenal London
1937 FC Sunderland
1938 Preston North End
1939 FC Portsmouth
1946 Derby County
1947 Charlton Athletic
1948 Manchester United
1949 Wolverhampton Wanderers
1950 FC Arsenal
1951 Newcastle United
1952 Newcastle United
1953 FC Blackpool
1954 West Bromwich Albion
1955 Newcastle United
1956 Manchester City
1957 Aston Villa
1958 Bolton Wanderers
1959 Nottingham Forest
1960 Wolverhampton Wanderers
1961 Tottenham Hotspur
1962 Tottenham Hotspur
1963 Manchester United
1964 West Ham United
1965 FC Liverpool
1966 FC Everton
1967 Tottenham Hotspur
1968 West Bromwich Albion
1969 Manchester City
1970 FC Chelsea

>>

<<

1971	FC Arsenal
1972	Leeds United
1973	FC Sunderland
1974	FC Liverpool
1975	West Ham United
1976	FC Southampton
1977	Manchester United
1978	Ipswich Town
1979	FC Arsenal
1980	West Ham United
1981	Tottenham Hotspur
1982	Tottenham Hotspur
1983	Manchester United
1984	FC Everton
1985	Manchester United
1986	FC Liverpool
1987	Coventry City
1988	FC Wimbledon
1989	FC Liverpool
1990	Manchester United
1991	Tottenham Hotspur
1992	FC Liverpool
1993	FC Arsenal
1994	Manchester United
1995	FC Everton
1996	Manchester United
1997	FC Chelsea
1998	FC Arsenal
1999	Manchester United
2000	FC Chelsea
2001	FC Liverpool
2002	FC Arsenal
2003	FC Arsenal
2004	Manchester United
2005	FC Arsenal
2006	FC Liverpool
2007	FC Chelsea
2008	FC Portsmouth

EUROPA – MÄNNER

UEFA Europapokal der Landesmeister / UEFA Champions League

Der 1955/56 erstmals ausgespielte Europapokal der Landesmeister wurde 1992/93 durch die z. T. im Gruppenmodus ausgetragene Champions League abgelöst.

Siegerliste

Jahr	Verein
1955/56	Real Madrid
1956/57	Real Madrid
1957/58	Real Madrid
1958/59	Real Madrid
1959/60	Real Madrid
1960/61	Benfica Lissabon
1961/62	Benfica Lissabon
1962/63	AC Mailand
1963/64	Inter Mailand
1964/65	Inter Mailand
1965/66	Real Madrid
1966/67	Celtic Glasgow
1967/68	Manchester United
1968/69	AC Mailand
1969/70	Feyenoord Rotterdam
1970/71	Ajax Amsterdam
1971/72	Ajax Amsterdam
1972/73	Ajax Amsterdam
1973/74	FC Bayern München
1974/75	FC Bayern München
1975/76	FC Bayern München
1976/77	FC Liverpool
1977/78	FC Liverpool
1978/79	Nottingham Forest
1979/80	Nottingham Forest
1980/81	FC Liverpool
1981/82	Aston Villa

Jahr	Verein
1982/83	Hamburger SV
1983/84	FC Liverpool
1984/85	Juventus Turin
1985/86	Steaua Bukarest
1986/87	FC Porto
1987/88	PSV Eindhoven
1988/89	AC Mailand
1989/90	AC Mailand
1990/91	Roter Stern Belgrad
1991/92	FC Barcelona
1992/93	Olympique Marseille
1993/94	AC Mailand
1994/95	Ajax Amsterdam
1995/96	Juventus Turin
1996/97	Borussia Dortmund
1997/98	Real Madrid
1998/99	Manchester United
1999/00	Real Madrid
2000/01	FC Bayern München
2001/02	Real Madrid
2002/03	AC Mailand
2003/04	FC Porto
2004/05	FC Liverpool
2005/06	FC Barcelona
2006/07	AC Mailand
2007/08	Manchester United

UEFA Europapokal der Landesmeister

(ab Viertelfinale bzw. Finalrunde)

1955/56 Real Madrid

Viertelfinale

Begegnung	Erg.
Djurgårdens IF - **Hibernian Edinburg**	1:3 / 0:1
Stade Reims - MTK Budapest	4:2 / 4:4

Begegnung	Erg.
Real Madrid - Partizan Belgrad	4:0 / 0:3
Rapid Wien - **AC Mailand**	1:1 / 2:7

Halbfinale

Begegnung	Erg.
Stade Reims - Hibernian Edinburg	2:0 / 1:0

Begegnung	Erg.
Real Madrid - AC Mailand	4:2 / 1:2

Finale

Datum	Ort	Begegnung	Erg.	Tore
13.06.1956	Paris	**Real Madrid** - Stade Reims	4:3	0:1 Leblond, 0:2 Templin, 1:2 Di Stéfano, 2:2 Rial, 2:3 Hidalgo, 3:3 Marquitos, 4:3 Rial

1956/57 Real Madrid

Viertelfinale

Begegnung	Erg.
Athletic Bilbao - **Manchester United**	5:3 / 0:3
AC Florenz - Grasshopp. Zürich	3:1 / 2:2

Begegnung	Erg.
Roter Stern Belgrad - CDNA Sofia	3:1 / 1:2
Real Madrid - OGC Nizza	3:0 / 3:2

Halbfinale

Begegnung	Erg.
Roter Stern Belgrad - **AC Florenz**	0:1 / 0:0

Begegnung	Erg.
Real Madrid - Manchester United	3:1 / 2:2

Finale

Datum	Ort	Begegnung	Erg.	Tore
30.05.1957	Madrid	**Real Madrid** - AC Florenz	2:0	1:0 Di Stéfano, 2:0 Gento

1957/58 Real Madrid

Viertelfinale

Begegnung	Erg.
Borussia Dortmund - **AC Mailand**	1:1 / 1:4
Manchester United - RS Belgrad	2:1 / 3:3

Begegnung	Erg.
Real Madrid - FC Sevilla	8:0 / 2:2
Ajax Amsterdam - **Vasas Budapest**	2:2 / 0:4

Halbfinale

Begegnung	Erg.
Real Madrid - Vasas Budapest	4:0 / 0:2

Begegnung	Erg.
Manchester United - **AC Mailand**	2:1 / 0:4

Finale

Datum	Ort	Begegnung	Erg.	Tore
29.05.1958	Brüssel	**Real Madrid** - AC Mailand	3:2 n. V.	0:1 Schiaffino, 1:1 Di Stéfano, 1:2 Grillo, 2:2 Rial, 3:2 Gento

1958/59 Real Madrid

Viertelfinale

Begegnung	Erg.
Atlético Madrid - FC Schalke 04	3:0 / 1:1
YB Bern - Wismut K.-Marx-St.	2:2 / 0:0 / 2:1

Begegnung	Erg.
Standard Lüttich - **Stade Reims**	2:0 / 0:3
Wiener Sport-Club - **Real Madrid**	0:0 / 1:7

Halbfinale

Begegnung	Erg.
Young Boys Bern - **Stade Reims**	1:0 / 0:3

Begegnung	Erg.
Real Madrid - Atlético Madrid	2:1 / 0:1 / 2:1

Finale

Datum	Ort	Begegnung	Erg.	Tore
03.06.1959	Stuttgart	**Real Madrid** - Stade Reims	2:0	1:0 Mateos, 2:0 Di Stéfano

1959/60 Real Madrid

Viertelfinale

Begegnung	Erg.
E. Frankfurt - Wiener Sport-Club	2:1 / 1:1
OGC Nizza - **Real Madrid**	3:2 / 0:4

Begegnung	Erg.
FC Barcelona - Wolverhampton W.	4:0 / 5:2
Sparta Rotterdam - **Glasgow R.**	2:3 / 1:0 / 2:3

Halbfinale

Begegnung	Erg.
Eintracht Frankfurt - Glasgow Rangers	6:1 / 6:3

Begegnung	Erg.
Real Madrid - FC Barcelona	3:1 / 3:1

Finale

Datum	Ort	Begegnung	Erg.	Tore
18.05.1960	Glasgow	**Real Madrid** - Eintracht Frankfurt	7:3	0:1 Kress, 1:1 Di Stéfano, 2:1 Di Stéfano, 3:1 Puskás, 4:1 Puskás, 5:1 Puskás, 6:1 Puskás, 6:2 Stein, 7:2 Di Stéfano, 7:3 Stein

1960/61 Benfica Lissabon

Viertelfinale

Begegnung	Erg.
FC Burnley - **Hamburger SV**	3:1 / 1:4
FC Barcelona - Spartak Králové	4:0 / 1:1

Begegnung	Erg.
Benfica Lissabon - Aarhus GF	3:1 / 4:1
Rapid Wien - IFK Malmö	2:0 / 2:0

Halbfinale

Begegnung	Erg.
FC Barcelona - Hamburger SV	1:0 / 1:2 / 1:0

Begegnung	Erg.
Benfica Lissabon - Rapid Wien	3:0 / 1:1

Finale

Datum	Ort	Begegnung	Erg.	Tore
31.05.1961	Bern	**Benfica Lissabon** - FC Barcelona	3:2	0:1 Kocsis, 1:1 Aguas, 2:1 Ramallets (ET), 3:1 Coluna, 3:2 Czibor

1961/62 Benfica Lissabon

Viertelfinale

Begegnung	Erg.
1. FC Nürnberg - **Benfica Lissabon**	3:1 / 0:6
Standard Lüttich - Glasgow Rangers	4:1 / 0:2

Begegnung	Erg.
Dukla Prag - **Tottenham Hotspur**	1:0 / 1:4
Juventus Turin - **Real Madrid**	0:1 / 1:0 / 1:3

Halbfinale

Begegnung	Erg.
Benfica Lissabon - Tottenham Hotspur	3:1 / 1:2

Begegnung	Erg.
Real Madrid - Standard Lüttich	4:0 / 2:0

Finale

Datum	Ort	Begegnung	Erg.	Tore
02.05.1962	Amsterdam	**B. Lissabon** - Real Madrid	5:3	0:1 Puskás, 0:2 Puskás, 1:2 Aguas, 2:2 Cavem, 2:3 Puskás, 3:3 Coluna, 4:3 Eusébio, 5:3 Eusébio

1962/63 AC Mailand

Viertelfinale

Begegnung	Erg.
Galatasaray Istanbul - **AC Mailand**	1:3 / 0:5
RSC Anderlecht - **FC Dundee**	1:4 / 2:2

Begegnung	Erg.
Benfica Lissabon - Dukla Prag	2:1 / 0:0
Stade Reims - **Feyenoord Rotterdam**	0:1 / 1:1

Halbfinale

Begegnung	Erg.
Feyenoord Rotterdam - **Benfica Lissabon**	1:0 / 0:3

Begegnung	Erg.
AC Mailand - FC Dundee	5:1 / 0:1

Finale

Datum	Ort	Begegnung	Erg.	Tore
22.05.1963	London	**AC Mailand** - Benfica Lissabon	2:1	0:1 Eusébio, 1:1 Altafini, 2:1 Altafini

1963/64 Inter Mailand

Viertelfinale

Begegnung	Erg.
Real Madrid - AC Mailand	4:1 / 0:2
Partizan Belgrad - **Inter Mailand**	0:2 / 1:2

Begegnung	Erg.
PSV Eindhoven - **FC Zürich**	1:0 / 1:3
Dukla Prag - **Borussia Dortmund**	0:4 / 3:1

Halbfinale

Begegnung	Erg.
Borussia Dortmund - **Inter Mailand**	2:2 / 0:2

Begegnung	Erg.
FC Zürich - **Real Madrid**	1:2 / 0:6

Finale

Datum	Ort	Begegnung	Erg.	Tore
27.05.1964	Wien	**Inter Mailand** - Real Madrid	3:1	1:0 Mazzola, 2:0 Milani, 2:1 Felo, 3:1 Mazzola

1964/65 Inter Mailand

Viertelfinale

Begegnung	Erg.
1. FC Köln - **FC Liverpool**	0:0 / 0:0 / 2:2 n. V.*
Inter Mailand - Glasgow Rangers	3:1 / 0:1

* Losentscheid für Liverpool

Begegnung	Erg.
Benfica Lissabon - Real Madrid	5:1 / 1:2
DWS Amsterdam - **FC ETO Györ**	1:1 / 0:1

Halbfinale

Begegnung	Erg.
FC Liverpool - **Inter Mailand**	3:1 / 0:3

Begegnung	Erg.
FC ETO Györ - **Benfica Lissabon**	0:1 / 0:4

Finale

Datum	Ort	Begegnung	Erg.	Tore
27.05.1965	Mailand	**Inter Mailand** - Benfica Lissabon	1:0	1:0 Jair

1965/66 Real Madrid

Viertelfinale

Begegnung	Erg.
RSC Anderlecht - **Real Madrid**	1:0 / 2:4
Inter Mailand - Ferencvaros Budapest	4:0 / 1:1

Begegnung	Erg.
Sparta Prag - **Partizan Belgrad**	4:1 / 0:5
Manchester United - Benfica Lissabon	3:2 / 5:1

Halbfinale

Begegnung	Erg.
Real Madrid - Inter Mailand	1:0 / 1:1

Begegnung	Erg.
Partizan Belgrad - Manchester United	2:0 / 0:1

Finale

Datum	Ort	Begegnung	Erg.	Tore
11.05.1966	Brüssel	**Real Madrid** - Partizan Belgrad	2:1	0:1 Vasovic, 1:1 Amancio, 2:1 Serena

1966/67 Celtic Glasgow

Viertelfinale

Begegnung	Erg.
Inter Mailand - Real Madrid	1:0 / 2:0
FC Linfield - **ZSKA Sofia**	2:2 / 0:1

Begegnung	Erg.
Vojvodina Novi Sad - **Celtic Glasgow**	1:0 / 0:2
Ajax Amsterdam - **Dukla Prag**	1:1 / 1:2

Halbfinale

Begegnung	Erg.
Celtic Glasgow - Dukla Prag	3:1 / 0:0

Begegnung	Erg.
Inter Mailand - ZSKA Sofia	1:1 / 1:1 / 1:0

Finale

Datum	Ort	Begegnung	Erg.	Tore
25.05.1967	Lissabon	**Celtic Glasgow** - Inter Mailand	2:1	0:1 Mazzola, 1:1 Gemmell, 2:1 Chalmers

1967/68 Manchester United

Viertelfinale

Begegnung	Erg.
Manchester United - Gornik Zabrze	2:0 / 0:1
Real Madrid - Sparta Prag	3:0 / 1:2

Begegnung	Erg.
Vasas Budapest - **Benfica Lissabon**	0:0 / 0:3
E. Braunschweig - **J. Turin**	3:2 / 0:1 / 0:1

Halbfinale

Begegnung	Erg.
Manchester United - Real Madrid	1:0 / 3:3

Begegnung	Erg.
Benfica Lissabon - Juventus Turin	2:0 / 1:0

Finale

Datum	Ort	Begegnung	Erg.	Tore
29.05.1968	London	**Manchester United** - B. Lissabon	4:1 n. V.	1:0 Charlton, 1:1 Graca, 2:1 Best, 3:1 Kidd, 4:1 Charlton

1968/69 AC Mailand

Viertelfinale

Begegnung	Erg.
AC Mailand - Celtic Glasgow	0:0 / 1:0
A. Amsterdam - B. Lissabon	1:3 / 3:1 / 3:0 n. V.

Begegnung	Erg.
Manchester United - Rapid Wien	3:0 / 0:0
Spartak Trnava - AEK Athen	2:1 / 1:1

Halbfinale

Begegnung	Erg.
AC Mailand - Manchester United	2:0 / 0:1

Begegnung	Erg.
Ajax Amsterdam - Spartak Trnava	3:0 / 0:2

Finale

Datum	Ort	Begegnung	Erg.	Tore
28.05.1969	Madrid	**AC Mailand** - Ajax Amsterdam	4:1	1:0 Prati, 2:0 Prati, 2:1 Vasovic, 3:1 Sormani, 4:1 Prati

1969/70 Feyenoord Rotterdam

Viertelfinale

Begegnung	Erg.
Vorwärts Berlin - **Feyenoord Rotterdam**	1:0 / 0:2
Standard Lüttich - **Leeds United**	0:1 / 0:1

Begegnung	Erg.
Celtic Glasgow - AC Florenz	3:0 / 0:1
Galatasaray Istanbul - **Legia Warschau**	1:1 / 0:2

Halbfinale

Begegnung	Erg.
Leeds United - **Celtic Glasgow**	0:1 / 1:2

Begegnung	Erg.
Legia Warschau - **Feyenoord Rotterdam**	0:0 / 0:2

Finale

Datum	Ort	Begegnung	Erg.	Tore
06.05.1970	Mailand	**F. Rotterdam** - C. Glasgow	2:1 n. V.	0:1 Gemmell, 1:1 Israel, 2:1 Kindvall

1970/71 Ajax Amsterdam

Viertelfinale

Begegnung	Erg.
Ajax Amsterdam - Celtic Glasgow	3:0 / 0:1
FC Everton - **Panathinaikos Athen**	1:1 / 0:0

Begegnung	Erg.
FC Carl Zeiss Jena - **Roter Stern Belgrad**	3:2 / 0:4
Atlético Madrid - Legia Warschau	1:0 / 1:2

Halbfinale

Begegnung	Erg.
Atlético Madrid - **Ajax Amsterdam**	1:0 / 0:3

Begegnung	Erg.
Roter Stern Belgrad - **Pan. Athen**	4:1 / 0:3

Finale

Datum	Ort	Begegnung	Erg.	Tore
02.06.1971	London	**Ajax Amsterdam** - Panathinaikos Athen	2:0	1:0 van Dijk, 2:0 Haan

1971/72 Ajax Amsterdam

Viertelfinale

Begegnung	Erg.
Ujpest Budapest - **Celtic Glasgow**	1:2 / 1:1
Feyenoord Rotterdam - **Benfica Lissabon**	1:0 / 1:5

Begegnung	Erg.
Ajax Amsterdam - FC Arsenal	2:1 / 1:0
Inter Mailand - Standard Lüttich	1:0 / 1:2

Halbfinale

Begegnung	Erg.
Inter Mailand - C. Glasgow	0:0 / 5:4 n. E.

Begegnung	Erg.
Ajax Amsterdam - Benfica Lissabon	1:0 / 0:0

Finale

Datum	Ort	Begegnung	Erg.	Tore
31.05.1972	Rotterdam	**Ajax Amsterdam** - Inter Mailand	2:0	1:0 Johan Cruyff, 2:0 Johan Cruyff

1972/73 Ajax Amsterdam

Viertelfinale

Begegnung	Erg.
Ajax Amsterdam - FC Bayern München	4:0 / 1:2
Juventus Turin - Ujpest Budapest	0:0 / 2:2

Begegnung	Erg.
Dynamo Kiew - **Real Madrid**	0:0 / 0:3
Spartak Trnava - **Derby County**	1:0 / 0:2

Halbfinale

Begegnung	Erg.
Ajax Amsterdam - Real Madrid	2:1 / 1:0

Begegnung	Erg.
Juventus Turin - Derby County	3:1 / 0:0

Finale

Datum	Ort	Begegnung	Erg.	Tore
30.05.1973	Belgrad	**Ajax Amsterdam** - Juventus Turin	1:0	1:0 Rep

1973/74 FC Bayern München

Viertelfinale

Begegnung	Erg.
FC Bayern München - ZSKA Sofia	4:1 / 1:2
FC Basel - **Celtic Glasgow**	3:2 / 2:4 n. V.

Begegnung	Erg.
Roter Stern Belgrad - **Atlético Madrid**	0:2 / 0:0
Spartak Trnava - **Ujpest Budapest**	1:1 / 4:5 n. E.

Halbfinale

Begegnung	Erg.
Ujpest Budapest - **FC Bayern München**	1:1 / 0:3

Begegnung	Erg.
Celtic Glasgow - **Atlético Madrid**	0:0 / 0:2

Finale

Datum	Ort	Begegnung	Erg.	Tore
15.05.1974	Brüssel	FC Bayern München - A. Madrid	1:1 n. V.	0:1 Luis, 1:1 Schwarzenbeck
17.05.1974	Brüssel	**FC Bayern München** - A. Madrid	4:0	1:0 U. Hoeneß, 2:0 G. Müller, 3:0 G. Müller, 4:0 U. Hoeneß

1974/75 FC Bayern München

Viertelfinale

Begegnung	Erg.
FC Bayern München - Ararat Eriwan	2:0 / 0:1
Ruch Chorzów - **AS Saint-Etienne**	3:2 / 0:2

Begegnung	Erg.
Leeds United - RSC Anderlecht	3:0 / 1:0
FC Barcelona - Åtvidabergs FF	2:0 / 3:0

Halbfinale

Begegnung	Erg.
AS Saint-Etienne - **FC Bayern München**	0:0 / 0:2

Begegnung	Erg.
Leeds United - FC Barcelona	2:1 / 1:1

Finale

Datum	Ort	Begegnung	Erg.	Tore
28.05.1975	Paris	**FC Bayern München** - Leeds United	2:0	1:0 Roth, 2:0 G. Müller

1975/76 FC Bayern München

Viertelfinale

Begegnung	Erg.
Benfica Lissabon - **FC Bayern**	0:0 / 1:5
M'Gladbach - **Real Madrid**	2:2 / 1:1

Begegnung	Erg.
Dynamo Kiew - **AS Saint-Etienne**	2:0 / 0:3 n. V.
Hajduk Split - **PSV Eindhoven**	2:0 / 0:3 n. V.

Halbfinale

Begegnung	Erg.
Real Madrid - **FC Bayern München**	1:1 / 0:2

Begegnung	Erg.
AS Saint-Etienne - PSV Eindhoven	1:0 / 0:0

Finale

Datum	Ort	Begegnung	Erg.	Tore
12.05.1976	Glasgow	**FC Bayern** - AS Saint-Etienne	1:0	1:0 Roth

1976/77 FC Liverpool

Viertelfinale

Begegnung	Erg.
FC Bayern München - **Dynamo Kiew**	1:0 / 0:2
Borussia M'Gladbach - FC Brügge	2:2 / 1:0

Begegnung	Erg.
AS Saint-Etienne - **FC Liverpool**	1:0 / 1:3
FC Zürich - Dynamo Dresden	2:1 / 2:3

Halbfinale

Begegnung	Erg.
Dynamo Kiew - **M'Gladbach**	1:1 / 0:2

Begegnung	Erg.
FC Zürich - **FC Liverpool**	1:3 / 0:3

Finale

Datum	Ort	Begegnung	Erg.	Tore
25.05.1977	Rom	**FC Liverpool** - Borussia M'Gladbach	3:1	1:0 McDermott, 1:1 Simonsen, 2:1 Smith, 3:1 Neal

1977/78 FC Liverpool

Viertelfinale

Begegnung	Erg.
Wacker Innsbruck - **M'Gladbach**	3:1 / 0:2
A. Amsterdam - **J. Turin**	1:1 / 1:4 n. E.

Begegnung	Erg.
FC Brügge - Atlético Madrid	2:0 / 2:3
Benfica Lissabon - **FC Liverpool**	1:2 / 1:4

Halbfinale

Begegnung	Erg.
M'Gladbach - **FC Liverpool**	2:1 / 0:3

Begegnung	Erg.
Juventus Turin - **FC Brügge**	1:0 / 0:2 n. V.

Finale

Datum	Ort	Begegnung	Erg.	Tore
10.05.1978	London	**FC Liverpool** - FC Brügge	1:0	1:0 Dalglish

1978/79 Nottingham Forest

Viertelfinale

Begegnung	Erg.
1. FC Köln - Glasgow Rangers	1:0 / 1:1
Austria Wien - Dynamo Dresden	3:1 / 0:1

Begegnung	Erg.
Wisla Krakau - **Malmö FF**	2:1 / 1:4
Nottingham Forest - Grassh. Zürich	4:1 / 1:1

Halbfinale

Begegnung	Erg.
Nottingham Forest - 1. FC Köln	3:3 / 1:0

Begegnung	Erg.
Austria Wien - **Malmö FF**	0:0 / 0:1

Finale

Datum	Ort	Begegnung	Erg.	Tore
30.05.1979	München	**Nottingham Forest** - Malmö FF	1:0	1:0 Francis

1979/80 Nottingham Forest

Viertelfinale

Begegnung	Erg.
Hamburger SV - Hajduk Split	1:0 / 2:3
Nottingham F. - Berliner FC Dynamo	0:1 / 3:1

Begegnung	Erg.
RC Straßburg - **Ajax Amsterdam**	0:0 / 0:4
Celtic Glasgow - **Real Madrid**	2:0 / 0:3

Halbfinale

Begegnung	Erg.
Real Madrid - **Hamburger SV**	2:0 / 1:5

Begegnung	Erg.
Nottingham Forest - Ajax Amsterdam	2:0 / 0:1

Finale

Datum	Ort	Begegnung	Erg.	Tore
28.05.1980	Madrid	**Nottingham Forest** - Hamburger SV	1:0	1:0 Robertson

1980/81 FC Liverpool

Viertelfinale

Begegnung	Erg.
FC Bayern München - Banik Ostrau	2:0 / 4:2
Spartak Moskau - **Real Madrid**	0:0 / 0:2

Begegnung	Erg.
FC Liverpool - ZSKA Sofia	5:1 / 1:0
Inter Mailand - Roter Stern Belgrad	1:1 / 1:0

Halbfinale

Begegnung	Erg.
FC Liverpool - FC Bayern München	0:0 / 1:1

Begegnung	Erg.
Real Madrid - Inter Mailand	2:0 / 0:1

Finale

Datum	Ort	Begegnung	Erg.	Tore
27.05.1981	Paris	**FC Liverpool** - Real Madrid	1:0	1:0 A. Kennedy

1981/82 Aston Villa

Viertelfinale

Begegnung	Erg.
Universitatea Craiova - **FC Bayern**	0:2 / 1:1
Dynamo Kiew - **Aston Villa**	0:0 / 0:2

Begegnung	Erg.
FC Liverpool - **ZSKA Sofia**	1:0 / 0:2 n. V.
RSC Anderlecht - Roter Stern Belgrad	2:1 / 2:1

Halbfinale

Begegnung	Erg.
ZSKA Sofia - **FC Bayern München**	4:3 / 0:4

Begegnung	Erg.
Aston Villa - RSC Anderlecht	1:0 / 0:0

Finale

Datum	Ort	Begegnung	Erg.	Tore
26.05.1982	Rotterdam	**Aston Villa** - FC Bayern	1:0	1:0 White

1982/83 Hamburger SV

Viertelfinale

Begegnung	Erg.
Dynamo Kiew - **Hamburger SV**	0:3 / 2:1
Widzew Lodz - FC Liverpool	2:0 / 2:3

Begegnung	Erg.
Aston Villa - **Juventus Turin**	1:2 / 1:3
Sporting Lissabon - **RS San Sebastián**	1:0 / 0:2

Halbfinale

Begegnung	Erg.
RS San Sebastián - **Hamburger SV**	1:1 / 1:2

Begegnung	Erg.
Juventus Turin - Widzew Lodz	2:0 / 2:2

Finale

Datum	Ort	Begegnung	Erg.	Tore
25.05.1983	Athen	**Hamburger SV** - Juventus Turin	1:0	1:0 Magath

1983/84 FC Liverpool

Viertelfinale

Begegnung	Erg.
Rapid Wien - **Dundee United**	2:1 / 0:1
Dynamo Minsk - **Dinamo Bukarest**	1:1 / 0:1

Begegnung	Erg.
AS Rom - Berliner FC Dynamo	3:0 / 1:2
FC Liverpool - Benfica Lissabon	1:0 / 4:1

Halbfinale

Begegnung	Erg.
Dundee United - **AS Rom**	2:0 / 0:3

Begegnung	Erg.
FC Liverpool - Dinamo Bukarest	1:0 / 2:1

Finale

Datum	Ort	Begegnung	Erg.	Tore
30.05.1984	Rom	AS Rom - **FC Liverpool**	3:5 n. E.	0:1 Neal, 1:1 Pruzzo; 2:4 i. E.

1984/85 Juventus Turin

Viertelfinale

Begegnung	Erg.
Austria Wien - **FC Liverpool**	1:1 / 1:4
Juventus Turin - Sparta Prag	3:0 / 0:1

Begegnung	Erg.
G. Bordeaux - D. Dnepropetrowsk	1:1 / 6:4 n. E.
IFK Göteborg - **Panathinaikos Athen**	0:1 / 2:2

Halbfinale

Begegnung	Erg.
FC Liverpool - Panathinaikos Athen	4:0 / 1:0

Begegnung	Erg.
Juventus Turin - Girondins Bordeaux	3:0 / 0:2

Finale

Datum	Ort	Begegnung	Erg.	Tore
29.05.1985	Brüssel	FC Liverpool - **Juventus Turin**	0:1	0:1 Platini

1985/86 Steaua Bukarest

Viertelfinale

Begegnung	Erg.
FC Bayern München - **RSC Anderlecht**	2:1 / 0:2
Steaua Bukarest - FC Kuusysi Lahti	0:0 / 1:0

Begegnung	Erg.
FC Aberdeen - **IFK Göteborg**	2:2 / 0:0
FC Barcelona - Juventus Turin	1:0 / 1:1

Halbfinale

Begegnung	Erg.
IFK Göteborg - **FC Barcelona**	3:0 / 4:8 n. E.

Begegnung	Erg.
RSC Anderlecht - **Steaua Bukarest**	1:0 / 0:3

Finale

Datum	Ort	Begegnung	Erg.	Tore
07.05.1986	Sevilla	**Steaua Bukarest** - FC Barcelona	2:0 n. E.	

1986/87 FC Porto

Viertelfinale

Begegnung	Erg.
FC Bayern München - RSC Anderlecht	5:0 / 2:2
Roter Stern Belgrad - **Real Madrid**	4:2 / 0:2

Begegnung	Erg.
FC Porto - Brøndby IF	1:0 / 1:1
Besiktas Istanbul - **Dynamo Kiew**	0:5 / 0:2

Halbfinale

Begegnung	Erg.
FC Bayern München - Real Madrid	4:1 / 0:1

Begegnung	Erg.
FC Porto - Dynamo Kiew	2:1 / 2:1

Finale

Datum	Ort	Begegnung	Erg.	Tore
27.05.1987	Wien	**FC Porto** - FC Bayern München	2:1	0:1 Kögl, 1:1 Madjer, 2:1 Juary

1987/88 PSV Eindhoven

Viertelfinale

Begegnung	Erg.
FC Bayern München - **Real Madrid**	3:2 / 0:2
Girondins Bordeaux - **PSV Eindhoven**	1:1 / 0:0

Begegnung	Erg.
Steaua Bukarest - Glasgow Rangers	2:0 / 1:2
Benfica Lissabon - RSC Anderlecht	2:0 / 0:1

Halbfinale

Begegnung	Erg.
Real Madrid - **PSV Eindhoven**	1:1 / 0:0

Begegnung	Erg.
Steaua Bukarest - **Benfica Lissabon**	0:0 / 0:2

Finale

Datum	Ort	Begegnung	Erg.	Tore
25.05.1988	Stuttgart	**PSV Eindhoven** - B. Lissabon	6:5 n. E.	

1988/89 AC Mailand

Viertelfinale

Begegnung	Erg.
SV Werder Bremen - **AC Mailand**	0:0 / 0:1
IFK Göteborg - **Steaua Bukarest**	1:0 / 1:5

Begegnung	Erg.
PSV Eindhoven - **Real Madrid**	1:1 / 1:2 n. V.
AS Monaco - **Galatasaray Istanbul**	0:1 / 1:1

Halbfinale

Begegnung	Erg.
Steaua Bukarest - Galatasaray Istanbul	4:0 / 1:1

Begegnung	Erg.
Real Madrid - **AC Mailand**	1:1 / 0:5

Finale

Datum	Ort	Begegnung	Erg.	Tore
24.05.1989	Barcelona	**AC Mailand** - Steaua Bukarest	4:0	1:0 Gullit, 2:0 van Basten, 3:0 Gullit, 4:0 van Basten

1989/90 AC Mailand

Viertelfinale

Begegnung	Erg.
FC Bayern München - PSV Eindhoven	2:1 / 1:0
KV Mechelen - **AC Mailand**	0:0 / 0:2 n. V.

Begegnung	Erg.
B. Lissabon - Dnepr Dnepropetrowsk	1:0 / 3:0
ZSKA Sofia - **Olympique Marseille**	0:1 / 1:3

Halbfinale

Begegnung	Erg.
AC Mailand - FC Bayern	1:0 / 1:2 n. V.

Begegnung	Erg.
Olympique Marseille - **Benfica Lissabon**	2:1 / 0:1

Finale

Datum	Ort	Begegnung	Erg.	Tore
23.05.1990	Wien	**AC Mailand** - Benfica Lissabon	1:0	1:0 Rijkaard

1990/91 Roter Stern Belgrad

Viertelfinale

Begegnung	Erg.
FC Bayern München - FC Porto	1:1 / 2:0
Roter Stern Belgrad - D. Dresden	3:0 / 2:1*

* Spiel abgebrochen; mit 3:0 für Belgrad gewertet

Begegnung	Erg.
AC Mailand - **Olympique Marseille**	1:1 / 0:1*
Spartak Moskau - Real Madrid	0:0 / 3:1

* Spiel abgebrochen; mit 3:0 für Marseille gewertet

Halbfinale

Begegnung	Erg.
FC Bayern - **Roter Stern Belgrad**	1:2 / 2:2

Begegnung	Erg.
Spartak Moskau - **Olympique Marseille**	1:3 / 1:2

Finale

Datum	Ort	Begegnung	Erg.	Tore
29.05.1991	Bari	**RS Belgrad** - O. Marseille	5:3 n. E.	

1991/92 FC Barcelona

Finalrunde

Gruppe 1	1.	2.	3.	4.	Tore	Pkt.
1. **S. Genua**	–	3:1	2:0	1:1	10:5	8-4
2. RS Belgrad	0:2	–	3:2	1:0	9:10	6-6
3. Anderlecht	3:2	3:2	–	0:0	8:9	6-6
4. Pan. Athen	0:0	0:2	0:0	–	1:4	4-8

Gruppe 1	1.	2.	3.	4.	Tore	Pkt.
1. **FC Barcelona**	–	3:2	2:1	3:0	10:4	9-3
2. Sparta Prag	1:0	–	1:1	2:1	7:7	6-6
3. B. Lissabon	0:0	1:1	–	5:0	8:5	5-7
4. Dynamo Kiew	0:2	1:0	1:0	–	3:12	4-8

Finale

Datum	Ort	Begegnung	Erg.	Tore
20.05.1992	London	**FC Barcelona** - S. Genua	1:0 n. V.	1:0 Koeman

UEFA Champions League

(ab Gruppenphase bzw. Viertelfinale)

1992/93 Olympique Marseille

Gruppenphase

Gruppe 1	1.	2.	3.	4.	Tore	Pkt.
1. **O. Marseille**	–	1:1	3:0	6:0	14:4	9-3
2. Glasgow R.	2:2	–	2:1	0:0	7:5	8-4
3. FC Brügge	0:1	1:1	–	1:0	5:8	5-7
4. ZSKA Moskau	1:1	0:1	1:2	–	2:11	2-10

Gruppe 1	1.	2.	3.	4.	Tore	Pkt.
1. **AC Mailand**	–	4:0	1:0	2:0	11:1	12-0
2. IFK Göteb.	0:1	–	1:0	3:0	7:8	6-6
3. FC Porto	0:1	2:0	–	2:2	5:5	5-7
4. Eindhoven	1:2	1:3	0:1	–	4:13	1-1

Finale

Datum	Ort	Begegnung	Erg.	Tore
26.05.1993	München	**O. Marseille** - AC Mailand	1:0	1:0 Boli

1993/94 AC Mailand

Gruppenphase

Gruppe 1	1.	2.	3.	4.	Tore	Pkt.
1. **FC Barcelona**	–	2:0	5:1	3:0	13:3	10-2
2. **AS Monaco**	0:1	–	4:1	3:0	9:4	7-5
3. Sp. Moskau	2:2	0:0	–	0:0	6:12	5-7
4. Galatasaray	0:0	0:2	1:2	–	1:10	2-10

Gruppe 1	1.	2.	3.	4.	Tore	Pkt.
1. **AC Mailand**	–	3:0	2:1	0:0	6:2	8-4
2. **FC Porto**	0:0	–	3:2	2:0	10:6	7-5
3. W. Bremen	1:1	0:5	–	5:3	11:15	5-7
4. Anderlecht	0:0	1:0	1:2	–	5:9	4-8

Halbfinale

Begegnung	Erg.
FC Barcelona - FC Porto	3:0

Begegnung	Erg.
AC Mailand - AS Monaco	3:0

Finale

Datum	Ort	Begegnung	Erg.	Tore
18.05.1994	Athen	**AC Mailand** - FC Barcelona	4:0	1:0 Massaro, 2:0 Massaro, 3:0 Savicevic, 4:0 Desailly

1994/95 Ajax Amsterdam

Viertelfinale

Begegnung	Erg.
FC Bayern München - IFK Göteborg	0:0 / 2:2
Hajduk Split - **Ajax Amsterdam**	0:0 / 0:3

Begegnung	Erg.
AC Mailand - Benfica Lissabon	2:0 / 0:0
FC Barcelona - **Paris Saint-Germain**	1:1 / 2:2

Halbfinale

Begegnung	Erg.
FC Bayern München - **Ajax Amsterdam**	0:0 / 2:5

Begegnung	Erg.
Paris Saint-Germain - **AC Mailand**	0:1 / 0:2

Finale

Datum	Ort	Begegnung	Erg.	Tore
24.05.1995	Wien	**Ajax Amsterdam** - AC Mailand	1:0	1:0 Kluivert

1995/96 Juventus Turin

Viertelfinale

Begegnung	Erg.
Borussia Dortmund - **Ajax Amsterdam**	0:2 / 0:1
Legia Warschau - **Panathinaikos Athen**	0:0 / 0:3

Begegnung	Erg.
FC Nantes - Spartak Moskau	2:0 / 2:2
Real Madrid - **Juventus Turin**	1:0 / 0:2

Halbfinale

Begegnung	Erg.
Juventus Turin - FC Nantes	2:0 / 2:3

Begegnung	Erg.
Ajax Amsterdam - Panathinaikos Athen	0:1 / 3:0

Finale

Datum	Ort	Begegnung	Erg.	Tore
22.05.1996	Rom	**Juventus Turin** - A. Amsterdam	5:3 n. E.	1:0 Ravanelli, 1:1 Litmanen; 4:2 i. E.

1996/97 Borussia Dortmund

Viertelfinale

Begegnung	Erg.
Borussia Dortmund - AJ Auxerre	3:1 / 1:0
Manchester United - FC Porto	4:0 / 0:0

Begegnung	Erg.
A. Amsterdam - Atlético Madrid	1:1 / 3:2 n. V.
Rosenborg Trondheim - **Juventus Turin**	1:1 / 0:2

Halbfinale

Begegnung	Erg.
B. Dortmund - Manchester United	1:0 / 1:0

Begegnung	Erg.
Ajax Amsterdam - **Juventus Turin**	1:2 / 1:4

Finale

Datum	Ort	Begegnung	Erg.	Tore
28.05.1997	München	**B. Dortmund** - Juventus Turin	3:1	1:0 Riedle, 2:0 Riedle, 2:1 Del Piero, 3:1 Ricken

1997/98 Real Madrid

Viertelfinale

Begegnung	Erg.
FC Bayern - **B. Dortmund**	0:0 / 0:1 n. V.
Bayer 04 Leverkusen - **Real Madrid**	1:1 / 0:3

Begegnung	Erg.
Juventus Turin - Dynamo Kiew	1:1 / 4:1
AS Monaco - Manchester United	0:0 / 1:1

Halbfinale

Begegnung	Erg.
Real Madrid - Borussia Dortmund	2:0 / 0:0

Begegnung	Erg.
Juventus Turin - AS Monaco	4:1 / 2:3

Finale

Datum	Ort	Begegnung	Erg.	Tore
20.05.1998	Amsterdam	**Real Madrid** - Juventus Turin	1:0	1:0 Mijatovic

1998/99 Manchester United

Viertelfinale

Begegnung	Erg.
FC Bayern München - K'lautern	2:0 / 4:0
Real Madrid - **Dynamo Kiew**	1:1 / 0:2
Manchester United - Inter Mailand	2:0 / 1:1
Juventus Turin - Olympiakos Piräus	2:1 / 1:1

Halbfinale

Begegnung	Erg.
Dynamo Kiew - **FC Bayern München**	3:3 / 0:1
Manchester United - Juventus Turin	1:1 / 3:2

Finale

Datum	Ort	Begegnung	Erg.	Tore
26.05.1999	Barcelona	FC Bayern - **Manchester United**	1:2	1:0 Basler, 1:1 Sheringham, 1:2 Solskjaer

1999/00 Real Madrid

Viertelfinale

Begegnung	Erg.
FC Porto - **FC Bayern München**	1:1 / 1:2
Real Madrid - Manchester United	0:0 / 3:2
FC Valencia - Lazio Rom	5:2 / 0:1
FC Chelsea - **FC Barcelona**	3:1 / 1:5 n. V.

Halbfinale

Begegnung	Erg.
Real Madrid - FC Bayern München	2:0 / 1:2
FC Valencia - FC Barcelona	4:1 / 1:2

Finale

Datum	Ort	Begegnung	Erg.	Tore
24.05.2000	Paris	**Real Madrid** - FC Valencia	3:0	1:0 Morientes, 2:0 McManaman, 3:0 Raúl

2000/01 FC Bayern München

Viertelfinale

Begegnung	Erg.
Man. United - **FC Bayern München**	0:1 / 1:2
Galatasaray Istanbul - **Real Madrid**	3:2 / 0:3
FC Arsenal - **FC Valencia**	2:1 / 0:1
Leeds United - Deportivo La Coruña	3:0 / 0:2

Halbfinale

Begegnung	Erg.
Real Madrid - **FC Bayern München**	0:1 / 1:2
Leeds United - **FC Valencia**	0:0 / 0:3

Finale

Datum	Ort	Begegnung	Erg.	Tore
23.05.2001	Mailand	**FC Bayern** - FC Valencia	6:5 n. E.	0:1 Mendieta, 1:1 Effenberg; 5:4 i. E.

2001/02 Real Madrid

Viertelfinale

Begegnung	Erg.
FC Liverpool - **Bayer 04 Leverkusen**	1:0 / 2:4
FC Bayern München - **Real Madrid**	2:1 / 0:2

Begegnung	Erg.
Deportivo La Coruña - **Man. United**	0:2 / 2:3
Panathinaikos Athen - **FC Barcelona**	1:0 / 1:3

Halbfinale

Begegnung	Erg.
Man. United - **Bayer 04 Leverkusen**	2:2 / 1:1

Begegnung	Erg.
FC Barcelona - **Real Madrid**	0:2 / 1:1

Finale

Datum	Ort	Begegnung	Erg.	Tore
15.05.2002	Glasgow	Bayer 04 Leverkusen - **Real Madrid**	1:2	0:1 Raúl, 1:1 Lúcio, 1:2 Zidane

2002/03 AC Mailand

Viertelfinale

Begegnung	Erg.
Ajax Amsterdam - **AC Mailand**	0:0 / 2:3
Real Madrid - Manchester United	3:1 / 3:4

Begegnung	Erg.
Inter Mailand - FC Valencia	1:0 / 1:2
Juventus Turin - FC Barcelona	1:1 / 2:1 n. V.

Halbfinale

Begegnung	Erg.
AC Mailand - Inter Mailand	0:0 / 1:1

Begegnung	Erg.
Real Madrid - **Juventus Turin**	2:1 / 1:3

Finale

Datum	Ort	Begegnung	Erg.	Tore
28.05.2003	Manchester	Juventus Turin - **AC Mailand**	2:3 n. E.	

2003/04 FC Porto

Viertelfinale

Begegnung	Erg.
AC Mailand - **Deportivo La Coruña**	4:1 / 0:4
FC Porto - Olympique Lyon	2:0 / 2:2

Begegnung	Erg.
FC Chelsea - FC Arsenal	1:1 / 2:1
Real Madrid - **AS Monaco**	4:2 / 1:3

Halbfinale

Begegnung	Erg.
AS Monaco - FC Chelsea	3:1 / 2:2

Begegnung	Erg.
FC Porto - Deportivo La Coruña	0:0 / 1:0

Finale

Datum	Ort	Begegnung	Erg.	Tore
26.05.2004	Gelsenkirchen	AS Monaco - **FC Porto**	0:3	0:1 Carlos Alberto, 0:2 Deco, 0:3 Alenichev

2004/05 FC Liverpool

Viertelfinale

Begegnung	Erg.
FC Chelsea - FC Bayern München	4:2 / 2:3
AC Mailand - Inter Mailand	2:0 / 1:0*

* Spiel abgebrochen; mit 3:0 für AC Mailand gewertet

Begegnung	Erg.
FC Liverpool - Juventus Turin	2:1 / 0:0
O. Lyon - **PSV Eindhoven**	1:1 / 3:5 n. E.

Halbfinale

Begegnung	Erg.
FC Chelsea - **FC Liverpool**	0:0 / 0:1

Begegnung	Erg.
AC Mailand - PSV Eindhoven	2:0 / 1:3

Finale

Datum	Ort	Begegnung	Erg.	Tore
25.05.2005	Istanbul	AC Mailand - **FC Liverpool**	5:6 n. E.	1:0 Maldini, 2:0 Crespo, 3:0 Crespo, 3:1 Gerrard, 3:2 Suicer, 3:3 X. Alonso; 2:3 i. E.

2005/06 FC Barcelona

Viertelfinale

Begegnung	Erg.
FC Arsenal - Juventus Turin	2:0 / 0:0
Benfica Lissabon - **FC Barcelona**	0:0 / 0:2

Begegnung	Erg.
Olympique Lyon - **AC Mailand**	0:0 / 1:3
Inter Mailand - **FC Villarreal**	2:1 / 0:1

Halbfinale

Begegnung	Erg.
AC Mailand - **FC Barcelona**	0:1 / 0:0

Begegnung	Erg.
FC Arsenal - FC Villarreal	1:0 / 0:0

Finale

Datum	Ort	Begegnung	Erg.	Tore
17.05.2006	Paris	**FC Barcelona** - FC Arsenal	2:1	0:1 Campbell, 1:1 Eto'o, 2:1 Belletti

2006/07 AC Mailand

Viertelfinale

Begegnung	Erg.
AC Mailand - FC Bayern München	2:2 / 2:0
PSV Eindhoven - **FC Liverpool**	0:2 / 0:1

Begegnung	Erg.
AS Rom - **Manchester United**	2:1 / 1:7
FC Chelsea - FC Valencia	1:1 / 2:1

Halbfinale

Begegnung	Erg.
Manchester United - **AC Mailand**	3:2 / 0:3

Begegnung	Erg.
FC Chelsea - **FC Liverpool**	1:0 / 1:5 n. E.

Finale

Datum	Ort	Begegnung	Erg.	Tore
23.05.2007	Athen	**AC Mailand** - FC Liverpool	2:1	1:0 Inzaghi, 2:0 Inzaghi, 2:1 Kuyt

2007/08 Manchester United

Viertelfinale

Begegnung	Erg.
AS Rom - **Manchester United**	0:2 / 0:1
FC Schalke 04 - **FC Barcelona**	0:1 / 0:1

Begegnung	Erg.
FC Arsenal - **FC Liverpool**	1:1 / 2:4
Fenerbahce Istanbul - **FC Chelsea**	2:1 / 0:2

Halbfinale

Begegnung	Erg.
FC Liverpool - **FC Chelsea**	1:1 / 2:3 n. V.

Begegnung	Erg.
FC Barcelona - **Manchester United**	0:0 / 0:1

Finale

Datum	Ort	Begegnung	Erg.	Tore
21.05.2008	Moskau	**Manchester United** - FC Chelsea	7:6 n. E.	1:0 Inzaghi, 1:1 Cristiano Ronaldo; 6:5 i. E.

Titel-Ranking 1956–2008

Verein	Titel	Endspiele
1. Real Madrid	9	12
2. AC Mailand	7	11
3. FC Liverpool	5	7
4. FC Bayern München	4	7
5. Ajax Amsterdam	4	6
6. Manchester United	3	3
7. Benfica Lissabon	2	7
Juventus Turin	2	7
9. FC Barcelona	2	5
10. Inter Mailand	2	4
11. FC Porto	2	2

Verein	Titel	Endspiele
Nottingham Forest	2	2
13. Celtic Glasgow	1	2
Hamburger SV	1	2
Olympique Marseille	1	2
Steaua Bukarest	1	2
17. Aston Villa	1	1
Borussia Dortmund	1	1
Feyenoord Rotterdam	1	1
PSV Eindhoven	1	1
Roter Stern Belgrad	1	1

Nationenwertung 1956–2008

Nation	Titel	Endspiele
1. Italien	11	25
2. Spanien	11	20
3. England	11	16
4. Deutschland	6	13
5. Niederlande	6	8

Nation	Titel	Endspiele
6. Portugal	4	9
7. Frankreich	1	6
8. Jugoslawien	1	2
Rumänien	1	2
Schottland	1	2

Die Rekordtorschützen 1956–2008

Name	Verein	Nationalität	Zeitraum	Tore
1. Raúl	Real Madrid	Spanien	1996-2008	61
2. Ruud van Nistelrooy	PSV Eindhoven, Manchester United, Real Madrid	Niederlande	1999-2008	57
3. Andrej Schewtschenko	Dynamo Kiew, AC Mailand, FC Chelsea	Ukraine	1993-2008	56
4. Alfredo Di Stéfano	Real Madrid	Argentinien, Spanien	1956-1964	49
5. Eusébio	Benfica Lissabon	Portugal	1962-1974	46
Filippo Inzaghi	Juventus Turin, AC Mailand	Italien	1998-2008	46

<<

Name	Verein	Nationalität	Zeitraum	Tore
7. Thierry Henry	FC Arsenal, AS Monaco, FC Barcelona	Frankreich	1997-2008	45
8. Fernando Morientes	Real Madrid, AS Monaco, FC Liverpool, FC Valencia	Spanien	1998-2008	39
9. Alessandro Del Piero	Juventus Turin	Italien	1996-2008	37
10. Ferenc Puskás	Kispest-Honved Budapest, Real Madrid	Ungarn	1957-1966	36

Internationaler Messepokal / UEFA-Pokal

1955 als Pokalwettbewerb europäischer Messestädte ins Leben gerufen, ging der Internationale Messepokal 1971/72 in den UEFA-Pokal über.

Endspiele im Internationalen Messepokal

Jahr	Begegnung	Erg.
1955/58	**FC Barcelona** - London	2:2 / 6:0
1958/60	**FC Barcelona** - Birmingham City	0:0 / 4:1
1960/61	**AS Rom** - Birmingham City	2:2 / 2:0
1961/62	**FC Valencia** - FC Barcelona	6:2 / 1:1
1962/63	**FC Valencia** - Dinamo Zagreb	2:1 / 2:0
1963/64	**Real Saragossa** - FC Valencia	2:1
1964/65	**Ferencvaros Budapest** - Juventus Turin	1:0
1965/66	**FC Barcelona** - Real Saragossa	0:1 / 4:2 n. V.
1966/67	**Dinamo Zagreb** - Leeds United	2:0 / 0:0
1967/68	**Leeds United** - Ferencvaros Budapest	1:0 / 0:0
1968/69	**Newcastle United** - Ujpest Budapest	3:0 / 3:2
1969/70	**FC Arsenal** - RSC Anderlecht	1:3 / 3:0
1970/71	**Leeds United** - Juventus Turin	2:2 / 1:1

Siegerliste UEFA-Pokal

Jahr	Verein
1971/72	Tottenham Hotspur
1972/73	FC Liverpool
1973/74	Feyenoord Rotterdam
1974/75	Borussia Mönchengladbach
1975/76	FC Liverpool
1976/77	Juventus Turin
1977/78	PSV Eindhoven
1978/79	Borussia Mönchengladbach
1979/80	Eintracht Frankfurt
1980/81	Ipswich Town
1981/82	IFK Göteborg
1982/83	RSC Anderlecht
1983/84	Tottenham Hotspur
1984/85	Real Madrid
1985/86	Real Madrid
1986/87	IFK Göteborg
1987/88	Bayer 04 Leverkusen
1988/89	SSC Neapel
1989/90	Juventus Turin

Jahr	Verein
1990/91	Inter Mailand
1991/92	Ajax Amsterdam
1992/93	Juventus Turin
1993/94	Inter Mailand
1994/95	AC Parma
1995/96	FC Bayern München
1996/97	FC Schalke 04
1997/98	Inter Mailand
1998/99	AC Parma
1999/00	Galatasaray Istanbul
2000/01	FC Liverpool
2001/02	Feyenoord Rotterdam
2002/03	FC Porto
2003/04	FC Valencia
2004/05	ZSKA Moskau
2005/06	FC Sevilla
2006/07	FC Sevilla
2007/08	Zenit St. Petersburg

UEFA-Pokal

(ab Viertelfinale)

1971/72 Tottenham Hotspur

Viertelfinale

Begegnung	Erg.
AC Mailand - Lierse SK	2:0 / 1:1
F. Budapest - Zeljeznicar Sarajevo	1:2 / 7:5 n. E.

Begegnung	Erg.
Juventus Turin - **Wolverhampton W.**	1:1 / 1:2
UT Arad - **Tottenham Hotspur**	0:2 / 1:1

Halbfinale

Begegnung	Erg.
F. Budapest - **Wolverhampton W.**	2:2 / 1:2

Begegnung	Erg.
Tottenham Hotspur - AC Mailand	2:1 / 1:1

Finale

Datum	Begegnung	Erg.	Tore
03.05.1972	Wolverhampton W. - Tottenham Hotspur	1:2	0:1 Chivers, 1:1 McCalliog, 1:2 Chivers
17.05.1972	**Tottenham Hotspur** - Wolverhampton W.	1:1	1:0 Mullery, 1:1 Wagstaffe

1972/73 FC Liverpool

Viertelfinale

Begegnung	Erg.
K'lautern - **M'Gladbach**	1:2 / 1:7
FC Liverpool - Dynamo Dresden	2:0 / 1:0

Begegnung	Erg.
OFK Belgrad - **Twente Enschede**	3:2 / 0:2
Tottenham Hotspur - Vitória Setúbal	1:0 / 1:2

Halbfinale

Begegnung	Erg.
M'Gladbach - Twente Enschede	3:0 / 2:1

Begegnung	Erg.
FC Liverpool - Tottenham Hotspur	1:0 / 1:2

Finale

Datum	Begegnung	Erg.	Tore
10.05.1973	FC Liverpool - Borussia Mönchengladbach	3:0	1:0 Keegan, 2:0 Keegan, 3:0 Lloyd
23.05.1973	Borussia Mönchengladbach - **FC Liverpool**	2:0	1:0 Heynckes, 2:0 Heynckes

1973/74 Feyenoord Rotterdam

Viertelfinale

Begegnung	Erg.
VfB Stuttgart - Vitória Setúbal	1:0 / 2:2
1. FC Köln - **Tottenham Hotspur**	1:2 / 0:3

Begegnung	Erg.
Ipswich Town - **1. FC Lok. Leipzig**	1:0 / 3:5 n. E.
Ruch Chorzów - **F. Rotterdam**	1:1 / 1:3 n. V.

Halbfinale

Begegnung	Erg.
Feyenoord Rotterdam - VfB Stuttgart	2:1 / 2:2

Begegnung	Erg.
1. FC Lok. Leipzig - **Tottenham H.**	1:2 / 0:2

Finale

Datum	Begegnung	Erg.	Tore
22.05.1974	Tottenham Hotspur - Feyenoord Rotterdam	2:2	1:0 England, 1:1 van Hanegem, 2:1 van Daele (ET), 2:2 de Jong
29.05.1974	**Feyenoord Rotterdam** - Tottenham Hotspur	2:0	1:0 Rijsbergen, 2:0 Ressel

1974/75 Borussia Mönchengladbach

Viertelfinale

Begegnung	Erg.
Banik Ostrau - **Borussia M'Gladbach**	0:1 / 1:3
1. FC Köln - FC Amsterdam	5:1 / 3:2

Begegnung	Erg.
Juventus Turin - Hamburger SV	2:0 / 0:0
FK Velez Mostar - **Twente Enschede**	1:0 / 0:2

Halbfinale

Begegnung	Erg.
1. FC Köln - **Borussia M'Gladbach**	1:3 / 0:1

Begegnung	Erg.
Twente Enschede - Juventus Turin	3:1 / 1:0

Finale

Datum	Begegnung	Erg.	Tore
07.05.1975	Borussia M'Gladbach - Twente Enschede	0:0	
21.05.1975	Twente Enschede - **Borussia M'Gladbach**	1:5	0:1 Simonsen, 0:2 Heynckes, 0:3 Heynckes, 0:4 Heynckes, 1:4 Drost, 1:5 Simonsen

1975/76 FC Liverpool

Viertelfinale

Begegnung	Erg.
Hamburger SV - Stal Mielec	1:1 / 1:0
Dynamo Dresden - **FC Liverpool**	0:0 / 1:2

Begegnung	Erg.
FC Brügge - AC Mailand	2:0 / 1:2
FC Barcelona - Levski/Spartak Sofia	4:0 / 4:5

Halbfinale

Begegnung	Erg.
Hamburger SV - **FC Brügge**	1:1 / 0:1

Begegnung	Erg.
FC Barcelona - **FC Liverpool**	0:1 / 1:1

Finale

Datum	Begegnung	Erg.	Tore
28.04.1976	FC Liverpool - FC Brügge	3:2	0:1 Lambert, 0:2 Cools, 1:2 Kennedy, 2:2 Case, 3:2 Keegan
29.05.1976	FC Brügge - **FC Liverpool**	1:1	1:0 Lambert, 1:1 Keegan

1976/77 Juventus Turin

Viertelfinale

Begegnung	Erg.
1. FC Magdeburg - **Juventus Turin**	1:3 / 0:1
F. Rotterdam - **RWD Molenbeek**	0:0 / 1:2

Begegnung	Erg.
Athletic Bilbao - FC Barcelona	2:1 / 2:2
Queens Park Rangers - **AEK Athen**	3:0 / 6:10 n. E..

Halbfinale

Begegnung	Erg.
RWD Molenbeek - **Athletic Bilbao**	1:1 / 0:0

Begegnung	Erg.
Juventus Turin - AEK Athen	4:1 / 1:0

Finale

Datum	Begegnung	Erg.	Tore
04.05.1977	Juventus Turin - Athletic Bilbao	1:0	1:0 Tardelli
18.05.1977	Athletic Bilbao - **Juventus Turin**	2:1	0:1 Bettega, 1:1 Irureta, 2:1 Carlos Ruiz

1977/78 PSV Eindhoven

Viertelfinale

Begegnung	Erg.
Eintracht Frankfurt - **Grassh. Zürich**	3:2 / 0:1
1. FC Magdeburg - **PSV Eindhoven**	1:0 / 2:4

Begegnung	Erg.
SC Bastia - FC Carl Zeiss Jena	7:2 / 2:4
Aston Villa - **FC Barcelona**	2:2 / 1:2

Halbfinale

Begegnung	Erg.
Grasshopper-Club Zürich - **SC Bastia**	3:2 / 0:1

Begegnung	Erg.
PSV Eindhoven - FC Barcelona	3:0 / 1:3

Finale

Datum	Begegnung	Erg.	Tore
26.04.1978	SC Bastia - PSV Eindhoven	0:0	
09.05.1978	**PSV Eindhoven** - SC Bastia	3:0	1:0 W. van de Kerkhof, 2:0 Deijkers, 3:0 van der Kuylen

1978/79 Borussia Mönchengladbach

Viertelfinale

Begegnung	Erg.
Hertha BSC - Dukla Prag	1:1 / 2:1
Honved Budapest - **MSV Duisburg**	2:3 / 2:1

Begegnung	Erg.
Manchester City - **M'Gladbach**	1:1 / 1:3
RS Belgrad - West Bromwich Albion	1:0 / 1:1

Halbfinale

Begegnung	Erg.
MSV Duisburg - **M'Gladbach**	2:2 / 1:4

Begegnung	Erg.
Roter Stern Belgrad - Hertha BSC	1:0 / 1:2

Finale

Datum	Begegnung	Erg.	Tore
09.05.1979	RS Belgrad - Borussia M'Gladbach	1:1	1:0 Sestic, 1:1 Jurisic (ET)
23.05.1979	**Borussia M'Gladbach** - RS Belgrad	1:0	1:0 Simonsen

1979/80 Eintracht Frankfurt

Viertelfinale

Begegnung	Erg.
AS Saint-Etienne - **M'Gladbach**	1:4 / 0:2
1. FC Kaiserslautern - **FC Bayern**	1:0 / 1:4

Begegnung	Erg.
VfB Stuttgart - Lokomotive Sofia	3:1 / 1:0
Eintracht Frankfurt - Zbrojovka Brünn	4:1 / 2:3

Halbfinale

Begegnung	Erg.
VfB Stuttgart - **M'Gladbach**	2:1 / 0:2

Begegnung	Erg.
FC Bayern - **Eintracht Frankfurt**	2:0 / 1:5 n. V.

Finale

Datum	Begegnung	Erg.	Tore
07.05.1980	Borussia M'Gladbach - Eintracht Frankfurt	3:2	0:1 Karger, 1:1 Kulik, 1:2 Hölzenbein, 2:2 Matthäus, 3:2 Kulik
21.05.1980	**Eintracht Frankfurt** - Borussia M'Gladbach	1:0	1:0 Schaub

1980/81 Ipswich Town

Viertelfinale

Begegnung	Erg.
Standard Lüttich - **1. FC Köln**	0:0 / 2:3
Grassh. Zürich - **FC Sochaux**	0:0 / 1:2
AS Saint-Etienne - **Ipswich Town**	1:4 / 1:3
AZ '67 Alkmaar - SC Lokeren	2:0 / 0:1

Halbfinale

Begegnung	Erg.
Ipswich Town - 1. FC Köln	1:0 / 1:0
FC Sochaux - **AZ '67 Alkmaar**	1:1 / 2:3

Finale

Datum	Begegnung	Erg.	Tore
06.05.1981	Ipswich Town - AZ '67 Alkmaar	3:0	1:0 Wark, 2:0 Thijssen, 3:0 Mariner
20.05.1981	**AZ '67 Alkmaar** - Ipswich Town	4:2	0:1 Thijssen, 1:1 Welzl, 2:1 Metgod, 2:2 Wark, 3:2 Tol, 4:2 Jonker

1981/82 IFK Göteborg

Viertelfinale

Begegnung	Erg.
Real Madrid - **1. FC Kaiserslautern**	3:1 / 0:5
Hamburger SV - Xamax Neuchâtel	3:2 / 0:0
FC Valencia - **IFK Göteborg**	2:2 / 0:2
Dundee United - **Radnicki Nis**	2:0 / 0:3

Halbfinale

Begegnung	Erg.
1. FC K'lautern - **IFK Göteborg**	1:1 / 1:2 n. V.
Radnicki Nis - **Hamburger SV**	2:1 / 1:5

Finale

Datum	Begegnung	Erg.	Tore
05.05.1982	IFK Göteborg - Hamburger SV	1:0	1:0 Tord Holmgren
19.05.1982	Hamburger SV - **IFK Göteborg**	0:3	0:1 Corneliusson, 0:2 Nilsson, 0:3 Frederiksson

1982/83 RSC Anderlecht

Viertelfinale

Begegnung	Erg.
1. FC K'lautern - **Universitatea Craiova**	3:2 / 0:1
Bohemians Prag - Dundee United	1:0 / 0:0
AS Rom - **Benfica Lissabon**	1:2 / 1:1
FC Valencia - **RSC Anderlecht**	1:2 / 1:3

Halbfinale

Begegnung	Erg.
Bohemians Prag - **RSC Anderlecht**	0:1 / 1:3
Benfica Lissabon - Univ. Craiova	0:0 / 1:1

Finale

Datum	Begegnung	Erg.	Tore
04.05.1983	RSC Anderlecht - Benfica Lissabon	1:0	1:0 Brylle
18.05.1983	Benfica Lissabon - **RSC Anderlecht**	1:1	1:0 Sheu, 1:1 Lozano

1983/84 Tottenham Hotspur

Viertelfinale

Begegnung	Erg.
Sparta Prag - **Hajduk Split**	1:0 / 0:2 n. V.
RSC Anderlecht - Spartak Moskau	4:2 / 0:1

Begegnung	Erg.
Tottenham Hotspur - Austria Wien	2:0 / 2:2
Nottingham Forest - Sturm Graz	1:0 / 1:1 n. V.

Halbfinale

Begegnung	Erg.
Hajduk Split - **Tottenham Hotspur**	2:1 / 0:1

Begegnung	Erg.
Nottingham Forest - **RSC Anderlecht**	2:0 / 0:3

Finale

Datum	Begegnung	Erg.	Tore
09.05.1984	RSC Anderlecht - Tottenham Hotspur	1:1	0:1 Miller, 1:1 Olsen
23.05.1984	**Tottenham Hotspur** - RSC Anderlecht	5:4 n. E.	0:1 Czerniatynski , 1:1 Roberts; 4:3 i. E.

1984/85 Real Madrid

Viertelfinale

Begegnung	Erg.
Inter Mailand - 1. FC Köln	1:0 / 3:1
Tottenham Hotspur - **Real Madrid**	0:1 / 0:0

Begegnung	Erg.
Manchester United - **Videoton SC**	1:0 / 4:6 n. E.
Zeljeznicar Sarajevo - Dynamo Minsk	2:0 / 1:1

Halbfinale

Begegnung	Erg.
Inter Mailand - **Real Madrid**	2:0 / 0:3

Begegnung	Erg.
Videoton SC - Zeljeznicar Sarajevo	3:1 / 1:2

Finale

Datum	Begegnung	Erg.	Tore
08.05.1985	Videoton SC - Real Madrid	0:3	0:1 Michel, 0:2 Santillana, 0:3 Valdano
22.05.1985	**Real Madrid** - Videoton SC	0:1	0:1 Májer

1985/86 Real Madrid

Viertelfinale

Begegnung	Erg.
Sporting Lissabon - **1. FC Köln**	1:1 / 0:2
Real Madrid - Xamax Neuchâtel	3:0 / 0:2

Begegnung	Erg.
Hajduk Split - **SV Waregem**	1:0 / 4:6 n. E.
Inter Mailand - FC Nantes	3:0 / 3:3

Halbfinale

Begegnung	Erg.
1. FC Köln - SV Waregem	4:0 / 3:3

Begegnung	Erg.
Inter Mailand - **Real Madrid**	3:1 / 1:5 n. V.

Finale

Datum	Begegnung	Erg.	Tore
30.04.1986	Real Madrid - 1. FC Köln	5:1	0:1 K. Allofs, 1:1 Sánchez, 2:1 Gordillo, 3:1 Valdano, 4:1 Valdano, 5:1 Santillana
06.05.1986	1. FC Köln - **Real Madrid**	2:0	1:0 Bein, 2:0 Geilenkirchen

1986/87 IFK Göteborg

Viertelfinale

Begegnung	Erg.
M'Gladbach - Vitória Guimarães	3:0 / 2:2
Turin Calcio - **FC Tirol Innsbruck**	0:0 / 1:2

Begegnung	Erg.
Dundee United - FC Barcelona	1:0 / 2:1
IFK Göteborg - Inter Mailand	0:0 / 1:1

Halbfinale

Begegnung	Erg.
Dundee United - M'Gladbach	0:0 / 2:0

Begegnung	Erg.
IFK Göteborg - FC Tirol Innsbruck	4:1 / 1:0

Finale

Datum	Begegnung	Erg.	Tore
06.05.1987	IFK Göteborg - Dundee United	1:0	1:0 Pettersson
20.05.1987	Dundee United - **IFK Göteborg**	1:1	0:1 L. Nilsson, 1:1 Clark

1987/88 Bayer 04 Leverkusen

Viertelfinale

Begegnung	Erg.
Bayer 04 Leverkusen - FC Barcelona	0:0 / 1:0
Hellas Verona - **SV Werder Bremen**	0:1 / 1:1

Begegnung	Erg.
Panathinaikos Athen - **FC Brügge**	2:2 / 0:1
Espanyol Barcelona - TJ Vitkovice	2:0 / 0:0

Halbfinale

Begegnung	Erg.
Bayer 04 Leverkusen - W. Bremen	1:0 / 0:0

Begegnung	Erg.
FC Brügge - **Espanyol Barcelona**	2:0 / 0:3 n. V.

Finale

Datum	Begegnung	Erg.	Tore
04.05.1988	Espanyol Barcelona - Bayer 04 Leverkusen	3:0	1:0 Losada, 2:0 Soler, 3:0 Losada
18.05.1988	**Bayer 04 Leverkusen** - Espanyol Barcelona	6:2 n. E.	1:0 Tita, 2:0 Götz, 3:0 Cha; 3:2 i. E.

1988/89 SSC Neapel

Viertelfinale

Begegnung	Erg.
VfB Stuttgart - RS San Sebastián	1:0 / 4:3 n. E.
Heart of Midlothian - **FC Bayern**	1:0 / 0:2

Begegnung	Erg.
Victoria Bukarest - **Dynamo Dresden**	1:1 / 0:4
Juventus Turin - **SSC Neapel**	2:0 / 0:3 n. V.

Halbfinale

Begegnung	Erg.
SSC Neapel - FC Bayern München	2:0 / 2:2

Begegnung	Erg.
VfB Stuttgart - Dynamo Dresden	1:0 / 1:1

Finale

Datum	Begegnung	Erg.	Tore
03.05.1989	SSC Neapel - VfB Stuttgart	2:1	0:1 Gaudino, 1:1 Maradona, 2:1 Careca
17.05.1989	VfB Stuttgart - **SSC Neapel**	3:3	0:1 Alemao, 1:1 Klinsmann, 1:2 Ferrara, 1:3 Careca, 2:3 De Napoli (ET), 3:3 O. Schmäler

1989/90 Juventus Turin

Viertelfinale

Begegnung	Erg.
1. FC Köln - FC Antwerpen	2:0 / 0:0
FC Lüttich - **SV Werder Bremen**	1:4 / 2:0

Begegnung	Erg.
Hamburger SV - **Juventus Turin**	0:2 / 2:1
AC Florenz - AJ Auxerre	1:0 / 1:0

Halbfinale

Begegnung	Erg.
Juventus Turin - 1. FC Köln	3:2 / 0:0

Begegnung	Erg.
SV Werder Bremen - **AC Florenz**	1:1 / 0:0

Finale

Datum	Begegnung	Erg.	Tore
02.05.1990	Juventus Turin - AC Florenz	3:1	1:0 Galia, 1:1 Buso, 2:1 Casiraghi, 3:1 De Agostini
16.05.1990	AC Florenz - **Juventus Turin**	0:0	

1990/91 Inter Mailand

Viertelfinale

Begegnung	Erg.
FC Bologna - **Sporting Lissabon**	1:1 / 0:2
Brøndby IF - Torpedo Moskau	1:0 / 4:3 n. E.

Begegnung	Erg.
Atalanta Bergamo - **Inter Mailand**	0:0 / 0:2
AS Rom - RSC Anderlecht	3:0 / 3:2

Halbfinale

Begegnung	Erg.
Brøndby IF - **AS Rom**	0:0 / 1:2

Begegnung	Erg.
Sporting Lissabon - **Inter Mailand**	0:0 / 0:2

Finale

Datum	Begegnung	Erg.	Tore
08.05.1991	Inter Mailand - AS Rom	2:0	1:0 Matthäus, 2:0 Berti
22.05.1991	AS Rom - **Inter Mailand**	1:0	1:0 Rizzitelli

1991/92 Ajax Amsterdam

Viertelfinale

Begegnung	Erg.
B 1903 Kopenhagen - **Turin Calcio**	0:2 / 0:1
Sigma Olmütz - **Real Madrid**	1:1 / 0:1

Begegnung	Erg.
AA Gent - **Ajax Amsterdam**	0:0 / 0:3
Genua 1893 - FC Liverpool	2:0 / 2:1

Halbfinale

Begegnung	Erg.
Genua 1893 - **Ajax Amsterdam**	2:3 / 1:1

Begegnung	Erg.
Real Madrid - **Turin Calcio**	2:1 / 0:2

Finale

Datum	Begegnung	Erg.	Tore
29.04.1992	Turin Calcio - Ajax Amsterdam	2:2	0:1 Jonk, 1:1 Casagrande, 1:2 Petersson, 2:2 Casagrande
13.05.1992	**Ajax Amsterdam** - Turin Calcio	0:0	

1992/93 Juventus Turin

Viertelfinale

Begegnung	Erg.
AS Rom - **Borussia Dortmund**	1:0 / 0:2
Real Madrid - **Paris Saint-Germain**	3:1 / 1:4

Begegnung	Erg.
AJ Auxerre - Ajax Amsterdam	4:2 / 0:1
Benfica Lissabon - **Juventus Turin**	2:1 / 0:3

Halbfinale

Begegnung	Erg.
Borussia Dortmund - AJ Auxerre	2:0 / 6:7 n. E.

Begegnung	Erg.
Juventus Turin - Paris Saint-Germain	2:1 / 1:0

Finale

Datum	Begegnung	Erg.	Tore
05.05.1993	Borussia Dortmund - Juventus Turin	1:3	1:0 Rummenigge, 1:1 D. Baggio, 1:2 R. Baggio, 1:3 R. Baggio
19.05.1993	**Juventus Turin** - Borussia Dortmund	3:0	1:0 D. Baggio, 2:0 D. Baggio, 3:0 Möller

1993/94 Inter Mailand

Viertelfinale

Begegnung	Erg.
Borussia Dortmund - **Inter Mailand**	1:3 / 2:1
Boavista Porto - **Karlsruher SC**	1:1 / 0:1

Begegnung	Erg.
Austria Salzburg - E. Frankfurt	1:0 / 5:5 n. E.
Cagliari Calcio - Juventus Turin	1:0 / 2:1

Halbfinale

Begegnung	Erg.
Austria Salzburg - Karlsruher SC	0:0 / 1:1

Begegnung	Erg.
Cagliari Calcio - **Inter Mailand**	3:2 / 0:3

Finale

Datum	Begegnung	Erg.	Tore
26.04.1994	Austria Salzburg - Inter Mailand	0:1	0:1 Berti
11.05.1994	**Inter Mailand** - Austria Salzburg	1:0	1:0 Jonk

1994/95 AC Parma

Viertelfinale

Begegnung	Erg.
Eintracht Frankfurt - **Juventus Turin**	1:1 / 0:3
Lazio Rom - **Borussia Dortmund**	1:0 / 0:2

Begegnung	Erg.
Bayer 04 Leverkusen - FC Nantes	5:1 / 0:0
AC Parma - Odense BK	1:0 / 0:0

Halbfinale

Begegnung	Erg.
Bayer 04 Leverkusen - **AC Parma**	1:2 / 0:3

Begegnung	Erg.
Juventus Turin - Borussia Dortmund	2:2 / 2:1

Finale

Datum	Begegnung	Erg.	Tore
03.05.1995	AC Parma - Juventus Turin	1:0	1:0 D. Baggio
17.05.1995	Juventus Turin - **AC Parma**	1:1	1:0 Vialli, 1:1 D. Baggio

1995/96 FC Bayern München

Viertelfinale

Begegnung	Erg.
FC Bayern - Nottingham Forest	2:1 / 5:1
AC Mailand - **Girondins Bordeaux**	2:0 / 0:3

Begegnung	Erg.
FC Barcelona - PSV Eindhoven	2:2 / 3:2
Slavia Prag - AS Rom	2:0 / 1:3 n. V.

Halbfinale

Begegnung	Erg.
FC Bayern München - FC Barcelona	2:2 / 2:1

Begegnung	Erg.
Slavia Prag - **Girondins Bordeaux**	0:1 / 0:1

Finale

Datum	Begegnung	Erg.	Tore
01.05.1996	FC Bayern München - G. Bordeaux	2:0	1:0 Helmer, 2:0 Scholl
15.05.1996	G. Bordeaux - **FC Bayern München**	1:3	0:1 Scholl, 0:2 Kostadinov, 1:2 Dutuel, 1:3 Klinsmann

1996/97 FC Schalke 04

Viertelfinale

Begegnung	Erg.
FC Schalke 04 - FC Valencia	2:0 / 1:1
CD Teneriffa - Brøndby IF	0:1 / 2:0 n. V.

Begegnung	Erg.
RSC Anderlecht - **Inter Mailand**	1:1 / 1:2
Newcastle United - **AS Monaco**	0:1 / 0:3

Halbfinale

Begegnung	Erg.
CD Teneriffa - **FC Schalke 04**	1:0 / 0:2 n. V.

Begegnung	Erg.
Inter Mailand - AS Monaco	3:1 / 0:1

Finale

Datum	Begegnung	Erg.	Tore
07.05.1997	FC Schalke 04 - Inter Mailand	1:0	1:0 Wilmots
21.05.1997	Inter Mailand - **FC Schalke 04**	2:4 n. E.	1:0 Zamorano; 1:4 i. E.

1997/98 Inter Mailand

Viertelfinale

Begegnung	Erg.
Inter Mailand - FC Schalke 04	1:0 / 1:1 n. V.
Ajax Amsterdam - **Spartak Moskau**	1:3 / 0:1

Begegnung	Erg.
Lazio Rom - AJ Auxerre	1:0 / 2:2
Atlético Madrid - Aston Villa	1:0 / 1:2

Halbfinale

Begegnung	Erg.
Atlético Madrid - **Lazio Rom**	0:1 / 0:0

Begegnung	Erg.
Inter Mailand - Spartak Moskau	2:1 / 2:1

Finale

Datum	Ort	Begegnung	Erg.	Tore
06.05.1998	Paris	**Inter Mailand** - Lazio Rom	3:0	1:0 Zamorana, 2:0 Zanetti, 3:0 Ronaldo

1998/99 AC Parma

Viertelfinale

Begegnung	Erg.
Olympique Marseille - Celta Vigo	2:1 / 0:0
FC Bologna - Olympique Lyon	3:0 / 0:2

Begegnung	Erg.
Girondins Bordeaux - **AC Parma**	2:1 / 0:6
Atlético Madrid - AS Rom	2:1 / 2:1

Halbfinale

Begegnung	Erg.
Olympique Marseille - FC Bologna	0:0 / 1:1

Begegnung	Erg.
Atlético Madrid - **AC Parma**	1:3 / 1:2

Finale

Datum	Ort	Begegnung	Erg.	Tore
12.05.1999	Moskau	**AC Parma** - Olympique Marseille	3:0	1:0 Crespo, 2:0 Vanoli, 3:0 Chiesa

1999/00 Galatasaray Istanbul

Viertelfinale

Begegnung	Erg.
FC Arsenal - SV Werder Bremen	2:0 / 4:2
RCD Mallorca - **Galatasaray Istanbul**	1:4 / 1:2

Begegnung	Erg.
Celta Vigo - **RC Lens**	0:0 / 1:2
Leeds United - Slavia Prag	3:0 / 1:2

Halbfinale

Begegnung	Erg.
Galatasaray Istanbul - Leeds United	2:0 / 2:2

Begegnung	Erg.
FC Arsenal - RC Lens	1:0 / 2:1

Finale

Datum	Ort	Begegnung	Erg.	Tore
17.05.2000	Kopenhagen	**G. Istanbul** - FC Arsenal	4:1 n. E.	

2000/01 FC Liverpool

Viertelfinale

Begegnung	Erg.
1. FC Kaiserslautern - PSV Eindhoven	1:0 / 1:0
FC Barcelona - Celta Vigo	2:1 / 2:3

Begegnung	Erg.
CD Alavés - Rayo Vallecano	3:0 / 1:2
FC Porto - **FC Liverpool**	0:0 / 0:2

Halbfinale

Begegnung	Erg.
CD Alavés - 1. FC Kaiserslautern	5:1 / 4:1

Begegnung	Erg.
FC Barcelona - **FC Liverpool**	0:0 / 0:1

Finale

Datum	Ort	Begegnung	Erg.	Tore
16.05.2001	Dortmund	**FC Liverpool** - CD Alavés	5:4 n. V.	1:0 Babbel, 2:0 Gerrard, 2:1 Alonso, 3:1 McAllister, 3:2 Moreno, 3:3 Moreno, 4:3 Fowler, 4:4 Jordi Cruyff, 5:4 Geli (ET)

2001/02 Feyenoord Rotterdam

Viertelfinale

Begegnung	Erg.
FC Slovan Liberec - **B. Dortmund**	0:0 / 0:4
Hapoel Tel Aviv - **AC Mailand**	1:0 / 0:2

Begegnung	Erg.
PSV Eindhoven - **F. Rotterdam**	1:1 / 5:6 n. E.
Inter Mailand - FC Nantes	1:1 / 1:0

Halbfinale

Begegnung	Erg.
Borussia Dortmund - AC Mailand	4:0 / 1:3

Begegnung	Erg.
Inter Mailand - **Feyenoord Rotterdam**	0:1 / 2:2

Finale

Datum	Ort	Begegnung	Erg.	Tore
08.05.2002	Rotterdam	**Feyenoord Rotterdam** - Dortmund	3:2	1:0 van Hooijdonk, 2:0 van Hooijdonk, 2:1 Amoroso, 3:1 Tomasson, 3:2 Koller

2002/03 FC Porto

Viertelfinale

Begegnung	Erg.
Lazio Rom - Besiktas Istanbul	1:0 / 2:1
Celtic Glasgow - FC Liverpool	1:1 / 2:0

Begegnung	Erg.
FC Malaga - **Boavista Porto**	1:0 / 1:5 n. E.
FC Porto - Panathinaikos Athen	0:1 / 2:0 n. V.

Halbfinale

Begegnung	Erg.
Celtic Glasgow - Boavista Porto	1:1 / 1:0

Begegnung	Erg.
FC Porto - Lazio Rom	4:1 / 0:0

Finale

Datum	Ort	Begegnung	Erg.	Tore
21.05.2003	Sevilla	Celtic Glasgow - **FC Porto**	2:3 n. V.	0:1 Derlei, 1:1 Larsson, 1:2 Alenichev, 2:2 Larsson, 2:3 Derlei

2003/04 FC Valencia

Viertelfinale

Begegnung	Erg.
Girondins Bordeaux - **FC Valencia**	1:2 / 1:2
PSV Eindhoven - **Newcastle United**	1:1 / 1:2

Begegnung	Erg.
Olympique Marseille - Inter Mailand	1:0 / 1:0
Celtic Glasgow - **FC Villarreal**	1:1 / 0:2

Halbfinale

Begegnung	Erg.
Newcastle United - **Olympique Marseille**	0:0 / 0:2

Begegnung	Erg.
FC Villarreal - **FC Valencia**	0:0 / 0:1

Finale

Datum	Ort	Begegnung	Erg.	Tore
19.05.2004	Göteborg	**FC Valencia** - Olympique Marseille	2:0	1:0 Vicente, 2:0 Mista

2004/05 ZSKA Moskau

Viertelfinale

Begegnung	Erg.
FC Villarreal - **AZ Alkmaar**	1:2 / 1:1
ZSKA Moskau - AJ Auxerre	4:0 / 0:2

Begegnung	Erg.
Austria Wien - **AC Parma**	1:1 / 0:0
Newcastle United - **Sporting Lissabon**	1:0 / 1:4

Halbfinale

Begegnung	Erg.
AC Parma - **ZSKA Moskau**	0:0 / 0:3

Begegnung	Erg.
Sporting Lissabon - AZ Alkmaar	2:1 / 2:3 n. V.

Finale

Datum	Ort	Begegnung	Erg.	Tore
18.05.2005	Lissabon	Sporting Lissabon - **ZSKA Moskau**	1:3	1:0 Rogerio, 1:1 A. Berezutskiy, 1:2 Zhirkov, 1:3 V. Love

2005/06 FC Sevilla

Viertelfinale

Begegnung	Erg.
FC Sevilla - Zenit St. Petersburg	4:1 / 1:1
FC Basel - **FC Middlesbrough**	2:0 / 1:4

Begegnung	Erg.
Rapid Bukarest - **Steaua Bukarest**	1:1 / 0:0
Levski Sofia - **FC Schalke 04**	1:3 / 1:1

Halbfinale

Begegnung	Erg.
FC Schalke 04 - **FC Sevilla**	0:0 / 0:1

Begegnung	Erg.
Steaua Bukarest - **FC Middlesbrough**	1:0 / 2:4

Finale

Datum	Ort	Begegnung	Erg.	Tore
10.05.2006	Eindhoven	FC Middlesbrough - **FC Sevilla**	0:4	0:1 Fabiano, 0:2 Maresca, 0:3 Maresca, 0:4 Kanouté

2006/07 FC Sevilla

Viertelfinale

Begegnung	Erg.
AZ Alkmaar - **SV Werder Bremen**	0:0 / 1:4
Bayer 04 Leverkusen - **CA Osasuna**	0:3 / 0:1

Begegnung	Erg.
FC Sevilla - Tottenham Hotspur	2:1 / 2:2
Espanyol Barcelona - Benfica Lissabon	3:2 / 0:0

Halbfinale

Begegnung	Erg.
Espanyol Barcelona - SV Werder Bremen	3:0 / 2:1

Begegnung	Erg.
CA Osasuna - **FC Sevilla**	1:0 / 0:2

Finale

Datum	Ort	Begegnung	Erg.	Tore
16.05.2007	Glasgow	Espanyol Barcelona - **FC Sevilla**	3:5 n. E.	0:1 Adriano, 1:1 Riera, 1:2 Kanouté, 2:2 Jônatas; 1:3 i. E.

2007/08 Zenit St. Petersburg

Viertelfinale

Begegnung	Erg.
Bayer 04 Leverkusen - **Zenit St. Petersburg**	1:4 / 1:0
Glasgow Rangers - Sporting Lissabon	0:0 / 2:0

Begegnung	Erg.
FC Bayern München - FC Getafe	1:1 / 3:3 n. V.
AC Florenz - PSV Eindhoven	1:1 / 2:0

Halbfinale

Begegnung	Erg.
FC Bayern München - **Zenit St. Petersburg**	1:1 / 0:4

Begegnung	Erg.
Glasgow Rangers - AC Florenz	0:0 / 4:2 n. E.

Finale

Datum	Ort	Begegnung	Erg.	Tore
14.05.2008	Manchester	**Zenit St. Petersburg** - Glasgow Rangers	2:0	1:0 Denisov, 2:0 Zyrianov

Titel-Ranking 1958–2008

Verein	Titel	Endspiele
1. Juventus Turin	3	6
2. FC Barcelona	3	4
FC Valencia	3	4
Inter Mailand	3	4
5. FC Liverpool	3	3
6. Borussia Mönchengladbach	2	4
7. Leeds United	2	3
Tottenham Hotspur	2	3
9. AC Parma	2	2
Feyenoord Rotterdam	2	2
IFK Göteborg	2	2
Real Madrid	2	2
FC Sevilla	2	2
14. RSC Anderlecht	1	3
15. FC Arsenal	1	2
Ferencvaros Budapest	1	2

Verein	Titel	Endspiele
AS Rom	1	2
Real Saragossa	1	2
Dinamo Zagreb	1	2
20. Ajax Amsterdam	1	1
Bayer 04 Leverkusen	1	1
FC Bayern München	1	1
PSV Eindhoven	1	1
Eintracht Frankfurt	1	1
Ipswich Town	1	1
Galatasaray Istanbul	1	1
SSC Neapel	1	1
Newcastle United	1	1
FC Porto	1	1
FC Schalke 04	1	1
Zenit St. Petersburg	1	1
ZSKA Moskau	1	1

Nationenwertung 1958–2008

Nation	Titel	Endspiele
1. Spanien	11	18
2. England	10	18
Italien	10	18
4. Deutschland	6	13
5. Niederlande	4	6
6. Russland	2	2

Nation	Titel	Endspiele
Schweden	2	2
8. Ungarn	1	4
9. Belgien	1	3
Jugoslawien	1	3
Portugal	1	3
12. Türkei	1	1

Die Rekordtorschützen 1958–2008

Name	Verein	Nationalität	Zeitraum	Tore
1. Henrik Larsson	Feyenoord Rotterdam, Celtic Glasgow, Helsingborgs IF	Schweden	1997-2008	34
2. Waldo	FC Valencia	Spanien	1962-1967	31

>>

<<

Name	Verein	Nationalität	Zeitraum	Tore
3. Jupp Heynckes	Borussia Mönchengladbach	Deutschland	1969-1975	29
Dieter Müller	1. FC Köln, VfB Stuttgart, Girondins Bordeaux	Deutschland	1974-1983	29
5. Alessandro Altobelli	Inter Mailand, Juventus Turin	Italien	1980-1989	25
Johannes Löhr	1. FC Köln	Deutschland	1966-1977	25
7. Flórián Albert	Ferencvaros Budapest	Ungarn	1963-1972	24
Roberto Boninsegna	Inter Mailand, Juventus Turin	Italien	1970-1977	24
9. Dennis Bergkamp	Ajax Amsterdam, Inter Mailand, FC Arsenal	Niederlande	1992-2000	22
Martin Chivers	Tottenham Hotspur	England	1972-1974	22
Jürgen Klinsmann	VfB Stuttgart, Inter Mailand, FC Bayern München	Deutschland	1989-1996	22
Karl-Heinz Rummenigge	FC Bayern München, Inter Mailand	Deutschland	1978-1987	22

UEFA Europapokal der Pokalsieger

Endspiele

Jahr	Ort	Begegnung	Erg.	Tore
1960/61	Glasgow	Glasgow Rangers - AC Florenz	0:2	0:1 Milani, 0:2 Milani
	Florenz	**AC Florenz** - Glasgow Rangers	2:1	1:0 Milani, 1:1 Scott, 2:1 Hamrin
1961/62	Glasgow	Atlético Madrid - AC Florenz	1:1 n. V.	1:0 Peiro, 1:1 Hamrin
	Stuttgart	**Atlético Madrid** - AC Florenz	3:0	1:0 Jones, 2:0 Mendonca, 3:0 Peiro
1962/63	Rotterdam	**Tottenham Hotspur** - Atlético Madrid	5:1	1:0 Greaves, 2:0 White, 2:1 Collar, 3:1 Dyson, 4:1 Greaves, 5:1 Dyson
1963/64	Brüssel	Sporting Lissabon - MTK Budapest	3:3 n. V.	0:1 Sandor, 1:1 Mascaranha, 2:1 Figueiredo, 2:2 Kuti, 2:3 Sandor, 3:3 Figueiredo
	Antwerpen	**Sporting Lissabon** - MTK Budapest	1:0	1:0 Morais
1964/65	London	**FC West Ham United** - München 1860	2:0	1:0 Sealey, 2:0 Sealey
1965/66	Glasgow	**Borussia Dortmund** - FC Liverpool	2:1 n. V.	1:0 Held, 1:1 Hunt, 2:1 Libuda
1966/67	Nürnberg	**FC Bayern München** - Glasgow R.	1:0 n. V.	1:0 Roth
1967/68	Rotterdam	**AC Mailand** - Hamburger SV	2:0	1:0 Hamrin, 2:0 Hamrin
1968/69	Basel	**Slovan Bratislava** - FC Barcelona	3:2	1:0 Cvetler, 1:1 Zaldua, 2:1 Hrivnak, 3:1 Jan Capkovic, 3:2 Rexach
1969/70	Wien	**Manchester City** - Gornik Zabrze	2:1	1:0 Young, 2:0 Lee, 2:1 Oslizlo
1970/71	Athen	FC Chelsea - Real Madrid	1:1 n. V.	0:1 Zoco, 1:1 Osgood
	Athen	**FC Chelsea** - Real Madrid	2:1	1:0 Dempsey, 2:0 Osgood, 2:1 Fleitas
1971/72	Barcelona	**Glasgow Rangers** - Dynamo Moskau	3:2	1:0 Stein, 2:0 Johnston, 3:0 Johnston, 3:1 Estrekov, 3:2 Makovikov

>>

Jahr	Ort	Begegnung	Erg.	Tore
<< 1972/73	Saloniki	**AC Mailand** - Leeds United	1:0	1:0 Chiarugi
1973/74	Rotterdam	**1. FC Magdeburg** - AC Mailand	2:0	1:0 Lanzi (ET), 2:0 Seguin
1974/75	Basel	**Dynamo Kiew** - Ferencvaros Budapest	3:0	1:0 Onischenko, 2:0 Onischenko, 3:0 Blochin
1975/76	Brüssel	**RSC Anderlecht** - FC West Ham United	4:2	0:1 Holland, 1:1 Resenbrink, 2:1 van der Elst, 2:2 Robson, 3:2 Resenbrink, 4:2 van der Elst
1976/77	Amsterdam	**Hamburger SV** - RSC Anderlecht	2:0	1:0 Volkert, 2:0 Magath
1977/78	Paris	**RSC Anderlecht** - Austria Wien	4:0	1:0 Resenbrink, 2:0 Resenbrink, 3:0 van Binst, 4:0 van Binst
1978/79	Basel	**FC Barcelona** - Fortuna Düsseldorf	4:3 n. V.	1:0 Sanchez, 1:1 Th. Allofs, 2:1 Asensi, 2:2 Seel, 3:2 Krankl, 4:2 Rexach, 4:3 Seel
1979/80	Brüssel	**FC Valencia** - FC Arsenal	5:4 n. E.	
1980/81	Düsseldorf	**Dynamo Tiflis** - FC Carl Zeiss Jena	2:1	0:1 Hoppe, 1:1 Guzaev, 2:1 Darasselija
1981/82	Barcelona	**FC Barcelona** - Standard Lüttich	2:1	0:1 Vandersmissen, 1:1 Simonsen, 2:1 Quini
1982/83	Göteborg	**FC Aberdeen** - Real Madrid	2:1 n. V.	1:0 Black, 1:1 Juanito, 2:1 Hewitt
1983/84	Basel	**Juventus Turin** - FC Porto	2:1	1:0 Vignola, 1:1 Sousa, 2:1 Boniek
1984/85	Rotterdam	**FC Everton** - Rapid Wien	3:1	1:0 Gray, 2:0 Steven, 2:1 Krankl, 3:1 Sheedy
1985/86	Lyon	**Dynamo Kiew** - Atlético Madrid	3:0	1:0 Sawarow, 2:0 Blochin, 3:0 Jewtuschenko
1986/87	Athen	**Ajax Amsterdam** - 1. FC Lok. Leipzig	1:0	1:0 van Basten
1987/88	Straßburg	**KV Mechelen** - Ajax Amsterdam	1:0	1:0 den Boer
1988/89	Bern	**FC Barcelona** - Sampdoria Genua	2:0	1:0 Salinas, 2:0 Lopez-Rekarte
1989/90	Göteborg	**Sampdoria Genua** - RSC Anderlecht	2:0 n. V.	1:0 Vialli, 2:0 Vialli
1990/91	Rotterdam	**Manchester United** - FC Barcelona	2:1	1:0 Hughes, 2:0 Hughes, 2:1 Koeman
1991/92	Lissabon	**SV Werder Bremen** - AS Monaco	2:0	1:0 K. Allofs, 2:0 Rufer
1992/93	London	**AC Parma** - FC Antwerpen	3:1	1:0 Minotti, 1:1 Severeyns, 2:1 Melli, 3:1 Cuoghi
1993/94	Kopenhagen	**FC Arsenal** - AC Parma	1:0	1:0 Smith
1994/95	Paris	**Real Saragossa** - FC Arsenal	2:1 n. V.	1:0 Esnaider, 1:1 Hartson, 2:1 Nayim
1995/96	Brüssel	**Paris Saint-Germain** - Rapid Wien	1:0	1:0 N'Gotty
1996/97	Rotterdam	**FC Barcelona** - Paris Saint-Germain	1:0	1:0 Ronaldo
1997/98	Stockholm	**FC Chelsea** - VfB Stuttgart	1:0	1:0 Zola
1998/99	Birmingham	**Lazio Rom** - RCD Mallorca	2:1	1:0 Vieri, 1:1 Dani, 2:1 Nedvěd

Titel-Ranking 1961–1999

	Verein	Titel	Endspiele
1.	FC Barcelona	4	6
2.	RSC Anderlecht	2	4
3.	AC Mailand	2	3
4.	FC Chelsea	2	2
	Dynamo Kiew	2	2
6.	FC Arsenal	1	3
	Glasgow Rangers	1	3
8.	Ajax Amsterdam	1	2
	Atlético Madrid	1	2
	AC Florenz	1	2
	Hamburger SV	1	2
	Paris Saint-Germain	1	2
	AC Parma	1	2
	Sampdoria Genua	1	2
	FC West Ham United	1	2
16.	FC Aberdeen	1	1

Verein	Titel	Endspiele
FC Bayern München	1	1
Borussia Dortmund	1	1
Dynamo Tiflis	1	1
FC Everton	1	1
Juventus Turin	1	1
Lazio Rom	1	1
1. FC Magdeburg	1	1
Manchester City	1	1
Manchester United	1	1
KV Mechelen	1	1
Real Saragossa	1	1
Slovan Bratislava	1	1
Sporting Lissabon	1	1
Tottenham Hotspur	1	1
FC Valencia	1	1
SV Werder Bremen	1	1

Nationenwertung 1961–1999

	Nation	Titel	Endspiele
1.	England	8	13
2.	Spanien	7	14
3.	Italien	7	11
4.	Deutschland	4	8
5.	Belgien	3	7
6.	Sowjetunion	3	4

	Nation	Titel	Endspiele
7.	Schottland	2	4
8.	DDR	1	3
	Frankreich	1	3
10.	Niederlande	1	2
	Portugal	1	2
12.	Tschechoslowakei	1	1

Die Rekordtorschützen 1961–1999

	Name	Verein	Nationalität	Zeitraum	Tore
1.	Rob Rensenbrink	Cercle Brügge, RSC Anderlecht	Niederlande	1971-1978	25
2.	Gerd Müller	FC Bayern München	Deutschland	1967-1972	20
3.	Gianluca Vialli	Sampdoria Genua, FC Chelsea	Italien	1989-1999	19
4.	François van der Elst	RSC Anderlecht	Belgien	1976-1987	18
5.	Roger Claessen	Standard Lüttich, Germinal Beerschot	Belgien	1966-1972	17
	Johann Krankl	Rapid Wien, FC Barcelona	Österreich	1973-1985	17
7.	Jorge Mendonça	Atlético Madrid, FC Barcelona	Spanien	1962-1969	16
8.	Kurt Hamrin	AC Florenz, AC Mailand	Schweden	1961-1968	15
	Wlodzimierz Leonard Lubanski	Gornik Zabrze	Polen	1970-1971	15
	Hristo Stoitchkov	ZSKA Sofia, FC Barcelona	Bulgarien	1989-1996	15
	Alon Mizrahi	Maccabi Haifa	Israel	1994-1999	15

Gesamt-Rankings zu den wichtigsten europäischen Pokalwettbewerben

Einbezogen sind der Pokal der Landesmeister / Champions League 1956-2008 (C 1), der Internationale Messe-Pokal / UEFA-Pokal 1958-2008 (C 2) und der Pokal der Pokalsieger 1961-1999 (C 3).

Titel-Ranking der Vereine

Verein	C 1	C 2	C 3	Ges.
1. Real Madrid	9	2	–	11
2. AC Mailand	7	–	2	9
FC Barcelona	2	3	4	9
4. FC Liverpool	5	3	–	8
5. Ajax Amsterdam	4	1	1	6
FC Bayern München	4	1	1	6
Juventus Turin	2	3	1	6
8. Inter Mailand	2	3	–	5
9. Manchester United	3	–	1	4
FC Valencia	–	3	1	4
11. FC Porto	2	1	–	3
Feyenoord Rotterdam	1	2	–	3
Tottenham Hotspur	–	2	1	3
AC Parma	–	2	1	3
RSC Anderlecht	–	1	2	3

Titel-Ranking der Nationen

Nation	C 1	C 2	C 3	Ges.
1. Spanien	11	11	7	29
England	11	10	8	29
3. Italien	11	10	7	28
4. Deutschland	6	6	4	16
5. Niederlande	6	4	1	11
6. Portugal	4	1	1	6
7. Russland*	–	2	3	5
8. Belgien	–	1	3	4
9. Schottland	1	–	2	3
10. Jugoslawien	1	1	–	2
Frankreich	1	–	1	2
Schweden	–	2	–	2

* inkl. Sowjetunion

Die Rekordtorschützen

Name	Spiele	Verein	Nationalität	Zeitraum	Tore
1. Gerd Müller	74	FC Bayern München	Deutschland	1966-1978	66
2. Raúl	116	Real Madrid	Spanien	1996-2008	59
Andrej Schewtschenko	110	Dynamo Kiew, AC Mailand, FC Chelsea	Ukraine	1993-2008	59
4. Eusébio	76	Benfica Lissabon	Portugal	1962-1974	57
Ruud van Nistelrooy	52	PSV Eindhoven, Manchester United, Real Madrid	Niederlande	1998-2008	57
5. Filippo Inzaghi	91	Juventus Turin, AC Mailand	Spanien	1971-1987	47
6. Thierry Henry	113	AS Monaco, FC Arsenal, FC Barcelona	Frankreich	1996-2008	53
Henrik Larsson	102	Feyenoord Rotterdam, Celtic Glasgow, FC Barcelona, Helsingborgs IF	Schweden	1994-2008	53
8. Jupp Heynckes	64	Borussia Mönchengladbach, Hannover 96	Deutschland	1968-1978	51
9. Alfredo Di Stéfano	64	Real Madrid	Argentinien / Spanien	1956-1964	49
10. Santillana	87	Real Madrid	Spanien	1971-1987	47

UEFA Intertoto Cup (UI-Cup)

Seit 1961 ausgespielter Wettbewerb (seit 1967 nur in Gruppen ohne Play-offs), erst seit 1995 ein offizieller UEFA-Wettbewerb. Die 1995 zunächst in zwei, von 1996 bis 2005 in drei Endspielen ermittelten Sieger qualifizierten sich für die erste Runde des UEFA-Pokals. Seit 2006 erreichen die elf siegreichen Mannschaften der dritten Runde die zweite Qualifikationsrunde des UEFA-Pokals.

Siegerliste

Jahr	Vereine
1995	Girondins Bordeaux, RC Straßburg
1996	EA Guingamp, Karlsruher SC, Silkeborg IF
1997	AJ Auxerre, SC Bastia, Olympique Lyon
1998	FC Bologna, SV Werder Bremen, FC Valencia
1999	SC Montpellier, Juventus Turin, FC West Ham United
2000	Celta Vigo, VfB Stuttgart, Udinese Calcio
2001	Aston Villa, Paris Saint-Germain, ES Troyes AC
2002	FC Fulham, FC Malaga, VfB Stuttgart
2003	AC Perugia, FC Schalke 04, FC Villarreal
2004	OSC Lille, FC Schalke 04, FC Villarreal
2005	Hamburger SV, RC Lens, Olympique Marseille
2006	Ethnikos Achnas, AJ Auxerre, Twente Enschede, Hertha BSC, Kayserispor, NK Maribor, Olympique Marseille, Newcastle United, Odense BK, SV Ried, Grasshopper-Club Zürich
2007	Aalborg BK, Blackburn Rovers, Oțelul Galați, Sampdoria Genua, Hamburger SV, Hammarby IF, Uniao Leiria, RC Lens, Atlético Madrid, Tobol Qostanai, Rapid Wien

UEFA-Super-Pokal

1972-1992: Sieger Europapokal der Landesmeister - Sieger Europapokal der Pokalsieger
1993-1999: Sieger Champions League - Sieger Europapokal der Pokalsieger
seit 2000: Sieger Champions League - Sieger UEFA-Pokal

Endspiele

Jahr	Begegnung	Erg.
1972	**Ajax Amsterdam** - Glasgow Rangers	3:2 / 3:1
1973	**Ajax Amsterdam** - AC Mailand	6:0 / 0:1
1974	nicht ausgetragen	–
1975	**Dynamo Kiew** - FC Bayern München	2:0 / 1:0
1976	**RSC Anderlecht** - FC Bayern München	4:1 / 1:2
1977	**FC Liverpool** - Hamburger SV	6:0 / 1:1
1978	**RSC Anderlecht** - FC Liverpool	3:1 / 1:2
1979	**Nottingham Forest** - FC Barcelona	1:0 / 1:1
1980	**FC Valencia** - Nottingham Forest	1:0 / 1:2
1981	nicht ausgetragen	–
1982	**Aston Villa** - FC Barcelona	0:1 / 3:0 n. V.
1983	**FC Aberdeen** - Hamburger SV	2:0 / 0:0
1984	**Juventus Turin** - FC Liverpool	2:0
1985	nicht ausgetragen	–
1986	**Steaua Bukarest** - Dynamo Kiew	1:0
1987	**FC Porto** - Ajax Amsterdam	1:0 / 1:0
1988	**KV Mechelen** - PSV Eindhoven	3:0 / 0:1
1989	**AC Mailand** - FC Barcelona	1:0 / 1:1
1990	**AC Mailand** - Sampdoria Genua	2:0 / 1:1

>>

<<

Jahr	Begegnung	Erg.
1991	**Manchester United** - Roter Stern Belgrad	1:0
1992	**FC Barcelona** - SV Werder Bremen	2:1 / 1:1
1993	**AC Parma** - AC Mailand	0:1 / 2:0 n. V.
1994	**AC Mailand** - FC Arsenal	2:0 / 0:0
1995	**Ajax Amsterdam** - Real Saragossa	4:0 / 1:1
1996	**Juventus Turin** - Paris Saint-Germain	3:1 / 6:1
1997	**FC Barcelona** - Borussia Dortmund	2:0 / 1:1
1998	**FC Chelsea** - Real Madrid	1:0
1999	**Lazio Rom** - Manchester United	1:0
2000	**Galatasaray Istanbul** - Real Madrid	2:1 n. V.
2001	**FC Liverpool** - FC Bayern München	3:2
2002	**Real Madrid** - Feyenoord Rotterdam	3:1
2003	**AC Mailand** - FC Porto	1:0
2004	**FC Valencia** - FC Porto	2:1
2005	**FC Liverpool** - ZSKA Moskau	3:1
2006	**FC Sevilla** - FC Barcelona	3:0
2007	**AC Mailand** - FC Sevilla	3:1

EUROPA – FRAUEN

UEFA Women's Cup

(ab Viertelfinale)

2001/02 1. FFC Frankfurt

Viertelfinale

Begegnung	Erg.
Odense BK - **1. FFC Frankfurt**	0:3 / 1:2
FC Arsenal - **FC Toulouse**	1:1 / 1:2

Begegnung	Erg.
SK Trondheim-Ørn - **HJK Helsinki**	2:1 / 0:2
Umeå IK - TNK-Ryazan	4:1 / 3:1

Halbfinale

Begegnung	Erg.
FC Toulouse - **1. FFC Frankfurt**	1:2 / 0:0

Begegnung	Erg.
Umeå IK - HJK Helsinki	2:1 / 1:0

Finale

Datum	Ort	Begegnung	Erg.	Tore
23.05.2002	Frankfurt	**1. FFC Frankfurt** - Umeå IK	2:0	1:0 Jones, 2:0 Prinz

2002/03 Umeå IK

Viertelfinale

Begegnung	Erg.
SK Trondheim-Ørn - **Fortuna Hjørring**	2:2 / 0:1
CSK Samara - **FC Arsenal**	0:2 / 1:1

Begegnung	Erg.
HJK Helsinki - **1. FFC Frankfurt**	0:2 / 0:8
Umeå IK - FC Toulouse	2:0 / 0:0

Halbfinale

Begegnung	Erg.
Fortuna Hjørring - FC Arsenal	3:1 / 5:1

Begegnung	Erg.
Umeå IK - 1. FFC Frankfurt	1:1 / 8:7 n. E

Finale

Datum	Ort	Begegnung	Erg.	Tore
09.06.2003	Umeå	Umeå IK - Fortuna Hjørring	4:1	0:1 Madsen, 1:1 Ljungberg, 2:1 Ljungberg, 3:1 Östberg, 4:1 Kalmari
21.06.2003	Hjørring	Fortuna Hjørring - **Umeå IK**	0:3	0:1 Moström, 0:2 Kalmari, 0:3 Ljungberg

2003/04 Umeå IK

Viertelfinale

Begegnung	Erg.
Brøndby IF - Gömrükcü Baku	9:0 / 3:0
1. FFC Frankfurt - FC Fulham	3:1 / 4:1
Energie Woronesch - **Umeå IK**	1:2 / 1:2
Malmö FF - Kolbotn IL	2:0 / 0:1

Halbfinale

Begegnung	Erg.
Brøndby IF - **Umeå IK**	2:3 / 0:1
Malmö FF - **1. FFC Frankfurt**	0:0 / 1:4

Finale

Datum	Ort	Begegnung	Erg.	Tore
08.05.2004	Stockholm	Umeå IK - 1. FFC Frankfurt	3:0	1:0 Marta, 2:0 Östberg, 3:0 Marta
05.06.2004	Frankfurt	1. FFC Frankfurt - **Umeå IK**	0:5	0:1 Marta, 0:2 Östberg, 0:3 Sjöström, 0:4 Moström, 0:5 Sjöström

2004/05 1. FFC Turbine Potsdam

Viertelfinale

Begegnung	Erg.
Torres Terra Sarda - **FC Arsenal**	2:0 / 1:4
E. Woronesch - **1. FFC Turbine Potsdam**	1:1 / 1:4
FC Bobruischanka - **SK Trondheim-Ørn**	0:4 / 1:2
Djurgården/Älvsjö - Umeå IK	2:1 / 1:0

Halbfinale

Begegnung	Erg.
Djurgården/Älvsjö - FC Arsenal	1:1 / 1:0
Turbine Potsdam - SK Trondheim-Ørn	4:0 / 3:1

Finale

Datum	Ort	Begegnung	Erg.	Tore
15.05.2005	Stockholm	Djurgården/Ä. - T. Potsdam	0:2	0:1 Pohlers, 0:2 Mittag
21.05.2005	Potsdam	**T. Potsdam** - Djurgården/Ä.	3:1	1:0 Wimbersky, 2:0 Pohlers, 2:1 Bengtsson, 3:1 Pohlers

2005/06 1. FFC Frankfurt

Viertelfinale

Begegnung	Erg.
Valur Reykjavik - **Turbine Potsdam**	1:8 / 1:11
Sparta Prag - **Djurgården/Älvsjö**	0:2 / 0:0
FC Arsenal - **1. FFC Frankfurt**	1:1 / 1:3
HSC Montpellier - Brøndby IF	3:0 / 3:1

Halbfinale

Begegnung	Erg.
Turbine Potsdam - Djurgården/Älvsjö	2:3 / 5:2

Begegnung	Erg.
1. FFC Frankfurt - HSC Montpellier	0:1 / 3:2

Finale

Datum	Ort	Begegnung	Erg.	Tore
20.05.2006	Potsdam	T. Potsdam - 1. FFC Frankfurt	0:4	0:1 Lingor, 0:2 Albertz, 0:3 Garefrekes, 0:4 Lingor
27.05.2006	Frankfurt	**1. FFC Frankfurt** - T. Potsdam	3:2	0:1 Pohlers, 1:1 Jones, 1:2 Pohlers, 2:2 Lingor, 3:2 Prinz

2006/07 FC Arsenal

Viertelfinale

Begegnung	Erg.
Kolbotn IL - 1. FFC Frankfurt	2:1 / 2:3
SV Saestum - **Umeå IK**	1:6 / 2:5

Begegnung	Erg.
Brøndby IF - 1. FFC Turbine Potsdam	3:0 / 1:2
Breidablik Kopavogur - **FC Arsenal**	0:5 / 1:4

Halbfinale

Begegnung	Erg.
Kolbotn IL - **Umeå IK**	1:5 / 0:6

Begegnung	Erg.
Brøndby IF - **FC Arsenal**	2:2 / 0:3

Finale

Datum	Ort	Begegnung	Erg.	Tore
21.04.2007	Umeå	Umeå IK - FC Arsenal	0:1	0:1 Scott
29.04.2007	London	**FC Arsenal** - Umeå IK	0:0	

2007/08 1. FFC Frankfurt

Viertelfinale

Begegnung	Erg.
Olympique Lyon - FC Arsenal	0:0 / 3:2
Rapide Wezemaal - **Umeå IK**	0:4 / 0:6

Begegnung	Erg.
WFC Rossijanka - **1. FFC Frankfurt**	0:0 / 1:2
Bardolino Verona - Brøndby IF	0:1 / 4:2 n. E.

Halbfinale

Begegnung	Erg.
Olympique Lyon - **Umeå IK**	1:1 / 0:0

Begegnung	Erg.
1. FFC Frankfurt - Bardolino Verona	4:2 / 3:0

Finale

Datum	Ort	Begegnung	Erg.	Tore
17.05.2008	Umeå	Umeå IK - 1. FFC Frankfurt	1:1	1:0 Marta, 1:1 Pohlers
24.05.2008	Frankfurt	**1. FFC Frankfurt** - Umeå IK	3:2	1:0 Pohlers, 2:0 Pohlers, 2:1 Dahlqvist, 3:1 Wimbersky, 3:2 Östberg

SÜDAMERIKA

Copa Libertadores de América (Pokal der Landesmeister)

Endspiele

Jahr	Begegnung	Erg.
1960	**Peñarol Montevideo** (URU) - Olimpia Asunción (PAR)	1:0 / 1:1
1961	**Peñarol Montevideo** (URU) - Palmeiras São Paulo (BRA)	1:0 / 1:1
1962	**FC Santos** (BRA) - Peñarol Montevideo (URU)	2:1 / 2:3 / 3:0
1963	**FC Santos** (BRA) - Boca Juniors Buenos Aires (ARG)	2:1 / 3:2
1964	**Independiente Buenos Aires** (ARG) - Nacional Montevideo (URU)	0:0 / 1:0
1965	**Independiente Buenos Aires** (ARG) - Peñarol Montevideo (URU)	1:0 / 2:3 / 4:1
1966	**Peñarol Montevideo** (URU) - River Plate Buenos Aires (ARG)	2:0 / 2:3 / 4:2
1967	**Racing Club Avellaneda** (ARG) - Nacional Montevideo (URU)	0:0 / 0:0 n. V. / 2:1
1968	**Estudiantes de La Plata** (ARG) - Palmeiras São Paulo (BRA)	1:3 / 2:1 / 2:0
1969	**Estudiantes de La Plata** (ARG) - Nacional Montevideo (URU)	1:0 / 2:0
1970	**Estudiantes de La Plata** (ARG) - Peñarol Montevideo (URU)	1:0 / 0:0
1971	**Nacional Montevideo** (URU) - Estudiantes de La Plata (ARG)	0:1 / 1:0 / 2:0
1972	**Independiente Buenos Aires** (ARG) - Universitario Lima (PER)	0:0 / 2:1
1973	**Independiente Buenos Aires** (ARG) - Colo Colo Santiago (CHI)	1:1 / 0:0 / 2:1 n. V.
1974	**Independiente Buenos Aires** (ARG) - FC São Paulo (BRA)	1:2 / 2:0 / 1:0
1975	**Independiente Buenos Aires** (ARG) - Unión Española Santiago (CHI)	0:1 / 3:1 / 2:0
1976	**Cruzeiro Belo Horizonte** (BRA) - River Plate Buenos Aires (ARG)	4:1 / 1:2 / 3:2
1977	**Boca Juniors Buenos Aires** (ARG) - Cruzeiro Belo Horizonte (BRA)	1:0 / 0:1 / 5:4 n. E.
1978	**Boca Juniors Buenos Aires** (ARG) - Deportivo Cali (COL)	4:0 / 0:0
1979	**Olimpia Asunción** (PAR) - Boca Juniors Buenos Aires (ARG)	2:0 / 0:0
1980	**Nacional Montevideo** (URU) - Internacional (BRA)	1:0 / 0:0
1981	**Flamengo Rio de Janeiro** (BRA) - Cobreloa Santiago (CHI)	2:1 / 0:1 / 2:0
1982	**Peñarol Montevideo** (URU) - Cobreloa Santiago (CHI)	1:0 / 0:0
1983	**Grêmio Pôrto Alegre** (BRA) - Peñarol Montevideo (URU)	2:1 / 1:1
1984	**Independiente Buenos Aires** (ARG) - Grêmio Pôrto Alegre (BRA)	1:0 / 0:0
1985	**Argentinos Juniors** (ARG) - América de Cali (COL)	1:0 / 0:1 / 6:5 n. E.
1986	**River Plate Buenos Aires** (ARG) - América de Cali (COL)	1:0 / 2:1
1987	**Peñarol Montevideo** (URU) - América de Cali (COL)	2:1 / 0:2 / 1:0 n. V.
1988	**Nacional Montevideo** (URU) - Newell's Old Boys Rosario (ARG)	3:0 / 0:1
1989	**Atlético Nacional Medellin** (COL) - Olimpia Asunción (PAR)	0:2 / 7:4 n. E.
1990	**Olimpia Asunción** (PAR) - Barcelona Guayaquil (ECU)	2:0 / 1:1
1991	**Colo Colo Santiago** (CHI) - Olimpia Asunción (PAR)	3:0 / 0:0
1992	**FC São Paulo** (BRA) - Newell's Old Boys Rosario (ARG)	0:1 / 4:2 n. E.
1993	**FC São Paulo** (BRA) - Universidad Católica (CHI)	5:1 / 0:2
1994	**CA Vélez Sarsfield** (ARG) - FC São Paulo (BRA)	1:0 / 5:4 n. E.
1995	**Grêmio Pôrto Alegre** (BRA) - Atlético Nacional Medellin (COL)	3:1 / 1:1
1996	**River Plate Buenos Aires** (ARG) - América de Cali (COL)	2:0 / 0:1
1997	**Cruzeiro Belo Horizonte** (BRA) - Sporting Cristal (PER)	1:0 / 0:0
1998	**Vasco da Gama Rio de Janeiro** (BRA) - Barcelona Guayaquil (ECU)	2:0 / 2:1
1999	**Palmeiras São Paulo** (BRA) - Deportivo Cali (COL)	0:1 / 6:4 n. E.
2000	**Boca Juniors Buenos Aires** (ARG) - Palmeiras São Paulo (BRA)	2:2 / 4:2 n. E.
2001	**Boca Juniors Buenos Aires** (ARG) - CD Cruz Azul (MEX)	1:0 / 3:2 n. E.
2002	**Olimpia Asunción** (PAR) - São Caetano (BRA)	0:1 / 6:3 n. E.
2003	**Boca Juniors Buenos Aires** (ARG) - FC Santos (BRA)	2:0 / 3:1
2004	**Once Caldas** (COL) - Boca Juniors Buenos Aires (ARG)	0:0 / 3:1 n. E.
2005	**FC São Paulo** (BRA) - Clube Atlético Paranaense (BRA)	1:1 / 4:0

>>

<<

Jahr	Begegnung	Erg.
2006	**Internacional** (BRA) - FC São Paulo (BRA)	2:1 / 2:2
2007	**Boca Juniors Buenos Aires** (ARG) - Grêmio Pôrto Alegre (BRA)	3:0 / 2:0
2008	**Liga de Quito** (ECU) - Fluminense (BRA)	4:2 / 1:3 / 3:1 n. E.

Copa Conmebol

Pokalwettbewerb entsprechend des UEFA-Pokal-Systems

Endspiele

Jahr	Begegnung	Erg.
1992	**Atlético Mineiro** (BRA) - Olimpia Asunción (PAR)	2:0 / 0:1
1993	**Botafogo Rio de Janeiro** (BRA) - Peñarol Montevideo (URU)	1:1 / 5:3 n. E.
1994	**FC São Paulo** (BRA) - Peñarol Montevideo (URU)	6:1 / 0:3
1995	**Rosario Central** (ARG) - Atlético Mineiro (BRA)	0:4 / 8:3 n. E.
1996	**Lanús Buenos Aires** (ARG) - Independiente Santa Fe (COL)	2:0 / 0:1
1997	**Atlético Mineiro** (BRA) - Lanús Buenos Aires (ARG)	4:1 / 1:1
1998	**FC Santos** (BRA) - Rosario Central (ARG)	1:0 / 0:0
1999	**Talleres Córdoba** (ARG) - CSA Macei (BRA)	2:4 / 3:0

NORD- UND MITTELAMERIKA (INKL. KARIBIK)

CONCACAF Champions' Cup (Pokal der Landesmeister)

Endspiele

Jahr	Begegnung	Erg.
1962	**CD Guadalajara** (MEX) - Comunicaciones Guatemala (GUA)	1:0 / 5:0
1963	**Racing Club Haïtienne** (HAI) - CD Guadalajara (MEX) tritt nicht an	–
1964	Turnier abgebrochen	–
1965	Turnier abgebrochen	–
1966	Turnier nicht ausgetragen	–
1967	**FC Alianza San Salvador** (ESA) - Jong Colombia Sint Michiels (ANT)	1:2 / 3:0 / 5:3
1968	**Deportivo Toluca** (MEX) gewinnt kampflos, da die anderen Teams disqualifiziert werden	–
1969	**CD Cruz Azul** (MEX) - Comunicaciones Guatemala (GUA)	0:0 / 1:0
1970	**CD Cruz Azul** (MEX) gewinnt kampflos, da die anderen Teams vom Turnier zurücktreten	–
1971	**CD Cruz Azul** (MEX) - LD Alajuelense (CRC)	5:1
1972	**Olimpia Tegucigalpa** (HON) - Robin Hood Paramaribo (SUR)	0:0 / 2:0
1973	**Transvaal Paramaribo** (SUR) gewinnt kampflos, da die anderen Teams vom Turnier zurücktreten	–
1974	**Municipal Guatemala** (GUA) - Transvaal Paramaribo (SUR)	2:1 / 2:1
1975	**Atlético Espanol Mexiko City** (MEX) - Transvaal Paramaribo (SUR)	3:0 / 2:1
1976	**Águila San Salvador** (ESA) - Robin Hood Paramaribo (SUR) tritt nicht an	–
1977	**FC América** (MEX) - Robin Hood Paramaribo (SUR)	1:0 / 0:0
1978	**Universidad Guadalajara** (MEX), **Defence Force Chaguaramas** (TRI) und **Comunicaciones Guatemala** (GUA) werden zum Sieger erklärt	–
1979	**Deportivo FAS San Salvador** (ESA) - Jong Colombia Sint Michiels (ANT)	1:0 / 8:0

>>

<<

Jahr	Begegnung	Erg.
1980	**UNAM Mexiko City** (MEX) gewinnt das Endrundenturnier vor Universidad (HON)	–
1981	**Transvaal Paramaribo** (SUR) - Atlético Marte San Salvador (ESA)	1:0 / 1:1
1982	**UNAM Mexiko City** (MEX) - Robin Hood Paramaribo (SUR)	0:0 / 2:1
1983	**Atlante Mexiko City** (MEX) - Robin Hood Paramaribo (SUR)	1:1 / 5:0
1984	**AC Violette Port-au-Prince** (HAI) gewinnt kampflos, da die anderen Teams disqualifiziert werden	–
1985	**Defence Force Chaguaramas** (TRI) - Olimpia Tegucigalpa (HON)	2:0 / 0:1
1986	**LD Alajuelense** (CRC) - Transvaal Paramaribo (SUR)	4:1 / 1:1
1987	**FC América** (MEX) - Defence Force Chaguaramas (TRI)	1:1 / 2:0
1988	**Olimpia Tegucigalpa** (HON) - Defence Force Chaguaramas (TRI)	2:0 / 2:0
1989	**UNAM Mexiko City** (MEX) - FC Pinar del Rio (CUB)	1:1 / 3:1
1990	**FC América** (MEX) - FC Pinar del Rio (CUB)	2:2 / 6:0
1991	**FC Puebla** (MEX) - Police FC St. James (TRI)	3:1 / 1:1
1992	**FC América** (MEX) - LD Alajuelense (CRC)	1:0
1993	**Deportivo Saprissa San José** (CRC) gewinnt das Endrundenturnier vor AC León (MEX)	–
1994	**CS Cartaginés** (CRC) - Atlante Mexiko City (MEX)	3:2
1995	**Deportivo Saprissa San José** (CRC) gewinnt das Endrundenturnier vor Municipal Guatemala (GUA)	–
1996	**CD Cruz Azul** (MEX) gewinnt das Endrundenturnier vor Cid Necaxa (MEX)	–
1997	**CD Cruz Azul** (MEX) - Los Angeles Galaxy (USA)	5:3
1998	**Washington DC United** (USA) - Deportivo Toluca (MEX)	1:0
1999	**Cid Necaxa** (MEX) - LD Alajuelense (CRC)	2:1
2000	**Los Angeles Galaxy** (USA) - Olimpia Tegucigalpa (HON)	3:2
2001	Turnier abgebrochen	–
2002	**CD Pachuca** (MEX) - Atletico Morelia (MEX)	1:0
2003	**Deportivo Toluca** (MEX) - CA Monarcas Morelia (MEX)	2:1 / 3:3
2004	**LD Alajuelense** (CRC) - Deportivo Saprissa San José (CRC)	4:0 / 1:1
2005	**Deportivo Saprissa San José** (CRC) - Pumas (MEX)	2:0 / 1:2
2006	**FC América** (MEX) - Deportivo Toluca (MEX)	0:0 / 2:1
2007	**CD Pachuca** (MEX) - CD Guadalajara (MEX)	2:2 / 7:6 n. E.
2008	**CD Pachuca** (MEX) - Deportivo Saprissa San José (CRC)	1:1 / 2:1

CONCACAF Cup Winners' Cup (Pokal der Pokalsieger)

Endspiele

Jahr	Begegnung	Erg.
1991	**Atlético Marte San Salvador** (ESA) gewinnt das Endrundenturnier vor Comunicaciones Guatemala (GUA)	–
1992	Turnier nicht ausgetragen	–
1993	**Club de Futbol Monterrey** (MEX) gewinnt das Endrundenturnier vor Real España (HON)	–
1994	**Cid Necaxa** (MEX) - Aurora FC Guatemala City (GUA)	3:0
1995	**Universidad de Guadalajara** (MEX) - C. D. Luis Ángel Firpo (ESA)	2:1
1996	Turnier abgebrochen	–
1997	Turnier abgebrochen	–
1998	Turnier abgebrochen	–

AFRIKA

African Cup of Champion Clubs / CAF Champions League

Die CAF Champions League ersetzt seit 1997 den African Cup of Champion Clubs.

Endspiele

Jahr	Begegnung	Erg.
1964	**Oryx Douala** (CMR) - Stade Malien (MLI)	2:1
1965	Turnier nicht ausgetragen	–
1966	**Stade Abidjan** (CIV) - Real Bamako (MLI)	1:3 / 4:1 n. V.
1967	**Tout Puissant Englebert** (COD) - Asante Kotoko Kumasi (GHA)	1:1 / 2:2 n. V.*
1968	**Tout Puissant Englebert** (COD) - Etoile Filante (TOG)	5:0 / 1:4
1969	**Ismailia SC** (EGY) - Tout Puissant Englebert (COD)	2:2 / 3:1
1970	**Asante Kotoko Kumasi** (GHA) - Tout Puissant Englebert (COD)	1:1 / 2:1
1971	**Canon Yaoundé** (CMR) - Asante Kotoko Kumasi (GHA)	0:3 / 2:0 / 1:0
1972	**Hafia FC Conakry** (GUI) - Simba FC Campala (UGA)	4:2 / 3:2
1973	**AS Vita Kinshasa** (COD) - Asante Kotoko Kumasi (GHA)	2:4 / 3:0
1974	**CARA Brazzaville** (CGO) - Mehalla Al Kubra (EGY)	4:2 / 2:1
1975	**Hafia FC Conakry** (GUI) - Enugu Rangers (NGR)	1:0 / 2:1
1976	**MC Algier** (ALG) - Hafia FC Conakry (GUI)	0:3 / 7:1 n. E.
1977	**Hafia FC Conakry** (GUI) - Hearts of Oak Accra (GHA)	1:0 / 3:2
1978	**Canon Yaoundé** (CMR) - Hafia FC Conakry (GUI)	0:0 / 2:0
1979	**Union Douala** (CMR) - Hearts of Oak Accra (GHA)	1:0 / 5:4 n. E.
1980	**Canon Yaoundé** (CMR) - AS Bilima Kinshasa (COD)	2:2 / 3:0
1981	**Jeunesse Electronique Tizi-Ouzou** (ALG) - AS Vita Kinshasa (COD)	4:0 / 1:0
1982	**Al Ahly Kairo** (EGY) - Asante Kotoko Kumasi (GHA)	3:0 / 1:1
1983	**Asante Kotoko Kumasi** (GHA) - Al Ahly Kairo (EGY)	0:0 / 1:0
1984	**Zamalek SC Kairo** (EGY) - Shooting Stars Ibadan (NGR)	2:0 / 1:0
1985	**Forces Armées Royal Rabat** (MAR) - AS Bilima Kinshasa (COD)	5:2 / 1:1
1986	**Zamalek SC Kairo** (EGY) - Africa Sports Abidjan (CIV)	2:0 / 4:4 n. E.
1987	**Al Ahly Kairo** (EGY) - Al Hilal Omdurman (SUD)	0:0 / 2:0
1988	**Entente Plasticiens Sétif** (ALG) - Iwuanyanwu Owerri (NGR)	0:1 / 4:0
1989	**Raja Casablanca** (MAR) - MP Oran (ALG)	1:0 / 4:3 n. E.
1990	**Jeunesse Sportive Kabylie** (ALG) - Nkana Red Devils (ZAM)	1:0 / 5:4 n. E.
1991	**Club Africain Tunis** (TUN) - Nakivubo Villa SC (UGA)	6:2 / 1:1
1992	**Wydad AC Casablanca** (MAR) - Al Hilal Omdurman (SUD)	2:0 / 0:0
1993	**Zamalek SC Kairo** (EGY) - Asante Kotoko Kumasi (GHA)	0:0 / 7:6 n. E.
1994	**Espérance Tunis** (TUN) - Zamalek SC Kairo (EGY)	0:0 / 3:1
1995	**Orlando Pirates** (RSA) - ASEC Abidjan (CIV)	2:2 / 1:0
1996	**Zamalek SC Kairo** (EGY) - Shooting Stars Ibadan (NGR)	1:2 / 7:5 n. E.
1997	**Raja Casablanca** (MAR) - Obuasi Goldfields (GHA)	0:1 / 6:4 n. E.
1998	**ASEC Abidjan** (CIV) - Dynamos Harare (ZIM)	0:0 / 4:2
1999	**Raja Casablanca** (MAR) - Espérance Tunis (TUN)	0:0 / 4:3 n. E.
2000	**Hearts of Oak Accra** (GHA) - Espérance Tunis (TUN)	2:1 / 3:1
2001	**Al Ahly Kairo** (EGY) - Mamelodi Sundowns Pretoria (RSA)	3:0 / 1:1
2002	**Zamalek SC Kairo** (EGY) - Raja Casablanca (MAR)	1:0 / 0:0
2003	**Enyimba AC Aba** (NGR) - Ismailia SC (EGY)	2:0 / 0:1
2004	**Enyimba AC Aba** (NGR) - Etoile du Sahel (TUN)	1:2 / 7:4 n. E.
2005	**Al Ahly Kairo** (EGY) - Etoile du Sahel (TUN)	0:0 / 3:0
2006	**Al Ahly Kairo** (EGY) - Club Sportif Sfaxien (TUN)	1:1 / 1:0
2007	**Etoile du Sahel** (TUN) - Al Ahly Kairo (EGY)	0:0 / 3:1

* Asante Kotoko Kumasi tritt zum dritten Spiel nicht an

African Cup Winners' Cup (Pokal der Pokalsieger)

Endspiele

Jahr	Begegnung	Erg.
1975	**Tonnerre Yaoundé** (CMR) - Stella Abidjan (CIV)	1:0 / 4:1
1976	**Shooting Stars Ibadan** (NGR) - Tonnerre Yaoundé (CMR)	4:1 / 0:1
1977	**Enugu Rangers** (NGR) - Canon Yaoundé (CMR)	4:1 / 1:1
1978	**Horoya Conakry** (GUI) - MA Hussein-Dey (ALG)	3:1 / 2:1
1979	**Canon Yaoundé** (CMR) - Gor Mahia Nairobi (KEN)	2:0 / 6:0
1980	**TP Mazembe** (COD) - Africa Sports Abidjan (CIV)	3:1 / 1:0
1981	**Union Douala** (CMR) - Stationery Stores Lagos (NGR)	0:0 / 2:1
1982	**Al Mokaoulun Kairo** (EGY) - Power Dynamos Kitwe (ZAM)	2:0 / 2:0
1983	**Al Mokaoulun Kairo** (EGY) - Agaza Lome (TOG)	1:0 / 0:0
1984	**Al Ahly Kairo** (EGY) - Canon Yaoundé (CMR)	1:0 / 4:3 n. E.
1985	**Al Ahly Kairo** (EGY) - Leventis United Ibadan (NGR)	2:0 / 0:1
1986	**Al Ahly Kairo** (EGY) - AS SogaraPort Gentil (GAB)	3:0 / 0:2
1987	**Gor Mahia Nairobi** (KEN) - Espérance Tunis (TUN)	2:2 / 1:1
1988	**Club Athlétique Bizerte** (TUN) - Ranchers Bees Kaduna (NGR)	0:0 / 1:0
1989	**Al Merreikh Omdurman** (SUD) - Bendel Insurance Benin City (NGR)	1:0 / 0:0
1990	**BCC Lions Gboko** (NGR) - Club Africain Tunis (TUN)	3:0 / 1:1
1991	**Power Dynamos Kitwe** (ZAM) - BCC Lions Gboko (NGR)	2:3 / 3:1
1992	**Africa Sports Abidjan** (CIV) - Vital' O Bujumbura (BDI)	1:1 / 4:0
1993	**Al Ahly Kairo** (EGY) - Africa Sports Abidjan (CIV)	1:1 / 1:0
1994	**DC Motema Pembé** (COD) - Kenya Breweries Nairobi (KEN)	2:2 / 3:0
1995	**Jeunesse Sportive Kabylie** (ALG) - Julius Berger Lagos (NGR)	1:1 / 2:1
1996	**Al Mokaoulun Kairo** (EGY) - AC Sodigraf Kinshasa (COD)	0:0 / 4:0
1997	**Etoile du Sahel** (TUN) - Forces Armées Royal Rabat (MAR)	2:0 / 0:1
1998	**Espérance Tunis** (TUN) - Primeiro de Agosto Luanda (ANG)	3:1 / 1:1
1999	**Africa Sports Abidjan** (CIV) - Club Africain Tunis (TUN)	1:0 / 1:1
2000	**Zamalek SC Kairo** (EGY) - Canon Yaoundé (CMR)	4:1 / 0:2
2001	**Kaizer Chiefs Johannesburg** (RSA) - Inter Luanda (ANG)	1:0 / 1:1
2002	**Wydad AC Casablanca** (MAR) - Asante Kotoko Kumasi (GHA)	1:0 / 1:2
2003	**Etoile du Sahel** (TUN) - Julius Berger Lagos (NGR)	3:0 / 0:2

CAF-Cup

Pokalwettbewerb entsprechend des UEFA-Pokal-Systems

Endspiele

Jahr	Begegnung	Erg.
1992	**Shooting Stars Ibadan** (NGR) - Nakivubo Villa SC (UGA)	0:0 / 3:0
1993	**Stella Abidjan** (CIV) - Simba SC Dar-es-Salaam (TAN)	0:0 / 2:0
1994	**Bendel Insurance Benin City** (NGR) - Primeiro de Maio (ANG)	0:1 / 3:0
1995	**Etoile du Sahel** (TUN) - AS Kaloum Star (GUI)	0:0 / 2:0
1996	**Kawkab AC Marrakesch** (MAR) - Etoile du Sahel (TUN)	1:3 / 2:0
1997	**Espérance Tunis** (TUN) - Petro Atlético Luanda (ANG)	0:1 / 2:0
1998	**Club Sportif Sfaxien** (TUN) - ASC Jeanne d'Arc Dakar (SEN)	1:0 / 3:0
1999	**Etoile du Sahel** (TUN) - Wydad AC Casablanca (MAR)	1:0 / 1:2
2000	**Jeunesse Sportive Kabylie** (ALG) - Al Ismaily (EGY)	1:1 / 0:0
2001	**Jeunesse Sportive Kabylie** (ALG) - Etoile du Sahel (TUN)	1:0 / 1:2
2002	**Jeunesse Sportive Kabylie** (ALG) - Tonnerre Yaoundé (CMR)	4:0 / 0:1
2003	**Raja Casablanca** (MAR) - Cotonsport de Garoua (CMR)	2:0 / 0:0

CAF Confederation Cup

Der CAF Confederation Cup ersetzt den CAF-Cup und den African Cup Winners' Cup.

Endspiele

Jahr	Begegnung	Erg.
2004	**Hearts of Oak Accra** (GHA) - Asante Kotoko Kumasi (GHA)	1:1 / 9:8 n. E.
2005	**Forces Armées Royal Rabat** (MAR) - Dolphins FC (NGR)	0:1 / 3:0
2006	**Etoile du Sahel** (TUN) - Forces Armées Royal Rabat (MAR)	1:1 / 0:0
2007	**Club Sportif Sfaxien** (TUN) - Al Merreikh Omdurman (SUD)	4:2 / 1:0

ASIEN

Asian Club Championship (Pokal der Landesmeister)

Endspiele

Jahr	Begegnung	Erg.
1967	**Hapoel Tel Aviv** (ISR) - Selangor FA (MAS)	2:1
1968	**Maccabi Tel Aviv** (ISR) - Yangzee (KOR)	1:0
1969	Turnier nicht ausgetragen	–
1970	**Taj Club Teheran** (IRI) - Hapoel Tel Aviv (ISR)	2:1
1971	**Maccabi Tel Aviv** (ISR) gewinnt kampflos, da Al-Shourta Bagdad (IRQ) nicht antritt	–
1972-85	Turnier nicht ausgetragen	–
1986	**Pusan Daewoo Royals** (KOR) - Al-Ahly Riad (KSA)	3:1
1987	**Furukawa** (JPN) gewinnt das Endrundenturnier vor Al-Hilal Riad (KSA)	–
1988	**Yomiuri Kawasaki** (JPN) gewinnt kampflos, da Al-Hilal Riad (KSA) nicht antritt	–
1989	**Al-Saad Doha** (QAT) - Al-Rasheed Bagdad (IRQ)	2:3 / 1:0
1990	**Liaoning Shenyang** (CHN) - Nissan Yokohama (JPN)	2:1 / 1:1
1991	**Esteghlal Teheran** (IRI) - Liaoning Shenyang (CHN)	2:1
1992	**Al-Hilal Riad** (KSA) - Esteghlal Teheran (IRI)	5:4 n. E.
1993	**Pas Teheran** (IRI) - Al-Shabab Riad (KSA)	1:0
1994	**Bangkok Bank** (THA) - Oman Club Maskat (OMA)	2:1
1995	**Bangkok Bank** (THA) - Al-Arabi Doha (QAT)	1:0
1996	**Seongnam Ilhwa Chunma** (KOR) - Al-Nasr Riad (KSA)	1:0 n. V.
1997	**Pohang Steelers** (KOR) - Seongnam Ilhwa Chunma (KOR)	2:1 n. V.
1998	**Pohang Steelers** (KOR) - Dalian Wanda (CHN)	6:5 n. E.
1999	**Jubilo Iwata** (JPN) - Esteghlal Teheran (IRI)	2:1
2000	**Al-Hilal Riad** (KSA) - Jubilo Iwata (JPN)	3:2 n. V.
2001	**Suwon Samsung Bluewings** (KOR) - Jubilo Iwata (JPN)	1:0
2002	**Suwon Samsung Bluewings** (KOR) - Anyang LG Cheetahs (KOR)	4:2 n. E.

Asian Cup Winners' Cup (Pokal der Pokalsieger)

Endspiele

Jahr	Begegnung	Erg.
1991	**Pirouzi Teheran** (IRI) - Al-Muharraq (BHR)	0:0 / 1:0
1992	**Nissan Yokohama** (JPN) - Al-Nasr Riad (KSA)	1:1 / 5:0

>>

<<

Jahr	Begegnung	Erg.
1993	**Nissan Yokohama** (JPN) - Pirouzi Teheran (IRI)	1:1 / 1:0
1994	**Al-Qadisiyah Dammam** (KSA) - South China Hongkong (HKG)	4:2 / 2:0
1995	**Yokohama Flügels** (JPN) - Al-Sha'ab Dubai (UAE)	2:1 n. V.
1996	**Bellmare Hiratsuka** (JPN) - Al-Talaba Bagdad (IRQ)	2:1
1997	**Al-Hilal Riad** (KSA) - Nagoya Grampus Eight (JPN)	3:1
1998	**Al-Nasr Riad** (KSA) - Suwon Samsung Bluewings (KOR)	1:0
1999	**Al-Ittihad Jeddah** (KSA) - Chunnam Dragons (KOR)	3:2 n. V.
2000	**Shimizu S-Pulse** (JPN) - Al-Zawra Bagdad (IRQ)	1:0
2001	**Al-Shabab Riad** (KSA) - Dalian Shide (CHN)	4:2
2002	**Al-Hilal Riad** (KSA) - Chonbuk Hyundai Motors (KOR)	2:1 n. V.

AFC Champions League

Endspiele

Jahr	Begegnung	Erg.
2003	**Al-Ain Sports Club** (UAE) - BEC Tero Sesana (THA)	2:0 / 0:1
2004	**Al-Ittihad Jeddah** (KSA) - Seongnam Ilhwa Chunma (KOR)	1:3 / 5:0
2005	**Al-Ittihad Jeddah** (KSA) - Al-Ain Sports Club (UAE)	1:1 / 4:2
2006	**Chonbuk Hyundai Motors** (KOR) - Al-Karama (SYR)	2:0 / 1:2
2007	**Urawa Red Diamonds** (JPN) - Sepahan Isfahan (IRI)	1:1 / 2:0

OZEANIEN

OFC Club Championship (Pokal der Landesmeister)

Endspiele

Jahr	Begegnung	Erg.
1999	**South Melbourne** (AUS) - Nadi (FIJ)	5:1
2001	**Wollongong Wolves** (AUS) - Tafea FC (VAN)	1:0
2005	**Sydney FC** (AUS) - AS Magenta (NCL)	2:0
2006	**Auckland City FC** (NZL) - AS Pirаé (PYF)	3:1
2007	**Waitakere United** (NZL) - Ba FC (FIJ)	1:2 / 1:0
2008	**Waitakere United** (NZL) - Kossa FC (SLB)	3:1 / 5:0

INTERKONTINENTAL

Weltpokal / Toyota Cup

Pokalwettbewerb zwischen dem Sieger der UEFA Champions League (bis 1992: UEFA Europapokal der Landesmeister) und dem Sieger der Copa Libertadores de América. Von 1980 bis 2004 hieß der Wettbewerb Toyota Cup und wurde in Tokio ausgetragen.

Endspiele

Jahr	Begegnung	Erg.
1960	**Real Madrid** - Peñarol Montevideo (URU)	5:1 / 0:0
1961	**Peñarol Montevideo** (URU) - Benfica Lissabon	5:0 / 0:1 / 2:1
1962	**FC Santos** (BRA) - Benfica Lissabon	3:2 / 5:2

>>

Jahr	Begegnung	Erg.
<< 1963	**FC Santos** (BRA) - AC Mailand	4:2 / 2:4 / 1:0
1964	**Inter Mailand** - Independiente Buenos Aires (ARG)	2:0 / 0:1 / 1:0 n. V.
1965	**Inter Mailand** - Independiente Buenos Aires (ARG)	3:0 / 0:0
1966	**Peñarol Montevideo** (URU) - Real Madrid	2:0 / 2:0
1967	**Racing Club Avellaneda** (ARG) - Celtic Glasgow	2:1 / 0:1 / 1:0
1968	**Estudiantes de La Plata** (ARG) - Manchester United	1:0 / 1:1
1969	**AC Mailand** - Estudiantes de La Plata (ARG)	3:0 / 1:2
1970	**Feyenoord Rotterdam** - Estudiantes de La Plata (ARG)	1:0 / 2:2
1971	**Nacional Montevideo** (URU) - Panathinaikos Athen*	2:1 / 1:1
1972	**Ajax Amsterdam** - Independiente Buenos Aires (ARG)	3:0 / 1:1
1973	**Independiente Buenos Aires** (ARG) - Juventus Turin*	1:0
1974	**Atlético Madrid*** - Independiente Buenos Aires (ARG)	2:0 / 0:1
1975	Turnier nicht ausgetragen	–
1976	**FC Bayern München** - Cruzeiro Belo Horizonte (BRA)	2:0 / 0:0
1977	**Boca Juniors Buenos Aires** (ARG) - Borussia Mönchengladbach*	2:2 / 3:0
1978	Turnier nicht ausgetragen	–
1979	**Olimpia Asunción** (PAR) - Malmö FF*	2:1 / 1:0
1980	**Nacional Montevideo** (URU) - Nottingham Forest	1:0
1981	**Flamengo Rio de Janeiro** (BRA) - FC Liverpool	3:0
1982	**Peñarol Montevideo** (URU) - Aston Villa	2:0
1983	**Grêmio Porto Alegre** (BRA) - Hamburger SV	2:1 n. V.
1984	**Independiente Buenos Aires** (ARG) - FC Liverpool	1:0
1985	**Juventus Turin** - Argentinos Juniors (ARG)	6:4 n. E.
1986	**River Plate Buenos Aires** (ARG) - Steaua Bukarest	1:0
1987	**FC Porto** - Peñarol Montevideo (URU)	2:1 n. V.
1988	**Nacional Montevideo** (URU) - PSV Eindhoven	9:8 n. E.
1989	**AC Mailand** - Atlético Nacional Medellin (COL)	1:0 n. V.
1990	**AC Mailand** - Olimpia Asunción (PAR)	3:0
1991	**Roter Stern Belgrad** - Colo Colo Santiago (CHL)	3:0
1992	**FC São Paulo** (BRA) - FC Barcelona	2:1
1993	**FC São Paulo** (BRA) - AC Mailand**	3:2
1994	**CA Vélez Sarsfield** (ARG) - AC Mailand	2:0
1995	**Ajax Amsterdam** - Grêmio Porto Alegre (BRA)	4:3 n. E.
1996	**Juventus Turin** - River Plate Buenos Aires (ARG)	1:0
1997	**Borussia Dortmund** - Cruzeiro Belo Horizonte (BRA)	2:0
1998	**Real Madrid** - Vasco da Gama Rio de Janeiro (BRA)	2:1
1999	**Manchester United** - Palmeiras São Paulo (BRA)	1:0
2000	**Boca Juniors Buenos Aires** (ARG) - Real Madrid	2:1
2001	**FC Bayern München** - Boca Juniors Buenos Aires (ARG)	1:0 n. V.
2002	**Real Madrid** - Olimpia Asunción (PAR)	2:0
2003	**Boca Juniors Buenos Aires** (ARG) - AC Mailand	4:2 n. E.
2004	**FC Porto** - Once Caldas (COL)	8:7 n. E.

* Ersatzmannschaft für den nicht antretenden europäischen Titelträger
** Ersatzmannschaft für Olympique Marseille (Disqualifikation wegen Bestechungsskandal)

Copa Interamericana

Pokalwettbewerb zwischen dem Sieger der Copa Libertadores de América und dem Sieger des CONCACAF Champions' Cup

Endspiele

Jahr	Begegnung	Erg.
1969	**Estudiantes de La Plata** (ARG) - Deportivo Toluca (MEX)	2:1 / 1:2 / 3:0
1972	**Nacional Montevideo** (URU) - CD Cruz Azul (MEX)	1:1 / 2:1
1973	**Independiente Buenos Aires** (ARG) - Olimpia Tegucigalpa (HON)	2:1 / 2:0
1974	**Independiente Buenos Aires** (ARG) - Municipal Guatemala (GUA)	1:0 / 4:4 n. E.
1976	**Independiente Buenos Aires** (ARG) - Atlético Espanol Mexiko City (MEX)	2:2 / 4:2 n. E.
1978	**FC América** (MEX) - Boca Juniors Buenos Aires (ARG)	0:3 / 1:0 / 2:1 n. V.
1980	**Olimpia Asunción** (PAR) - Deportivo FAS San Salvador (ESA)	3:3 / 5:0
1981	**UNAM Mexiko City** (MEX) - Nacional Montevideo (URU)	3:1 / 1:3 / 2:1
1986	**Argentinos Juniors** (ARG) - Defence Force Chaguaramas (TRI)	1:0
1987	**River Plate Buenos Aires** (ARG) - LD Alajuelense (CRC)	0:0 / 3:0
1989	**Nacional Montevideo** (URU) - Olimpia Tegucigalpa (HON)	1:1 / 4:0
1990	**Atlético Nacional Medellin** (COL) - UNAM Mexiko City (MEX)	2:0 / 4:1
1991	**FC América** (MEX) - Olimpia Asunción (PAR)	1:1 / 2:1
1992	**Colo Colo Santiago** (CHL) - FC Puebla (MEX)	4:1 / 3:1
1994	**Universidad Católica*** (CHI) - Deportivo Saprissa San José (CRC)	1:3 / 5:1 n. V.
1995	**CA Vélez Sarsfield** (ARG) - CS Cartaginés (CRC)	0:0 / 2:0
1997	**Atlético Nacional Medellin** (COL) - Deportivo Saprissa San José (CRC)	3:2
1998	**Washington DC United** (USA) - Vasco da Gama Rio de Janeiro (BRA)	0:1 / 2:0

1970, 1971, 1975, 1977, 1979, 1982-1985, 1988, 1993, 1996: nicht ausgetragen
* Ersatzmannschaft für den Titelträger FC São Paulo (BRA)

Afro-Asian Club Championship

Pokalwettbewerb zwischen dem Sieger des African Cup of Champion Clubs bzw. der CAF Champions League und dem Sieger des Asian Club Championships

Endspiele

Jahr	Begegnung	Erg.
1986	**Pusan Daewoo Royals** (KOR) - Forces Armées Royal Rabat (MAR)	2:0
1987	**Zamalek SC Kairo** (EGY) - Furukawa (JPN)	2:0
1988	**Al Ahly Kairo** (EGY) - Yomiuri Kawasaki (JPN)	3:1 / 1:0
1989	**Entente Plasticiens Sétif** (ALG) - Al-Saad Doha (QAT)	2:0 / 3:1
1990	Turnier nicht ausgetragen	–
1991	Turnier nicht ausgetragen	–
1992	**Club Africain Tunis** (TUN) - Al-Hilal Riad (KSA)	2:1 / 2:2
1993	**Wydad AC Casablanca** (MAR) - Pas Teheran (IRI)	0:0 / 2:0
1994	**Bangkok Bank** (THA) - Zamalek SC Kairo (EGY)	1:2 / 1:0
1995	**Espérance Tunis** (TUN) - Bangkok Bank (THA)	1:1 / 3:0
1996	**Seongnam Ilhwa Chunma** (KOR) - Orlando Pirates (RSA)	0:0 / 5:0
1997	**Zamalek SC Kairo** (EGY) - Pohang Steelers (KOR)	1:2 / 1:0
1998	**Raja Casablanca** (MAR) - Pohang Steelers (KOR)	2:2 / 1:0

FIFA Klub-Weltmeisterschaft

Die FIFA Klub-Weltmeisterschaft ersetzt ab 2005 den auf europäische und südamerikanische Mannschaften beschränkten Toyota Cup.

Jahr	Begegnung	Erg.
2000	**Corinthians São Paulo** (BRA) - Vasco da Gama Rio de Janeiro (BRA)	4:3 n. E.
2005	**Corinthians São Paulo** (BRA) - FC Liverpool	1:0
2006	**Internacional** (BRA) - FC Barcelona	1:0
2007	**AC Mailand** - Boca Juniors Buenos Aires (ARG)	4:2

EUROPA – MÄNNER

Europa-Nationenpokal / UEFA Fußball-Europameisterschaft

Vor der Einführung der offiziellen Bezeichnung UEFA Fußball-Europameisterschaft im Jahr 1968 wird der Wettbewerb Europa-Nationenpokal genannt. Das Endrundenturnier wird bis 1976 nur von den zuvor ermittelten besten vier europäischen Mannschaften bestritten.

Siegerliste

Jahr	Mannschaft
1960	Sowjetunion
1964	Spanien
1968	Italien
1972	Deutschland
1976	Tschechoslowakei
1980	Deutschland
1984	Frankreich
1988	Niederlande
1992	Dänemark
1996	Deutschland
2000	Frankreich
2004	Griechenland
2008	Spanien

I. Europa-Nationenpokal 1960 Frankreich
6. bis 10. Juli 1960 | 4 Teilnehmer | 4 Spiele

Halbfinale

Datum	Ort	Begegnung	Erg.	Tore
06.07.	Paris	Frankreich - **Jugoslawien**	4:5	0:1 Galić (11.), 1:1 Vincent (12.), 2:1 Heutte (43.), 3:1 Wisniewski (52.), 3:2 Žanetić (55.), 4:2 Heutte (62.), 4:3 Knez (75.), 4:4 Jerković (77.), 4:5 Jerković (78.)
06.07.	Marseille	Tschechosl. - **Sowjetunion**	0:3	0:1 V. Iwanow (34.), 0:2 V. Iwanow (56.), 0:3 Ponedjelnik (65.)

Spiel um Platz 3

Datum	Ort	Begegnung	Erg.	Tore
09.07.	Marseille	**Tschechosl.** - Frankreich	2:0	1:0 Bubník (58.), 2:0 Pavlović (88.)

Finale

Datum	Ort	Begegnung	Erg.	Tore
10.07.	Paris	**Sowjetunion** - Jugoslawien	2:1 n. V.	0:1 Galić (41.), 1:1 Metreweli (49.), Ponedjelnik (114.)

Sowjetunion: Jaschin, Tschocheli, Krutikow, Woinow, Masljonkin, Netto, Metreweli, V. Iwanow, Ponedjelnik, Bubukin, Meschi
Jugoslawien: Vidinić, Durković, Jusufi, Žanetić, Miladinović, Perusić, Matuš, Šekularac, Galić, Jerković, Kostić
Schiedsrichter: Ellis (England) **Zuschauer:** 18 000

II. Europa-Nationenpokal 1964 Spanien

17. bis 21. Juni 1964 | 4 Teilnehmer | 4 Spiele

Halbfinale

Datum	Ort	Begegnung	Erg.	Tore
17.06.	Madrid	**Spanien** - Ungarn	2:1 n. V.	1:0 Pereda (35.), 1:1 Bene (84.), 2:1 Amancio (108.)
17.06.	Barcelona	Dänemark - **Sowjetunion**	0:3	0:1 Woronin (19.), 0:2 Ponedjelnik (40.), 0:3 V. Iwanow (87.)

Spiel um Platz 3

Datum	Ort	Begegnung	Erg.	Tore
20.06.	Barcelona	**Ungarn** - Dänemark	3:1 n. V.	1:0 Bene (11.), 1:1 Bertelsen (81.), 2:1 Novák (107., FE), 3:1 Novák (110.)

Finale

Datum	Ort	Begegnung	Erg.	Tore
21.06.	Madrid	**Spanien** - Sowjetunion	2:1	1:0 Pereda (6.), 1:1 Chussainow (8.), 2:1 Marcelino (84.)

Spanien: Iríbar, Rivilla, Olivella, Calleja, Zoco, Fusté, Amancio, Pereda, Marcelino, Suárez, Lapetra
Sowjetunion: Jaschin, Schustikow, Schesternjew, Mudrik, Woronin, Anitschkin, Tschislenko, V. Iwanow, Ponedjelnik, Kornejew, Chussainow
Schiedsrichter: Holland (England) **Zuschauer:** 120 000

III. UEFA EM 1968 Italien

5. bis 10. Juni 1968 | 4 Teilnehmer | 5 Spiele

Halbfinale

Datum	Ort	Begegnung	Erg.	Tore
05.06.	Neapel	**Italien** - Sowjetunion	0:0 n. V.	Münzwurf entscheidet für Italien
05.06.	Florenz	**Jugoslawien** - England	1:0	1:0 Džajić (86.)

Spiel um Platz 3

Datum	Ort	Begegnung	Erg.	Tore
08.06.	Rom	**England** - Sowjetunion	2:0	1:0 B. Charlton (39.), 2:0 Hurst (64.)

Finale

Datum	Ort	Begegnung	Erg.	Tore
08.06.	Rom	Italien - Jugoslawien	1:1 n. V.	0:1 Džajić (39.), 1:1 Domenghini (80.)

Italien: Zoff, Burgnich, Facchetti, Ferrini, Guarneri, Castano, Domenghini, Juliano, Anastasi, Lodetti, Prati
Jugoslawien: Pantelić, Fazlagić, Damjanović, Pavlović, Paunović, Holcer, Petković, Trivić, Musemić, Ačimović, Džajić
Schiedsrichter: Dienst (Schweiz) **Zuschauer:** 90 000

Final-Wiederholung

Datum	Ort	Begegnung	Erg.	Tore
10.06.	Rom	**Italien** - Jugoslawien	2:0	1:0 Riva (11.), 2:0 Anastasi (32.)

Italien: Zoff, Burgnich, Facchetti, Salvadore, Guarneri, Rosato, Domenghini, Mazzola, Anastasi, de Sisti, Riva
Jugoslawien: Pantelić, Fazlagić, Damjanović, Pavlović, Paunović, Holcer, Hošić, Trivić, Musemić, Aćimović, Džajić
Schiedsrichter: Ortiz de Mendibil (Spanien) **Zuschauer:** 70 000

IV. UEFA EM 1972 Belgien

14. bis 18. Juni 1972 | 4 Teilnehmer | 4 Spiele

Halbfinale

Datum	Ort	Begegnung	Erg.	Tore
14.06.	Antwerpen	Belgien - **Deutschland**	1:2	0:1 G. Müller (24.), 0:2 G. Müller (71.), 1:2 Polleunis (83.)
14.06.	Brüssel	Ungarn - **Sowjetunion**	0:1	0:1 Konkow (53.)

Spiel um Platz 3

Datum	Ort	Begegnung	Erg.	Tore
17.06.	Lüttich	Ungarn - **Belgien**	1:2	0:1 Lambert (24.), 0:2 van Himst (29.), 1:2 Kü (52., FE)

Finale

Datum	Ort	Begegnung	Erg.	Tore
18.06.	Brüssel	**Deutschland** - Sowjetunion	3:0	1:0 G. Müller (27.), 2:0 Wimmer (52.), 3:0 G. Müller (58.)

Deutschland: Maier, Höttges, Beckenbauer, Schwarzenbeck, Breitner, U. Hoeneß, Wimmer, Netzer, Heynckes, G. Müller, E. Kremers
Sowjetunion: Rudakow, Dsodsuaschwili, Kaplitschny, Istomin, Churzilawa, Kolotow, Troschkin, Baidatschny, Banischewski (66. Kosinkewitsch), Konkow (46. Dolmatow), Onitschenko
Schiedsrichter: Marschall (Österreich) **Zuschauer:** 50 000
Gelbe Karten: Kaplitschny **Rote Karten:** –

V. UEFA EM 1976 Jugoslawien

16. bis 20. Juni 1976 | 4 Teilnehmer | 4 Spiele

Halbfinale

Datum	Ort	Begegnung	Erg.	Tore
16.06.	Zagreb	**Tschechosl.** - Niederlande	3:1 n. V.	1:0 Ondruš (20.), 1:1 Ondruš (73., ET), 2:1 Nehoda (114.), 3:1 Veselý (119.)
17.06.	Belgrad	Jugoslawien - **Deutschland**	2:4 n. V.	1:0 Popivoda (18.), 2:0 Džajić (32.), 2:1 Flohe (65.), 2:2 D. Müller (80.), 2:3 D. Müller (115.), 2:4 D. Müller (119.)

Spiel um Platz 3

Datum	Ort	Begegnung	Erg.	Tore
19.06.	Zagreb	**Niederlande** - Jugoslawien	3:2 n. V.	1:0 Geels (27.), 2:0 W. van de Kerkhof (39.), 2:1 Katalinski (43.), 2:2 Džajić (83.), 3:2 Geels (107.)

Finale

Datum	Ort	Begegnung	Erg.	Tore
20.06.	Belgrad	**Tschechosl.** - Deutschland	7:5 n. E.	1:0 Švehlík (8.), 2:0 Dobiaš (25.), 2:1 D. Müller (28.), 2:2 Hölzenbein (90.); 5:3 i. E.

Tschechosl.: Viktor, Pivarník, Ondruš, Čapkovič, Gögh, Dobiaš (94. Veselý), Móder, Panenka, Masný, Švehlík (79. Jurkemík), Nehoda
Deutschland: Maier, Vogts, Schwarzenbeck, Beckenbauer, Dietz, Wimmer (46. Flohe), Bonhof, Beer (80. Bongartz), U. Hoeneß, D. Müller, Hölzenbein
Schiedsrichter: Gonella (Italien) **Zuschauer:** 33 000
Gelbe Karten: Dobiaš, Móder **Rote Karten:** –

VI. UEFA EM 1980 Italien

11. bis 22. Juni 1980 | 8 Teilnehmer | 14 Spiele

Gruppe 1

Spiele

Datum	Ort	Begegnung	Erg.
11.06.	Rom	Tschechosl. - Deutschland	0:1
11.06.	Neapel	Niederlande - Griechenland	1:0
14.06.	Neapel	Deutschland - Niederlande	3:2
14.06.	Rom	Griechenland - Tschechosl.	1:3
17.06.	Turin	Griechenland - Deutschland	0:0
17.06.	Mailand	Niederlande - Tschechosl.	1:1

Tabelle

Mannschaft	Sp.	S	U	N	Tore	Pkt.
1. **Deutschland**	3	2	1	0	4:2	5-1
2. **Tschechosl.**	3	1	1	1	4:3	3-3
3. Niederlande	3	1	1	1	4:4	3-3
4. Griechenland	3	0	1	2	1:4	1-5

Gruppe 2

Spiele

Datum	Ort	Begegnung	Erg.
12.06.	Turin	Belgien - England	1:1
12.06.	Mailand	Spanien - Italien	0:0
15.06.	Mailand	Belgien - Spanien	2:1
15.06.	Turin	England - Italien	0:1
18.06.	Neapel	Spanien - England	1:2
18.06.	Rom	Italien - Belgien	0:0

Tabelle

Mannschaft	Sp.	S	U	N	Tore	Pkt.
1. **Belgien**	3	1	2	0	3:2	4-2
2. **Italien**	3	1	2	0	1:0	4-2
3. England	3	1	1	1	3:3	3-3
4. Spanien	3	0	1	2	2:4	1-5

Spiel um Platz 3

Datum	Ort	Begegnung	Erg.	Tore
21.06.	Neapel	**Tschechosl.** - Italien	10:9 n. E.	1:0 Jurkemík (54.), 1:1 Graziani (73.); 9:8 i. E.

Finale

Datum	Ort	Begegnung	Erg.	Tore
22.06.	Rom	Belgien - **Deutschland**	1:2	0:1 Hrubesch (10.), 1:1 Vandereycken (72., FE), 1:2 Hrubesch (88.)

Belgien: Pfaff, Gerets, L. Millecamps, Meeuws, Renquin, Cools, Vandereycken, van Moer, Mommens, van der Elst, Ceulemans
Deutschland: Schumacher, Kaltz, K. Förster, Stielike, Dietz, Briegel (55. Cullmann), Schuster, H. Müller, K.-H. Rummenigge, Hrubesch, K. Allofs
Schiedsrichter: Rainea (Rumänien) **Zuschauer:** 48 000
Gelbe Karten: – **Rote Karten:** –

VII. UEFA EM 1984 Frankreich

12. bis 27. Juni 1984 | 8 Teilnehmer | 15 Spiele

Gruppe 1

Spiele

Datum	Ort	Begegnung	Erg.
12.06.	Paris	Frankreich - Dänemark	1:0
13.06.	Lens	Belgien - Jugoslawien	2:0
16.06.	Nantes	Frankreich - Belgien	5:0
16.06.	Lyon	Dänemark - Jugoslawien	5:0
19.06.	Saint-Etienne	Frankr. - Jugoslawien	3:2
19.06.	Straßburg	Dänemark - Belgien	3:2

Tabelle

Mannschaft	Sp.	S	U	N	Tore	Pkt.
1. **Frankreich**	3	3	0	0	9:2	6-0
2. **Dänemark**	3	2	0	1	8:3	4-2
3. Belgien	3	1	0	2	4:8	2-4
4. Jugoslawien	3	0	0	3	2:10	0-6

Gruppe 2

Spiele

Datum	Ort	Begegnung	Erg.
14.06.	Saint-Etienne	Rumänien - Spanien	1:1
14.06.	Straßburg	Deutschland - Portugal	0:0
17.06.	Lens	Deutschland - Rumänien	2:1
17.06.	Marseille	Portugal - Spanien	1:1
20.06.	Nantes	Portugal - Rumänien	1:0
20.06.	Paris	Deutschland - Spanien	0:1

Tabelle

Mannschaft	Sp.	S	U	N	Tore	Pkt.
1. **Spanien**	3	1	2	0	3:2	4-2
2. **Portugal**	3	1	2	0	2:1	4-2
3. Deutschland	3	1	1	1	2:2	3-3
4. Rumänien	3	0	1	2	2:4	1-5

Halbfinale

Datum	Ort	Begegnung	Erg.	Tore
23.06.	Marseille	**Frankreich** - Portugal	3:2 n. V.	1:0 Domergue (25.), 1:1 Jordão (74.), 1:2 Jordão (98.), 2:2 Domergue (115.), 3:2 Platini (119.)
24.06.	Lyon	Dänemark - **Spanien**	5:6 n. E.	1:0 Lerby (7.), 1:1 Maceda (67.); 4:5 i. E.

Finale

Datum	Ort	Begegnung	Erg.	Tore
27.06.	Paris	**Frankreich** - Spanien	2:0	1:0 Platini (57.), 2:0 Bellone (90.)

Frankreich: Bats, Battiston (72. Amoros), Le Roux, Bossis, Domergue, Giresse, Tigana, Fernandez, Platini, Lacombe (80. Genghini), Bellone
Spanien: Arconada, Urquiaga, Salva (85. Roberto), Gallego, Señor, Francisco, Víctor, Camacho, Alberto (77. Sarabia), Santillaña, Carrasco
Schiedsrichter: Christov (Tschechosl.) **Zuschauer:** 47 000
Gelbe Karten: Fernandez, Le Roux - Gallego, Carrasco **Rote Karten:** Le Roux

VIII. UEFA EM 1988 Deutschland

10. bis 25. Juni 1988 | 8 Teilnehmer | 15 Spiele

Gruppe 1

Spiele

Datum	Ort	Begegnung	Erg.
10.06.	Düsseldorf	Deutschland - Italien	1:1
11.06.	Hannover	Dänemark - Spanien	2:3
14.06.	Gelsenkirchen	Deutschl. - Dänemark	2:0
14.06.	Frankfurt	Italien - Spanien	1:0
17.06.	München	Deutschland - Spanien	2:0
17.06.	Köln	Italien - Dänemark	2:0

Tabelle

Mannschaft	Sp.	S	U	N	Tore	Pkt.
1. **Deutschland**	3	2	1	0	5:1	5-1
2. **Italien**	3	2	1	0	4:1	5-1
3. Spanien	3	1	0	2	3:5	2-4
4. Dänemark	3	0	0	3	2:7	0-6

Gruppe 2

Spiele

Datum	Ort	Begegnung	Erg.
12.06.	Stuttgart	England - Irland	0:1
12.06.	Köln	Niederlande - Sowjetunion	0:1
15.06.	Düsseldorf	England - Niederlande	1:3
15.06.	Hannover	Irland - Sowjetunion	1:1
18.06.	Frankfurt	England - Sowjetunion	1:3
18.06.	Gelsenkirchen	Irland - Niederlande	0:1

Tabelle

Mannschaft	Sp.	S	U	N	Tore	Pkt.
1. **Sowjetunion**	3	2	1	0	5:2	5-1
2. **Niederlande**	3	2	0	1	4:2	4-2
3. Irland	3	1	1	1	2:2	3-3
4. England	3	0	0	3	2:7	0-6

Halbfinale

Datum	Ort	Begegnung	Erg.	Tore
21.06.	Hamburg	Deutschland - **Niederlande**	1:2	1:0 Matthäus (55., FE), 1:1 R. Koeman (74., FE), 1:2 van Basten (89.)
22.06.	Stuttgart	**Sowjetunion** - Italien	2:0	1:0 Litowtschenko (60.), 2:0 Protassow (63.)

Finale

Datum	Ort	Begegnung	Erg.	Tore
25.06.	München	Sowjetunion - **Niederlande**	0:2	0:1 Gullit (33.), 0:2 van Basten (54.)

Sowjetunion: Dassajew, Chidijatulin, Demjanenko, Litowtschenko, Aleijnikow, Sawarow, Gotsmanow (69. Baltatscha), Michailitschenko, Raz, Protassow (71. Pasulko), Belanow
Niederlande: van Breukelen, van Aerle, Rijkaard, R. Koeman, van Tiggelen, Vanenburg, Wouters, A. Mühren, E. Koeman, Gullit, van Basten
Schiedsrichter: Vautrot (Frankreich) **Zuschauer:** 72 300
Gelbe Karten: Belanow, Litowtschenko, Chidijatulin - Wouters, van Aerle **Rote Karten:** –

IX. UEFA EM 1992 Schweden

10. bis 26. Juni 1992 | 8 Teilnehmer | 15 Spiele

Gruppe 1

Spiele

Datum	Ort	Begegnung	Erg.
10.06.	Stockholm	Schweden - Frankreich	1:1
11.06.	Malmö	Dänemark - England	0:0
14.06.	Malmö	Frankreich - England	0:0
14.06.	Stockholm	Schweden - Dänemark	1:0
17.06.	Stockholm	Schweden - England	2:1
17.06.	Malmö	Frankreich - Dänemark	1:2

Tabelle

Mannschaft	Sp.	S	U	N	Tore	Pkt.
1. **Schweden**	3	2	1	0	4:2	5-1
2. **Dänemark**	3	1	1	1	2:2	3-3
3. Frankreich	3	0	2	1	2:3	2-4
4. England	3	0	2	1	1:2	2-4

Gruppe 2

Spiele

Datum	Ort	Begegnung	Erg.
12.06.	Göteborg	Niederlande - Schottland	1:0
12.06.	Norrköping	GUS - Deutschland	1:1
15.06.	Norrköping	Schottland - Deutschland	0:2
15.06.	Göteborg	Niederlande - GUS	0:0
18.06.	Göteborg	Niederlande - Deutschland	3:1
18.06.	Norrköping	Schottland - GUS	3:0

Tabelle

Mannschaft	Sp.	S	U	N	Tore	Pkt.
1. **Niederlande**	3	2	1	0	4:1	5-1
2. **Deutschland**	3	1	1	1	4:4	3-3
3. Schottland	3	1	0	2	3:3	2-4
4. GUS	3	0	2	1	1:4	2-4

Halbfinale

Datum	Ort	Begegnung	Erg.	Tore
21.06.	Stockholm	Schweden - **Deutschland**	2:3	0:1 Häßler (11.), 0:2 Riedle (59.), 1:2 Brolin (65., FE), 1:3 Riedle (89.), 2:3 K. Andersson (90.)
22.06.	Göteborg	Niederlande - **Dänemark**	6:7 n. E.	0:1 Larsen (6.), 1:1 Bergkamp (23.), 1:2 Larsen (33.), 2:2 Rijkaard (86.); 4:5 i. E.

Finale

Datum	Ort	Begegnung	Erg.	Tore
26.06.	Göteborg	**Dänemark** - Deutschland	2:0	1:0 J. Jensen (19.), 2:0 Vilfort (78.)

Dänemark: Schmeichel, Sivebæk (66. Christiansen), K. Nielsen, L. Olsen, Piechnik, Christofte, J. Jensen, Vilfort, H. Larsen, Povlsen, B. Laudrup
Deutschland: Illgner, Helmer, Reuter, Kohler, Buchwald, Brehme, Häßler, Sammer (46. Doll), Effenberg (81. Thom), Riedle, Klinsmann
Schiedsrichter: Galler (Schweiz) **Zuschauer:** 37 800
Gelbe Karten: H. Larsen - Effenberg, Häßler, Reuter, Doll, Klinsmann **Rote Karten:** –

X. UEFA EM 1996 England

8. bis 30. Juni 1996 | 16 Teilnehmer | 31 Spiele

Gruppe A

Spiele

Datum	Ort	Begegnung	Erg.
08.06.	London	England - Schweiz	1:1
11.06.	Birmingham	Niederlande - Schottland	0:0
13.06.	Birmingham	Schweiz - Niederlande	0:2
15.06.	London	Schottland - England	0:2
18.06.	Birmingham	Schottland - Schweiz	1:0
18.06.	London	Niederlande - England	1:4

Tabelle

Mannschaft	Sp.	S	U	N	Tore	Pkt.
1. **England**	3	2	1	0	7:2	7
2. **Niederlande**	3	1	1	1	3:4	4
3. Schottland	3	1	1	1	1:2	4
4. Schweiz	3	0	1	2	1:4	1

Gruppe B

Spiele

Datum	Ort	Begegnung	Erg.
09.06.	Leeds	Spanien - Bulgarien	1:1
10.06.	Newcastle	Rumänien - Frankreich	0:1
13.06.	Newcastle	Bulgarien - Rumänien	1:0
15.06.	Leeds	Frankreich - Spanien	1:1
18.06.	Newcastle	Frankreich - Bulgarien	3:1
18.06.	Leeds	Rumänien - Spanien	1:2

Tabelle

Mannschaft	Sp.	S	U	N	Tore	Pkt.
1. **Frankreich**	3	2	1	0	5:2	7
2. **Spanien**	3	1	2	0	4:3	5
3. Bulgarien	3	1	1	1	3:4	4
4. Rumänien	3	0	0	3	1:4	0

Gruppe C

Spiele

Datum	Ort	Begegnung	Erg.
09.06.	Manchester	Deutschland - Tschechien	2:0
11.06.	Liverpool	Italien - Russland	2:1
14.06.	Liverpool	Tschechien - Italien	2:1
16.06.	Manchester	Russland - Deutschland	0:3
19.06.	Manchester	Italien - Deutschland	0:0
19.06.	Liverpool	Russland - Tschechien	3:3

Tabelle

Mannschaft	Sp.	S	U	N	Tore	Pkt.
1. **Deutschland**	3	2	1	0	5:0	7
2. **Tschechien***	3	1	1	1	5:6	4
3. Italien	3	1	1	1	3:3	4
4. Russland	3	0	1	2	4:8	1

Gruppe D

Spiele

Datum	Ort	Begegnung	Erg.
09.06.	Sheffield	Dänemark - Portugal	1:1
11.06.	Nottingham	Türkei - Kroatien	0:1
14.06.	Nottingham	Portugal - Türkei	1:0
16.06.	Sheffield	Kroatien - Dänemark	3:0
19.06.	Nottingham	Kroatien - Portugal	0:3
19.06.	Sheffield	Türkei - Dänemark	0:3

Tabelle

Mannschaft	Sp.	S	U	N	Tore	Pkt.
1. **Portugal**	3	2	1	0	5:1	7
2. **Kroatien**	3	2	0	1	4:3	6
3. Dänemark	3	1	1	1	4:4	4
4. Türkei	3	0	0	3	0:5	0

Viertelfinale

Datum	Ort	Begegnung	Erg.	Tore
22.06.	London	Spanien - **England**	2:4 n. E.	
22.06.	Liverpool	**Frankreich** - Niederlande	5:4 n. E.	
23.06.	Manchester	**Deutschland** - Kroatien	2:1	1:0 Klinsmann (21., HE), 1:1 Šuker (51.), 2:1 Sammer (59.)
23.06.	Birmingham	**Tschechien** - Portugal	1:0	1:0 Poborský (53.)

Halbfinale

Datum	Ort	Begegnung	Erg.	Tore
26.06.	Manchester	Frankreich - **Tschechien**	5:6 n. E.	
26.06.	London	**Deutschland** - England	7:6 n. E.	1:0 Shearer (3.), 1:1 Kuntz (16.); 6:5 i. E.

Finale

Datum	Ort	Begegnung	Erg.	Tore
30.06.	London	Tschechien - **Deutschland**	1:2 n. V.	1:0 Berger (59., FE), 1:1 Bierhoff (73.), 1:2 Bierhoff (95., Golden Goal)

Tschechien: Kouba, Kadlec, Hor ák, Suchopárek, Poborský (88. Šmicer), Nedvěd, Rada, Berger, Bejbl, Němec, Kuka
Deutschland: Köpke, Sammer, Babbel, Helmer, Strunz, Häßler, Eilts (46. Bode), Scholl (69. Bierhoff), Ziege, Klinsmann, Kuntz
Schiedsrichter: Pairetto (Italien) **Zuschauer:** 76 000
Gelbe Karten: Hor ák - Helmer, Sammer, Ziege **Rote Karten:** –

XI. UEFA EM 2000 Niederlande / Belgien

10. Juni bis 2. Juli 2000 | 16 Teilnehmer | 31 Spiele

Gruppe A

Spiele

Datum	Ort	Begegnung	Erg.
12.06.	Lüttich	Deutschland - Rumänien	1:1
12.06.	Eindhoven	Portugal - England	3:2
17.06.	Arnheim	Rumänien - Portugal	0:1
17.06.	Charleroi	England - Deutschland	1:0
20.06.	Charleroi	England - Rumänien	2:3
20.06.	Rotterdam	Portugal - Deutschland	3:0

Tabelle

	Mannschaft	Sp.	S	U	N	Tore	Pkt.
1.	**Portugal**	3	3	0	0	7:2	9
2.	**Rumänien**	3	1	1	1	4:4	4
3.	England	3	1	0	2	5:6	3
4.	Deutschland	3	0	1	2	1:5	1

Gruppe B

Spiele

Datum	Ort	Begegnung	Erg.
10.06.	Brüssel	Belgien - Schweden	2:1
11.06.	Arnheim	Türkei - Italien	1:2
14.06.	Brüssel	Italien - Belgien	2:0
15.06.	Eindhoven	Schweden - Türkei	0:0
19.06.	Brüssel	Türkei - Belgien	2:0
19.06.	Eindhoven	Italien - Schweden	2:1

Tabelle

	Mannschaft	Sp.	S	U	N	Tore	Pkt.
1.	**Italien**	3	3	0	0	6:2	9
2.	**Türkei**	3	1	1	1	3:2	4
3.	Belgien	3	1	0	2	2:5	3
4.	Schweden	3	0	1	2	2:4	1

Gruppe C

Spiele

Datum	Ort	Begegnung	Erg.
13.06.	Rotterdam	Spanien - Norwegen	0:1
13.06.	Charleroi	Jugoslawien - Slowenien	3:3
18.06.	Amsterdam	Slowenien - Spanien	1:2
18.06.	Lüttich	Norwegen - Jugoslawien	0:1
21.06.	Brügge	Jugoslawien - Spanien	3:4
21.06.	Arnheim	Slowenien - Norwegen	0:0

Tabelle

	Mannschaft	Sp.	S	U	N	Tore	Pkt.
1.	**Spanien**	3	2	0	1	6:5	6
2.	**Jugoslawien**	3	1	1	1	7:7	4
3.	Norwegen	3	1	1	1	1:1	4
4.	Slowenien	3	0	2	1	4:5	2

Gruppe D

Spiele

Datum	Ort	Begegnung	Erg.
11.06.	Brügge	Frankreich - Dänemark	3:0
11.06.	Amsterdam	Niederlande - Tschechien	1:0
16.06.	Brügge	Tschechien - Frankreich	1:2
16.06.	Rotterdam	Dänemark - Niederlande	0:3
21.06.	Lüttich	Dänemark - Tschechien	0:2
21.06.	Amsterdam	Frankreich - Niederlande	2:3

Tabelle

	Mannschaft	Sp.	S	U	N	Tore	Pkt.
1.	**Niederlande**	3	3	0	0	7:2	9
2.	**Frankreich**	3	2	0	1	7:4	6
3.	Tschechien	3	1	0	2	3:3	3
4.	Dänemark	3	0	0	3	0:8	0

Viertelfinale

Datum	Ort	Begegnung	Erg.	Tore
24.06.	Amsterdam	Türkei - **Portugal**	0:2	0:1 N. Gomes (44.), 0:2 N. Gomes (56.)
24.06.	Brüssel	**Italien** - Rumänien	2:0	1:0 Totti (33.), 2:0 Inzaghi (42.)
25.06.	Rotterdam	**Niederlande** - Jugoslawien	6:1	1:0 Kluivert (24.), 2:0 Kluivert (38.), 3:0 Govedarica (51., ET), 4:0 Kluivert (54.), 5:0 Overmars (78.), 6:0 Overmars (90.), 6:1 Milošević (90.)
25.06.	Brügge	Spanien - **Frankreich**	1:2	0:1 Zidane (33.), 1:1 Mendieta (38., FE), 1:2 Djorkaeff (44.)

Halbfinale

Datum	Ort	Begegnung	Erg.	Tore
28.06.	Brüssel	**Frankreich** - Portugal	2:1 n. V.	0:1 N. Gomes (19.), 1:1 Henry (51.), 2:1 Zidane (117., HE, Golden Goal)
29.06.	Amsterdam	**Italien** - Niederlande	3:1 n. E.	

Finale

Datum	Ort	Begegnung	Erg.	Tore
02.07.	Rotterdam	**Frankreich** - Italien	2:1 n. V.	0:1 Delvecchio (55.), 1:1 Wiltord (90.), 2:1 Trézéguet (103., Golden Goal)

Frankreich: Barthez, Thuram, Blanc, Desailly, Lizarazu (85. Pires), Vieira, Deschamps, Djorkaeff (76. Trézéguet), Zidane, Dugarry (58. Wiltord), Henry
Italien: Toldo, Cannavaro, Nesta, Iuliano, Pessotto, Albertini, Di Biagio (66. Ambrosini), Maldini, Totti, Fiore (53. Del Piero), Delvecchio (86. Montella)
Schiedsrichter: Frisk (Schweden) **Zuschauer:** 48 200
Gelbe Karten: Thuram - Di Biagio, Cannavaro, Totti **Rote Karten:** –

XII. UEFA EM 2004 Portugal

12. Juni bis 4. Juli 2004 | 16 Teilnehmer | 31 Spiele

Gruppe A

Spiele

Datum	Ort	Begegnung	Erg.
12.06.	Porto	Portugal - Griechenland	1:2
12.06.	Faro-Loulé	Spanien - Russland	1:0
16.06.	Porto	Griechenland - Spanien	1:1
16.06.	Lissabon	Russland - Portugal	0:2
20.06.	Lissabon	Spanien - Portugal	0:1
20.06.	Faro-Loulé	Russland - Griechenland	2:1

Tabelle

	Mannschaft	Sp.	S	U	N	Tore	Pkt.
1.	**Portugal**	3	2	0	1	4:2	6
2.	**Griechenland**	3	1	1	1	4:4	4
3.	Spanien	3	1	1	1	2:2	4
4.	Russland	3	1	0	2	2:4	3

Gruppe B

Spiele

Datum	Ort	Begegnung	Erg.
13.06.	Leiria	Schweiz - Kroatien	0:0
13.06.	Lissabon	Frankreich - England	2:1
17.06.	Coimbra	England - Schweiz	3:0
17.06.	Leiria	Kroatien - Frankreich	2:2
21.06.	Lissabon	Kroatien - England	2:4
21.06.	Coimbra	Schweiz - Frankreich	1:3

Tabelle

	Mannschaft	Sp.	S	U	N	Tore	Pkt.
1.	**Frankreich**	3	2	1	0	7:4	7
2.	**England**	3	2	0	1	8:4	6
3.	Kroatien	3	0	2	1	4:6	2
4.	Schweiz	3	0	1	2	1:6	1

Gruppe C

Spiele

Datum	Ort	Begegnung	Erg.
14.06.	Guimaraes	Dänemark - Italien	0:0
14.06.	Lissabon	Schweden - Bulgarien	5:0
18.06.	Braga	Bulgarien - Dänemark	0:2
18.06.	Porto	Italien - Schweden	1:1
22.06.	Guimaraes	Italien - Bulgarien	2:1
22.06.	Porto	Dänemark - Schweden	2:2

Tabelle

	Mannschaft	Sp.	S	U	N	Tore	Pkt.
1.	**Schweden**	3	1	2	0	8:3	5
2.	**Dänemark**	3	1	2	0	4:2	5
3.	Italien	3	1	2	0	3:2	5
4.	Bulgarien	3	0	0	3	1:9	0

Gruppe D

Spiele

Datum	Ort	Begegnung	Erg.
15.06.	Aveiro	Tschechien - Lettland	2:1
15.06.	Porto	Deutschland - Niederlande	1:1
19.06.	Porto	Lettland - Deutschland	0:0
19.06.	Aveiro	Niederlande - Tschechien	2:3
23.06.	Braga	Niederlande - Lettland	3:0
23.06.	Lissabon	Deutschland - Tschechien	1:2

Tabelle

	Mannschaft	Sp.	S	U	N	Tore	Pkt.
1.	**Tschechien**	3	3	0	0	7:4	9
2.	**Niederlande**	3	1	1	1	6:4	4
3.	Deutschland	3	0	2	1	2:3	2
4.	Lettland	3	0	1	2	1:5	1

Viertelfinale

Datum	Ort	Begegnung	Erg.	Tore
24.06.	Lissabon	**Portugal** - England	8:7 n. E.	0:1 Owen (3.), 1:1 Helder Postiga (83.), 2:1 R. Costa (110.), 2:2 Lampard (115.); 6:5 i. E.
25.06.	Lissabon	Frankreich - **Griechenland**	0:1	0:1 Charisteas (65.)
26.06.	Faro-Loulé	Schweden - **Niederlande**	4:5 n. E.	
27.06.	Porto	**Tschechien** - Dänemark	3:0	1:0 Koller (49.), 2:0 Baroš (63.), 3:0 Baroš (65.)

Halbfinale

Datum	Ort	Begegnung	Erg.	Tore
30.06.	Lissabon	**Portugal** - Niederlande	2:1	1:0 Ronaldo (26.), 2:0 Maniche (58.), 2:1 J. Andrade (62., ET)
01.07.	Porto	**Griechenland** - Tschechien	1:0 n. V.	1:0 Dellas (105.)

Finale

Datum	Ort	Begegnung	Erg.	Tore
04.07.	Lissabon	Portugal - **Griechenland**	0:1	0:1 Charisteas (57.)

Portugal: Ricardo, Miguel (43. Ferreira), R. Carvalho, J. Andrade, N. Valente, Maniche, Costinha (60. R. Costa), Figo, Deco, Ronaldo, Pauleta (74. N. Gomes)
Griechenland: Nikopolidis, Seitaridis, Kapsis, Dellas, Fyssas, Giannakopoulos (76. Venetidis), Zagorakis, Basinas, Katsouranis, Vryzas (81. Papadopoulos), Charisteas
Schiedsrichter: Merk (Deutschland) **Zuschauer:** 64 000
Gelbe Karten: Costinha, N. Valente - Basinas, Seitaridis, Fyssas, Papadopoulos **Rote Karten:** –

XIII. UEFA EM 2008 Österreich / Schweiz

07. Juni bis 29. Juni 2008 | 16 Teilnehmer | 31 Spiele

Gruppe A

Spiele

Datum	Ort	Begegnung	Erg.
07.06.	Basel	Schweiz - Tschechien	0:1
07.06.	Genf	Portugal - Türkei	2:0
11.06.	Genf	Tschechien - Portugal	1:3
11.06.	Basel	Schweiz - Türkei	1:2
15.06.	Basel	Schweiz - Portugal	2:0
15.06.	Genf	Türkei - Tschechien	3:2

Tabelle

	Mannschaft	Sp.	S	U	N	Tore	Pkt.
1.	**Portugal**	3	2	0	1	5:3	6
2.	**Türkei**	3	2	0	1	5:5	6
3.	Tschechien	3	1	0	2	4:6	3
4.	Schweiz	3	1	0	2	3:3	3

Gruppe B

Spiele

Datum	Ort	Begegnung	Erg.
08.06.	Wien	Österreich - Kroatien	0:1
08.06.	Klagenfurt	Deutschland - Polen	2:0
12.06.	Klagenfurt	Kroatien - Deutschland	2:1
12.06.	Wien	Österreich - Polen	1:1
16.06.	Wien	Österreich - Deutschland	0:1
16.06.	Klagenfurt	Polen - Kroatien	0:1

Tabelle

	Mannschaft	Sp.	S	U	N	Tore	Pkt.
1.	**Kroatien**	3	3	0	0	4:1	9
2.	**Deutschland**	3	2	0	1	4:2	6
3.	Polen	3	0	1	2	1:3	1
4.	Österreich	3	0	1	2	1:4	1

Gruppe C

Spiele

Datum	Ort	Begegnung	Erg.
09.06.	Zürich	Rumänien - Frankreich	0:0
09.06.	Bern	Niederlande - Italien	3:0
13.06.	Zürich	Italien - Rumänien	1:1
13.06.	Bern	Niederlande - Frankreich	4:1
17.06.	Bern	Niederlande - Rumänien	2:0
17.06.	Zürich	Frankreich - Italien	0:2

Tabelle

	Mannschaft	Sp.	S	U	N	Tore	Pkt.
1.	**Niederlande**	3	3	0	0	9:1	9
2.	**Italien**	3	1	1	1	3:4	4
3.	Rumänien	3	0	2	1	1:3	2
4.	Frankreich	3	0	1	2	1:6	1

Gruppe D

Spiele

Datum	Ort	Begegnung	Erg.
10.06.	Innsbruck	Spanien - Russland	4:1
10.06.	Salzburg	Griechenland - Schweden	0:2
14.06.	Innsbruck	Schweden - Spanien	1:2
14.06.	Salzburg	Griechenland - Russland	0:1
18.06.	Salzburg	Griechenland - Spanien	1:2
18.06.	Innsbruck	Russland - Schweden	2:0

Tabelle

	Mannschaft	Sp.	S	U	N	Tore	Pkt.
1.	**Spanien**	3	3	0	0	8:3	9
2.	**Russland**	3	2	0	1	4:4	6
3.	Schweden	3	1	0	2	3:4	3
4.	Griechenland	3	0	1	2	1:5	1

Viertelfinale

Datum	Ort	Begegnung	Erg.	Tore
19.06.	Basel	Portugal - **Deutschland**	2:3	0:1 Schweinsteiger (22.), 0:2 Klose (26.), 1:2 N. Gomes (40.), 1:3 Ballack (61.), 2:3 Helder Postiga (87.)
20.06.	Wien	Kroatien - **Türkei**	2:4 n. E.	1:0 Klasnić (119.), 1:1 Semih Şentürk (120. + 2); 1:3 i. E.
21.06.	Basel	Niederlande - **Russland**	1:3 n. V.	0:1 Pawljutschenko (56.), 1:1 van Nistelrooy (86.), 1:2 Torbinski (112.), 1:3 Arschawin (116.)
22.06.	Wien	**Spanien** - Italien	4:2 n. E.	

Halbfinale

Datum	Ort	Begegnung	Erg.	Tore
25.06.	Basel	**Deutschland** - Türkei	3:2	0:1 Ugur Boral (22.), 1:1 Schweinsteiger (26.), 2:1 Klose (79.), 2:2 Semih Şentürk (86.), 3:2 Lahm (90.)
26.06.	Wien	Russland - **Spanien**	0:3	0:1 Xavi Hernández (50.), 0:2 Güiza (73.), 0:3 Silva (82.)

Finale

Datum	Ort	Begegnung	Erg.	Tore
29.06.	Wien	Deutschland - **Spanien**	0:1	0:1 Torres (33.)

Deutschland: Lehmann, Friedrich, Mertesacker, Metzelder, Lahm (46. Jansen), Frings, Hitzlsperger (58. Kuranyi), Schweinsteiger, Ballack, Podolski, Klose (79. Gomez)
Spanien: Casillas, Sergio Ramos, Marchena, Puyol, Capdevila, Senna, Iniesta, Xavi Hernández, Silva (66. Santi Cazorla), Fàbregas (63. Xabi Alonso), Torres (78. Güiza)
Schiedsrichter: Rosetti (Italien) **Zuschauer:** 51 428
Gelbe Karten: Ballack, Kuranyi - Casillas, Torres **Rote Karten:** –

Die erfolgreichsten Torschützen der UEFA EM-Endturniere

Jahr	Name	Nationalität	Tore	Spiele
1960	Valentin Iwanow	Sowjetunion	2	2
	Viktor Ponedjelnik	Sowjetunion	2	2
	François Heutte	Frankreich	2	2
	Dražen Jerković	Jugoslawien	2	2
	Milan Galić	Jugoslawien	2	2
1964	Jesus Maria Pereda	Spanien	2	2
	Deszö Novák	Ungarn	2	2
	Ferenc Bene	Ungarn	2	2

>>

Jahr	Name	Nationalität	Tore	Spiele
1968	Dragan Džajić	Jugoslawien	2	2
1972	Gerd Müller	Deutschland	4	2
1976	Dieter Müller	Deutschland	4	2
1980	Klaus Allofs	Deutschland	3	3
1984	Michel Platini	Frankreich	9	5
1988	Marco van Basten	Niederlande	5	5
1992	Dennis Bergkamp	Niederlande	3	4
	Tomas Brolin	Schweden	3	4
	Henrik Larsen	Dänemark	3	4
	Karlheinz Riedle	Deutschland	3	5
1996	Alan Shearer	England	5	5
2000	Patrick Kluivert	Niederlande	5	5
	Savo Milošević	Jugoslawien	5	4
2004	Milan Baroš	Tschechien	5	5
2008	David Villa	Spanien	4	4

Ewige UEFA EM-Tabelle 1960–2008

Die Tabelle wird nach der Drei-Punkte-Regel erstellt. Entscheidungen nach Elfmeterschießen werden als Unentschieden gewertet. Die im Elfmeterschießen erzielten Tore werden im Torverhältnis nicht berücksichtigt.

Nation	Teiln.	Sp.	S	U	N	Tore	Pkt.
1. Deutschland	10	38	19	10	9	55:39	67
2. Niederlande	8	32	17	8	7	55:32	59
3. Frankreich	7	28	14	7	7	46:34	49
4. Spanien	8	30	13	9	8	38:31	48
5. Italien	7	27	11	12	4	27:18	45
6. Portugal	5	23	12	4	7	34:22	40
7. Russland*	9	27	11	5	11	31:36	38
8. England	7	23	7	7	9	31:28	28
9. Tschechien	4	17	8	2	7	24:22	26
10. Dänemark	7	24	6	6	12	26:38	24
11. Kroatien	3	11	5	3	3	14:13	18
12. Schweden	4	14	4	5	5	19:16	17
13. Griechenland	3	12	4	2	6	9:13	14
14. Belgien	4	12	4	2	6	13:20	14
15. Tschechosl.	3	8	3	3	2	12:10	12
16. Türkei	3	12	3	2	7	11:18	11
17. Jugoslawien	5	14	3	2	9	22:39	11
18. Schottland	2	6	2	1	3	4:5	7
19. Rumänien	4	13	1	4	8	8:17	7
20. Schweiz	3	9	1	2	6	5:13	5
21. Irland	1	3	1	1	1	2:2	4
22. Norwegen	1	3	1	1	1	1:1	4
23. Bulgarien	2	6	1	1	4	4:13	4
24. Ungarn	2	4	1	–	3	5:6	3
25. Slowenien	1	3	–	2	1	4:5	2
26. Österreich	1	3	–	1	2	1:3	1
27. Polen	1	3	–	1	2	1:4	1
28. Lettland	1	3	–	1	2	1:5	1

* inkl. Sowjetunion und GUS

UEFA EM-Nationenwertung 1960–2008

Nation	Titel	Endspiele	Halbfinale
1. Deutschland	3	6	7
2. Spanien	2	3	3
3. Frankreich	2	2	4
4. Russland*	1	4	6
5. Italien	1	2	4
6. Niederlande	1	1	5
7. Dänemark	1	1	3
Tschechosl.	1	1	3
9. Griechenland	1	1	1

Nation	Titel	Endspiele	Halbfinale
10. Jugoslawien	–	2	3
11. Portugal	–	1	3
12. Belgien	–	1	2
Tschechien	–	1	2
14. England	–	–	2
Ungarn	–	–	2
16. Schweden	–	–	1
Türkei	–	–	1

* inkl. Sowjetunion und GUS

Die UEFA EM-Rekordspieler 1960–2008

Name	Nationalität	EM	Spiele	Tore
1. Lilian Thuram	Frankreich	1996, 2000, 2004, 2008	16	–
Edwin van der Sar	Niederlande	1996, 2000, 2004, 2008	16	–
3. Luís Figo	Portugal	1996, 2000, 2004	14	2
Nuno Gomes	Portugal	2000, 2004, 2008	14	6
Karel Poborský	Tschechien	1996, 2000, 2004	14	2
Zinédine Zidane	Frankreich	1996, 2000, 2004	14	5
7. Dennis Bergkamp	Niederlande	1992, 1996, 2000	13	4
Laurent Blanc	Frankreich	1992, 1996, 2000	13	2
Phillip Cocu	Niederlande	1996, 2000, 2004	13	–
Alessandro Del Piero	Italien	1996, 2000, 2004, 2008	13	1
Didier Deschamps	Frankreich	1992, 1996, 2000	13	–
Thomas Häßler	Deutschland	1992, 1996, 2000	13	2
Jürgen Klinsmann	Deutschland	1988, 1992, 1996	13	5
Paolo Maldini	Italien	1988, 1996, 2000	13	–
Peter Schmeichel	Dänemark	1988, 1992, 1996, 2000	13	–

Die UEFA EM-Rekordschützen 1960–2008

Name	Nationalität	EM	Tore	Spiele
1. Michel Platini	Frankreich	1984	9	5
2. Alan Shearer	England	1992, 1996, 2000	7	9
3. Ruud van Nistelrooy	Niederlande	2004, 2008	6	8
Patrick Kluivert	Niederlande	1996, 2000, 2004	6	9
Thierry Henry	Frankreich	2000, 2004, 2008	6	11
Nuno Gomes	Portugal	2000, 2004, 2008	6	14
7. Savo Milošević	Jugoslawien	2000	5	4
Milan Baroš	Tschechien	2004	5	5
Marco van Basten	Niederlande	1988, 1992	5	9
Jürgen Klinsmann	Deutschland	1988, 1992, 1996	5	13
Zinédine Zidane	Frankreich	1996, 2000, 2004	5	14

UEFA U-21-Europameisterschaft

Bis 1976 wird dieser Wettbewerb als U-23-Nachwuchs-Europameisterschaft ausgetragen.

Endspiele

Jahr	Datum	Ort	Begegnung	Erg.
1972	22.06.	Moskau	Sowjetunion - Tschechoslowakei	2:2
	30.06.	Ostrau	**Tschechoslowakei** - Sowjetunion	3:1
1974	15.05.	Dresden	DDR - Ungarn	3:2
	28.05.	Budapest	**Ungarn** - DDR	4:0
1976	19.06.	Budapest	Ungarn - Sowjetunion	1:1
	22.06.	Moskau	**Sowjetunion** - Ungarn	2:1
1978	17.05.	Halle	DDR - Jugoslawien	0:1
	31.05.	Mostar	**Jugoslawien** - DDR	4:4
1980	07.05.	Rostock	DDR - Sowjetunion	0:0
	20.05.	Moskau	**Sowjetunion** - DDR	1:0
1982	21.09.	Sheffield	England - Deutschland	3:1
	12.10.	Bremen	Deutschland - **England**	3:2
1984	18.05.	Sevilla	Spanien - England	0:1
	24.05.	Sheffield	**England** - Spanien	2:0
1986	15.10.	Rom	Italien - Spanien	2:1
	29.10.	Valladolid	**Spanien** - Italien	5:1 n. E.
1988	25.05.	Athen	Griechenland - Frankreich	0:0
	12.10.	Besancon	**Frankreich** - Griechenland	3:0
1990	05.09.	Sarajevo	Jugoslawien - Sowjetunion	2:4
	17.10.	Simferopol	**Sowjetunion** - Jugoslawien	3:1
1992	28.05.	Ferrara	Italien - Schweden	2:0
	03.06.	Växjö	Schweden - **Italien**	1:0
1994	20.04.	Montpellier	**Italien** - Portugal	1:0 n. V.
1996	31.05.	Barcelona	**Italien** - Spanien	5:3 n. E.
1998	31.05.	Bukarest	**Spanien** - Griechenland	1:0
2000	04.06.	Bratislava	**Italien** - Tschechien	2:1
2002	28.05.	Basel	**Tschechien** - Frankreich	3:1 n. E.
2004	08.06.	Bochum	**Italien** - Serbien & Montenegro	3:0
2006	04.06.	Porto	**Niederlande** - Ukraine	3:0
2007	23.06.	Groningen	**Niederlande** - Serbien	4:1

UEFA U-19-Europameisterschaft

Bis 2000 wird dieser Wettbewerb als Junioren-Europameisterschaft ausgetragen.

Endspiele

Datum	Ort	Begegnung	Erg.
03.06.**1981**	Düsseldorf	**Deutschland** - Polen	1:0
30.05.**1982**	Helsinki	**Schottland** - Tschechoslowakei	3:1
22.05.**1983**	London	**Frankreich** - Tschechoslowakei	1:0
03.06.**1984**	Moskau	**Ungarn** - Sowjetunion	3:2 n. E.
15.10.**1986**	Subotica	**DDR** - Italien	3:1
27.07.**1988**	Frydek-Mistek	**Sowjetunion** - Portugal	3:1 n. V.
29.07.**1990**	Bekescsaba	**Sowjetunion** - Portugal	4:2 n. E.
25.07.**1992**	Bayreuth	**Türkei** - Portugal	2:1 n. V.
25.07.**1993**	Nottingham	**England** - Türkei	1:0
31.07.**1994**	Merida	**Portugal** - Deutschland	5:2 n. E.

9:0

>>

<<

Datum	Ort	Begegnung	Erg.
22.07.**1995**	Katerini	**Spanien** - Italien	4:1
30.07.**1996**	Besancon	**Frankreich** - Spanien	1:0
31.07.**1997**	Reykjavik	**Frankreich** - Portugal	1:0 n. V.
26.07.**1998**	Larnaca	**Irland** - Deutschland	5:4 n. E.
26.07.**1999**	Norrköping	**Portugal** - Italien	1:0
24.07.**2000**	Nürnberg	**Frankreich** - Ukraine	1:0
29.07.**2001**	Helsinki	**Polen** - Tschechien	3:1
28.07.**2002**	Oslo	**Spanien** - Deutschland	1:0
26.07.**2003**	Vaduz	**Italien** - Portugal	2:0
24.07.**2004**	Nyon	**Spanien** - Türkei	1:0
29.07.**2005**	Belfast	**Frankreich** - England	3:1
29.07.**2006**	Posen	**Spanien** - Schottland	2:1
27.07.**2007**	Linz	**Spanien** - Griechenland	1:0

UEFA Futsal-Europameisterschaft

Die Futsal-Europameisterschaft ist seit 1999 ein offizieller UEFA-Wettbewerb.

Endspiele

Datum	Ort	Begegnung	Erg.
14.01.**1996**	Cordoba	**Spanien** - Russland	5:3
28.02.**1999**	Granada	**Russland** - Spanien	7:5 n. E.
28.02.**2001**	Moskau	**Spanien** - Ukraine	2:1
24.02.**2003**	Caserta	**Italien** - Ukraine	1:0
20.02.**2005**	Ostrau	**Spanien** - Russland	2:1
25.11.**2007**	Porto	**Spanien** - Italien	3:1

EUROPA – FRAUEN

UEFA Wettbewerb für Frauen / UEFA Europameisterschaft für Frauen

Vor der Einführung der offiziellen Bezeichnung UEFA Europameisterschaft für Frauen im Jahr 1991 wird das Turnier Europäischer Wettbewerb für Frauen genannt. Von 1987 bis 1993 nehmen an den Endrundenturnieren nur die zuvor ermittelten besten vier europäischen Mannschaften teil. 1984 und 1995 finden keine Endrundenturniere statt.

Siegerliste

Jahr	Mannschaft
1984	Schweden
1987	Norwegen
1989	Deutschland
1991	Deutschland
1993	Norwegen

Jahr	Mannschaft
1995	Deutschland
1997	Deutschland
2001	Deutschland
2005	Deutschland

I. Europäischer Wettbewerb für Frauen 1984

Es wird kein Endrundenturnier ausgetragen. Der Sieger wird in zwei Finalspielen ermittelt.

Halbfinale

Datum	Ort	Begegnung	Erg.
08.04.	Crewe	England - Dänemark	2:1
28.04.	Hjørring	Dänemark - **England**	0:1

Datum	Ort	Begegnung	Erg.
08.04.	Rom	Italien - Schweden	2:3
28.04.	Linköping	**Schweden** - Italien	2:1

1. Finale

Datum	Ort	Begegnung	Erg.
21.05.	Göteborg	**Schweden** - England	1:0

2. Finale

Datum	Ort	Begegnung	Erg.
27.05.	Luton	England - **Schweden**	4:4 n. E.

II. Europäischer Wettbewerb für Frauen 1987 Norwegen

11. bis 14. Juni 1987 | 4 Teilnehmer | 4 Spiele

Halbfinale

Datum	Ort	Begegnung	Erg.
11.06.	Oslo	**Norwegen** - Italien	2:0

Datum	Ort	Begegnung	Erg.
11.06.	Moss	**Schweden** - England	5:4 n. E.

Spiel um Platz 3

Datum	Ort	Begegnung	Erg.
13.06.	Drammen	**Italien** - England	2:1

Finale

Datum	Ort	Begegnung	Erg.
14.06.	Oslo	**Norwegen** - Schweden	2:1

III. Europäischer Wettbewerb für Frauen 1989 Deutschland

28. Juni bis 2. Juli 1989 | 4 Teilnehmer | 4 Spiele

Halbfinale

Datum	Ort	Begegnung	Erg.
28.06.	Siegen	**Deutschland** - Italien	5:4 n. E.

Datum	Ort	Begegnung	Erg.
28.06.	Lüdensch.	Schweden - **Norwegen**	1:2

Spiel um Platz 3

Datum	Ort	Begegnung	Erg.
30.06.	Osnabr.	**Schweden** - Italien	2:1 n. V.

Finale

Datum	Ort	Begegnung	Erg.
02.07.	Osnabr.	**Deutschl.** - Norwegen	4:1

IV. UEFA EM für Frauen 1991 Dänemark

10. bis 14. Juli 1991 | 4 Teilnehmer | 4 Spiele

Halbfinale

Datum	Ort	Begegnung	Erg.	Tore
10.07.	Hjørring	Dänemark - **Norwegen**	7:8 n. E.	
11.07.	Frederikshavn	**Deutschl.** - Italien	3:0	1:0 Mohr (30.), 2:0 Mohr (57.), 3:0 Raith (59.)

Spiel um Platz 3

Datum	Ort	Begegnung	Erg.	Tore
14.07.	Aalborg	**Dänemark** - Italien	2:1 n. V.	1:0 Jensen (22.), 1:1 Fiorini (69.), 2:1 Madsen (84.)*

* reguläre Spielzeit 2 x 30 Minuten

Finale

Datum	Ort	Begegnung	Erg.	Tore
14.07.	Aalborg	**Deutschland** - Norwegen	3:1 n. V.	0:1 Hegstad (54.), 1:1 Mohr (63.), 2:1 Mohr (83.), 3:1 Neid (85.)*

* reguläre Spielzeit 2 x 30 Minuten

Deutschland: Isbert (91. Bornschein), Unsleber (52. Gottschlich), Raith, Nardenbach, Fitschen, Kuhlmann, Voss, Wiegmann, Mohr, Neid, Damm
Norwegen: Seth, Straedet (70. Aarønes), Svensson, Medalen, Nyborg, Carlsen, Espeseth, Støre (84. Haugenes-Humlestøl), Riise, Zaborowski, Hegstad
Schiedsrichter: McCluskey (Schottland) **Zuschauer:** 3 100
Gelbe Karten: – **Rote Karten:** –

V. UEFA EM für Frauen 1993 Italien

29. Juni bis 4. Juli 1993 | 4 Teilnehmer | 4 Spiele

Halbfinale

Datum	Ort	Begegnung	Erg.	Tore
29.06.	Sportilia	**Norwegen** - Dänemark	1:0	1:0 A. Nymark Andersen (65.)
30.06.	Rimini	**Italien** - Deutschland	5:4 n. E.	0:1 Mohr (57.), 1:1 Morace (64.); 4:3 i. E.

Spiel um Platz 3

Datum	Ort	Begegnung	Erg.	Tore
03.07.	Cesenatico	Deutschland - **Dänemark**	1:3	0:1 Jepsen-MacKensie (10.), 1:1 Meinert (31.), 1:2 Nissen (35.), 1:3 Jepsen-MacKensie (43.)

Finale

Datum	Ort	Begegnung	Erg.	Tore
04.07.	Cesena	Italien - **Norwegen**	0:1	0:1 Hegstad (75.)

Italien: Brenzan, Salmaso (55. Prestifilippo), Marsiletti, Iozzelli, Cordenons, D'Astolfo, Bavagnoli, Ciardi (75. Guarino), Morace, Ferraguzzi, Mariotti
Norwegen: Seth, Nysveen, N. Nymark Andersen, Zaborowski, Espeseth, Riise, Støre, Carlsen, A. Nymark Andersen, Aarønes (41. Hegstad), Medalen (79. Sandberg)
Schiedsrichter: Wieser (Österreich) **Zuschauer:** 7 000
Gelbe Karten: D'Astolfo, Salmaso - Hegstad **Rote Karten:** –

VI. UEFA EM für Frauen 1995

Es wird kein Endrundenturnier ausgetragen. Der Sieger wird in einem Finalspiel ermittelt.

Halbfinale

Datum	Ort	Begegnung	Erg.	Tore
11.12.94	Watford	England - Deutschland	1:4	1:0 Farley (7.), 1:1 Mohr (31.), 1:2 Brocker (75.), 1:3 Mohr (84.), 1:4 Wiegmann (88.)
23.02.95	Bochum	**Deutschland** - England	2:1	0:1 Farley (1.), 1:1 Waller (33., ET), 2:1 Prinz (75.)
26.02.95	Kristiansand	Norwegen - Schweden	4:3	0:1 Kalte (15.), 1:1 Aarønes (44.), 1:2 Andelen-Andersson (55.), 2:2 Sandberg (60.), 2:3 Johansson (61.), 3:3 Aarønes (64.), 4:3 Waage (89.)
05.03.95	Jonköping	**Schweden** - Norwegen	4:1	0:1 Medalen (28.), 1:1 Kalte (53.), 2:1 Videkull (59.), 3:1 Videkull (61.), 4:1 Videkull (76.)

Finale

Datum	Ort	Begegnung	Erg.	Tore
26.03.	K'lautern	**Deutschland** - Schweden	3:2	0:1 Andersson (6.), 1:1 Meinert (32.), 2:1 Prinz (64.), 3:1 Wiegmann (83.), 3:2 Andelen-Andersson (88.)

Deutschland: Goller, Bernhard, Austermühl, Pohlmann, Lohn, Meinert, Voss (89. Wunderlich), Wiegmann, Mohr, Neid, Brocker (61. Prinz)
Schweden: Leidinge, Nessvold, Jakobsson, Sundhage, Bengtsson, Olsson (59. Johansson), Andersson, Zeikfalvy (78. Lundgren), Kalte, Andelen-Andersson, Videkull
Schiedsrichter: Koho (Finnland) **Zuschauer:** 8 500
Gelbe Karten: Olsson **Rote Karten:** –

VII. UEFA EM für Frauen 1997 Norwegen / Schweden

29. Juni bis 12. Juli 1997 | 8 Teilnehmer | 15 Spiele

Gruppe A

Spiele

Datum	Ort	Begegnung	Erg.
29.06.	Karlskoga	Frankreich - Spanien	1:1
29.06.	Karlstad	Schweden - Russland	2:1
02.07.	Karlskoga	Spanien - Schweden	0:1
02.07.	Karlstad	Russland - Frankreich	1:3
05.07.	Karlskoga	Russland - Spanien	0:1
05.07.	Karlstad	Schweden - Frankreich	3:0

Tabelle

Mannschaft	Sp.	S	U	N	Tore	Pkt.
1. **Schweden**	3	3	0	0	6:1	9
2. **Spanien**	3	1	1	1	2:2	4
3. Frankreich	3	1	1	1	4:5	4
4. Russland	3	0	0	3	2:6	0

Gruppe B

Spiele

Datum	Ort	Begegnung	Erg.
30.06.	Moss	Deutschland - Italien	1:1
30.06.	Lillestrøm	Dänemark - Norwegen	0:5
03.07.	Lillestrøm	Italien - Dänemark	2:2
03.07.	Moss	Norwegen - Deutschland	0:0
06.07.	Lillestrøm	Norwegen - Italien	0:2
06.07.	Moss	Dänemark - Deutschland	0:2

Tabelle

Mannschaft	Sp.	S	U	N	Tore	Pkt.
1. **Italien**	3	1	2	0	5:3	5
2. **Deutschland**	3	1	2	0	3:1	5
3. Norwegen	3	1	1	1	5:2	4
4. Dänemark	3	0	1	2	2:9	1

Halbfinale

Datum	Ort	Begegnung	Erg.	Tore
09.07.	Karlstad	Schweden - **Deutschland**	0:1	0:1 Wiegmann (84.)
09.07.	Lillestrøm	**Italien** - Spanien	2:1	1:0 Fiorini (10.), 2:0 Morace (28.), 2:1 Parejo Jimenez (88.)

Finale

Datum	Ort	Begegnung	Erg.	Tore
12.07.	Oslo	**Deutschland** - Italien	2:0	1:0 Minnert (22.), 2:0 Prinz (49.)

Deutschland: Rottenberg, Stegemann, Minnert, Jones, Fitschen, Wunderlich, Wiegmann, Prinz (81. Smisek), Meinert (87. Klein), Hingst, Meyer (69. C. Müller)
Italien: Brenzan, Tavalazzi, Iozzelli, Salmaso (71. Deiana), D'Astolfo, Carta, Morace, Ciardi, Panico (61. Guarino), Nannini (31. Fiorini), Tesse
Schiedsrichter: Lyngo Nielsen (Dänemark) **Zuschauer:** 2 221
Gelbe Karten: Wunderlich - Iozzelli **Rote Karten:** –

VIII. UEFA EM für Frauen 2001 Deutschland

23. Juni bis 7. Juli 2001 | 8 Teilnehmer | 15 Spiele

Gruppe A

Spiele

Datum	Ort	Begegnung	Erg.
23.06.	Erfurt	Deutschland - Schweden	3:1
24.06.	Jena	Russland - England	1:1
27.06.	Erfurt	Deutschland - Russland	5:0
27.06.	Jena	Schweden - England	4:0
30.06.	Jena	England - Deutschland	0:3
30.06.	Erfurt	Schweden - Russland	1:0

Tabelle

Mannschaft	Sp.	S	U	N	Tore	Pkt.
1. **Deutschland**	3	3	0	0	11:1	9
2. **Schweden**	3	2	0	1	6:3	6
3. Russland	3	0	1	2	1:7	1
4. England	3	0	1	2	1:8	1

Gruppe B

Spiele

Datum	Ort	Begegnung	Erg.
25.06.	Aalen	Italien - Dänemark	2:1
25.06.	Ulm	Norwegen - Frankreich	3:0
28.06.	Reutlingen	Frankreich - Dänemark	3:4
28.06.	Reutlingen	Norwegen - Italien	1:1
01.07.	Aalen	Dänemark - Norwegen	1:0
01.07.	Ulm	Frankreich - Italien	2:0

Tabelle

Mannschaft	Sp.	S	U	N	Tore	Pkt.
1. **Dänemark**	3	2	0	1	6:5	6
2. **Norwegen**	3	1	1	1	4:2	4
3. Italien	3	1	1	1	3:4	4
4. Frankreich	3	1	0	2	5:7	3

Halbfinale

Datum	Ort	Begegnung	Erg.	Tore
04.07.	Ulm	**Deutschland** - Norwegen	1:0	1:0 Smisek (57.)
04.07.	Ulm	Dänemark - **Schweden**	0:1	0:1 Nordlund (9.)

Finale

Datum	Ort	Begegnung	Erg.	Tore
07.07.	Ulm	**Deutschland** - Schweden	1:0 n. V.	1:0 C. Müller (97., Golden Goal)

Deutschland: Rottenberg, Stegemann, Jones, Fitschen, Meinert, Wunderlich, Smisek (55. C. Müller), Prinz, Wiegmann, Lingor, Hingst
Schweden: Jönsson, Westberg, Marklund, Bentsson, Moström, Larsson, Nordlund (91. Flyborg), Andersson, Ljungberg, Svensson, Sjögran (70. Fagerström)
Schiedsrichter: Petignat (Schweiz) **Zuschauer:** 18 000
Gelbe Karten: Sjögran, Moström **Rote Karten:** –

IX. UEFA EM für Frauen 2005 England

5. bis 19. Juni 2005 | 8 Teilnehmer | 15 Spiele

Gruppe A

Spiele

Datum	Ort	Begegnung	Erg.
05.06.	Manchester	England - Finnland	3:2
05.06.	Blackpool	Schweden - Dänemark	1:1
08.06.	Blackburn	Dänemark - England	2:1
08.06.	Blackpool	Schweden - Finnland	0:0
11.06.	Blackpool	Finnland - Dänemark	2:1
11.06.	Blackburn	England - Schweden	0:1

Tabelle

Mannschaft	Sp.	S	U	N	Tore	Pkt.
1. **Schweden**	3	1	2	–	2:1	5
2. **Finnland**	3	1	1	1	4:4	4
3. Dänemark	3	1	1	1	4:4	4
4. England	3	1	–	2	4:5	3

Gruppe B

Spiele

Datum	Ort	Begegnung	Erg.
06.06.	Preston	Frankreich - Italien	3:1
06.06.	Warrington	Deutschland - Norwegen	1:0
09.06.	Warrington	Frankreich - Norwegen	1:1
09.06.	Preston	Italien - Deutschland	0:4
12.06.	Warrington	Deutschland - Frankreich	3:0
12.06.	Preston	Norwegen - Italien	5:3

Tabelle

Mannschaft	Sp.	S	U	N	Tore	Pkt.
1. **Deutschland**	3	3	–	–	8:0	9
2. **Norwegen**	3	1	1	1	6:5	4
3. Frankreich	3	1	1	1	4:5	4
4. Italien	3	–	–	3	4:12	0

Halbfinale

Datum	Ort	Begegnung	Erg.	Tore
15.06.	Preston	**Deutschland** - Finnland	4:1	1:0 Grings (3.), 2:0 Pohlers (8.), 3:0 Grings (12.), 3:1 Mustonen (15.), 4:1 Prinz (62.)
16.06.	Warrington	**Norwegen** - Schweden	3:2 n. V.	1:0 Gulbrandsen (41.), 1:1 Ljungberg (43.), 2:1 Herlovsen (65.), 2:2 Ljungberg (89.), 3:2 Gulbrandsen (109.)

Finale

Datum	Ort	Begegnung	Erg.	Tore
19.06.	Blackburn	**Deutschland** - Norwegen	3:1	1:0 Grings (21.), 2:0 Lingor (24.), 2:1 Mellgren (41.), 3:1 Prinz (63.)

Deutschland: Rottenberg, Garefrekes, Hingst, Jones, Minnert, Carlson (81. Günther), Grings (69. Smisek), Lingor, Pohlers, Mittag (59. Wimbersky), Prinz
Norwegen: Nordby, Paulsen, Christensen, Stangeland, Fölstad, Gulbrandsen, Stensland, Rönning (83. Knutsen), Mellgren, Klaveness (87. Blystad-Bjerke), Frantzen (59. Herlovsen)
Schiedsrichterin: Ihringowa (Slowakei) **Zuschauer:** 21 100
Gelbe Karten: – **Rote Karten:** –

UEFA EM-Nationenwertung 1984–2005

Nation	Titel	Endspiele	Halbfinale
1. Deutschland	6	6	7
2. Norwegen	2	5	7
3. Schweden	1	4	7
4. Italien	–	2	6
5. England	–	1	3
6. Dänemark	–	–	4
7. Finnland	–	–	1
Spanien	–	–	1

UEFA U-19-Frauenfußball-Europameisterschaft

Bis 2001 wird dieser Wettbewerb als UEFA U-18-Frauenfußball-Europameisterschaft ausgetragen.

Endspiele

Jahr	Datum	Ort	Begegnung	Erg.
1998	11.07.	Åbenrå	Dänemark - Frankreich	2:0
	18.07.	Niederbronn-les-Bains	Frankreich - **Dänemark**	3:2
2000	–	–	**Schweden** gewinnt das Endrunden-turnier vor Deutschland	–
2001	28.07.	Lilleström	**Deutschland** - Norwegen	2:1
2002	12.05.	Helsingborg	**Deutschland** - Frankreich	3:1
2003	03.08.	Leipzig	**Frankreich** - Norwegen	2:0
2004	08.08.	Vantaa	**Spanien** - Deutschland	2:1
2005	31.07.	Zalaegerszeg	**Russland** - Frankreich	8:7 n. E.
2006	22.07.	Bern	**Deutschland** - Frankreich	3:0
2007	29.07.	Reykjavik	**Deutschland** - England	2:0 n. V.

SÜDAMERIKA

Copa América (Südamerikameisterschaft)

1959 wird das Turnier zweimal ausgetragen. In den Jahren 1975, 1979 und 1983 findet kein Endrundenturnier statt (Hin- und Rückspiele in den jeweiligen Ländern). Seit 1993 lädt die CONMEBOL auch Mannschaften anderer Kontinentalverbände zu diesem Turnier ein (z. B. Mexiko, Honduras, Japan und Kanada).

Jahr	Gastgeber	1.	2.	3.
1916	Argentinien	Uruguay	Argentinien	Brasilien
1917	Uruguay	Uruguay	Argentinien	Brasilien
1919	Brasilien	Brasilien	Uruguay	Argentinien
1920	Chile	Uruguay	Argentinien	Brasilien
1921	Argentinien	Argentinien	Brasilien	Uruguay
1922	Brasilien	Brasilien	Paraguay	Uruguay
1923	Uruguay	Uruguay	Argentinien	Paraguay
1924	Uruguay	Uruguay	Argentinien	Paraguay
1925	Argentinien	Argentinien	Brasilien	Paraguay
1926	Chile	Uruguay	Argentinien	Chile
1927	Peru	Argentinien	Uruguay	Peru
1929	Argentinien	Argentinien	Paraguay	Uruguay
1935	Peru	Uruguay	Argentinien	Peru
1937	Argentinien	Argentinien	Brasilien	Paraguay
1939	Peru	Peru	Uruguay	Paraguay
1941	Chile	Argentinien	Uruguay	Chile
1942	Uruguay	Uruguay	Argentinien	Brasilien
1945	Chile	Argentinien	Brasilien	Chile

>>

<<

Jahr	Gastgeber	1.	2.	3.
1946	Argentinien	Argentinien	Brasilien	Paraguay
1947	Ecuador	Argentinien	Paraguay	Uruguay
1949	Brasilien	Brasilien	Paraguay	Peru
1953	Peru	Paraguay	Brasilien	Uruguay
1955	Chile	Argentinien	Chile	Peru
1956	Uruguay	Uruguay	Chile	Argentinien
1957	Peru	Argentinien	Brasilien	Uruguay
1959	Argentinien	Argentinien	Brasilien	Paraguay
1959	Ecuador	Uruguay	Argentinien	Brasilien
1963	Bolivien	Bolivien	Paraguay	Argentinien
1967	Uruguay	Uruguay	Argentinien	Chile
1975	–	Peru	Kolumbien	Brasilien
1979	–	Paraguay	Chile	Brasilien
1983	–	Uruguay	Brasilien	Paraguay
1987	Argentinien	Uruguay	Chile	Kolumbien
1989	Brasilien	Brasilien	Uruguay	Argentinien
1991	Chile	Argentinien	Brasilien	Chile
1993	Ecuador	Argentinien	Mexiko	Kolumbien
1995	Uruguay	Uruguay	Brasilien	Kolumbien
1997	Bolivien	Brasilien	Bolivien	Mexiko
1999	Paraguay	Brasilien	Uruguay	Mexiko
2001	Kolumbien	Kolumbien	Mexiko	Honduras
2004	Peru	Brasilien	Argentinien	Uruguay
2007	Venezuela	Brasilien	Argentinien	Mexiko

NORD- UND MITTELAMERIKA (INKL. KARIBIK)

CONCACAF Gold Cup (CONCACAF-Meisterschaft)

Von 1973 bis 1989 wird mit der WM-Qualifikation gleichzeitig der CONCACAF-Kontinentalmeister ermittelt. In den Jahren 1985 und 1989 findet kein Endrundenturnier statt (Hin- und Rückspiele in den jeweiligen Ländern). Ab 1991 wird der Kontinentalmeister im CONCACAF Gold Cup ausgespielt, zu dem teilweise auch Gastmannschaften aus anderen Kontinentalverbänden eingeladen werden (z. B. Brasilien, Kolumbien und Südafrika).

Jahr	Gastgeber	1.	2.	3.
1973	Haiti	Haiti	Trinidad & Tobago	Mexiko
1977	Mexiko	Mexiko	Haiti	El Salvador
1981	Honduras	Honduras	El Salvador	Mexiko
1985	–	Kanada	Honduras	Costa Rica
1989	–	Costa Rica	USA	Trinidad & Tobago
1991	USA	USA	Honduras	Mexiko
1993	USA / Mexiko	Mexiko	USA	Costa Rica / Jamaika
1996	USA	Mexiko	Brasilien	USA
1998	USA	Mexiko	USA	Brasilien
2000	USA	Kanada	Kolumbien	Trinidad & Tobago / Peru
2002	USA	USA	Costa Rica	Kanada
2003	USA / Mexiko	Mexiko	Brasilien	USA

>>

Jahr	Gastgeber	1.	2.	3.
2005	USA	USA	Panama	Honduras / Kolumbien
2007	USA	USA	Mexiko	Guadeloupe / Kanada

AFRIKA

CAF Nations Cup (Afrikameisterschaft)

Jahr	Gastgeber	1.	2.	3.
1957	Sudan	Ägypten	Äthiopien	Sudan
1959	Ägypten	Ägypten	Sudan	Äthiopien
1962	Äthiopien	Äthiopien	Ägypten	Tunesien
1963	Ghana	Ghana	Sudan	Ägypten
1965	Tunesien	Ghana	Tunesien	Elfenbeinküste
1968	Äthiopien	Kongo DR	Ghana	Elfenbeinküste
1970	Sudan	Sudan	Ghana	Ägypten
1972	Kamerun	Kongo	Mali	Kamerun
1974	Ägypten	Zaire	Sambia	Ägypten
1976	Äthiopien	Marokko	Ghana	Nigeria
1978	Ghana	Ghana	Uganda	Nigeria
1980	Nigeria	Nigeria	Algerien	Marokko
1982	Libyen	Ghana	Libyen	Sambia
1984	Elfenbeinküste	Kamerun	Nigeria	Algerien
1986	Ägypten	Ägypten	Kamerun	Elfenbeinküste
1988	Marokko	Kamerun	Nigeria	Algerien
1990	Algerien	Algerien	Nigeria	Sambia
1992	Senegal	Elfenbeinküste	Ghana	Nigeria
1994	Tunesien	Nigeria	Sambia	Elfenbeinküste
1996	Südafrika	Südafrika	Tunesien	Sambia
1998	Burkina Faso	Ägypten	Südafrika	Kongo
2000	Ghana / Nigeria	Kamerun	Nigeria	Südafrika
2002	Mali	Kamerun	Senegal	Nigeria
2004	Tunesien	Tunesien	Marokko	Nigeria
2006	Ägypten	Ägypten	Elfenbeinküste	Nigeria
2008	Ghana	Ägypten	Kamerun	Ghana

Fußballturnier der Afrikaspiele

Jahr	Gastgeber	Gold	Silber	Bronze
1965	Brazzaville (CGO)	Kongo	Mali	Elfenbeinküste
1973	Lagos (NGR)	Nigeria	Guinea	Ägypten
1978	Algier (ALG)	Algerien	Nigeria	Ghana
1987	Nairobi (KEN)	Ägypten	Kenia	Malawi
1991	Kairo (EGY)	Kamerun	Tunesien	Nigeria
1995	Harare (ZIM)	Ägypten	Simbabwe	Nigeria
1999	Johannesburg (RSA)	Kamerun	Sambia	Südafrika
2003	Abuja (NGR)	Kamerun	Nigeria	Ghana
2007	Algier (ALG)	Kamerun	Guinea	Tunesien

ASIEN

AFC Asian Cup (Asienmeisterschaft)

Jahr	Gastgeber	Gold	Silber	Bronze
1956	Hongkong	Südkorea	Israel	Hongkong
1960	Südkorea	Südkorea	Israel	Taiwan
1964	Israel	Israel	Indien	Südkorea
1968	Iran	Iran	Birma	Israel
1972	Thailand	Iran	Südkorea	Thailand
1976	Iran	Iran	Kuwait	China
1980	Kuwait	Kuwait	Südkorea	Iran
1984	Singapur	Saudi-Arabien	China	Kuwait
1988	Katar	Saudi-Arabien	Südkorea	Iran
1992	Japan	Japan	Saudi-Arabien	China
1996	V. A. Emirate	Saudi-Arabien	V. A. Emirate	Iran
2000	Libanon	Japan	Saudi-Arabien	Südkorea
2004	China	Japan	China	Iran
2007	Indonesien / Malaysia / Thailand / Vietnam	Irak	Saudi-Arabien	Südkorea

Fußballturnier der Asienspiele

Jahr	Gastgeber	Gold	Silber	Bronze
1951	Neu-Delhi (IND)	Indien	Iran	Japan
1954	Manila (PHI)	Taiwan	Südkorea	Birma
1958	Tokio (JPN)	Taiwan	Südkorea	Indonesien
1962	Jakarta (INA)	Indien	Südkorea	Malaysia
1966	Bangkok (THA)	Birma	Iran	Japan
1970	Bangkok (THA)	Birma / Südkorea*	–	Indien
1974	Teheran (IRI)	Iran	Israel	Malaysia
1978	Bangkok (THA)	Nordkorea / Südkorea*	–	China
1982	Neu-Delhi (IND)	Irak	Kuwait	Saudi-Arabien
1986	Seoul (KOR)	Südkorea	Saudi-Arabien	Kuwait
1990	Peking (CHN)	Iran	Nordkorea	Südkorea
1994	Hiroshima (JPN)	Usbekistan	China	Kuwait
1998	Bangkok (THA)	Iran	Kuwait	Thailand
2002	Busan (KOR)	Iran	Japan	Südkorea
2006	Doha (QAT)	Katar	Irak	Iran

* Vergabe von zwei Goldmedaillen nach Unentschieden im Finalspiel

OZEANIEN

OFC Nations Cup (Ozeanienmeisterschaft)

1996 werden zwei Finalbegegnungen in Papeete/Tahiti und Canberra/Australien ausgetragen.

Jahr	Gastgeber	1.	2.	3.
1973	Neuseeland	Neuseeland	Tahiti	Neukaledonien
1980	Neukaledonien	Australien	Tahiti	Neukaledonien
1996	–	Australien	Tahiti	Neuseeland / Salomon-Inseln

>>

<<

Jahr	Gastgeber	1.	2.	3.
1998	Australien	Neuseeland	Australien	Fidschi
2000	Tahiti	Australien	Neuseeland	Salomon-Inseln
2002	Neuseeland	Neuseeland	Australien	Tahiti
2004	Australien	Australien	Salomon-Inseln	Neuseeland

INTERKONTINENTAL – MÄNNER

FIFA Fussball-Weltmeisterschaft™

Siegerliste

Jahr	Mannschaft
1930	Uruguay
1934	Italien
1938	Italien
1950	Uruguay
1954	Deutschland
1958	Brasilien
1962	Brasilien
1966	England
1970	Brasilien

Jahr	Mannschaft
1974	Deutschland
1978	Argentinien
1982	Italien
1986	Argentinien
1990	Deutschland
1994	Brasilien
1998	Frankreich
2002	Brasilien
2006	Italien

I. FIFA WM 1930 Uruguay

13. bis 30. Juli 1930 | 13 Teilnehmer | 18 Spiele

Gruppe 1

Spiele

Datum	Ort	Begegnung	Erg.
13.07.	Montevideo	Frankreich - Mexiko	4:1
15.07.	Montevideo	Argentinien - Frankreich	1:0
16.07.	Montevideo	Chile - Mexiko	3:0
19.07.	Montevideo	Chile - Frankreich	1:0
19.07.	Montevideo	Argentinien - Mexiko	6:3
22.07.	Montevideo	Argentinien - Chile	3:1

Tabelle

Mannschaft	Sp.	S	U	N	Tore	Pkt.
1. **Argentinien**	3	3	0	0	10:4	6-0
2. Chile	3	2	0	1	5:3	4-2
3. Frankreich	3	1	0	2	4:3	2-4
4. Mexiko	3	0	0	3	4:13	0-6

Gruppe 2

Spiele

Datum	Ort	Begegnung	Erg.
14.07.	Montevideo	Jugoslawien - Brasilien	2:1
17.07.	Montevideo	Jugoslawien - Bolivien	4:0
20.07.	Montevideo	Brasilien - Bolivien	4:0

Tabelle

Mannschaft	Sp.	S	U	N	Tore	Pkt.
1. **Jugoslawien**	2	2	0	0	6:1	4-0
2. Brasilien	2	1	0	1	5:2	2-2
3. Bolivien	2	0	0	2	0:8	0-4

Gruppe 3

Spiele

Datum	Ort	Begegnung	Erg.
14.07.	Montevideo	Rumänien - Peru	3:1
18.07.	Montevideo	Uruguay - Peru	1:0
21.07.	Montevideo	Uruguay - Rumänien	4:0

Tabelle

Mannschaft	Sp.	S	U	N	Tore	Pkt.
1. **Uruguay**	2	2	0	0	5:0	4-0
2. Rumänien	2	1	0	1	3:5	2-2
3. Peru	2	0	0	2	1:4	0-4

Gruppe 4

Spiele

Datum	Ort	Begegnung	Erg.
13.07.	Montevideo	USA - Belgien	3:0
17.07.	Montevideo	USA - Paraguay	3:0
20.07.	Montevideo	Paraguay - Belgien	1:0

Tabelle

Mannschaft	Sp.	S	U	N	Tore	Pkt.
1. **USA**	2	2	0	0	6:0	4-0
2. Paraguay	2	1	0	1	1:3	2-2
3. Belgien	2	0	0	2	0:4	0-4

Halbfinale

Datum	Ort	Begegnung	Erg.	Tore
26.07.	Montevideo	**Argentinien** - USA	6:1	1:0 Monti (20.), 2:0 Scopelli (56.), 3:0 Stábile (69.), 4:0 Peucelle (80.), 5:0 Peucelle (85.), 6:0 Stábile (87.), 6:1 Brown (89.)
27.07.	Montevideo	**Uruguay** - Jugoslawien	6:1	0:1 Vujadinović (4.), 1:1 Cea (18.), 2:1 Anselmo (20.), 3:1 Anselmo (31.), 4:1 Iriarte (63.), 5:1 Cea (67.), 6:1 Cea (72.)

Finale

Datum	Ort	Begegnung	Erg.	Tore
30.07.	Montevideo	**Uruguay** - Argentinien	4:2	1:0 Dorado (12.), 1:1 Peucelle (20.), 1:2 Stábile (37.), 2:2 Cea (57.), 3:2 Iriarte (68.), 4:2 Castro (89.)

Uruguay: Ballesteros, Nasazzi, Mascheroni, Andrade, Fernández, Gestido, Dorado, Scarone, Castro, Cea, Iriarte
Argentinien: Botasso, Della Torre, Paternóster, J. Evaristo, Monti, Suárez, Peucelle, Varallo, Stábile, Ferreira, M. Evaristo
Schiedsrichter: Langenus (Belgien) **Zuschauer:** 80 000

II. FIFA WM 1934 Italien

27. Mai bis 10. Juni 1934 | 16 Teilnehmer | 17 Spiele

Vorbereitungsrunde

Datum	Ort	Begegnung	Erg.	Tore
27.05.	Genua	**Spanien** - Brasilien	3:1	1:0 Iraragorri (18., HE), 2:0 Lángara (24.), 3:0 Lángara (29.), 3:1 Leônidas (55.)
27.05.	Turin	**Österreich** - Frankreich	3:2 n. V.	0:1 Nicolas (18.), 1:1 Sindelar (45.), 2:1 Schall (94.), 3:1 Bican (96.), 3:2 Verriest (114., HE)
27.05.	Florenz	**Deutschland** - Belgien	5:2	1:0 Kobierski (25.), 1:1 Voorhoof (31.), 1:2 Voorhoof (43.), 2:2 Siffling (49.), 3:2 Conen (66.), 4:2 Conen (70.), 5:2 Conen (87.)
27.05.	Mailand	**Schweiz** - Niederlande	3:2	1:0 Kielholz (7.), 1:1 Smit (22.), 2:1 Kielholz (43.), 3:1 A. Abegglen (64.), 3:2 Vente (84.)
27.05.	Triest	**Tschechoslowakei** - Rumänien	2:1	0:1 Dobai (11.), 1:1 Puč (50.), 2:1 Nejedlý (67.)

>>

<<

Datum	Ort	Begegnung	Erg.	Tore
27.05.	Rom	**Italien** - USA	7:1	1:0 Schiavio (18.), 2:0 Orsi (20.), 3:0 Schiavio (29.), 3:1 Donelli (57.), 4:1 Ferrari (63.), 5:1 Schiavio (64.), 6:1 Orsi (69.), 7:1 Meazza (90.)
27.05.	Neapel	**Ungarn** - Ägypten	4:2	1:0 Teleki (11.), 2:0 Toldi (31.), 2:1 Fawzi (35.), 2:2 Fawzi (39.), 3:2 Vincze (53.), 4:2 Toldi (61.)
27.05.	Bologna	**Schweden** - Argentinien	3:2	0:1 Belis (3.), 1:1 Jonasson (8.), 1:2 Galateo (47.), 2:2 Jonasson (67.), 3:2 Kroon (79.)

Viertelfinale

Datum	Ort	Begegnung	Erg.	Tore
31.05.	Turin	**Tschechoslowakei** - Schweiz	3:2	0:1 Kielholz (18.), 1:1 Svoboda (24.), 2:1 Sobotka (49.), 2:2 Jäggi (78.), 3:2 Nejedlý (83.)
31.05.	Mailand	**Deutschland** - Schweden	2:1	1:0 Hohmann (60.), 2:0 Hohmann (63.), 2:1 Dunker (83.)
31.05.	Bologna	**Österreich** - Ungarn	2:1	1:0 Horvath (8.), 2:0 Zischek (51.), 2:1 Sárosi (60., FE)
31.05.	Florenz	Italien - Spanien	1:1 n. V.	0:1 Regueiro (31.), 1:1 Ferrari (44.)

Entscheidungsspiel

Datum	Ort	Begegnung	Erg.	Tore
01.06.	Florenz	**Italien** - Spanien	1:0	1:0 Meazza (12.)

Halbfinale

Datum	Ort	Begegnung	Erg.	Tore
03.06.	Rom	**Tschechoslowakei** - Deutschland	3:1	1:0 Nejedlý (21.), 1:1 Noack (59.), 2:1 Nejedlý (69.), 3:1 Nejedlý (81.)
03.06.	Mailand	**Italien** - Österreich	1:0	1:0 Guaita (19.)

Spiel um Platz 3

Datum	Ort	Begegnung	Erg.	Tore
07.06.	Neapel	**Deutschland** - Österreich	3:2	1:0 Lehner (1.), 2:0 Conen (29.), 2:1 Horvath (30.), 3:1 Lehner (42.), 3:2 Sesta (55.)

Finale

Datum	Ort	Begegnung	Erg.	Tore
10.06.	Rom	**Italien** - Tschechosl.	2:1 n. V.	0:1 Puč (70.), 1:1 Orsi (82.), 2:1 Schiavio (95.)

Italien: Combi, Monzeglio, Allemandi, Ferraris, Monti, Bertolini, Guaita, Meazza, Schiavio, Ferrari, Orsi
Tschechoslowakei: Plánička, Čtyroký, Ženišek, Koštálek, Čambal, Krcil, Junek, Svoboda, Sobotka, Nejedlý, Puč
Schiedsrichter: Eklind (Schweden) **Zuschauer:** 50 000

III. FIFA WM 1938 Frankreich

4. bis 19. Juni 1938 | 14 Teilnehmer | 18 Spiele

Runde 1

Datum	Ort	Begegnung	Erg.	Tore
04.06.	Paris	Schweiz - Deutschland	1:1 n. V.	0:1 Gauchel (29.), 1:1 A. Abegglen (43.)
05.06.	Straßburg	**Brasilien** - Polen	6:5 n. V.	1:0 Leônidas (18.), 1:1 Scherfke (23., FE), 2:1 Romeu (25.), 3:1 Perácio (44.), 3:2 Wilimowski (53.), 3:3 Wilimowski (59.), 4:3 Perácio (71.), 4:4 Wilimowski (89.), 5:4 Leônidas (93.), 6:4 Leônidas (104.), 6:5 Wilimowski (118.)
05.06.	Paris	**Frankreich** - Belgien	3:1	1:0 Veinante (1.), 2:0 Nicolas (16.), 2:1 Isemborghs (38.), 3:1 Nicolas (69.)
05.06.	Le Havre	**Tschechosl.** - Niederlande	3:0 n. V.	1:0 Koštálek (96.), 2:0 Zeman (111.), 3:0 Nejedlý (119.)
05.06.	Toulouse	Kuba - Rumänien	3:3 n. V.	0:1 Bindea (35.), 1:1 Socorro (45.), 2:1 Magriñá (69.), 2:2 Barátky (88.), 3:2 Socorro (103.), 3:3 Dobai (105.)
05.06.	Reims	**Ungarn** - Niederl. Indien	6:0	1:0 Kohut (13.), 2:0 Toldi (15.), 3:0 G. Sárosi (28.), 4:0 Zsengellér (35.), 5:0 Zsengellér (76.), 6:0 G. Sárosi (89.)
05.06.	Marseille	**Italien** - Norwegen	2:1 n. V.	1:0 Ferraris II (2.), 1:1 Brustad (83.), 2:1 Piola (94.)

Entscheidungsspiele

Datum	Ort	Begegnung	Erg.	Tore
09.06.	Toulouse	**Kuba** - Rumänien	2:1	0:1 Dobai (28.), 1:1 Socorro (51.), 2:1 Fernández (53.)
09.06.	Paris	**Schweiz** - Deutschland	4:2	0:1 Hahnemann (8.), 0:2 Lörtscher (22., ET), 1:2 Walaschek (41.), 2:2 Bickel (64.), 3:2 A. Abegglen (75.), 4:2 A. Abegglen (78.)

Viertelfinale

Datum	Ort	Begegnung	Erg.	Tore
12.06.	Lille	**Ungarn** - Schweiz	2:0	1:0 G. Sárosi (40.), 2:0 Zsengellér (90.)
12.06.	Bordeaux	Brasilien - Tschechosl.	1:1 n. V.	1:0 Leônidas (31.), 1:1 Nejedlý (64., HE)
12.06.	Paris	**Italien** - Frankreich	3:1	1:0 Colaussi (10.), 1:1 Heisserer (11.), 2:1 Piola (52.), 3:1 Piola (72.)
12.06.	Antibes	**Schweden** - Kuba	8:0	1:0 H. Andersson (9.), 2:0 Wetterström (22.), 3:0 Wetterström (37.), 4:0 Wetterström (44.), 5:0 Keller (60.), 6:0 H. Andersson (61.), 7:0 Nyberg (84.), 8:0 H. Andersson (89.)

Entscheidungsspiel

Datum	Ort	Begegnung	Erg.	Tore
14.06.	Bordeaux	**Brasilien** - Tschechosl.	2:1	0:1 Kopecký (35.), 1:1 Leônidas (56.), 2:1 Roberto (62.)

Halbfinale

Datum	Ort	Begegnung	Erg.	Tore
16.06.	Paris	**Ungarn** - Schweden	5:1	0:1 Nyberg (1.), 1:1 Jacobsson (19., ET), 2:1 Titkos (26.), 3:1 Zsengellér (38.), 4:1 G. Sárosi (61.), 5:1 Zsengellér (77.)
16.06.	Marseille	**Italien** - Brasilien	2:1	1:0 Colaussi (55.), 2:0 Meazza (60., FE), 2:1 Romeu (87.)

Spiel um Platz 3

Datum	Ort	Begegnung	Erg.	Tore
19.06.	Bordeaux	**Brasilien** - Schweden	4:2	0:1 Jonasson (18.), 0:2 Nyberg (38.), 1:2 Romeu (43.), 2:2 Leônidas (63.), 3:2 Leônidas (73.), 4:2 Perácio (80.)

Finale

Datum	Ort	Begegnung	Erg.	Tore
19.06.	Paris	**Italien** - Ungarn	4:2	1:0 Colaussi (6.), 1:1 Titkos (8.), 2:1 Piola (15.), 3:1 Colaussi (35.), 3:2 G. Sárosi (70.), 4:2 Piola (85.)

Italien: Olivieri, Foni, Rava, Serantoni, Andreolo, Locatelli, Biavati, Meazza, Piola, Ferrari, Colaussi
Ungarn: Szabó, Polgár, S. Biró, Szalay, Szücs, Lázár, Sas, Zsengellér, G. Sárosi, Vincze, Titkos
Schiedsrichter: Capdeville (Frankreich) **Zuschauer:** 45 000

IV. FIFA WM 1950 Brasilien

24. Juni bis 16. Juli 1950 | 13 Teilnehmer | 22 Spiele

Gruppe 1

Spiele

Datum	Ort	Begegnung	Erg.
24.06.	Rio de Jan.	Brasilien - Mexiko	4:0
25.06.	B. Horizonte	Jugoslawien - Schweiz	3:0
28.06.	São Paulo	Brasilien - Schweiz	2:2
29.06.	Porto Alegre	Jugoslawien - Mexiko	4:1
01.07.	Rio de Jan.	Brasilien - Jugoslawien	2:0
02.07.	Porto Alegre	Schweiz - Mexiko	2:1

Tabelle

Mannschaft	Sp.	S	U	N	Tore	Pkt.
1. **Brasilien**	3	2	1	0	8:2	5-1
2. Jugoslawien	3	2	0	1	7:3	4-2
3. Schweiz	3	1	1	1	4:6	3-3
4. Mexiko	3	0	0	3	2:10	0-6

Gruppe 2

Spiele

Datum	Ort	Begegnung	Erg.
25.06.	Curitiba	Spanien - USA	3:1
25.06.	Rio de Jan.	England - Chile	2:0
29.06.	B. Horizonte	USA - England	1:0
29.06.	Rio de Jan.	Spanien - Chile	2:0
02.07.	Rio de Jan.	Spanien - England	1:0
02.07.	Recife	Chile - USA	5:2

Tabelle

Mannschaft	Sp.	S	U	N	Tore	Pkt.
1. **Spanien**	3	3	0	0	6:1	6-0
2. England	3	1	0	2	2:2	2-4
3. Chile	3	1	0	2	5:6	2-4
4. USA	3	1	0	2	4:8	2-4

Gruppe 3

Spiele

Datum	Ort	Begegnung	Erg.
25.06.	São Paulo	Schweden - Italien	3:2
29.06.	Curitiba	Schweden - Paraguay	2:2
02.07.	São Paulo	Italien - Paraguay	2:0

Tabelle

Mannschaft	Sp.	S	U	N	Tore	Pkt.
1. **Schweden**	2	1	1	0	5:4	3-1
2. Italien	2	1	0	1	4:3	2-2
3. Paraguay	2	0	1	1	2:4	1-3

Gruppe 4

Spiele

Datum	Ort	Begegnung	Erg.
02.07.	B. Horizonte	Uruguay - Bolivien	8:0

Tabelle

Mannschaft	Sp.	S	U	N	Tore	Pkt.
1. **Uruguay**	1	1	0	0	8:0	2-0
2. Bolivien	1	0	0	1	0:8	0-2

Endrunde

Datum	Ort	Begegnung	Erg.	Tore
09.07.	Rio de Jan.	Brasilien - Schweden	7:1	1:0 Ademir (17.), 2:0 Ademir (37.), 3:0 Chico (39.), 4:0 Ademir (51.), 5:0 Ademir (57.), 5:1 S. Andersson (67., HE), 6:1 Maneca (85.), 7:1 Chico (87.)
09.07.	São Paulo	Uruguay - Spanien	2:2	1:0 Ghiggia (29.), 1:1 Basora (39.), 1:2 Basora (41.), 2:2 Varela (73.)
13.07.	Rio de Jan.	Brasilien - Spanien	6:1	1:0 Ademir (15.), 2:0 Jair (21.), 3:0 Chico (29.), 4:0 Chico (55.), 5:0 Ademir (57.), 6:0 Zizinho (67.), 6:1 Igoa (70.)
13.07.	São Paulo	Uruguay - Schweden	3:2	0:1 Palmer (5.), 1:1 Ghiggia (39.), 1:2 Sundqvist (40.), 2:2 Miguez (77.), 3:2 Miguez (85.)
16.07.	São Paulo	Schweden - Spanien	3:1	1:0 Sundqvist (15.), 2:0 Mellberg (34.), 3:0 Palmer (80.), 3:1 Zarra (82.)

Das entscheidende Gruppenspiel

Datum	Ort	Begegnung	Erg.	Tore
16.07.	Rio de Jan.	**Uruguay** - Brasilien	2:1	0:1 Friaça (47.), 1:1 Schiaffino (66.), 2:1 Ghiggia (79.)

Uruguay: Máspoli, M. Gonzáles, Tejera, Gambetta, Varela, Andrade, Ghiggia, Pérez, Míguez, Schiaffino, Morán
Brasilien: Barbosa, Augusto, Juvenal, Bauer, Danilo, Bigode, Friaça, Zizinho, Ademir, Jair, Chico
Schiedsrichter: Reader (England) **Zuschauer:** 174 000

Abschlusstabelle

Mannschaft	Sp.	S	U	N	Tore	Pkt.
1. **Uruguay**	3	2	1	0	7:5	5-1
2. Brasilien	3	2	0	1	14:4	4-2
3. Schweden	3	1	0	2	6:11	2-4
4. Spanien	3	0	1	2	4:11	1-5

V. FIFA WM 1954 Schweiz

16. Juni bis 4. Juli 1954 | 16 Teilnehmer | 26 Spiele

Gruppe 1

Spiele

Datum	Ort	Begegnung	Erg.
16.06.	Genf	Brasilien - Mexiko	5:0
16.06.	Lausanne	Jugoslawien - Frankreich	1:0
19.06.	Genf	Frankreich - Mexiko	3:2
19.06.	Lausanne	Brasilien - Jugosl.	1:1 n. V.

Tabelle

Mannschaft	Sp.	S	U	N	Tore	Pkt.
1. **Brasilien**	2	1	1	0	6:1	3-1
2. **Jugoslawien**	2	1	1	0	2:1	3-1
3. Frankreich	2	1	0	1	3:3	2-2
4. Mexiko	2	0	0	2	2:8	0-4

Gruppe 2

Spiele

Datum	Ort	Begegnung	Erg.
17.06.	Bern	Deutschland - Türkei	4:1
17.06.	Zürich	Ungarn - Südkorea	9:0
20.06.	Basel	Ungarn - Deutschland	8:3
20.06.	Genf	Türkei - Südkorea	7:0
23.06.	Zürich	Deutschland - Türkei	7:2

Tabelle

Mannschaft	Sp.	S	U	N	Tore	Pkt.
1. **Ungarn**	2	2	0	0	17:3	4-0
2. **Deutschland**	3	2	0	1	14:11	4-2
3. Türkei	3	1	0	2	10:11	2-4
4. Südkorea	2	0	0	2	0:16	0-4

Gruppe 3

Spiele

Datum	Ort	Begegnung	Erg.
16.06.	Bern	Uruguay - Tschechosl.	2:0
16.06.	Zürich	Österreich - Schottland	1:0
19.06.	Basel	Uruguay - Schottland	7:0
19.06.	Zürich	Österreich - Tschechosl.	5:0

Tabelle

Mannschaft	Sp.	S	U	N	Tore	Pkt.
1. **Uruguay**	2	2	0	0	9:0	4-0
2. **Österreich**	2	2	0	0	6:0	4-0
3. Tschechosl.	2	0	0	2	0:7	0-4
4. Schottland	2	0	0	2	0:8	0-4

Gruppe 4

Spiele

Datum	Ort	Begegnung	Erg.
17.06.	Basel	England - Belgien	4:4 n. V.
17.06.	Lausanne	Schweiz - Italien	2:1
20.06.	Lugano	Italien - Belgien	4:1
20.06.	Bern	England - Schweiz	2:0
23.06.	Basel	Schweiz - Italien	4:1

Tabelle

Mannschaft	Sp.	S	U	N	Tore	Pkt.
1. **Schweiz**	3	2	0	1	6:4	4-2
2. **England**	2	1	1	0	6:4	3-1
3. Italien	3	1	0	2	6:7	2-4
4. Belgien	2	0	1	1	5:8	1-3

Viertelfinale

Datum	Ort	Begegnung	Erg.	Tore
26.06.	Basel	**Uruguay** - England	4:2	1:0 Borges (5.), 1:1 Lofthouse (16.), 2:1 Varela (44.), 3:1 Schiaffino (47.), 3:2 Finney (67.), 4:2 Ambrois (78.)
26.06.	Lausanne	**Österreich** - Schweiz	7:5	0:1 Ballaman (16.), 0:2 Hügi (17.), 0:3 Hügi (23.), 1:3 Wagner (25.), 2:3 A. Körner (27.), 3:3 Wagner (28.), 4:3 Ocwirk (32.), 5:3 A. Körner (34.), 5:4 Ballaman (41.), 6:4 Wagner (52.), 6:5 Hügi (58.), 7:5 Probst (76.)

>>

<<

Datum	Ort	Begegnung	Erg.	Tore
27.06.	Bern	**Ungarn** - Brasilien	4:2	1:0 Hidegkuti (4.), 2:0 Kocsis (7.), 2:1 D. Santos (18., FE), 3:1 Lántós (53., FE), 3:2 Julinho (65.), 4:2 Kocsis (90.)
27.06.	Genf	**Deutschland** - Jugoslawien	2:0	1:0 I. Horvat (10., ET), 2:0 Rahn (86.)

Halbfinale

Datum	Ort	Begegnung	Erg.	Tore
30.06.	Basel	**Deutschland** - Österreich	6:1	1:0 Schäfer (32.), 2:0 Morlock (47.), 2:1 Probst (51.), 3:1 F. Walter (54., FE), 4:1 O. Walter (60.), 5:1 F. Walter (65., FE), 6:1 O. Walter (89.)
30.06.	Lausanne	**Ungarn** - Uruguay	4:2 n. V.	1:0 Czibor (13.), 2:0 Hidegkuti (46.), 2:1 Hohberg (75.), 2:2 Hohberg (86.), 3:2 Kocsis (111.), 4:2 Kocsis (116.)

Spiel um Platz 3

Datum	Ort	Begegnung	Erg.	Tore
03.07.	Zürich	**Österreich** - Uruguay	3:1	1:0 Stojaspal (16., FE), 1:1 Hohberg (21.), 2:1 Cruz (59., ET), 3:1 Ocwirk (79.)

Finale

Datum	Ort	Begegnung	Erg.	Tore
04.07.	Bern	**Deutschland** - Ungarn	3:2	0:1 Puskás (6.), 0:2 Czibor (8.), 1:2 Morlock (10.), 2:2 Rahn (18.), 3:2 Rahn (84.)

Deutschland: Turek, Posipal, Kohlmeyer, Eckel, Liebrich, Mai, Rahn, Morlock, O. Walter, F. Walter, Schäfer
Ungarn: Grosics, Buzánszki, Lántós, Bozsik, Lóránt, Zakariás, Puskás, Kocsis, Hidegkuti, Czibor, M. Tóth
Schiedsrichter: Ling (England) **Zuschauer:** 60 000

VI. FIFA WM 1958 Schweden

8. bis 29. Juni 1958 | 16 Teilnehmer | 35 Spiele

Gruppe 1

Spiele

Datum	Ort	Begegnung	Erg.
08.06.	Malmö	Argentinien - Deutschland	1:3
08.06.	Halmstad	Nordirland - Tschechosl.	1:0
11.06.	Halmstad	Argentinien - Nordirland	3:1
11.06.	Helsingborg	Deutschland - Tschechosl.	2:2
15.06.	Helsingborg	Tschechosl. - Argentinien	6:1
15.06.	Malmö	Deutschland - Nordirland	2:2
17.06.	Malmö	Nordirland - Tschechosl.	2:1 n. V.

Tabelle

Mannschaft	Sp.	S	U	N	Tore	Pkt.
1. **Nordirland**	4	2	1	1	6:6	5-3
2. **Deutschland**	3	1	2	0	7:5	4-2
3. Tschechosl.	4	1	1	2	9:6	3-5
4. Argentinien	3	1	0	2	5:10	2-4

Gruppe 2

Spiele

Datum	Ort	Begegnung	Erg.
08.06.	Västeras	Jugoslawien - Schottland	1:1
08.06.	Norrköping	Frankreich - Paraguay	7:3
11.06.	Västerås	Jugoslawien - Frankreich	3:2
11.06.	Norrköping	Paraguay - Schottland	3:2
15.06.	Eskilstuna	Paraguay - Jugoslawien	3:3
15.06.	Örebro	Frankreich - Schottland	2:1

Tabelle

Mannschaft	Sp.	S	U	N	Tore	Pkt.
1. **Frankreich**	3	2	0	1	11:7	4-2
2. **Jugoslawien**	3	1	2	0	7:6	4-2
3. Paraguay	3	1	1	1	9:12	3-3
4. Schottland	3	0	1	2	4:6	1-5

Gruppe 3

Spiele

Datum	Ort	Begegnung	Erg.
08.06.	Solna	Schweden - Mexiko	3:0
08.06.	Sandviken	Ungarn - Wales	1:1
11.06.	Solna	Mexiko - Wales	1:1
12.06.	Solna	Schweden - Ungarn	2:1
15.06.	Solna	Schweden - Wales	0:0
15.06.	Sandviken	Ungarn - Mexiko	4:0
17.06.	Solna	Wales - Ungarn	2:1

Tabelle

Mannschaft	Sp.	S	U	N	Tore	Pkt.
1. **Schweden**	3	2	1	0	5:1	5-1
2. **Wales**	4	1	3	0	4:3	5-3
3. Ungarn	4	1	1	2	7:5	3-5
4. Mexiko	3	0	1	2	1:8	1-5

Gruppe 4

Spiele

Datum	Ort	Begegnung	Erg.
08.06.	Göteborg	Sowjetunion - England	2:2
08.06.	Uddevalla	Brasilien - Österreich	3:0
11.06.	Göteborg	Brasilien - England	0:0
11.06.	Boras	Sowjetunion - Österreich	2:0
15.06.	Boras	England - Österreich	2:2
15.06.	Göteborg	Brasilien - Sowjetunion	2:0
17.06.	Göteborg	Sowjetunion - England	1:0

Tabelle

Mannschaft	Sp.	S	U	N	Tore	Pkt.
1. **Brasilien**	3	2	1	0	5:0	5-1
2. **Sowjetunion**	4	2	1	1	5:4	5-3
3. England	4	0	3	1	4:5	3-5
4. Österreich	3	0	1	2	2:7	1-5

Viertelfinale

Datum	Ort	Begegnung	Erg.	Tore
19.06.	Göteborg	**Brasilien** - Wales	1:0	1:0 Pelé (73.)
19.06.	Norrköping	**Frankreich** - Nordirland	4:0	1:0 Wisnieski (43.), 2:0 Fontaine (55.), 3:0 Fontaine (63.), 4:0 Piantoni (70.)
19.06.	Solna	**Schweden** - Sowjetunion	2:0	1:0 Hamrin (49.), 2:0 Simonsson (88.)
19.06.	Malmö	**Deutschland** - Jugoslawien	1:0	1:0 Rahn (12.)

Halbfinale

Datum	Ort	Begegnung	Erg.	Tore
24.06.	Solna	**Brasilien** - Frankreich	5:2	1:0 Vavá (1.), 1:1 Fontaine (9.), 2:1 Didi (39.), 3:1 Pelé (53.), 4:1 Pelé (58.), 5:1 Pelé (74.), 5:2 Piantoni (83.)
24.06.	Göteborg	**Schweden** - Deutschland	3:1	0:1 Schäfer (23.), 1:1 Skoglund (33.), 2:1 Gren (81.), 3:1 Hamrin (88.)

Spiel um Platz 3

Datum	Ort	Begegnung	Erg.	Tore
28.06.	Göteborg	**Frankreich** - Deutschland	6:3	1:0 Fontaine (14.), 1:1 Cieslarczyk (17.), 2:1 Kopa (26., FE), 3:1 Fontaine (36.), 4:1 Douis (50.), 4:2 Rahn (51.), 5:2 Fontaine (78.), 5:3 Schäfer (84.), 6:3 Fontaine (89.)

Finale

Datum	Ort	Begegnung	Erg.	Tore
29.06.	Solna	**Brasilien** - Schweden	5:2	0:1 Liedholm (4.), 1:1 Vavá (9.), 2:1 Vavá (30.), 3:1 Pelé (55.), 4:1 Zagalo (68.), 4:2 Simonsson (80.), 5:2 Pelé (89.)

Brasilien: Gilmar, D. Santos, N. Santos, Zito, Bellini, Orlando, Garrincha, Didi, Vavá, Pelé, Zagalo
Schweden: Svensson, Bergmark, Axbom, Börjesson, Gustavsson, Parling, Hamrin, Gren, Simonsson, Liedholm, Skoglund
Schiedsrichter: Guigue (Frankreich) **Zuschauer:** 51 800

VII. FIFA WM 1962 Chile

30. Mai bis 17. Juni 1962 | 16 Teilnehmer | 32 Spiele

Gruppe 1

Spiele

Datum	Ort	Begegnung	Erg.
30.05.	Arica	Uruguay - Kolumbien	2:1
31.05.	Arica	Sowjetunion - Jugoslawien	2:0
02.06.	Arica	Jugoslawien - Uruguay	3:1
03.06.	Arica	Sowjetunion - Kolumbien	4:4
06.06.	Arica	Sowjetunion - Uruguay	2:1
07.06.	Arica	Jugoslawien - Kolumbien	5:0

Tabelle

	Mannschaft	Sp.	S	U	N	Tore	Pkt.
1.	**Sowjetunion**	3	2	1	0	8:5	5-1
2.	**Jugoslawien**	3	2	0	1	8:3	4-2
3.	Uruguay	3	1	0	2	4:6	2-4
4.	Kolumbien	3	0	1	2	5:11	1-5

Gruppe 2

Spiele

Datum	Ort	Begegnung	Erg.
30.05.	Santiago	Chile - Schweiz	3:1
31.05.	Santiago	Deutschland - Italien	0:0
02.06.	Santiago	Chile - Italien	2:0
03.06.	Santiago	Deutschland - Schweiz	2:1
06.06.	Santiago	Deutschland - Chile	2:0
07.06.	Santiago	Italien - Schweiz	3:0

Tabelle

	Mannschaft	Sp.	S	U	N	Tore	Pkt.
1.	**Deutschland**	3	2	1	0	4:1	5-1
2.	**Chile**	3	2	0	1	5:3	4-2
3.	Italien	3	1	1	1	3:2	3-3
4.	Schweiz	3	0	0	3	2:8	0-6

Gruppe 3

Spiele

Datum	Ort	Begegnung	Erg.
30.05.	Viña del Mar	Brasilien - Mexiko	2:0
31.05.	Viña del Mar	Tschechosl. - Spanien	1:0
02.06.	Viña del Mar	Brasilien - Tschechosl.	0:0
03.06.	Viña del Mar	Spanien - Mexiko	1:0
06.06.	Viña del Mar	Brasilien - Spanien	2:1
07.06.	Viña del Mar	Mexiko - Tschechosl.	3:1

Tabelle

	Mannschaft	Sp.	S	U	N	Tore	Pkt.
1.	**Brasilien**	3	2	1	0	4:1	5-1
2.	**Tschechosl.**	3	1	1	1	2:3	3-3
3.	Mexiko	3	1	0	2	3:4	2-4
4.	Spanien	3	1	0	2	2:3	2-4

Gruppe 4

Spiele

Datum	Ort	Begegnung	Erg.
30.05.	Rancagua	Argentinien - Bulgarien	1:0
31.05.	Rancagua	Ungarn - England	2:1
02.06.	Rancagua	England - Argentinien	3:1
03.06.	Rancagua	Ungarn - Bulgarien	6:1
06.06.	Rancagua	Ungarn - Argentinien	0:0
07.06.	Rancagua	England - Bulgarien	0:0

Tabelle

Mannschaft	Sp.	S	U	N	Tore	Pkt.
1. **Ungarn**	3	2	1	0	8:2	5-1
2. **England**	3	1	1	1	4:3	3-3
3. Argentinien	3	1	1	1	2:3	3-3
4. Bulgarien	3	0	1	2	1:7	1-5

Viertelfinale

Datum	Ort	Begegnung	Erg.	Tore
10.06.	Arica	**Chile** - Sowjetunion	2:1	1:0 L. Sánchez (11.), 1:1 Tschislenko (26.), 2:1 Rojas (27.)
10.06.	Viña del Mar	**Brasilien** - England	3:1	1:0 Garrincha (30.), 1:1 Hitchens (38.), 2:1 Vavá (53.), 3:1 Garrincha (59.)
10.06.	Rancagua	**Tschechosl.** - Ungarn	1:0	1:0 Scherer (12.)
10.06.	Santiago	**Jugoslawien** - Deutschland	1:0	1:0 Radaković (87.)

Halbfinale

Datum	Ort	Begegnung	Erg.	Tore
13.06.	Santiago	**Brasilien** - Chile	4:2	1:0 Garrincha (9.), 2:0 Garrincha (31.), 2:1 Toro (41.), 3:1 Vavá (48.), 3:2 L. Sánchez (61., HE), 4:2 Vavá (77.)
13.06.	Viña del Mar	**Tschechosl.** - Jugoslawien	3:1	1:0 Kadraba (49.), 1:1 Jerković (69.), 2:1 Scherer (80.), 3:1 Scherer (87., HE)

Spiel um Platz 3

Datum	Ort	Begegnung	Erg.	Tore
16.06.	Santiago	**Chile** - Jugoslawien	1:0	1:0 Rojas (90.)

Finale

Datum	Ort	Begegnung	Erg.	Tore
17.06.	Santiago	**Brasilien** - Tschechosl.	3:1	0:1 Masopust (15.), 1:1 Amarildo (17.), 2:1 Zito (68.), 3:1 Vavá (77.)

Brasilien: Gilmar, D. Santos, Mauro, Zózimo, N. Santos, Zito, Garrincha, Didi, Vavá, Amarildo, Zagalo
Tschechosl.: Schroif, Tichý, Novák, Pluskal, Popluhár, Masopust, Pospíchal, Scherer, Kvašnák, Kadraba, Jelinek
Schiedsrichter: Latychev (Sowjetunion) **Zuschauer:** 69 000

VIII. FIFA WM 1966 England

11. bis 30. Juli 1966 | 16 Teilnehmer | 32 Spiele

Gruppe 1

Spiele

Datum	Ort	Begegnung	Erg.
11.07.	London	England - Uruguay	0:0
13.07.	London	Frankreich - Mexiko	1:1
15.07.	London	Uruguay - Frankreich	2:1
16.07.	London	England - Mexiko	2:0
19.07.	London	Uruguay - Mexiko	0:0
20.07.	London	England - Frankreich	2:0

Tabelle

Mannschaft	Sp.	S	U	N	Tore	Pkt.
1. **England**	3	2	1	0	4:0	5-1
2. **Uruguay**	3	1	2	0	2:1	4-2
3. Mexiko	3	0	2	1	1:3	2-4
4. Frankreich	3	0	1	2	2:5	1-5

Gruppe 2

Spiele

Datum	Ort	Begegnung	Erg.
12.07.	Sheffield	Deutschland - Schweiz	5:0
13.07.	Birmingham	Argentinien - Spanien	2:1
15.07.	Sheffield	Spanien - Schweiz	2:1
16.07.	Birmingham	Deutschland - Argentinien	0:0
19.07.	Sheffield	Argentinien - Schweiz	2:0
20.07.	Birmingham	Deutschland - Spanien	2:1

Tabelle

Mannschaft	Sp.	S	U	N	Tore	Pkt.
1. **Deutschland**	3	2	1	0	7:1	5-1
2. **Argentinien**	3	2	1	0	4:1	5-1
3. Spanien	3	1	0	2	4:5	2-4
4. Schweiz	3	0	0	3	1:9	0-6

Gruppe 3

Spiele

Datum	Ort	Begegnung	Erg.
12.07.	Liverpool	Brasilien - Bulgarien	2:0
13.07.	Manchester	Portugal - Ungarn	3:1
15.07.	Liverpool	Ungarn - Brasilien	3:1
16.07.	Manchester	Portugal - Bulgarien	3:0
19.07.	Liverpool	Portugal - Brasilien	3:1
20.07.	Manchester	Ungarn - Bulgarien	3:1

Tabelle

Mannschaft	Sp.	S	U	N	Tore	Pkt.
1. **Portugal**	3	3	0	0	9:2	6-0
2. **Ungarn**	3	2	0	1	7:5	4-2
3. Brasilien	3	1	0	2	4:6	2-4
4. Bulgarien	3	0	0	3	1:8	0-6

Gruppe 4

Spiele

Datum	Ort	Begegnung	Erg.
12.07.	Middlesbrough	Sowjetu. - Nordkorea	3:0
13.07.	Sunderland	Italien - Chile	2:0
15.07.	Middlesbrough	Nordkorea - Chile	1:1
16.07.	Sunderland	Sowjetunion - Italien	1:0
19.07.	Middlesbrough	Nordkorea - Italien	1:0
20.07.	Sunderland	Sowjetunion - Chile	2:1

Tabelle

Mannschaft	Sp.	S	U	N	Tore	Pkt.
1. **Sowjetunion**	3	3	0	0	6:1	6-0
2. **Nordkorea**	3	1	1	1	2:4	3-3
3. Italien	3	1	0	2	2:2	2-4
4. Chile	3	0	1	2	2:5	1-5

Viertelfinale

Datum	Ort	Begegnung	Erg.	Tore
23.07.	Sunderland	**Sowjetunion** - Ungarn	2:1	1:0 Tschislenko (5.), 2:0 Porkujan (47.), 2:1 Bene (50.)
23.07.	Sheffield	**Deutschland** - Uruguay	4:0	1:0 Haller (11.), 2:0 Beckenbauer (70.), 3:0 Seeler (75.), 4:0 Haller (84.)
23.07.	Liverpool	**Portugal** - Nordkorea	5:3	0:1 Pak (1.), 0:2 Li (22.), 0:3 Yang (24.), 1:3 Eusébio (27.), 2:3 Eusébio (42., FE), 3:3 Eusébio (57.), 4:3 Eusébio (59., FE), 5:3 Augusto (79.)
23.07.	London	**England** - Argentinien	1:0	1:0 Hurst (78.)

Halbfinale

Datum	Ort	Begegnung	Erg.	Tore
25.07.	Liverpool	**Deutschland** - Sowjetunion	2:1	1:0 Haller (44.), 2:0 Beckenbauer (68.), 2:1 Porkujan (88.)
26.07.	London	**England** - Portugal	2:1	1:0 B. Charlton (30.), 2:0 B. Charlton (79.), 2:1 Eusébio (82., HE)

Spiel um Platz 3

Datum	Ort	Begegnung	Erg.	Tore
28.07.	London	**Portugal** - Sowjetunion	2:1	1:0 Eusébio (12., HE), 1:1 Malafejew (43.), 2:1 Torres (88.)

Finale

Datum	Ort	Begegnung	Erg.	Tore
30.07.	London	**England** - Deutschland	4:2 n. V.	0:1 Haller (12.), 1:1 Hurst (18.), 2:1 Peters (78.), 2:2 Weber (90.), 3:2 Hurst (98.), 4:2 Hurst (120.)

England: Banks, Cohen, Wilson, Stiles, J. Charlton, Moore, Ball, Hurst, B. Charlton, Hunt, Peters
Deutschland: Tilkowski, Höttges, Schulz, Weber, Schnellinger, Beckenbauer, Overath, Haller, Seeler, Held, Emmerich
Schiedsrichter: Dienst (Schweiz) **Zuschauer:** 93 000

IX. FIFA WM 1970 Mexiko

31. Mai bis 21. Juni 1970 | 16 Teilnehmer | 32 Spiele

Gruppe 1

Spiele

Datum	Ort	Begegnung	Erg.
31.05.	Mexiko City	Mexiko - Sowjetunion	0:0
03.06.	Mexiko City	Belgien - El Salvador	3:0
06.06.	Mexiko City	Sowjetunion - Belgien	4:1
07.06.	Mexiko City	Mexiko - El Salvador	4:0
10.06.	Mexiko City	Sowjetunion - El Salvador	2:0
11.06.	Mexiko City	Mexiko - Belgien	1:0

Tabelle

Mannschaft	Sp.	S	U	N	Tore	Pkt.
1. **Sowjetunion**	3	2	1	0	6:1	5-1
2. **Mexiko**	3	2	1	0	5:0	5-1
3. Belgien	3	1	0	2	4:5	2-4
4. El Salvador	3	0	0	3	0:9	0-6

Gruppe 2

Spiele

Datum	Ort	Begegnung	Erg.
02.06.	Puebla	Uruguay - Israel	2:0
03.06.	Toluca	Italien - Schweden	1:0
06.06.	Puebla	Uruguay - Italien	0:0
07.06.	Toluca	Schweden - Israel	1:1
10.06.	Puebla	Schweden - Uruguay	1:0
11.06.	Toluca	Italien - Israel	0:0

Tabelle

Mannschaft	Sp.	S	U	N	Tore	Pkt.
1. **Italien**	3	1	2	0	1:0	4-2
2. **Uruguay**	3	1	1	1	2:1	3-3
3. Schweden	3	1	1	1	2:2	3-3
4. Israel	3	0	2	1	1:3	2-4

Gruppe 3

Spiele

Datum	Ort	Begegnung	Erg.
02.06.	Guadalajara	England - Rumänien	1:0
03.06.	Guadalajara	Brasilien - Tschechosl.	4:1
06.06.	Guadalajara	Rumänien - Tschechosl.	2:1
07.06.	Guadalajara	Brasilien - England	1:0
10.06.	Guadalajara	Brasilien - Rumänien	3:2
11.06.	Guadalajara	England - Tschechosl.	1:0

Tabelle

Mannschaft	Sp.	S	U	N	Tore	Pkt.
1. **Brasilien**	3	3	0	0	8:3	6-0
2. **England**	3	2	0	1	2:1	4-2
3. Rumänien	3	1	0	2	4:5	2-4
4. Tschechosl.	3	0	0	3	2:7	0-6

Gruppe 4

Spiele

Datum	Ort	Begegnung	Erg.
02.06.	León	Peru - Bulgarien	3:2
03.06.	León	Deutschland - Marokko	2:1
06.06.	León	Peru - Marokko	3:0
07.06.	León	Deutschland - Bulgarien	5:2
10.06.	León	Deutschland - Peru	3:1
11.06.	León	Bulgarien - Marokko	1:1

Tabelle

Mannschaft	Sp.	S	U	N	Tore	Pkt.
1. **Deutschland**	3	3	0	0	10:4	6-0
2. **Peru**	3	2	0	1	7:5	4-2
3. Bulgarien	3	0	1	2	5:9	1-5
4. Marokko	3	0	1	2	2:6	1-5

Viertelfinale

Datum	Ort	Begegnung	Erg.	Tore
14.06.	Guadalajara	**Brasilien** - Peru	4:2	1:0 Rivelino (11.), 2:0 Tostão (15.), 2:1 Gallardo (28.), 3:1 Tostão (52.), 3:2 Cubillas (69.), 4:2 Jairzinho (76.)
14.06.	Toluca	**Italien** - Mexiko	4:1	0:1 González (13.), 1:1 Domenghini (25.), 2:1 Riva (64.), 3:1 Rivera (69.), 4:1 Riva (76.)
14.06.	León	**Deutschland** - England	3:2 n. V.	0:1 Mullery (31.), 0:2 Peters (49.), 1:2 Beckenbauer (69.), 2:2 Seeler (82.), 3:2 G. Müller (108.)
14.06.	Mexiko City	**Uruguay** - Sowjetunion	1:0 n. V.	1:0 Espárrago (117.)

Halbfinale

Datum	Ort	Begegnung	Erg.	Tore
17.06.	Mexiko City	**Italien** - Deutschland	4:3 n. V.	1:0 Boninsegna (7.), 1:1 Schnellinger (90.), 1:2 G. Müller (95.), 2:2 Burgnich (98.), 3:2 Riva (103.), 3:3 G. Müller (110.), 4:3 Rivera (112.)
17.06.	Guadalajara	**Brasilien** - Uruguay	3:1	0:1 Cubilla (19.), 1:1 Clodoaldo (45.), 2:1 Jairzinho (76.), 3:1 Rivelino (90.)

Spiel um Platz 3

Datum	Ort	Begegnung	Erg.	Tore
20.06.	Mexiko City	**Deutschland** - Uruguay	1:0	1:0 Overath (27.)

Finale

Datum	Ort	Begegnung	Erg.	Tore
21.06.	Mexiko City	**Brasilien** - Italien	4:1	1:0 Pelé (19.), 1:1 Boninsegna (37.), 2:1 Gérson (65.), 3:1 Jairzinho (70.), 4:1 C. Alberto (86.)

Brasilien: Félix, C. Alberto, Brito, Piazza, Everaldo, Clodoaldo, Gérson, Rivelino, Jairzinho, Pelé, Tostão
Italien: Albertosi, Cera, Burgnich, Bertini (74. Juliano), Rosato, Facchetti, Domenghini, de Sisti, Mazzola, Boninsegna (84. Rivera), Riva
Schiedsrichter: Glöckner (DDR) **Zuschauer:** 107 412
Gelbe Karten: Rivelino - Burgnich **Rote Karten:** –

X. FIFA WM 1974 Deutschland

13. Juni bis 7. Juli 1974 | 16 Teilnehmer | 38 Spiele

Gruppenspiele

Gruppe 1

Spiele

Datum	Ort	Begegnung	Erg.
14.06.	Berlin	Deutschland - Chile	1:0
14.06.	Hamburg	DDR - Australien	2:0
18.06.	Berlin	Chile - DDR	1:1
18.06.	Hamburg	Australien - Deutschland	0:3
22.06.	Berlin	Australien - Chile	0:0
22.06.	Hamburg	DDR - Deutschland	1:0

Tabelle

Mannschaft	Sp.	S	U	N	Tore	Pkt.
1. **DDR**	3	2	1	0	4:1	5-1
2. **Deutschland**	3	2	0	1	4:1	4-2
3. Chile	3	0	2	1	1:2	2-4
4. Australien	3	0	1	2	0:5	1-5

Gruppe 2

Spiele

Datum	Ort	Begegnung	Erg.
13.06.	Frankfurt	Brasilien - Jugoslawien	0:0
14.06.	Dortmund	Zaire - Schottland	0:2
18.06.	Frankfurt	Schottland - Brasilien	0:0
18.06.	Gelsenkirchen	Jugosl. - Zaire	9:0
22.06.	Frankfurt	Schottland - Jugoslawien	1:1
22.06.	Gelsenkirchen	Zaire - Brasilien	0:3

Tabelle

Mannschaft	Sp.	S	U	N	Tore	Pkt.
1. **Jugoslawien**	3	1	2	0	10:1	4-2
2. **Brasilien**	3	1	2	0	3:0	4-2
3. Schottland	3	1	2	0	3:1	4-2
4. Zaire	3	0	0	3	0:14	0-6

Gruppe 3

Spiele

Datum	Ort	Begegnung	Erg.
15.06.	Hannover	Uruguay - Niederlande	0:2
15.06.	Düsseldorf	Schweden - Bulgarien	0:0
19.06.	Hannover	Bulgarien - Uruguay	1:1
19.06.	Dortmund	Niederlande - Schweden	0:0
23.06.	Düsseldorf	Schweden - Uruguay	3:0
23.06.	Dortmund	Bulgarien - Niederlande	1:4

Tabelle

Mannschaft	Sp.	S	U	N	Tore	Pkt.
1. **Niederlande**	3	2	1	0	6:1	5-1
2. **Schweden**	3	1	2	0	3:0	4-2
3. Bulgarien	3	0	2	1	2:5	2-4
4. Uruguay	3	0	1	2	1:6	1-5

Gruppe 4

Spiele

Datum	Ort	Begegnung	Erg.
15.06.	Stuttgart	Polen - Argentinien	3:2
15.06.	München	Italien - Haiti	3:1
19.06.	München	Haiti - Polen	0:7
19.06.	Stuttgart	Argentinien - Italien	1:1
23.06.	München	Argentinien - Haiti	4:1
23.06.	Stuttgart	Polen - Italien	2:1

Tabelle

Mannschaft	Sp.	S	U	N	Tore	Pkt.
1. **Polen**	3	3	0	0	12:3	6-0
2. **Argentinien**	3	1	1	1	7:5	3-3
3. Italien	3	1	1	1	5:4	3-3
4. Haiti	3	0	0	3	2:14	0-6

2. Runde

Gruppe A

Spiele

Datum	Ort	Begegnung	Erg.
26.06.	Gelsenkirchen	Niederl. - Argentinien	4:0
26.06.	Hannover	Brasilien - DDR	1:0
30.06.	Gelsenkirchen	DDR - Niederlande	0:2
30.06.	Hannover	Argentinien - Brasilien	1:2
03.07.	Dortmund	Niederlande - Brasilien	2:0
03.07.	Gelsenkirchen	Argentinien - DDR	1:1

Tabelle

Mannschaft	Sp.	S	U	N	Tore	Pkt.
1. **Niederlande**	3	3	0	0	8:0	6-0
2. **Brasilien**	3	2	0	1	3:3	4-2
3. DDR	3	0	1	2	1:4	1-5
4. Argentinien	3	0	1	2	2:7	1-5

Gruppe B

Spiele

Datum	Ort	Begegnung	Erg.
26.06.	Düsseldorf	Jugoslawien - Deutschland	0:2
26.06.	Stuttgart	Schweden - Polen	0:1
30.06.	Düsseldorf	Deutschland - Schweden	4:2
30.06.	Frankfurt	Polen - Jugoslawien	2:1
03.07.	Düsseldorf	Schweden - Jugoslawien	2:1
03.07.	Frankfurt	Polen - Deutschland	0:1

Tabelle

Mannschaft	Sp.	S	U	N	Tore	Pkt.
1. **Deutschland**	3	3	0	0	7:2	6-0
2. **Polen**	3	2	0	1	3:2	4-2
3. Schweden	3	1	0	2	4:6	2-4
4. Jugoslawien	3	0	0	3	2:6	0-6

Spiel um Platz 3

Datum	Ort	Begegnung	Erg.	Tore
06.07.	München	Brasilien - **Polen**	0:1	0:1 Lato (76.)

Finale

Datum	Ort	Begegnung	Erg.	Tore
07.07.	München	Niederlande - **Deutschland**	1:2	1:0 Neeskens (2., FE), 1:1 Breitner (25., FE), 1:2 G. Müller (43.)

Niederlande: Jongbloed, Suurbier, Rijsbergen (69. de Jong), Haan, Krol, Jansen, van Hanegem, Neeskens, Rep, Cruyff, Rensenbrink (46. R. van de Kerkhof)
Deutschland: Maier, Vogts, Breitner, Schwarzenbeck, Beckenbauer, Bonhof, U. Hoeneß, Overath, Grabowski, G. Müller, Hölzenbein
Schiedsrichter: Taylor (England) **Zuschauer:** 75 200
Gelbe Karten: van Hanegem, Neeskens, Cruyff - Vogts **Rote Karten:** –

XI. FIFA WM 1978 Argentinien

1. bis 25. Juni 1978 | 16 Teilnehmer | 38 Spiele

Gruppenspiele

Gruppe 1

Spiele

Datum	Ort	Begegnung	Erg.
02.06.	Buenos Aires	Argentinien - Ungarn	2:1
02.06.	Mar del Plata	Italien - Frankreich	2:1
06.06.	Buenos Aires	Argentinien - Frankreich	2:1
06.06.	Mar del Plata	Italien - Ungarn	3:1
10.06.	Mar del Plata	Frankreich - Ungarn	3:1
10.06.	Buenos Aires	Italien - Argentinien	1:0

Tabelle

Mannschaft	Sp.	S	U	N	Tore	Pkt.
1. **Italien**	3	3	0	0	6:2	6-0
2. **Argentinien**	3	2	0	1	4:3	4-2
3. Frankreich	3	1	0	2	5:5	2-4
4. Ungarn	3	0	0	3	3:8	0-6

Gruppe 2

Spiele

Datum	Ort	Begegnung	Erg.
01.06.	Buenos Aires	Deutschl. - Polen	0:0
02.06.	Rosario	Tunesien - Mexiko	3:1
06.06.	Rosario	Polen - Tunesien	1:0
06.06.	Córdoba	Deutschland - Mexiko	6:0
10.06.	Rosario	Polen - Mexiko	3:1
10.06.	Córdoba	Deutschland - Tunesien	0:0

Tabelle

Mannschaft	Sp.	S	U	N	Tore	Pkt.
1. **Polen**	3	2	1	0	4:1	5-1
2. **Deutschland**	3	1	2	0	6:0	4-2
3. Tunesien	3	1	1	1	3:2	3-3
4. Mexiko	3	0	0	3	2:12	0-6

Gruppe 3

Spiele

Datum	Ort	Begegnung	Erg.
03.06.	Mar del Plata	Schweden - Brasilien	1:1
03.06.	Buenos Aires	Österreich - Spanien	2:1
07.06.	Mar del Plata	Brasilien - Spanien	0:0
07.06.	Buenos Aires	Österreich - Schweden	1:0
11.06.	Mar del Plata	Brasilien - Österreich	1:0
11.06.	Buenos Aires	Spanien - Schweden	1:0

Tabelle

Mannschaft	Sp.	S	U	N	Tore	Pkt.
1. **Österreich**	3	2	0	1	3:2	4-2
2. **Brasilien**	3	1	2	0	2:1	4-2
3. Spanien	3	1	1	1	2:2	3-3
4. Schweden	3	0	1	2	1:3	1-5

Gruppe 4

Spiele

Datum	Ort	Begegnung	Erg.
03.06.	Córdoba	Peru - Schottland	3:1
03.06.	Mendoza	Niederlande - Iran	3:0
07.06.	Córdoba	Schottland - Iran	1:1
07.06.	Mendoza	Niederlande - Peru	0:0
11.06.	Mendoza	Schottland - Niederlande	3:2
11.06.	Córdoba	Peru - Iran	4:1

Tabelle

Mannschaft	Sp.	S	U	N	Tore	Pkt.
1. **Peru**	3	2	1	0	7:2	5-1
2. **Niederlande**	3	1	1	1	5:3	3-3
3. Schottland	3	1	1	1	5:6	3-3
4. Iran	3	0	1	2	2:8	1-5

2. Runde

Gruppe A

Spiele

Datum	Ort	Begegnung	Erg.
14.06.	Buenos Aires	Deutschl. - Italien	0:0
14.06.	Córdoba	Niederlande - Österreich	5:1
18.06.	Buenos Aires	Italien - Österreich	1:0
18.06.	Córdoba	Deutschland - Niederlande	2:2
21.06.	Buenos Aires	Niederlande - Italien	2:1
21.06.	Córdoba	Österreich - Deutschland	3:2

Tabelle

Mannschaft	Sp.	S	U	N	Tore	Pkt.
1. **Niederlande**	3	2	1	0	9:4	5-1
2. **Italien**	3	1	1	1	2:2	3-3
3. Deutschland	3	0	2	1	4:5	2-4
4. Österreich	3	1	0	2	4:8	2-4

Gruppe B

Spiele

Datum	Ort	Begegnung	Erg.
14.06.	Rosario	Argentinien - Polen	2:0
14.06.	Mendoza	Brasilien - Peru	3:0
18.06.	Rosario	Argentinien - Brasilien	0:0
18.06.	Mendoza	Polen - Peru	1:0
21.06.	Mendoza	Brasilien - Polen	3:1
21.06.	Rosario	Argentinien - Peru	6:0

Tabelle

Mannschaft	Sp.	S	U	N	Tore	Pkt.
1. **Argentinien**	3	2	1	0	8:0	5-1
2. **Brasilien**	3	2	1	0	6:1	5-1
3. Polen	3	1	0	2	2:5	2-4
4. Peru	3	0	0	3	0:10	0-6

Spiel um Platz 3

Datum	Ort	Begegnung	Erg.	Tore
24.06.	Buenos Aires	**Brasilien** - Italien	2:1	0:1 Causio (38.), 1:1 Nelinho (63.), 2:1 Dirceu (72.)

Finale

Datum	Ort	Begegnung	Erg.	Tore
25.06.	Buenos Aires	**Argentinien** - Niederlande	3:1 n. V.	1:0 Kempes (38.), 1:1 Nanninga (80.), 2:1 Kempes (105.), 3:1 Bertoni (115.)

Argentinien: Fillol, Olguín, Galván, Passarella, Tarantini, Ardiles (66. Larrosa), Gallego, Kempes, Bertoni, Lugué, Ortíz (75. Houseman)
Niederlande: Jongbloed, Jansen (72. Suurbier), Brandts, Krol, Poortvliet, Haan, W. van de Kerkhof, Neeskens, R. van de Kerkhof, Rep (59. Nanninga), Rensenbrink
Schiedsrichter: Gonella (Italien) **Zuschauer:** 71 483
Gelbe Karten: Ardiles - Krol, Suurbier, Poortvliet **Rote Karten:** –

XII. FIFA WM 1982 Spanien

13. Juni bis 11. Juli 1982 | 24 Teilnehmer | 52 Spiele

Gruppenspiele

Gruppe 1

Spiele

Datum	Ort	Begegnung	Erg.
14.06.	Vigo	Italien - Polen	0:0
15.06.	La Coruña	Peru - Kamerun	0:0
18.06.	Vigo	Italien - Peru	1:1
19.06.	La Coruña	Polen - Kamerun	0:0
22.06.	La Coruña	Polen - Peru	5:1
23.06.	Vigo	Italien - Kamerun	1:1

Tabelle

Mannschaft	Sp.	S	U	N	Tore	Pkt.
1. **Polen**	3	1	2	0	5:1	4-2
2. **Italien**	3	0	3	0	2:2	3-3
3. Kamerun	3	0	3	0	1:1	3-3
4. Peru	3	0	2	1	2:6	2-4

Gruppe 2

Spiele

Datum	Ort	Begegnung	Erg.
16.06.	Gijón	Deutschland - Algerien	1:2
17.06.	Oviedo	Chile - Österreich	0:1
20.06.	Gijón	Deutschland - Chile	4:1
21.06.	Oviedo	Algerien - Österreich	0:2
24.06.	Oviedo	Algerien - Chile	3:2
25.06.	Gijón	Deutschland - Österreich	1:0

Tabelle

Mannschaft	Sp.	S	U	N	Tore	Pkt.
1. **Deutschland**	3	2	0	1	6:3	4-2
2. **Österreich**	3	2	0	1	3:1	4-2
3. Algerien	3	2	0	1	5:5	4-2
4. Chile	3	0	0	3	3:8	0-6

Gruppe 3

Spiele

Datum	Ort	Begegnung	Erg.
13.06.	Barcelona	Argentinien - Belgien	0:1
15.06.	Elche	Ungarn - El Salvador	10:1
18.06.	Alicante	Argentinien - Ungarn	4:1
19.06.	Elche	Belgien - El Salvador	1:0
22.06.	Elche	Belgien - Ungarn	1:1
23.06.	Alicante	Argentinien - El Salvador	2:0

Tabelle

Mannschaft	Sp.	S	U	N	Tore	Pkt.
1. **Belgien**	3	2	1	0	3:1	5-1
2. **Argentinien**	3	2	0	1	6:2	4-2
3. Ungarn	3	1	1	1	12:6	3-3
4. El Salvador	3	0	0	3	1:13	0-6

Gruppe 4

Spiele

Datum	Ort	Begegnung	Erg.
16.06.	Bilbao	England - Frankreich	3:1
17.06.	Valladolid	Tschechosl. - Kuwait	1:1
20.06.	Bilbao	England - Tschechoslowakei	2:0
21.06.	Valladolid	Frankreich - Kuwait	4:1
24.06.	Valladolid	Frankreich - Tschechoslowakei	1:1
25.06.	Bilbao	England - Kuwait	1:0

Tabelle

Mannschaft	Sp.	S	U	N	Tore	Pkt.
1. **England**	3	3	0	0	6:1	6-0
2. **Frankreich**	3	1	1	1	6:5	3-3
3. Tschechosl.	3	0	2	1	2:4	2-4
4. Kuwait	3	0	1	2	2:6	1-5

Gruppe 5

Spiele

Datum	Ort	Begegnung	Erg.
16.06.	Valencia	Spanien - Honduras	1:1
17.06.	Zaragoza	Jugoslawien - Nordirland	0:0
20.06.	Valencia	Spanien - Jugoslawien	2:1
21.06.	Zaragoza	Honduras - Nordirland	1:1
24.06.	Zaragoza	Honduras - Jugoslawien	0:1
25.06.	Valencia	Nordirland - Spanien	1:0

Tabelle

Mannschaft	Sp.	S	U	N	Tore	Pkt.
1. **Nordirland**	3	1	2	0	2:1	4-2
2. **Spanien**	3	1	1	1	3:3	3-3
3. Jugoslawien	3	1	1	1	2:2	3-3
4. Honduras	3	0	2	1	2:3	2-4

Gruppe 6

Spiele

Datum	Ort	Begegnung	Erg.
14.06.	Sevilla	Brasilien - Sowjetunion	2:1
15.06.	Málaga	Schottland - Neuseeland	5:2
18.06.	Sevilla	Brasilien - Schottland	4:1
19.06.	Málaga	Sowjetunion - Neuseeland	3:0
22.06.	Málaga	Sowjetunion - Schottland	2:2
23.06.	Sevilla	Brasilien - Neuseeland	4:0

Tabelle

Mannschaft	Sp.	S	U	N	Tore	Pkt.
1. **Brasilien**	3	3	0	0	10:2	6-0
2. **Sowjetunion**	3	1	1	1	6:4	3-3
3. Schottland	3	1	1	1	8:8	3-3
4. Neuseeland	3	0	0	3	2:12	0-6

2. Runde

Gruppe A

Spiele

Datum	Ort	Begegnung	Erg.
28.06.	Barcelona	Polen - Belgien	3:0
01.07.	Barcelona	Belgien - Sowjetunion	0:1
04.07.	Barcelona	Polen - Sowjetunion	0:0

Tabelle

Mannschaft	Sp.	S	U	N	Tore	Pkt.
1. **Polen**	2	1	1	0	3:0	3-1
2. Sowjetunion	2	1	1	0	1:0	3-1
3. Belgien	2	0	0	2	0:4	0-4

Gruppe B

Spiele

Datum	Ort	Begegnung	Erg.
29.06.	Madrid	Deutschland - England	0:0
02.07.	Madrid	Deutschland - Spanien	2:1
05.07.	Madrid	Spanien - England	0:0

Tabelle

Mannschaft	Sp.	S	U	N	Tore	Pkt.
1. **Deutschland**	2	1	1	0	2:1	3-1
2. England	2	0	2	0	0:0	2-2
3. Spanien	2	0	1	1	1:2	1-3

Gruppe C

Spiele

Datum	Ort	Begegnung	Erg.
29.06.	Barcelona	Italien - Argentinien	2:1
02.07.	Barcelona	Argentinien - Brasilien	1:3
05.07.	Barcelona	Italien - Brasilien	3:2

Tabelle

Mannschaft	Sp.	S	U	N	Tore	Pkt.
1. **Italien**	2	2	0	0	5:3	4-0
2. Brasilien	2	1	0	1	5:4	2-2
3. Argentinien	2	0	0	2	2:5	0-4

Gruppe D

Spiele

Datum	Ort	Begegnung	Erg.
28.06.	Madrid	Österreich - Frankreich	0:1
01.07.	Madrid	Österreich - Nordirland	2:2
04.07.	Madrid	Frankreich - Nordirland	4:1

Tabelle

Mannschaft	Sp.	S	U	N	Tore	Pkt.
1. **Frankreich**	2	2	0	0	5:1	4-0
2. Österreich	2	0	1	1	2:3	1-3
3. Nordirland	2	0	1	1	3:6	1-3

Halbfinale

Datum	Ort	Begegnung	Erg.	Tore
08.07.	Barcelona	Polen - **Italien**	0:2	0:1 Rossi (22.), 0:2 Rossi (72.)
08.07.	Sevilla	**Deutschland** - Frankreich	8:7 n. E.	1:0 Littbarski (17.), 1:1 Platini (26., FE), 1:2 Tresor (92.), 1:3 Giresse (98.), 2:3 K.-H. Rummenigge (102.), 3:3 Fischer (108.); 5:4 i. E.

Spiel um Platz 3

Datum	Ort	Begegnung	Erg.	Tore
10.07.	Alicante	**Polen** - Frankreich	3:2	0:1 Girard (13.), 1:1 Szarmach (41.), 2:1 Majewski (44.), 3:1 Kupcewicz (46.), 3:2 Couriol (73.)

Finale

Datum	Ort	Begegnung	Erg.	Tore
11.07.	Madrid	**Italien** - Deutschland	3:1	1:0 Rossi (57.), 2:0 Tardelli (69.), 3:0 Altobelli (81.), 3:1 Breitner (83.)

Italien: Zoff, Cabrini, Scirea, Gentile, Collovati, Oriali, Bergomi, Tardelli, Conti, Rossi, Graziani (8. Altobelli; 89. Causio)
Deutschland: Schumacher, Kaltz, Stielike, K. Förster, B. Förster, Dremmler (63. Hrubesch), Breitner, K.-H. Rummenigge (70. H. Müller), Briegel, Littbarski, Fischer
Schiedsrichter: Coelho (Brasilien) **Zuschauer:** 90 000
Gelbe Karten: Conti, Oriali - Dremmler, Stielike, Littbarski **Rote Karten:** –

XIII. FIFA WM 1986 Mexiko

31. Mai bis 29. Juni 1986 | 24 Teilnehmer | 52 Spiele

Gruppe A

Spiele

Datum	Ort	Begegnung	Erg.
31.05.	Mexiko City	Bulgarien - Italien	1:1
02.06.	Mexiko City	Argentinien - Südkorea	3:1
05.06.	Puebla	Italien - Argentinien	1:1
05.06.	Mexiko City	Südkorea - Bulgarien	1:1
10.06.	Puebla	Südkorea - Italien	2:3
10.06.	Mexiko City	Argentinien - Bulgarien	2:0

Tabelle

Mannschaft	Sp.	S	U	N	Tore	Pkt.
1. **Argentinien**	3	2	1	0	6:2	5-1
2. **Italien**	3	1	2	0	5:4	4-2
3. **Bulgarien**	3	0	2	1	2:4	2-4
4. Südkorea	3	0	1	2	4:7	1-5

Gruppe B

Spiele

Datum	Ort	Begegnung	Erg.
03.06.	Mexiko City	Belgien - Mexiko	1:2
04.06.	Toluca	Paraguay - Irak	1:0
07.06.	Mexiko City	Mexiko - Paraguay	1:1
08.06.	Toluca	Irak - Belgien	1:2
11.06.	Mexiko City	Irak - Mexiko	0:1
11.06.	Toluca	Paraguay - Belgien	2:2

Tabelle

Mannschaft	Sp.	S	U	N	Tore	Pkt.
1. **Mexiko**	3	2	1	0	4:2	5-1
2. **Paraguay**	3	1	2	0	4:3	4-2
3. **Belgien**	3	1	1	1	5:5	3-3
4. Irak	3	0	0	3	1:4	0-6

Gruppe C

Spiele

Datum	Ort	Begegnung	Erg.
01.06.	León	Kanada - Frankreich	0:1
02.06.	Irapuato	Sowjetunion - Ungarn	6:0
05.06.	León	Frankreich - Sowjetunion	1:1
06.06.	Irapuato	Ungarn - Kanada	2:0
09.06.	Irapuato	Sowjetunion - Kanada	2:0
09.06.	León	Ungarn - Frankreich	0:3

Tabelle

Mannschaft	Sp.	S	U	N	Tore	Pkt.
1. **Sowjetunion**	3	2	1	0	9:1	5-1
2. **Frankreich**	3	2	1	0	5:1	5-1
3. Ungarn	3	1	0	2	2:9	2-4
4. Kanada	3	0	0	3	0:5	0-6

Gruppe D

Spiele

Datum	Ort	Begegnung	Erg.
01.06.	Guadalajara	Spanien - Brasilien	0:1
03.06.	Guadalajara	Algerien - Nordirland	1:1
06.06.	Guadalajara	Brasilien - Algerien	1:0
07.06.	Guadalajara	Nordirland - Spanien	1:2
12.06.	Guadalajara	Nordirland - Brasilien	0:3
12.06.	Monterrey	Algerien - Spanien	0:3

Tabelle

Mannschaft	Sp.	S	U	N	Tore	Pkt.
1. **Brasilien**	3	3	0	0	5:0	6-0
2. **Spanien**	3	2	0	1	5:2	4-2
3. Nordirland	3	0	1	2	2:6	1-5
4. Algerien	3	0	1	2	1:5	1-5

Gruppe E

Spiele

Datum	Ort	Begegnung	Erg.
04.06.	Querétaro	Uruguay - Deutschland	1:1
04.06.	Nezahualcoyotl	Schottl. - Dänemark	0:1
08.06.	Nezahualcoyotl	Dänemark - Uruguay	6:1
08.06.	Querétaro	Deutschland - Schottland	2:1
13.06.	Nezahualcoyotl	Schottl. - Uruguay	0:0
13.06.	Querétaro	Dänemark - Deutschland	2:0

Tabelle

Mannschaft	Sp.	S	U	N	Tore	Pkt.
1. **Dänemark**	3	3	0	0	9:1	6-0
2. **Deutschland**	3	1	1	1	3:4	3-3
3. **Uruguay**	3	0	2	1	2:7	2-4
4. Schottland	3	0	1	2	1:3	1-5

Gruppe F

Spiele

Datum	Ort	Begegnung	Erg.
02.06.	Monterrey	Marokko - Polen	0:0
03.06.	Monterrey	Portugal - England	1:0
06.06.	Monterrey	England - Marokko	0:0
07.06.	Monterrey	Polen - Portugal	1:0
11.06.	Monterrey	England - Polen	3:0
11.06.	Guadalajara	Portugal - Marokko	1:3

Tabelle

Mannschaft	Sp.	S	U	N	Tore	Pkt.
1. **Marokko**	3	1	2	0	3:1	4-2
2. **England**	3	1	1	1	3:1	3-3
3. **Polen**	3	1	1	1	1:3	3-3
4. Portugal	3	1	0	2	2:4	2-4

Runde der letzten 16

Datum	Ort	Begegnung	Erg.	Tore
15.06.	León	Sowjetunion - **Belgien**	3:4 n. V.	1:0 Belanow (27.), 1:1 Scifo (56.), 2:1 Belanow (70.), 2:2 Ceulemans (75.), 2:3 Demol (102.), 2:4 Claesen (108.), 3:4 Belanow (111., FE)
15.06.	Mexiko City	**Mexiko** - Bulgarien	2:0	1:0 Negrete (35.), 2:0 Servín (60.)
16.06.	Puebla	**Argentinien** - Uruguay	1:0	1:0 Pasculli (41.)
16.06.	Guadalajara	**Brasilien** - Polen	4:0	1:0 Sócrates (30., FE), 2:0 Josimar (55.), 3:0 Edinho (78.), 4:0 Careca (82., FE)
17.06.	Monterrey	Marokko - **Deutschland**	0:1	0:1 Matthäus (87.)
17.06.	Mexiko City	Italien - **Frankreich**	0:2	0:1 Platini (14.), 0:2 Stopyra (57.)
18.06.	Querétaro	Dänemark - **Spanien**	1:5	1:0 J. Olsen (33., FE), 1:1 Butragueño (43.), 1:2 Butragueño (56.), 1:3 Goikoetxea (69., FE), 1:4 Butragueño (80.), 1:5 Butragueño (90., FE)
18.06.	Mexiko City	**England** - Paraguay	3:0	1:0 Lineker (32.), 2:0 Beardsley (55.), 3:0 Lineker (72.)

Viertelfinale

Datum	Ort	Begegnung	Erg.	Tore
21.06.	Guadalajara	Brasilien - **Frankreich**	4:5 n. E.	1:0 Careca (18.), 1:1 Platini (41.); 3:4 i. E.
21.06.	Monterrey	**Deutschland** - Mexiko	4:1 n. E.	
22.06.	Mexiko City	**Argentinien** - England	2:1	1:0 Maradona (51.), 2:0 Maradona (55.), 2:1 Lineker (81.)
22.06.	Puebla	Spanien - **Belgien**	5:6 n. E.	0:1 Ceulemans (34.), 1:1 Señor (85.); 4:5 i. E.

Halbfinale

Datum	Ort	Begegnung	Erg.	Tore
25.06.	Guadalajara	Frankreich - **Deutschland**	0:2	0:1 Brehme (9.), 0:2 Völler (90.)
25.06.	Mexiko City	**Argentinien** - Belgien	2:0	1:0 Maradona (51.), 2:0 Maradona (63.)

Spiel um Platz 3

Datum	Ort	Begegnung	Erg.	Tore
28.06.	Puebla	**Frankreich** - Belgien	4:2 n. V.	0:1 Ceulemans (11.), 1:1 Ferreri (27.), 2:1 Papin (43.), 2:2 Claesen (73.), 3:2 Genghini (103.), 4:2 Amoros (108., FE)

Finale

Datum	Ort	Begegnung	Erg.	Tore
29.06.	Mexiko City	**Argentinien** - Deutschland	3:2	1:0 Brown (23.), 2:0 Valdano (55.), 2:1 K.-H. Rummenigge (74.), 2:2 Völler (82.), 3:2 Burruchaga (85.)

Argentinien: Pumpido, Cuciuffo, Brown, Ruggeri, Olarticoechea, Batista, Giusti, Enrique, Burruchaga (90. Trobbiani), Maradona, Valdano
Deutschland: Schumacher, Jakobs, Brehme, K. Förster, Briegel, Berthold, Matthäus, Eder, Magath (61. Hoeneß), K.-H. Rummenigge, K. Allofs (46. Völler)
Schiedsrichter: Filho (Brasilien) **Zuschauer:** 114 600
Gelbe Karten: Maradona, Olarticoechea, Enrique, Pumpido - Matthäus, Briegel **Rote Karten:** –

XIV. FIFA WM 1990 Italien

8. Juni bis 8. Juli 1990 | 24 Teilnehmer | 52 Spiele

Gruppe A

Spiele

Datum	Ort	Begegnung	Erg.
09.06.	Rom	Italien - Österreich	1:0
10.06.	Florenz	USA - Tschechosl.	1:5
14.06.	Rom	Italien - USA	1:0
15.06.	Florenz	Österreich - Tschechosl.	0:1
19.06.	Rom	Italien - Tschechosl.	2:0
19.06.	Florenz	Österreich - USA	2:1

Tabelle

Mannschaft	Sp.	S	U	N	Tore	Pkt.
1. **Italien**	3	3	0	0	4:0	6-0
2. **Tschechosl.**	3	2	0	1	6:3	4-2
3. Österreich	3	1	0	2	2:3	2-4
4. USA	3	0	0	3	2:8	0-6

Gruppe B

Spiele

Datum	Ort	Begegnung	Erg.
08.06.	Mailand	Argentinien - Kamerun	0:1
09.06.	Bari	Sowjetunion - Rumänien	0:2
13.06.	Neapel	Argentinien - Sowjetunion	2:0
14.06.	Bari	Kamerun - Rumänien	2:1
18.06.	Neapel	Argentinien - Rumänien	1:1
18.06.	Bari	Kamerun - Sowjetunion	0:4

Tabelle

Mannschaft	Sp.	S	U	N	Tore	Pkt.
1. **Kamerun**	3	2	0	1	3:5	4-2
2. **Rumänien**	3	1	1	1	4:3	3-3
3. **Argentinien**	3	1	1	1	3:2	3-3
4. Sowjetunion	3	1	0	2	4:4	2-4

Gruppe C

Spiele

Datum	Ort	Begegnung	Erg.
10.06.	Turin	Brasilien - Schweden	2:1
11.06.	Genua	Costa Rica - Schottland	1:0
16.06.	Turin	Brasilien - Costa Rica	1:0
16.06.	Genua	Schweden - Schottland	1:2
20.06.	Genua	Schweden - Costa Rica	1:2
20.06.	Turin	Brasilien - Schottland	1:0

Tabelle

Mannschaft	Sp.	S	U	N	Tore	Pkt.
1. **Brasilien**	3	3	0	0	4:1	6-0
2. **Costa Rica**	3	2	0	1	3:2	4-2
3. Schottland	3	1	0	2	2:3	2-4
4. Schweden	3	0	0	3	3:6	0-6

Gruppe D

Spiele

Datum	Ort	Begegnung	Erg.
09.06.	Bologna	V. A. Emirate - Kolumbien	0:2
10.06.	Mailand	Deutschland - Jugoslawien	4:1
14.06.	Bologna	Jugoslawien - Kolumbien	1:0
15.06.	Mailand	Deutschland - V. A. Emirate	5:1
19.06.	Mailand	Deutschland - Kolumbien	1:1
19.06.	Bologna	Jugoslawien - V. A. Emirate	4:1

Tabelle

Mannschaft	Sp.	S	U	N	Tore	Pkt.
1. **Deutschland**	3	2	1	0	10:3	5-1
2. **Jugoslawien**	3	2	0	1	6:5	4-2
3. **Kolumbien**	3	1	1	1	3:2	3-3
4. V. A. Emirate	3	0	0	3	2:11	0-6

Gruppe E

Spiele

Datum	Ort	Begegnung	Erg.
12.06.	Verona	Belgien - Südkorea	2:0
13.06.	Udine	Uruguay - Spanien	0:0
17.06.	Udine	Südkorea - Spanien	1:3
17.06.	Verona	Belgien - Uruguay	3:1
21.06.	Verona	Belgien - Spanien	1:2
21.06.	Udine	Südkorea - Uruguay	0:1

Tabelle

Mannschaft	Sp.	S	U	N	Tore	Pkt.
1. **Spanien**	3	2	1	0	5:2	5-1
2. **Belgien**	3	2	0	1	6:3	4-2
3. **Uruguay**	3	1	1	1	2:3	3-3
4. Südkorea	3	0	0	3	1:6	0-6

Gruppe F

Spiele

Datum	Ort	Begegnung	Erg.
11.06.	Cagliari	England - Irland	1:1
12.06.	Palermo	Niederlande - Ägypten	1:1
16.06.	Cagliari	England - Niederlande	0:0
17.06.	Palermo	Irland - Ägypten	0:0
21.06.	Cagliari	England - Ägypten	1:0
21.06.	Palermo	Irland - Niederlande	1:1

Tabelle

Mannschaft	Sp.	S	U	N	Tore	Pkt.
1. **England**	3	1	2	0	2:1	4-2
2. **Irland**	3	0	3	0	2:2	3-3
3. **Niederlande**	3	0	3	0	2:2	3-3
4. Ägypten	3	0	2	1	1:2	2-4

Runde der letzten 16

Datum	Ort	Begegnung	Erg.	Tore
23.06.	Neapel	**Kamerun** - Kolumbien	2:1 n. V.	1:0 Milla (106.), 2:0 Milla (109.), 2:1 Redin (116.)
23.06.	Bari	**Tschechoslowakei** - Costa Rica	4:1	1:0 Skuhravý (11.), 1:1 González (55.), 2:1 Skuhravý (62.), 3:1 Kubik (78.), 4:1 Skuhravý (82.)
24.06.	Turin	Brasilien - **Argentinien**	0:1	0:1 Caniggia (81.)
24.06.	Mailand	**Deutschland** - Niederlande	2:1	1:0 Klinsmann (51.), 2:0 Brehme (82.), 2:1 R. Koeman (89., FE)
25.06.	Genua	**Irland** - Rumänien	5:4 n. E.	
25.06.	Rom	**Italien** - Uruguay	2:0	1:0 Schillaci (65.), 2:0 Serena (85.)
26.06.	Verona	Spanien - **Jugoslawien**	1:2 n. V.	0:1 Stojković (77.), 1:1 Salinas (83.), 1:2 Stojković (92.)
26.06.	Bologna	**England** - Belgien	1:0 n. V.	1:0 Platt (119.)

Viertelfinale

Datum	Ort	Begegnung	Erg.	Tore
30.06.	Florenz	Jugoslawien - **Argentinien**	2:3 n. E.	
30.06.	Rom	**Italien** - Irland	1:0	1:0 Schillaci (37.)
01.07.	Mailand	**Deutschland** - Tschechosl.	1:0	1:0 Matthäus (24., FE)
01.07.	Neapel	**England** - Kamerun	3:2 n. V.	1:0 Platt (25.), 1:1 Kundé (61., FE), 1:2 Ékéké (65.), 2:2 Lineker (83., FE), 3:2 Lineker (105., FE)

Halbfinale

Datum	Ort	Begegnung	Erg.	Tore
03.07.	Neapel	Italien - **Argentinien**	4:5 n. E.	1:0 Schillaci (17.), 1:1 Caniggia (67.); 3:4 i. E.
04.07.	Turin	**Deutschland** - England	5:4 n. E.	1:0 Brehme (59.), 1:1 Lineker (80.); 4:3 i. E.

Spiel um Platz 3

Datum	Ort	Begegnung	Erg.	Tore
07.07.	Bari	**Italien** - England	2:1	1:0 R. Baggio (70.), 1:1 Platt (80.), 2:1 Schillaci (85., FE)

Finale

Datum	Ort	Begegnung	Erg.	Tore
08.07.	Rom	**Deutschland** - Argentinien	1:0	1:0 Brehme (85., FE)

Deutschland: Illgner, Augenthaler, Berthold (74. Reuter), Kohler, Buchwald, Brehme, Häßler, Matthäus, Littbarski, Klinsmann, Völler
Argentinien: Goycochea, Ruggeri (46. Monzón), Simón, Lorenzo, Serrizuela, Sensini, Burruchaga (53. Calderón), Basualdo, Troglio, Dezotti, Maradona
Schiedsrichter: Mendez (Mexiko) **Zuschauer:** 73 603
Gelbe Karten: Völler - Troglio, Maradona **Rote Karten:** Monzón, Dezotti

XV. FIFA WM 1994 USA

17. Juni bis 17. Juli 1994 | 24 Teilnehmer | 52 Spiele

Gruppe A

Spiele

Datum	Ort	Begegnung	Erg.
18.06.	Detroit	USA - Schweiz	1:1
18.06.	Los Angeles	Kolumbien - Rumänien	1:3
22.06.	Detroit	Rumänien - Schweiz	1:4
22.06.	Los Angeles	USA - Kolumbien	2:1
26.06.	Los Angeles	USA - Rumänien	0:1
26.06.	San Francisco	Schweiz - Kolumbien	0:2

Tabelle

Mannschaft	Sp.	S	U	N	Tore	Pkt.
1. **Rumänien**	3	2	0	1	5:5	6
2. **Schweiz**	3	1	1	1	5:4	4
3. **USA**	3	1	1	1	3:3	4
4. Kolumbien	3	1	0	2	4:5	3

Gruppe B

Spiele

Datum	Ort	Begegnung	Erg.
19.06.	Los Angeles	Kamerun - Schweden	2:2
20.06.	San Francisco	Brasilien - Russland	2:0
24.06.	San Francisco	Brasilien - Kamerun	3:0
24.06.	Detroit	Schweden - Russland	3:1
28.06.	San Francisco	Russland - Kamerun	6:1
28.06.	Detroit	Brasilien - Schweden	1:1

Tabelle

Mannschaft	Sp.	S	U	N	Tore	Pkt.
1. **Brasilien**	3	2	1	0	6:1	7
2. **Schweden**	3	1	2	0	6:4	5
3. Russland	3	1	0	2	7:6	3
4. Kamerun	3	0	1	2	3:11	1

Gruppe C

Spiele

Datum	Ort	Begegnung	Erg.
17.06.	Chicago	Deutschland - Bolivien	1:0
17.06.	Dallas	Spanien - Südkorea	2:2
21.06.	Chicago	Deutschland - Spanien	1:1
23.06.	Boston	Südkorea - Bolivien	0:0
27.06.	Chicago	Bolivien - Spanien	1:3
27.06.	Dallas	Deutschland - Südkorea	3:2

Tabelle

Mannschaft	Sp.	S	U	N	Tore	Pkt.
1. **Deutschland**	3	2	1	0	5:3	7
2. **Spanien**	3	1	2	0	6:4	5
3. Südkorea	3	0	2	1	4:5	2
4. Bolivien	3	0	1	2	1:4	1

Gruppe D

Spiele

Datum	Ort	Begegnung	Erg.
21.06.	Boston	Argentinien - Griechenland	4:0
21.06.	Dallas	Nigeria - Bulgarien	3:0
25.06.	Boston	Argentinien - Nigeria	2:1
26.06.	Chicago	Bulgarien - Griechenland	4:0
30.06.	Boston	Griechenland - Nigeria	0:2
30.06.	Dallas	Argentinien - Bulgarien	0:2

Tabelle

Mannschaft	Sp.	S	U	N	Tore	Pkt.
1. **Nigeria**	3	2	0	1	6:2	6
2. **Argentinien**	3	2	0	1	6:3	6
3. **Bulgarien**	3	2	0	1	6:3	6
4. Griechenland	3	0	0	3	0:10	0

Gruppe E

Spiele

Datum	Ort	Begegnung	Erg.
18.06.	New York	Italien - Irland	0:1
19.06.	Washington	Norwegen - Mexiko	1:0
23.06.	New York	Italien - Norwegen	1:0
24.06.	Orlando	Mexiko - Irland	2:1
28.06.	Washington	Italien - Mexiko	1:1
28.06.	New York	Irland - Norwegen	0:0

Tabelle

Mannschaft	Sp.	S	U	N	Tore	Pkt.
1. **Mexiko**	3	1	1	1	3:3	4
2. **Irland**	3	1	1	1	2:2	4
3. **Italien**	3	1	1	1	2:2	4
4. Norwegen	3	1	1	1	1:1	4

Gruppe F

Spiele

Datum	Ort	Begegnung	Erg.
19.06.	Orlando	Belgien - Marokko	1:0
20.06.	Washington	Niederlande - Saudi-Arabien	2:1
25.06.	New York	Saudi-Arabien - Marokko	2:1
25.06.	Orlando	Belgien - Niederlande	1:0
29.06.	Orlando	Marokko - Niederlande	1:2
29.06.	Washington	Belgien - Saudi-Arabien	0:1

Tabelle

Mannschaft	Sp.	S	U	N	Tore	Pkt.
1. **Niederlande**	3	2	0	1	4:3	6
2. **Saudi-Arabien**	3	2	0	1	4:3	6
3. **Belgien**	3	2	0	1	2:1	6
4. Marokko	3	0	0	3	2:5	0

Runde der letzten 16

Datum	Ort	Begegnung	Erg.	Tore
02.07.	Chicago	**Deutschland** - Belgien	3:2	1:0 Völler (5.), 1:1 Grün (7.), 2:1 Klinsmann (10.), 3:1 Völler (39.), 3:2 Albert (90.)
02.07.	Washington	**Spanien** - Schweiz	3:0	1:0 Hierro (15.), 2:0 L. Enrique (73.), 3:0 Beguiristaïn (86., FE)
03.07.	Dallas	Saudi-Arabien - **Schweden**	1:3	0:1 Dahlin (5.), 0:2 K. Andersson (50.), 1:2 Al-Ghesheyan (85.), 1:3 K. Andersson (87.)
03.07.	Los Angeles	**Rumänien** - Argentinien	3:2	1:0 Dumitrescu (9.), 1:1 Batistuta (15., FE), 2:1 Dumitrescu (17.), 3:1 Hagi (57.), 3:2 Balbo (74.)
04.07.	Orlando	**Niederlande** - Irland	2:0	1:0 Bergkamp (11.), 2:0 Jonk (41.)
04.07.	San Francisco	**Brasilien** - USA	1:0	1:0 Bebeto (73.)
05.07.	Boston	Nigeria - **Italien**	1:2 n. V.	1:0 Amunike (26.), 1:1 R. Baggio (89.), 1:2 R. Baggio (103., FE)
05.07.	New York	Mexiko - **Bulgarien**	2:4 n. E.	0:1 Stoitchkov (7.), 1:1 Aspe (18., FE); 1:3 i. E.

Viertelfinale

Datum	Ort	Begegnung	Erg.	Tore
09.07.	Boston	**Italien** - Spanien	2:1	1:0 D. Baggio (26.), 1:1 Caminero (59.), 2:1 R. Baggio (88.)
09.07.	Dallas	Niederlande - **Brasilien**	2:3	0:1 Romário (52.), 0:2 Bebeto (62.), 1:2 Bergkamp (64.), 2:2 Winter (76.), 2:3 Branco (81.)
10.07.	New York	**Bulgarien** - Deutschland	2:1	0:1 Matthäus (48., FE), 1:1 Stoitchkov (76.), 2:1 Letchkov (78.)
10.07.	San Francisco	Rumänien - **Schweden**	6:7 n. E.	0:1 Brolin (78.), 1:1 Raducioiu (88.), 2:1 Raducioiu (100.), 2:2 K. Andersson (115.); 4:5 i. E.

Halbfinale

Datum	Ort	Begegnung	Erg.	Tore
13.07.	New York	Bulgarien - **Italien**	1:2	0:1 R. Baggio (20.), 0:2 R. Baggio (25.), 1:2 Stoitchkov (42., FE)
13.07.	Los Angeles	Schweden - **Brasilien**	0:1	0:1 Romário (80.)

Spiel um Platz 3

Datum	Ort	Begegnung	Erg.	Tore
16.07.	Los Angeles	**Schweden** - Bulgarien	4:0	1:0 Brolin (8.), 2:0 Mild (30.), 3:0 Larsson (37.), 4:0 K. Andersson (39.)

Finale

Datum	Ort	Begegnung	Erg.	Tore
17.07.	Los Angeles	**Brasilien** - Italien	3:2 n. E.	

Brasilien: Taffarel, Jorginho (21. Cafú), Santos, Aldair, Branco, Mazinho, Zinho (106. Viola), M. Silva, Dunga, Bebeto, Romário
Italien: Pagliuca, Mussi (34. Apolloni), F. Baresi, Maldini, Benarrivo, Berti, D. Baggio (95. Evani), Albertini, Donadoni, R. Baggio, Massaro
Schiedsrichter: Puhl (Ungarn) **Zuschauer:** 94 194
Gelbe Karten: Mazinho, Cafú - Apolloni, Albertini **Rote Karten:** –

XVI. FIFA WM 1998 Frankreich

10. Juni bis 12. Juli 1998 | 32 Teilnehmer | 64 Spiele

Gruppe A

Spiele

Datum	Ort	Begegnung	Erg.
10.06.	St. Denis	Brasilien - Schottland	2:1
10.06.	Montpellier	Marokko - Norwegen	2:2
16.06.	Bordeaux	Schottland - Norwegen	1:1
16.06.	Nantes	Brasilien - Marokko	3:0
23.06.	St. Etienne	Schottland - Marokko	0:3
23.06.	Marseille	Brasilien - Norwegen	1:2

Tabelle

Mannschaft	Sp.	S	U	N	Tore	Pkt.
1. **Brasilien**	3	2	0	1	6:3	6
2. **Norwegen**	3	1	2	0	5:4	5
3. Marokko	3	1	1	1	5:5	4
4. Schottland	3	0	1	2	2:6	1

Gruppe B

Spiele

Datum	Ort	Begegnung	Erg.
11.06.	Bordeaux	Italien - Chile	2:2
11.06.	Toulouse	Kamerun - Österreich	1:1
17.06.	St. Etienne	Chile - Österreich	1:1
17.06.	Montpellier	Italien - Kamerun	3:0
23.06.	St. Denis	Italien - Österreich	2:1
23.06.	Nantes	Chile - Kamerun	1:1

Tabelle

Mannschaft	Sp.	S	U	N	Tore	Pkt.
1. **Italien**	3	2	1	0	7:3	7
2. **Chile**	3	0	3	0	4:4	3
3. Österreich	3	0	2	1	3:4	2
4. Kamerun	3	0	2	1	2:5	2

Gruppe C

Spiele

Datum	Ort	Begegnung	Erg.
12.06.	Lens	Saudi-Arabien - Dänemark	0:1
12.06.	Marseille	Frankreich - Südafrika	3:0
18.06.	Toulouse	Südafrika - Dänemark	1:1
18.06.	St. Denis	Frankreich - Saudi-Arabien	4:0
24.06.	Lyon	Frankreich - Dänemark	2:1
24.06.	Bordeaux	Südafrika - Saudi-Arabien	2:2

Tabelle

Mannschaft	Sp.	S	U	N	Tore	Pkt.
1. **Frankreich**	3	3	0	0	9:1	9
2. **Dänemark**	3	1	1	1	3:3	4
3. Südafrika	3	0	2	1	3:6	2
4. Saudi-Arabien	3	0	1	2	2:7	1

Gruppe D

Spiele

Datum	Ort	Begegnung	Erg.
12.06.	Montpellier	Paraguay - Bulgarien	0:0
13.06.	Nantes	Spanien - Nigeria	2:3
19.06.	Paris	Nigeria - Bulgarien	1:0
19.06.	St. Etienne	Spanien - Paraguay	0:0
24.06.	Lens	Spanien - Bulgarien	6:1
24.06.	Toulouse	Nigeria - Paraguay	1:3

Tabelle

Mannschaft	Sp.	S	U	N	Tore	Pkt.
1. **Nigeria**	3	2	0	1	5:5	6
2. **Paraguay**	3	1	2	0	3:1	5
3. Spanien	3	1	1	1	8:4	4
4. Bulgarien	3	0	1	2	1:7	1

Gruppe E

Spiele

Datum	Ort	Begegnung	Erg.
13.06.	Lyon	Südkorea - Mexiko	1:3
13.06.	St. Denis	Niederlande - Belgien	0:0
20.06.	Bordeaux	Belgien - Mexiko	2:2
20.06.	Marseille	Niederlande - Südkorea	5:0
25.06.	Paris	Belgien - Südkorea	1:1
25.06.	St. Etienne	Niederlande - Mexiko	2:2

Tabelle

Mannschaft	Sp.	S	U	N	Tore	Pkt.
1. **Niederlande**	3	1	2	0	7:2	5
2. **Mexiko**	3	1	2	0	7:5	5
3. Belgien	3	0	3	0	3:3	3
4. Südkorea	3	0	1	2	2:9	1

Gruppe F

Spiele

Datum	Ort	Begegnung	Erg.
14.06.	St. Etienne	Jugoslawien - Iran	1:0
15.06.	Paris	Deutschland - USA	2:0
21.06.	Lens	Deutschland - Jugoslawien	2:2
21.06.	Lyon	USA - Iran	1:2
25.06.	Montpellier	Deutschland - Iran	2:0
25.06.	Nantes	USA - Jugoslawien	0:1

Tabelle

Mannschaft	Sp.	S	U	N	Tore	Pkt.
1. **Deutschland**	3	2	1	0	6:2	7
2. **Jugoslawien**	3	2	1	0	4:2	7
3. Iran	3	1	0	2	2:4	3
4. USA	3	0	0	3	1:5	0

Gruppe G

Spiele

Datum	Ort	Begegnung	Erg.
15.06.	Marseille	England - Tunesien	2:0
15.06.	Lyon	Rumänien - Kolumbien	1:0
22.06.	Montpellier	Kolumbien - Tunesien	1:0
22.06.	Toulouse	Rumänien - England	2:1
26.06.	St. Denis	Rumänien - Tunesien	1:1
26.06.	Lens	Kolumbien - England	0:2

Tabelle

Mannschaft	Sp.	S	U	N	Tore	Pkt.
1. **Rumänien**	3	2	1	0	4:2	7
2. **England**	3	2	0	1	5:2	6
3. Kolumbien	3	1	0	2	1:3	3
4. Tunesien	3	0	1	2	1:4	1

Gruppe H

Spiele

Datum	Ort	Begegnung	Erg.
14.06.	Toulouse	Argentinien - Japan	1:0
14.06.	Lens	Jamaika - Kroatien	1:3
20.06.	Nantes	Japan - Kroatien	0:1
21.06.	Paris	Argentinien - Jamaika	5:0
26.06.	Lyon	Japan - Jamaika	1:2
26.06.	Bordeaux	Argentinien - Kroatien	1:0

Tabelle

Mannschaft	Sp.	S	U	N	Tore	Pkt.
1. **Argentinien**	3	3	0	0	7:0	9
2. **Kroatien**	3	2	0	1	4:2	6
3. Jamaika	3	1	0	2	3:9	3
4. Japan	3	0	0	3	1:4	0

Runde der letzten 16

Datum	Ort	Begegnung	Erg.	Tore
27.06.	Marseille	**Italien** - Norwegen	1:0	1:0 Vieri (18.)
27.06.	Paris	**Brasilien** - Chile	4:1	1:0 C. Sampaio (11.), 2:0 C. Sampaio (27.), 3:0 Ronaldo (45., FE), 3:1 Salas (68.), 4:1 Ronaldo (70.)
28.06.	Lens	**Frankreich** - Paraguay	1:0 n. V.	1:0 Blanc (113.)
28.06.	St. Denis	Nigeria - **Dänemark**	1:4	0:1 Møller (3.), 0:2 B. Laudrup (12.), 0:3 Sand (60.), 0:4 Helveg (76.), 1:4 Babangida (78.)
29.06.	Montpellier	**Deutschland** - Mexiko	2:1	0:1 Hernández (47.), 1:1 Klinsmann (75.), 2:1 Bierhoff (86.)
29.06.	Toulouse	**Niederlande** - Jugoslawien	2:1	1:0 Bergkamp (38.), 1:1 Komljenović (48.), 2:1 Davids (90.)
30.06.	Bordeaux	Rumänien - **Kroatien**	0:1	0:1 Šuker (45., FE)
30.06.	St. Etienne	**Argentinien** - England	4:3 n. E.	1:0 Batistuta (6., FE), 1:1 Shearer (10., FE), 1:2 Owen (16.), 2:2 Zanetti (45.); 2:1 i. E.

Viertelfinale

Datum	Ort	Begegnung	Erg.	Tore
03.07.	St. Denis	Italien - **Frankreich**	3:4 n. E.	
03.07.	Nantes	**Brasilien** - Dänemark	3:2	0:1 Jørgensen (2.), 1:1 Bebeto (11.), 2:1 Rivaldo (26.), 2:2 B. Laudrup (50.), 3:2 Rivaldo (60.)
04.07.	Marseille	**Niederlande** - Argentinien	2:1	1:0 Kluivert (12.), 1:1 López (18.), 2:1 Bergkamp (89.)
04.07.	Lyon	Deutschland - **Kroatien**	0:3	0:1 Jarni (45.), 0:2 Vlaović (80.), 0:3 Šuker (85.)

Halbfinale

Datum	Ort	Begegnung	Erg.	Tore
07.07.	Marseille	**Brasilien** - Niederlande	4:2 n. E.	1:0 Ronaldo (46.), 1:1 Kluivert (87.); 3:1 i. E.
08.07.	St. Denis	**Frankreich** - Kroatien	2:1	0:1 Šuker (46.), 1:1 Thuram (47.), 2:1 Thuram (69.)

Spiel um Platz 3

Datum	Ort	Begegnung	Erg.	Tore
11.07.	Paris	Niederlande - **Kroatien**	1:2	0:1 Prosinečki (13.), 1:1 Zenden (21.), 1:2 Šuker (35.)

Finale

Datum	Ort	Begegnung	Erg.	Tore
12.07.	St. Denis	Brasilien - **Frankreich**	0:3	0:1 Zidane (27.), 0:2 Zidane (45.), 0:3 Petit (90.)

Brasilien: Taffarel, Cafú, Aldair, Baiano, R. Carlos, C. Sampaio (75. Edmundo), Dunga, Rivaldo, Leonardo (46. Denílson), Bebeto, Ronaldo
Frankreich: Barthéz, Lizarazu, Leboeuf, Desailly, Thuram, Djorkaeff (75. Vieira), Deschamps, Zidane, Petit, Karembeu (60. Boghossian), Guivarc'h (66. Dugarry)
Schiedsrichter: Belqola (Marokko) **Zuschauer:** 75 000
Gelbe Karten: Baiano - Deschamps, Desailly, Karembeu **Gelb-Rote Karten:** Desailly **Rote Karten:** –

XVII. FIFA WM 2002 Korea / Japan

31. Mai bis 30. Juni 2002 | 32 Teilnehmer | 64 Spiele

Gruppe A

Spiele

Datum	Ort	Begegnung	Erg.
31.05.	Seoul	Frankreich - Senegal	0:1
01.06.	Ulsan	Uruguay - Dänemark	1:2
06.06.	Daegu	Dänemark - Senegal	1:1
06.06.	Busan	Frankreich - Uruguay	0:0
11.06.	Incheon	Dänemark - Frankreich	2:0
11.06.	Suwon	Senegal - Uruguay	3:3

Tabelle

	Mannschaft	Sp.	S	U	N	Tore	Pkt.
1.	**Dänemark**	3	2	1	0	5:2	7
2.	**Senegal**	3	1	2	0	5:4	5
3.	Uruguay	3	0	2	1	4:5	2
4.	Frankreich	3	0	1	2	0:3	1

Gruppe B

Spiele

Datum	Ort	Begegnung	Erg.
02.06.	Busan	Paraguay - Südafrika	2:2
02.06.	Gwangju	Spanien - Slowenien	3:1
07.06.	Jeonju	Spanien - Paraguay	3:1
08.06.	Daegu	Südafrika - Slowenien	1:0
12.06.	Daejeon	Südafrika - Spanien	2:3
12.06.	Seogwipo	Slowenien - Paraguay	1:3

Tabelle

	Mannschaft	Sp.	S	U	N	Tore	Pkt.
1.	**Spanien**	3	3	0	0	9:4	9
2.	**Paraguay**	3	1	1	1	6:6	4
3.	Südafrika	3	1	1	1	5:5	4
4.	Slowenien	3	0	0	3	2:7	0

Gruppe C

Spiele

Datum	Ort	Begegnung	Erg.
03.06.	Ulsan	Brasilien - Türkei	2:1
04.06.	Gwangju	China - Costa Rica	0:2
08.06.	Seogwipo	Brasilien - China	4:0
09.06.	Incheon	Costa Rica - Türkei	1:1
13.06.	Suwon	Costa Rica - Brasilien	2:5
13.06.	Seoul	Türkei - China	3:0

Tabelle

Mannschaft	Sp.	S	U	N	Tore	Pkt.
1. **Brasilien**	3	3	0	0	11:3	9
2. **Türkei**	3	1	1	1	5:3	4
3. Costa Rica	3	1	1	1	5:6	4
4. China	3	0	0	3	0:9	0

Gruppe D

Spiele

Datum	Ort	Begegnung	Erg.
04.06.	Busan	Südkorea - Polen	2:0
05.06.	Suwon	USA - Portugal	3:2
10.06.	Daegu	Südkorea - USA	1:1
10.06.	Jeonju	Portugal - Polen	4:0
14.06.	Incheon	Portugal - Südkorea	0:1
14.06.	Daejon	Polen - USA	3:1

Tabelle

Mannschaft	Sp.	S	U	N	Tore	Pkt.
1. **Südkorea**	3	2	1	0	4:1	7
2. **USA**	3	1	1	1	5:6	4
3. Portugal	3	1	0	2	6:4	3
4. Polen	3	1	0	2	3:7	3

Gruppe E

Spiele

Datum	Ort	Begegnung	Erg.
01.06.	Niigata	Irland - Kamerun	1:1
01.06.	Sapporo	Deutschland - Saudi-Arabien	8:0
05.06.	Ibaraki	Deutschland - Irland	1:1
06.06.	Saitama	Kamerun - Saudi-Arabien	1:0
11.06.	Shizuoka	Kamerun - Deutschland	0:2
11.06.	Yokohama	Saudi-Arabien - Irland	0:3

Tabelle

Mannschaft	Sp.	S	U	N	Tore	Pkt.
1. **Deutschland**	3	2	1	0	11:1	7
2. **Irland**	3	1	2	0	5:2	5
3. Kamerun	3	1	1	1	2:3	4
4. Saudi-Arabien	3	0	0	3	0:12	0

Gruppe F

Spiele

Datum	Ort	Begegnung	Erg.
02.06.	Ibaraki	Argentinien - Nigeria	1:0
02.06.	Saitama	England - Schweden	1:1
07.06.	Kobe	Schweden - Nigeria	2:1
07.06.	Sapporo	Argentinien - England	0:1
12.06.	Miyagi	Schweden - Argentinien	1:1
12.06.	Osaka	Nigeria - England	0:0

Tabelle

Mannschaft	Sp.	S	U	N	Tore	Pkt.
1. **Schweden**	3	1	2	0	4:3	5
2. **England**	3	1	2	0	2:1	5
3. Argentinien	3	1	1	1	2:2	4
4. Nigeria	3	0	1	2	1:3	1

Gruppe G

Spiele

Datum	Ort	Begegnung	Erg.
03.06.	Niigata	Kroatien - Mexiko	0:1
03.06.	Sapporo	Italien - Ecuador	2:0
08.06.	Ibaraki	Italien - Kroatien	1:2
09.06.	Miyagi	Mexiko - Ecuador	2:1
13.06.	Oita	Mexiko - Italien	1:1
13.06.	Yokohama	Ecuador - Kroatien	1:0

Tabelle

Mannschaft	Sp.	S	U	N	Tore	Pkt.
1. **Mexiko**	3	2	1	0	4:2	7
2. **Italien**	3	1	1	1	4:3	4
3. Kroatien	3	1	0	2	2:3	3
4. Ecuador	3	1	0	2	2:4	3

Gruppe H

Spiele

Datum	Ort	Begegnung	Erg.
04.06.	Saitama	Japan - Belgien	2:2
05.06.	Kobe	Russland - Tunesien	2:0
09.06.	Yokohama	Japan - Russland	1:0
10.06.	Oita	Tunesien - Belgien	1:1
14.06.	Osaka	Tunesien - Japan	0:2
14.06.	Shizuoka	Belgien - Russland	3:2

Tabelle

Mannschaft	Sp.	S	U	N	Tore	Pkt.
1. **Japan**	3	2	1	0	5:2	7
2. **Belgien**	3	1	2	0	6:5	5
3. Russland	3	1	0	2	4:4	3
4. Tunesien	3	0	1	2	1:5	1

Runde der letzten 16

Datum	Ort	Begegnung	Erg.	Tore
15.06.	Seogwipo	**Deutschland** - Paraguay	1:0	1:0 Neuville (88.)
15.06.	Niigata	Dänemark - **England**	0:3	0:1 Ferdinand (5.), 0:2 Owen (22.), 0:3 Heskey (44.)
16.06.	Oita	Schweden - **Senegal**	1:2 n. V.	1:0 Larsson (11.), 1:1 H. Camara (37.), 1:2 H. Camara (104.)
16.06.	Suwon	**Spanien** - Irland	4:3 n. E.	1:0 Morientes (8.), 1:1 R. Keane (90., FE); 3:2 i. E.
17.06.	Jeonju	Mexiko - **USA**	0:2	0:1 McBride (8.), 0:2 Donovan (65.)
17.06.	Kobe	**Brasilien** - Belgien	2:0	1:0 Rivaldo (67.), 2:0 Ronaldo (87.)
18.06.	Miyagi	Japan - **Türkei**	0:1	0:1 Davala (12.)
18.06.	Daejeon	**Südkorea** - Italien	2:1 n. V.	0:1 Vieri (18.), 1:1 Seol (88.), 2:1 Ahn (116.)

Viertelfinale

Datum	Ort	Begegnung	Erg.	Tore
21.06.	Shizuoka	England - **Brasilien**	1:2	1:0 Owen (23.), 1:1 Rivaldo (45.), 1:2 Ronaldinho (50.)
21.06.	Ulsan	**Deutschland** - USA	1:0	1:0 Ballack (39.)
22.06.	Gwangju	Spanien - **Südkorea**	3:5 n. E.	
22.06.	Osaka	Senegal - **Türkei**	0:1 n. V.	0:1 Mansiz (94.)

Halbfinale

Datum	Ort	Begegnung	Erg.	Tore
25.06.	Seoul	**Deutschland** - Südkorea	1:0	1:0 Ballack (75.)
26.06.	Saitama	**Brasilien** - Türkei	1:0	1:0 Ronaldo (49.)

Spiel um Platz 3

Datum	Ort	Begegnung	Erg.	Tore
29.06.	Daegu	Südkorea - **Türkei**	2:3	0:1 Sükür (1.), 1:1 Lee Eul Yong (9.), 1:2 Mansiz (32.), 1:3 Mansiz (32.), 2:3 Song (90.)

Finale

Datum	Ort	Begegnung	Erg.	Tore
30.06.	Yokohama	Deutschland - **Brasilien**	0:2	0:1 Ronaldo (67.), 0:2 Ronaldo (79.)

Deutschland: Kahn, Frings, Linke, Ramelow, Metzelder, Schneider, Hamann, Jeremies (77. Asamoah), Bode (84. Ziege), Neuville, Klose (74. Bierhoff)
Brasilien: Marcos, Lúcio, Edmílson, Roque Júnior, Cafú, Klebérson, G. Silva, R. Carlos, Ronaldinho (85. Juninho), Ronaldo (90. Denílson), Rivaldo
Schiedsrichter: Collina (Italien) **Zuschauer:** 69 029
Gelbe Karten: Klose - Roque Júnior **Rote Karten:** –

XVIII. FIFA WM 2006 Deutschland

09. Juni bis 09. Juli 2006 | 32 Teilnehmer | 64 Spiele

Gruppe A

Spiele

Datum	Ort	Begegnung	Erg.
09.06.	München	Deutschland - Costa Rica	4:2
09.06.	Gelsenkirchen	Polen - Ecuador	0:2
14.06.	Dortmund	Deutschland - Polen	1:0
15.06.	Hamburg	Ecuador - Costa Rica	3:0
20.06.	Berlin	Ecuador - Deutschland	0:3
20.06.	Hannover	Costa Rica - Polen	1:2

Tabelle

	Mannschaft	Sp.	S	U	N	Tore	Pkt.
1.	**Deutschland**	3	3	0	0	8:2	9
2.	**Ecuador**	3	2	0	1	5:3	6
3.	Polen	3	1	0	2	1:4	3
4.	Costa Rica	3	0	0	3	3:9	0

Gruppe B

Spiele

Datum	Ort	Begegnung	Erg.
10.06.	Frankfurt	England - Paraguay	1:0
10.06.	Dortmund	Trin. & Tob. - Schweden	0:0
15.06.	Nürnberg	England - Trin. & Tob.	2:0
15.06.	Berlin	Schweden - Paraguay	1:0
20.06.	Köln	Schweden - England	2:2
20.06.	Kaiserslautern	Paraguay - Trin. & Tob.	2:0

Tabelle

	Mannschaft	Sp.	S	U	N	Tore	Pkt.
1.	**England**	3	2	1	0	5:2	7
2.	**Schweden**	3	1	2	0	3:2	5
3.	Paraguay	3	1	0	2	2:2	3
4.	Trinidad & Tobago	3	0	1	2	0:4	1

Gruppe C

Spiele

Datum	Ort	Begegnung	Erg.
10.06.	Hamburg	Argentinien - Elfenbeinküste	2:1
11.06.	Leipzig	Serb. & Mon. - Niederlande	0:1
16.06.	Gelsenkirchen	Argentinien - Serb. & Mon.	6:0
16.06.	Stuttgart	Niederlande - Elfenbeinküste	2:1
21.06.	Frankfurt	Niederlande - Argentinien	0:0
21.06.	München	Elfenbeinküste - Serb. & Mon.	3:2

Tabelle

	Mannschaft	Sp.	S	U	N	Tore	Pkt.
1.	**Argentinien**	3	2	1	0	8:1	7
2.	**Niederlande**	3	2	1	1	3:1	7
3.	Elfenbeinküste	3	1	0	2	5:6	3
4.	Serbien & Montenegro	3	0	0	3	2:10	0

Gruppe D

Spiele

Datum	Ort	Begegnung	Erg.
11.06.	Nürnberg	Mexiko - Iran	3:1
11.06.	Köln	Angola - Portugal	0:1
16.06.	Hannover	Mexiko - Angola	0:0
17.06.	Frankfurt	Portugal - Iran	2:0
21.06.	Gelsenkirchen	Portugal - Mexiko	2:1
21.06.	Leipzig	Iran - Angola	1:1

Tabelle

	Mannschaft	Sp.	S	U	N	Tore	Pkt.
1.	**Portugal**	3	3	0	0	5:1	9
2.	**Mexiko**	3	1	1	1	4:3	4
3.	Angola	3	0	2	1	1:2	2
4.	Iran	3	0	1	2	2:6	1

Gruppe E

Spiele

Datum	Ort	Begegnung	Erg.
12.06.	Hannover	Italien - Ghana	2:0
12.06.	Gelsenkirchen	USA - Tschechien	0:3
17.06.	Kaiserslautern	Italien - USA	1:1
17.06.	Köln	Tschechien - Ghana	0:2
22.06.	Hamburg	Tschechien - Italien	0:2
22.06.	Nürnberg	Ghana - USA	2:1

Tabelle

Mannschaft	Sp.	S	U	N	Tore	Pkt.
1. **Italien**	3	2	1	0	5:1	7
2. **Ghana**	3	2	0	1	4:3	6
3. Tschechien	3	1	0	2	3:4	3
4. USA	3	0	1	2	2:6	1

Gruppe F

Spiele

Datum	Ort	Begegnung	Erg.
12.06.	Kaiserslautern	Australien - Japan	3:1
13.06.	Berlin	Brasilien - Kroatien	1:0
18.06.	München	Brasilien - Australien	2:0
18.06.	Nürnberg	Japan - Kroatien	0:0
22.06.	Dortmund	Japan - Brasilien	1:4
22.06.	Stuttgart	Kroatien - Australien	2:2

Tabelle

Mannschaft	Sp.	S	U	N	Tore	Pkt.
1. **Brasilien**	3	3	0	0	7:1	9
2. **Australien**	3	1	1	1	5:5	4
3. Kroatien	3	0	2	1	2:3	2
4. Japan	3	0	1	2	2:7	1

Gruppe G

Spiele

Datum	Ort	Begegnung	Erg.
13.06.	Stuttgart	Frankreich - Schweiz	0:0
13.06.	Frankfurt	Südkorea - Togo	2:1
18.06.	Leipzig	Frankreich - Südkorea	1:1
19.06.	Dortmund	Togo - Schweiz	0:2
23.06.	Köln	Togo - Frankreich	0:2
23.06.	Hannover	Schweiz - Südkorea	2:0

Tabelle

Mannschaft	Sp.	S	U	N	Tore	Pkt.
1. **Schweiz**	3	2	1	0	4:0	7
2. **Frankreich**	3	1	2	0	3:1	5
3. Südkorea	3	1	1	1	3:4	4
4. Togo	3	0	0	3	1:6	0

Gruppe H

Spiele

Datum	Ort	Begegnung	Erg.
14.06.	Leipzig	Spanien - Ukraine	4:0
14.06.	München	Tunesien - Saudi-Arabien	2:2
19.06.	Stuttgart	Spanien - Tunesien	3:1
19.06.	Hamburg	Saudi-Arabien - Ukraine	0:4
23.06.	K'lautern	Saudi-Arabien - Spanien	0:1
23.06.	Berlin	Ukraine - Tunesien	1:0

Tabelle

Mannschaft	Sp.	S	U	N	Tore	Pkt.
1. **Spanien**	3	3	0	0	8:1	9
2. **Ukraine**	3	2	0	1	5:4	6
3. Tunesien	3	0	1	2	3:6	1
4. Saudi-Arabien	3	0	1	2	2:7	1

Runde der letzten 16

Datum	Ort	Begegnung	Erg.	Tore
24.06.	München	**Deutschland** - Schweden	2:0	1:0 Podolski (4.), 2:0 Podolski (12.)
24.06.	Leipzig	**Argentinien** - Mexiko	2:1 n. V.	0:1 Marquez (6.), 1:1 Crespo (10.), 2:1 Rodriguez (98.)
25.06.	Stuttgart	**England** - Ecuador	1:0	1:0 Beckham (60.)
25.06.	Nürnberg	**Portugal** - Niederlande	1:0	1:0 Maniche (23.)
26.06.	Kaiserslautern	**Italien** - Australien	1:0	1:0 Totti (90., FE)
26.06.	Köln	Schweiz - **Ukraine**	0:3 n. E.	

9:0

>>

<<

Datum	Ort	Begegnung	Erg.	Tore
27.06.	Dortmund	**Brasilien** - Ghana	3:0	1:0 Ronaldo (5.), 2:0 Adriano (45.), 3:0 Zé Roberto (84.)
27.06.	Hannover	Spanien - **Frankreich**	1:3	1:0 Villa (28., FE), 1:1 Ribéry (41.), 1:2 Vieira (83.), 1:3 Zidane (90.)

Viertelfinale

Datum	Ort	Begegnung	Erg.	Tore
30.06.	Berlin	**Deutschland** - Argentinien	5:3 n. E.	0:1 Ayala (49.), 1:1 Klose (80.); 4:2 i. E.
30.06.	Hamburg	**Italien** - Ukraine	3:0	1:0 Zambrotta (6.), 2:0 Toni (59.), 3:0 Toni (69.)
01.07.	Gelsenkirchen	England - **Portugal**	1:3 n. E.	
01.07.	Frankfurt	Brasilien - **Frankreich**	0:1	0:1 Henry (57.)

Halbfinale

Datum	Ort	Begegnung	Erg.	Tore
04.07.	Dortmund	Deutschland - **Italien**	0:2 n.V.	0:1 Grosso (119.), 0:2 Del Piero (120.)
05.07.	München	Portugal - **Frankreich**	0:1	0:1 Zidane (33., FE)

Spiel um Platz 3

Datum	Ort	Begegnung	Erg.	Tore
08.07.	Stuttgart	**Deutschland** - Portugal	3:1	1:0 Schweinsteiger (56.), 2:0 Petit (60., ET), 3:0 Schweinsteiger (78.), 3:1 N. Gomes (88.)

Finale

Datum	Ort	Begegnung	Erg.	Tore
09.07.	Berlin	**Italien** - Frankreich	6:4 n. E.	0:1 Zidane (7., FE), 1:1 Materazzi (19.); 5:3 i. E

Italien: Buffon, Grosso, Cannavaro, Materazzi, Zambrotta, Gattuso, Camoranesi (86. Del Piero), Perrotta (61. Iaquinta), Totti (61. De Rossi), Pirlo, Toni
Frankreich: Barthez, Abidal, Gallas, Thuram, Sagnol, Vieira (56. Diarra), Makelele, Ribéry (100. Trezeguet), Zidane, Malouda, Henry (107. Wiltord)
Schiedsrichter: Elizondo (Argentinien) **Zuschauer:** 69 000
Gelbe Karten: Zambrotta - Sagnol, Makelele, Malouda **Rote Karten:** Zidane

Die erfolgreichsten Torschützen der FIFA WM-Endturniere

Jahr	Name	Nationalität	Tore	Spiele
1930	Guillermo Stábile	Argentinien	8	4
1934	Oldrich Nejedlý	Tschechoslowakei	5	4
1938	Leônidas	Brasilien	8	4
1950	Ademir	Brasilien	8	6
1954	Sándor Kocsis	Ungarn	11	5
1958	Just Fontaine	Frankreich	13	6
1962	Flórián Albert	Ungarn	4	3
	Valentin Iwanow	Sowjetunion	4	4
	Leonel Sánchez	Chile	4	6
	Vavá	Brasilien	4	6
	Dražen Jerković	Jugoslawien	4	6
	Garrincha	Brasilien	4	6

>>

<<

Jahr	Name	Nationalität	Tore	Spiele
1966	Eusébio	Portugal	9	6
1970	Gerd Müller	Deutschland	10	6
1974	Grzegorz Lato	Polen	7	7
1978	Mario Kempes	Argentinien	6	7
1982	Paolo Rossi	Italien	6	7
1986	Gary Lineker	England	6	5
1990	Salvatore Schillaci	Italien	6	7
1994	Oleg Salenko	Russland	6	3
	Hristo Stoitchkov	Bulgarien	6	7
1998	Davor Šuker	Kroatien	6	7
2002	Ronaldo	Brasilien	8	7
2006	Miroslav Klose	Deutschland	7	5

Ewige FIFA WM-Tabelle 1930–2006

Die Tabelle ist nach der Drei-Punkte-Regel erstellt. Entscheidungen nach Elfmeterschießen werden als Unentschieden gewertet. Die im Elfmeterschießen erzielten Tore werden im Torverhältnis nicht berücksichtigt.

Nation	Teiln.	Sp.	S	U	N	Tore	Pkt.
1. Brasilien	18	92	64	14	14	201:84	206
2. Deutschland	16	92	55	19	18	190:112	184
3. Italien	16	77	44	19	14	122:69	151
4. Argentinien	14	65	33	13	19	113:74	112
5. England	12	55	25	17	13	74:47	92
6. Frankreich	12	51	25	10	16	95:64	85
7. Spanien	12	49	22	12	15	80:57	78
8. Schweden	11	46	16	13	17	74:69	61
9. Niederlande	8	36	16	10	10	59:38	58
10. Russland*	9	37	17	6	14	64:44	57
11. Jugoslawien	9	37	16	8	13	60:46	56
12. Uruguay	10	40	15	10	15	65:57	55
13. Polen	7	31	15	5	11	44:40	50
14. Ungarn	9	32	15	3	14	87:57	48
15. Mexiko	13	44	11	12	21	48:84	45
16. Österreich	7	29	12	4	13	43:47	40
17. Belgien	11	36	10	9	17	46:63	39
18. Tschechosl.	8	30	11	5	14	44:45	38
19. Portugal	4	19	11	1	7	32:21	34
20. Rumänien	7	21	8	5	8	30:32	29
21. Schweiz	8	26	8	5	13	37:51	29
22. Chile	7	25	7	6	12	31:40	27
23. Paraguay	7	22	6	7	9	27:36	25
24. Dänemark	3	13	7	2	4	24:18	23
25. USA	8	25	6	3	16	27:51	21
26. Kroatien	3	13	6	2	5	15:11	20
27. Kamerun	5	17	4	7	6	15:29	19
28. Schottland	8	23	4	7	12	25:41	19
29. Südkorea	7	24	4	7	13	22:53	19
30. Bulgarien	7	26	3	8	15	22:53	17
31. Türkei	2	10	5	1	4	20:17	16
32. Peru	4	15	4	3	8	19:31	15
33. Irland	3	13	2	8	3	10:10	14
34. Nordirland	3	13	3	5	5	13:23	14

>>

<<

	Nation	Teiln.	Sp.	S	U	N	Tore	Pkt.
35.	Nigeria	3	11	4	1	6	14:16	13
36.	Kolumbien	4	13	3	2	8	14:23	11
37.	Marokko	4	13	2	4	7	12:18	10
38.	Costa Rica	3	10	3	1	3	12:21	10
39.	Ecuador	2	7	3	–	4	7:8	9
40.	Norwegen	3	8	2	3	3	7:8	9
41.	Senegal	1	5	2	2	1	7:6	8
42.	DDR	1	6	2	2	2	5:5	8
43.	Japan	3	10	2	2	6	8:14	8
44.	Saudi-Arabien	4	13	2	2	9	9:32	8
45.	Ukraine	1	5	2	1	2	5:7	7
46.	Algerien	2	6	2	1	3	6:10	7
47.	Tunesien	4	12	1	4	7	8:17	7
48.	Wales	1	5	1	3	1	4:4	6
49.	Ghana	1	4	2	–	2	4:6	6
50.	Südafrika	2	6	1	3	2	8:11	6
51.	Australien	2	7	1	2	4	5:11	5
52.	Iran	3	9	1	2	6	6:18	5
53.	Nordkorea	1	4	1	1	2	5:9	4
54.	Kuba	1	3	1	1	1	5:12	4
55.	Elfenbeinküste	1	3	1	–	2	5:6	3
56.	Tschechien	1	3	1	–	2	3:4	3
57.	Jamaika	1	3	1	–	2	3:9	3
58.	Honduras	1	3	–	2	1	2:3	2
59.	Angola	1	3	–	2	1	1:2	2
60.	Israel	1	3	–	2	1	1:3	2
61.	Ägypten	2	4	–	2	2	3:6	2
62.	Kuwait	1	3	–	1	2	2:6	1
63.	Trinidad & Tobago	1	3	–	1	2	0:4	1
64.	Bolivien	3	6	–	1	5	1:20	1
65.	Irak	1	3	–	–	3	1:4	0
66.	Slowenien	1	3	–	–	3	2:7	0
67.	Togo	1	3	–	–	3	1:6	0
68.	Kanada	1	3	–	–	3	0:5	0
69.	Niederl. Indien	1	1	–	–	1	0:6	0
70.	Serbien & Montenegro	1	3	–	–	3	2:10	0
71.	V. A. Emirate	1	3	–	–	3	2:11	0
72.	China	1	3	–	–	3	0:9	0
73.	Neuseeland	1	3	–	–	3	2:12	0
74.	Griechenland	1	3	–	–	3	0:10	0
75.	Haiti	1	3	–	–	3	2:14	0
76.	Zaire	1	3	–	–	3	0:14	0
77.	El Salvador	2	6	–	–	6	1:22	0

* inkl. Sowjetunion und GUS

FIFA WM-Nationenwertung 1930–2006

Nation	1.	2.	3.	4.
1. Brasilien	5	2	2	1
2. Italien	4	2	1	1
3. Deutschland	3	4	3	1
4. Argentinien	2	2	–	–
Uruguay	2	2	–	–
6. Frankreich	1	1	2	1
7. England	1	–	–	1
8. Niederlande	–	2	–	1
9. Ungarn	–	2	–	–
Tschechosl.	–	2	–	–
11. Schweden	–	1	2	1
12. Polen	–	–	2	–
13. Österreich	–	–	1	1
Portugal	–	–	1	1
15. Chile	–	–	1	–
USA	–	–	1	–
Türkei	–	–	1	–
Kroatien	–	–	1	–
19. Jugoslawien	–	–	–	2
20. Russland*	–	–	–	1
Spanien	–	–	–	1
Belgien	–	–	–	1
Bulgarien	–	–	–	1
Südkorea	–	–	–	1

* inkl. Sowjetunion und GUS

Die FIFA WM-Rekordspieler 1930–2006

Name	Nationalität	WM	Spiele	Tore
1. Lothar Matthäus	Deutschland	1982, 1986, 1990, 1994, 1998	25	6
2. Paolo Maldini	Italien	1990, 1994, 1998, 2002	23	–
3. Uwe Seeler	Deutschland	1958, 1962, 1966, 1970	21	9
Diego Maradona	Argentinien	1982, 1986, 1990, 1994	21	8
Wladyslaw Zmuda	Polen	1974, 1978, 1982, 1986	21	–
6. Grzegorz Lato	Polen	1974, 1978, 1982	20	10
Cafu	Brasilien	1994, 1998, 2002, 2006	20	–
8. Karl-Heinz Rummenigge	Deutschland	1978, 1982, 1986	19	9
Wolfgang Overath	Deutschland	1966, 1970, 1974	19	3
Berti Vogts	Deutschland	1970, 1974, 1978	19	–

Die FIFA WM-Rekordschützen 1930–2006

Name	Nationalität	WM	Tore	Spiele
1. Ronaldo	Brasilien	1998, 2002, 2006	15	19
2. Gerd Müller	Deutschland	1970, 1974	14	13
3. Just Fontaine	Frankreich	1958	13	6
4. Pelé	Brasilien	1958, 1962, 1966, 1970	12	14
5. Sándor Kocsis	Ungarn	1954	11	5
Jürgen Klinsmann	Deutschland	1990, 1994, 1998	11	17
7. Helmut Rahn	Deutschland	1954, 1958	10	10
Miroslav Klose	Deutschland	2002, 2006	10	10
Gary Lineker	England	1986, 1990	10	12
Gabriel Batistuta	Argentinien	1994, 1998, 2002	10	12
Teofilo Cubillas	Peru	1970, 1978	10	13
Grzegorz Lato	Polen	1974, 1978, 1982	10	20

FIFA U-20-Weltmeisterschaft

Endspiele

Datum	Ort	Begegnung	Erg.
10.07.**1977**	Tunis	**Sowjetunion** - Mexiko	9:8 n. E.
07.09.**1979**	Tokio	**Argentinien** - Sowjetunion	3:1
18.10.**1981**	Sydney	**Deutschland** - Katar	4:0
19.06.**1983**	Mexiko City	**Brasilien** - Argentinien	1:0
07.09.**1985**	Moskau	**Brasilien** - Spanien	1:0 n. V.
22.10.**1987**	Santiago	**Jugoslawien** - Deutschland	6:5 n. E.
03.03.**1989**	Riad	**Portugal** - Nigeria	2:0
30.06.**1991**	Lissabon	**Portugal** - Brasilien	4:2 n. E.
20.03.**1993**	Sydney	**Brasilien** - Ghana	2:1
28.04.**1995**	Doha	**Argentinien** - Brasilien	2:0
05.07.**1997**	Sah Alam	**Argentinien** - Uruguay	2:1
24.04.**1999**	Lagos	**Spanien** - Japan	4:0
08.07.**2001**	Buenos Aires	**Argentinien** - Ghana	3:0
19.12.**2003**	Abu Dhabi	**Brasilien** - Spanien	1:0
02.07.**2005**	Utrecht	**Argentinien** - Nigeria	2:1
22.07.**2007**	Toronto	**Argentinien** - Tschechien	2:1

Fußballturnier der Olympischen Spiele

Jahr	Gastgeber	Gold	Silber	Bronze
1908	London (GBR)	England	Dänemark	Niederlande
1912	Stockholm (SWE)	England	Dänemark	Niederlande
1920	Antwerpen (BEL)	Belgien*	Spanien	Niederlande
1924	Paris (FRA)	Uruguay	Schweiz	Schweden
1928	Amsterdam (NED)	Uruguay	Argentinien	Italien
1936	Berlin (GER)	Italien	Österreich	Norwegen
1948	London (GBR)	Schweden	Jugoslawien	Dänemark
1952	Helsinki (FIN)	Ungarn	Jugoslawien	Schweden
1956	Melbourne (AUS)	Sowjetunion	Jugoslawien	Bulgarien
1960	Rom (ITA)	Jugoslawien	Dänemark	Ungarn
1964	Tokio (JPN)	Ungarn	Tschechoslowakei	DDR
1968	Mexiko (MEX)	Ungarn	Bulgarien	Japan
1972	München (GER)	Polen	Ungarn	DDR / Sowjetunion **
1976	Montreal (CAN)	DDR	Polen	Sowjetunion
1980	Moskau (URS)	Tschechosl.	DDR	Sowjetunion
1984	Los Angeles (USA)	Frankreich	Brasilien	Jugoslawien
1988	Seoul (KOR)	Sowjetunion	Brasilien	Deutschland
1992	Barcelona (ESP)	Spanien	Polen	Ghana
1996	Atlanta (USA)	Nigeria	Argentinien	Brasilien
2000	Sydney (AUS)	Kamerun	Spanien	Chile
2004	Athen (GRE)	Argentinien	Paraguay	Italien

* Das Endspiel wird in der 39. Minute abgebrochen; die Tschechoslowakei wird disqualifiziert.
** Vergabe von zwei Bronzemedaillen nach Unentschieden im Spiel um Platz 3

FIFA Confederations Cup

Endspiele

Datum	Ort	Begegnung	Erg.	Tore
20.10.**1992**	Saudi-Arabien	**Argentinien** - Saudi-Arabien	3:1	1:0 Rodriguez, 2:0 Caniggia, 3:0 Simeone, 3:1 Owairan
13.01.**1995**	Saudi-Arabien	**Dänemark** - Argentinien	2:0	1:0 Laudrup, 2:0 Rasmussen
21.12.**1997**	Saudi-Arabien	**Brasilien** - Australien	6:0	1:0 Ronaldo, 2:0 Ronaldo, 3:0 Romário, 4:0 Romário, 5:0 Ronaldo, 6:0 Romário
04.08.**1999**	Mexiko	**Mexiko** - Brasilien	4:3	1:0 Zepeda, 2:0 Abundis, 2:1 Serginho, 2:2 Roni, 3:2 Zepeda, 4:2 Blanco, 4:3 Zé Roberto
10.06.**2001**	Korea / Japan	**Frankreich** - Japan	1:0	1:0 Vieira
29.06.**2003**	Frankreich	**Frankreich** - Kamerun	1:0 n. V.	1:0 Henry
29.06.**2005**	Deutschland	**Brasilien** - Argentinien	4:1	1:0 Adriano, 2:0 Kaka, 3:0 Ronaldinho, 4:0 Adriano, 4:1 Aimar

FIFA Futsal-Weltmeisterschaft

Endspiele

Datum	Ort	Begegnung	Erg.
15.01.**1989**	Rotterdam	**Brasilien** - Niederlande	2:1
28.11.**1992**	Hongkong	**Brasilien** - USA	4:1
08.12.**1996**	Barcelona	**Brasilien** - Spanien	6:4
03.12.**2000**	Guatemala	**Spanien** - Brasilien	4:3
05.12.**2004**	Taipeh	**Spanien** - Italien	2:1

INTERKONTINENTAL – FRAUEN

FIFA Frauen-Fussball-Weltmeisterschaft

Siegerliste

Jahr	Mannschaft
1991	USA
1995	Norwegen
1999	USA

Jahr	Mannschaft
2003	Deutschland
2007	Deutschland

I. FIFA Frauen-Fussball-Weltmeisterschaft 1991 China

16. bis 30. November 1991 | 12 Teilnehmer | 26 Spiele

Gruppe A

Spiele

Datum	Ort	Begegnung	Erg.
16.11.	Guangzhou	China - Norwegen	4:0
17.11.	Guangzhou	Dänemark - Neuseeland	3:0
19.11.	Guangzhou	Norwegen - Neuseeland	4:0
19.11.	Guangzhou	China - Dänemark	2:2
21.11.	Foshan	China - Neuseeland	4:1
21.11.	Panyu	Norwegen - Dänemark	2:1

Tabelle

Mannschaft	Sp.	S	U	N	Tore	Pkt.
1. **China**	3	2	1	0	10:3	7
2. **Norwegen**	3	2	0	1	6:5	6
3. **Dänemark**	3	1	1	1	6:4	4
4. Neuseeland	3	0	0	3	1:11	0

Gruppe B

Spiele

Datum	Ort	Begegnung	Erg.
17.11.	Foshan	Japan - Brasilien	0:1
17.11.	Panyu	Schweden - USA	2:3
19.11.	Foshan	Japan - Schweden	0:8
19.11.	Panyu	Brasilien - USA	0:5
21.11.	Foshan	Japan - USA	0:3
21.11.	Panyu	Brasilien - Schweden	0:2

Tabelle

Mannschaft	Sp.	S	U	N	Tore	Pkt.
1. **USA**	3	3	0	0	11:2	9
2. **Schweden**	3	2	0	1	12:3	6
3. Brasilien	3	1	0	2	1:7	3
4. Japan	3	0	0	3	0:12	0

Gruppe C

Spiele

Datum	Ort	Begegnung	Erg.
17.11.	Jiangmen	Deutschland - Nigeria	4:0
17.11.	Jiangmen	Taiwan - Italien	0:5
19.11.	Zhongshan	Italien - Nigeria	1:0
19.11.	Zhongshan	Taiwan - Deutschland	0:3
21.11.	Jiangmen	Taiwan - Nigeria	2:0
21.11.	Zhongshan	Italien - Deutschland	0:2

Tabelle

Mannschaft	Sp.	S	U	N	Tore	Pkt.
1. **Deutschland**	3	3	0	0	9:0	9
2. **Italien**	3	2	0	1	6:2	6
3. **Taiwan**	3	1	0	2	2:8	3
4. Nigeria	3	0	0	3	0:7	0

Viertelfinale

Datum	Ort	Begegnung	Erg.	Tore
24.11.	Zhongshan	Dänemark - **Deutschland**	1:2 n. V.	0:1 Wiegmann (17., E), 1:1 Mackensie (25., E), 1:2 Mohr (98.)
24.11.	Guangzhou	China - **Schweden**	0:1	0:1 Sundhage (3.)
24.11.	Jiangmen	**Norwegen** - Italien	3:2 n. V.	1:0 Hegstad (22.), 1:1 Saimaso (31.), 2:1 Carlsen (67.), 2:2 Guarino (80.), 3:2 Svensson (96., E)
24.11.	Foshan	**USA** - Taiwan	7:0	1:0 Akers (8.), 2:0 Akers (29.), 3:0 Akers (33.), 4:0 Foudy (38.), 5:0 Akers (44., E), 6:0 Akers (48.), 7:0 Biefeld (79.)

Halbfinale

Datum	Ort	Begegnung	Erg.	Tore
27.11.	Panyu	Schweden - **Norwegen**	1:4	1:0 Videkull (6.), 1:1 Svensson (39., E), Medalen (41.), 1:3 Carlsen (67.), 1:4 Medalen (77.)
27.11.	Guangzhou	Deutschland - **USA**	2:5	0:1 Jennings (10.), 0:2 Jennings (22.), Jennings (33.), 1:3 Mohr (34.), 1:4 Heinrichs (54.), 2:4 Wiegmann (63.), 2:5 Heinrichs (75.)

Spiel um Platz 3

Datum	Ort	Begegnung	Erg.	Tore
29.11.	Guangzhou	**Schweden** - Deutschland	4:0	1:0 Andelen (7.), 2:0 Sundhage (11.), 3:0 Videkull (29.), 4:0 Nilsson (43.)

Finale

Datum	Ort	Begegnung	Erg.	Tore
30.11.	Guangzhou	Norwegen - **USA**	1:2	0:1 Akers (20.), 1:1 Medalen (29.), 1:2 Akers (78.)

Norwegen: Seth, Zaborowski (79. Straedet), Espeseth, Nyborg, Carlsen, Haugen, Støre, Riise, Medalen, Hegstad, Svensson
USA: Harvey, Heinrichs, Higgins, Werden, Hamilton, Hamm, Akers, Foudy, Jennings, Lilly, Biefeld
Schiedsrichter: Zhuk (Bulgarien) **Zuschauer:** 63 000
Gelbe Karten: Akers **Rote Karten:** –

II. FIFA Frauen-Fussball-Weltmeisterschaft 1995 Schweden

5. bis 18. Juni 1995 | 12 Teilnehmer | 26 Spiele

Gruppe A

Spiele

Datum	Ort	Begegnung	Erg.
05.06.	Karlstad	Deutschland - Japan	1:0
05.06.	Helsingborg	Schweden - Brasilien	0:1
07.06.	Helsingborg	Schweden - Deutschland	3:2
07.06.	Karlstad	Brasilien - Japan	1:2
09.06.	Västerås	Schweden - Japan	2:0
09.06.	Karlstad	Brasilien - Deutschland	1:6

Tabelle

Mannschaft	Sp.	S	U	N	Tore	Pkt.
1. **Deutschland**	3	2	0	1	9:4	6
2. **Schweden**	3	2	0	1	5:3	6
3. **Japan**	3	1	0	2	2:4	3
4. Brasilien	3	1	0	2	3:8	3

Gruppe B

Spiele

Datum	Ort	Begegnung	Erg.
06.06.	Karlstad	Norwegen - Nigeria	8:0
06.06.	Helsingborg	England - Kanada	3:2
08.06.	Karlstad	Norwegen - England	2:0
08.06.	Helsingborg	Nigeria - Kanada	3:3
10.06.	Gävle	Norwegen - Kanada	7:0
10.06.	Karlstad	Nigeria - England	2:3

Tabelle

Mannschaft	Sp.	S	U	N	Tore	Pkt.
1. **Norwegen**	3	3	0	0	17:0	9
2. **England**	3	2	0	1	6:6	6
3. Kanada	3	0	1	2	5:13	1
4. Nigeria	3	0	1	2	5:14	1

Gruppe C

Spiele

Datum	Ort	Begegnung	Erg.
06.06.	Gävle	USA - China	3:3
06.06.	Västerås	Dänemark - Australien	5:0
08.06.	Gävle	USA - Dänemark	2:0
08.06.	Västerås	China - Australien	4:2
10.06.	Helsingborg	USA - Australien	4:1
10.06.	Västerås	China - Dänemark	3:1

Tabelle

Mannschaft	Sp.	S	U	N	Tore	Pkt.
1. **USA**	3	2	1	0	9:4	7
2. **China**	3	2	1	0	10:6	7
3. **Dänemark**	3	1	0	2	6:5	3
4. Australien	3	0	0	3	3:13	0

Viertelfinale

Datum	Ort	Begegnung	Erg.	Tore
13.06.	Gävle	Japan - **USA**	0:4	0:1 Lilly (8.), 0:2 Lilly (42.), 0:3 Milbrett (45.), 0:4 Venturini (80.)
13.06.	Karlstad	**Norwegen** - Dänemark	3:1	1:0 Espeseth (21.), 2:0 Medalen (64.), 3:0 Riise (85.), 3:1 Krogh (86.)
13.06.	Västerås	**Deutschland** - England	3:0	1:0 Voss (41.), 2:0 Meinert (55.), 3:0 Mohr (82.)
13.06.	Helsingborg	Schweden - **China**	4:5 n. E.	0:1 Sun (29.), 1:1 Kalte (93., E); 3:4 i. E.

Halbfinale

Datum	Ort	Begegnung	Erg.	Tore
15.06.	Västerås	USA - **Norwegen**	0:1	0:1 Aarønes (10.)
15.06.	Helsingborg	**Deutschland** - China	1:0	1:0 Wiegmann (88.)

Spiel um Platz 3

Datum	Ort	Begegnung	Erg.	Tore
17.06.	Gävle	China - **USA**	0:2	0:1 Venturini (24.), 0:2 Hamm (55.)

Finale

Datum	Ort	Begegnung	Erg.	Tore
18.06.	Stockholm	Deutschland - **Norwegen**	0:2	0:1 Riise (37.), 0:2 Pettersen (40.)

Deutschland: Goller, Bernhard, Austermühl, Pohlmann (75. P. Wunderlich), Lohn, Meinert (86. Smisek), Voss, Wiegmann, Mohr, Neid, Prinz (42. Brocker)
Norwegen: Nordby, Svensson, Espeseth, A. Nymark Andersen, N. Nymark Andersen, Riise, Haugen, Medalen, Aarønes, Myklebust, Pettersen
Schiedsrichter: Jonsson (Schweden) **Zuschauer:** 17 158
Gelbe Karten: Bernhard - A. Nymark Andersen, Medalen, Aarønes **Rote Karten:** –

III. FIFA Frauen-Fussball-Weltmeisterschaft 1999 USA
19. Juni bis 10. Juli 1999 | 16 Teilnehmer | 32 Spiele

Gruppe A

Spiele

Datum	Ort	Begegnung	Erg.
19.06.	New York	USA - Dänemark	3:0
20.06.	Los Angeles	Korea - Nigeria	1:2
24.06.	Portland	Korea - Dänemark	3:1
24.06.	Chicago	USA - Nigeria	7:1
27.06.	Washington	Nigeria - Dänemark	2:0
27.06.	Boston	USA - Korea	3:0

Tabelle

Mannschaft	Sp.	S	U	N	Tore	Pkt.
1. **USA**	3	3	0	0	13:1	9
2. **Nigeria**	3	2	0	1	5:8	6
3. Korea	3	1	0	2	4:6	3
4. Dänemark	3	0	0	3	1:8	0

Gruppe B

Spiele

Datum	Ort	Begegnung	Erg.
19.06.	New York	Brasilien - Mexiko	7:1
20.06.	Los Angeles	Deutschland - Italien	1:1
24.06.	Chicago	Brasilien - Italien	2:0
24.06.	Portland	Deutschland - Mexiko	6:0
27.06.	Washington	Deutschland - Brasilien	3:3
27.06.	Boston	Mexiko - Italien	0:2

Tabelle

Mannschaft	Sp.	S	U	N	Tore	Pkt.
1. **Brasilien**	3	2	1	0	12:4	7
2. **Deutschland**	3	1	2	0	10:4	5
3. Italien	3	1	1	1	3:3	4
4. Mexiko	3	0	0	3	1:15	0

Gruppe C

Spiele

Datum	Ort	Begegnung	Erg.
19.06.	San Jose	Japan - Kanada	1:1
20.06.	Boston	Norwegen - Russland	2:1
23.06.	Washington	Norwegen - Kanada	7:1
23.06.	Portland	Japan - Russland	0:5
26.06.	New York	Kanada - Russland	1:4
26.06.	Chicago	Norwegen - Japan	4:0

Tabelle

Mannschaft	Sp.	S	U	N	Tore	Pkt.
1. **Norwegen**	3	3	0	0	13:2	9
2. **Russland**	3	2	0	1	10:3	6
3. Kanada	3	0	1	2	3:12	1
4. Japan	3	0	1	2	1:10	1

Gruppe D

Spiele

Datum	Ort	Begegnung	Erg.
19.06.	San Jose	China - Schweden	2:1
20.06.	Boston	Australien - Ghana	1:1
23.06.	Portland	China - Ghana	7:0
23.06.	Washington	Australien - Schweden	1:3
26.06.	New York	China - Australien	3:1
26.06.	Chicago	Ghana - Schweden	0:2

Tabelle

Mannschaft	Sp.	S	U	N	Tore	Pkt.
1. **China**	3	3	0	0	12:2	9
2. **Schweden**	3	2	0	1	6:3	6
3. Australien	3	0	1	2	3:7	1
4. Ghana	3	0	1	2	1:10	1

Viertelfinale

Datum	Ort	Begegnung	Erg.	Tore
30.06.	San Jose	**China** - Russland	2:0	1:0 Pu (37.), 2:0 Jin (56.)
30.06.	San Jose	**Norwegen** - Schweden	3:1	1:0 Aarønes (51.), 2:0 Pettersen (58.), 3:0 Riise (72., E), 3:1 Moström (91.)
01.07.	Washington	**USA** - Deutschland	3:2	1:0 Chastain (5., ET), 2:0 Milbrett (16.), 2:1 Wiegmann (46.), 2:2 Chastain (49.), 3:2 Fawcett (66.)
01.07.	Washington	**Brasilien** - Nigeria	4:3 n. V.	1:0 Cidinha (4.), 2:0 Cidinha (22.), 3:0 Nene (35.), 3:1 Emeafu (63.), 3:2 Okosieme (72.), 3:3 Nkechi (85.), 4:3 Sissi (104.)

Halbfinale

Datum	Ort	Begegnung	Erg.	Tore
04.07.	San Francisco	**USA** - Brasilien	2:0	1:0 Parlow (5.), 2:0 Akers (80., E)
04.07.	Boston	Norwegen - **China**	0:5	0:1 Sun (3.), 0:2 A. Liu (14.), 0:3 A. Liu (51.), 0:4 Fan (65.), 0:5 Sun (72., E)

Spiel um Platz 3

Datum	Ort	Begegnung	Erg.	Tore
10.07.	Los Angeles	**Brasilien** - Norwegen	5:4 n. E.	

Finale

Datum	Ort	Begegnung	Erg.	Tore
10.07.	Los Angeles	**USA** - China	5:4 n. E.	

USA: Scurry, Overbeck, Chastain, Hamm, Akers (91. Whalen), Foudy, Parlow (57. McMillan), Lilly, Fawcett, Milbrett (115. Venturini), Sobrero
China: Gao, Wang, Fan, Zhao (114. Qin), Jin (119. Xie), Sun, A. Liu, Pu (59. Zhang), Wen, Y. Liu, Ba
Schiedsrichter: Petignat (Schweiz) **Zuschauer:** 90 185
Gelbe Karten: Akers - Zhang, A. Liu **Rote Karten:** –

IV. FIFA Frauen-Fussball-Weltmeisterschaft 2003 USA

20. September bis 12. Oktober 2003 | 16 Teilnehmer | 32 Spiele

Gruppe A

Spiele

Datum	Ort	Begegnung	Erg.
20.09.	Philadelphia	Nigeria - Nordkorea	0:3
21.09.	Washington	USA - Schweden	3:1
25.09.	Philadelphia	Schweden - Nordkorea	1:0
25.09.	Philadelphia	USA - Nigeria	5:0
28.09.	Columbus	Schweden - Nigeria	3:0
28.09.	Columbus	Nordkorea - USA	0:3

Tabelle

Mannschaft	Sp.	S	U	N	Tore	Pkt.
1. **USA**	3	3	0	0	11:1	9
2. **Schweden**	3	2	0	1	5:3	6
3. Nordkorea	3	1	0	2	3:4	3
4. Nigeria	3	0	0	3	0:11	0

Gruppe B

Spiele

Datum	Ort	Begegnung	Erg.
20.09.	Philadelphia	Norwegen - Frankreich	2:0
21.09.	Washington	Brasilien - Südkorea	3:0
24.09.	Washington	Norwegen - Brasilien	1:4
24.09.	Washington	Frankreich - Südkorea	1:0
27.09.	Foxboro	Südkorea - Norwegen	1:7
27.09.	Washington	Frankreich - Brasilien	1:1

Tabelle

Mannschaft	Sp.	S	U	N	Tore	Pkt.
1. **Brasilien**	3	2	1	0	8:2	7
2. **Norwegen**	3	2	0	1	10:5	6
3. Frankreich	3	1	1	1	2:3	4
4. Südkorea	3	0	0	3	1:11	0

Gruppe C

Spiele

Datum	Ort	Begegnung	Erg.
20.09.	Columbus	Deutschland - Kanada	4:1
20.09.	Columbus	Japan - Argentinien	6:0
24.09.	Columbus	Deutschland - Japan	3:0
24.09.	Columbus	Kanada - Argentinien	3:0
27.09.	Foxboro	Kanada - Japan	3:1
27.09.	Washington	Argentinien - Deutschland	1:6

Tabelle

Mannschaft	Sp.	S	U	N	Tore	Pkt.
1. **Deutschland**	3	3	0	0	13:2	9
2. **Kanada**	3	2	0	1	7:5	6
3. Japan	3	1	0	2	7:6	3
4. Argentinien	3	0	0	3	1:15	0

Gruppe D

Spiele

Datum	Ort	Begegnung	Erg.
21.09.	Carson	Australien - Russland	1:2
21.09.	Carson	China - Ghana	1:0
25.09.	Carson	Ghana - Russland	0:3
25.09.	Carson	China - Australien	1:1
28.09.	Portland	Ghana - Australien	2:1
28.09.	Portland	China - Russland	1:0

Tabelle

Mannschaft	Sp.	S	U	N	Tore	Pkt.
1. **China**	3	2	1	0	3:1	7
2. **Russland**	3	2	0	1	5:2	6
3. Ghana	3	1	0	2	2:5	3
4. Australien	3	0	1	2	3:5	1

Viertelfinale

Datum	Ort	Begegnung	Erg.	Tore
01.10.	Foxboro	**USA** - Norwegen	1:0	1:0 Wambach (24.)
01.10.	Foxboro	Brasilien - **Schweden**	1:2	0:1 Svensson (23.), 1:1 Marta (44.), 1:2 Andersson (53.)

>>

<<

Datum	Ort	Begegnung	Erg.	Tore
02.10.	Portland	**Deutschland** - Russland	7:1	1:0 M. Müller (25.), 2:0 Minnert (57.), 3:0 P. Wunderlich (60.), 4:0 Garefrekes (62.), 4:1 Danilova (70.), 5:1 Prinz (80.), 6:1 Garefrekes (85.), 7:1 Prinz (89.)
02.10.	Portland	China - **Kanada**	0:1	0:1 Hooper (7.)

Halbfinale

Datum	Ort	Begegnung	Erg.	Tore
05.10.	Portland	USA - **Deutschland**	0:3	0:1 Garefrekes (15.), 0:2 Meinert (91.), 0:3 Prinz (93.)
05.10.	Portland	**Schweden** - Kanada	2:1	0:1 Lang (64.), 1:1 Moström (79.), 2:1 Öqvist (86.)

Spiel um Platz 3

Datum	Ort	Begegnung	Erg.	Tore
11.10.	Carson	**USA** - Kanada	3:1	1:0 Lilly (22.), 1:1 Sinclair (38.), 2:1 Boxx (51.), 3:1 Milbrett (80.)

Finale

Datum	Ort	Begegnung	Erg.	Tore
12.10.	Carson	**Deutschland** - Schweden	2:1 n. V.	0:1 Ljungberg (41.), 1:1 Meinert (46.), 2:1 Künzer (98., Golden Goal)

Deutschland: Rottenberg, Stegemann, Lingor, P. Wunderlich (88. Künzer), Prinz, Wiegmann, Minnert, Meinert, Hingst, Garefrekes (76. M. Müller), S. Gottschlich
Schweden: Jönsson, Westberg, Törnqvist, Marklund, Moström, Larsson (76. Bengtsson), Andersson (53. Sjögren), Ljungberg, Svensson, Sjöström (53. Fagerström), Östberg
Schiedsrichter: Ionescu (Rumänien) **Zuschauer:** 26 137
Gelbe Karten: – **Rote Karten:** –

V. FIFA Frauen-Fussball-Weltmeisterschaft 2007 China

10. September bis 30. September 2007 | 16 Teilnehmer | 32 Spiele

Gruppe A

Spiele

Datum	Ort	Begegnung	Erg.
10.09.	Shanghai	Deutschland - Argentinien	11:0
11.09.	Shanghai	Japan - England	2:2
14.09.	Shanghai	Argentinien - Japan	0:1
14.09.	Shanghai	England - Deutschland	0:0
17.09.	Hangzhou	Deutschland - Japan	2:0
17.09.	Chengdu	England - Argentinien	6:1

Tabelle

Mannschaft	Sp.	S	U	N	Tore	Pkt.
1. **Deutschland**	3	2	1	0	13:0	7
2. **England**	3	1	2	0	8:3	5
3. Japan	3	1	1	1	3:4	4
4. Argentinien	3	0	0	3	0:18	0

Gruppe B

Spiele

Datum	Ort	Begegnung	Erg.
11.09.	Chengdu	USA - Nordkorea	2:2
11.09.	Chengdu	Nigeria - Schweden	1:1
14.09.	Chengdu	Schweden - USA	0:2
14.09.	Chengdu	Nordkorea - Nigeria	2:0
18.09.	Shanghai	Nigeria - USA	0:1
18.09.	Tianjin	Nordkorea - Schweden	1:2

Tabelle

Mannschaft	Sp.	S	U	N	Tore	Pkt.
1. **USA**	3	2	1	0	5:2	7
2. **Nordkorea**	3	1	1	1	5:4	4
3. Schweden	3	1	1	1	3:4	4
4. Nigeria	3	0	1	2	1:4	1

Gruppe C

Spiele

Datum	Ort	Begegnung	Erg.
12.09.	Hangzhou	Ghana - Australien	1:4
12.09.	Hangzhou	Norwegen - Kanada	2:1
15.09.	Hangzhou	Kanada - Ghana	4:0
15.09.	Hangzhou	Australien - Norwegen	1:1
20.09.	Hangzhou	Norwegen - Ghana	7:2
20.09.	Chengdu	Australien - Kanada	2:2

Tabelle

Mannschaft	Sp.	S	U	N	Tore	Pkt.
1. **Norwegen**	3	2	1	0	10:4	7
2. **Australien**	3	1	2	0	7:4	5
3. Kanada	3	1	1	1	7:4	4
4. Ghana	3	0	0	3	3:15	0

Gruppe D

Spiele

Datum	Ort	Begegnung	Erg.
12.09.	Wuhan	Neuseeland - Brasilien	0:5
12.09.	Wuhan	China - Dänemark	3:2
15.09.	Wuhan	Dänemark - Neuseeland	2:0
15.09.	Wuhan	Brasilien - China	4:0
20.09.	Tianjin	China - Neuseeland	2:0
20.09.	Hangzhou	Brasilien - Dänemark	1:0

Tabelle

Mannschaft	Sp.	S	U	N	Tore	Pkt.
1. **Brasilien**	3	3	0	0	10:0	9
2. **China**	3	2	0	1	5:6	6
3. Dänemark	3	1	0	2	4:4	3
4. Neuseeland	3	0	0	3	0:9	9

Viertelfinale

Datum	Ort	Begegnung	Erg.	Tore
22.09.	Wuhan	**Deutschland** - Nordkorea	3:0	1:0 Garefrekes (44.), 2:0 Lingor (67.), 3:0 Krahn (72.)
22.09.	Tianjin	**USA** - England	3:0	0:1 Wambach (48.), 2:0 Boxx (57.), 3:0 Lilly (60.)
23.09.	Wuhan	**Norwegen** - China	1:0	1:0 Herlovsen (32.)
23.09.	Tianjin	**Brasilien** - Australien	3:2	1:0 Formiga (4.), 2:0 Marta (23, E), 2:1 De Vanna (36.), 2:2 Colthorpe (68.), 3:2 Cristiane (75.)

Halbfinale

Datum	Ort	Begegnung	Erg.	Tore
26.09.	Tianjin	**Deutschland** - Norwegen	3:0	1:0 Rønning (42., ET), 2:0 Stegemann (72.), 3:0 M. Müller (75.)
27.09.	Hangzhou	USA - **Brasilien**	0:4	0:1 Osborne (20., ET), 0:2 Marta (27.), 0:3 Cristiane (56.), 0:4 Marta (79.)

Spiel um Platz 3

Datum	Ort	Begegnung	Erg.	Tore
30.09.	Shanghai	Norwegen - **USA**	1:4	0:1 Wambach (30.), 0:2 Wambach (46.), 0:3 Chalupny (58.), 0:4 O´Reilly (59.), 1:4 R. Gulbrandsen (63.)

Finale

Datum	Ort	Begegnung	Erg.	Tore
30.09.	Shanghai	**Deutschland** - Brasilien	2:0	1:0 Prinz (52.), 2:0 Laudehr (86.)

Deutschland: Angerer, Stegemann, Hingst, Krahn, Bresonik, Behringer (74. Müller), Lingor, Laudehr, Garefrekes, Smisek (80. Bajramaj), Prinz
Brasilien: Andreia, Elaine, Aline (88. Katia), Tania (81. Pretinha), Renata, Daniela, Formiga, Maycon, Marta, Cristiane, Ester (63. Rosana)
Schiedsrichter: Ogston (Australien) **Zuschauer:** 31 000
Gelbe Karten: Garefrekes, Bresonik - Daniela **Rote Karten:** –

FIFA WM-Nationenwertung 1991–2007

	Nation	1.	2.	3.	4.
1.	Deutschland	2	1	–	1
2.	USA	2	–	3	–
3.	Norwegen	1	1	–	2
4.	Schweden	–	1	1	–
	Brasilien	–	1	1	–
6.	China	–	1	–	1
7.	Kanada	–	–	–	1

FIFA U-20-Frauen-Fussball-Weltmeisterschaft

Endspiele

Datum	Ort	Begegnung	Erg.
01.09.**2002**	Edmonton	**USA** - Kanada	1:0 n. V.
27.11.**2004**	Rajamangala	**Deutschland** - China	2:0
03.09.**2006**	Moskau	**Nordkorea** - China	5:0

Fußballturnier der Olympischen Spiele

Jahr	Gastgeber	Gold	Silber	Bronze
1996	Atlanta (USA)	USA	China	Norwegen
2000	Sydney (AUS)	Norwegen	USA	Deutschland
2004	Athen (GRE)	USA	Brasilien	Deutschland

REGISTER

Der Zusatz (Frauen) bzw. (Männer) wird zur Verdeutlichung angefügt, wenn gleichnamige Rankings bzw. Wettbewerbe existieren.

A

B

C

D

E

F

G

H

I

O

P

R

S

T

U